JN446786

새 지방재정학

손희준

도서출판 대영문화사

머리말

지방자치제도가 재도입된 지 30년을 바라보고 있는 현재, 우리 사회는 많이 변화하였다. 그것이 지방자치를 도입해서인지는 확신할 수 없지만, 과거와는 달리 지방의 문제가 바로 나의 문제라는 인식이 점점 커지고 있는 것이 사실이다.

그러나 그동안의 중앙집권과 수도권 집중 등 우리 사회에는 항상 서열화와 획일성이 효율성의 이름으로 자리 잡아 왔다. 말로는 분권론자라고 하는데, 실제의 행동과 선택은 항상 권력 지향적이며 자기중심적인 사람으로 넘쳐나고 있다. 더군다나 최근에는 전 세계적으로 갈등과 폭력적인 정치구조가 심해지고 있으며, 경제가 좋지 않으면 나부터 살아야 한다는 식의 이기주의가 팽배하여, 곁을 돌아보지 않는다. 그동안 항상 지방이 잘 살아야 나라가 잘 사는 길이며, 개인과 우리의 행복이 자치의 본질이며, 이를 위해 지방재정이 바람직한 방향으로 나아가야 함을 믿고 강조해 왔던 저자로서는 지방재정에 대한 정확한 이해와 관심이 곧 문제 해결의 지름길이라 믿고, 계속 노력해 왔다. 지방이 없는 중앙은 불가능하며, 주민의 행복이 국민행복의 토대임을 다시 한 번 강조하고자 한다.

저자는 이미 학계의 원료이신 강인재 교수님과 장노순 교수님, 그리고 최근열 교수님과 함께 공동으로 지방재정론 교과서를 2001년 2월에 발간한 바 있다. 다행히 많은 선배와 동료 및 학생들이 애호하여, 2011년 8월에 개정4판을 발간할 수 있었으나, 대표저자로서 지나치게 게으르고 능력이 못 미쳐, 더 이상의 개정작업을 하지 못하였다. 공동저자이셨던 교수님들과 학계 인사들에게 심심한 사과의 말씀을 먼저 올린다.

그동안 지방재정이라는 주제를 계속 강의하고, 관심을 갖고 공부하면서, 지방재정 현상이 대단히 복잡하고, 어렵다는 생각을 버릴 수 없었다. 관련 법령과 제도는 쉴 새 없이 바뀌어, 잠시만 한 눈 팔면, 어느새 거짓말쟁이가 되어 버렸다.

이런 상황 속에서 주위의 관심어린 질책과 요구, 그리고 직접적으로는 대영문화사의 임춘환 사장님의 끈질긴 독촉으로 비로소 이 책이 나오게 되었다. 특히 옛 어른들의 말씀 중에 "천학비재(淺學菲才)"라는 말이 새삼 저자를 가슴 아프게 하지만, 그나마 더 늦기 전에 '현재의 우리나라 지방재정 관련 제도 변화와 현상을 있는 그대로 한 번 보여주자'라는 용기가 그나마 위안이 되었다.

이미 많은 선배들의 저작과 연구논문들의 내용을 단순히 저자 나름대로 재정리하고 요약한 수준에 머물고 있지만, 현재의 지방재정에 대한 이해와 관심을 불러오고자 이 책을 펴내고자 한다.

그나마 이 책이 다른 저서들과의 차이는 다음과 같다.

첫째, 지방재정에 관한 수많은 논문과 저서를 현재 시점에서 어떤 모습을 갖고 있는지를 좀 더 명확하게 이해할 수 있도록 하였다.

둘째, 지방재정에 관한 논의와 연구 및 연찬활동이 보다 학문적으로 성숙하기를 바라는 마음에서, 제목을 "지방재정학"이라고 하였다. 행정학과 재정학의 하위 분과학문으로 "지방재정론"이 자리 잡고 있지만, 앞으로는 독립된 하나의 학문으로 발돋움하기를 바라는 마음에서 나부터 변하기로 하였다.

셋째, 그동안 변화된 제도와 주제를 개별 각론으로 정리하면서, 서론, 지방세입론을 자체재원(Ⅰ)과 의존재원(Ⅱ)으로 구분하여, 지방세출론, 지방재정관리론 등 총 5부로 구성하고, 지방교육재정을 추가하였다.

물론 아직까지도 지방기금 및 지방계약과 공유재산 등 지방재정의 주요 핵심부문이 누락되어 있는 점은 매우 아쉽고, 향후 보완해 나갈 작정이다.

전체적으로도 문장이나 표현이 매우 거칠고 정제되지 않은 부분이 많으며, 좀 더 학문적이고 이론적인 부분이 추가되어야 할 여지가 많음을 고백할 수밖에 없다. 추후 차분히 수정과 보완할 것을 약속드리면서, 많은 지도편달을 부탁드리는 바이다.

그나마 이 책이 나올 수 있었던 것은, 매월 지방재정 관련 주제를 함께 공부하고 있는 전국시장・군수・구청장협의회의 이상범 박사와 올해 학위를 취득한 조중만 박사, 청주대학교의 정영희 박사와 손윤희 박사 및 충북테크노파크의 정재욱 박사가 초고를 작성하고 교정을 보아서 가능했다. 지면을 통해 특별한 감사의 말을 전하고 싶다.

물론 앞에서도 언급하였다시피, 늘 변함없는 지지와 성원을 보내주시는 대영문화사의 임춘환 사장님과 임현준 과장 등 임직원 여러분이 아니었으면 결코 이 책이 태어날 수 없었음을 확인하며, 다시 한 번 깊이 감사드리는 바이다.

2019년 8월
저자

차 례

Chapter 6 지방채

PART 3 지방세입론(Ⅱ): 의존수입

Chapter 7 지방재정 조정제도

PART 4 지방세출론

Chapter 11 지방예산

Chapter 12 지방정부의 회계

PART

1

지방재정학 서론

Chapter 01

지방재정의 의의

제 1 절 지방재정의 의의와 특징

1. 지방재정의 의의

1) 지방재정의 개념

지방재정(local public finance)이란 각 지방자치단체[1]의 재정활동과 과정을 의미하는데, 이를 좀 더 상술하면 "개별 지방자치단체(local governments)가 관할 행정구역 내 주민들의 공적인 수요(public needs)를 충족하기 위한 재화와 서비스(goods and services)를 생산 또는 공급하기 위해 행하는 재원(financial resources)의 동원(mobilization)과 관리(management) 및 배분(allocation) 등 일련의 공경제적(public economic) 활동(activities)과 과정(process)"이라고 할 수 있다.

물론 이러한 지방재정의 개념에 대해서 많은 학자들이 다양하게 정의하고 있는데, 이 중에서도 라휘문은 개념 정의를 위해 누가(who), 언제(when), 어디서(where),

1) 2018년 문재인 정부의 개헌(안)에서는 '지방자치단체'를 '지방정부'로 개정하여, 지방분권 및 자치 이념을 더욱 강조하였으나, 국회에서 통과되지 않아, 여기에서는 우선적으로 기존의 용어인 지방자치단체를 사용하되, 중앙정부와 대비할 경우에는 지방정부도 혼용하고자 한다.

무엇을(what), 어떻게(how), 왜(why)라는 '6하 원칙'에 따라 지방재정을 "지방자치단체가 지역 주민 또는 지역 발전을 위하여 필요하다고 인정될 때, 이를 위하여 필요한 소요 재원을 지역 내·외로부터 확보한 후, 지출 또는 집행하는 종합적인 일련의 공경제적 활동 과정"이라고 정의하였다(라휘문, 2014: 27).

또한 관련 법령인 「지방재정법」 제2조(정의)에서 "지방재정이란 지방자치단체의 수입·지출 활동과 지방자치단체의 자산 및 부채를 관리·처분하는 모든 활동을 말한다"고 규정하고 있으며, 제3조(지방재정 운용의 기본원칙)에서는 ① 지방자치단체는 주민의 복리 증진을 위하여 그 재정을 건전하고 효율적으로 운용하여야 하며, 국가의 정책에 반하거나 국가 또는 다른 지방자치단체의 재정에 부당한 영향을 미치게 하여서는 아니 된다. ② 지방자치단체는 예산이 여성과 남성에게 미치는 효과를 평가하고, 그 결과를 지방자치단체의 예산에 반영하기 위하여 노력하여야 한다는 원칙을 밝히고 있는데, 기본적으로 '건전재정의 원칙'과 '국가정책 우선의 원칙' 및 '국가와 다른 자치단체에 미치는 부당한 영향 최소의 원칙' 등으로 요약할 수 있으며, '성인지 예산(gender responsive)제도'의 도입에 따른 선언적 성격이 매우 큰 것을 알 수 있다.

물론 가장 간단하게 정의하면 "지방재정은 지방자치단체의 재정이다"(유훈, 2000: 29). 따라서 우리나라의 경우 2019년도 현재 지방자치단체는 1개 특별시, 6개 광역시, 1개 특별자치시, 8개 도, 1개 특별자치도,[2] 75개 시,[3] 82개 군, 69개 자치구 등 모두 243개에 달하고 있어, 흔히 말하는 지방재정은 모든 지방자치단체의 재정활동과 내용으로서, 이를 모두 집합적으로 파악해야 한다.

일반적으로 많은 사람들이 지방재정이라는 용어를 사용하면서 중앙재정과 대비되는 개념으로 사용하는 것인지,[4] 그렇지 않으면 개별 지역의 특수한 재정 여건이나 특징을 지방재정으로 사용하는지 등 용어의 사용 맥락을 통해서 이해해야만 한다.

---

2) 2006년 7월 1일 기존의 제주도와 제주시, 서귀포시, 북제주군, 남제주군 등이 통합하여 제주특별자치도가 출범했다.

3) 2010년 7월 1일 창원, 마산, 진해시가 현재의 창원시로 통합하였으며, 2014년 7월 1일에는 청주시와 청원군이 통합하였다.

4) 중앙재정에 대비되는 개념으로 이해해도, 지방재정의 범위를 지방교육재정교부금까지 포함해야 한다는 주장과 교육재정은 제외하는 입장이 상반되고 있으며, 일반적으로는 교육재정교부금은 제외하고 지방정부 부문만을 지방재정의 범위로 파악하고 있다.

그러나 보통 지방재정이라고 하면 중앙재정과는 대비되는 개념으로, 모든 지방자치단체의 재정활동과 내용을 포괄하는 개념으로 이해해야 할 것이다.

2) 지방자치와 지방재정

지방재정의 기능과 활동이 본질적으로 지방자치단체의 고유 권한인지 그렇지 않으면 중앙정부에 의해 주어진 것인지에 따라 그 범위와 활동 내역 및 원리 원칙 등이 규명될 수 있다. 즉, 이는 지방자치와의 연계 속에서 그 의의를 찾아볼 수 있다

지방자치(local autonomy)란 사전(辭典)적으로 "지방(地方)에서 주민들이 스스로 다스리는(自治) 행위"라고 정의할 수 있는데, 이를 좀 더 풀어 해석하면, "일정한 지역의 주민들이 지방공공단체를 구성하여 국가의 일정한 감독 아래 그 지역 안의 일정한 공공문제를 자기 부담에 의해 스스로 또는 그 대표자를 통해 처리하는 것"으로 정의하기도 하고(최창호, 1995), "일정한 지리적 공간에 거주하는 주민들이 국가와 상호관계를 통해 자치권을 이양받아, 지방자치단체를 구성하고, 스스로의 참여를 통해, 지역문제를 해결해 가는 제반 활동"이라고 정의하기도 한다(강용기, 2008).

일반적으로는 일정한 지역(自治區域))의 주민들이 자치단체(自治團體)를 구성하여 그 지역의 공공문제(自治事務)를 자신의 부담으로(自治財政) 스스로 또는 그 대표자를 통해 처리하는 것으로 정의하고, 지방자치의 자치권을 자치입법권, 자치행정권, 자치재정권으로 구분하기도 한다.

이와 같이 지방자치는 자기 부담 또는 자주재정이 필수라고 주장할 수도 있으나, 자체 재원의 비중이 낮다 하더라도 분권화의 정도와 주민들의 자치 역량 및 국가의 재정 지원 여부에 따라 지방자치는 얼마든지 가능하다. 이러한 지방자치와 지방재정의 관계는 집권(集權)과 분권(分權)에 대한 시각에 따라 두 가지로 구분할 수 있다.

(1) 중앙집권적 관점

지방자치를 위해 지방정부가 주민들의 복지 증진에 필요한 지출을 증대시켜야 한다는 점에서 세출의 분권화는 인정하지만, 세입은 반드시 지방정부가 조달할 필요가 없으며, 중앙정부가 징수하여 일정한 재정 지원 제도를 통해 충당할 수 있다는 주장이다.[5)]

이러한 주장의 근거는 첫째, 세원(稅源)의 편재(偏在) 때문이다. 즉, 세원의 편재는 지방정부 간 재정 격차를 더욱 심화시킬 것이고, 이는 자주재원의 보장을 통해서는 해결하기 어렵다고 본다. 둘째, 세무행정의 능률성이다. 지방정부에 비해 중앙정부의 세무행정이 훨씬 능률적이고, 조세의 성격상 중앙정부가 징수하는 것이 비용이 적게 들 수 있다는 것이다.

하지만 최근에는 전 세계적으로 지방분권이 강화되면서, 재정 역시 분권이 필요하다는 주장이 일반적이라고 할 수 있다.

(2) 지방분권적 관점

건전한 지방자치의 발전을 위해서는 지방정부의 자주재원 확보와 재정 운영의 자율성 확보가 필수 요건이라고 주장하며 근거는 다음과 같다.

첫째, 재정에 대한 징수 책임과 지출 권한은 일치되어야 한다. 이는 지방정부가 징수한 세금을 그 자치단체가 직접 지출할 때, 비로소 책임 있는 의사결정이 이루어지고, 만약 중앙정부가 징수한 조세수입을 지방정부에 교부할 경우에는 자칫 책임 있는 징수행정과 지출의 효과성을 확보할 수 없게 된다는 것이다.

둘째, 주민 참여의 활성화가 이루어진다. 특히 자주재원인 지방세는 주민들에게 세금 납부를 통해 지방행정과 지역문제에 대한 참여 의식과 관심을 불러일으킬 수 있으며, 이에 따라 지방정부의 의사결정 과정에 관심을 갖고 좀 더 적극적으로 참여하게 된다는 것이다.

이러한 지방자치와 지방재정의 관계는 각 나라마다 지방자치의 역사와 재정 여건 등에 따라 다양하게 결정되어 왔다. 따라서 우리나라도 향후 지방자치의 본질과 지방재정 여건 등을 감안하여 더욱 발전적인 관계 정립이 요구된다. 특히 참여정부 이후 지방분권과 정부혁신이 국정과제로 채택되면서 재정분권에 대한 요구가 급증하였다(정부혁신지방분권위원회, 2003; 2005).

또한 촛불정신에 입각한 문재인 정부가 출범하면서 자치분권을 강조하여, 재정분권 방향을 준연방제(準聯邦制)에 버금갈 정도로 강화하겠다고 국정 방향을 제시하고 있어 매우 기대가 크다.

---

5) 이러한 주장을 유훈 교수는 '세입의 집권화와 세출의 분권화'로 설명하고 있다(유훈, 2000: 24–26).

2. 지방재정의 특징

재정(public finance)을 중앙재정과 지방재정으로 구분하는 것을 그렇게 의미 있는 것으로 보지 않는 입장도 있다. 왜냐하면 중앙재정과 지방재정 모두가 공공 목표를 달성하기 위해 유기적인 상호작용을 하고 있어서 지방재정만을 분리하여 논의하는 것은 제약이 있고, 중앙집권적 특성이 남아 있는 우리나라에서 과연 지방재정이 독립적인 논의의 대상이 될 수 있는가에 대한 의문을 제기하기 때문이다.

그러나 지방재정은 공공적 목표 달성을 위해 국가재정과 유기적인 연계가 필수적이기는 하지만, 지역 주민들과 밀접한 지방정부의 재정 현상이라는 점에서 중앙재정과는 다른 고유한 특성을 지니고 있다

1) 재정 주체의 복수성

중앙재정이 중앙정부라는 단일 주체의 재정인데 비해, 지방재정은 상호 독립된 다수의 지방정부 재정을 총칭한다. 따라서 지방재정에 관한 제도나 운영 측면을 살펴볼 경우, 총체적으로 인식하더라도 지방재정의 실체를 파악하기 어려우며, 반면에 각 지방정부별로 나타나는 특수한 모습만을 가지고서는 지방재정 전체를 파악하기 힘들다.[6)]

2) 재정구조의 다양성

지방재정은 재정 주체의 복수성으로 인해 다양성이라는 특징을 갖는다. 이러한 다양성은 다음과 같은 측면에서 찾아볼 수 있다.

(1) 사회・경제적 여건의 다양성

지방정부는 그 위치, 지형, 기후 등 자연적 조건이 다를 뿐만 아니라 인구 규모나 밀도, 산업구조, 소득 수준, 지역 문화 등 사회・경제적 조건이 서로 다르다. 이러한 지역의 자연적 또는 사회・경제적 조건의 차이는 지방정부가 수행해야 하는 행정의

---

6) 우리나라는 243개 지방자치단체의 개별적인 지방재정 현상과 활동이 존재한다고 이해해야 한다.

내용뿐만 아니라 그 정도 등에서 많은 차이를 가져오게 하고, 나아가 지방정부에 미치는 영향도 매우 다양하게 나타난다.

(2) 재정력과 재정수요의 다양성

사회·경제적 조건의 차이는 지방정부 간 재정력의 다양성으로 나타난다. 특히 재정 규모면에서 보면 광역자치단체와 기초자치단체 간 수직적 불균형뿐만 아니라 동급 자치단체들 간에도 상당한 차이를 나타내고 있다. 물론 이러한 다양성은 지방정부의 담세력 차이와 세출 능력의 차이로 이어져 지역 간 재정 격차는 더욱 심화될 가능성이 높다.

또한 이러한 재정력의 다양성은 지방정부 간 재정수요의 내용이나 정도에서도 큰 차이를 초래하게 한다. 예를 들어, 도서(島嶼) 지역에서는 급수, 보건, 의료 등 주민 생활기반시설의 설치가 중요한 반면, 도시 지역에서는 교통과 상하수도, 쓰레기처리시설 및 범죄로부터의 안전 등 시설의 유지·관리와 정비를 위한 막대한 재원 조달이 중요한 관심사이다.

3) 재정구조의 복잡성

지방재정은 재정 주체가 다양할 뿐만 아니라, 우리나라는 [그림 1-1]과 같이 지방자치단체를 광역자치단체와 기초자치단체로 구성되는 2계층제(two-tiered system)를 채택함으로써 복잡성을 더욱 가중시키고 있다.

그림 1-1 우리나라 지방자치단체의 계층구조(2019년 현재)

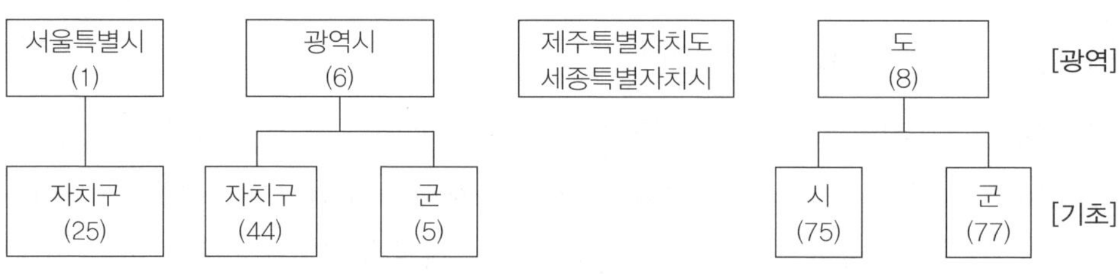

주: 광역시의 경우 기장(부산), 달성(대구), 강화 및 옹진(인천), 울주(울산) 등 5개 군이 존재함.

즉, 우리나라의 광역지방자치단체는 서울특별시와 부산, 대구, 인천, 광주, 대전, 울산 등 6개 광역시 및 세종특별자치시와 제주특별자치도와 8개 도 등 17개로 구성되어 있고, 기초지방자치단체는 특별시와 광역시에는 기본적으로 자치구가 있으나, 일부 광역시의 경우 행정구역 개편을 통해 군 지역이 편입된 광역시에는 군이 포함되어 있으며, 세종특별자치시는 기초자치단체가 없고, 8개 도는 관할 구역 내에 시와 군으로 구성되어 있으나, 제주특별자치도는 기초자치단체 없이 행정시를 두고 있다. 이러한 지방자치단체 외에 행정계층으로 각 자치단체의 관할 구역 내에 동과 읍·면을 두고 있다.

이처럼 지방자치단체의 계층구조가 2계층제로 구성되다 보니, 계층 간 이전 재정의 흐름이 중앙정부로부터 광역자치단체로, 그리고 광역자치단체에서 다시 기초자치단체로 배분되는 이중 구조를 나타내게 되며, 광역과 기초 간 재원배분 역시 도와 시·군 간의 재원배분 양태와 특별시·광역시와 자치구 간의 재원배분 형태가 상이하여 전문가들조차 지방재정의 흐름을 명확히 이해하는 데 많은 어려움을 초래하고 있다.

게다가 최근에는 인구 규모 100만 명 이상의 대도시 지역에 대한 다양한 재정특례를 요구하고 있어, 재정관계는 더욱 복잡해질 가능성이 매우 높다.

또한 동일한 자치단체 내에서도 일반회계와 특별회계 간의 전·출입이 많으며, 심지어는 특별회계 간에도 전·출입이 있다. 따라서 이들에 대한 집계와 구분이 용이하지 않다. 최근에는 통합재정 규모로 재정 및 회계통계를 산출하다 보니, 지방재정의 전모를 파악하기 어렵다.

4) 재정 운영의 종속성

지방재정은 중앙재정에 비해 자율성이 미약하다. 즉, 중앙재정은 재정활동의 전반에 걸쳐서 스스로 조세수입의 규모와 내용을 결정할 수 있고, 필요한 경우에는 국채(國債)를 발행하거나 발권(發券) 기능을 가지고 있어 자금 융통을 할 수 있으며, 여의치 않을 경우 국고자금을 민간 투자로 돌려서 재정지출의 규모와 방향을 설정하는 등 자율적인 조정과 통제가 가능하다. 그러나 지방재정은 지방정부에만 전속되는 것이 아니라 중앙정부도 그 권한의 일부를 공유하고 있어서 지방재정은 지방정부 자신이 자율적으로 움직이는 한편, 중앙정부에 의해 간섭과 통제를 받는 등 종속적이라고 할 수 있다.

지방자치의 선진국에서도 지방세에 대한 통제, 보조금의 교부, 지방채 발행에 대한 승인 등 여러 가지 장치를 통해 지방정부는 재정정책을 입안하거나 수행할 경우에 일정한 중앙정부의 통제와 제약을 받고 있기도 하다.

제 2 절 지방재정의 범위와 기능

1. 지방재정의 위상과 범위

지방재정이 담당해야 할 범위는 우선 공공 부문과 민간 부문과의 구분에 의해 공공 부문(public sector)에 해당하고, 공공 부문 내에서는 정부 부문(governmental sector)에 속하며, 정부 부문 내에서는 중앙정부 부문이라기보다는 지방정부가 담당해야 할 영역으로 파악할 수 있다.

따라서 지방재정은 지방자치단체의 기능과 사무 및 활동을 수행하는 데 필요한 재정 수요를 충족시키는 것이기 때문에, 주로 지방행정 기능 및 지방공공재와 공공 서비스의 생산과 공급이 주요 활동 영역이라고 할 수 있다. 이러한 지방재정의 범위와 영역을 간단히 나타내면 [그림 1-2]와 같다.

그림 1-2 지방재정의 범위와 영역

자료: 오연천(1993: 13)을 재구성.

즉, 중앙재정은 좀 더 공공성이 강한 순수공공재를 생산, 공급하기 위한 재정이라면, 지방재정은 중앙재정보다는 상대적으로 약한 공공성을 가지며 반면에 민간기업이나 공기업 등 정부기업보다는 상대적으로 공공성이 더 강한 지방공공재를 생산하거나 공급하기 위한 재정이라고 할 수 있다.

특히 우리나라는 국가와 지방자치단체 간의 사무배분을 우선 성질상 국가가 담당해야 할 사무, 즉 지방자치단체가 처리할 수 없는 사무를 제외하고는 모두 지방자치단체가 수행하도록 지방자치법에 규정하고 있는데, 국가가 담당해야 할 사무를 예시하면 다음과 같다(지방자치법 제11조).

① 외교, 국방, 사법, 국세 등 국가의 존립에 필요한 사무
② 물가정책, 금융정책, 수출입정책 등 전국적으로 통일적 처리를 요하는 사무
③ 농림 · 축 · 수산물 및 양곡의 수급 조절과 수출입 등 전국적으로 통일적 처리를 요하는 사무
④ 국가종합 경제개발계획, 직할하천, 국유림, 국토종합개발계획, 지정 항만, 고속도로, 일반국도, 국립공원 등 전국적 규모 또는 이와 비슷한 규모의 사무
⑤ 근로 기준, 측량 단위 등 전국적 기준의 통일 및 조정을 요하는 사무
⑥ 우편 · 철도 등 전국적 규모 또는 이와 비슷한 규모의 사무
⑦ 고도의 기술을 요하는 검사 · 시험 연구, 항공관리, 기상행정, 원자력 개발 등 지방자치단체의 기술 및 재정 능력으로 감당하기 어려운 사무 등이다.

한편 지방자치단체는 그 관할 구역의 자치사무와 법령에 의해 자치단체에 속하는 사무를 처리하도록 되어 있으며, 그 사무를 예시하면 다음과 같다(지방자치법 제9조).

① 지방자치단체의 구역, 조직 및 행정관리 등에 관한 사무
가. 관할 구역 안 행정구역의 명칭 · 위치 및 구역의 조정
나. 조례 · 규칙의 제정 · 개정 · 폐지 및 그 운영 · 관리
다. 산하(傘下) 행정기관의 조직관리
라. 산하 행정기관 및 단체의 지도 · 감독
마. 소속 공무원의 인사 · 후생복지 및 교육
바. 지방세 및 지방세외 수입의 부과 및 징수
사. 예산의 편성 · 집행 및 회계감사와 재산관리

아. 행정장비관리, 행정전산화 및 행정관리개선
자. 공유재산관리(公有財產管理)
차. 가족관계등록 및 주민등록 관리
카. 지방자치단체에 필요한 각종 조사 및 통계의 작성

② 주민의 복지 증진에 관한 사무
가. 주민복지에 관한 사업
나. 사회복지시설의 설치 · 운영 및 관리
다. 생활이 곤궁(困窮)한 자의 보호 및 지원
라. 노인 · 아동 · 심신장애인 · 청소년 및 여성의 보호와 복지증진
마. 보건진료기관의 설치 · 운영
바. 감염병과 그 밖의 질병의 예방과 방역
사. 묘지 · 화장장(火葬場) 및 봉안당의 운영 · 관리
아. 공중접객업소의 위생을 개선하기 위한 지도
자. 청소, 오물의 수거 및 처리
차. 지방공기업의 설치 및 운영

③ 농림 · 상공업 등 산업 진흥에 관한 사무
가. 소류지(小溜池) · 보(洑) 등 농업용수시설의 설치 및 관리
나. 농산물 · 임산물 · 축산물 · 수산물의 생산 및 유통지원
다. 농업자재의 관리
라. 복합영농의 운영 · 지도
마. 농업 외 소득사업의 육성 · 지도
바. 농가 부업의 장려
사. 공유림 관리
아. 소규모 축산 개발사업 및 낙농 진흥사업
자. 가축전염병 예방
차. 지역산업의 육성 · 지원
카. 소비자 보호 및 저축 장려

타. 중소기업의 육성
파. 지역특화산업의 개발과 육성 · 지원
하. 우수토산품 개발과 관광민예품 개발

④ 지역 개발과 주민의 생활 환경시설의 설치 · 관리에 관한 사무
가. 지역개발사업
나. 지방 토목 · 건설사업의 시행
다. 도시계획사업의 시행
라. 지방도(地方道), 시군도의 신설 · 개수(改修) 및 유지
마. 주거생활환경 개선의 장려 및 지원
바. 농촌주택 개량 및 취락구조 개선
사. 자연보호활동
아. 지방하천 및 소하천의 관리
자. 상수도 · 하수도의 설치 및 관리
차. 간이급수시설의 설치 및 관리
카. 도립공원 · 군립공원 및 도시공원, 녹지 등 관광 · 휴양시설의 설치 및 관리
타. 지방 궤도사업의 경영
파. 주차장 · 교통표지 등 교통편의시설의 설치 및 관리
하. 재해대책의 수립 및 집행
거. 지역경제의 육성 및 지원

⑤ 교육 · 체육 · 문화 · 예술의 진흥에 관한 사무
가. 유아원 · 유치원 · 초등학교 · 중학교 · 고등학교 및 이에 준하는 각종 학교의 설치 · 운영 · 지도
나. 도서관 · 운동장 · 광장 · 체육관 · 박물관 · 공연장 · 미술관 · 음악당 등 공공교육 · 체육 · 문화시설의 설치 및 관리
다. 지방문화재의 지정 · 보존 및 관리
라. 지방문화 · 예술의 진흥
마. 지방문화 · 예술단체의 육성

⑥ 지역 민방위 및 지방소방에 관한 사무
가. 지역 및 직장 민방위조직(의용소방대를 포함한다)의 편성과 운영 및 지도・감독
나. 지역의 화재예방・경계・진압・조사 및 구조・구급

결국 지방재정은 위의 지방행정사무와 기능을 수행하기 위해 소요되는 비용을 충당하고, 지출하는 활동이므로 이러한 행정사무의 종류는 활동 범위에 포함된다.

2. 지방재정의 기능

머스그레이브 부부(R. A. & P. B. Musgrave)는 재정의 3대 기능으로 자원분배, 소득재분배, 경제안정화를 제시했다(Musgrave & Musgrave, 1984). 이러한 기능은 재정의 기능인 동시에 재정, 즉 공공 부문이 추구하는 목표이기도 하다. 이러한 재정의 기능은 중앙재정과 지방재정이 분담하여 수행한다. 그러나 중앙정부와 지방정부는 관할 범위가 상이하기 때문에 기능에서도 차이가 난다.

1) 자원분배 기능

자원분배(resources allocation) 기능이란 사회에서의 재화와 용역이 필요한 곳에 적절히 배분되어 생산과 공급 및 소비활동이 이루어져야 함을 말한다. 즉, 자본주의 경제 체제에서는 시장을 중심으로 소비자와 생산자들 간에 자발적인 교환과 경쟁을 통해 자원배분이 이루어진다. 따라서 효율적인 자원분배는 사회적으로 바람직한 생산과 소비가 이루어지는 상태를 가리키며, 만약 특정 재화가 사회적으로 바람직한 생산 수준이나 소비 수준을 충족시키지 못하게 되면 자원은 과다 생산되거나 과소생산되어 사회 전체의 효용이 감소하게 되는 것이다. 따라서 공공 부문의 경제활동인 재정은 이러한 자원의 분배가 효율적으로 이루어질 수 있도록 해야 한다는 것이다.

이론적으로 가장 효율적인 자원배분 상태를 '파레토 최적 상태(Pareto's optimum)'라고 하는데, 현실 세계에서는 공공재의 존재, 외부효과, 비용체감 산업과 같은 독점적 요인 및 자원의 편재 등으로 인해 시장실패(market failure)가 일어나고, 이 경우 자원은 효율적으로 배분되지 않는다. 따라서 재정은 이러한 시장의 실패를 치유할

수 있는 방향으로 이루어져야 한다.

즉, 재정을 통해 사회적으로 바람직한 공공재와 공공 서비스를 제공해야 하는데, 국방과 외교, 고속도로 등 파급효과(spillover)가 전국적인 순수공공재는 중앙재정이 담당해야 하지만, 상·하수도나 공원, 지방도로와 쓰레기수거 등 지방공공재는 그 파급 범위가 지방자치단체로 국한되기 때문에 지방재정이 담당해야 한다. 따라서 지방재정은 이와 같은 지방공공재의 적절한 생산과 공급을 통해 사회 전체적으로 자원이 효율적으로 분배되도록 해야 한다.

2) 소득재분배 기능

재정은 실제로 재화와 용역이 어떻게 분배되었는가 하는 소득분배에 대해서도 영향을 미친다. 자원이 효율적으로 분배되었다고 하여 결코 소득이 공정하게 분배되어 있다는 것을 의미하지는 않는다. 따라서 재정은 가급적 소득과 부(富)가 바람직한 방향으로 분배되도록 소득재분배(income redistribution) 기능을 수행해야 한다.

순수한 시장경제 하에서 소득분포는 다음의 두 가지 요인에 의해 결정된다. 하나는 개인이 소유하고 있는 자원(생산 요소)의 양이고, 다른 하나는 그러한 자원에 대한 시장의 평가, 즉 그 자원(생산 요소)의 한계생산력이다. 그러나 이러한 각 개인이 소유하고 있는 자원의 양은 유산이나 노력 등에 따라 차이가 많고, 시장의 평가도 자원의 종류와 질에 따라 차이가 많으며, 그 격차는 시장경제 하에서 더욱 커지는 경향이 있다(김동건, 2005: 6).

따라서 정부는 재정활동을 통해 소득분배의 상태를 바람직한 방향으로 개선할 필요가 있다. 물론 바람직한 방향에 대해서는 이의가 있을 수 있지만, 각종 소득 관련 조세에 누진세율을 적용하고, 봉급생활자와 농어민, 중소기업 등 특정 계층에 조세 감면 등을 통해 기존의 소득분배 상태를 변화시키며, 직접적인 사회보장 지출을 통해 소득재분배 기능을 수행한다.

그러나 이러한 소득 분포 상태를 재조정하는 소득재분배 기능은 기본적으로 중앙정부의 기능에 속한다. 왜냐하면 소득재분배 활동은 어느 한 지역에만 국한되는 것이 아니라 전국적인 차원에서 어느 정도 통일적으로 이루어져야 하기 때문이다. 만약 지역적으로 차별적인 조치가 이루어진다면 주민들의 이동성(mobility)으로 인해 소득재분배 기능이 원활히 수행될 수 없기 때문이다. 그러나 최근 선진국에서 고령사회로의 진입과 정보화, 세계화 등의 변화는 소득재분배 기능에서도 지방정부의 역할 증대로 나타나고 있다. 왜냐하면 과거의 국경과 같은 국가에 대한 개념보다는 지방이 경쟁 주체로 부각되고 있는 지방화의 변화가 크기 때문이다. 우리나라에서도 최근 기초연금, 영유아 보육사업 등 다양한 사회복지사업의 추진 주체가 지방으로 이전하고 있는 흐름은 이를 반영한 것이라고 볼 수 있지만, 아직까지는 단순하게 중앙정부의 정책을 집행하는 것에 불과하여 많이 아쉽다.

3) 경제안정화 기능

정부 지출과 조세 규모 등은 고용과 물가 등 거시경제 지표에 많은 영향을 준다. 높은 고용과 생산 수준을 유지하면서도 물가를 안정시킨다는 것은 대부분 정부의 중요한 책임이며, 재정이 갖고 있는 매우 중요한 기능이기도 하다.

재정의 경제안정화(economic stabilization) 기능은 고용 안정과 물가 안정이라는 두 가지 측면으로 볼 수 있는데, 거시경제(巨視經濟) 측면에서 총수요를 조절함으로써 경기 조절을 하는 것을 말한다. 즉, 정부는 총수요의 부족으로 경기 침체와 실업이 우려되면, 세수(稅收)를 줄여 민간 수요를 증대시키거나 직접 정부 지출을 증대시키고, 반대로 총수요가 과다하여 인플레이션이 우려되면 세수를 늘리거나 정부 지출을 줄여 총수요를 억제한다. 이를 '재량적 재정정책(discretionary fiscal policy)'이라고 하며, 반면에 누진세율 구조와 같이 정부가 정책 수단을 쓰지 않아도 경기가 상승하면 과열을 방지하고, 경기가 하강하면 자동적으로 차단하는 장치를 '자동안정 장치(built-in stabilizer)'라고 한다.

한편 일부 개발도상국의 경우는 이러한 경제안정화 정책과 함께 경제 성장(economic growth) 기능도 수행해야 한다고 한다. 그러나 이러한 경제안정화 기능과 경제 성장 기능도 근본적으로 중앙정부의 재정 기능에 속한다. 왜냐하면 지방정부가 총수요와 유효수요를 조절하기 위해 사용할 수 있는 정책 수단은 매우 제약되어 있고, 관할 행정구역 외부로 누출 효과가 발생하기 때문이다.

따라서 실제로 지방정부는 경제안정화 기능과 관련해서는 지역 물가 동향 조사와 실업률의 파악 등 기초 통계자료의 확보 등으로 국한되어 왔으나, 이 역시 지역경제의 안정화가 국가경제의 밑바탕이 되기 때문에 과거에 비해서는 지방재정의 경제안정화 기능 역시 확대되고 있다고 할 수 있다.

이러한 재정의 3대 기능 이외에 주민들의 삶의 질(quality of life) 제고 기능을 추가하기도 하는데(윤영진, 2016), 이는 지방재정보다는 지방자치와 지방행정이 추구하는 본질적 기능이라고 할 수 있겠다.

제 3 절 지방재정의 구조와 관련 제도

1. 통합재정으로서의 지방재정

1) 통합재정의 의의

통합재정은 재정을 총체적으로 파악하기 위한 개념으로서, 각 나라마다 분류 체계와 구분이 상이하다 보니 국가간 비교 등이 용이하지 않아 IMF(국제통화기금)가 권고하기 시작하여 적용하고 있다.

우리나라도 중앙정부의 통합재정은 IMF의 권고에 의해 1979년부터 도입하였으나, 지방재정의 통합재정은 2004년에 시범 적용한 이후, 2005년부터 통합재정 수지 및 통계를 공개하기 시작하였다. 그러나 본격적으로 지방재정의 통합재정 규모와 통합재정수지를 공개하기 시작한 것은 2013년도 예산자료부터이다.[7)]

통합재정은 일반회계와 특별회계 및 기금을 모두 포함하는 개념으로, 통합재정의 산출 기준은 순계 기준이 적용된다. 따라서 지방자치단체의 회계(일반회계와 특별회계 및 기금 등) 간 내부거래와 지방자치단체(광역과 기초자치단체, 지방교육자치단체) 간 외부거래의 중복 계상분을 제외하게 된다. 또한 수지차(收支差) 보전을 위한 보전거래도 제외한다.

---

7) 이에 따라 행정안전부는 매년 『지방자치단체 예산개요』라는 명칭으로 발간해 온 자료를 2013년부터 『지방자치단체 통합재정개요』로 발간하고 있다.

2) 통합재정의 포괄 범위

통합재정의 범위는 지방자치단체가 직접 관리하는 회계로 일반회계와 기타 · 공기업특별회계 및 기금을 모두 포함하는 전체 순수 재정활동이라고 정의하고 있다(행정안전부, 2019).

원래 IMF의 GFS(Government Finance Statistics: 정부회계시스템) 지침에 따르면, 통합재정의 포괄 범위는 제도 단위(institution unit)로서, 일반정부(general government) 부문의 재정을 가리키며, 공기업 부문의 재정은 제외하고 있다.[8)]

따라서 일반정부 부문의 지방재정은 [그림 1-3]과 같이, 공기업특별회계를 제외한 지방의 일반회계, 특별회계, 기금, 교육비특별회계와 비영리 공공기관의 재정까지 포함되어야 한다.

그러나 현재 공개하고 있는 지방의 통합재정 범위는 교육비특별회계와 비영리 공공기관의 재정도 포함하지 않고 있다. 왜냐하면 교육비특별회계는 지방교육재정으로 별도의 독립된 단위로 운영하고 있으며, 비영리 공공기관의 범위 역시 아직 확정되

그림 1-3 일반정부 부문에서의 지방재정

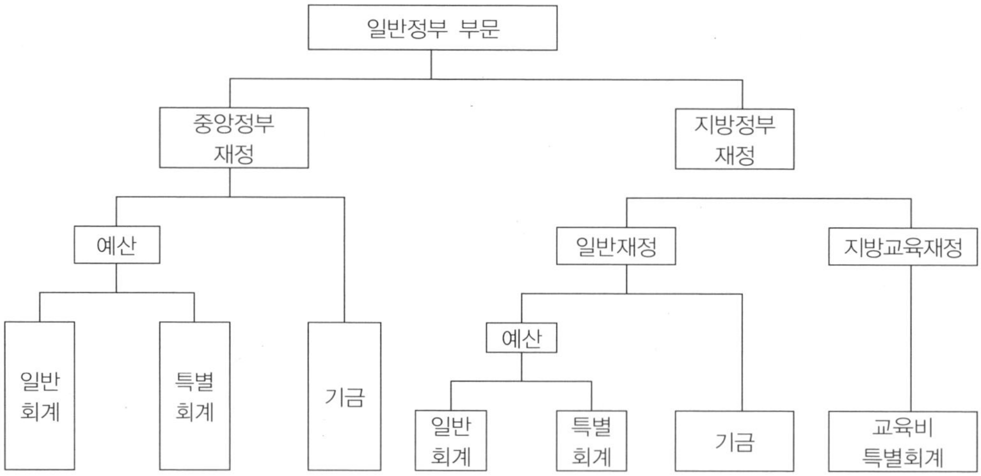

8) 일반정부 부문과 공기업 부문을 합쳐서 공공 부문(public sector)이라고 하며, 공기업 부문은 비금융 공기업과 금융 공기업이 포함된다. 또한 이 공공 부문에 금융공공 부문을 더하면 넓은 의미의 공공 부문이 된다.

지 않은 상태이기 때문에 제외하고 있다.

통합재정은 분류상 일반정부 재정을 가리키기 때문에, 공기업 부문의 재정은 제외해야 하지만, 지방공기업특별회계의 직영기업을 통합재정 범위에 포함하고 있다.[9)]

따라서 현재 통합재정으로서의 지방재정 범위는 [그림 1-4]와 같이, 지방정부가 직접 운영하고 있는 일반회계, 기타특별회계, 공기업특별회계(직영공기업) 및 지방기금을 모두 포함한다.

그림 1-4 우리나라 지방통합재정의 범위

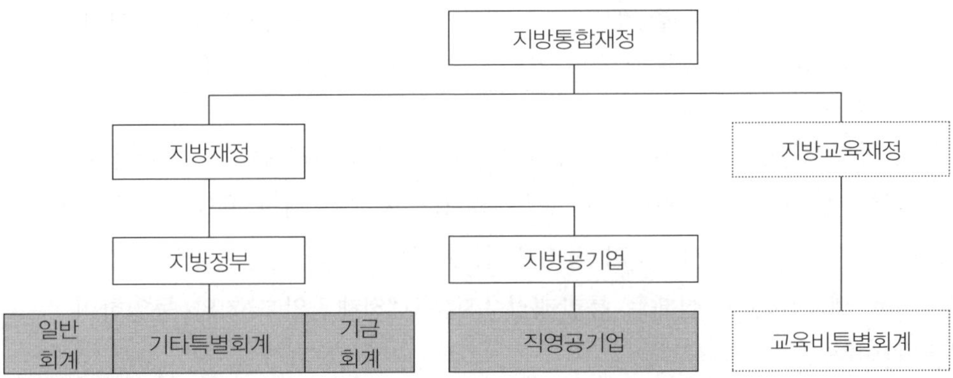

주: 음영으로 처리된 부분이 지방통합재정 범위이고, 점선은 제외.
자료: 행정안전부(2019: 16).

3) 통합재정 구조와 수지

통합재정은 예산과 기금을 합한 순계 기준으로, 회계 간 내부거래와 자치단체 간의 외부거래를 제외한 순수 재정활동으로 파악하고자 한다.

따라서 통합재정수입은 총수입에서 차입금과 지난 연도 이월금 등 보전수입을 제외한 재정수입 규모를 의미하는데, 세입과 융자금회수로 구분한다. 세입은 경상수입과 이전수입 및 자본수입으로 구성되는데, 경상수입은 지방세수입과 세외수입을 포함하고, 이전수입은 중앙정부 또는 다른 지방정부로부터 이전되는 보조금과 지방교

9) 실제로는 지방공기업특별회계의 직영공기업 영업 활동 전체를 반영하지는 않고, 영업이익 또는 손실분만 계상하고 있다(윤영진, 2016: 26).

부세 및 조정교부금 등을 포함하며, 자본수입에는 재산매각 수입 등을 포함한다.

통합재정지출은 총지출에서 차입금 상환과 다음 연도 이월금 등 보전지출을 제외한 순순한 재정지출 규모를 의미하는데, 세출과 융자지출로 구분한다. 세출은 경상지출과 자본지출 및 융자지출로 구성되는데, 경상지출은 인건비, 물건비, 이자지급 및 기타 경상이전지출을 포함하고, 자본지출은 고정자산 취득과 자본 이전 등을 말하며, 융자지출은 융자·출자금 지출을 포함한다.

이를 통해 지방정부의 1년 동안 총지출 규모에서 채무상환 등 보전지출을 차감한 순수 재정활동으로서의 통합재정규모를 다음과 같이 산출한다.

> 통합재정규모 = 세출(경상지출 + 자본지출) + 순융자(융자지출 − 융자회수)
> * 융자금회수는 재정활동의 감소 요인이 되므로 융자지출에서 차감한 순융자만 계상

결국 통합재정수지는 당해 회계연도의 순수한 수입에서 순수한 지출을 차감한 금액으로서, 재정활동의 적자(赤字) 또는 흑자(黑字) 등 재정 운영 수지를 측정하는 지표이다. 이러한 통합재정수지 산정을 위해서는 정부의 금융활동으로 간주되는 보전재원은 제외하는데, 실제로 통합재정수지는 보전재원의 크기와 동일하며 부호만 다를 뿐이다.

그림 1-5 통합재정 수지 산정 체계도

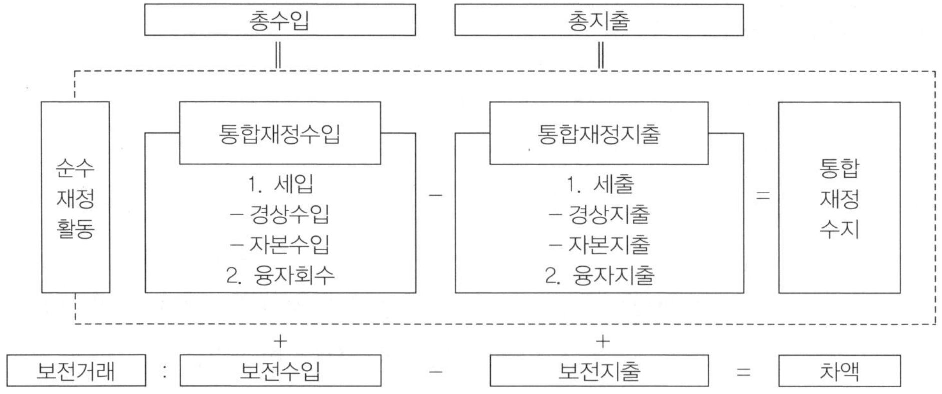

자료: 행정안전부(2019).

통합재정수지의 산식은 [그림 1－5]와 같다.

2. 지방재정 관련 법 체계

우리나라 지방재정의 법적 근거는 매우 다양하다. 지방재정에 관한 일반적인 재정 운영 원칙과 예·결산, 수입과 지출에 관한 규정 등은「지방자치법」에 규정하고 있으며, 이 법에 의거하여「지방재정법」이 지방재정의 기본적인 법적 토대를 제공하고 있다. 그러나 2005년 6월「지방재정법」이「지방자치단체를 당사자로 하는 계약에 관한 법률」,「지방자치단체기금관리기본법」,「공유재산 및 물품관리법」등 4개로 분리되었다.

또한 지방자치단체의 자주재원인 지방세에 관해서는「지방세법」이 2010년 6월에「지방세기본법」,「지방세특례제한법」등 3개로 분리되었다가, 2016년 12월 27일「지방세징수법」을 제정하여, 2017년 3월 28일부터 시행하고 있다.

지방세외 수입에 관해서는 기본법령이 없었는데, 2013년 8월 6일「지방세외수입금의 징수 등에 관한 법률」을 제정하여 2014년 8월 7일부터 시행하고 있으며, 중앙재정과 지방재정의 관계인 재정조정제도에 관해서는「국세와 지방세의 조정 등에 관한 법률」,「지방교부세법」,「보조금관리에 관한 법률」등이 있으며, 2004년「국가균형발전특별법」을 제정하여 4월 1일부터 시행하고 있는데, 이 법률을 기반으로 하여, '국가균형발전특별회계'를 설치하여 운영하고 있다.

이 밖에 지방직영기업과 지방공사, 지방공단에 관해서는「지방공기업법」이 있으며, 지방자치단체의 출자·출연기관에 대해서는 2014년 11월 19일 제정하여 즉시 시행한「지방자치단체의 출자·출연기관의 운영에 관한 법률」등이 있다.

따라서 여기에서는 지방자치법의 재무 장(章)과「지방재정법」,「지방세법」,「지방공기업법」등 주요 법률에 대해서만 간략히 파악해 보고자 한다.

1)「지방자치법」

「지방자치법」[10]은 지방자치제의 실시와 관련된 법적 요건과 규정을 포함하고 있

10) 2018년 10월 30일 '제6회 지방자치의 날'을 맞아, 정부는 1988년 이후 30년 만에「지방자치법」전

는데, 제7장 재무에서 지방재정에 관한 일반적인 사항을 규정하고 있다. 이러한 재무의 장은 제1절 재정 운영의 기본 원칙, 제2절 예산 및 결산, 제3절 수입 및 지출, 제4절 재산 및 공공시설, 제5절 보칙으로 구성되어 있다.

가장 기본적인 재정 운영 원칙으로 '수지 균형의 원칙'과 국가의 부담을 지방자치단체에 전가해서는 안 된다는 '건전재정의 운영 원칙'을 천명하고 있으며, 제117조는 회계의 구분, 제126조는 지방세의 부과 및 징수, 제133조는 재산 및 기금의 설치, 보칙인 제136조는 지방재정 운영에 관한 법률 제정, 제137조는 지방공기업의 설치와 운영에 관한 규정 등을 두고 있다.

2) 「지방재정법」과 관련된 법률

지방자치단체의 재정에 관한 모법(母法)이라고 할 수 있는 (구)「지방재정법」은 제1조에서 동법의 목적을 "지방자치단체의 재정 및 회계에 관한 기본 원칙을 정하여 지방재정의 건전한 운영과 엄정한 관리를 도모하기 위함"이라고 밝히고 있다. 지방재정법은 제1장 총칙부터 경비의 부담, 예산, 결산, 수입, 지출, 계약, 현금과 유가증권, 시효, 재산, 회계 관계 공무원 및 제12장 보칙까지 총 12장으로 구성되어 있었다.

이러한 (구)「지방재정법」이 2005년 6월 재정 운영의 자율성과 책임성을 강화하고, 재정분권을 촉진하기 위해 지방재정, 지방계약, 지방기금, 공유재산 및 물품관리의 4개 분야로 분법(分法)하게 되었다. 따라서 현재는 지방재정 관련 규정은 「지방재정법」에 존치하고, 「지방자치단체를 당사자로 하는 계약에 관한 법률」, 「지방자치단체 기금관리기본법」, 「공유재산 및 물품관리법」 등을 제정하였다.

또한 중앙정부의 경우도 (구)「예산회계법」을 폐지하고 2007년부터 「국가재정법」을 제정하여 시행하고, 「국가회계법」은 2007년 10월 17일 제정하여 2009년 1월 1일부터 시행하고 있는 점을 감안하여, 지방재정 역시 2016년 11월 30일부터는 「지방회계법」을 시행하고 있다.

따라서 이러한 변화된 법률 체계를 반영하여 주요 법률의 내용을 보면 다음과 같다.

부 개정한다고 밝혔으며, 2019년 3월 26일 국무회의 의결을 거쳐 29일 국회에 <지방자치법 전부 개정 법률안>을 제출하였다고 한다. 법안심의 등을 거쳐 통과될지 아직까지는 미지수이다.

(1) 「지방재정법」

개정된 「지방재정법」 제1조에서 동법의 목적을 "지방자치단체의 재정에 관한 기본원칙을 정함으로써 지방재정의 건전하고 투명한 운용과 자율성을 보장함"을 명시하고 있으며, 구성은 제1장 총칙부터 제2장 경비의 부담, 제3장 예산, 제4장 결산, 제5장 재정분석 및 공개, 제6장 수입, 제7장 지출, 제8장 현금과 유가증권, 제9장 시효, 제10장 채권의 관리, 제11장 복권, 제12장 회계 관계 공무원, 제13장 보칙까지 총 13장으로 구성되어 있다.

다만 2016년 「지방회계법」 시행과 함께, 제4장 결산, 제6장 수입, 제7장 지출, 제8장 현금과 유가증권, 제12장 회계 관계 공무원의 각 조항을 삭제하여, 실질적으로는 8개의 장으로 구성되어 있는 셈이다.

일부 추가된 내용이 있는데, 제5장 재정분석 및 공개가 추가되었으며, 2014년 5월에는 제2장의2 지방보조금의 관리가, 2015년 12월에는 제5장의2 긴급재정관리 관련 규정이 신설되었다.

(2) 「지방자치단체를 당사자로 하는 계약에 관한 법률」

2005년 6월에 국회를 통과하여 새로 제정된 법률로서 수의계약(隨意契約)의 절차를 투명하게 하고, 내역을 전면 공개하게 했으며, 긴급 재해복구 공사에 대해서는 개산(槪算)계약 제도를 도입했으며, 계약심의 기구의 설치를 의무화하는 등의 규정을 마련했다. 법률의 명칭이 길다 보니 줄여서, 통칭 「지방계약법」이라고도 한다.

(3) 「지방자치단체기금관리기본법」

2005년 6월에 제정된 법률로서 지방자치단체기금의 설치 및 운용에 관한 기본법으로, 주요 내용은 기금의 존속 기한을 설정하고, 기금 운용의 성과를 분석하고, 통합관리기금 및 지역발전협력기금의 설치 운용 등을 제시하고 있으며, 법률에 의한 기금 설치를 제한하게 했다.

중앙정부의 경우는 통합재정의 범위 등을 고려하여, (구)「예산회계법」을 폐지하고 「국가재정법」을 제정할 때, 기금이 포함되어 기존의 「기금관리기본법」이 함께 폐지된 것과는 상반되는 흐름이다.

(4) 「공유재산 및 물품관리법」

「공유재산 및 물품관리법」은 중앙정부의 국유재산과 별도로 공유재산 및 물품관리에 관한 기본법으로, 주요 내용은 자치단체 공유재산의 교환 조건을 완화했으며, 재산관리 담당 공무원의 전문성을 제고하기 위한 성과급 제도의 마련과 수당 등을 신설했고, 행정안전부의 특별재물조사를 폐지했다.

(5) 「지방회계법」

2016년 11월 30일부터 시행하고 있는 「지방회계법」은 중앙정부의 「국가회계법」 시행에 발맞추어 "회계 및 자금관리에 관한 기본적인 사항을 정하여 지방자치단체의 회계를 투명하게 처리하고, 자금을 효율적으로 관리하도록 하는 것을 목적"(제1조)으로 한다.

과거의 「지방재정법」에서 규정하였던, 결산, 수입, 지출, 현금과 유가증권, 회계관계공무원 등이 이관되었다고 볼 수 있다.

3) 「지방세법」과 관련된 법률

「지방세법」은 지방자치단체의 지방세 부과 및 징수 절차, 지방세의 종류, 과세 물건, 과표, 세율 등을 주로 징수 주체별로 구분하여 규정한 법률로서 지방세 행정의 기초가 된다.

2010년 「지방세법」 역시 지방세제의 선진화와 전문화를 지향하기 위해 「지방세기본법」, 「지방세법」, 「지방세특례제한법」 등으로 분법(分法)하여 2011년부터 적용하고 있다. 결국 2011년부터 과거의 지방세 체계를 단순화하여 세목의 수를 줄이고, 동일 세원에 대한 중복과세(tax on tax)를 정비하고, 유사 세목을 통폐합하고 세수 규모가 영세한 세목은 폐지하였다.

또한 국세의 경우 「국세기본법」과 「국세징수법」 등으로 구분되어 있는 점을 고려하여, 2016년 12월에 「지방세징수법」도 추가로 제정하여 현재는 4개 법 체계로 운용하게 되었다.

(1) 「지방세기본법」

「지방세기본법」은 기본적으로 납세자의 권익을 보호하는 데 초점을 두고, 납세 협력과 징세 비용의 절감 등을 위해 수정신고 제도, 경정청구 제도, 기한 후 신고, 성실납세자에 대한 체납처분 유예, 관허사업 제한 요건 강화, 지방세 우선제도 개선, 미납 지방세 열람제도, 지방세 세무조사의 투명성 강화 등의 내용을 담고 있다(변성완, 2010).

지방세에 관한 기본적이고 공통적인 사항을 명시하고, 지방세에 관한 법률 관계를 명확하게 하고 공정한 과세를 추구하며, 주민의 납세 의무를 원활히 이행하도록 하기 위해 제정되었다.

(2) 「지방세법」

「지방세법」은 2010년 전폭적으로 통폐합된 지방세의 종류와 세목 체계 및 각 세목의 과세표준과 세율, 부과 · 징수 등을 규정한 법률이다.

따라서 취득세 등 총 11개 세목에 관한 내용을 담고 있는데, (구)「지방세법」이 도세와 시 · 군세로 구분하여 규정하고 있던 것에서 벗어나 개별 세목별 내용을 수록하고 있다.

(3) 「지방세특례제한법」

「지방세특례제한법」은 그동안 지방세법 및 조례로 규정하였던 과세 면제 및 경감에 관한 규정, 각 세목별로 감면 성격이 강한 비과세 규정 및 지방자치단체의 감면에 관한 조례 중에서 전국 공통으로 적용되는 감면 사항을 일괄하여 규정하고자 한 법이다.

따라서 지방자치단체의 과세 자율성 제고를 위해 감면 조례 허가제를 폐지하고, 지방세 지출예산제도의 도입근거를 마련하며, 2009년 12월 31일 일몰(sunset)이 도래하는 감면 정비 결과 등을 반영하기 위해 제정되었다.

(4) 「지방세징수법」

「지방세징수법」은 2016년 12월 27일 제정하여, 3개월 이후부터 시행한 법률로서,

제정 이유로 “국민들이 지방세의 징수 규정을 쉽게 확인할 수 있도록 「지방세기본법」의 징수·체납과 관련된 조문을 분리하여 지방세의 징수에 관한 법률을 제정”하는 한편, 외국인의 지방세 체납액의 징수 등을 위하여 법무부 장관에게 외국인 체납 정보를 제공할 수 있도록 하고, 신용카드를 이용하여 지방세의 일부를 자동납부할 수 있도록 하는 등의 제도적 미비점을 보완하기 위해 제정하였다.

4) 「지방교부세법」

「지방교부세법」은 지속적으로 개정되어 왔다. 김대중 정부인 1999년 전면개정을 통해 지방교부세의 법정교부율이 2000년부터 과거 내국세 수입의 13.27%에서 15.0%로 상향 조정되었으며, 그동안 문제점으로 지적되어 왔던 교부 방식도 대폭 수정하였다.

그러나 노무현 대통령의 참여정부 기간인 2004년에도 급격한 변화를 보여, 2005년부터 증액교부금과 지방양여금을 폐지하면서 법정교부율을 19.13%로 상향 조정하였고, 분권교부세를 신설하였으며, 국세인 종합부동산세를 도입하면서 부동산교부세가 신설되었다. 2006년부터는 분권교부세율이 0.83%에서 0.94%로 상향 조정되어 법정 교부율이 19.24%로 조정되었다.

뿐만 아니라 2012년에는 보통교부세 내에서 재원부족분과 별도의 특정 재원으로 운영되던 도로보전분(8,500억 원)이 완전 통합되었으며, 2014년에는 특별교부세의 비중이 과거 지방교부세 배분액의 4%에서 3%로 축소되었으며, 2015년에는 분권교부세의 일부 사업이 보조사업 등으로 환원되면서, 나머지는 보통교부세로 통합되었고, 추가적으로 담뱃값 인상에 따른 담배에 부과하는 개별소비세액의 20%를 소방안전교부세로 신설하였다.

이러한 끊임없는 제도 변화가 「지방교부세법」 개정을 통해 반영되었다.

5) 「지방양여금법」

「지방양여금법」은 1991년 지방자치제의 재도입과 함께 제정되었으나, 수차례의 개정을 겪었다. 지방양여세의 재원인 일부 국세가 「국세와 지방세의 조정 등에 관한 법률」에 의해 정해지고, 초창기 '지방양여금특별회계'로 분리 · 운영되었던 것이 일반회계로 흡수되어 통합 관리되었다.

2004년 '국가균형발전특별회계'의 신설에 맞추어 2005년에 지방양여금이 폐지되었으며, 기존의 양여금사업은 성격에 따라 도로 정비 및 지역개발사업은 지방교부세에 통합하고, 수질오염방지사업은 국고보조금으로 합쳤으며, 농어촌지역개발사업과 청소년육성사업은 국가균형발전특별회계 사업으로 전환되었다(기획예산처, 2005).

특히 지방양여금 도로사업을 위한 보전분(8,500억 원)은 2008년까지만 한시적으로 지원하기로 하였으나, 2011년까지 재연장하였다가 2012년에 보통교부세로 통합되었다.

6) 「보조금관리에 관한 법률」

지방재정의 의존재원 중 하나인 보조금에 관한 근거 법률인 「보조금관리에 관한 법률」은 2011년 7월 25일 일부 개정하였는데, 무엇보다 법률명을 과거 「보조금의 예산 및 관리에 관한 법률」에서 현행과 같이 변경하였다. 그 이유를 "보조사업 운용평가 제도를 도입하고, 보조사업의 예산을 통합하여 운용할 수 있도록 하여 보조사업 집행의 투명성 및 효율성을 높이고, 보조사업자를 공모 방식으로 선정하도록 하며, 보조금 통합관리망을 구축함으로써 보조금관리 체계를 개선하는 등 현행 제도의 운영상 나타난 일부 미비점을 개선 · 보완하기 위함"이라고 밝히고 있다.

7) 「지방공기업법」

지방공기업은 지방공기업 대상 사업의 확대, 지방공사와 공단의 설립 단체에 대한 범위 확대 등 시대적 요청에 따라 많은 변천을 겪어 왔다.

지방행정의 경영화 등으로 관심이 높았던 민관공동출자사업으로 알려진 제3섹터의 활성화와 관련해서도 법적 · 제도적 보완이 많이 요구되기도 하였다. 이러한 변화를 반영하여, 2014년 3월 24일 「지방자치단체 출자 · 출연기관의 운영에 관한 법률」을 제정하여, 동년 9월 25일부터 시행하고 있는데, 다양한 출자 · 출연기관이 운영되고 있는 와중에 각종 채용비리와 부실경영 등이 문제가 되어, 운영의 공통적인 기준을 마련하고 인사・조직・예산의 운영 등에 필요한 사항을 정하고자 제정되었다.

이러한 지방재정 관련 법체계의 변화내용을 요약하면 다음 [그림 1-6]과 같다.

그림 1-6 지방재정관련 법률체계 변화

<table>
<tr><th>과거~2005.5</th><th>2005.6~2010.5</th><th>2010.6~현재</th></tr>
<tr><td colspan="3">지방자치법</td></tr>
<tr><td rowspan="5">지방재정법</td><td colspan="2">지방재정법</td></tr>
<tr><td colspan="2">지방자치단체를 당사자로 하는 계약에 관한 법률</td></tr>
<tr><td colspan="2">지방자치단체 기금관리기본법</td></tr>
<tr><td colspan="2">공유재산 및 물품관리법</td></tr>
<tr><td></td><td>→지방회계법(2016. 5월 제정)</td></tr>
<tr><td colspan="2" rowspan="4">지방세법</td><td>지방세법</td></tr>
<tr><td>지방세기본법</td></tr>
<tr><td>지방세특례제한법</td></tr>
<tr><td>→지방세징수법(2016. 12월 제정)</td></tr>
<tr><td colspan="2">(세외수입)</td><td>→지방세외수입금의 징수 등에 관한 법률 (2013. 8월 제정)</td></tr>
<tr><td colspan="3">지방교부세법</td></tr>
<tr><td colspan="2">보조금의 예산 및 관리에 관한 법률</td><td>보조금관리에 관한 법률(2011. 7월 개정)</td></tr>
<tr><td colspan="3">지방양여금법(2004년 폐지)</td></tr>
<tr><td colspan="3">국가균형발전특별법(2004. 1월 제정)</td></tr>
<tr><td colspan="3">지방공기업법</td></tr>
<tr><td colspan="2">(출자・출연기관)</td><td>→지방자치단체 출자・출연기관의 운영에 관한 법률(2014. 3월 제정)</td></tr>
</table>

Chapter 02 지방재정과 중앙재정

제 1 절 공공 부문과 민간 부문

1. 공공 부문과 민간 부문의 특징

공공 부문(public sector)과 민간 부문(private sector)은 근본적으로 성격이 다르지만, 최근 그 차이가 점차 모호해져서 뚜렷하게 구분되지 않는 부분도 있다. 하지만 일반적으로 구분하면 다음과 같다.

공공 부문은 공익의 실현을 목표로 하는데 반해, 민간 부문은 이윤극대화라는 사익의 실현을 목표로 하며, 이러한 목표를 달성하기 위해 공공 부문은 강제적인 권력을 이용하는 반면, 민간 부문은 시장에서 가격을 통해 재화를 교환하는 방식을 이용한다.

또한 공공 부문과 민간 부문은 각각 공공재(public goods)와 민간재(private goods)를 생산·공급하는데, 이러한 생산·공급을 위한 재원을 공공 부문은 조세를 통해 조달하는 반면, 민간 부문은 소비자가 지불하는 가격 수입으로 충당한다. 이러한 재원 조달과 재화 및 서비스 제공 간의 관계를 공공 부문은 일반적 보상 관계로, 민간 부문은 개별적 보상 관계로 설명할 수 있다. 의사결정 방식은 공공 부문에서는 다수결에 의한 투표라는 집단적 결정 방식을 취하지만, 민간 부문은 기업과 소비자가 시장을 통해 개별적인 의사결정의 형태를 취한다. 아울러 공공 부문은 세입과 세출의 결정 기준을 확보될 세입에 따라 세출을 결정하거나, 필요한 세출에 따라 세입을 결정하는 등 총량적 개념에 따라 재정 규모를 결정하는 반면, 민간 부문은 한계비용과 한계수입을 일치시켜 자원의 최적 배분을 모색하는 한계 개념에 의한 의사결정을 한다. 또한 공공 부문은 형평성을 강조하는 반면, 민간 부문은 자원배분의 효율성을 강조한다. 이러한 각 부문의 특성을 비교해 보면 <표 2-1>과 같다.

표 2-1 공공 부문과 민간 부문의 특성

특 성	공공 부문	민간 부문
목표	공익의 실현	사익(이윤)의 추구
수단	권력	시장 기구
산출물	공공재	민간재
재원	조세	가격 수입
보상 관계	일반적 보상 관계	개별적 보상 관계
의사결정 방식	집단적 의사결정 (다수결 투표제)	개별적 의사결정
수입·지출의 결정 방식	총량적 결정	한계적 결정
지도 이념	형평성 우선	효율성 우선

자료: 오연천(1993: 12).

따라서 넓은 의미에서의 공공 부문은 우리가 일상생활에서 국가 또는 정부라고 부르는 좁은 의미의 일반정부 부문뿐만 아니라 각종 공사, 공단 등 공공기관[1]까지 포함된다.

그러므로 한국토지주택(LH)공사와 같은 공기업(公企業)과 국민연금공단과 한국관광공사 등 준정부기관(準政府機關) 및 대한체육회 등 기타공공기관(其他公共機關)을 모두 포함하는 공공기관도 넓은 의미에서 보면 공공 부문이라고 할 수 있다. 특히 이러한 공공기관은 그 활동 내용을 보면 민간 부문의 사기업과 거의 차이가 없

1) 2007년 4월 기존의 「정부투자기관관리기본법」 및 「정부산하기관관리기본법」을 폐지하고, 「공공기관의 운영에 관한 법률」을 제정하여, '공공기관'이라는 개념을 새롭게 도입하여, 현재는 다양한 공공기관을 공기업, 준공공기관, 기타공공기관으로 단순화시켰다.

고, 단지 정부가 투자금을 출자하거나 조직의 공공 목적 달성을 위해 설치·운영한다는 점에서만 차이를 갖는다(김춘순, 2018).

2. 공공 부문에서 지방재정의 위상

오늘날 현실 경제 체제는 모든 것을 시장 기능에 맡기는 순수시장경제나 이에 반대되는 통제경제시스템은 존재하지 않는다. 대부분의 자본주의 국가 체제는 기본적으로 시장 기능을 유지하면서 재정활동을 통해 시장에 개입하는 혼합경제(mixed economy) 체제를 채택하고 있다. 혼합경제체제를 채택하고 있는 각국의 재정 규모의 비중을 파악하는 것이 매우 중요하게 되었으나, 기준과 범위가 서로 달라 비교하기 어려워졌다.

이에 국제통화기금(IMF)이 각국의 재정통계 작성 기준을 제시하게 되었다. 이 역시도 제도적인 변화를 겪게 되는데, 과거 우리나라의 공공 부문 체계를 나타내면 [그

그림 2-1 과거의 공공 부문 체계(1996년 기준)

주: 점선(…)은 통합재정에서 제외되는 부문임.
자료: 재정경제원(1995); 한국개발연구원(1996: 16)에서 발췌.

림 2-1]과 같았다.

광의의 공공 부문(public sector)은 비금융 공공 부문과 금융 공공 부문으로 분류하는데 다 같이 정부활동이나 기능을 포괄하는 것이지만, 정부의 재정활동과 더 밀접하게 관련되는 부문은 비금융 공공 부문이다. 여기서 금융 공공 부문은 중소기업은행 등 통화금융기관과 한국산업은행과 수출입은행 등 비통화금융기관 및 금융 관련 기금으로 구분하고(한국개발연구원, 1996), 비금융 공공 부문은 다시 일반정부 부문과 비금융 공기업 부문으로 구분하며, 일반정부 부문은 중앙정부와 지방정부로 구분된다.

이 중에서 지방정부 부문은 지방정부의 특별회계 및 교육비 특별회계가 포함된다(강신택, 2000: 143-144). 그러나 지방정부의 재정 부문이 과거에는 재정의 가장 큰 포괄 범위인 통합예산(unified budget)에도 포함되지 않아 그 크기와 구조 등을 파악하기가 쉽지 않았다.[2)]

그러나 우리나라 정부 전체의 재정 규모를 나타내는 현행 지표는 IMF가 제시한 1986년의 재정통계 작성 기준(GFSM 1986)을 기초로 현금주의 기준으로 작성하는 "통합재정"[3)] 규모와 한국은행이 UN의 국민계정 체계(System of National Accounts: SNA) 기준에 따라 작성하여 OECD에 제출하는 "일반정부(General Government)" 총지출 규모 등이 있다(김춘순, 2018: 75).

이처럼 각국의 재정통계를 UN의 국민계정 통계 기준(SNA)과 정부 기능 분류(Classification of the Functions of Government: COFOG)의 일정 기준에 맞추어 작성・제출[4)]하기 시작하면서, 공공 부문의 범위와 포괄 대상이 변화하게 되었다.

이에 따라 2013년부터는 지방재정의 통합재정 규모와 수지도 공식적으로 발표하고 있는데, 공공 부문과 정부 및 공공기관이 어떤 형태로 조직되고 운영되는지는 각 나라의 정치 체제와 정치적・행정적 역사에 따라 제각기 다르지만, 일반적으로 정부와

2) 통합예산(unified budget)은 정부예산 규모를 정확히 파악하여 이것이 국민경제에 미치는 영향을 분석하기 위한 분류 체계이다. 더 자세한 개념과 범위는 신무섭(2003)을 참조할 것.

3) 통합재정보다 더 광의의 개념은 공공 부문 계정으로 통합재정 범위인 일반정부(중앙+지방정부) 및 비금융공기업에다가 금융공기업을 포함하고 있다.

4) 1974년부터 IMF가 『재정통계편람』을 발간하고, 1977년 5월 내한한 IMF조사단이 통합재정통계 및 통합재정수지 작성을 권고하였다. 권고에 따라 우리나라는 1979년 9월부터 통합재정수지 개념에 입각한 재정통계를 1970년부터 소급 작성하였고, 매년 IMF의 요청에 따라 예・결산 통계자료를 제출하고 있으며, IMF는 매년 GFS Book에 수록한다(김춘순, 2018: 76에서 재인용).

공공기관을 합쳐 공공 부문(public sector)이라 하며, 공공 부문은 일반정부(general government)와 비금융공기업으로 구분한다. 여기서 일반정부는 공공 부문 중 비영업적 활동을 하는 부문을 가리키며, 중앙정부, 지방정부가 여기에 속하는데, 중앙정부와 지방정부의 일반회계, 기타특별회계, 기금, 지방교육비특별회계, 중앙정부 기업특별회계(양곡관리, 우편사업, 우체국예금, 조달, 책임운영기관특별회계 등 5개)와 지방정부 공기업특별회계 및 '세입세출외(세계잉여금과 전대차관 등[5])' 등이 포함된다. 다만 중앙정부 기금 중에서 금융활동을 수행하는 신용보증기금 등 금융성 기금과 외국환 평형기금 및 공공기관은 통합재정의 범위에서 제외하고 있으며, 기업특별회계와 공기업특별회계는 수입과 지출이 아닌 영업이익 또는 영업손실만을 기재하고 있다.

따라서 변화된 공공 부문의 체계와 통합재정 범위 및 지방재정의 관계는 다음 [그림 2-2]와 같다.

그림 2-2 우리나라 공공 부문의 구성(2019년 현재)

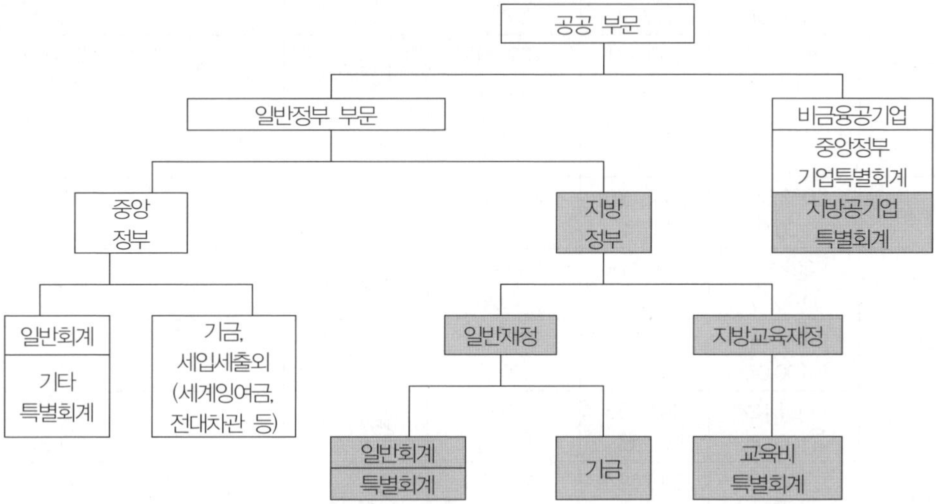

자료: 김춘순(2018: 77).

5) 지방정부 전대차관(轉貸借款)의 경우에는 차관도입 시, 예산 외로 처리하지만, 상환 시에는 공공자금관리기금을 거쳐 상환하게 되어 차관도입액을 세입세출외로 계상하여 통합재정에 포함시킨다.

이처럼 전체 공공 부문 내에서 지방재정은 일반정부 부문의 일반회계와 기타특별회계 및 기금과 교육비특별회계와 지방공기업 특별회계 등이 모두 포함된다.

이러한 공공 부문에서의 지방정부가 차지하는 위상은 다음 <표 2-2>와 같다. 중앙재정과 지방재정 규모를 모두 합한 총 재정 규모는 1991년 61조 2,160억 원에

표 2-2 지방재정 규모의 위상

(단위: 10억 원, %)

구 분	국민총생산 (GDP)	재정 규모	중앙재정[1]			지방재정
			합 계	일반회계	특별회계[2]	총 세출 규모[3]
1991	231,428 (100.0)	61,216 (26.4)	39,366 (17.0)	31,283	8,083	21,850 (9.4)
1995	409,653 (100.0)	109,579 (26.7)	72,915 (17.8)	51,498	21,416	36,664 (8.9)
1999	549,005 (100.0)	168,527 (30.6)	114,548 (20.8)	73,226	41,322	53,979 (9.8)
2001	651,415 (100.0)	240,867 (36.9)	161,758 (24.8)	98,668	63,090	79,109 (12.1)
2003	767,113 (100.0)	285,528 (37.2)	188,003 (24.5)	117,222	70,780	97,525 (12.7)
2005	865,240 (100.0)	299,461 (34.6)	192,399 (22.2)	134,207	58,192	107,062 (12.4)
2007	975,013 (100.0)	309,904 (31.7)	196,904 (20.2)	154,330	42,573	113,000 (11.5)
2009	1,063,059 (100.0)	377,179 (35.4)	252,182 (23.7)	199,875	52,306	124,997 (11.7)
2011	1,332,681 (100.0)	400,178 (29.9)	258,945 (19.4)	207,446	51,498	141,233 (10.5)
2013	1,429,445 (100.0)	447,015 (31.2)	286,404 (20.0)	229,544	56,860	160,611 (11.2)
2015	1,564,124 (100.0)	494,733 (31.6)	31,9400 (20.4)	257,881	61,509	175,333 (11.2)
2017	1,730,399 (100.0)	548,624 (31.6)	349,898 (20.2)	284,945	64,953	198,725 (11.4)

주: 1) 세출결산 기준이며, 재정 규모는 단순 합계임.
2) 2011년 이후는 기타 + 기업 + 책임운영기관특별회계의 합산임.
3) 일반회계와 특별회계의 세출 순계 규모임.
4) 괄호 안의 비중은 GDP에 대한 비율이며, 1991년은 GNP임.
자료: 2009년까지는 기획재정부(2010), 2011년 이후는 KOSIS.

서 2017년 결산 기준으로 548조 6,240억 원으로 8.9배나 증가했다. 그중에서 중앙재정의 규모는 1991년 39조 3,660억 원에서 2017년 349조 8,980억 원으로 8.8배 증가했고, 중앙재정이 같은 기간 내 국내총생산(gross domestic products: GDP)에서 차지하는 비중은 17.0%에서 20.2%로 증가했다.

반면에 지방재정 일반회계와 특별회계의 총 세출 순계 규모는 1991년 21조 8,500억 원에서 2017년에는 198조 7,250억 원으로 9.1배 증가하였고, 국내총생산에서 차지하는 비중은 9.4%에서 11.4%로 증가했다.

문제는 같은 기간 명목 국내총생산이 231조 4,280억 원에서 1,730조 3,990억 원으로 7.5배 증가하는 데 그쳤다는 것으로, 지방재정이 국내총생산에서 차지하는 비중이 중앙재정의 증가율에 비해 더 크기는 하지만, 재정 규모의 증가율이 상대적으로 더 큰 것을 알 수 있다.

결국 지방재정의 위상은 많이 향상되었으나, 중앙재정과 특히 우리나라의 경제 규모와 비교할 경우에는 상대적으로 더 큰 증가와 확대를 초래했다고 평가하기는 어려운 실정이다(손희준, 1999).

물론 이러한 비교를 위해서는 비교기준인 중앙재정의 범위와 지방재정의 대상이 동일해야 하는데, 제도적인 변화로 인해 기준이 일치하지 않아, 해석에는 많은 주의가 필요하다.

제 2 절 지방재정과 중앙재정

1. 지방재정과 중앙재정의 특징

지방재정과 중앙재정은 모두 정부활동을 위한 재정활동과 현상이라는 점에서 공통적인 부분이 많다. 그러나 중앙정부와 지방정부는 그 존립 기반이 상이하고, 각기 그 기능과 역할이 상이하여 각각 서로 다른 특징들을 내포하고 있다. 여기에서는 주로 지방재정의 특징과 관련하여 중앙재정과 지방재정 간의 비교를 시도하고자 한다.

우선 지방재정은 기본적으로 중앙재정에 비해 규모가 작고 구조도 단순하며, 지역주민들에게 좀 더 밀접한 지방정부의 활동을 지원하는 재정 현상이라는 점에서 중앙재정과 다른 특징을 가진다(오연천, 1993: 14-18).

이러한 지방재정과 중앙재정 간의 특징을 비교하면 <표 2-3>과 같다.

표 2-3 지방재정과 중앙재정의 비교

비교 기준	중앙재정	지방재정
재정의 기능	포괄적 기능	자원배분 기능에 치중
서비스의 성격	순수공공재적 성격이 강함	순수공공재적 성격이 약함
재원 조달 방식	조세 의존적	다양한 세입원
보상 관계	일반적 보상 관계 위주	개별적 보상 관계 첨가
부담 구조	응능 부담 원칙 중시	응익 부담 원칙의 가미
평가 기준	공평성	효율성
대표성의 수준	일반적 대표성	지역적 대표성

자료: 오연천(1993: 15).

첫째, 재정의 기능적인 측면에서 중앙재정은 자원분배 기능, 소득재분배 기능, 경제안정화 기능 등 포괄적인 기능을 수행하는 반면, 지방재정은 주로 자원배분 기능에 치중하게 된다. 왜냐하면 지방재정은 소득재분배 기능과 경제안정화 기능을 수행하는 데 있어서는 한계가 있기 때문이다.

둘째, 지방정부가 생산·공급하는 지방공공재의 특성은 공공재의 본질적 특성인 '비경합성과 비배제성'이 상대적으로 작은 공공재이다. 즉, 일종의 준공공재(quasi-public goods)와 지방공공재(local public goods)가 이에 속한다.

셋째, 중앙정부의 재원 조달은 주로 공권력적·일방적 형태인 조세수입에 의존하는 반면, 지방정부는 조세뿐만 아니라 사용료와 수수료 등 세외수입과 각종 의존재원 등 다양한 세입원에 의존하고 있다.

넷째, 중앙정부에 의해 제공되는 서비스와 재원 부담의 관계는 대부분 일반적이고 포괄적인 관계인데 비해, 지방정부에 의해 제공되는 서비스와 재원 부담의 관계는 주로 개별적 보상 관계를 띠고 있다. 이는 각기 제공하는 서비스의 특징에 기인한 것이기도 하다.

다섯째, 중앙정부의 재원 조달 방식은 능력 중심의 응능(應能) 부담 원칙이 중시되어 누진세율 구조를 가지는 소득세와 같은 세목이 조세 체계의 중심이 되나, 지방정부의 재원 조달 방식은 편익 중심의 응익(應益) 부담 원칙의 적용 가능성이 높다.

여섯째, 재정 제도와 운용을 평가하는 기준으로서 공평성과 효율성을 들 수 있는데, 지방재정은 중앙재정과 비교할 때 공평성보다는 자원배분의 효율성이 상대적으로 더 중시된다고 하겠다.

일곱째, 작은 단위의 정부일수록, 그리고 정부 단위의 구성원들이 동질적일수록 해당 정부가 주민들의 선호를 더욱 민감하게 수용할 수 있다는 '티부 가설(Tiebout hypothesis)'에 의해, 지방정부의 재정 운용은 중앙정부에 비해 주민대표성이 더욱 민감하게 작용한다고 할 수 있다.

2. 지방재정과 중앙재정의 규모

지방재정 규모와 중앙재정 규모를 비교할 때, 어떤 기준을 적용하여 파악할 것인가가 매우 중요하다. 왜냐하면 중앙과 지방이 서로 상이한 기준으로 논의하고 있기 때문이다.

우선 2019년도 일반회계 및 특별회계와 기금 등을 모두 포함하는 통합재정지출 규모로 파악하면 다음 [그림 2-3]과 같다.

통합재정지출 규모로 보면, 중앙정부는 469조 5,752억 원으로 61.0%를 차지하며, 지방정부는 230조 7,488억 원으로 29.9%이며, 지방교육 부문이 70조 5,960억 원으로 9.1%를 차지하여 전체 규모는 770조 9,200억 원에 달한다. 그러나 이러한 통합재정 지출 규모에서 지방정부와 지방교육청에 전출하는 이전재원 규모를 모두 제외하고 실제 통합재정 기준의 재정사용액을 파악하면, 중앙정부가 299조 1,356억 원으로 49.4%, 지방정부는 230조 3,785억 원으로 38.1%, 지방교육은 75조 4,402억 원으로 12.5%를 차지하고 있다.

이에 반해 일반회계와 특별회계 예산을 합하고, 전출·입금 등 중복 계상분을 제외한 순계예산 규모를 기준으로 중앙과 지방간의 재정 규모를 비교하면 [그림 2-4]와 같다.

그림 2-3 중앙과 지방 간 재정규모(2019년 통합재정지출액 기준)

(단위: 억 원, %)

구 분		중앙정부	자치단체	지방교육
통합재정지출 규모 7,709,200		4,695,752 (61.0%)	2,307,488 (29.9%)	705,960 (9.1%)
이전재원 공제내역	계 (△1,659,657)	△1,704,396	△3,703	48,442
	① 중앙정부 → 자치단체	△1,111,751 지방교부세 524,618 국고보조금 587,133	(982,652 ⊕129,099[1]) 지방교부세 432,954 국고보조금 549,698	–
	② 중앙정부 → 지방교육	△592,645 교육교부금 552,488 교육보조금 2,004 유아교육지원특계 38,153	–	(551,214) ⊕41,431 교육교부금 511,733 교육보조금 2,004 유아교육지원 37,477
	③ 자치단체 → 지방교육	–	△132,802 전출금(의무) 104,413 보조금(재량) 28,389	(125,791) ⊕7,011[2] 전출금(의무) 113,330 보조금(재량) 12,461
통합재정 사용액 6,049,543		2,991,356 (49.4%)	2,303,785 (38.1%)	754,402 (12.5%)

주1) 중앙정부–자치단체 간 이전재원 차이(12조 9,099억 원)는 자치단체에서 지방교부세와 국고보조금을 예산편성 시 적게 반영한 금액으로 중앙–지방교육청 간 이전재원 차이도 동일함.
2) 자치단체–지방교육 간 이전재원 차이(7,011억 원)는 지방교육청에서 자치단체 이전재원예측을 보수적으로 산정함에 따라 적게 반영한 금액임.
자료: 행정안전부(2019: 11).

즉, 2019년 순계예산 기준으로 중앙정부는 361조 7,859억 원으로 54.5%를 차지하고 있으며, 지방정부는 231조 152억 원으로 34.8%, 지방교육 부문은 70조 5,960억 원으로 10.7%를 차지하여 총 규모는 663조 3,971억 원으로 통합재정 규모 770조 9,200억 원에 비해서는 86.0%에 불과하다. 특히 중앙정부 재정 규모가 많은 차이를 보이는데, 이는 기금의 규모가 매우 크기 때문인 것으로 파악된다.

결국 이러한 예산 규모에서 중앙정부는 지방교부세 52조 4,618억 원과 국고보조금 58조 7,133억 원 등 지방정부에 대한 이전재원과 교육교부금 55조 2,488억 원과 교육보조금 및 유아교육지원특별회계로의 전출금 등을 제외하면, 191조 3,463억 원으로 재정사용액 기준으로는 38.5%에 불과하다는 입장으로 실질적으로 지방이 더

그림 2-4 **중앙과 지방 간 재정사용액 현황(2019년 순계예산)**

(단위: 억 원, %)

<table>
<tr><th colspan="2">구 분</th><th>중앙정부</th><th>자치단체</th><th>지방교육</th></tr>
<tr><td colspan="2">예산서상 규모
6,633,971</td><td>3,617,859
(54.5%)</td><td>2,310,152
(34.8%)</td><td>705,960
(10.7%)</td></tr>
<tr><td rowspan="4">이전
재원
공제
내역</td><td>계
(△1,659,657)</td><td>△1,704,396</td><td>△3,703</td><td>48,442</td></tr>
<tr><td>① 중앙정부 →
자치단체</td><td>△1,111,751
지방교부세 524,618
국고보조금 587,133</td><td>(982,652 ⊕129,099[1]
지방교부세 432,954
국고보조금 549,698</td><td>-</td></tr>
<tr><td>② 중앙정부 →
지방교육</td><td>△592,645
교육교부금 552,488
교육보조금 2,004
유아교육지원특계 38,153</td><td>-</td><td>(551,214) ⊕41,431
교육교부금 511,733
교육보조금 2,004
유아교육지원 37,477</td></tr>
<tr><td>③ 자치단체 →
지방교육</td><td>-</td><td>△132,802
전출금(의무) 104,413
보조금(재량) 28,389</td><td>(125,791) ⊕7,0112)
전출금(의무) 113,330
보조금(재량) 12,461</td></tr>
<tr><td colspan="2">재정 사용액
4,974,314</td><td>1,913,463
(38.5%)</td><td>2,306,449
(46.4%)</td><td>754,402
(15.1%)</td></tr>
</table>

주: 중앙과 지방 및 지방교육청 간 이전재원의 규모차이는 앞의 [그림 2-3]과 동일함.
자료: 행정안전부(2019: 25).

많이 사용한다는 것이다.

반면에 지방정부는 중앙으로부터 확정적인 지방교부세 43조 2,954억 원과 국고보조금 54조 9,698억 원 등 98조 2,652억 원을 이전받지만, 지방교육청에 의무적 전출금 10조 4,413억 원과 재량적 보조금 2조 8,389억 원을 지원하여, 결국 230조 6,449억 원을 사용한다고 하여 중앙과 지방 간에는 무려 12조 9,099억 원의 금액이 차이가 난다.

가장 큰 핵심이 지방교육 부문에 대한 인식 차이이다. 기획재정부 등 중앙부처는 지방교육재정 역시 지방에서 사용되기 때문에 중앙정부의 입장에서 보면 이전재원이고 결코 국가재정 규모에 포함시킬 수 없다는 논리이며, 행정안전부와 지방정부 입장에서는 교육자치단체는 별개의 자치단체이며, 실질적인 세출 권한은 각 교육청에 있고 지방자치단체와는 별개로 운영하고 있기 때문에, 지방에서 사용되는 재원이

라고 하여 일방적으로 지방재정의 범위에 포함시킬 수는 없다는 입장이다.[6)]

실제로 교육 서비스의 공공성을 고려한다면 지방공공 서비스라기 보다는 순수 공공서비스의 성격에 더 부합하고, 교육재정의 대부분을 국가공무원인 교원들의 인건비에 충당하고 있기 때문에 교육재정을 지방에서 사용하고 있기 때문에 지방재정에 포함시켜야 한다는 주장은 재고할 필요가 있다.

이처럼 재정 규모를 비교할 때에는 항상 그 기준과 논거를 파악하여서 어느 관점에서 파악하고자 하는지를 먼저 이해해야 한다.

이러한 중앙과 지방 간의 재정관계를 전제로 우선 예산 규모로 파악해 보면 다음 <표 2-4>와 같다.

표 2-4 지방재정과 중앙재정 규모의 비교(예산 규모 기준)

(단위: 조 원, %)

구 분	2005	2007	2009	2011	2013	2015	2016	2017	2018	2019
중앙재정	167.3 (57.6)	176.7 (54.8)	217.4 (55.1)	235.5 (56.0)	263.6 (55.9)	286.2 (55.7)	295.7 (55.1)	303.1 (54.6)	330.8 (54.4)	361.7 (54.5)
지방재정	92.4 (31.8)	111.9 (34.8)	137.5 (34.8)	141.0 (33.5)	156.8 (33.2)	173.2 (33.7)	184.5 (34.4)	193.1 (34.8)	210.6 (34.7)	231.0 (34.8)
지방교육	30.6 (10.6)	33.6 (10.4)	40.0 (10.1)	43.9 (10.5)	51.4 (10.9)	54.3 (10.6)	56.1 (10.5)	59.0 (10.6)	66.2 (10.9)	70.5 (10.7)

주: 당초예산(일반회계+특별회계; 순계예산)의 총재정사용액 기준이며, 정부 구분은 예산편성 연도 기준.
자료: 행정안전부(각 연도).

2005년 167조 3천억 원(57.6%)이던 중앙의 재정사용액 규모가 2019년 361조 7천억 원(54.5%)로 증가하였으나 비중은 감소한 반면, 지방재정은 2005년 92조 4천억 원(31.8%)이던 것이 2019년에는 231조 원(34.8%)으로 규모는 증가하였으나 비중은 2007년 이후 큰 변화가 없었다. 지방교육재정 역시 2005년 30조 6천억 원(10.6%)이던 것이 2019년 현재는 70조 5천억 원(10.7%)를 차지하고 있다.

또한 재정사용액 기준으로 중앙재정과 지방재정 및 지방교육재정을 파악하면 다

6) 교육자치에 대해서 참여정부에서 지방분권의 중요한 개혁 과제로 선정하여 통합하려 했으나 실패했다. 교육감의 주민직선제를 도입하였으나, 교육재정을 지방자치와 포함하든지 아니면 교육행정을 완전히 독립시켜 권한과 책임을 동시에 지는 독립 재정 단위로 구성하는 것이 실질적인 교육 자치에 적합하다고 주장하기도 한다(이재은, 2003; 임성일, 2008).

표 2-5 지방재정과 중앙재정 규모의 비교(재정사용액 기준)

(단위: 조 원, %)

구 분	2005	2007	2009	2011	2013	2015	2016	2017	2018	2019
중앙재정	108.6 (47.2)	104.8 (42.3)	132.7 (42.9)	137.4 (42.8)	152.6 (42.6)	166.9 (42.5)	172.2 (41.9)	169.1 (40.0)	181.2 (39.5)	191.3 (38.5)
지방재정	88.9 (38.6)	108.0 (43.6)	133.9 (43.3)	136.5 (42.5)	151.0 (42.1)	169.5 (43.1)	180.8 (43.9)	190.7 (45.1)	208.0 (45.4)	230.6 (46.4)
지방교육	32.8 (14.2)	35.1 (14.1)	42.7 (13.8)	47.4 (14.7)	55.0 (15.3)	56.4 (14.4)	58.2 (14.2)	62.9 (14.9)	69.3 (15.1)	75.4 (15.1)

주: 당초예산(일반회계+특별회계; 순계예산)의 총재정사용액 기준이며, 정부 구분은 예산편성 연도 기준.
자료: 행정안전부(각 연도).

음 <표 2-5>와 같다.

2005년 108조 6천억 원으로 47.2%이던 중앙의 재정사용액 규모가 2019년 191조 3천억 원 38.5%로 그 비중이 지속적으로 감소한 반면, 지방재정은 2005년 88조 9천억 원 38.6%이던 것이 2019년에는 230조 6천억 원 46.4%로 지속적인 증가 추세를 나타내고 있다. 지방교육재정 역시 2005년 32조 8천억 원 14.2%이던 것이 2009년 13.8%까지 낮아졌다가 2019년 현재는 75조 4천억 원 15.1%를 차지하고 있다.

재정사용액 기준으로 규모의 증가액을 단순 비교하면 15년 동안 중앙이 82조 7천억 원 증가한 반면, 지방은 141조 7천억 원 증가하였고, 지방교육은 42조 6천억 원 증가하여, 지방재정이 규모면에서나 비중면에서 모두 중앙재정의 증가추세를 압도하였다.

그러나 이러한 지방재정 규모의 증가율이 과연 지방재정의 자율성 확대에 이바지했는지에 대해서는 신중한 검토가 요구된다. 왜냐하면 단순한 재정 규모 증가보다는 지출의 자율성과 재량권이 확대되어야만 하기 때문이다. 게다가 지방교육재정은 단순한 규모 증대 효과는 있지만, 대부분 중앙재정 지출의 성격을 가지고 있기 때문이다.[7)]

7) 물론 이러한 설명에 대해서도 조세수입액 기준보다는 총재정수입액으로 산출해야 한다는 주장이 있다. 자세한 내용은 김동완(2003)을 참조할 것.

3. 국세와 지방세의 규모

실질적인 우리나라의 지방재정 자율성을 파악하기 위해서는 자체재원인 지방세 규모를 비교할 필요가 있는데, 이 역시 관련 제도 개편에 의한 변화가 매우 심했다.

지방자치제 도입 이후 지방세 제도의 급격한 변화는 2010년 지방소비세와 지방소득세를 도입하면서 전면적인 지방세 제도 개편 작업이 이루어져, 2011년부터 현재의 지방세 체계로 변모하게 되었다.[8]

따라서 2009년까지 국세는 소득세와 부가가치세 등 15개 세목이며, 지방세는 취득세와 등록세 등 16개 세목으로 구성되어 있었다. 2010년에는 지방소비세가 국세인 부가가치세의 5%로 도입되고, 기존의 주민세 소득할이 지방소득세로 분리 도입되었으며, 2011년부터는 기존의 16개 세목을 현재의 11개 세목으로 통폐합하였다.

표 2-6 과거의 조세 체계(2009년 말 기준)

국세(15)		소득세, 법인세, 상속·증여세, 부가가치세, 특별소비세, 자산재평가세, 부당이득세, 주세, 증권거래세, 인지세, 교육세, 교통세, 농어촌특별세, 종합부동산세, 관세
지방세	도세(7)	취득세, 등록세, 레저세, (면허세), 공동시설세, 지역개발세, 지방교육세
	시·군세(9)	주민세, (재산세), 자동차세, 주행세, 농업소득세, 도축세, 담배소비세, 도시계획세, (사업소세)

주: 지방세의 괄호 안의 세목은 자치구세이고, 나머지는 특별시, 광역시세임.

그동안 국세 역시 변화를 거치면서 현행 조세 체계는 다음 <표 2-7>과 같다.

우리나라 조세 체계를 보면 소득세와 법인세 및 부가가치세 등 소득 관련 조세와 특별소비세와 주세 등 소비 관련 조세가 대부분 국세로 편성되어 있는 반면, 지방세는 취득세와 재산세 등 대부분 재산 관련 세제로 구성되어 있어 세수의 신장성은 상대적으로 취약한 편이다.

8) 지방세의 변화는 2000년에 주행세가 신설되고, 2001년부터는 지방교육세가 도입되었는데, 과거 국세였던 교육세를 시·도의 목적세로 도입하였다. 이에 따라 2009년 말 지방세의 세목 수는 16개였으나, 국세는 종합부동산세의 도입으로 15개였다. 2010년 지방소비세와 소득세가 도입되었으며, 2011년에는 지방세법의 분법화 등을 통해 지방세 체계 자체가 현재와 같이 변화하였다.

표 2-7 우리나라 조세구조(2019년 현재)

국세(14개)			지방세(11개)	
직접세 (5개)	간접세 (5개)	관세 및 목적세 (4개)	도세 (6개)	시・군세 (5개)
소득세 법인세 상속세 증여세 종합부동산세	부가가치세 개별소비세 주세 인지세 증권거래세	관세 교통에너지환경세 농어촌특별세 교육세	등록면허세 취득세 지방소비세 레저세 지방교육세 지역자원시설세	자동차세 재산세 지방소득세 주민세 담배소비세

이러한 국세와 지방세의 세수 규모를 비교하기 위해서는 형식적인 의미의 세수 규모보다도 실질적인 세원 배분 등을 고려해야 하기 때문에, 국세와 지방재정 및 지방교육재정과의 연관성을 이해할 필요가 있다.

표 2-8 우리나라 조세 유형과 재원이전(2019년)

<table>
<tr><th colspan="3">구 분</th><th>세 목</th><th>정부 간 세원이전</th></tr>
<tr><td rowspan="7">국세
(14개)</td><td rowspan="3">내
국
세</td><td>직접세</td><td>소득세, 법인세
상속세, 증여세</td><td rowspan="2">19.24% 지방교부세,
20.46% 지방교육재정교부금,
부가세의 15%: 지방소비세,
담배 개별소비세 20%: 소방안전교부세</td></tr>
<tr><td rowspan="2">간접세</td><td>부가가치세, 인지세
증권거래세, 개별소비세</td></tr>
<tr><td>주세</td><td>100% 균특회계</td></tr>
<tr><td colspan="2" rowspan="3">목적세</td><td>농어촌특별세
교통에너지환경세</td><td>–</td></tr>
<tr><td>종합부동산세</td><td>100% 부동산교부세</td></tr>
<tr><td>(교육세)</td><td>100% 지방교육재정교부금</td></tr>
<tr><td colspan="2">대외</td><td>관세</td><td></td></tr>
<tr><td rowspan="5">지방세
(11개)</td><td rowspan="3">도
세</td><td>보통세</td><td>취득세, 등록면허세
레저세, 지방소비세</td><td>3.6% 교육비특별회계
(서울: 10%, 경기도 외 광역시 5%)</td></tr>
<tr><td rowspan="2">목적세</td><td>지역자원시설세</td><td>–</td></tr>
<tr><td>(지방교육세)</td><td>100% 지방교육재정교부금</td></tr>
<tr><td rowspan="2">시
・
군
세</td><td rowspan="2">보통세</td><td>주민세, 지방소득세
재산세, 자동차세</td><td>–</td></tr>
<tr><td>(담배소비세)</td><td>45% 교육비특별회계</td></tr>
</table>

주: 괄호 안의 세목은 교육재정교부금 또는 교육비특별회계의 대상 세목임.

따라서 이러한 세수이용적 측면을 고려한 국세와 지방세의 연계내용을 파악하면 <표 2-8>과 같다.

현행 국세 수입 중에서 부가가치세의 15%는 문재인 정부의 재정분권 정책의 일환으로 지방소비세로 이관되고, 주세(酒稅)는 전액 국가균형발전특별회계의 재원으로 이관되며, 담배 개별소비세의 20%는 소방안전교부세로 전용된다. 또한 내국세 수입의 19.24%와 20.46%[9]는 지방교부세와 지방교육재정교부금으로, 종합부동산세는 전액 부동산교부세로 배분되며, 국세분 교육세 전액은 역시 지방교육재정교부금으로 사용되어, 국세 수입의 상당 부분이 지방재정 및 지방교육재정의 이전재원으로 사용되고 있다.

지방세목 역시 일부 세수입을 지방교육재정의 이전재원으로 활용하고 있는데, 지방교육세 전액은 교육재정교부금으로 이관되고, 보통세 수입의 일정률과 담배소비세 수입 45%를 교육비특별회계로 전출하고 있으며, 주행세는 유가 보조금으로 사용되고 있어 지방의 재정수요와는 상관이 없다.

이러한 점 등을 감안하여 국세와 지방세의 규모를 비교해 보면 다음 <표 2-9>와 같다.

표 2-9 국세와 지방세의 규모

(단위: 억 원, %)

구 분	2010	2012	2014	2015	2016	2017	2018	2019
국세	1,771,184 (78.3)	2,030,149 (79.0)	2,055,198 (76.9)	2,178,851 (75.4)	2,425,617 (76.3)	2,510,766 (77.0)	2,681,947 (77.5)	2,947,919 (78.3)
지방세	500,799 (21.7)	539,381 (21.0)	617,225 (23.1)	709,778 (24.6)	755,306 (23.7)	711,891 (22.7)	779,140 (22.5)	818,267 (21.7)

주: 2017년까지는 결산, 2018년은 최종예산, 2017년은 당초예산 순계 기준.
자료: 행정안전부(2019).

2019년 예산 기준으로 국세는 294조 7,919억 원으로 78.3%인 반면, 지방세는 81조 8,267억 원으로 21.7%이나, 2010년부터의 추이를 보면, 국세는 2012년 79.0%로 증가하였다가, 2015년에는 75.4%로 가장 낮은 비율을 나타내기도 하였다. 반면 지방

9) 2019년 재정분권 조치에 의해 지방소비세가 부가가치세의 11%에서 15%로 인상되었으며, 교육재정 부족분 충당을 위해서 교육재정교부금의 법정률이 20.27%에서 20.46%로 인상되었다.

표 2-10 국세와 지방세 비율

(단위: %)

구 분	1970	1975	1980	1985	1990	1995	2000	2002	2004	2006	2008
국세	91.0	89.8	88.3	87.8	80.8	78.8 (73.8) [56.8]	81.9 (70.5) [48.8]	79.8 (70.1) [48.5]	77.5 (59.7) [56.6]	77.0 – [53.1]	78.6
지방세	9.0	10.2	11.7	12.2	19.2	21.2 (26.2) [43.2]	18.1 (29.5) [51.2]	20.2 (29.9) [51.5]	22.5 (40.3) [43.4]	23.0 – [46.9]	21.4

주: ( )는 2004년까지의 지방양여금, [ ]는 지방양여금, 교부세, 보조금 배분 후의 비율.
자료: 재정경제부(1998, 2003) 및 행정안전부.

세는 반대 추이를 나타내고 있다.

이러한 국세와 지방세 규모 차이를 과거의 추세를 더해 파악해 보면 <표 2-10>과 같다.

지방자치 제도가 도입되기 이전인 1970년에는 국세가 91%인 반면, 지방세는 9%에 불과하여 세수의 집권성을 그대로 드러내고 있다가, 지방자치가 재도입되기 직전인 1990년에 80.8%로 거의 8대 2 구조가 시작되었다. 이러한 구조는 최근까지 다소 완화된 점이 있기는 하지만, 오히려 형식적인 배분 구조와 실질적인 배분 내역을 면밀히 분석해야만 제대로 파악할 수 있을 것이다.

참고적으로 외국의 지방세 비율 역시 자주 인용되고 있는데, 이에 대해서도 유의해야 할 점이 많다.

표 2-11 OECD 주요 국가의 지방세 비율(2016년 기준)

(단위: %)

구 분	연방형		단일형		
국가	미국	독일	일본	영국	프랑스
비율	44.6	51.4	40.1	6.0	28.5

자료: OECD(2018), 행정안전부(2019)에서 재인용.

국세와 지방세의 비율 구조에서 단일형 국가 중에서 지방세의 비중이 가장 낮은 나라는 영국으로 6%에 불과하다. 영국을 제외하면 프랑스가 28.5%로 거의 우리나라와 비슷하다. 반면 일본은 40.1%로 매우 높은 수준을 나타내고 있는데, 이는 과거 '삼위일체(三位一體) 개혁'[10] 등 지방분권 노력의 결실이라고 할 수 있다. 연방제 국가의 경우는 미국이 44.6%이며, 독일은 51.4% 등 지방세의 비율이 상대적으로 매우 높은 것을 알 수 있다.

그러나 선진국 어느 나라의 지방세 비율이 어느 정도이니, 우리나라도 그 정도는 되어야 한다는 주장은 별반 설득력이 없다고 하겠다. 왜냐하면 각 나라마다 조세와 관련해서는 역사적인 배경과 인식이 매우 상이하기 때문이다.

그럼에도 불구하고 일본의 경험과 사례는 눈여겨 볼 필요가 있다. 왜냐하면 일본과 우리나라의 경우는 많은 측면에서 유사하기 때문이다.

따라서 일본과 우리나라의 지방세 비중을 비교하면 다음 <표 2-12>와 같다.

1970년 일본은 이미 지방세의 비율이 33.3%이어서 '3할 자치'라는 자조적인 언급이 있었지만 지속적으로 증가하여 2008년에는 46.3%를 차지할 정도로 증가하였지만, 2014년 38.9%, 2016년 40.1% 등 40%대에서 등락을 보이고 있는 반면, 우리나라는 1970년 9%이던 것이 1975년 10.2%, 민선자치 시대인 1995년에는 21.2%로 급증하였으나 아직도 20%대에 머물고 있다. 물론 이러한 지방세수입의 규모가 지방자치의 필요충분 조건은 결코 아니지만, 우리나라와 같이 엄격하게 세원 분리 방식을 적용하고 있는 경우에 지방재정의 자율적 운영을 통한 재정분권과 책임성 확보라는 측면에서 지방세수의 비율을 향상시킬 여지는 매우 높다고 하겠다.

표 2-12 한국과 일본의 지방세 비율 변화 추이

(단위: %)

구 분	1970	1975	1985	1995	2000	2002	2004	2006	2008	2010	2012	2014
한국	9.0	10.2	12.2	21.2	18.1	23.3	23.1	21.9	20.5	21.7	21.0	23.1
일본	33.3	36.5	37.3	38.0	41.9	42.3	43.6	40.0	46.3	44.9	43.1	38.9

자료: 日本 總務省(각 연도), 행정안전부(각 연도).

10) 일본 고이즈미 준이치로 내각(小泉 純一郞, 2001~2006)에서 추진한 지방분권 개혁의 방향으로 자주재원인 지방세를 확대하는 대신, 의존재원인 지방교부세와 국고보조금을 삭감하기 위해 세원이양을 단행하였다. 지방세와 지방교부세, 국고보조금 등 세 가지 재원을 동시에 개혁하고자 하였다 하여, '삼위일체 개혁'이라고 한다. 자세한 내용은 히라시마 아키히데(2018.8) 등을 참고할 것.

제 3 절 재정분권화와 정부 간 재정관계론

1. 재정분권의 개념과 의의

1) 분권의 유형과 재정분권의 개념

최근 들어 세계 각국에서 지방분권(local centralization)에 대한 관심과 연구가 초점이 되어 왔다. 이는 21세기 지구촌의 화두인 세계화・정보화・지방화 등 사회 변화에 따라 과거의 중앙집권적 통치구조가 비효율성(inefficiency)과 비민주성 및 만성적인 재정적자(fiscal deficit)와 거시적인 불안정, 낮은 경제 성장 등의 문제를 해결할 수 없다는 자각에서 기인하는 것이다.[11] 우리나라 역시 故 노무현 전 대통령의 참여정부 출범 이후 지방분권과 정부혁신을 국정과제로 채택하면서 재정분권을 위한 실천적 로드맵을 발표되기도 했다.[12] 문제는 분권(decentralization)의 개념과 유형에 대해서도 많은 학자들 간에 일치하는 합의점이 없다는 것이다.

트라이스만(Treisman, 2002)에 따르면, 19세기 철학자이며 분권에 대한 고전적인 학자인 토크빌(Alexis de Tocqueville)마저도 분권의 개념을 명확하게 정의하지 않고 사용했다고 비판하였다. 따라서 한 나라의 체제는 정치・경제・사회 및 행정적 측면에서 뿐만 아니라 역사와 문화, 제도적 측면에서 상이하기 때문에 분권의 개념 역시 본질적으로 다차원성과 불명확성을 내포하게 되며, 이러한 분권의 다원적 특성으로 인해 분권을 논의할 때 저지르기 쉬운 오류는 한두 가지 측면만 보고 어떤 국가를 집권국가 또는 분권국가로 유형화하는 것이라고 한다(김정훈, 2007). 왜냐하면 정치적으로는 분권적 경향이 강하더라도, 경제적으로는 집권적 성향이 강할 수 있기 때

11) 과도한 중앙집권에 따른 획일성과 수도권 지역에 대한 과밀집중의 폐해로 인한 불균형 성장을 해결하기 위해, 과거 참여정부는 분권과 분산, 분업 등 '3분 정책' 및 국토균형발전을 국정목표로 설정하였으며, 현재의 문재인 정부 역시 '자치분권'과 '균형발전'을 지향하고 있다.

12) 과거 참여정부의 정부혁신지방분권위원회가 제시하고 있는 지방분권의 추진 원칙은 협치(協治, governance)를 통한 지방정부와 시민사회에 대한 신뢰 구축을 위해 '선분권 후보완 원칙', 주민에 가까운 정부에 우선 배분하는 '보충성의 원칙', 중・대단위 사무를 포괄적으로 이양하는 '포괄성의 원칙' 등을 제시했다. 이러한 3대 원칙에 의한 지방분권의 추진전략은 중앙 권한의 획기적 지방 이양, 획기적 재정분권 추진 등 선도과제를 제시했다(정부혁신지방분권위원회, 2003).

문이다.

미니스와 론디넬리(Minis & Rondinelli, 1989)는 공간, 시장, 행정 등 세 가지 분권으로 구분하기도 하였고, 일반적으로는 정치 분권, 행정 분권, 재정 분권 등으로 구분하기도 한다.

우선 정치적 분권(political decentralization)은 지방정치에 있어 대의민주주의를 구현하는 제도적 정비로 이해하면서, 시민들의 정치적 이해관계의 다양성이 정치적 의사결정에 반영되도록 중앙정부, 광역, 기초정부 등 여러 단계의 정부를 구성하고 그 대표들을 선거로 선출하는 정치적 체계를 의미한다.

반면, 행정적 분권(administrative decentralization)은 권한과 책임 · 재정자원 · 정부 기능을 계층별로 재배분하는 것으로 기능분산(deconcentration), 권한위임(delegation), 권한이양(devolution)의 형태로 이루어지며, 한국 사회에서 논의되고 있는 분권은 권한이양과 행정수도의 이전과 국가균형발전 등 기능 분산으로 이해하여야 하며, 공공 서비스의 제공에 따르는 행정적 권한과 책임을 여러 단계의 정부에 배분하는 과정으로, 예를 들어 지방관료의 채용 및 해고, 지방공공재 제공을 위한 계약체결 및 조례제정을 통한 행정업무의 추진 등이 주요 내용이다.

재정적 분권(fiscal decentralization)은 공공 서비스의 제공에 따르는 재정적 권한과 책임을 여러 단계의 정부에 배분하는 과정으로, 과세자주권, 지방세출에 대한 자주권, 정부 간 재정조정제도 등이 핵심이다(송상훈 외, 2011: 9-10).

이처럼 재정분권화의 개념은 학자에 따라 매우 상이하게 사용하고 있는데,[13] 일반적으로는 중앙정부 등 상위정부가 하위정부에 대해 조세 및 지출에 관한 권한과 기능을 이양하는 것으로 정의하고 있다(Fukasaku & Mello, 1999; 최병호, 2006).

결국 재정분권은 그 지역의 행정 기능을 수행하는 데 필요한 재원의 조달과 지출에 대한 의사결정을 그 자신의 책임 하에 중앙정부로부터 독립하여 처리할 수 있는 권한의 확대와 주민의 선호에 따라 행정 서비스를 제공하여 그 효율성과 책임성을 확보하는 것이라고 정의할 수 있다.

---

13) 국내 학자들의 정의를 보면, 중앙정부에 편중되어 있는 국세의 일부를 지방세로 전환함으로써, 지방자치단체의 과세권을 강화하고 독립된 자주재원을 확보하고자 하는 시도(염명배, 2004: 27)와 공공 서비스의 제공에 따르는 재정적 권한과 책임을 여러 단계의 정부에 배분하는 것(김정훈, 2007: 77) 등이 있다.

2) 재정분권 이론

집권(centralization)의 당위성과 분권(decentralization)의 필요성을 주장하는 데 있어서 어느 한 편이 무조건 옳을 수는 없다. 왜냐하면 집권과 분권은 모두 각각의 장・단점을 갖고 있기 때문이다.

분권에 대한 가장 대표적인 이론이 오츠(Wallace E. Oates)의 분권화 정리(decentralization theorem)인데, 이는 중앙과 광역, 기초 등 다양한 수준의 정부 계층 사이에서 어느 정부가 과연 어느 기능을 담당하는 것이 바람직할 것인지에 대한 해결 방안으로서 제시한 것이다. 즉, 분권화 정리[14]는 "지리적으로 전국 단위가 아닌 지방 행정구역에서의 공공재, 즉 지방공공재의 공급에 있어서, 각 단위에서의 동일한 수준의 공공재 공급을 위한 비용이 중앙정부 또는 각각의 지방정부 사이에 동일하다면, 사회적 후생은 각 지방단위별로 파레토 효율적 공공재를 공급하는 것이, 중앙정부가 전국적으로 획일적이고 일정한 수준의 공공재를 공급하는 것보다 언제나 동일하거나 더 효율적이다"라는 것이다(Oates, 1972: 35).

결국 오츠의 분권화 정리는 경제적 효율성에 입각하여 지역적 효과(localized effects)를 갖는 공공재의 분권화된 공급을 지지하는 명제인 것이다(강윤호 외, 2015).

물론 이런 오츠의 분권화 정리에 대해서, 첫째, 지방공공재의 외부효과가 없어야 하며, 둘째, 지방공공재의 공급 비용이 중앙정부와 해당 지방정부에서 동일해야 한데, 만약 규모의 경제(economies of scale) 효과가 발생하는 경우는 지방정부의 공급이 바람직하지 않을 수 있다(윤영진, 2016).

따라서 각각의 지방공공재와 공공 서비스의 성격을 따른 공급 체계를 강구해야 할 것이다.

또한 분권화 정리와 함께 중앙정부와 지방정부 간 사무배분과 기능배분의 원칙으로 '보충성의 원칙(principle of subsidiarity)'이 있다.

보충성의 원칙은 1992년 2월 7일 체결된 유럽연합(EU)의 마스트리히트조약(Maastricht Treaty)에서 유럽연합의 법률 체계의 기본 원칙으로 도입되었다. 이후 독일

---

14) 분권화 정리는 일부 주민들만 한정되어 소비되는 공공재의 경우는 중앙정부보다 해당 지방정부가 공급하는 것이 더 효율적이며, 이처럼 다양한 지방정부가 파레토 효율적으로 공공재를 공급하게 되면 사회전체 효용이 극대화된다는 것이다. 결국 개인선호가 다양해질수록 분권화를 통해 사회효용은 더욱 커지게 된다고 보았다. 자세한 내용은 경기개발연구원(2008: 41-42)을 참조할 것.

을 비롯하여 유럽연합의 구성 국가들은 헌법을 개정하여 보충성의 원칙을 헌법에 명시하였고, 1990년대 후반부터 우리나라는 지방분권의 원리로 논의되기 시작하여 2004년 지방분권특별법에 규정되었다(이기우, 2019년 5월 6일 기사내용).[15)]

보충성의 원칙은 주민생활과 밀접한 기능과 사무는 주민과 가장 가까운 지방정부에 배분하고, 지방정부가 할 수 없는 기능과 사무는 광역정부나 중앙정부가 담당하여야 한다는 것이다. 즉, 기능 및 사무배분을 판단하기 위한 기준으로 기초자치단체 위주로 우선권을 부여하자는 것이다. 따라서 이를 위한 중앙과 지방 간의 재원배분을 위한 기준으로도 고려해야 할 것이다.

3) 재정분권의 영역

재정분권이란 해당 지역의 행정 기능을 수행하는 데 있어, 필요한 재원의 조달과 지출에 관한 의사결정을 자신의 책임 하에 중앙정부로부터 독립하여 처리할 수 있는 권한의 확대와 주민의 선호에 따라 행정 서비스를 제공할 때 그 효율성과 책임성을 확보하는 것을 의미한다(경기개발연구원, 2008: 38).

따라서 재정분권화는 재정 운영과 관련하여 지방의 자율성 제고 및 중앙정부가 갖고 있는 재정권한과 사무의 지방이양 및 재원의 지방이양, 지방재정의 책임성 확보 등을 요구하게 된다.

그러므로 재정분권은 크게 세출분권(歲出分權)과 세입분권(歲入分權)으로 구분하기도 한다.[16)] 세출분권은 어떤 사무와 기능을 어느 계층의 정부가 담당하는 것이 바람직한가와 관련이 되며, 재원의 성격보다는 누가 얼마만큼의 재원을 자율적으로 사용할 수 있는가의 문제이며, 반면에 세입분권은 지방세와 같이 자율적으로 부과·징수하여 필요한 재원을 스스로 마련할 수 있는가의 문제로 재정지출의 책임과도 밀접하게 연관되어진다.[17)]

---

15) 보충성의 원칙은 2003년 참여정부가 지방분권 추진을 위한 핵심 원칙의 하나로 채택하여, 우리나라에 널리 알려지게 되었고, '현지성의 원칙'으로 번역되기도 한다.

16) 세입분권과 세출분권을 '양적 재정분권'으로, 재정 운영의 자주권 확대는 '질적 재정분권'으로 구분하기도 한다(윤영진, 2016).

17) 재정분권화를 '현상'과 '본질'로 구분하여, 현상적으로는 세입과 세출의 상대적 비중과 자율성 정도로 인식하는 반면, 본질적으로는 지역주민의 '삶의 질'을 향상시킬 수 있는 정도를 의미하는 것으로 인식하기도 한다(우명동, 2007: 4-11).

따라서 세입분권화의 정도를 파악하기 위해 버드(R. Bird)는 실질적인 지방세(truly local tax)가 지방정부에 의해 자율적으로 부과되어야 하며, 지방정부가 세율을 결정하여 징수하며 세수입이 지방정부에 귀속되는 것이어야 한다고 했다(Bird, 1993). 또한 오츠(W. E. Oates) 역시 지방정부가 실질적이고 효과적인 재정적 재량권을 갖기 위해서는 첫째, 독립적인 수입원을 보유하여 소요재원의 대부분을 자체수입원으로 충당할 수 있어야 하며, 둘째, 자체재원인 지방세가 재화와 경제활동의 왜곡을 초래해서는 안 되며, 가급적 지방공공재의 편익과 일치해야 한다고 주장한다(Oates, 1993).

또한 세출분권화와 관련해서는 첫째, 지방정부의 재정지출 규모와 중앙정부 등 상위정부의 지출 규모, 둘째, 지방정부가 재정지출을 스스로 결정하는지, 이에 대한 상위정부의 개입 및 간섭 등이 측정지표로 사용될 수 있다.

결국 재정분권은 한정된 국가재원의 사용과 동원을 둘러싸고, 중앙정부와 지방정부 간의 기능 및 역할배분과 직결되는 문제이다. 그러나 대부분의 나라에서 중앙과 지방 간의 기능배분은 역사적인 산물로 이루어져 한마디로 구분할 수 있는 원칙이나 기준은 존재하지 않는다고 할 수 있다.

이런 재정분권화와 관련하여 임성일은 재정분권을 다음과 같은 세 가지 측면으로 요약한다(임성일, 2003: 26).

첫째, 재정분권은 재정의 운영 측면에서 지방의 자율성이 높아지는 것을 의미한다. 이것은 과세자주권 신장에 기반을 둔 자체수입의 증가를 포함하여 각종 재정지출에 대한 의사결정을 지방이 중심적으로 수행하는 것을 의미한다.

둘째, 재정분권은 국가 재정자원(fiscal resources)의 사용에 있어서 중앙정부 중심체제로부터 벗어나 지방의 재정지출 권한이 확대되는 것을 의미한다. 즉, 재정분권은 중앙정부가 갖고 있는 재정권한과 사무의 이양을 의미하는 동시에 그에 상응하는 재원의 지방이전을 의미한다.

셋째, 재정분권은 지방재정의 책임성을 추구하는 제도적 특성을 지닌다. 재정분권은 권한과 재원의 이양을 한 축으로 하면서, 또 다른 축으로 재정책임성을 필요로 한다. 이미 재정분권의 유용성과 효과가 이론적으로 뒷받침되고 있지만(Break, Oates, Buchanan, Tiebout 등), 재정책임성이 수반되지 않는 재정분권은 비효율과 낭비를 초래할 수 있다고 주장한다.

결국 재정분권화는 지방의 세입과 세출 및 재정 관리에 있어서의 분권과 재정 운영상의 자율성 등을 포괄하는 개념으로 이해할 수 있다.

그러나 이러한 재정분권화는 독립적으로 추진되어 온 것이 아니라, 거시적인 지방분권화의 전제 조건으로 추진되어 왔다. 이미 영미(英美) 국가(Anglo-American countries)와 유럽의 선진국에서는 성공적으로 지방분권이 추진되었으나, 브라질과 아르헨티나 등 남미(南美) 국가에서는 성공적이지 못했다는 평가가 있는데, 이는 지방정부의 정보 부족과 부패, 지방공무원의 자질 등 수권 능력(受權能力) 부족과 재정관리 시스템의 비효율성 등을 요인으로 들고 있다(Prud'homme, 1994). 특히 남미 국가의 경우 중앙정부가 지원하는 이전재원에 지나치게 의존한 나머지, 자체세원의 확보 노력 미흡, 인건비 등 경상경비의 급증, 도덕적 해이로 인한 지출 증가와 채무 증가, 예산 절약의 인센티브 부재 등이 지방재정의 위기를 초래했다고 한다(안종석, 2002).

재정분권의 의의와 필요성에 대해서는 국민들의 일반적인 동의가 있는 것 같지만, 집권세력의 저항과 보수권력의 속성은 구체적인 재정분권화의 방법론과 방향에 대해서 다양한 핑계와 논리를 동원하여 반대하고 있는 것이 현실이다.

2. 재정분권화의 방향과 내용

서구 선진국의 지방분권 경험과 도입사례를 토대로 우리나라의 재정분권화 방향을 제시하고자 한다. 참여정부와 문재인 정부는 '지방분권'과 '자치분권'을 국정목표로 설정하고 있다. 특히 2017년 출범한 문재인 정부는 국정과제 중의 하나로 '지방재정의 자립기반을 위한 강력한 재정분권(국정과제 75)'을 제시하고 이를 위해서, 현재 8대 2인 국세와 지방세 비율을 7대 3, 장기적으로 6대 4 수준까지 개선한다고 발표하였으며, 지방재정의 자주역량을 제고하기 위해, 지방교부세율 상향과 국고보조사업 정비 등 이전재원 조정 및 지방재정의 건전성 강화와 고향사랑 기부제도 도입 및 주민참여 예산 확대 등을 밝히고 있다.

이러한 문재인 정부의 재정분권 방향 역시 큰 틀에서 보면, "세입 측면에서의 자율성 확대와 세출 측면에서의 책임성 확보"라고 이해할 수 있다. 이러한 재정분권 방

향을 달성하기 위한 구체적인 내용은 다음과 같다.[18]

첫째, 세입분권을 위해서는 단순한 세입 규모의 증대에만 치중하여 세입 규모의 순증(純增)을 강조하기보다는 구조적인 개선을 통한 지방재정의 건전성 확보를 모색해야 한다. 이와 관련해서 재정력이 높은 자치단체는 단순한 이전재원의 증대보다는 중앙정부로부터의 통제와 개입의 철폐를 주장하고, 재정력이 약한 단체는 개입이나 통제는 감수하더라도 재원 확충을 우선시하는 문제점이 나타날 수 있다.

결국 이러한 문제를 해결하기 위해서는 지방재정의 개혁 수단이 획일적으로 하나일 수 없다는 것으로, 각 자치단체에 맞는 '맞춤식' 또는 '차등적' 재정분권화 정책이 요구된다. 그러나 이러한 방향에서도 전반적인 개혁 방향은 새로운 재원배분 구조의 구축을 통한 자체재원의 확충 및 이에 따른 책임성 확보에 초점을 두어야 한다.

이에 대해 자체재원인 지방세와 세외수입은 수입확대에 대한 구조적인 한계와 재정력 격차 등으로 인해, 지방교부세와 같은 일반재원의 확대가 훨씬 용이하며 바람직하다는 주장이 있는데, 이는 지방자치의 이념과도 배치되는 것이며, 지금까지의 재정집권 구조를 더욱 공고히 하려는 저의(底意)가 있는 것으로 생각되며, 이는 지방자치단체의 역선택(逆選擇)과 도덕적 해이(moral hazard)[19]를 야기할 수도 있어 더 큰 문제일 수 있다.

따라서 근본적인 자체재원 확충을 위해서는 국세의 지방세로의 이양 방안을 고려할 수밖에 없다.[20] 왜냐하면 현행 제도 하에서 자체재원 확충 방안은 지방세수 증대와 세외수입 증대인데, 자칫 세외수입의 증대는 편익 원칙에 의한 지역 주민들의 부담 증가로 연계될 가능성이 크고, 동시에 저소득층의 특정 서비스 향유를 근본적으로 차단시킬 수 있는 부작용의 가능성이 높아 적용에 한계가 있다.

---

18) 참여정부와 현재의 문재인 정부는 지방분권과 자치분권을 국정목표로 설정하여 추진하기 위한 국정과제를 제시하였으나, 이명박 정부와 박근혜 정부는 세계경제 위기 극복을 위한 '선진일류 국가건설'이나, '국민행복시대' 등 분권정책보다는 국가와 국민을 강조하는 국정목표를 제시하여 차이가 있다. 자세한 내용은 손희준(2018)을 참조할 것.

19) 자치단체의 역선택은 자체재원의 비중이 낮을수록 지방교부세의 규모가 커지는 현행 배분 기준에 의해 야기되며, 지방세 등 자체재원에 의한 세출충당 비율이 낮기 때문에 지역 주민들의 열등감과 상대적인 패배감이 해결되지 않고, 주민들의 참여 의식과 관심이 낮아질 수밖에 없다.

20) 「헌법」 제59조에 의한 '조세법률주의' 원칙의 천명으로 인해 지방자치단체의 '법정외세' 도입은 불가하다는 것이 다수설이며, 자치단체의 과세자주권이 인정받지 못하는 상황에서의 부분적인 탄력세율제도의 도입과 선택세제인 지역개발세의 과세 대상 확대는 지엽적인 수단에 불과하다.

둘째, 세출분권을 위해서는 세출의 책임성 확보가 핵심인데, 지방자치단체가 재정 운영 결과에 대한 책임성은 주민과 지방의회에 대해 지는 것이 바람직하다.

문제는 현재와 같이 의존재원이 많으면, 단체장은 지역 주민과 지방의회보다는 의존재원(지방교부세와 보조금)을 지급하는 중앙부처의 장에 더 많은 관심과 주의를 기울일 것이며, 주민들 역시 자신들의 직접적인 부담과는 무관한 지방세출에는 관심을 갖지 않아, 과다한 지출과 낭비 등 방만한 재정 운영의 가능성은 항상 존재하게 된다. 따라서 지금까지의 경직적인 사전적 통제보다는 사후적 통제 수단을 구비하되, 자치단체의 여건과 환경에 맞는 차등적인 적용을 고려해야 한다. 결국 지방재정 운영에 주민들의 직접적인 참여를 확대하고, 지방의회의 견제 기능을 정상화하여 실질적 참여와 분권이 보장되는 재정민주주의(fiscal democracy)를 실현할 수 있어야 한다.

이러한 세입분권 및 세출분권, 두 가지 방안을 수용하는 재정분권화의 방향은 중앙정부와 지방정부 간에 협력적 재정 거버넌스(cooperative fiscal governance) 체제를 구축하는 것이다.

따라서 다음 [그림 2－5]와 같이 지방재정의 영역을 자치재정 영역과 협력재정 영역으로 구분하여 중앙과 지방 간 협력적 재정 거버넌스 체제를 구축할 필요가 있다. 이를 위해서는 우선 지방정부가 단순한 국가의 대리인(agent)이 아니라, 미래의 국가 경쟁력을 견인할 수 있는 원동력이며, 중앙정부와 어깨를 나란히 할 수 있는 정당한 경쟁상대로 발돋움하기 위해서는, 스스로도 중앙과 협력적 동반자(cooperative partner)라는 인식 전환이 필요하며, 이에 걸맞은 중앙정부의 인식 전환도 요구된다고 하겠다(손희준, 2008; 2018).

[그림 2－5]에서 보면, 민선자치가 도입된 1995년부터 2017년까지 지속적으로 지방재정의 구조가 자치의 이념과는 상반되게 자주재원보다는 보조금 등 의존재원이 증가해 왔다는 것을 알 수 있다. 즉, 지방재정 특히 세입의 의존성이 심화되어 와서 지방은 결코 '자치단체'가 아니라, 중앙부처의 보조 사업을 집행하는 일선 대리기관에 불과하였다.

따라서 지방재정 영역을 '자치재정' 영역과 '협력재정' 영역으로 구분하여, 자치재정 영역은 지방세와 세외수입 등 자체재원에 의해 운영되는 영역으로 지방자치단체의 전권적(全權的) 자율성을 인정하고, 이에 따른 책임성 역시 지역 주민과 지방의회에

그림 2-5 **중앙–지방 간 재정 관계의 기본 방향**

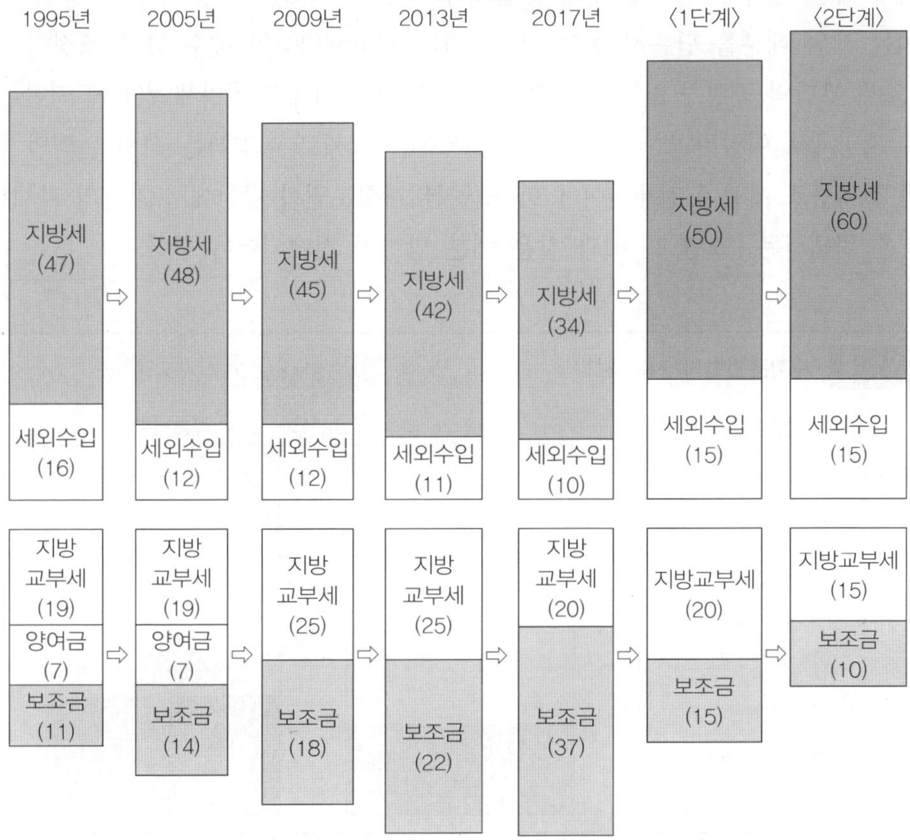

주: 괄호안의 비중은 일반회계(지방채 제외) 세입순계 기준임.

지며, 이 영역을 통해 모든 자치단체가 기본적인 재정지출 능력을 확보할 수 있어야 한다. 이와 동시에 재정분권화에 따라 지속적으로 그 규모가 늘어야 할 영역이다.

협력재정 영역은 중앙정부에 의한 의존재원과 재정조정에 의한 영역으로 재정력이 약한 자치단체는 지방교부세 등 일반재원에 의해 재정보전 및 재정형평화를 달성할 수 있어야 하며, 국고보조금은 개별 중앙부처와 지방정부 간 성과계약(performance contract) 제도를 도입하여 성과평가에 의한 재정 지원과 보조를 결정할 수 있어야 할 것이다. 그렇다고 해도 국고보조금은 지나치게 영세화 · 세분화하기보다는 포괄보조금(block grants) 제도로 운영하여 지방자치단체의 재정지출의 효과성과 효율성을 확보할 수 있어야 할 것이다. 이러한 재정분권화를 달성하기 위해서는 세제 개편에 의한 국세와 지방세 개편이 필요하다.

이는 세원 배분을 단순히 현행 국세(80)와 지방세(20)의 세수 규모 조정이 아니라, 조세 부담의 공평성 및 국가경쟁력 제고 등의 차원에서 지방세 원칙에 적합한 세목은 지방세로 이양하고, 국세가 적합한 세목은 국세로 이양하는 식의 논의와 합리적인 조세구조 개편이 전제되어야 한다. 물론 재정분권화 방향에서 지방의 자체세원 배분을 위해서는 [그림 2-6]과 같은 배분 방향이 전제되어야 한다.[21)]

그림 2-6 세제분권화의 기본 방향

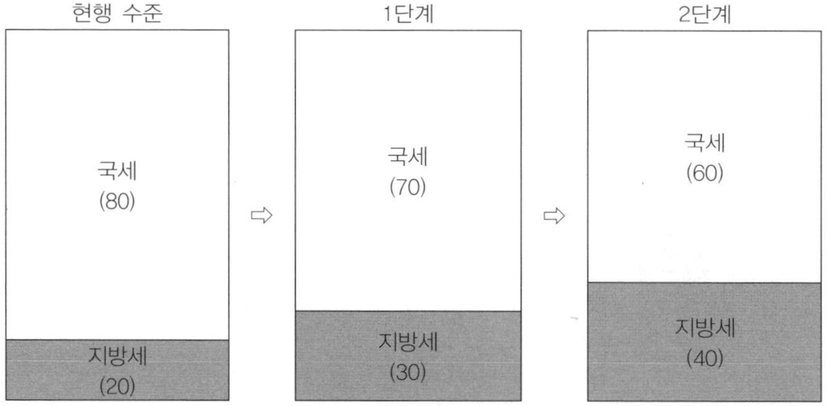

주: 1단계로 지방소비세 확대 등과 자치단체의 자율적인 노력을 통해 국세와 지방세 비율의 격차를 점차 축소.

3. 정부 간 재정 관계

1) 정부 간 재정 관계의 정의

정부 간 재정 관계는 정부 간 관계((Inter-Governmental Relations: IGR)의 틀

21) 저자는 지속적으로 재정분권의 방향과 내용으로 '협력적 재정 거버넌스 체제'의 구축과 동시에 국세와 지방세의 비중이 7대 3, 더 나아가 6대 4가 되어야 한다고 주장하였는데, 문재인 정부에서도 재정분권의 국정과제 속에 국세와 지방세의 비율을 7대 3, 향후 6대 4로 변경하겠다는 내용이 포함되어 있다. 문제는 이를 달성하기 위한 방법론과 단순한 규모 변화가 아니라 지방재정의 구조적인 문제를 해결하느냐이다.

속에서 파악할 수 있는데, 정부 간 관계는 연방주의(federalism)를 채택하고 있는 미국에서 먼저 사용되기 시작했다.

특히 라이트(Deil S. Wright)에 의하면, 정부 간 관계란 한 국가의 제도 또는 체제 내에 존재하는 여러 수준의 정부 단위들 간에 정치적, 행정적, 재정적, 법적 상호작용의 총체를 가리킨다(Wright, 1988).

여기서 '정부 간' 개념은 중앙정부와 지방정부 사이, 지방정부 상호 간으로 구분이 가능하고, 지방정부 역시 광역과 기초 및 지방교육청이 존재하기 때문에 이러한 다양한 관계의 틀을 포함하지만, 일반적으로는 중앙과 지방 간(central and local) 수직적 관계를 대상으로 한다. 중앙정부와 지방정부의 관계는 전통적으로 중앙집권과 지방분권의 논리로 설명할 수 있다. 따라서 중앙집권적인 국가나 시대에는 수직적인 관계로, 분권적인 시대와 국가에서는 수평적인 관계로 중앙정부와 지방정부의 역할이 정립되었다.

이처럼 중앙과 지방의 관계를 '정부 간 관계'라고 부르는 근거는 다음과 같다(오재일, 2014: 123; 윤영진, 2016: 57−58에서 재인용).

첫째, 정부 간 관계론은 대등한 정부 간의 협력적인 상호 의존관계를 상정한다. 이는 중앙정부의 의사가 일방적으로 내려오는 통제형 혹은 관치형이 아니고, 상호 교류하는 자치형 혹은 조정형이어야 한다는 것이다. 둘째, 정부 간 업무의 분담은 '사무'배분의 문제가 아니고, '권한'배분의 문제로 고려되어야 한다. 셋째, 앞으로의 정부 간 관계는 정부 간 세원 배분과 재정 조달의 존재 양식이 주요 초점으로 변화해 갈 것이기 때문이다.

이처럼 중앙과 지방간 정부 간 관계 모형은 많은 학자가 다양하게 제시하고 있으나 대부분 유사한 견해를 보인다. 이들의 모형들은 권력 스펙트럼의 양극단(A모형과 B모형), 즉 집권형과 분권형을 나누고, 제3의 모형으로 중간적 모형(C모형)을 제시하는 형태로 유형화할 수 있다.[22] 따라서 여러 학자들의 모형을 다음 <표 2−13>과 같이 유형화할 수 있다.

라이트는 미국의 정부 간 관계에 대해 세 가지 모형을 제시하고 있는데, 첫째는 연방정부, 주, 지방정부의 3자가 상호 독립적으로 활동하는 것으로 분리권위 모형

22) 윤영진(2016)의 내용을 재인용하면서, '모델'은 '모형'으로 A모형과 B모형 사이에 C모형을 삽입하는 형태로 일부 수정하였다.

표 2-13	정부 간 관계의 모형 구분

학자명	A모형	C모형	B모형
라이트	포괄권위 모형	중첩권위 모형	대등 권위 모형
무라마쓰(村松)	수직적 행정통제 모형	상호의존 모형	수평적 정치경쟁 모형
아마카와(天川)	집권·융합 모형	분권·융합 모형	분권·분리 모형
오재일	관치 모형	상호의존 모형	자치 모형
로즈		권력-의존 모형	

자료: 윤영진(2016: 58)을 일부 수정하여 인용.

(separated authority model), 둘째는 연방정부가 주를 포괄하는 포괄권위 모형(inclusive authority model), 셋째는 3자가 상호의존적인 중첩권위 모형(overlapping authority model)이다(Wright, 1988). 무라마쓰는 수평적 정치경쟁 모형과 수직적 행정통제 모형 및 상호의존 모형으로 구분하였고(村松崎夫, 1988), 아마카와 역시 분권·분리 모형과 집권·융합 모형 및 분권·융합 모형으로 구분하였으며(天川晃, 1983), 오재일은 자치 모형과 관치 모형, 그리고 상호의존 모형으로 구분하였다(오재일, 2014: 128-161).

그러나 이러한 양극단에 있는 A·B모형보다는 중간모형(C)이 현실의 정부 간 관계를 더 적절하게 설명할 수 있다고 보며, 로즈의 권력-의존 모형(power-dependence)도 여기에 해당하며, 상호의존(inter-dependent) 모형인 C모형이 집권과 분권의 축을 중심으로 중앙정부와 지방정부가 대등한 관계 속에서 상호의존과 협력을 중시하는 관계이며, 정부 간 재정 관계도 이러한 C모형에 근거하고 있다고 한다(윤영진, 2016: 59).

또한 라이트는 미국의 정부 간 관계의 변화 유형을 <표 2-14>와 같이 분류하고 있다. <표 2-14>를 통해 미국의 정부 간 관계가 연방정부와 주정부가 이원적 연방주의가 아니라 연방정부와 주정부가 상호 밀접하게 관련되어 있음을 알 수 있다. 또한 각국의 정부 간 관계를 다원론적 시각(pluralism), 엘리트 시각(elitism), 동반자적(partner) 시각, 대리인(agent)의 시각 등 다양하게 접근되기도 한다.

이러한 관점에서 정부 간 재정 관계(intergovernmental fiscal relations)는 중앙정부와 지방정부 간 및 지방정부 간의 재정 기능과 역할을 설정하는 관계로 정의할 수 있으며, 이 역시 그 나라의 통치 형태, 정치·경제·사회의 발전 정도 등에 따라 결

표 2-16 미국 정부 간 관계의 변화 유형

특 징	주요 과제	참가자의 인지	정부 간 관계의 메커니즘	연방제의 비유	시기 구분
분쟁형 (conflict)	경계 고유 영역	적대적, 대항적 배타적	연방법, 법원, 규제	레이어 케이크	1900~ 1930년대
협력형 (cooperative)	경제 불황 국제적 불안	협동 보완적, 상호 지원적	전국계획, 정식보조금 조세신용제도	마블케이크	1930~ 1940년대
집중형 (concentrated)	서비스 수요 물적 개발	전문성, 객관성, 기능주의	특정보조금, 서비스 표준	집중화와 채널화	1940~ 1960년대
창조형 (creative)	도시 대 도시권 비특권적 고객	국가 목표 위대한 사회	시책기획, 사업보조금 주민 참여	증식·융합	1950~ 1960년대
경쟁형 (competitive)	조정 시책의 유효성, 공급 체제의 시민 접근	불일치, 긴장, 대립	보조금통합, 세입분쟁, 재구조화	분절화	1960~ 1970년대
타산형 (calculative)	예산책임, 파산, 구속, 의존, 연방 역할, 국민 신뢰	게임즈맨십, 부담 과중	일반원조 세입권	대결적	1970~ 1980년대

자료: 임승빈(2005: 140).

정된다고 할 수 있다.

즉, 지방자치의 전통이 깊은 연방국가는 대체로 재정적으로 상호 독립된 고유의 권한을 가지고 있기 때문에 정부 간 재정 관계는 상호 수평적 협력 관계에 있게 되고, 이에 반해 대부분의 국가정책이 중앙정부에 의해 결정되는 중앙집권적 국가에서는 지방정부가 중앙정부의 일선기관에 불과하여 정부 간 재정 관계는 지배·종속적 관계를 형성한다.

그러나 대부분의 국가는 이러한 양 극단의 중간에 위치하여 중앙정부가 부분적으로는 자치재정권을 지방정부에 부여하고 있으면서 부분적으로는 개입하고 통제하는 형태를 취하고 있다. 이러한 국가와 지방 간의 관계를 힉스(U. K. Hicks)는 통치 형태를 바탕으로 연방정부와 함께 주정부가 광범위한 과세권을 갖는 연방형, 과세권을 포함한 자치권이 중앙정부에 크게 종속되는 단일형, 중앙집권적인 단일국가가 지방정부에 과세권을 어느 정도 부여하여 두 가지 유형을 절충한 절충형의 세 가지로 분류했다(유훈, 2000). 따라서 절충형의 국가에서는 헌법상의 국가 고권은 중앙정부가 행사하고, 지방정부는 수권된 범위 내에서 과세권과 지출권을 행사하기는 하지만, 양 정부 간의 기능 배분이 명확한 것은 아니다.

우리나라 역시 이러한 절충형에 속하며 중앙재정은 지방재정에 대해 구체적으로 지방교부세, 국고보조금, 지방채 등 지방세입을 통한 관여와 국가 정책 목표와 관련한 지방예산의 편성을 유도하는 등 지방세출을 통한 관여를 하고 있다고 할 수 있다.

2) 정부 간 재정 관계의 모형

정부 간 재정 관계의 모형은 그 이념, 세원배분 체계, 중앙과 지방 간 역할 분담 체계, 정부 간 재정이전 체계 등을 기준으로 집권모형, 통합모형, 경쟁적 분권모형 등으로 구분할 수 있다(持田信樹, 2004). 이 중에서 지방자치 제도가 적용되고 있는 국가는 통합모형과 경쟁적 분권모형이 주로 활용되고 있다(곽채기, 2005: 15-16).

첫째, 통합모형은 다시 지방분권과 재정분권의 수준에 따라 행정적 분권모형과 협조적 분권모형으로 구분할 수 있다. 행정적 분권모형에 의한 재정 시스템은 중앙과 지방정부 간 역할 분담 체계가 명확하지 않고, 재정분권화도 낮은 수준에 머무르고 있다. 반면 협조적 분권모형은 국가통합과 다양성을 조화시키는 가운데 지방재정의 책임성 확보와 재정분권화를 강조하는 재정 운영 시스템이다.

둘째, 경쟁적 분권모형은 전통적 재정연방주의에 기초하여 중앙정부와 지방정부 간 경쟁과 차별화 원리에 따라 기능과 사무배분, 재원배분 체계를 설계하고 있으며, 미국의 지방재정 운영 시스템이 이에 따르고 있다.

이러한 정부 간 재정 관계의 모형에 의해 우리나라는 행정적 분권모형에 의한 재정운영 시스템이 설계되어 있다고 할 수 있다. 그러나 앞으로 재정분권 및 정부 간 재정 관계의 바람직한 방향은 협조적 분권모형으로의 변화라고 하겠다. 이를 위해서는 중앙정부와 지방정부 간 재원배분 체계를 전면적으로 개편하여 이전재원의 의존성을 완화하는 가운데, 지방정부의 자체재원 확대를 통한 세입분권화를 촉진하는 것이 필요할 것이다.

표 2-15 정부 간 재정 관계의 모형

비교 기준	경쟁적 분권 (separation model)	통합모형 (integration model) 협조적 분권 (cooperative model)	통합모형 (integration model) 행정적 분권 (administrative model)	집권모형 (centralized model)
시스템 이념	경쟁, 차별화	국가 통합, 다양성의 조화, 설명책임	획일 · 평등	개발 · 통합
세원 배분	세원 분리, 지방세의 응익과세	조정적 중복 과세, 높은 자주재원 비율	세수 분할의 우위, 낮은 자주재원 비율	세제의 집권화
세율결정권	지방에 따라 상이한 세율구조	지방이 세율 결정, 세율 격차는 낮음	제한세율의 범위에서 지방 결정, 실제는 획일적	제한
중앙 · 지방의 역할 분담	중앙과 지방의 사무는 명확히 구분, 공공재의 공급	중앙 · 지방사무는 중복, 중앙정부는 포괄보조금을 교부, 입법통제에 의해 개입 최소화, 소득재분배 공급	중앙 · 지방사무는 중복, 중앙정부는 보조금을 통한 행정통제, 소득재분배 서비스 공급	중앙정부 일선행정기관에 의한 서비스 공급, 소규모 지방자치단체가 많이 존재
정부 간 재원이전	보조금은 외부성에 대해 한정적인 지원, 지방재정 조정 기능 취약	낮은 의존재원 비율, 포괄보조금 우위, 기회 평등을 보장하는 재정조정 제도 운영	높은 의존재원 비율, 특정보조금 우위, 결과의 평등을 보장하는 재정조정 제도 운영	교섭에 의한 보조금 배분
해당 국가	미국, 전통적 재정연방주의	캐나다, 구미 국가들	일본, 독일	아시아 개발도상국
문제점	소득재배분 저하, 지역 격차 발생	국가 경제정책과의 정합화 문제 발생	설명책임 결여, 예산제약의 연성화	지역 지배의 불투명, 부패

자료: 持田信樹(2004: 288)을 곽채기(2005: 16)에서 재인용.

Chapter 03

지방재정의 주요 이론

제 1 절 시장실패와 지방공공재이론

1. 완전경쟁시장과 자원의 최적배분

시장(market)의 가장 중요한 특징은 가계(households)와 기업(firms) 간의 자원 및 재화의 교환이 시장에서 이루어진다는 것이다. 즉, 효율적인 자원배분이 시장에서의 가격기구(price)라는 '보이지 않는 손(invisible hands)'에 의해 달성된다.

시장경제에서 소비자(consumers)들은 자신의 편익(만족감)을 극대화시킬 수 있을 때, 상품을 구매한다. 경쟁시장에서의 수요곡선(demand curve)은 소비자의 '지불 의사 가격(willingness to pay)'을 의미하며, 지불 의사 가격은 소비를 통해 얻을 것으로 예상되는 한계편익(marginal benefit) 또는 한계효용(marginal utility)의 크기에 의해 결정된다. 따라서 소비자 가격이 자신의 지불 의사 가격보다 높으면, 소비자는 소비를 줄이고, 지불 의사 가격보다 낮으면, 소비를 늘린다.

시장경제에서 상품의 공급자(suppliers)인 경쟁적인 기업은 이윤을 극대화(profit maximization)하기 위해 상품을 생산하고 공급한다. 이윤을 극대화시키기 위해서는 한계수입(marginal revenue)과 한계비용(marginal cost)을 서로 비교해야 하며, 이

두 가지가 서로 일치할 때까지 생산함으로써 이윤은 극대화된다. 따라서 공급자는 시장가격이 생산비용보다 높은 경우에는 생산량을 늘리고, 반대의 경우에는 생산량을 감소한다.

이상의 설명을 통해 수요 측면에서는 가격(P) = 한계편익(MB)의 등식이 이루어지면서 소비자의 만족이 극대화되고, 공급 측면에서는 가격(P) = 한계비용(MC)의 등식이 이루어지면서 공급자의 이윤이 극대화됨을 알 수 있다. 즉, 시장에서의 적정가격과 소비자의 한계편익 및 생산자의 한계비용이 일치하게 되면($P = MB = MC$), 소비자와 생산자 모두가 가장 합리적인 소비와 생산 결정을 할 수 있는 상태에 도달하여, 경쟁시장 하에서는 수요와 공급이 균형(equilibrium)을 이루게 되고, 이 균형점이 바로 자원의 효율적 최적배분 상태[1]이다.

그러나 이러한 자원의 최적배분이 달성되기 위해서는 시장이 완전경쟁시장(perfect competitive market)이어야 한다는 것으로, 완전경쟁시장은 다음과 같은 네 가지 전제조건이 구비되어야 한다(최병선, 2013: 59-61).

첫째, 완전경쟁시장에는 수많은 공급자와 수요자가 있어서, 어느 공급자도 공급량을 조절하여 가격에 영향을 줄 수 없고, 어느 수요자도 스스로의 구매량을 조절하여 가격에 영향을 주지 않아야 한다는 것이다. 즉, 수요자와 공급자 모두 가격수용자(price taker)이어야 한다는 것이다.

둘째, 완전경쟁시장에서는 동질적인 상품(homogeneous product)이 거래되어야 한다는 것이다. 즉, 서로 다른 공급자가 생산 또는 판매하는 상품 사이에 완전한 대체성(代替性)이 보장되면 수요자가 굳이 공급자를 가려야 할 이유가 없다는 것이다.

셋째, 자원의 완전한 이동성(perfect mobility)이 보장되어야 한다. 즉, 모든 생산자원이 어느 부문으로든 완전 자유롭게 이동할 수 있어야 한다. 생산 요소인 노동, 자본, 원자재 등이 별다른 장애 없이 다른 생산 활동에 전용될 수 있어야 한다는 것이다. 어떤 시장에 대한 기업의 진입과 퇴출이 자유로워야 한다는 것으로, 규모의 경제(economies of scale) 효과나 특허, 인·허가 등으로 인한 진입과 퇴출이 제한되

1) 자원배분의 최적 상태를 이탈리아의 경제학자인 파레토(Vilfredo Pareto, 1848~1923)가 주장한 후생경제학의 기초 원리로서 '파레토 최적(Pareto optimum)'이라고 한다. 즉, 파레토 최적은 '다른 사람의 후생을 감소시키지 않고서는, 어느 한 사람의 후생을 증가시키는 것이 불가능하도록 자원이 배분되어 있는 상태'로 더 이상의 개선이 불가능한 최적의 자원배분 상태를 말한다(최병선, 2013: 63).

면, 완전경쟁시장이 아니라는 것이다.

넷째, 완전경쟁시장은 공급자나 수요자 모두가 자신의 의사결정에 필요한 경제적, 기술적 정보를 완벽하게 갖추고 있는 시장이다. 즉, 완벽한 정보(perfect information)의 조건이 갖추어져 있을 때, 이 시장에서는 단 하나의 가격만이 존재하게 된다.

문제는 과연 이러한 완전경쟁시장이 현실에 존재하는가이다. 완전경쟁시장의 네 가지 조건이 현실적으로 충족되기도 어렵고, 반드시 바람직하지 않은 측면도 있어, 현실적으로 존재하는 시장은 아니다.

2. 시장실패와 지방정부

1) 시장실패와 지방정부의 개입 논거

앞에서 경쟁적 가격 체계를 통해 효율적인 '파레토 최적'의 자원배분이 이루어지는 상황을 살펴보았다. 그러나 완전경쟁시장의 전제 조건이 달성되었을 경우에만 자원배분의 효율성을 기대할 수 있을 뿐, 조건이 충족되지 못하면 시장에 의한 자원배분도 비(非)효율적이 될 수 있다. 즉, 시장의 경쟁적 균형은 성립되지 못하고 시장기구(market mechanism)는 자원의 최적배분(파레토 최적)에 실패하게 되는데, 이것을 일컬어 흔히 시장실패(market failure)라고 한다.

그렇다면 시장실패를 초래하는 요인은 무엇인가? 이러한 시장실패의 원인으로서는 ① 공공재의 존재, ② 외부효과, ③ 불충분한 정보, ④ 불완전한 시장, ⑤ 불확실성, ⑥ 실업, 고물가 등 시장 불안, ⑦ 소득분배의 불평등성 등이 있다(김동건, 1996: 43−51).[2] 그러나 여기에서는 자원의 효율적 배분을 어렵게 하는 주요 논거로써 공공재의 존재, 외부효과, 자연독점 등을 살펴보기로 한다.

---

2) 이만우는 시장실패 요인을 미시적 시장실패와 거시적 시장실패로 구분하고, 미시적 시장실패는 ① 독과점 등 불완전경쟁산업의 존재, ② 비용체감산업, ③ 불충분한 정보, ④ 위험과 불확실성을 미시적 요인으로, ① 소득분배의 공정성, ② 실업, ③ 물가상승(인플레), ④ 경기침체, ⑤ 국제수지 불균형을 거시적 요인으로 구분하고, 공공재와 외부효과는 완전경쟁시장이라도 실패할 수 있는 요인으로 구분하였다(이만우, 1988: 68−103). 또한 김동건 역시, 규모의 경제가 존재하기 않아야 하고, 외부효과가 없어야 함을 주요한 단서로 꼽았다(김동건, 1996: 43).

(1) 공공재의 존재

시장기구의 효율성은 소비자가 구매하는 상품의 효용이 소비자 개인에게만 국한될 때 결정되며, 공급자와 생산자 역시 판매되는 상품에 의한 수익이 자신에게 귀속되어야만 이루어진다. 그러나 실제로는 이렇지 않은 경우가 있다.

즉, 상품 또는 사적재(private goods)와는 다른 특성을 갖는 공공재(public goods) 또는 집합재(collective goods)가 존재하는데, 다음과 같은 두 가지 특성 때문에 시장실패를 초래한다(하연섭, 2015: 36－39).

첫째, 공공재는 소비에 있어서 비경합성(non－rivalry consumption)을 갖는다. 빵과 같은 사적재는 누군가 빵을 소비하게 되면, 다른 사람은 빵을 먹을 수 없게 되는데, 이를 소비의 경합성(競合性)이라고 한다. 그러나 공공재의 경우는 추가적으로 한 사람이 더 소비행위에 추가한다고 하여 다른 사람의 소비가능성이 줄어들지 않는다. 예를 들어, 국방의 경우 갑자기 인구가 늘었다고 하여 국방으로부터 받는 혜택이 줄어들지는 않는다. 소비에서의 비경합성 때문에 일단 공공재가 공급되면 추가적으로 다른 한 사람이 공공재의 소비에 참여하는데 드는 한계비용은 "0"이 된다는 것이다.

둘째, 공공재는 배제불가능성(non－excludability)을 특징으로 한다. 빵과 같은 사적재는 그 빵에 대한 가격을 지불하지 않은 사람은 빵을 소비할 수 없다. 이를 배제가능성(excludability)이라고 한다. 반면 공공재는 소비를 위해 대가를 지불하지 않은 사람이라도 소비에서 배제시킬 수 없다. 예를 들어, 국방의 경우 군복무를 하지 않은 국민이라고 하여 국방의 혜택으로부터 배제시킬 수 없다. 만약 배제시킬 수 있더라도 바람직하지 않을 수 있다. 왜냐하면 배제시킬 수 있더라도 추가적으로 한 사람이 소비행위에 참여하는 데 드는 비용이 "0"이기 때문에, 배제시키는 데 더 많은 비용이 소요된다면 배제시킬 이유가 없기 때문이다.

이러한 두 가지 특성 때문에 공공재는 시장에서 공급되지 않거나 공급되더라도 그 양이 불충분할 수밖에 없다.

즉, 공공재의 과소공급(undersupply)과 배제불가능성으로 인한 무임승차자(free rider)의 문제를 야기하게 된다. 이런 이유로 인해 공공재는 집합적인 의사결정 과정인 정부정책에 의해 공급될 수 있다.

이러한 공공재의 대표적인 예는 국방, 법의 집행, 라디오・TV방송, 홍수 조절, 소방, 치안 등이며, 특히 그 위치나 접근성의 정도에 따라 재화를 지역적으로 구분하기도 하는데, 공급되는 지역의 범위에 따라 지방공공재(local public goods) 또는 지역공공재(regional public goods)라고도 한다.

공공재의 두 가지 특성 중 어느 한 가지 특성만을 가지고 있는 경우를 불완전한 공공재(impure public goods)라고 하는데, 그 특성에 따라 다음 <표 3-1>과 같이 구분한다(Mikesell, 2011: 5).

표 3-1 재화의 유형

구 분		소비의 경합성 여부	
		경합적 소비	비경합적 소비
배제가능성	배제 가능	사적재, 민간재(private goods) : 신발, 의류 등	요금재(toll goods) : 유료 TV, 극장
	배제 불가능	공유재(common pool goods) : 목초지, 호수, 낚시터 등	공공재(public goods) : 국방, 사법 등

자료: Mikesell(2011: 5)와 하연섭(2008: 71).

이러한 불완전한 공공재 중에서 요금재(料金財)에 해당하여, 비용을 부담하지 않은 사람은 배제할 수 있는 동시에 소비는 비경합적이며, 일정 수준을 초과하면 혼잡이 발생하는 재화가 있는데, 이를 뷰캐넌(J. M. Buchanan)은 클럽이론으로 설명하고 있어(Buchanan, 1965), 이를 클럽재(club goods) 또는 혼잡재(congestion goods)라고도 한다. 이런 클럽재 이론은 지역단위의 최적 분할, 특정 지역 내의 최적 인구, 그리고 지방공공재의 최적 공급 수준을 결정하는 데 중요한 이론적 토대가 된다.

또한 공유재(共有財)는 공유자원(common-pool resources)이라고도 하는데, 소비는 경합적이면서 배제하기가 어려운 재화로 열목어와 같은 천연기념물이나 자연상태의 목초지 등이 이에 해당한다. 배제불가능이라는 특징 때문에 초래되는 자원의 남획(濫獲) 등 '공유지의 비극(the tragedy of the commons)'이라는 문제가 야기될 수 있다.

또한 재화와 서비스의 비배제성과 비경합성의 특성에 따라 구분하면 [그림 3-1]과 같다.

그림 3-1 재화와 서비스의 특성에 따른 서비스 종류

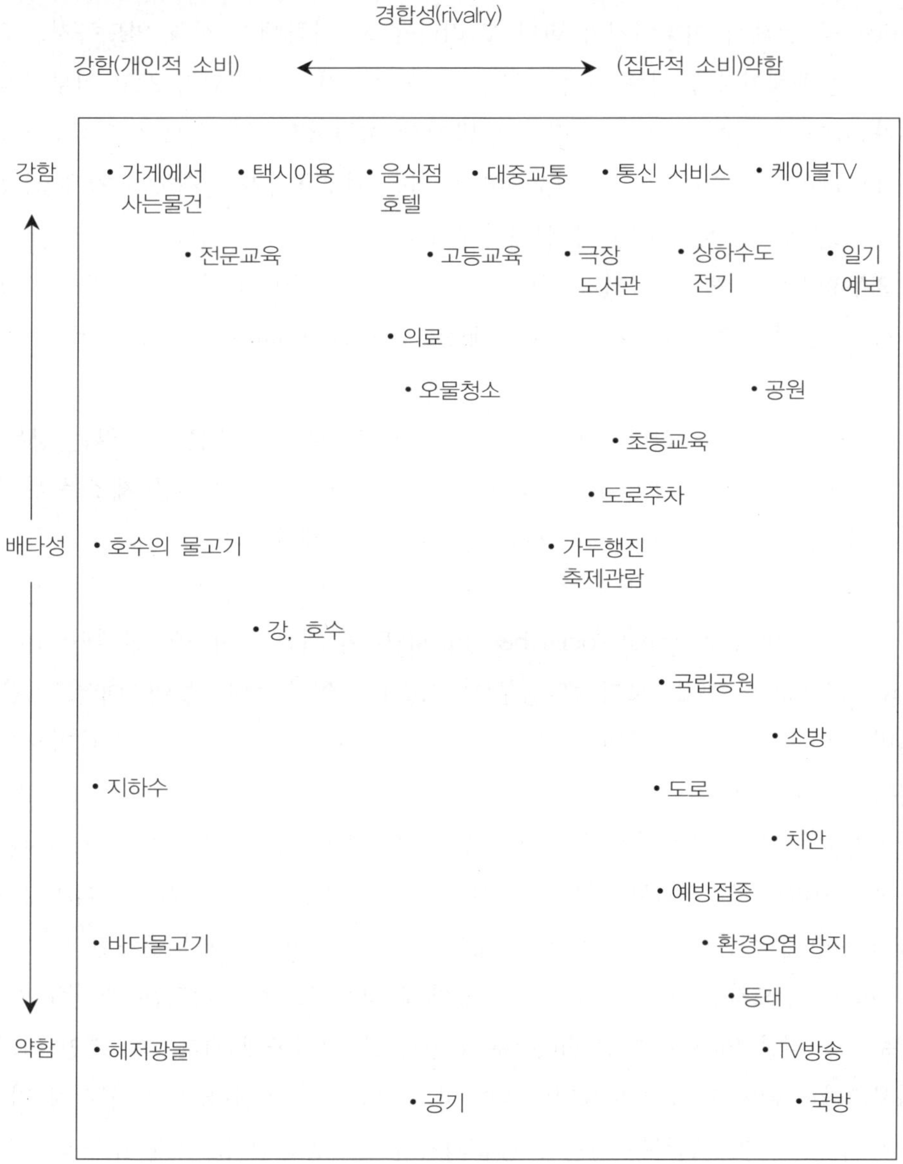

자료: Savas(1987: 40-41), 최병선(2013: 79)에서 재인용.

(2) 외부효과의 존재

시장이 자원배분의 효율성을 확보하기 위해서는 사람들 사이의 거래가 '가격(price)'을 통해서 이루어져야 한다. 그러나 다른 사람에게 전혀 의도하지는 않았지만, 어떤 혜택이나 손해를 끼치는 행위가 가격에 전혀 반영되지 않고 이루어지는 경우가 있다. 이러한 행위가 시장기구 밖에서 이루어진다는 뜻으로 외부효과(externalities)[3]라고 한다(하연섭, 2015: 40). 이러한 외부효과가 존재하는 경우 시장은 자원을 효율적으로 배분하는 데 실패하게 된다.

외부효과는 크게 두 가지가 있다. 하나는 다른 사람에게 편익을 주면서도 그 대가를 받지 못하는 경우로, 이를 외부경제(external economy)라 하며, 예를 들어, 과수원과 양봉업자 간의 관계를 든다.

다른 하나는 다른 사람에게 손해를 입히면서도 대가를 지불하지 않는 경우로, 이를 외부불경제(external diseconomy)라고 하며, 어떤 기업이 상품 제조를 위해 공장을 가동하면서 환경오염을 야기하는 경우가 이에 해당한다.[4]

이러한 외부효과를 각각의 경우로 나누어 보면, 외부경제 효과가 존재하는 경우는 사회적 한계편익(marginal social benefit: MSB)이 개인의 사적인 한계편익(marginal private benefit: MPB) 보다 큰 경우(MSB > MPB)이다. 예를 들어, 대학교육을 받게 되면 개인적으로 소득 증대와 사회적 신분 상승이 가능하다. 그러나 대학교육은 직접적인 소비자인 학생이나 부모가 느끼는 만족 이외에도 사회 전체적으로 볼 때, 과학·기술, 문화, 사회 안정 등 여러 측면에서 긍정적인 파급효과를 가져온다. 또한 연구개발(R&D)의 결과로 얻을 수 있는 지식과 기술도 개발 당사자 이외에 기업과 사회 전반에 간접적으로 기여할 수 있다는 점에서 외부효과가 존재한다.

교육의 수요자인 학생과 부모는 그들에게 직접적으로 귀속되는 개인적 편익만을 기준으로 지불 의사 가격(willingness to pay)을 결정하게 된다. 즉, 본인 이외의 지역사회나 국가에 파급되는 효과에 대해서는 판단하지 못한다. 따라서 시장 기능에만 맡겨 두면 사회가 원하는 양만큼 공급되기가 불가능해진다. 이에 따라 국가와 지방

---

3) 외부효과란 가격기구 내에서는 해결될 수 없는 비가격효과(nonprice effects)라고도 하며, 때로는 파급효과(spillover effects) 혹은 인근효과(neighborhood effects)라고도 한다.

4) 이처럼 환경오염 및 공해 등 외부불경제를 일으키는 경우를 '부(負)의 공공재(public bads)'라고도 한다.

정부도 외부경제 효과가 있는 재화의 공급을 확대하기 위해, 보조금 지급 또는 직접 공급 등의 방법을 취하고 있다. 왜냐하면 외부경제 효과에 상응하는 재정적인 보조를 주어야만 외부경제를 의사결정에 반영하도록 유인할 수 있고, 가격 기능이 회복되어 효율적인 자원배분이 가능하게 된다. 대학은 물론 연구개발을 위해 노력하는 기업이나 연구소에 보조금을 주는 이유도 바로 여기에 있다.

또한 외부불경제의 경우는 사회적 한계비용(marginal social costs: MSC)이 개인적 한계비용(marginal private costs: MPC)보다 많은 경우(MSC>MPC)이다.

사적재의 생산에서 부수적으로 야기되는 사회적 비용(social costs)은 사회적 관점에서 볼 때 매우 중요하고 실질적인 것이나, 생산자들에게는 내재화되지 않는 비용으로, 공공 부문에서 결코 간과할 수 없는 중요한 문제이다. 문제는 시장이 재화의 사적비용(personal costs)만을 계산하기 때문에 그 재화의 생산비용은 사회적인 관점에서 실제 비용보다 낮게 책정되어 공급과잉(oversupply)을 초래할 수 있다는 것이다. 이러한 부(負)의 파급효과를 야기하는 재화나 서비스의 생산과 공급을 시장 기능에만 맡겨 두면 외부비용이 생산과 소비를 유발하는 의사결정에 반영되지 않기 때문에 자원배분의 비효율성이 발생한다. 예를 들어, 예방접종, 오 · 폐수 처리, 쓰레기 처리 등을 소홀히 하는 개인이 있다면 1차적 피해는 본인에게 돌아가지만 이웃도 상당한 피해를 입게 된다. 산업 활동의 결과로 야기되는 토양 · 수질 · 대기오염과 소음, 분진 등은 주변 지역의 주민 건강을 위협할 뿐만 아니라 어획고의 감소와 농가소득의 감소 등을 초래한다. 또한 소방 안전 기준을 준수하지 않는다면 이웃 건물이 화재를 당할 수도 있다. 이러한 외부비용을 발생시키는 경제행위를 감소시키기 위한 효과적인 방법은 한계비용과 일치하는 적절한 요금 부과이다. 그러나 어떤 방법으로 개인적 한계비용과 사회적 한계비용을 일치시킬 것인가에 관해서는 의견이 대립하고 있다.[5)]

외부불경제를 해결하기 위해서는 사회적 비용을 그것을 야기하는 개인이나 기업에게 부담하도록 할 수 있는데, 정부가 공해를 방지하기 위해 또는 교통 혼잡을 방지하기 위해 부과하는 공해배출 부과금 또는 혼잡유발 부담금 등은 그것이 어떤 형태

5) 피구(A. C. Pigou)는 직접세를 부과하는 것이 효과적이라고 하는 반면에, 오츠(W. E. Oates)는 보조금이나 간접세는 문제 해결에 도움을 주지 못하고 조세구조만 복잡하게 한다고 보고 있다(김종순, 1998: 63-64).

로 이루어지든지 사회적 비용을 내부화함으로써의 개인이 느끼는 사적비용이 상승하여 사회적 비용과 일치(PC＝SC)하게 되어 이러한 활동을 억제하는 효과를 야기하게 된다(최병선, 2013: 88). 대표적으로 환경배출부담금이나 원인행위자 부담원칙(polluters pay principle) 등이 이런 효과를 기대하여 이루어지고 있다.

물론 이러한 외부효과의 내부화를 위한 대처 방법 외에 정부의 직접적인 규제(regulation)도 있을 수 있다. 그러나 이러한 직접적인 규제 역시 실제 상당히 복잡한 문제에 직면하게 된다. 오염 발생원을 일일이 확인하고 단속하는 것이 쉽지 않을 뿐만 아니라, 오염량 정도를 정확히 측정하는 일도 쉬운 일이 아니다.[6]

(3) 독과점의 존재

완전경쟁시장의 전제 조건은 무수히 많은 수요자와 공급자가 있어 어느 누구도 시장가격에 영향을 미쳐서는 안 된다는 것이다. 그러나 현실에서는 자신의 공급량을 변화시켜 가격에 영향을 미치는 공급자들이 있다. 이들을 독과점 기업이라고 한다.[7]

이처럼 하나 또는 소수의 기업이 독점적 지위를 갖게 되는 원인이 있는데, 첫째, 희소(稀少)한 자원의 독점적 소유에 기인한다. 예를 들어, 희토류 같은 자원이나 유전 등을 보유할 때이다. 둘째, 특허(特許)를 통한 독점적 지위의 확보 역시 가능하다. 셋째, 정부의 인・허가(認・許可) 요건 취득을 통한 독점적 사업자가 될 수 있다. 의사와 변호사 등 각종 직업면허가 이에 해당한다. 넷째, 규모의 경제효과(economy of scale)가 큰 산업의 존재로 인한 자연독점(natural monopoly)이다.

앞에서의 세 가지 원인은 자연적인 또는 정책의 결과로 더 이상 논의할 필요가 없지만, 자연독점의 경우는 생산 규모의 확대에 따라 생산량이 비례적으로 증가하는 것이 아니라, 생산 규모의 확대보다 더 빠른 속도로 증가하는 기술적 특성 때문에 야기하는 것으로 규모수확 체증(increasing returns to scale) 산업이라고 한다. 이러한 산업의 기술적 특성으로 인해 규모경제 효과를 갖는 사업은 궁극적으로 한 산업에

---

6) 이러한 외부효과의 시정을 위해서는 거래비용(transaction cost)의 개념을 제시하면서, 정부개입보다는 당사자 사이에 협상과 계약(contract)을 통해 문제를 해결할 수 있다는 ‘코즈의 정리(Coase’s theorem)’도 있다.

7) 보다 엄격하게 규정하자면 한 산업을 하나의 공급자가 모두 차지하고 있으면, 독점기업(monopolist), 이 시장을 몇 개의 소수 기업이 나누어 차지하고 있으면, 과점기업(oligopolists)이라고 한다.

하나의 독점기업만이 존재하게 되어, 이를 자연독점산업이라고 한다. 전력, 전화, 통신, 상수도, 가스 공급 등이 이에 해당한다.

이처럼 경쟁이 없는 상태에서 독점기업은 기술혁신을 위한 투자 유인을 느끼지 않고, 독점적 지위를 유지하기 위해 진입장벽을 구축하는 데 막대한 로비자금을 사용하기도 한다(최병선, 2013: 67−69). 따라서 자연독점의 경우 시장에 맡기기보다는 정부가 직접 공급하는 것이 더 효과적일 수 있다. 자연독점산업의 성격을 가진 재화는 정부가 직접 가격과 이윤을 직접 규제하거나, 이런 산업을 공기업으로 전환하기도 한다.

(4) 정보의 불완전성

완전경쟁시장에서는 시장의 정보가 완벽하다고 전제하지만, 정보만큼 불완전하고 불확실한 것도 없다. 시장의 정보가 불완전한 것은 생산자와 소비자 모두의 입장에서 발견할 수 있는데, 정보의 본질적인 특성 때문이다.

첫째, 정보의 비귀속성(inappropriability)이다. 정보는 완벽한 정보를 생산하거나 공급하는 이들에게 정보생산에 따른 편익이 전부 흡수되지 않는다. 예를 들어, 어떤 판매자가 자신의 상품에 대해 완벽한 정보를 제공한다고 해서 소비자가 이를 반드시 구매하지는 않기 때문이다.

둘째, 정보는 공공재(public goods)의 성격을 갖고 있어, 일단 공급되면 추가적인 소비자 누구나 동일한 편익을 추가적인 부담 없이 향유할 수 있는 비배제성과 비경합성의 특성이 있어 무임승차자의 문제를 발생시킨다. 따라서 시장에서의 정보는 늘 불완전하고, 불충분하여 자원배분의 비효율성을 초래하게 되고, 소비자는 집단행동의 딜레마에 빠져 바람직한 정보를 향유할 수 없어 정부의 적극적인 개입이 필요하다는 것이다.

3. 정부실패와 지방정부

현실적으로 시장실패가 나타날 경우 이를 시정하고 실패로 인한 문제를 해결하기 위해 정부가 개입하게 된다. 다양한 정부규제와 공공 서비스의 직접 생산 또는 공급,

각종 보조금 정책 등이 활용되고 있다. 물론 시장실패가 존재한다는 사실 그 자체만으로 정부의 시장개입이 정당화되는 것은 아니기 때문에, 시장실패가 정부개입(government intervention)의 필요조건은 되지만 충분조건은 아니라고 할 수 있다. 정부의 개입 역시 과연 정부가 얼마나 효율적으로, 그리고 사회적으로 바람직한 방향으로 시장의 문제를 해결할 수 있는지 등을 고려할 때, 시장실패를 교정해야 할 필요가 있다 하더라도 신중하게 개입 여부를 판단해야 한다.

이처럼 시장실패와 마찬가지 정부개입으로 인한 정부실패(government failure)도 나타나게 된다. 정부실패는 두 가지 측면에서 논의할 수 있는데, 첫째, 과연 정부가 국민들의 요구와 선호(preferences)를 제대로 대변하는 존재인가 하는 측면으로 정부의 민주성, 책임성, 형평성 측면이며, 둘째는 정부가 국민들의 요구를 제대로 반영한다고 하더라도 불가피하게 초래될 수 있는 비효율성(inefficiency) 측면이다. 또한 정부실패를 일으키는 원인으로서는 ① 제한된 정보, ② 민간 부문 반응의 통제 불가능성, ③ 정치적 과정에서의 제약, ④ 관료조직에 대한 불완전한 통제 등이 지적되고 있으며(이준구, 2008: 76-78), 울프(Charles Wolf)는 정부개입의 수요적 특성과 공급적 특성에 의해 야기되며, 비용과 수입의 단절, 내부조직 목표와 사회적 목표의 괴리, 파생적 외부효과 및 소득분배의 불공평성 등 정부실패 현상이 발행한다고 한다(Wolf Jr., 1988).

문제는 정부실패 현상은 선진국이나 후진국 모두 공통적인데, 특히 중앙정부보다도 지방정부가 이에 민감한 것으로 나타나기 때문이다. 지방에서의 정부실패에 따른 형태를 보면 다음과 같다(권오성 외, 2009: 25-30). 첫째, 유권자의 무관심(voter apathy)은 주민에 대한 대응력을 저하하게 하는데, 이 문제는 지방정부 수준에서 더욱 심하게 나타나고 있다. 둘째, 비대칭적 정보와 지방의원 포획(asymmetric information and councilor capture)의 문제로서 지방 관료들이 지방의원들을 포획하여 자신들이 원하는 결과를 얻으려 한다는 것이다. 셋째, 이익집단의 이익 극대화를 위한 지대추구(rent seeking)로 인해 '철의 삼각관계(iron triangles)'[8]내에서 지방의 문제이슈(agenda)와 정책이 형성·집행된다. 넷째, 지방정부의 비대화와 복잡성은 재정착각(fiscal illusion)[9] 현상으로 이어지기도 한다.

---

8) 철의 삼각관계는 관료 및 의원들과 이익집단 간에 형성되는 공생관계 등을 말한다.

9) 주민들이 정확한 조세부과액을 잘 모르면서도 지출 수준은 더 높게 증가할 것으로 착각하는 현상

제 2 절 지방공공선택론

1. 개념과 기본 가정

공공선택론(public choice theory)은 "비시장적 의사결정(non-market decision making)에 대한 경제학적 연구"라고 정의할 수 있다(Mueller, 2003: 1). 즉, 공공선택론은 경제학의 연구방법론을 적용하여 정부의 행위를 설명하고 정치행정 제도를 분석하려는 시도이다. 경제학적 방법론은 인간이 이기적이고 합리적인 효용극대화를 추구하는 주체라는 것이다. 이처럼 경제적 인간(economic man)과 정치적 인간(political man)이 동일한 행동 목표를 추구하는 주체라는 시각과 관점에서 분석하려는 새로운 학문의 패러다임이다(김의섭, 2007: 43-44).

뷰캐넌(J. M. Buchanan)은 공공선택론의 기본적인 세 가지 요소를 방법론적 개체주의, 경제적 인간, 정치적 교환이라고 하였다.[10)]

첫째, 공공선택론은 방법론적 개체주의(methodological individualism)를 적용하고 있다. 공공선택론은 조직, 기업, 정부 등의 집단은 선호를 가지고 있지도 않고, 선택을 하지도 않으며 이러한 국가와 집단보다는 오직 개인만이 선택하고 행동한다고 가정하고 있다는 점에서, 고전적 정치경제학과 그에 상응하는 신고전파 경제학(neo-classical economics)의 방법론적 전제를 어느 정도 공유하고 있다(정정목, 1996: 60). 즉, 공공선택론은 국가와 집단(지방정부 포함)이 아닌 개별적 개인의 행동 원리에 관심을 두고, 개인은 자신의 효용 함수를 극대화하려는 행동 원칙을 취한다고 판단한다.

둘째, 공공선택론에서 경제적 인간(*homo economicus*)이라는 가정은 핵심적이다. 즉, 각 개인은 이기적이며, 합리적으로 자신의 효용을 극대화하려는 경제 인간이라

을 말한다. 특히 주민에게 부과되는 조세는 세부 징세 항목으로 분할되어 부과되므로 실제 부담보다 더 적게 느끼게 된다는 것이다. 마찬 가지로 공공지출, 부채, 임차 등에서도 재정착각 또는 재정환상이 나타난다.

10) 뷰캐넌에게 가장 큰 영향을 주었던 것은 빅셀(Wicksell, 1896)의 재정이론에 관한 책인데, 그는 이 책에서 이미 공공선택의 세 가지 기본 요소를 인식하였다고 한다(소병희, 1996: 271).

는 것이다. 경제 인간은 타인과의 경제적 관계에서 자신의 이익 또는 자신이 대리인으로 대행하고 있는 제3자의 이익을 극대화하기 위한 행동전략(maximizing strategies)을 취한다는 것이다.

셋째, 공공선택론은 국가의 재정활동에 참여하는 모든 개인은 정치적 교환(political exchange)을 통해 그 본질을 설명할 수 있다고 보았다. 즉, 개인이 시장 교환을 통해 자신의 효용을 극대화하는 것과 마찬가지로, 정치적 시장에서도 개인은 자신의 이익을 증대시키기 위해 정치적 교환행위에 참여한다는 것이다. 왜냐하면 인간의 교환행위는 사사로운 개인이든 공직자이든 모두 똑같이 소비자나 생산자로서의 역할을 하기 때문에 그러하다는 것이다.

따라서 지방공공재의 공급 결정은 일반적으로 비시장적 정책결정 과정인 정치적 과정에 의해 결정된다. 즉, 지방자치단체의 공공선택은 지방재정 현상분석이라는 경제학적 접근 방법의 적용 내지는 지방자치단체가 구성원들의 이기적 경향을 취합함으로써 집단행동을 경제적 방법으로 이해하려고 하는 일련의 시도로서 이루어져 왔다(장노순, 1991: 28-29).

2. 공공선택론의 발전

공공선택론적 접근이 새로운 학문적 패러다임으로 성립하기 시작한 것은 1960년대이며, 초기 공공선택론의 고전적 연구들은 블랙(Ducan Black, 1948), 뷰캐넌(James M. Buchanan, 1949), 애로(Kenneth J. Arrow, 1951), 다운스(Anthony Downs, 1957)의 논문과 저서들이지만, 뷰캐넌과 털럭의 저서를 통해 새롭게 인식된 것은 1960년대이기 때문이다(Buchanan & Tullock, 1962). 또한 1968년 "*Public Choice*"라는 제목의 공공선택학회지가 발간되기 시작하였다.

공공선택론은 경제학계 내에서 버지니아학파(Virginia School)로 알려질 만큼 초창기에 버지니아 대학교를 중심으로 발전하였다. 당시 버지니아 대학교의 교수였던 뷰캐넌과 털럭이 중심이 되어 1963년에 "비시장적인 의사결정에 관한 위원회"를 결성하여 비시장적(non-market) 의사결정에 대해 경제학적 분석법을 적용하기 시작했고, 1966년부터 학술지인 "비시장적 의사결정에 관한 논문집(Papers on Non-

Market Decision Making)"을 발간하였다. 이외에 인디아나(Indiana) 대학교의 오스트롬(Ostrom, 1973)을 중심으로, 제도적 장치와 법제적 규제라는 행정학적 측면을 강조하는 공공선택론을 연구하는 블루밍턴(Bloomington) 학파와, 로체스터(Rochester) 대학교의 라이커(Riker)를 중심으로 수학적 기법과 모델을 정치 문제에 적용하고자 하는 정치적 측면이 강조되는 로체스터 학파 등이 있었다(소병희, 1993: 25-27). 이러한 공공선택론의 여러 학파는 비시장적 문제를 정치와 경제의 제도에 의해 규정지어진다고 보았으며, 비시장적 문제가 발생하였을 때 또는 시장실패를 보완하기 위해 개입한 정부가 그 보완적 기능을 제대로 수행하지 못하고 시장실패를 악화시키는 정부실패를 초래할 경우, 문제가 발생한 제도 자체는 주어진 것으로 보고, 주어진 제도 안에서 문제를 해결해야 하는 것인지, 아니면 제도 자체의 근본적인 문제를 해결해야 하는지 등에 관심을 기울였다.

공공선택론의 문헌들은 사회후생함수를 극대화시키거나 혹은 일련의 규범적 기준을 만족시키기 위한 총체적 개인 선호의 문제에 초점을 두었으며, 공공선택론의 또 다른 관심은 1940~1950년대에 제기된 시장실패(market failure)에 대한 연구였다. 이 연구들은 시장실패가 존재할 때 효율적 배분을 위한 조건을 확립하는 데 초점을 두었다.

한편, 공공선택론의 발달은 공공경비론(theory of public expenditure)에서도 파악될 수 있다. 공공경비론은 유럽 대륙의 전통 재정학자들에 의해 19세기 후반부터 본격적으로 발전되었는데, 그 대표적인 학자는 빅셀(Wicksell, 1896)과 린달(Lindahl, 1919)을 들 수 있다. 린달은 공공재이론에, 그리고 빅셀은 공공선택론과 재정학에 큰 영향을 주었다(손희준 외, 2011).

3. 지방공공선택과 투표이론

모든 사람이 공공재와 정부정책에 대한 자신들의 선호를 정직하게 표현한다 하더라도 서로 다르기 때문에 개개인의 선호를 통합하기는 결코 쉽지 않다. 결국 집단적 선택(collective choice)의 과정에서 누구의 정책 선호를 정책으로 결정할지와 이를 결정하기 위한 적절한 의사결정 방식에 관한 문제가 관심의 대상이 될 수밖에 없다.

초기 공공선택 연구에서 다운스(Downs, 1957)는 민주주의에서 투표제도가 합리적 의사결정의 해답을 도출할 수 있다는 투표이론을 주장했다. 다운스(Anthony Downs)는 투표자들이 합리적이고 이기적인 주체이므로 자신들에게 가장 많은 정치적 편익을 제공하는 정치가에게 투표한다고 주장했다.

공공선택 방법 중에서 가장 민주적인 의사결정 방법이라고 알려진 것이 다수결 투표 방식(majority voting)이다.[11] 다수결 투표는 모든 참여자가 동의하는 것은 아니지만, 대다수가 지지하는 대안이 선택될 수 있다는 점에서 바람직하고, 이해관계를 달리하는 참여자 상호 간에 효과적인 조정 수단으로 이용되기도 한다.

그러나 이러한 다수결 투표 방식이 항상 일관된 집단적인 의사결정을 가능케 하는 것은 아니다. 다수결 투표를 통해 공공선택이 안정적이고 합리적으로 결정되는 것이 아니라 투표의 끝없는 순환이 되풀이될 수 있어, 결국 최종적인 결정은 매우 임의적으로 이루어질 수도 있다. 이것을 우리는 투표의 역설(voting paradox)이라고 한다. 개인의 경우 선호가 X>Y이고, Y>Z라면 당연히 X>Z라는 관계가 성립한다. 그러나 집단의 선택 과정에서는 이러한 일관성(transivity)이 성립하지 않을 수 있다. 만약 투표에 있어 최종적인 선택이 일관되게 나타나지 않고, 돌고 돌게 되는 순환성이 생긴다면 각 개인의 선호 체계보다는 투표가 진행되는 순서에 따라 달라지는 임의적인 결정이 될 수 있다.

투표의 순환성 여부는 투표자의 선호가 일률적이냐 아니냐에 달려 있다. 다시 말해서, 투표자 선호를 순위별로 표시할 때, 선호의 봉우리가 하나뿐인 단일 봉두 선호(single-peaked preference)이고 일률적인 경우에는 순환성의 문제는 없다. 그러나 투표자 선호의 봉우리가 2개인 이중 봉두 선호(double-peaked preference)의 경우에 공공선택은 불안정하고 임의적이 된다(김동건, 1996: 115-117).

만약 현실적으로 비교되는 대안의 성격이 어느 지방자치단체의 공공 서비스 수준이라든가, 또는 예산액의 규모와 관련된 동일한 차원에서의 선택 문제라면 단일 봉두 선호로 나타남을 알 수 있다. 그러나 지방자치단체의 경우, 예를 들어 도서관, 체육관, 그리고 미술관 중에서 어느 하나의 시설설치를 선택할 것인가를 놓고 의사 결

11) 우리나라도 2004년 4월 주민투표법을 제정·공포하여, 주민에게 과도한 부담을 주거나 중대한 영향을 미치는 지방자치단체의 주요 결정 사항을 해당 지방자치단체의 조례로 정하여 주민투표에 부치도록 하고 있다(주민투표법 제7조).

정할 경우에는 각 개인들의 선호 체계는 다양하게 나타날 수밖에 없고, 이에 따라 다중 봉두 선호는 매우 심각한 문제로 나타나게 된다.

이와 같은 다수결 투표의 일관성 결여는 투표의 모순뿐만 아니라 투표자들의 전략적 선택에 의해서도 발생한다. 예를 들면, 투표자가 승산 없는 투표를 하는 대신에 자신의 진정한 선호를 숨기거나, 거래에 의해 차선책에 투표하게 되면 다수결 투표는 일관성을 잃게 된다. 그러므로 대부분의 지방재정 선택은 다수결 투표에 의한 주민의 직접투표보다 주민에 의해 선출된 지방정치인들에 의해 결정되는 것이 현실이다(손희준 외, 2011).

한편, 유권자의 선호가 단일 봉두(single-peaked)이고, 다수결의 투표에 의한 의사 결정 방식은 항상 맨 가운데 있는 사람의 선호를 반영하게 된다는 이론이 '중위투표자 정리(median-voter theorem)'이다. 중위 투표자란 특정 사안에 대한 선호가 투표에 참가하는 사람들 중 가운데(median)에 위치하는 사람을 말한다. 물론 다수결 투표에 의한다고 해도 모든 의사결정에 있어서 중위투표자의 선호가 집단의 최종적인 선택을 항상 좌우하는 것은 아니다.

모든 사람들의 선호 체계가 단일 봉두 선호이고, 투표를 통해 선택할 대안들이 단일의 연속선상에 나타날 수 있고, 모든 사람들이 투표에 참여하고 또한 투표가 아무런 제한 없이 계속해서 이루어지며, 투표자들이 가장 선호하는 대안을 솔직하게 선택한다는 조건이 충족된다면, 최종적인 선택은 중위 투표자의 선호를 반영하게 된다는 것이다. 그러나 이러한 전제 조건 중 하나인 모든 유권자들이 투표에 참가해야 하는데 그러하지 않고, 유권자와 정치인 모두 정치적 쟁점에 대해 완벽한 정보를 가지고 있다고 가정하고 있으나 현실적으로 전혀 그렇지 않다(하연섭, 2015: 139).

중위 투표자의 정리는 직접민주주의라는 정치 제도를 전제로 한다. 그러므로 중위투표자의 정리가 비록 일관성 있는 공공선택을 하게 해 준다고 하더라도 효율적인 재정 선택은 불가능할 뿐만 아니라 비효율적인 결정 요소를 제거할 수 있는 방법 또한 없다. 우리나라의 경우 주민투표 제도가 활성화되더라도 지방자치단체가 의제통제(agenda control)[12]를 통해 여론을 유도하는 것이 가능하다면 한계가 있다는 주장

12) 지방 관료는 주민의 선호를 정확히 파악할 수 있는 등 각종 정보력이 상대적으로 우월하다는 점을 행정 서비스의 제공 수준 결정 과정에 활용할 수 있다는 것이다. 실제로 의제통제로 인해 정부 주도의 개발연대에는 정치적 의사결정 비용을 최소화할 수 있었고, 이는 결과적으로 정부의

도 있다(허명환, 1999: 117–119). 따라서 주민들의 직접투표를 통한 지방재정에 대한 결정은 가능하지만 빈번히 사용되지는 못하고, 대부분 그러한 결정권은 지방의원과 같은 대리 정치인에게 위임되는 것이 현실이다.

이러한 논의를 통해 민주사회에서 투표를 통해 결정되는 공공재의 공급수준이 효율성을 보장해 주지 않는다는 것이다(강윤호 외, 2015).

제 3 절 기타 주요 이론

1. 티부모형

1) 티부모형의 전제 조건과 내용

재정의 자원분배 기능 수행에 있어서 왜 지방정부의 역할이 중앙정부보다 강조되어야 하는가에 대한 보다 체계적인 논의를 티부모형(Tiebout model)에서 찾아 볼 수 있다.

티부(C. Tiebout)[13]에 의하면, 사람들이 어떠한 제약도 없이 자유롭게 이동할 수 있다면, 그들이 가장 선호하는 재화와 서비스를 제공할 뿐만 아니라 그들이 가장 바람직하다고 생각하는 세금이 존재한 지역으로 이주하여 거주할 것이라고 하였다(Tiebout, 1956: 416–424).

다시 말해서, 각 개인들은 지역 간 이동에 제약이 존재하지 않기 때문에 자신들이 원하지 않는 재정정책을 실시하는 지역을 떠나서, 보다 적은 세금 부담으로 더 높은 수준의 공공 서비스를 공급하는 지역으로 이동하게 된다.

이처럼 유권자인 동시에 소비자인 주민들은 거주지의 선택을 통해 지방공공재에 대한 선호도를 표시할 수 있다. 소위 '발에 의한 투표(voting with the feet) 모형'을

효율성 추구라는 정책 방향과도 부합할 수 있었다.

13) 티부(C. Tiebout)에 대해 로젠(H. S. Rosen)은 "me too"와 같다고 하여, '티보'나 '티보우'보다는 티부라고 하는 것이 적정한 것으로 본다(Rosen, 2002: 475).

통해 진입과 탈퇴의 의사 표시가 가능하고, 그 결과 모든 지방자치단체는 더 적은 비용으로, 보다 나은 양질의 공공 서비스를 공급하기 위해 노력하게 된다.

이처럼 중앙정부와는 달리 지방정부가 제공하는 지방공공재의 생산과 소비에는 주민의 선호(preferences)가 반영될 수 있는 메커니즘이 존재한다는 것이다. 예를 들어, 가로등, 교육, 쓰레기 수거 등과 같은 공공 서비스를 반드시 중앙정부가 공급해야 할 필요는 없다고 했다.

만약 지방정부가 자율적으로 지방공공재 공급에 관한 결정을 내리고, 독자적으로 세금을 부과할 수 있는 과세자주권을 보유하고 있다면, 현재와 같이 모든 지방자치단체가 동일한 지출 형태를 유지하지는 않을 것이다. 즉, 고(高)부담-고(高)서비스를 지향하는 지역에서 저(低)부담-저(低)서비스를 제공하는 지역까지 지방정부 상호 간에는 많은 차이가 존재할 것이다. 이렇게 되면 공급하는 지방공공 서비스의 종류와 비용구조가 종전보다 훨씬 다양화되고, 지방세 및 각종 사용료·수수료의 요금체계도 지역마다 큰 차이가 생길 수 있다.

이런 상황이라면 마치 소비자가 시장에서 자신에게 최대 효용을 제공하는 상품을 구매하여 수요 욕구를 충족하듯이, 주민들은 '발에 의한 투표'를 통해서 최선의 지방정부를 선택하고 자신들의 지방공공재에 대한 욕구를 최대한 충족시킬 수 있다는 것이다. 때문에 티부모형을 유사시장적 해결 방안(market-like solution)[14]이라고도 한다(하연섭, 2015: 397-398).

그러나 이러한 티부모형은 다음과 같은 엄격한 전제 조건을 필요로 하는 매우 이상적인(ideal) 모형이다(정정목, 1992; 하연섭, 2015; Rosen, 2002; Tiebout, 1956).[15]

첫째, 완벽한 이동성(perfect mobility)이 보장되어야 한다. 주민들이 자신이 가장 선호하는 지역으로의 이동에 어떤 추가적인 비용도 들지 않는다고 전제한다. 특히 티부는 고용기회가 거주지의 결정에 영향을 주지 않는다고 가정하였다.

둘째, 외부효과(externalities)가 존재하지 않아야 한다. 행정구역을 넘어서는 파급효과(spillover effect)는 비효율성을 야기하기 때문에, 한 지방정부가 제공하는 공공

---

14) 로젠은 이를 준시장적 과정(quasi-market process) 또는 해결 방안이라고도 한다(Rosen, 2002: 476).

15) 여기서 논의되는 모든 전제 조건이 티부의 초기 연구(1956)에 포함되어 있지는 않았고, 후속 연구들에 의해 더욱 추가되고 정교화되었다.

서비스는 그 지역 주민들의 후생에만 영향을 미칠 뿐 다른 지역에 거주하는 주민들의 후생에는 어떤 영향도 주지 말아야 한다는 것이다.

셋째, 완벽한 정보(perfect information)가 제공되어야 한다. 즉, 주민들은 각 지방정부가 제공하는 공공 서비스와 지방세 수준에 대한 완전한 정보가 없으면 안 된다.

넷째, 주민들이 충분히 선택할 수 있을 만큼 많고 서로 다른 지방정부(enough different communities)가 존재해야 한다. 마치 시장에서 다양한 상품 중에 마음에 드는 것을 고르는 경우와 유사하다.

다섯째, 규모의 경제(economies of scale)가 존재하지 않아야 한다. 이는 지방정부가 공급하는 공공 서비스의 양이 두 배가 되면 그 공급비용도 두 배로 증가한다는 의미이다. 동시에 이는 한 지역에 거주하는 사람의 수가 두 배로 증가하면 공공 서비스의 양도 두 배로 증가하여야 함을 의미한다. 그러나 공공 서비스 공급에 규모의 경제가 존재한다면, 한 지역에 거주하는 주민들이 많으면 많을수록 공공 서비스를 제공하는 데 드는 비용이 감소할 수밖에 없게 된다. 이렇게 되면 한 지방정부의 규모가 커질수록 공공 서비스의 공급비용이 낮아지게 되어 각 개인이 선택할 수 있는 지방정부의 수는 대단히 제약될 수밖에 없게 될 것이다(하연섭, 2015: 399).

여섯째, 각 지방정부는 행정구역 인구가 적정 수준에 도달하여 최저 평균비용으로 지방공공재 생산이 가능할 때까지 새로운 거주자를 끊임없이 유입하려 할 것이다.

일곱째, 지역의 공공 서비스는 가급적 비례적인 재산세(a proportional property tax)에 의해 충당되어야 한다. 물론 재산세의 세율은 지역별로 차이가 날 수 있다.[16]

이러한 전제 조건 하에 소비자(지역주민)들은 그들의 효용을 극대화시켜 주는 지방정부를 선택하게 된다. 따라서 티부모형의 균형 상태에서 각 지방정부가 제공하는 공공 서비스는 파레토 효율적 최적 수준이며, 모든 소비자는 그들의 지방자치단체가 제공하는 공공 서비스의 수준에 완전히 만족하게 된다.

그러나 이런 티부모형에 대해 티부 스스로도 매우 극단적(extreme)일뿐만 아니라 개념적(conceptual)인 해결 방안이라고 시인하였다(정정목, 1992: 877). 우선 티부모형의 대부분 전제 조건은 완전경쟁시장의 가정과 거의 유사하다. 따라서 이미 이러한 완전경쟁시장이 현실에는 존재하지 않는 다는 것을 시장실패 이론에서 확인한

16) 1956년 당시 티부는 재산세보다는 인두세(head tax) 또는 현재의 주민세(poll tax)에 의한 재원 충당을 가정하였다.

바 있다.

특히 수많은 지방정부가 공급하는 공공 서비스의 가격과 품질에 대한 완전한 정보를 모든 주민들이 보유하고, 이를 서로 비교하여 최대만족을 위해 소비자인 주민들이 '발에 의한 투표'를 통해 거주지를 선택한다는 가정은 매우 비현실적이다. 실질적으로 지역 간 이동에는 직장, 학교, 이사 비용, 교통 등과 같은 무시할 수 없는 제약이 존재한다. 거주 지역의 선택이 공공 서비스 수준과 조세 부담만을 비교하여 결정할 수 없는 이유를 좀 더 구체적으로 살펴보면 다음과 같다.

첫째, 주민들이 수많은 지방정부가 공급하는 공공 서비스의 질과 납부해야 하는 세금에 대해 완벽한 정보를 갖는 것은 현실적으로 불가능하다.

둘째, 모든 사람의 욕구를 완벽히 충족할 수 있을 정도로 무수히 많은 지방정부가 존재한다는 가정은 완벽하게 실현될 수 없다. 물론 미국이나 프랑스와 같이 지출과 조세가격이 상이한 다수의 지방자치단체가 존재한다면 이와 같은 조건은 어느 정도 충족될 수도 있다.[17)]

셋째, 티부모형이 효율적이기 위해서는 외부효과가 없다는 가정이 필수적이다. 그러나 어떤 지방정부가 제공하는 재화나 서비스의 편익이 다른 지역의 주민들 후생에 전혀 영향을 미치지 않을 뿐만 아니라, 지방공공재 공급에 있어 규모의 경제도 존재하지 않아야 한다는 가정은 현실적으로 불가능하다. 오히려 이러한 비효율성을 제거하기 위해 지방행정구역을 확대한다든지,[18)] 또는 정부 간 보조금(intergovernmental grants)의 지급을 통해 자원배분의 왜곡 현상을 시정하기도 한다.

넷째, 모든 지방정부가 공급비용을 최소화시키기 위해 적정 규모의 인구를 유치하려 한다는 가정 역시 비현실적이다. 우선 적정 규모(optimal size)에 대한 기준이 명확하지 않고, 만일 제도적인 경직성이 전혀 존재하지 않는다면 해당 인구만을 수용할 수 있는 소규모의 지방정부를 만들 수 있겠지만, 현실적으로 이처럼 완벽하게 탄

---

17) 미국의 경우 시, 군(郡), 타운십(郡區), 학교구(school district), 특별구(special district)를 포함하여 2002년 현재 기준으로 87,900개의 지방정부를 공표하였다. 또한 프랑스 역시 2016년 현재 18개 레지옹(region), 101개 데파르트망(department), 329개 아롱디스망(arrondissement), 3,879개 캉통(canton), 36,767개의 코뮌(commune) 등 총 41,094개에 달한다(위키백과, 2019). 2019년 현재 243개의 우리나라와는 매우 다르다.

18) 비교적 규모가 큰 지방행정구역은 ① 공공재와 공공 서비스의 생산에서 규모의 경제를 실현할 수 있고, ② 분권화된 다수의 지방자치단체가 야기할 수 있는 공해문제, 교통문제와 같은 파급효과를 내부화할 수 있을 뿐만 아니라, ③ 지역 내 납세자 상호 간의 공평과세를 실현할 수도 있다.

력적인 지방정부의 구조를 생각하기는 매우 어렵다.

끝으로, 티부모형의 가정에서 비현실성보다 더 심각한 문제는 지방공공재가 재산세(property tax)를 통해 생산되면, 비록 티부모형의 가정들이 모두 충족된다고 해도 효율적 수준의 지방공공재 양을 공급할 수 없다는 것이다. 왜냐하면 특정 지역의 평균 주택가격보다 싼 주택을 소비하는 주민은 지방공공재의 평균 비용보다 세금을 적게 내게 되어 티부 메커니즘의 잠재적 효율성을 방해하게 되기 때문이다. 재산세는 주택가격에 비례하기 때문에 가난한 주민들은 오히려 부유한 지역으로 이주하여 가격이 싼 작은 규모의 주택을 매입함으로써 세금을 적게 내고, 상대적으로 풍부한 공공 서비스를 향유할 수 있게 된다. 저소득층의 부유한 지역으로의 이주는 이 지역의 공공 서비스 수요를 증가시켜 결과적으로 세율 인상을 초래하게 된다. 따라서 부자들은 더 나은 지방으로 이주하게 되고, 가난한 사람들은 또다시 부자들을 뒤쫓아 가게 되어 결국에는 안정적인 티부모형의 균형이 파괴된다.

2) 티부모형의 효용성과 의의

티부모형의 지나치게 엄격한 전제 조건으로 인해 현실성을 결여하고 있다는 비판은 대부분 인정하고 있으나, 그렇다고 해서 전혀 무시되어서도 안 된다. 현실적으로 이주지역과 관련한 완벽한 정보 수집, 이주비용, 외부효과, 그리고 자본화[19] 등은 티부모형의 균형화를 어렵게 만든다(심정근 외, 1997: 109). 더욱이 현실적으로 대다수의 지역에서 주민들의 소득 격차가 매우 심하고, 따라서 공공 서비스에 대한 요구 수준도 상당한 격차가 있다.

그럼에도 불구하고 몇몇 실증 연구들이 티부모형을 지지하기 때문에 완전히 배제할 수는 없다. 즉, 티부 가설 가운데 다음의 두 가지는 그 검증이 가능하다(손희준 외, 2011). 첫째, 정부지출-조세 부담의 크기에 따라 개인이 실제로 지역 간에 이동

19) 어떤 개인이 부유한 지역에서 소규모의 주택을 보유하게 되면 상대적으로 적은 조세 부담으로 높은 수준의 서비스 혜택을 받을 수 있다. 장기적으로는 이와 같은 상대적 이점 때문에 소규모 주택의 수요량 증가에 따라 주택가격이 인상되는 재정적 자본화(fiscal capitalization) 현상이 나타나게 된다. 동시에 주택가격의 상승과 조세 부담의 증가로 종전에 누리던 상대적인 이익을 상실하게 된다. 일반적으로 재산세는 주택가격에 비례하여 결정되기 때문이다. 또한 동일한 서비스 혜택에도 불구하고 상대적으로 높은 조세 부담을 지고 있던 고급주택 소유자들에게는 다른 지역으로의 이전 동기를 제공하는데, 이는 공급되는 서비스의 수준에 비해 조세 부담이 과다하다고 생각하기 때문이다.

을 하는지의 문제와, 둘째, 이와 같은 지역 간 이동이 지역 내 주민의 공공재 소비에 대한 선호의 동질성을 높이는가 하는 문제가 실증적으로 지지되고 있다. 또한 루빈펠드(Rubinfeld, 1987)는 지방공공재의 가치와 조세가 지역 지가(地價)에 자본화되는 여부를 분석했고, 그램리히(E. M. Gramlich)와 루빈펠드(D. L. Rubinfeld)는 티부모형의 가능 여부를 검증하기 위해 주민들에게 지방정부의 적정한 예산 규모에 관해 설문조사를 실시하였다(Gramlich & Rubinfeld, 1982). 한편 공공 서비스에 대한 비슷한 선호를 가지는 주민들로 지방정부를 형성한다면, 바람직한 예산 규모에 대해 상당한 선호 차이가 있는 대도시(metropolitan)에 더 많은 지방정부가 존재할 것이라는 사실이 넬슨(M. A. Nelson), 피셔(R. C. Fisher)의 실증적 연구로 검증되었다(심정근 외, 1997: 110－111).

또 다른 연구 결과에 따르면, 지방자치단체가 공급하는 공공 서비스의 수준과 지역 간 이동 사이에는 밀접한 상관 관계가 있었다. 즉, 1950~1970년 사이의 로스앤젤레스 군(Los Angeles County) 내의 도시(municipalities)를 연구한 밀러(Gary Miller)에 따르면, 새로 생겨난 31개의 도시 가운데 1개만이 이질성이 높은 주민들로 구성된 반면, 30개 도시의 주민들은 소득 및 공공 수요의 동질성이 매우 높은 주민들로 구성되어 있었다. 아울러 인종별 분포면에서도 도시 내에서는 동질성이 높아지는 반면, 도시 사이에는 이질성이 높아지고 있다는 사실을 통계적으로 제시하고 있다(김종순, 1997: 30).

우리나라의 경우 티부모형을 적용하는 데 상당한 한계가 있지만, '티부적 현상'이 전혀 없는 것도 아니다. 예를 들어, 서울시민들이 교육 여건이 좋은 소위 8학군이 있는 강남지역으로 이주하려는 현상은 그 한 예로 볼 수 있다. 그러나 우리의 경우는 지방정부의 자율적인 재정정책에 의해 주민 이동이 촉발된다고 보기 어렵고, 더욱이 지방정부가 현실적으로 자율적인 재정정책을 채택하기도 어려운 것이 사실이다(강윤호 외, 2015: 103).

한편 고부담－고서비스 지역에 저부담－고서비스를 선호하는 주민들이 유입되는 것을 방지하기 위해서는 토지 이용 규제나 토지사용제한법(zoning law) 등이 활용될 수 있다. 가장 간단한 방법은 값싼 주택의 건축을 금지하는 것으로, 수준 높은 서비스를 위해 높은 재산 가치에 상응하는 재산세를 부담할 능력이 있는 사람들로만 주민을 구성하려는 것이다. 그러나 이러한 토지사용제한법은 비록 효율적이기는 하지만, 소득 수준에 근거하여 주거지역을 법적으로 제한하기 때문에 형평성이 결여된 방법이기도 하다.

미국 주정부의 기간세가 재산세이기 때문에 해밀턴(B. Hamilton)은 티부모형이 보다 적절하게 작동하기 위해서는 기본적인 전제 조건에 덧붙여, ① 각 지역은 순전히 비례적인 재산세로 운영되고, ② 어떤 주민도 그 지역이 설정하는 최소 크기의 주택 규모보다 작은 주택을 짓지 못하게 하는 토지사용제한 조례(zoning ordinance)를 제정할 권한을 가져야 한다는 조건을 더하면 각 지역은 보다 효율적인 지방공공재를 공급할 수 있다고 하였다(Hamilton, 1975: 205-206).

2. 대리의 문제와 예산극대화론

대규모의 잠재적인 집단인 국민이나 지역 주민들이 스스로의 이익을 공통적으로 잘 대변하지 못하는 것이 '집단행동의 딜레마(collective action dilemma)' 현상이며, 이러한 문제를 해결하기 위해 국가와 지방정부가 공익적 견지에서 개입하고 이를 대신하여 처리하게 되는데, 이때 정부가 과연 잠재적 집단이 안고 있는 공통의 문제 해결을 위임받은 대리인(agent)으로서 충실하게 이들의 이익을 대변하고 확보할 수 있느냐에 대한 의문이 제기된다. 이것이 바로 '대리(代理)의 문제(agency problem)'이다(최병선, 2013: 123).

지방자치단체장과 지방의원 및 지방관료 등은 주인(主人)인 지역 주민들의 일을 대신 수행하기 위해 존재하여야 한다고 보지만, 현실 세계에서 대리인인 이들이 주인인 주민들이 기대하는 것만큼 그렇게 신의성실하지 않을 수도 있으며, 주인과 다른 목표와 견해를 갖고 있을 수도 있다. 대부분의 경우에는 우월한 정보와 전문성을 가지고 있기 때문에 고용되는 데, 간혹 주인을 무시하거나 지배하는 수도 있다(배득종, 2005: 37-40, 최병선, 2013: 124).

대리인으로서의 관료를 논의할 때 대략 두 가지 형태의 관료들을 생각할 수 있다. 우선 첫 번째 유형은 자신들의 이익을 추구하는 이기적(self-interest) 관료들이다. 이들은 자신의 권력이나 편익(예산)과 같은 것을 극대화하기 위해 자기가 속해 있는 관료조직을 가능한 한 확대하려고 노력하는 것이 일반적이다.[20] 두 번째 유형은 공복(公僕)의 입장에서 공익을 추구하고 공공 부문의 효율적 정책집행을 위해 노력하는 관료들이다. 첫 번째의 관료 행태가 공공선택론에서의 관료들의 전통적 특징을 반영하며, 이들의 관심은 조직 확대를 통한 예산 규모와 권한을 확대시키는 데 있다.

니스카넨(Niskanen, 1971, 1975)은 지방 관료가 주민이나 지방의회의 요구에 기초한 재정정책들을 단순히 결정하거나 집행하지 않고, 복잡하고 전문화된 각종 정보들을 활용하여 적극적으로 세출예산 결정에 영향을 미친다고 주장했다. 즉, 지방 관료들은 경험, 정보, 홍보 등 다양한 측면에서 우월적 지위에 있기 때문에, 정치적 독점권(political monopoly)을 행사하면서 예산을 극대화시킨다는 것이다. 관료들은 관료제의 조직 규모와 범위를 확대시켜 자신들의 권력과 편익의 극대화를 추구한다. 의회에서의 예심 심의·통과는 총편익이 총비용을 상회하여 정책이 채산성을 갖고 있어야 가능하기 때문에, 관료는 이러한 조건을 충족시키는 범위 내에서 최대 예산안을 제안하게 된다는 것이다.

니스카넨(William Niskanen)은 예산극대화가 관료들의 승진 기회를 확대하기 때문에 그들의 최대 목표는 예산극대화(budget maximization)에 있다고 보았다. 그러나 실증적 연구 결과에 의하면, 관료의 승진 기회는 일반적으로 많고, 관료의 급여와 소속 부서의 예산 규모 및 증가율 사이에는 매우 낮은 상관 관계가 있는 것으로 나타났다. 따라서 니스카넨은 관료의 목표는 예산극대화에 있는 것이 아니라 예산 재량권(discretionary budget)의 극대화에 있다고 그의 가설을 수정하기도 했다(손희준 외, 2011).

우리나라의 경우, 지방 관료들은 지금까지 세출예산 수준을 결정하는 데 주도적인 역할을 수행해 왔다는 점에서 니스카넨 모형은 상당한 설득력을 갖는다고 할 수 있다. 그러나 최근 지방의회와 주민감시가 강화되면서 지방 관료가 자신의 이익을 과도하게 추구하게 될 경우 견제 또는 징계 책임 등에 노출될 수 있다는 점에서는 일부 설명하기 어려운 점도 없지 않다. 즉, 서구적 관점의 개인주의적 효용 극대화이론만으로 관료들의 행태를 전적으로 설명하기에는 한계[21]가 있다는 것이다(허명환,

20) 관료들의 조직 확대화 경향은 흔히 행정학에서 '파킨슨(Cyril N. Parkinson) 법칙'으로 잘 알려져 있다. 즉, 공무원의 수는 업무의 경중(輕重)이나 양과는 무관하게 일정한 비율로 증가한다는 것이다(이종수, 2000: 340).

21) 허명환(1999)은 한국적 상황을 고려한 공공선택의 새로운 모형으로서 사업극대화 모형(program maximization model)을 제시하였다. 이것은 니스카넨의 예산극대화 모형과 유사한 것으로 사업

1999: 122 – 123).

3. 이익집단과 지대추구이론

정치적 시장에서 투표자들이 자신의 목표 함수를 극대화하기 위해 개인적으로 활동하는 것보다 다수의 투표자들이 이익집단(interest group)을 구성하여 집단적 행위를 하면 그 정치적 영향력은 더욱 커진다. 따라서 이익집단들은 지방정부와 지방의회에 영향력을 행사하여 그 집단에게 유리한 재정적 편익과 소득재분배적 혜택을 얻으려 하며, 이익집단이 정치가 또는 관료와 결탁하여 그들에게 유리한 정책을 이끌어내려는 대표적 행동으로서 정치적 결탁(political log – rolling)[22]을 들 수 있다. 이렇듯 이익집단은 공공선택론의 중요한 연구 주제가 되어 왔다(김의섭, 2007: 49 – 50).

이익집단들이 자신의 목표 함수의 극대화를 위해 정치적 행위를 하며, 자원을 남용하고 사회적 낭비를 초래하는 현상을 지대추구(地代追求, rent – seeking)라고 한다. 일반적으로 지대추구란 경제적 주체들이 자신의 이익을 위해서 경제적 활동보다는 정치적 로비와 집단행동 등 비생산적 활동에 경쟁적으로 집중하여 자원을 낭비하는 현상을 말한다.

이러한 이익집단의 정치적 결탁과 독점적 지대추구행위는 뮐러(Mueller, 2003)에 의해 구체적으로 설명되었다. 이익집단은 그들에게 유리한 정책을 제시하는 정치가와 정당을 지원하여 권력을 집권하게 하는 정치적 영향력을 발휘하기도 한다. 또한 올슨(Olson, 1982) 가설에 의하면, 이익단체의 지대추구행위는 재분배적 정부활동을 증대시켜 재정 규모를 비대하게 팽창시키고 경제성장률을 낮추어 경제 발전에 부정적 효과를 준다고 한다.

결국 지방재정 정책에 있어서도 이익집단의 과도한 요구에 부응하는 지방 관료와 단체장에 의해 제한된 재정자원이 낭비될 수 있음을 경계해야 할 것이다.

을 극대화함으로써 결과적으로 행정 서비스 제공 수준이 극대화된다는 것이다.

22) 흔히 통나무 굴리기(log – rolling)라고도 하며, 이권(利權)과 관련된 법안(法案)을 관련 의원들이 서로 결탁하여 통과시키는 행태를 가리키는데, 과거 미국 개척시대에 벌채한 통나무를 운반하면서 벌목공들이 서로 협력하여 통나무 굴리기를 한 데서 유래했다고 한다.

PART 2

지방세입론(Ⅰ): 자체수입

Chapter

04 지방세

제 1 절 지방세의 의의와 원칙

1. 지방세의 개념과 특징

지방세(local tax)는 지방자치단체의 재정수요를 충족할 목적으로, 지역 주민으로부터 특정한 개별적인 반대급부 없이 강제적으로 징수하는 조세이다. 지방세는 지방세입 가운데 가장 핵심적 자체재원으로 지방자치단체의 자율적 사용과 자주적 재원조달을 가능하게 하는 기본적인 재원이다.

이러한 지방세는 다음과 같은 특성을 가진다.

첫째, 지방세의 과세 주체는 지방자치단체이다. 이 점에서 과세 주체가 국가인 국세와 구별된다.

둘째, 지방세는 지방자치단체의 보편적인 지방행정 서비스를 제공하는 데 대한 반대급부로서 징수하는 것으로, 일반 보상적 원리의 성격을 강하게 갖는다. 이러한 점에서 개별적인 공공시설의 이용 대가인 사용료(user's charge), 서비스 이용의 대가인 수수료(fee), 사업 실시에 따라 부과되는 부담금이나 분담금과도 구별된다.

셋째, 지방세는 강제적으로 부과·징수된다. 지방세는 과세권에 의해 강제적으로 부과·징수된다는 점에서 교환의 원리에 의해 지방수입이 되는 경영수익사업이나 재산수입과는 구분된다.

넷째, 지방세는 금전(화폐 단위)으로 표시되어 징수되는 것이 원칙이다. 예외적으로 토지와 같은 물납(物納) 조세가 인정되기도 하지만, 이 경우에도 물납 조세는 그것의 사용 가치에 초점을 맞춘 것이 아니라 금전적 가치에 있다(손희준 외, 2011).

다섯째, 지방세는 주민의 재정책임성 확보 수단으로서 역할을 한다. 즉, 지방자치단체들이 선택한 사업에 필요한 재원의 부담을 지방세를 통해서 주민들에게 귀속되도록 함으로써 주민들로 하여금 추가적인 조세 부담을 지면서 지출할 것인가를 결정하도록 하는 것을 말한다. 이를 지방세의 가격 기능이라고 하며, 재원 부담에 부응하는 편익 창출이 가능한 사업을 선택하게 함으로써 자원배분의 효율성을 달성할 수 있다(라휘문, 2014).

지방세는 그 과세 형태에 따라 사회의 각 소득계층 및 그들의 경제활동에 끼치는 영향이 매우 크다고 할 수 있다. 따라서 지방자치단체가 어떠한 방법으로 지방세 수입을 확보할 수 있을 것인가 하는 문제는 지방세 제도를 결정하고 운영하는 데 있어서 매우 중요한 정책 문제라고 할 것이다.

2. 지방세의 부과 근거

지방자치단체의 과세권을 인정하는 근거는 다음과 같다. 먼저 조세 부과의 일반적 근거는 다음의 두 가지이다. 그중 하나는 정부가 공급한 재화와 서비스에 대한 대가(對價)로서 정부가 조세를 징수하는 것이다. 다른 하나는 국민이 국가를 구성하는 구성원으로서 국가의 존립과 질서의 유지 및 발전을 위해 조세를 당연히 부담하는 것이다. 조세 부담의 근거나 공평 과세를 논의할 때, 전자를 '이익설'이라 부르고, 후자를 '의무설' 또는 '능력설'[1]이라고 부른다.

지방세의 경우도 위의 두 가지 기준이 모두 해당되나, 지방세의 특성상 주로 이익설이 상대적으로 강조되어 왔다. 그 이유는 지방자치단체가 공급하는 재화나 서비스

1) 능력설은 납세자의 지불 능력에 따라서 조세를 부담해야 한다는 것을 의미하며, 이를 주장하는 학자들로는 밀(J. S. Mill), 에지워스(F. Y. Edgeworth), 피구(A. C. Pigou) 등이 있고, 재정사회학파들 가운데는 와그너(R. E. Wagner) 등이 있다(이영조, 1995: 234).

의 대부분이 지방공공재(local public goods) 또는 준공공재(quasi-public goods)로서 편익의 효과가 지역적인 범위에 한정되기 때문이다.

그러나 최근의 사회 환경 변화로 인해 공공 서비스의 영역이 절대적 경계에서 상대적 경계로 유연화되어 과거의 생활 양식으로 획정한 지방자치단체의 관리구역은 사회 경제적인 단위로 기능하는데 한계가 생겼다. 또한 전형적인 중앙정부의 정책 영역이라고 생각했던 사회복지사업에서 지방정부의 역할과 책임 범위가 점점 확대되고 있다(이재원, 2016). 이러한 변화에 의해 정부 간 재정 관계도 변화함에 따라 능력 원칙에 근거한 '지방소득세'와 '지방소비세'도 지방세에 적합한 조세로 강조되고 있다.

3. 지방세의 조건과 원칙

조세 원칙은 스미스(Adam Smith)가 그의 저서 『국부론』에서 과세원칙[2)]을 제시한 이래, 개별 국가의 역사적 · 경제적 · 사회적 상황을 반영하면서 많은 경제학자 · 재정학자들이 주장해 왔다(손희준 외, 2011).

조세로서의 지방세는 국세와 다른 성격과 목적 또는 정책이 있기 때문에, 일반적인 조세 원칙 중에서 특히 강조되어야 할 원칙 또는 지방세 고유의 특징 등이 있다. 이러한 지방세 원칙에 대한 이론적 논의는 여러 학자들이 다음과 같이 제시해 왔다.

1) 지방세의 조건

(1) 데이비의 조건

데이비(Davey, 1983)는 지방세도 조세의 일반적 조건[3)]이 큰 수정 없이 그대로 적

2) 애덤 스미스의 4대 조세원칙은 다음과 같다. ① 공평의 원칙(principle of equality), ② 명확성의 원칙(principle of certainty), ③ 편의의 원칙(principle of convenience), ④ 징세비 최소의 원칙(principle of economy in collection)이다.

3) 조세의 일반적 조건은 다음과 같다(김종순, 2006; 국회예산정책처, 2018). ① 수요의 소득탄력성이 높아 공공지출의 증가율을 상회하거나 동일한 수준의 세입 증가가 가능한 세목(충분성), ② 수요의 가격탄력성이 낮아, 경제적 선택을 왜곡시키지 않는 재화나 서비스를 과세 대상으로 하는 세목(중립성), ③ 비용 부담의 주체와 편익의 수혜 주체가 일치하거나 조세부담액이 납세자의 부담 능력에 기초하는 세목(형평성), ④ 조세구조가 간단하고 조세행정비용이 저렴한 세목(행정적

용될 수 있다고 판단하여, ① 세수의 충분성과 탄력성, ② 조세 부담의 형평성, ③ 세무행정의 용이성, ④ 조세저항을 고려한 정치적 수용가능성을 들고 있다.

(2) 위트만의 조건

위트만(Wittman)이 제시하는 조건은 ① 소득의 증가에 따라 세입도 탄력적으로 증가하여야 한다는 조세의 신장성, ② 경기변동에 따른 재정수입의 기복이 크지 않아야 한다는 안정성, ③ 자치행정에 대한 주민들의 관심을 제고하는 부담분임성(주민의 책임성 제고), ④ 재정수요의 지역 간 균형보전을 위한 보편성 등이다. 이외에도 ⑤ 기업의 입지나 경쟁에 있어 중립성을 유지할 수 있어야 한다는 조건을 추가하였다.

(3) 머스그레이브와 머스그레이브의 조건

머스그레이브와 머스그레이브(Musgrave & Musgrave, 1984) 부부는 국민경제의 핵심 주체로서 정부의 경제적 기능을 ① 효율적인 자원배분 기능, ② 공평한 소득분배 기능, ③ 국민경제의 안정과 성장 기능이라고 정립하였다. 이러한 3대 기능 중에서 '효율적인 자원배분 기능'을 지방정부가 수행하는 것이 가장 적합한 기능으로 보았으며, 이를 토대로 지방세의 원칙을 제시하였다. 즉, 지방세의 원칙을 재정연방주의의 관점에서 ① 지역 간 이동이 적은 세목, ② 경기변동에 중립적인 세목, ③ 응익과세적 세목과 사용료를 중심으로 지방세를 구성하여야 한다고 하였다.

반면, ① 소득재분배를 위한 누진세, ② 경기조절을 위한 세목, ③ 지역 간 편재가 심한 세목은 국세로 하는 것이 바람직하다고 하였다.

(4) 린과 발의 조건

린과 발(Linn & Bahl, 1992)은 중앙과 지방자치단체 상호 간에 세목을 배분하는 기준을 논의하면서 ① 주요 국세에 대한 경합이 있는 세목, ② 조세 부담의 수출(tax export)이 가능한 세목, ③ 역진적 성격의 세목, ④ 징세행정에 어려움이 따르는 세목은 지방세로 적합하지 못하다고 지적하였다.

용이성), ⑤ 과세 대상자의 범위가 넓고 조세저항이 적은 세목(정치적 수용 가능성) 등이다.

따라서 지방세는 ① 외부비용(external costs)을 내부화(internalization)하고 사회간접자본(SOC) 및 혼잡비용(congestion costs)을 반영하는 세목, ② 세수탄력성이 높은 세목을 지방세로 지정하여 중앙에 대한 지방정부의 지원 요구를 배제할 수 있어야 한다고 보았다.

2) 지방세의 원칙

(1) 보편성의 원칙

보편성은 특정 지방자치단체에 세원(稅源)이 편중되지 않고, 모든 지방자치단체에 골고루 분포되어 있어야 한다는 원칙이다(라휘문, 2014). 국세의 경우에는 그 세원이 특정 지역에 편재되어 있다 하더라도 그 세입은 국세수입으로서 단일 국고에 귀속될 수 있고 국세수입으로 조성된 재원은 다시 전국적으로 사용되기 때문에 문제가 없으나, 지방세의 경우 지방자치단체 간 세원의 편재(偏在)가 경제력 격차로 이어지게 되므로 보편성의 원칙은 매우 중요한 원칙이다.

(2) 지역성(정착성)의 원칙

지역성은 고착성의 원칙이라고도 하며, 과세 대상이 가급적 지방자치단체의 관할구역 범위 내에 법률적 또는 기술적으로 정착됨으로써 지역적 이동이 적은 것이 지방세에 적합하다는 것이다(이성근 외, 2016). 특정 지역의 조세가 다른 지역의 주민에게 최종적으로 부담된다면 바람직하지 않다는 것이며, 따라서 부동산 관련 재산세가 지방세의 주요 세원이 되는 이유이기도 하다.

(3) 부담 분임성의 원칙

부담 분임성의 원칙 또는 분담성의 원칙은 지방자치단체 내에 거주하는 주민이 지방자치단체의 구성원으로 지방자치 운영에 필요한 경비를 공동으로 분담해야 하며 이는 주민의 책무라는 것이다(권형신 외, 2006). 이 원칙은 각 주민이 지방자치단체라는 일종의 재정클럽 회원으로서 회비를 부담하는 것과 같은 맥락에서 이해할 수 있으며, 이에 충실한 세목은 주민세 균등분이다.

(4) 응익성의 원칙

응익성의 원칙은 지방자치단체는 주민에게 일상적인 서비스를 제공하기 때문에, 이를 통해 주민이 받는 이익과 수혜의 범위와 정도에 따라 지방세를 과세한다는 원칙이다. 예를 들면, 지방자치단체로부터 도시계획사업 및 소방행정과 각종 인·허가를 받는 주민에게 지방세를 부담하게 하는 것이다. 지방세에 있어 응익성의 원칙이 지켜지지 않을 경우, 지방세 부담에 비해 공공 서비스를 적게 받거나 그 반대의 경우가 발생할 경우 지역 주민의 불필요한 이동을 초래함으로써 국가 자원배분의 왜곡을 가져올 수도 있다(라휘문, 2014).

(5) 안정성과 신장성의 원칙

안정성과 신장성은 일반적인 조세 원칙으로서 강조되는 것이다. 안정성이란 지방세의 세목은 경기 변동에 따라 세수 변동의 폭이 큰 것보다는 세수가 안정되어야 한다는 것이다. 또한 신장성은 경기가 좋은 경우 이에 따라 세수가 적절하게 늘어나야 하고, 자칫 불경기라면 이에 따라 세수 감소의 폭도 크다는 것이다. 이 경우 지방세는 국세에 비해 안정성의 원칙이 선호된다고 할 수 있다. 즉, 세수가 호황기나 불황기에 큰 영향을 받지 않고 안정적으로 유지되어야 한다는 것이다. 따라서 재산세와 같은 재산 보유과세가 이에 해당된다. 하지만 지나치게 안정성만 추구하다 보면, 경제성장에 따른 탄력적 신장성이 낮아 경기가 상승해도 세수 신장이 잘 되지 않는다는 것을 의미하기 때문에, 신장성도 확보할 수 있는 세목을 지방세로 하는 것이 바람직하며, 현행 지방소득세와 지방소비세는 신장성에 충실한 조세라고 할 수 있다.

(6) 행정적 용이성의 원칙

지방세의 부과 및 징수비용이 최소화될 것을 요구한다. 여타의 다른 조건이 동일하다면 세금의 부과 및 징수행정이 용이하고 과다한 비용을 발생시키지 않는 세목이 바람직하다는 원칙이다.

물론 징세행정 비용의 차이가 세목 선택의 중요한 기준이 될 만큼, 세목 간 격차가 큰 경우는 드물다. 더욱이 각 세목이 가지고 있는 다른 조건(보편성, 안정성, 효율성, 형평성 등)이 동일한 경우가 거의 없다는 점을 감안할 경우에, 행정적 용이성

(administrative feasibility)이 세목 결정의 중요한 기준으로 적용될 수는 없다(김종순, 1997: 216).

결국 행정적 용이성과 징세비용의 최소화 등의 원칙은 수단적 측면에서 고려되어야 한다는 점을 명확히 한 것이다.

4. 지방세의 기능

1) 지방재정 수입의 확보

지방세는 지방자치단체가 지역 주민에게 행정 서비스를 제공하기 위해 필요한 경비를 자체적으로 확보·조달하는 기능을 수행한다.

2) 사회정책 기능

지방세는 지방재정의 주요 수입원이며, 지방재정은 국가재정의 일부분으로 소득재분배 기능을 고려해야 한다. 이러한 측면에서 지방재정의 중요한 재원 가운데 하나인 지방세 역시 소득재분배 기능을 수행한다.

3) 경제정책 기능

경기조절과 경제안정화 기능을 위해서는 지방세가 다소 한정적으로 활용되지만, 지역 경제 정책의 목표 달성을 위한 수단적인 기능은 수행한다. 예를 들면, 지방산업의 보호·육성, 지역자본의 축적을 위하여 지방 산업단지와 농공단지 등 입주업체에 대한 지방세 감면, 농림어업 등 1차 산업에 대한 비과세조치 등이 있다.

4) 특수정책 기능

지방세는 대도시로의 지나친 산업 및 인구집중의 억제, 토지와 주택에 대한 투기억제, 별장·고급오락장 등 사치성 재산에 대한 중과세 제도를 도입하는 등 국가와 지역의 특수한 상황에 따른 정책 기능을 수행한다(국회예산정책처, 2018).

제 2 절 지방세 체계와 특징

1. 지방세의 법률 체계

우리나라 지방세는 「헌법」에 의한 조세법률주의에 따라 「지방세기본법」을 중심으로 4개 법 체계로 운용된다. 지방세 체계는 2011년부터 기존의 지방세법 1법 체계를 정비하여 「지방세기본법」, 「지방세법」, 「지방세특례제한법」의 3법으로 세분화하였으며(2010.3.31. 제정), 2017년 「지방세징수법」의 제정으로 4법 체계가 되었다.

「지방세기본법」은 지방세에 관한 기본적인 사항, 부과, 불복 절차, 범칙행위 및 처벌과 과세자료에 관한 사항 등을 규정하고 있다. 「지방세법」은 과세 대상, 납세 의무자, 과세표준, 세율, 과세기준일, 납기 등 지방세 각 세목의 과세 요건과 부과 징수에 대한 사항을 규정하고 있다. 「지방세특례제한법」은 지방세의 감면과 특례 및 제한에 필요한 사항을 규정하고 있다. 「지방세징수법」은 지방세의 징수와 체납처분에 관한 사항 등을 규정하고 있다.

표 4-1 지방세법 체계

관련 법	주요 내용
지방세기본법	총칙, 처벌, 과세자료 등 정의
지방세법	11개 지방세목의 과세대상과 기본 세율 등 과세 요건을 정의
지방세특례제한법	세목별 감면, 공제 제도의 요건과 기한 등을 정의
지방세징수법	징수, 체납처분 등을 정의하고 규정

2. 지방세의 구성 체계

우리나라의 현행 지방세 체계는 「지방세기본법」상 11개 세목으로 구성되어 있으며, 지방자치단체의 과세권에 따라 도세와 특별·광역시세, 시·군세와 자치구세 및 특별자치도세와 특별자치시세로 구분한다([그림 4-2] 참조).

도의 지방세목은 6개로서 취득세, 등록면허세, 레저세, 지방소비세, 지역자원시설세, 지방교육세로 구성된다. 특별·광역시세는 9개 세목으로 취득세, 레저세, 담배소비세, 지방소비세, 주민세, 지방소득세, 자동차세, 지역자원시설세, 지방교육세로 구성된다. 시·군세는 5개 세목으로 담배소비세, 주민세, 지방소득세, 재산세, 자동차세로 구성된다. 자치구세는 2개 세목으로 등록면허세, 재산세로 구성된다.[4)]

한편, 제주특별자치도의 경우와 세종특별자치시의 경우는 특별자치도세와 특별자치시세로서 11개 세목을 모두 지방세로 구성하고 있다.

그림 4-1 국세와 지방세 체계(2019년 현재)

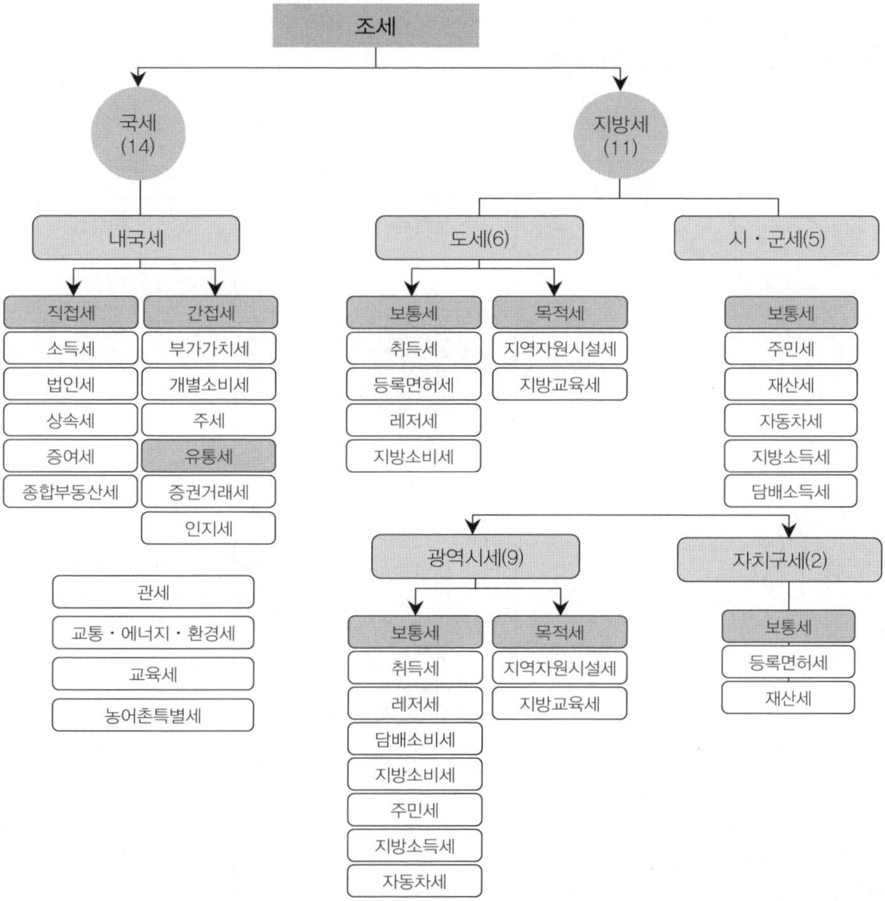

4) 광역시 자치구의 경우에는 「지방세기본법」 제11조의 규정에 따라, 실제로 주민세의 재산분과 종업원분은 자치구세에 해당한다.

현행 지방세 체계는 2010년 1월 1일부터 지방소비세와 지방소득세를 도입함으로써 대폭 변화하게 되었다. 따라서 2009년까지의 지방세 체계와는 큰 차이를 보이게 되었다. 이러한 제도 개편의 배경에 대해서는 전문가들 사이에서도 논란이 있지만, 2009년 종합부동산세 개편에 따라 부동산교부세가 감소하고, 이명박 정부의 소득세와 법인세 인하에 따른 내국세 축소에 의한 지방교부세 감소 및 경제 살리기 정책의 일환으로 추진한 수도권 규제 완화에 대한 비수도권 지역의 보상수단 등이 복합적으로 고려되어, 지방재정 분야의 오랜 숙원이었던 지방소비세와 지방소득세가 도입되었다. 그러나 지방소득세는 기존의 주민세 소득할과 사업소세 종업원할을 지방소득

그림 4-2 지방세 체계(2009년 기준)

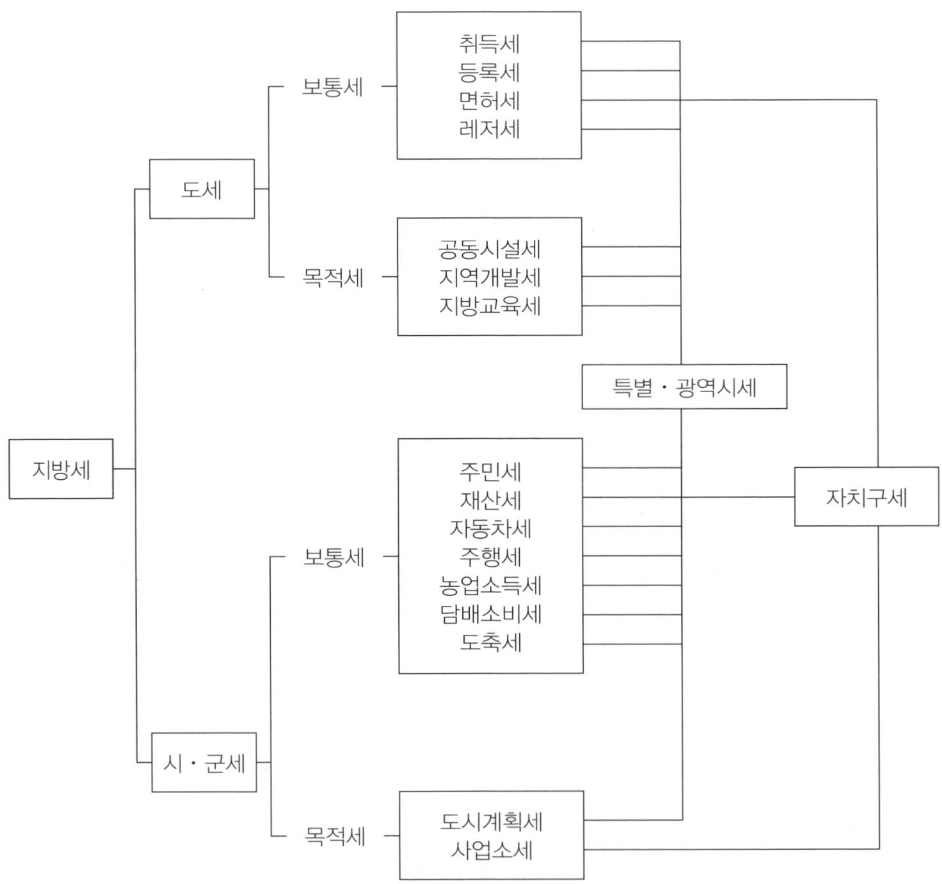

세(소득분 · 종업원분)로 개편하여 명목상의 도입에 그쳤고, 지방소비세는 국세인 부가가치세의 5%를 재원으로 하는 시 · 도세로서 도입되었다.

따라서 2009년까지의 지방세 체계는 [그림 4-2]와 같다.

지방소득세의 도입에 따라 기존의 주민세와 사업소세는 변화될 수밖에 없었고, 이러한 제도 변화는 지방소득세가 2014년에 독립세가 되면서,[5] 주민세는 또 한 차례 개편되었다.

2010년 지방소득세 도입과 2014년 지방소득세가 독립세로 전환되면서 주민세의 변화는 [그림 4-3]과 같다. 2010년 지방소득세 도입에 따라 과거 목적세였던 사업소세 재산할은 주민세 재산분으로, 사업소세 종업원할은 지방소득세 종업원분으로 개편되어 사업소세는 폐지되고, 주민세는 기존의 균등할이 균등분으로, 그리고 사업소세의 재산할은 재산분으로 개편되었다. 2014년 다시 지방소득세가 독립세원화하면서, 지방소득세의 종업원분이 주민세로 개편되었다. 이 과정에서 자치구세이었던 사업소세가 특별 · 광역시세로 편입되었고, 그 사업소세 해당분은 자치구 수입으로 귀속시켰다. 결국 광역시의 경우 과거 사업소세인 주민세 재산분과 종업원분은 자치구 수입으로 귀속하고, 서울특별시의 경우는 이를 조정교부금 배분에 반영하였다(윤영진, 2016).

2010년 지방소비세와 지방소득세의 도입에 따른 이러한 개편 과정에서 사업소세와 농업소득세가 폐지되어, 2011년까지 지방세의 세목은 16개로 유지되었다.

그러나 지방세 체계의 선진화를 위해 지방세법 체계를 개정하여, 2011년부터는 지

그림 4-3 지방소득세 도입에 따른 주민세 변화

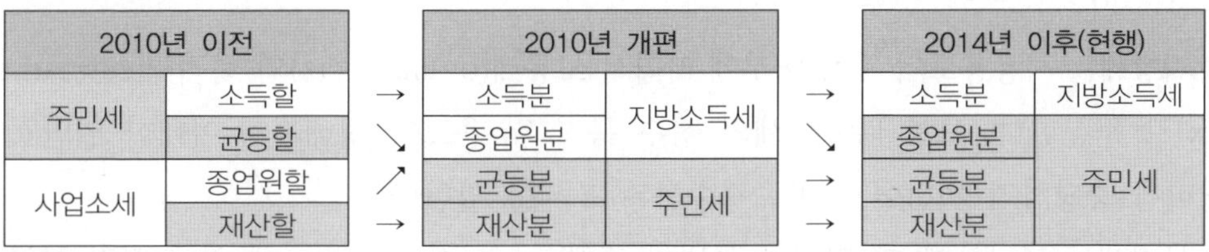

5) 2014년에 지방소득세는 과세표준은 국세와 공유하지만, 세율과 공제, 감면 등의 과세 체계에 관한 결정은 독립적으로 시행하는 명실상부한 지방세로 변화되었다.

방세법 단일 체계가 분법 체계로 변화하면서 지방세 체계 역시 개편하여 현재와 같은 11개 세목으로 바뀌었다.

그림 4-4 2011년 지방세제 개편 내용

2011년 이전: 16개 세목			2011년 이후: 11개 세목
구분	세목 현황		세목간소화
중복과세 통·폐합	① 취득세 + ② 등록세(취득관련분)		① 취득세
	③ 재산세 + ④ 도시계획세		② 재산세
유사세목 통합	② 등록세(취득무관분) + ⑤ 면허세	➡	③ 등록면허세
	⑥ 공동시설세 + ⑦ 지역개발세		④ 지역자원시설세
	⑧ 자동차세 + ⑨ 주행세		⑤ 자동차세 ※ 주행세 → 자동차세 하위세원
폐지	⑯ 도축세		(폐지)
현행유지	⑩ 주민세 ⑪ 지방소득세 ⑫ 지방소비세 ⑬ 담배소비세 ⑭ 레저세 ⑮ 지방교육세		⑥ 주민세 ⑦ 지방소득세 ⑧ 지방소비세 ⑨ 담배소비세 ⑩ 레저세 ⑪ 지방교육세

3. 지방세의 분류

(1) 사용 용도에 따른 구분

지방세는 사용용도의 지정 여부에 따라서 보통세(ordinary tax)와 목적세(earmarked tax)로 구분한다. 보통세는 조세의 징수 목적 및 용도가 정해지지 아니한 일반적인 경비에 충당하기 위하여 부과·징수하는 조세를 말한다.

목적세는 충당해야 할 경비를 특별히 정하고, 그 경비의 지출에 의해 직접 이익을 받는 자에게 징수하는 조세를 말한다.

지방자치단체의 보통세는 9개 세목으로 취득세, 등록면허세, 지방소비세, 레저세,

주민세, 지방소득세, 재산세, 자동차세, 담배소비세가 있으며, 목적세는 2개 세목으로 지역자원시설세, 지방교육세가 있다.

(2) 세원 독립 여부에 따른 구분

세원 독립 여부에 따라 지방세는 독립세와 부가세(surtax)로 구분한다. 독립세는 국가나 지방자치단체가 세원을 각각 독립하여 보유하고 독자적 과세표준에 의해서 과세하는 조세이며, 부가세는 다른 과세 주체가 부과하는 조세(본세)에 부가하여 일정한 세율로써 그 본세의 납세 의무자에게 부과하는 조세를 말한다. 지방세 중 지방교육세가 부가세이다.

(3) 조세 부담의 일치 여부에 따른 구분

지방세는 법률상의 납세 의무자와 경제적인 조세 부담자가 일치하는지에 따라 직접세(direct tax)와 간접세(indirect tax)로 구분한다. 직접세는 법률상의 납세 의무자와 경제상의 조세 부담자가 일치하는 조세이고, 간접세는 조세 부담이 경제 거래를 통해 다른 사람에게 전가되어 법률상의 납세 의무자와 경제상의 조세 부담자가 일치하지 않는 조세이다.

(4) 과세표준 종류에 따른 구분

지방세는 과세표준을 화폐 금액을 기준으로 하느냐 또는 물량을 기준으로 하느냐에 따라 종가세(ad varolem tax)와 종량세(unit tax)로 구분한다. 종가세(從價稅)는 과세표준을 금액으로 표시하고, 종량세(從量稅)는 과세표준을 중량, 용량, 건수, 인원 등 물량으로 표시하는 조세이다. 지방세 중 종량세는 담배소비세(제조 담배의 개비 수 또는 중량 및 부피)와 자동차세(배기량)가 있다.

(5) 세율 부과 방식에 따른 구분

지방세는 세율부과 방식에 따라 정액세와 정률세로 구분한다. 정액세(定額稅)는 과세표준에 관계없이 일정한 금액으로 부과되는 조세이며, 정률세(定率稅)는 세율이 과세표준의 일정 비율에 따라 부과되는 조세를 말한다.

정률세는 과세표준의 크기와 관계없이 세율이 일정한 비례세율과 과세표준의 크기가 증가함에 따라 세율이 증가하는 누진세로 구분된다. 지방세 중 주민세 균등분은 정액세이고, 취득세는 비례세이며, 재산세는 누진세 체계라고 할 수 있다.

(6) 과세 대상의 성격에 따른 구분

지방세는 과세 대상의 성격에 따라 소득과세, 소비과세, 재산과세로 구분한다. 소득과세는 소득 또는 수입을 얻고 있다는 사실에 담세 능력을 인정하여 과세하는 조세이며, 소비과세는 납세자가 재화 또는 용역을 구입・소비하는 사실에 대해 간접적으로 담세 능력을 인정하여 과세하는 과세이다. 재산과세는 재산을 소유한다는 사실에 담세 능력을 인정하여 과세되는 조세이다.

지방세 중 소득과세는 지방소득세가 해당되고, 소비과세는 지방소비세, 담배소비세, 레저세가 있으며, 재산과세는 취득세, 재산세, 지역자원시설세 등이 있다. 단, 자동차세는 보유분인 경우 재산과세 성격이며, 주행분인 경우 소비과세로 구분한다.

4. 지방세 체계의 특징과 현황

우리나라 지방세 체계의 특징은 첫째, 국세 중심의 조세 체계로 인해 지방세의 비중이 매우 낮다는 것이다.

우리나라 국세와 지방세의 전체 규모를 보면, 국세와 지방세의 비중은 2017년 국세가 76.7%이며, 지방세가 23.3%를 각각 나타내고 있다. 이러한 구조는 국세 위주의 세원배분 형태라고 할 수 있으며, 실제로 세원의 할당은 중앙정부 중심으로 국가가

표 4-2 국세 대비 지방세 비중

(단위: 억 원, %)

구분		2011	2012	2013	2014	2015	2016	2017
조세총액		2,446,813	2,569,530	2,556,854	2,672,448	2,888,629	3,180,934	3,457,940
국세	금액	1,923,812	2,030,149	2,019,065	2,055,198	2,178,851	2,425,617	2,653,849
	비중	78.6	79.0	79.0	76.9	75.4	76.3	76.7
지방세	금액	523,001	539,381	537,789	617,250	709,778	755,317	804,091
	비중	21.4	21.0	21.0	23.1	24.6	23.7	23.3

자료: 행정안전부(2018).

법률로 정하였기 때문에 지방의 요구가 반영되지 못했다.

<표 4-2>에서 보는 바와 같이, 우리나라의 조세총액 중에서 지방세의 비중은 약 21~24% 정도를 차지하고 있으며, 지방세 체계 역시 기초자치단체 중심이 아니라, 광역자치단체인 시·도 중심으로 이루어져 매우 집권적이라고 할 수 있다. 이러한 중앙정부와 지방자치단체 간의 세원 편중 현상은 지방자치단체가 자율적이고 책임성 있는 자치행정을 수행하는 데 제약 요소로 작용하고 있다.[6)]

둘째, 현행 지방세 체계는 재산과세 위주이다. 조세를 과세 대상의 성격에 따라 분류하면 소득과세, 소비과세 및 재산과세로 구분할 수 있는데, 이 중에서 우리나라의 지방세는 보유한 재산의 가치에 대해 과세하는 재산과세 위주로 구성되어 있다.

재산과세 위주의 세목은 세수에 있어서 안정성을 추구할 수 있지만,[7)] 소득과세 또는 소비과세에 비해 신축성이 낮기 때문에 지방자치단체의 세수입은 신장성이 국세에 비해 낮다고 할 수 있다.

지방세에서 재산과세는 취득세, 재산세, 자동차세(보유분: 자동차세의 약 51%), 지역자원시설세(특정부동산분: 지역자원시설세의 약 82%)[8)] 등으로 구성되어 있다. 소득과세는 지방소득세, 소비과세는 지방소비세, 담배소비세, 레저세 그리고 기타는,

---

6) OECD 주요 국가들의 국세 대 지방세 비중은 다음과 같다.

국가명	국세(%)	지방세(%)
일본	60.5	39.5
미국	56.7	43.3
영국	93.9	6.1
독일	49.5	50.5
프랑스	71.7	28.3

자료: OECD(2015).

7) 재산과세 위주의 세목으로 되어 있는 이유는 세수의 안정성 측면이 강하지만, 다른 측면에서는 부동산 경기에 크게 영향을 받을 수밖에 없기 때문에 안정성이라는 가장 큰 장점 또한 담보할 수 없는 문제점이 있다. 대표적으로, 주택의 승계취득에 대한 취득세 세율구조는 가액에 따라서 1~3%로 되어 있는데, 이는 원래 취득세 세율인 4%를 주택경기가 침체되어 인하한 것이다. 따라서 재산과세 위주의 지방세 구조는 부동산 경기가 침체되면 세수는 감소하는 경향을 가진다(정지선, 2018).

8) 「지방세법」 제142조에서는 지역자원시설세의 과세 대상을 다음과 같이 구분하고 있다.

① 특정 자원: 발전용수(양수발전용수는 제외), 지하수(용천수를 포함), 지하자원, 컨테이너를 취급하는 부두를 이용하는 컨테이너 및 원자력발전·화력발전으로서 대통령령으로 정하는 것.

② 특정 부동산: 소방시설, 오물처리시설, 수리시설, 그 밖의 공공시설로 인하여 이익을 받는 자의 건축물, 선박 및 토지.

주민세, 등록면허세 등이 이에 해당한다.

다음 <표 4-3>에서 보는 바와 같이, 2017년의 경우 재산과세가 전체 세수의 약 50% 이상을 차지하고 있으며, 소비과세는 14.9%, 소득과세는 18.1%를 차지하고 있다.

표 4-3 지방세 징수액 현황

(단위: 백만 원, %)

구 분	2013		2014		2015		2016		2017	
합계	53,176,228	100.0	61,135,021	100.0	70,586,176	100.0	74,663,976	100.0	79,694,379	100.0
취득세	13,317,603	25.0	16,391,219	26.8	20,810,277	29.5	21,701,647	29.1	23,486,684	29.5
등록면허세	1,311,947	2.5	1,485,081	2.4	1,831,317	2.6	1,708,312	2.3	1,607,730	2.0
레저세	1,041,497	2.0	1,072,911	1.8	1,088,916	1.5	1,060,187	1.4	1,051,007	1.3
지역자원시설세	912,073	1.7	1,137,934	1.9	1,351,388	1.9	1,449,989	1.9	1,512,606	1.9
지방소비세	3,141,814	5.9	5,835,655	9.5	6,002,721	8.5	6,401,148	8.6	7,273,752	9.1
지방교육세	5,024,234	9.4	5,454,863	8.9	5,814,919	8.2	6,266,117	8.4	6,422,966	8.1
주민세	317,518	0.6	1,388,477	2.3	1,501,506	2.1	1,754,830	2.4	1,863,188	2.3
지방소득세	10,314,721	19.4	9,716,923	15.9	12,784,415	18.1	13,094,604	17.5	14,439,512	18.1
재산세	8,265,136	15.5	8,779,080	14.4	9,293,704	13.2	9,929,914	13.3	10,662,094	13.4
자동차세	6,747,257	12.7	6,920,113	11.3	7,072,063	10.0	7,553,270	10.1	7,772,209	9.8
담배소비세	2,782,428	5.2	2,952,765	4.8	3,034,950	4.3	3,743,958	5.0	3,602,631	4.5

자료: 행정안전부(2018).

셋째, 자치계층별·세목별로 세수입의 편차가 매우 크다. 먼저 자치단체 유형별 광역자치단체와 기초자치단체 간 세수 분포를 보면 광역자치단체에 편중되어 있는 것을 알 수 있다.

특별시는 본청 대 자치구의 세수 비중이 91.7대 8.3이며, 광역시는 본청, 자치구, 군이 82.7 : 14.6 : 2.8의 수준을 나타내고 있다. 또한 도 본청과 시·군의 경우 55.3 : 39.8 : 4.9로 나타나고 있어 기초자치단체인 자치구와 군에는 세원이 거의 배분되어 있지 않은 것으로 나타나고 있다(김대영, 2018).

또한 세목별 세수입의 편차도 매우 크게 나타나는 데 일부 세목은 세수조달 능력이 거의 없다고 할 수 있다. 위의 <표 4-3>에서 보듯이, 취득세, 재산세, 지방소득세, 지방소비세 및 자동차세를 제외한 나머지 세목들의 경우는 세수조달 능력이 매우 낮다는 것을 알 수 있다.

지방세 11개의 세목 중 세수비중이 전체의 3%에도 못 미치는 영세한 세목은 주민세(2.3%), 등록면허세(2.0%), 지역자원시설세(1.9%), 레저세(1.3%)이다. 이러한 조세들은 조세의 가장 기본적인 기능인 재원조달이라는 관점에서 살펴보면, 실질적인 조세로서의 역할을 못한다고 할 수 있다.

제 3 절 개별 지방세 각론

1. 취득세

1) 의 의

취득세(取得稅)는 재산권의 이전 과정에서 재산의 취득 사실을 포착하여 취득자에게 부과하는 조세이다. 취득세는 먼저 부동산이나 차량 등 재산권을 주요 과세 대상으로 하고 있다는 점에서 재산과세에 해당되며, 또한 취득세는 재산권의 이전(유통 과정)에서 담세력이 노출되는 취득자에게 과세하는 것으로 거래과세에 해당하고 법률적인 측면에서는 일종의 행위세(재산권의 취득 행위자에게만 부과)에 속한다.

이러한 취득세는 지방세 중 역사가 가장 긴 세목 중의 하나이다. 즉, 일제 시대부터 있던 도세의 세목인 부동산취득세가 1952년 9월 26일 지방세법 개정에 의해 취득세로 개칭되어 운영되어 오다가, 2010년 3월 지방세가 전면 개편되면서 종전의 취득세와 취득 관련 분 등록세를 취득세로 통합하여 2011년 1월 1일부터 적용하고 있다.

한편 2013년 말 주택유상거래에 대한 취득세 세율 인하 조치가 실시되면서 주택에 대해서 단순 누진세율 체계를 현재 운용하고 있다.[9]

취득세는 특별시 · 광역시, 도 · 특별자치도 및 특별자치시가 과세하는 시 · 도세이

9) 주택유상거래에 대한 취득세 세율 인하: 기존 취득세 표준세율 4%(9억 원 초과 · 다주택), 9억 원 이하(2%)를 9억 원 초과(3%), 6~9억 원(2%), 6억 원 이하(1%)로 개편하였으며, 이로 인한 세수 감소를 보전하기 위해 지방소비세율을 6%(부가가치세) 인상하였다.

자 보통세이며, 2017년 결산 기준 취득세가 지방세에서 차지하는 비중은 29.2%로 지방세목 중 가장 큰 비중을 차지하고 있는 주요 세목이다.

2) 과세 대상

취득세의 과세 대상은 부동산(토지 및 건축물), 차량, 기계장비, 항공기, 선박, 입목, 광업권, 어업권, 골프회원권, 승마회원권, 콘도미니엄 회원권, 종합 체육시설 이용회원권, 또는 요트회원권 등의 취득행위이다(지방세법 제7조).

여기서의 취득이란 매매, 교환, 상속, 증여, 기부, 법인에 대한 현물출자, 건축, 개수(改修), 공유수면(公有水面)의 매립, 간척(干拓)에 의한 토지의 조성 등과 그 밖에 이와 유사한 취득으로서 원시취득, 승계취득 또는 유·무상의 모든 취득을 말하며, [그림 4-5]의 모든 경우가 해당된다.

그림 4-5 취득의 범위

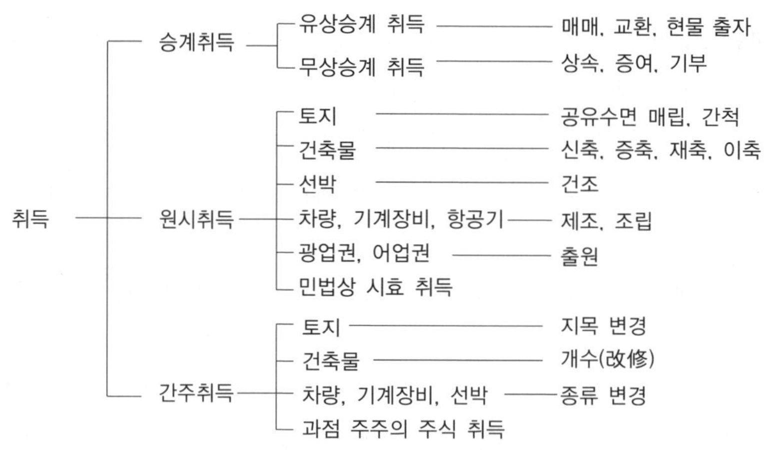

3) 납세 의무자

취득세의 납세 의무자는 과세 대상을 취득한 자이다. 또한 등기·등록 등을 하지 아니한 경우라도 사실상 취득하면 취득으로 간주하고 해당 취득물건의 소유자를 납세 의무자로 한다. 다만, 차량, 기계장비, 항공기 및 주문을 받아 건조하는 선박은 승계취득인 경우에만 취득자를 납세 의무자로 한다.[10)]

4) 과세표준

취득세의 과세표준은 취득 당시의 가액으로 한다.[11)] 다만, 연부(年賦)로 취득하는 경우에는 연부금액으로 한다. 취득 당시의 가액은 취득자가 신고한 가액으로 한다. 다만, 신고 또는 신고가액의 표시가 없거나 신고가액이 시가표준액에 미달하는 경우에는 시장・군수・구청장이 결정한 시가표준액을 적용한다.

5) 세 율

취득세의 세율은 과세 대상에 표준세율로 적용하고 있다. 조례로서 표준세율의 50% 범위에서 가감할 수 있는데, 이를 탄력세율이라 한다. 취득세율은 부동산에 대한 세율과 부동산 이외의 과세대상에 대한 것으로 구분되어 있으며, 다음의 <표 4-4>와 같다.

한편, 별장, 골프장, 고급 주택, 고급 오락장, 고급 선박과 같은 사치성 재산[12)] 및 서울특별시 등 과밀억제권역 내 공장의 신・증설, 본점・주사무소의 사업용 부동산 취득 등의 경우[13)]에는 중과세하고 있다(지방세법 제13조).

---

10) 그 밖의 납세 의무자: 토지 지목의 사실상 변경, 차량, 기계장비, 선박의 종류를 변경 및 건축물의 개축 및 대수선한 자. 당해 건축물 중 주체 구조부의 취득자(예: 리스회사의 승강기 대여 설치). 주택조합이 사업 완료 후, 조합원에게 환원되지 않는 조합원 이외 부동산(예: 상가, 비회원 분양분)에 대해 주택조합에게 부과. 법인의 주식 또는 지분을 취득함으로써 과점주주가 된 자.

11) 취득가격은 취득의 시기를 기준으로 그 이전에 해당 물건의 취득을 위하여 거래 상대방 또는 제3자에게 지급하였거나 지급하여야 할 모든 비용을 말한다.

12) 사치성 재산에 대한 취득세 중과세는 100분의 400을 합한 세율을 적용한다.

13) 과밀억제권역에서의 중과세는 100분의 200을 합한 세율을 적용한다.

표 4-4 부동산에 대한 취득세율

과세 대상	구 분	과세표준	세 율
부동산	상속취득	부동산 가액	농지 2.30%
		부동산 가액	기타 2.80%
	무상취득	부동산 가액	3.50%
		부동산 가액	비영리 2.80%
	유상취득(주택 제외)	부동산 가액	농지 3.00%
		부동산 가액	기타 4.00%
	원시취득	부동산 가액	2.80%
	공유 · 합유 · 분할	부동산 가액	0.3%
	주택 유상 거래	6억 원 이하 6억 원 초과~9억 원 이하 9억 원 초과	1% 2% 3%

표 4-5 부동산 외의 과세 대상에 대한 취득세율

과세 대상	구 분	과세표준	세 율
선박	유상취득	선박가액	3.00%
	무상취득	〃	3.00%
	상속취득	〃	2.50%
	원시취득	〃	2.02%
	소형선박 및 동력수상기구	〃	2.02%
	기타 선박	〃	2.00%
차량	비영업용 승용차	차량가액	7%(경차 4%)
	그 밖의 자동차	〃	비영업용 5%(경차 4%)
		〃	영업용 4%
	자동차 외 이륜차 및 기타 차량	〃	2%
기계건설장비		기계장비가액	등록대상 3% 비등록대상 2%
항공기	항공법 제3조에 따른 항공기	항공기가액	2%
	최대 이륙중량 5,700kg 이상	〃	2.01%
	최대 이륙중량 5,700kg 미만	〃	2.02%
입목 · 광업권 · 어업권		입목 · 권리가액	2%
골프 · 승마 · 콘도미니엄 · 종합체육시설 · 요트회원권		회원권가액	2%

6) 부과 · 징수

취득세의 부과 · 징수는 신고 납부의 방법으로 한다. 신고 납부는 취득일부터 60일 이내에 과세표준에 세율을 적용하여 산출한 세액을 대통령령이 정하는 방법에 따라 신고 납부하여야 한다. 다만, 취득세 납세 의무자가 신고 또는 납부 의무를 다하지 아니하면 취득세액에 가산세를 합한 금액을 세액으로 하여 보통징수의 방법으로 징수한다. 취득세의 면세점은 취득가액이 50만 원 이하인 경우이다.

7) 비과세

취득세의 과세 대상을 취득한 자는 원칙적으로 취득세를 납부해야 하나 「지방세법」, 「지방세특례제한법」, 지방자치단체조례, 「조세특례제한법」 등에 의해 광범하게 취득세의 비과세감면 조치를 받는다. 「지방세법」에서 규정하고 있는 비과세 규정을 요약하면 다음과 같다.

① 국가 또는 지방자치단체 등에 대한 비과세

국가 · 지방자치단체 · 지방자치단체조합 · 외국 정부 및 주한 국제기구의 취득과 국가 · 지방자치단체 또는 지방자치단체조합에 귀속 또는 기부 채납을 조건으로 취득하는 부동산 및 사회기반시설에 대해서도 취득세를 부과하지 않는다.

② 신탁으로 인한 신탁재산 취득에 대한 비과세

신탁법에 의한 신탁재산의 취득에 대하여 비과세 한다. 비과세 유형은 위탁자로부터 수탁자에게 신탁재산을 이전하는 경우, 신탁의 종료 또는 해지로 인하여 수탁자로부터 위탁자에게 신탁재산을 이전하는 경우, 수탁자가 변경되어 신수탁자에게 신탁재산을 이전하는 경우 등이다.

③ 기타 이유로 인한 비과세

동원 대상 지역 내의 토지의 수용 · 사용에 관한 환매권의 행사로 매수하는 부동산의 취득, 존속 기간이 1년을 초과하지 아니하는 임시 흥행장, 공사현장 사무소 등 임시용 건축물의 취득, 공동주택의 개수로 인한 취득 중에서 취득당시 주택 시가표준액이 9억 원 이하의 주택과 관련된 개수로 인한 취득에 대한 취득세를 부과하지 않는다.

2. 등록면허세

1) 의 의

등록면허세는 2011년의 지방세 세목 통폐합 과정에서 기존의 면허세와 취득과 무관한 등록세를 하나의 세목으로 구성한 것이다. 따라서 이들은 하나의 체계로 통합한 것이 아니라, 하나의 세목 안에 기존의 과세 내용을 분리하여 담고 있다.

즉, 등록면허세는 등록에 대한 등록면허세(등록분)와 면허에 대한 등록면허세(면허분)로 구분된다. 먼저 등록에 대한 등록면허세는 유통세 및 거래세의 일종으로 재산권 기타 권리의 취득·이전·변경 또는 소멸에 관한 사항을 공부(公簿)상에 등기·등록할 때 과세한다. 면허에 대한 등록면허세는 면허를 받은 자에게 면허의 종류에 따라 부과한다. 여기서 면허라 함은 면허·허가·인가·등록·지정·검사·검열·심사 등 특정한 영업설비 또는 행위에 대해 권리의 설정, 금지의 해제 또는 신고의 수리 등 행정청의 행위를 말한다.

이러한 등록면허세는 등록분의 경우 재산권이나 권리를 보호해주는 행정행위에 대하여 부과하는 과세이며, 면허분은 국가나 지방자치단체로부터 면허 등을 받음으로 인해 다른 사람이 누릴 수 없는 편익을 받는 데 대해 과세하는 응익과세 성격을 가짐과 동시에 특정한 면허 등에 대한 일종의 수수료 성격도 지니고 있다.

2) 등록에 대한 등록면허세

(1) 과세 주체

등록에 대한 등록면허세(등록분)는 재산권이나 그 밖의 권리의 설정·변경 또는 소멸에 관한 사항을 공부에 등기·등록(등재 포함)할 때 과세하며, 권리를 보호해 주는 행정행위에 대한 반대급부적 성격(수수료)을 가지는 조세로서 도·특별자치도 및 특별자치시와 자치구가 부과하는 보통세이다.

(2) 과세 대상 및 납세 의무자

등록면허세의 과세 대상은 재산권, 기타 권리의 취득 · 이전 · 변경 또는 소멸에 관한 사항을 공부에 등기 또는 등록(등재 포함)하는 행위이며, 납세 의무자는 이를 등기 또는 등록하는 자이다.

따라서 납세 의무자는 등기 또는 등록하려는 자이며, 이는 합법성 여부와 관계없이 공부에 등기 또는 등록하는 외형상의 권리자를 말한다(안창남 2015; 권강웅, 2000).

여기서 재산권이란 "금전적 가치가 있는 물권 · 채권 · 무체재산권 등을 지칭하는 것이며, 기타의 권리라 함은 재산 이외에 권리로서 부동산등기법 등 기타 관계 법령의 규정에 의하여 등기 · 등록하는 것"을 의미한다. 지방세법(제26조)에 규정된 과세 대상을 보면 다음의 <표 4-6>과 같다.

표 4-6 등록에 대한 등록면허세 과세 대상 및 납세지

과세 대상	납세지
부동산 등기	부동산 소재지
선박 등기	선적항 소재지
자동차 등록	자동차관리법에 따른 등록지. 등록지가 사용본거지와 다른 경우에는 사용본거지
건설기계 등록	건설기계관리법에 따른 등록지
항공기 등록	정치장 소재지
법인 등기	등기에 관련되는 본점 · 지점 또는 주사무소 · 분사무소 등의 소재지
상호 등기	영업소 소재지
광업권 및 조광권 등록	광구 소재지
어업권 등록	어장 소재지
저작권, 출판권, 저작인접권, 컴퓨터프로그램 저작권, 데이터베이스 제작자의 권리 등록	저작권자, 출판권자, 저작인접권자, 컴퓨터프로그램 저작권자, 데이터베이스 제작권자 주소지
특허권, 실용신안권, 디자인권 등록	등록권자 주소지
상표, 서비스표 등록	주사무소 소재지
영업의 허가 등록	영업소 소재지
지식재산권담보권 등록	지식재산권자 주소지
그 밖의 등록	등록관청 소재지

(3) 과세표준

부동산 · 선박 · 항공기 · 자동차 및 건설기계에 관한 등록분 등록면허세의 과세표준은 등록 당시의 가액으로 한다. 다만, 등록분 등록면허세는 신고 납부가 원칙인데, 과소신고 및 미신고의 경우에는 시가표준액을 과세표준으로 하며, 사실상의 취득 가액이 입증되지 않을 때에는 등록 당시의 시가표준액으로 한다.

(4) 세 율

등록분 등록면허세의 세율은 등기 혹은 등록의 유형 및 사유 등에 따라 달라지는데 구체적인 과세표준과 세율은 다음의 <표 4-7>과 같다.

표 4-7 등록에 대한 등록면허세의 세율

과세 대상	과세 원인	과세표준	세 율
부동산	소유권의 보존	부동산가액	0.8%
	소유권의 이전(유상)	"	2%
	소유권의 이전(무상)	"	1.5%
	소유권의 이전(무상 상속)	"	0.8%
	지상권	"	0.2%
	저당권	채권금액	0.2%
	지역권	요역지가액	0.2%
	전세권	전세금액	0.2%
	임차권	임차보증금	0.2%
	경매신청 · 가압류 · 가처분	채권금액	0.2%
	가등기	부동산가액	0.2%
	그 밖의 등기	매 1건당	6,000원
선박	소유권의 보존	선박가액	0.2%
	저당권 설정 또는 이전	채권금액	0.2%
	그 밖의 등록	매 1건당	15,000원
자동차	비영업용 승용차	자동차가액	5.00% (경차)2.00%
	비영업용 승용차 외 비영업용 자동차(경차)	"	3.00% (경차)2.00%
	영업용	"	2.00%
	저당권 설정 또는 이전	채권금액	0.2%
	취득대금을 지급한 자 또는 운수업체의 등록	매 1건당	15,000원

	그 밖의 등록	매 1건당	15,000원
기계장비	소유권의 등록	기계장비가액	1.00%
	저당권 설정 또는 이전	채권금액	0.2%
	취득대금을 지급한 자 또는 기계장비대여업체의 등록	매 1건당	10,000원
	그 밖의 등록	매 1건당	10,000원
공장 및 광업재단	저당권 설정 또는 이전	채권금액	0.1%
	저당권취득 이외의 등기 · 등록	매 1건당	9,000원
동산담보권채권 담보권 등기 또는 지식재산권담보권 등록	담보권 설정 또는 이전	채권금액	0.1%
	그 밖의 등기 또는 등록	매 1건당	9,000원
법인 등기	상사회사, 기타 영리법인의 설립 또는 합병으로 인한 존속법인 설립과 납입	납입한 주식금액이나 출자금액 또는 현금 이외의 출자가액	0.4%
	상사회사, 기타 영리법인의 설립 또는 합병으로 인한 존속법인 자본 또는 출자 증가	납입금액 또는 현금 이외의 출자가액	0.4%
	비영리법인의 설립 또는 합병으로 인한 존속법인 설립과 납입	납입한 출자총액 또는 재산가액	0.2%
	비영리법인의 설립 또는 합병으로 인한 존속법인출자총액 또는 재산총액의 증가	납입한 출자 또는 재산총액	0.2%
	자산재평가 적립금에 의한 자본 또는 출자자금의 증가, 출자총액 또는 자산총액 증가	증가한 금액	0.1%
	본점 또는 주사무소의 이전	매 1건당	112,500원
	지점 또는 분사무소의 설치	매 1건당	40,200원
	기타 등기	매 1건당	40,200원

주: 이외 상호 등기, 광업권 · 조광권 · 어업권 등록, 저작권, 특허권, 상표, 항공기 등록 등에 대한 사항은 「지방세법」 제28조 참조.

(5) 부과 · 징수

등록을 하려는 자는 과세표준에 세율을 적용하여 산출한 세액을 대통령령으로 정하는 바에 따라 등록을 하기 전까지 납세지를 관할하는 지방자치단체의 장에게 신고

하고 납부하여야 한다.

등록에 대한 등록면허세 납세 의무자가 신고 또는 납부의무를 다하지 아니하면 산출 세액 또는 그 부족세액을 관련 법 규정에 따라 산출한 가산세를 합한 금액을 세액으로 하여 보통징수의 방법으로 징수한다.

3) 면허에 대한 등록면허세

(1) 과세 주체

면허에 대한 등록면허세(면허분)는 면허를 받는 자(변경면허를 받는 자를 포함한다)에 대하여 과세하는 도·특별자치도 및 특별자치시와 자치구의 보통세이다.

(2) 과세 대상 및 납세 의무자

면허분 등록면허세의 과세 대상은 사업의 규모 및 종류를 고려하여 1종부터 5종까지 분류하여 개별적으로 정하고 있는 면허(지방세법시행령 제39조 별표)를 대상으로 한다(열거주의 채택). 납세 의무자는 각종의 면허를 받는 자(변경 면허를 받는 자도 포함)가 그 면허의 종류마다 등록면허세를 납부하여야 한다.

(3) 과세표준 및 세율

면허에 대한 등록면허세는 면허종별로 면허를 받은 지역에 따라 세액을 달리하는 정액세로 되어 있으며, 종별 구분은 면허 내용의 면적·인원·수량 등에 의하여 구분한다. 면허분 등록면허세의 종별 세율은 <표 4-8>과 같다(지방세법 제34조).

표 4-8 면허에 대한 등록면허세의 세율

지역별 / 종별	인구 50만 명 이상 시	그 밖의 시	군
제1종	67,500원	45,000원	27,000원
제2종	54,000원	34,000원	18,000원
제3종	40,500원	22,500원	12,000원
제4종	27,000원	15,000원	9,000원
제5종	18,000원	7,500원	4,500원

(4) 부과 · 징수

새로 면허를 받거나 그 면허를 변경받는 자는 면허 증서를 발급받거나 송달받기 전까지 납세지를 관할하는 지방자치단체의 장에게 그 등록면허세를 신고하고 납부하여야 한다. 다만, 납세 의무자가 신고 또는 납부의무를 다하지 아니한 경우에는 산출한 세액에 가산세를 합한 금액을 세액으로 하여 보통징수의 방법으로 징수한다.

4) 등록면허세의 비과세

국가, 지방자치단체, 지방자치단체조합, 외국 정부 및 주한 국제기구가 자기를 위하여 받는 등록 또는 면허에 대하여는 등록면허세를 부과하지 아니한다. 다만, 대한민국 정부기관의 등록 또는 면허에 대하여 과세하는 외국 정부의 등록 또는 면허의 경우에는 등록면허세를 부과한다.

또한 회사의 정리 또는 특별청산에 관하여 법원의 촉탁으로 인한 등기 또는 등록, 행정구역의 변경, 주민등록번호의 변경, 지적(地籍) 소관청의 지번 변경, 계량 단위의 변경, 등기 또는 등록 담당 공무원의 착오 및 이와 유사한 사유로 인한 등기 또는 등록으로서 주소, 성명, 주민등록번호, 지번, 계량 단위 등의 단순한 표시변경 · 회복 또는 경정 등기 또는 등록, 지목이 묘지인 토지 등 대통령령으로 정하는 등록, 면허의 단순한 표시 변경 등 등록면허세의 과세가 적합하지 아니한 것으로서 대통령령으로 정하는 면허에는 등록면허세를 부과하지 아니한다(지방세법 제26조).

3. 레저세

1) 의 의

레저세의 기원은 마권세(馬券稅)로서 1961년 국세에서 지방세로 전환되었다. 1992년 「경륜 · 경정법」이 시행됨에 따라 마권세에 경륜 · 경정이 추가되는 등 과세 대상을 확대하면서 1994년부터 경주 · 마권세가 되었다. 2002년부터는 과세 대상에 전통 소싸움을 추가하여 레저세로 개칭하였다.

이러한 레저세는 경마장, 경륜장 등 과세 대상 사업장과 장외 발매소 소재지의 시 · 도가 과세 대상에 해당하는 사업을 영위하는 자의 승자투표권 · 승마투표권 등에 부과하는 조세이다.

따라서 레저세는 승자 · 승마투표권 등의 발매에 의해 얻은 금액에 대해 과세하는 수익세의 일종이지만, 실질적으로는 승자 · 승마투표권 등 적중배당금을 노리는 사행(射倖)행위에 대해 과세하는 특별소비세의 일종으로 보아야 할 것이다.

2) 과세 주체

레저세는 경륜과 경정 및 경마, 소싸움을 영위하는 사업자에게 과세하는 지방세로서 특별 · 광역시세, 도 · 특별자치도세 및 특별자치시세이고 보통세이다.

3) 과세 대상 및 납세 의무자

레저세의 과세 대상은 「경륜 · 경정법」에 의한 경륜 및 경정, 「한국마사회법」에 의한 경마, 「전통 소싸움경기에 관한 법률」에 따른 소싸움이며, 그 밖의 법률에 따라 승자투표권, 승마투표권 등을 팔고 투표 적중자에게 환급금 등을 지급하는 행위로서 대통령령으로 정하는 것이다.

납세 의무자는 과세 대상에 해당하는 사업을 영위하는 자로서 해당 과세 대상 사업장('경륜장 등')과 장외발매소가 소재하는 지방자치단체에 레저세를 납부한다. 단, 레저세를 실제로 부담하는 담세자는 승자투표권 또는 승마투표권 등을 구입하는 일반인이다.

4) 과세표준 및 세율

레저세의 과세표준은 승자투표권 · 승마투표권 등의 발매금 총액으로 하며, 세율은 100분의 10이다.

5) 부과 · 징수

납세 의무자는 승자투표권, 승마투표권 등의 발매일이 속하는 달의 다음 달 10일까지 과세표준에 세율을 곱하여 산출한 세액(산출세액)을 대통령령으로 정하는 바에 따라 경륜장 등의 소재지 및 장외발매소의 소재지별로 안분 계산하여 해당 지방자치단체의 장에게 각각 신고하고 납부하여야 한다.[14] 납세 의무자가 신고·납부의무를 이행하지 아니하면, 산출세액 또는 그 부족세에 가산세를 포함하여 보통징수 방법에 의하여 징수한다.

4. 담배소비세

1) 의 의

담배소비세는 담배의 소비에 대해 부과하는 소비세이다. 이러한 담배소비세는 1984년 말 「지방세법」의 개편 시, 농지세 개편에 따른 지방세수의 감소를 보전하기 위해 국가 수입이었던 전매입금(專賣入金)의 일부를 과세 대상으로 하여 1985년부터 시행된 담배판매세를 확대·개편한 것으로, 1989년 시(특별시·광역시 포함)·군의 보통세로 도입하였다.

또한 담배소비세는 2015년 담뱃값 인상으로 세액이 1갑당 360원에서 1,007원으로 인상되었는데, 담뱃값 인상의 배경은 당시 성인 남성의 흡연율이 49%로 OECD 회원국 중 최고 수준에 달하고 있어, 이를 낮추기 위해 시행되었다.

담배에 대한 과세는 편리한 세수확보 수단이면서도 죄악세(sin tax)의 성격을 가지고 있으며 보건 정책을 위한 도구(건강증진부담금)로 활용되어 왔으나, 오히려 저소득층에 대한 부담 증가로 역진성 비판도 많이 대두되고 있다(한국지방세연구원, 2017).

---

14) 안분 기준은 다음과 같다. ① 과세 대상 사업장에서 직접 발매한 승자투표권·승마투표권 등에 대한 세액: 당해 경륜장 등 소재지 관할 시장·군수에게 모두 신고·납부, ② 장외발매소에서 발매한 승자투표권·승마투표권 등에 대한 세액: 해당 경륜장 등 소재지 관할 시·군에 50%, 장외발매지 소재지 관할 시·군에 50% 신고·납부. 다만, 경륜장 등이 신설된 경우에는 신설 이후 행정안전부령이 정하는 기간까지 경륜장 등 소재지 관할 시·군에 80%, 장외발매소 소재지 관할 시·군에 20% 신고·납부.

2) 과세 주체

담배소비세는 제조담배 또는 수입담배 등 담배의 소비행위에 대하여 과세하는 지방세이다(라휘문, 2014). 담배소비세는 특별시·광역시와 특별자치시세이며 시·군의 보통세이다.

3) 과세 대상 및 납세 의무자

담배소비세의 과세 대상은 담배이다. 「지방세법」상 과세 대상은 피우는 담배, 씹는 담배, 냄새 맡는 담배, 머금는 담배 네 가지가 있다. 이 중 피우는 담배는 제1종 궐련(卷煙), 제2종 파이프담배, 제3종 엽궐련, 제4종 각련(刻煙), 제5종 전자담배, 제6종 물 담배 등 6개의 종류가 있다.

납세 의무자를 살펴보면, 제조자는 제조장으로부터 반출(搬出)한 담배에 대하여 담배소비세를 납부할 의무가 있다. 수입판매업자는 보세(保稅)구역으로부터 반출한 담배에 대하여 담배소비세를 납부할 의무가 있다. 입국자 등은 입국자의 휴대품·별송품 또는 해외 직구 등을 통해 탁송품으로 담배 반입 시 납세 의무가 있다. 또한 그 외 방법으로 담배를 제조하거나 국내에 반입하는 경우에는 제조자 또는 반입자에게 납세의무가 있다. 다만, 실질적인 담세자는 담배를 소비하는 일반인으로 간접세의 형태를 가진다.

4) 과세표준 및 세율

담배소비세의 과세표준은 담배의 개비 수, 중량 또는 니코틴 용액의 용량이며, 세율은 다음 <표 4-9>와 같다.

담배소비세율은 세율의 100분의 30의 범위에서 대통령령으로 가감할 수 있다.

표 4-9 담배소비세의 세율

담배의 종류			세 율
피우는 담배	제1종 궐련		20개비당 1,007원
	제2종 파이프 담배		1g당 36원
	제3종 엽궐련		1g당 103원
	제4종 각련		1g당 36원
	제5종 전자담배		
		니코틴 용액을 사용하는 경우	니코틴 용액 1ml당 628원
		연초 고형물을 사용하는 경우	궐련형 20개비당 897원
			연초 고형물 1g당 88원
	제6종 물 담배		1g당 715원
씹거나 머금는 담배			1g당 364원
냄새 맡는 담배			1g당 26원

5) 부과 · 징수

제조자는 매월 1일부터 말일까지 제조장에서 반출한 담배에 대한 산출세액을 전(全) 시 · 군 소매인에게 팔린 담배 중 해당 시 · 군에서 팔린 담배 비율로 안분하여 다음 달 말일까지 전체 시 · 군별로 각각 신고 · 납부하여야 한다.

수입판매업자는 매월 1일부터 말일까지 보세구역에서 반출한 담배에 대한 산출세액을 전체 시 · 군 소매인에게 팔린 담배 중 해당 시 · 군에서 팔린 담배 비율로 안분한 세액 총액과 그 안분 명세를 다음 달 말일까지 수입판매업자 주사무소 소재지 지방자치단체의 장(특별징수 의무자)에게 일괄 신고 · 납부하여야 한다.

특별징수 의무자는 안분 명세에 따라 다음 달 10일까지 각 지방자치단체의 장에게 납부하여야 한다. 이 경우 특별징수 의무자는 담배소비세의 징수 · 납부에 따른 사무처리비 등을 행정안전부령이 정하는 바에 따라 해당 지방자치단체의 장에게 납부하여야 할 세액에서 공제할 수 있다.

또한 사용계획서를 제출하지 아니한 경우, 기장의무를 이행하지 아니하거나 거짓으로 기장한 경우, 지방자치단체별 담배의 매도에 따른 세액을 거짓으로 신고한 경우에는 가산세 100분의 10을 징수할 수 있다.

6) 과세 면제

제조자 또는 수입 판매업자가 제조 담배를 ① 수출, ② 주한 외국군의 관할 구역에서 판매되는 담배, ③ 보세구역에서 판매, ④ 외항선 및 원양어선의 선원에게 판매, ⑤ 국제 항로에 취항하는 항공기 또는 여객선의 승객에 대한 판매, ⑥ 시험분석 및 연구용, ⑦ 기타 대통령령이 정한 것에 대해 담배소비세를 면세한다. 또한 외국으로부터 입국하는 자 등이 반입하는 제조 담배의 경우 일정한 범위 내(궐련 200개비, 엽궐련 50개비, 전자담배 니코틴 용액 20밀리리터 등, 그 밖의 담배 250그램)에서 면세한다.

5. 지방소비세

1) 의 의

지방소비세는 2010년 1월 1일 지방재정 확충의 일환으로 국세인 부가가치세액의 5%를 지방세로 전환하면서 신설되었다. 도입 배경을 보면 당시 지방재정 세입은 국세인 소득세와 법인세율의 인하로 인해 지방세 및 지방교부세가 크게 감소하였고, 세출 측면에서는 2008년 미국의 서브프라임(subprime) 모기지(mortgage)에 의한 파산위기와 리먼 브라더스(Lehman Brothers) 사태로 인한 경제위기 등으로 지방정부에게도 예산의 조기집행 및 지방채 발행 등을 독려하였다. 이에 따른 지방재정의 보전대책으로 지방소비세가 국세인 부가가치세의 5%를 재원으로 도입되었다.

또한 2014년 주택 유상거래에 대한 취득세율 인하 조치가 취해지면서, 이에 대한 재정보전으로 동년 1월 1일 부가가치세액의 6%를 추가로 지방소비세로 전환하여 2018년 기준으로 지방소비세는 부가가치세의 11%이며, 2019년 현재 기준으로는 부가가치세의 15%를 재원으로 운영하고 있다.[15] 지방소비세는 국세인 부가가치세의 일부를 지방세로 전환한 것이므로, 국민의 추가적인 조세 부담 없이 운영되고 있는

15) 정부는 2018년 10월 30일 재정분권의 단계적 추진 방안을 발표하였다. 1단계 방안에는 지방소비세율을 2019년에 부가가치세액의 15%로 인상하고, 2020년에 21%로 인상하여 총 10%의 지방소비세 인상 방안이 담겨있다. 제2단계 방안에는 2021~2022년까지 국세와 지방세 비율 7 : 3을 이루기 위해 약 12조 원의 국세이양 방안이 제시되어 있다.

실정이다.

2) 과세 주체

지방소비세는 재화 또는 용역의 공급, 재화의 수입거래에 부과하는 지방세이며, 특별시·광역시, 도·특별자치도, 특별자치시 등 광역자치단체의 세목으로 보통세이다.

3) 과세 대상

지방소비세의 과세 대상은 국세인 부가가치세법을 준용하고 있다. 부가가치세의 과세 대상은 재화 또는 용역의 공급, 재화의 수입에 대하여 부과하도록 되어 있다. 여기서 재화란 재산가치가 있는 물건 및 권리를 말하며, 용역은 재화 외에 재산가치가 있는 모든 역무(役務)와 그 밖의 행위를 말한다.

4) 납세 의무자

지방소비세의 납세 의무자는 사업상 독립적으로 재화 또는 용역을 공급하는 자(영리 목적 유무와 관계없음) 또는 재화를 수입하는 자이다. 이 경우 납세 의무자는 개인·법인(국가·지방자치단체·지방자치단체조합 포함)과 법인격 없는 사단·재단·기타 단체를 포함한다.

부가가치세 납세지는 각 사업장의 소재지이며, 납세지를 관할하는 세무서장 또는 재화의 수입에 대한 부가가치세를 징수하는 세관장을 지방소비세의 특별징수 의무자로 한다.

5) 과세표준 및 세율

지방소비세의 과세표준은 다음과 같다.

지방소비세의 과세표준 = 부가가치세 납부세액 - 부가가치세 감면세액 및 공제세액 + 가산세

지방소비세의 세율은 2019년 현재 과세표준에 100분의 15를 적용하며, 이 중 100분의 6은 2014년 감소된 취득세, 지방교육세, 지방교부세 및 지방교육재정교부금 보전 등에 충당하고, 2019년 증액된 4%에 대해서는 용도를 명시하지 않았다.

6) 부과 · 징수

납세자는 부가가치세와 지방소비세의 합계 금액으로 신고 · 경정 및 환급한다. 지방소비세는 부가가치세에 포함하여 고지(부가가치세 85%, 지방소비세 15%)되며, 부가가치세를 신고 · 납부한 경우에는 지방소비세도 신고 · 납부한 것으로 본다.

표 4-10 부가가치세 신고 및 납부기한

구 분	과세기간	신고기한		신고 · 납부기한	
				내국인	외국법인
제1기	1.1~6.30	예정신고	1.1~3.31	4.25	5.20
		확정신고	4.1~6.30	7.25	8.20
제2기	7.1~12.31	예정신고	7.1~9.30	10.25	11.20
		확정신고	10.1~12.31	1.25	2.20

특별징수 의무자(세무서장 · 세관장)는 징수한 지방소비세를 다음 달 20일까지 납입관리자(특별시장 · 광역시장 · 특별자치시장 · 도지사 또는 특별자치도지사)에게 납입한다. 납입 업무의 효율적 처리를 위하여 특별징수 의무자를 관할하는 국세청 · 관세청을 통하여 일괄 납입이 가능하다.

납입관리자는 납입된 지방소비세를 지역별 소비지출 정도 및 취득세 감소분을 감안하여 안분 기준 및 안분 방식에 따라 납입관리자가 지방소비세를 납입 받은 날이 속하는 달의 25일까지 지방자치단체의 장 및 시 · 도 교육감에게 납입하고, 납입과 동시에 각 지방자치단체에 징수명세서를 첨부하여 납입 및 안분 내역을 통보한다.

○ 지방소비세의 안분 기준

1. 통계청에서 매년 1월 1일 확정, 발표하는 민간 최종 소비지출을 백분율로 환산한 각 시·도별 소비지수
2. 지역 간 재정 격차 해소를 위하여 각 시·도별 소비지수에 적용하는 지역별 가중치로서 수도권 100분의 100, 광역시는 100분의 200, 특별자치시, 도 및 특별자치도는 100분의 300

○ 지방소비세의 안분 방식

해당 시·도의 지방소비세액 =

$$\text{지방소비세 총액} \times \frac{\text{해당 시·도의 소비지수} \times \text{해당 시·도의 가중치}}{\text{각 시·도별 소비지수와 가중치를 곱한 값의 전국 합계액}}$$

그림 4-6 지방소비세 납부 및 안분 절차

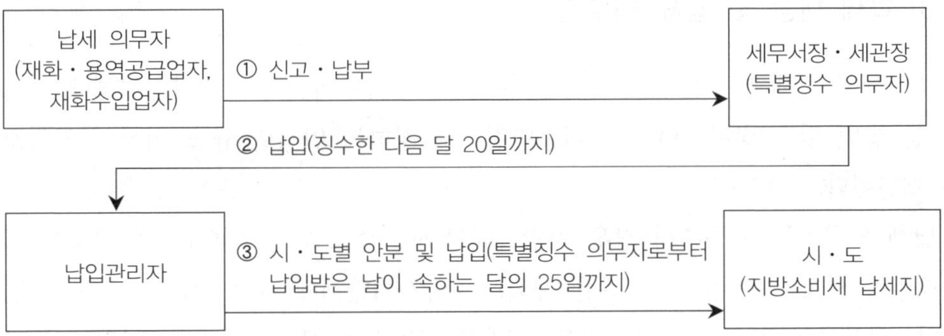

6. 주민세

1) 의 의

주민세는 지방정부의 공공 서비스를 공급하는 데 필요한 경비를 주민에게 분담시키는 것을 목적으로 도입되었다. 이러한 주민세는 조선 시대 고종 8년부터 시행된 호별세(戶別稅)를 그 기원으로 할 수 있으며, 1973년 3월 「지방세법」 개정 시 신설되어 주민세 균등할과 소득할로 운영하였으며, 2009년 지방세법 개정 시 주민세 소

득분을 분리하여 지방소득세로 신설하였고, 2010년 3월 지방세 전면 개편 시 종전의 사업소세 재산분을 주민세에 통합하였다. 이후 2014년 주민세 종업원분을 추가하여 운영하고 있다. 주민세는 균등분은 지방자치단체를 구성하는 지역 주민이 그 지역의 회원(membership)으로 그가 속한 단체에 납부하는 최소한의 기본 회비 또는 경비의 성격을 가지고 있다.

2) 과세 주체

주민세는 특별시·광역시, 특별자치시, 특별자치도, 시·군의 보통세이다. 다만, 주민세 재산분과 종업원분은 주민세 특례규정(지방세기본법 제11조)에 의해 광역시의 자치구세로 한다.

3) 과세 대상 및 납세 의무자

주민세의 과세 대상은 지방자치단체에 주소를 둔 개인과 지방자치단체에 사업소를 둔 법인 및 지방자치단체에 대통령령으로 정하는 일정한 규모 이상의 사업소를 둔 개인이다.

납세 의무자는 균등분의 경우 지방자치단체에 주소를 둔 개인(납세 의무를 지는 세대주와 생계를 같이하는 가족은 제외), 지방자치단체에 사업소를 둔 개인 및 법인이다. 재산분의 경우는 과세대장에 등재된 사업소의 사업주이며, 종업원분의 납세 의무자는 종업원에게 급여를 지급하는 사업주이다.

표 4-11 주민세 구조와 내용

유 형		내 용
균등분	① 개인균등분	주소를 둔 개인 및 사업소를 둔 개인에게 균등한 액으로 부과하는 주민세
	② 법인균등분	법인에게 자본금과 종업원 수에 따라 균등한 액으로 부과하는 주민세
재산분		사업소 면적당 부과하는 주민세로 기존 사업소세(재산할) 내용이 분류만 변경됨
종업원분		사업소의 종업원에게 지급한 급여 총액으로 부과하는 주민세

4) 과세표준

재산분의 과세표준은 과세기준일(매년 7월 1일) 현재의 사업소 연면적으로 한다. 종업원분의 과세표준은 종업원에게 지급한 그 달의 급여 총액으로 한다.

5) 세 율

주민세의 구성은 균등분, 재산분, 종업원분이 있으며, 각각의 세율체계는 다음 <표 4-12>와 같다.

균등분의 세율은 개인, 사업자, 법인으로 구분하며, 재산분은 사업소 면적 및 오염

표 4-12 주민세의 세율 체계

<table>
<tr><th colspan="2">구 분</th><th colspan="2">세율 체계</th><th>세율 운용</th></tr>
<tr><td rowspan="7">균등분</td><td>개인</td><td colspan="2">1만 원</td><td>제한세율</td></tr>
<tr><td>사업자</td><td colspan="2">5만 원</td><td>탄력세율(50%)</td></tr>
<tr><td rowspan="5">법인</td><td>자본금 또는 출자금 100억 원 초과(종업원 수 100인 초과) 법인</td><td>500,000원</td><td rowspan="5">탄력세율
(50%)</td></tr>
<tr><td>자본금 또는 출자금 50억 원 초과 100억 원 이하(종업원 수 100인 초과) 법인</td><td>350,000원</td></tr>
<tr><td>자본금 또는 출자금 50억 원 초과(종업원 수 100인 이하) 법인과, 자본금 또는 출자금 30억 원 초과 50억 원 이하(종업원 수 100인 초과) 법인</td><td>200,000원</td></tr>
<tr><td>자본금 또는 출자금 50억 원 이하 30억 원 초과(종업원 수 100인 이하) 법인 및 자본금 또는 출자금 10억 원 초과 30억 원 이하(종업원 수 100인 초과) 법인</td><td>100,000원</td></tr>
<tr><td>기타 법인</td><td>50,000원</td></tr>
<tr><td colspan="2" rowspan="2">재산분</td><td colspan="2">사업소 면적 1m²당 250원
(면세점 330m² 이하)</td><td rowspan="2">제한세율</td></tr>
<tr><td colspan="2">폐수 또는 산업폐기물 등 오염물질 배출사업소 면적 1m²당 500원
- 수질 및 수생태계 보전에 관한 법률 제33조에 따른 폐수배출시설 설치의 허가 또는 신고 대상 업소로서 같은 법에 따라 배출시설 설치의 허가를 받지 아니하였거나 신고를 하지 아니한 업소
- 위 사업소 중 해당 사업소에 대한 점검 결과 부적합 판정을 받은 업소를 말함</td></tr>
<tr><td colspan="2">종업원분</td><td colspan="2">종업원 급여 총액의 5/1,000(0.005%)</td><td>탄력세율(50%)</td></tr>
</table>

자료: 손희준(2015).

물질 배출사업소 면적당 부과한다. 종업원분의 세율은 종업원 급여 총액의 5/1,000(0.005%)를 부과하고 있으며, 개인과 법인 균등분, 종업원분은 조례에 의해 탄력세율 50%를 적용하고 있다.

6) 부과 · 징수

주민세 균등분은 보통징수 방법으로 한다. 납세기준일은 매년 8월 1일이며, 납기일은 매년 8월 16일에서 8월 31일이다.

재산분은 과세기준일(매년 7월 1일) 현재 사업소 소재지를 관할하는 시 · 군 · 구에 납부한다. 납기는 매년 7월 1일부터 7월 31일까지이며, 납세 의무자가 사업소를 관할하는 시 · 군 · 구에 신고 납부하여야 한다. 신고 또는 납부 의무를 다하지 아니하면 산출한 세액 또는 그 부족세액에 가산세를 합한 금액을 세액으로 하여 보통징수의 방법에 의하여 징수한다. 면세점은 사업소의 연면적이 $330m^2$ 이하이다.

종업원분은 매월 말일 현재의 사업소 소재지(납기는 다음 달 10일) 관할 지방자치단체에 사업소별로 신고 납부한다. 면세점은 최근 12개월 간 해당 사업소 종업원 급여 총액의 월평균 금액이 "1억 3,500만 원(50명×270만 원)" 이하이다.

7) 비과세

국가, 지방자치단체 및 지방자치단체조합, 주한 외국정부기관 · 주한국제기구 · 주한 외국민간원조단체 및 주한 외국정부기관 · 주한 국제기구에 근무하는 외국인에게 비과세한다. 또한 주민세 균등분의 경우 「국민기초생활 보장법」에 따른 수급자, 외국인 등록을 한 날부터 과세기준일 현재 1년이 경과되지 아니한 외국인, 「민법」에 따른 미성년자에게는 부과하지 않는다.

7. 지방소득세

1) 의 의

지방소득세는 지방소비세와 동일하게 글로벌 경제위기와 감세정책 등에 따른 재정 부담 완화와 지방재정의 확충을 위해 2010년 도입되었다. 지방소득세는 2010년 과거의 주민세 소득할을 지방소득세로 변경한 후, 소득세와 법인세의 10%를 지방소득세로 과세하는 부가세(surtax) 방식으로 도입되었다.

이후 2014년부터 과세표준은 국세와 공유하되, 세율・세액공제 감면에 관한 사항을 지방세 관계법에서 규정하는 독립세 방식으로 과세 체계를 개편하여 적용하고 있다. 지방소득세의 독립세 전환은 국세 정책에 영향을 받지 않는 안정적인 지방세입 체계를 마련하고, 지역 특성에 맞는 지방세 감면의 정책수단으로 활용할 수 있도록 한다는 의미를 가진다.

2) 과세 주체

지방소득세는 지방자치단체에 주소를 둔 주민과 법인(등기부에 따른 본점이나 주사무소의 소재지)에게 과세되는 특별시・광역시, 특별자치시와 특별자치도, 시・군의 보통세이다.

3) 과세 대상 및 납세 의무자

지방소득세 과세 대상은 개인분과 법인분으로 구분된다. 개인분의 과세 대상은 종합소득, 퇴직소득, 양도소득이며, 납세 의무자는 국내에 주소 또는 183일 이상 거소(居所)를 둔 개인 및 비거주 개인이다. 법인분은 법인의 사업연도의 소득, 청산소득, 토지 등 양도소득, 연결법인의 각 연결사업 연도의 소득으로 하며, 납세 의무자는 법인세 납세 의무자(내국법인 및 국내원천소득이 있는 외국법인)이다.

4) 과세표준 및 세율

(1) 개인지방소득세

개인분 지방소득세의 과세표준은 종합소득의 경우 1,200만 원 이하에서 5억 원 초과까지 7단계 과세 구간별로 적용하며, 퇴직소득은 퇴직소득액, 양도소득은 양도소득 최종금액, 특별징수는 소득세법상 원천징수액으로 한다.

표 4-13 개인분 지방소득세의 세율

구 분	과세표준	세 율	비 고
종합소득 (표준세율)	1,200만 원 이하	0.6%	소득세 세율의 10%
	1,200만 원 초과~ 4,600만 원 이하	72,000원+(1,200만 원 초과금액의 1.5%)	
	4,600만 원 초과~ 8,800만 원 이하	582,000원+(4,600만 원 초과금액의 2.4%)	
	8,800만 원 초과~ 1억 5,000만 원 이하	159만 원+(8,800만 원 초과금액의 3.5%)	
	1억 5천만 원 초과~ 3억 원 이하	376만 원+(1억 5천만 원 초과금액의 3.8%)	
	3억 원 초과~ 5억 원 이하	946만 원+(3억 원 초과금액의 4.0%)	
	5억 원 초과	1,706만 원+(5억 원 초과금액의 4.2%)	
퇴직소득	퇴직소득액	종합소득세 표준세율과 동일	
양도소득	양도소득 최종금액	과세표준 × 자산 유형 및 보유 형태별 세율	
특별징수	「소득세법」상 원천징수액 × 10%		부가세율

개인분 지방소득세율은 <표 4-13>과 같다. 또한 지방자치단체장은 조례가 정하는 바에 의하여 당해 연도분의 지방소득세 표준세율의 100분의 50의 범위에서 가감 조정이 2020년 1월 1일부터 가능하다.

(2) 법인지방소득세

법인분 지방소득세의 과세표준은 법인소득의 경우 2억 원 이하에서 200억 원 초과까지 3단계 과세 구간별로 적용하며, 양도소득과세 특례는 부동산 양도 시 표준세율로 산정한 세액으로 하며, 특별징수는 「법인세법」상 원천징수액으로 한다. 법인분 지방소득세율은 다음 <표 4-14>와 같으며, 역시 조례로 지방소득세 표준세율의 50% 범위에서 가감 조정이 가능하다.

표 4-14 법인분 지방소득세의 세율

<table>
<tr><th>구 분</th><th>과세표준</th><th>세 율</th><th>비 고</th></tr>
<tr><td rowspan="4">종합소득
(표준세율)</td><td>2억 원 이하</td><td>1%</td><td rowspan="5">소득세
세율의
10%</td></tr>
<tr><td>2억 원 초과~
200억 원 이하</td><td>200만 원+(2억 원 초과금액의 2%)</td></tr>
<tr><td>200억 원 초과~
3천억 원 이하</td><td>3억 9,800만 원+(200억 원 초과금액의 2.2%)</td></tr>
<tr><td>3천억 원 이하</td><td>65억 5,800만 원+(3천억 원 초과금액의 2.5%)</td></tr>
<tr><td>퇴직소득</td><td colspan="2">부동산 양도 시 표준세율로 산정한 세액에 특례에서 정한
각 세율로 산정한 세액을 추가하여 납부</td></tr>
<tr><td>양도소득</td><td colspan="2">「법인세법」상 원천징수액 × 10%</td><td>부가세율</td></tr>
</table>

5) 부과 · 징수

(1) 개인지방소득세

개인지방소득세는 신고 납부한다. 거주자가 「소득세법」에 따라 종합소득 또는 퇴직소득에 대한 과세표준 확정 신고, 양도소득 과세표준 예정 신고, 양도소득 과세표준 확정 신고를 하는 경우 해당 신고기한까지 개인지방소득세 과세표준과 세액을 납세지 관할 지방자치단체의 장에게 확정 신고 납부하여야 한다.

한편, 납세지 관할 지방자치단체의 장은 거주자가 개인지방소득세 신고를 하지 아니하거나 신고 내용에 오류 또는 누락이 있는 경우에는, 해당 과세기간의 과세표준과 세액을 결정 또는 경정한다. 이 경우 그 내용을 해당 거주자에게 대통령령으로 정하는 바에 따라 서면으로 통지하여야 한다. 만일 소득세 결정세액에 가산세를 더하는 경우에는 그 더하는 금액의 100분의 10에 해당하는 금액을 더한다.

(2) 법인지방소득세

법인지방소득세는 신고 납부한다. 「법인세법」 제60조에 따른 신고의무가 있는 내국법인은 각 사업연도의 종료일이 속하는 달의 말일부터 4개월 이내에 사업연도의 소득에 대한 법인지방소득세의 과세표준과 세액을 납세지 관할 지방자치단체의 장에게 신고 납부(세액공제 포함)하여야 한다. 연결법인은 연결사업연도 종료일이 속하는 달의 말일부터 5개월까지 신고 납부해야 하며, 「법인세법」 제84조에 따른 신고

의무가 있는 청산법인은 해당 신고기한까지 한다.

한편, 납세지 관할 지방자치단체의 장은 법인이 법인지방소득세 신고를 하지 아니하거나 신고 내용에 오류 또는 누락이 있는 경우에는, 해당 과세기간의 과세표준과 세액을 결정 또는 경정한다. 이 경우 그 내용을 해당 거주자에게 대통령령으로 정하는 바에 따라 서면으로 통지하여야 한다. 만일 소득세 결정세액에 가산세를 더하는 경우에는 그 더하는 금액의 100분의 10에 해당하는 금액을 더한다.

6) 비과세

「소득세법」과 「법인세법」 및 「조세특례제한법」에 따라 소득세 또는 법인세가 비과세 되는 경우 지방소득세를 과세하지 아니한다.

8. 재산세

1) 의 의

재산세는 재산(토지 · 건축물 · 주택 · 선박 및 항공기)에 부과하는 조세이다. 이러한 재산세는 1961년 말 「지방세법」 개정 시 국세였던 광세(鑛稅)와 토지세 중 대지세분, 도세였던 가옥세(家屋稅)와 선세(船稅) 및 시 · 군세로서 가옥세와 선세에 대한 부가세 등이 통합되어 시 · 군의 보통세로 신설되어 여러 차례 개정을 거쳐 왔다. 특히 지난 2010년 3월 지방세 전면 개편 시 재산세와 중복 과세하는 재산세 부가세 성격을 갖는 도시계획세와 통합하여 현재에 이르고 있다.

이러한 재산세의 특성으로는 ① 토지 · 건축물 · 주택 · 선박 및 항공기 등이 그 소재하는 시 · 군 · 구로부터 받는 이익(도로 정비 · 상하수도 등 행정 서비스 혜택과 행정 서비스로 인한 재산가치 상승 등)에 착안하여 부담시키는 응익 원칙에 입각한 조세이며, ② 토지 · 건축물 · 주택 · 선박 및 항공기 등에 대해 그 가액에 따라 부과되는 재산보유세이며, ③ 재산세는 납세자의 인적 요건(소득 · 부양가족 · 연령 등)을 고려하지 않고 재산 그 자체를 과세 대상으로 하는 대물세(對物稅)이며, ④ 과세 대상이 보편적으로 존재할 뿐만 아니라 경기 변동의 영향을 받지 않는 안정적인 조세이다 (유훈, 2000: 139-140; 김종희, 2006: 146-147).

재산세는 재산의 보유가 일정 소득 계층에 편중되어 있어 누진세율 적용 등으로 소득 재분배 기능에 부분적이나마 기여할 수 있다는 점에서 납세자들의 관심의 대상이 되는 세목이라 할 수 있다.

2) 과세 주체

재산세는 매년 6월 1일 과세기준일 현재 토지, 주택, 건축물, 선박, 항공기를 소유한 자에게 과세하는 지방세로, 시·군·자치구의 보통세이다. 다만, 서울특별시 자치구의 경우 재산세(선박 및 항공기에 대한 재산세 제외)를 '특별시 및 구세인 재산세'로 하며 재산세액의 50%를 특별시세로 하여 그 전액을 자치구의 지방세수 등을 감안하여 특별시의 조례로 자치구에 교부하는 일종의 공동세 방식으로 운용하고 있다.

3) 과세 대상 및 납세 의무자

재산세는 토지, 건축물, 주택, 항공기 및 선박을 과세 대상으로 한다. 재산세의 납세 의무자는 재산세 과세기준일 현재 재산을 사실상 소유하고 있는 자이다.

토지에 대한 재산세 과세 대상은 종합 합산과세 대상, 별도 합산과세 대상 및 분리 과세 대상으로 구분한다.

종합 합산과세 대상은 과세기준일 현재 납세 의무자가 소유하고 있는 토지 중 별도합산과세 대상 또는 분리과세 대상이 되는 토지를 제외한 토지이다.

별도 합산과세 대상은 과세기준일 현재 납세 의무자가 소유하고 있는 토지 중 대통령령으로 정하는 다음과 같은 토지이다. ① 공장용 건축물의 부속 토지 등 건축물의 부속 토지, ② 차고용 토지, 보세창고용 토지, 시험·연구·검사용 토지, 물류단지 시설용 토지 등 경제활동에 활용되는 토지, ③ 철거·멸실된 건축물 또는 주택의 부속 토지 등이다.

분리과세 대상은 과세기준일 현재 납세 의무자가 소유하고 있는 토지 중 국가의 보호·지원 또는 중과가 필요한 토지로서 대통령령으로 정하는 다음과 같은 토지이다. ① 전・답・과수원・목장용지 및 임야, ② 골프장 및 고급 오락장용 토지, ③ 특정목적용 또는 기반시설용 토지 등이다.

4) 과세표준

토지・건축물・주택에 대한 재산세의 과세표준은 시가표준액에 부동산 시장의 동향과 지방재정 여건 등을 고려하여 정한 범위에서 대통령령으로 정하는 공정 시장가액 비율을 곱하여 산정한 가액으로 한다. 한편 선박 및 항공기에 대한 재산세의 과세표준은 시가표준액으로 한다.

5) 세 율

(1) 토 지

토지는 종합 합산과세 대상, 별도 합산과세 대상 및 분리과세 대상으로 구분하여 다음 <표 4-15>와 같이 세율을 정한다.

표 4-15 토지분 재산세의 세율

구 분	과세표준	세 율
종합 합산	5,000만 원 이하	0.2%
	5,000만 원 초과 1억 원 이하	10만 원+5,000만 원 초과금액의 0.3%
	1억 원 초과	25만 원+1억 원 초과금액의 0.5%
별도 합산	2억 원 이하	0.2%
	2억 원 초과 10억 원 이하	40만 원+2억 원 초과금액의 0.3%
	10억 원 초과	280만 원+10억 원 초과금액의 0.4%
분리과세	전・답・과수원・목장용지 및 임야	과세표준액의 0.07%
	골프장 및 고급 오락장용 토지	과세표준액의 4%
	그 밖의 토지	과세표준액의 0.2%

(2) 주 택

주택에 대한 세율은 다음과 같으며, 별장의 경우 과세표준액의 1,000분의 40 (0.4%)으로 과세한다.

표 4-16 주택분 재산세의 세율

과세표준	세 율
6,000만 원 이하	0.1%
6,000만 원 초과 1억 5천만 원 이하	6만 원+6,000만 원 초과금액의 0.15%
1억 5천만 원 초과 3억 원 이하	19만 5천 원+1억 5천만 원 초과금액의 0.25%
3억 원 초과	57만 원+3억 원 초과금액의 0.4%

(3) 건축물

건축물에 대한 세율을 보면 다음 <표 4-17>과 같다.

표 4-17 건축물분 재산세의 세율

구 분	세 율
골프장, 고급 오락장용 건축물	4%
특별시・광역시, 시지역이 주거지역 또는 조례로 정한 지역의 공장용 건축물	0.5%
그 밖의 건축물	0.25%

(4) 선박 및 항공기

선박은 과세표준액의 1,000분의 3이며, 고급 선박(비업무용 자가용 선박으로서 대통령령으로 정하는 기준을 초과하는 선박)은 과세표준액의 1,000분의 50으로 중과한다. 항공기는 과세표준액의 1,000분의 3이다.

(5) 중과세 및 탄력세율

과밀억제권역에서의 공장 신・증설에 해당하는 경우는 재산세의 세율을 최초의 과세기준일로부터 5년 간 5배 중과한다.

지방자치단체의 장은 특별한 재정수요나 재해 등의 발생으로 재산세의 세율 조정이 불가피하다고 인정되는 경우, 조례로 정하는 바에 따라 재산세의 100분의 50 범위에서 가감할 수 있다. 다만, 가감한 세율은 해당 연도에만 적용한다.

6) 부과 · 징수

재산세는 보통징수 방법에 의하여 부과 · 징수한다. 재산세를 징수하려면 납세고지서에 과세표준과 세액을 납기개시 5일 전까지 발급하여야 하며, 재산세의 납기는 다음과 같다.

1. 토　지: 매년 9월 16일부터 9월 30일까지
2. 건축물: 매년 7월 16일부터 7월 31일까지
3. 주　택: 산출세액의 2분의 1은 매년 7월 16일부터 7월 31일까지이며, 나머지 2분의 1은 9월 16일부터 9월 30일까지
4. 선　박: 매년 7월 16일부터 7월 31일까지
5. 항공기: 매년 7월 16일부터 7월 31일까지

7) 비과세

국가, 지방자치단체, 지방자치단체조합, 외국 정부 및 주한 국제기구의 소유에 속하는 재산 및 국가, 지방자치단체 또는 지방자치단체조합이 1년 이상 공용 또는 공공용으로 사용하는 재산에 대하여는 재산세를 부과하지 아니한다.

한편, ① 도로 · 하천 · 제방 · 구거(溝渠) · 유지 및 묘지, ② 산림보호구역, ③ 임시 건축물로서 과세기준일 현재 1년 미만의 것, ④ 비상재해구조용, 무료 도선용 등으로 사용하는 선박, ⑤ 건축법상 재산세 부과가 적절하지 않은 건축물 또는 주택 등은 비과세한다.

9. 자동차세

1) 의 의

자동차세는 1991년에 있었던 전면적인 세율 체계 개편과 세율 인상 조정, 2000년의 주행세 신설 등의 변화를 살펴볼 수 있다. 우선 세율 체계 개편과 세율 인상 조정은 1980년 이후 자동차에 대한 수요가 빠르게 증가하고, 자동차의 종류도 다양해짐에 따라 과거의 기통수와 축거(軸距) 등 복잡한 과세기준을 배기량 등으로 단순화하

였으며, 그동안 물가 인상 등을 감안하여 세율도 조정한 것이다. 특히 주행세 도입은 한미 자동차협정의 타결로 1999년부터 승용 자동차에 대한 자동차세수가 줄어들게 되면서 지방세수 보전 차원에서 신설되었다.

2011년 지방세법의 분법과 함께 지방세의 세목 단순화가 이루어지면서 자동차세와 주행세를 자동차세로 통합하였다. 즉, 자동차세는 자동차 소유에 대한 자동차세(소유분 자동차세)와 자동차 주행에 대한 자동차세(주행분 자동차세)로 구성되는데, 자동차세로 함께 묶여있지만 과세 대상, 과세 방법, 과표 및 세율 등에 있어서 완전히 다른 모습을 지닌다. 자동차세의 과세 주체는 특별시·광역시, 특별자치시, 특별자치도와 시·군이며 보통세이다.

이러한 자동차세는 소유분의 경우 자동차의 보유 사실에 대한 재산과세의 성격과 도로 파손, 교통 혼잡, 소음, 대기오염 등에 대한 원인자(사용자) 부담금의 성격을 동시에 갖는다. 또한 주행분 자동차세는 휘발유와 경유 및 이와 유사한 대체유류(이하 "과세물품"이라 함)의 소비에 대한 소비세 성격도 지니고 있다.

2) 자동차 소유에 대한 자동차세

(1) 과세 대상 및 납세 의무자

자동차 소유에 대한 자동차세의 과세대상은 「자동차관리법」에 따라 등록되거나 신고된 차량과 「건설기계관리법」에 따라 등록된 건설기계 중 차량과 유사한 차량(덤프 트럭 및 콘크리트 믹서 트럭)이다.

소유분 자동차세의 납세 의무자는 지방자치단체 관할 구역에 등록되어 있거나 신고 되어 있는 자동차를 소유하는 자이다.

(2) 과세표준 및 세율

소유분 자동차세의 과세표준은 영업용과 비영업용으로 구분하여 배기량, 적재량 등 다양한 기준으로 산정하고 있다.

또한 소유분 자동차세의 세율은 기본적으로 차종별과 용도별(영업용과 비영업용)로 구분하여 서로 다른 세율 체계를 적용하며, 각 차종별로 배기량과 용도(승용 자동차), 적재 적량과 용도(화물 자동차), 크기와 용도(승합 자동차, 특수 자동차) 등에 따라 누진세율이 적용되고 있다. 이러한 표준세율에도 불구하고 지방자치단체의 장은 조례가 정하는 바에 의해 배기량 등을 감안하여 표준세율의 50%까지 초과하여 정할 수 있다.

> ○ 영업용과 비영업용의 구분(지방세법시행령 제122조)
> - 영업용: 여객자동차 운수사업법 또는 「화물자동차 운수사업법」에 따라 면허(등록 포함)를 받거나 「건설기계관리법」에 따라 건설기계대여업의 등록을 하고 일반의 수요에 제공하는 것
> - 비영업용: 개인 또는 법인이 영업용 외의 용도에 제공하거나 국가 또는 지방공공단체가 공용으로 제공하는 것

① 승용 자동차

승용 자동차는 10인 이하를 운송하기에 적합하게 제작된 자동차를 말하며, 배기량에 CC당 세액을 곱하여 산정한 세액을 자동차 1대의 연간 세액으로 한다. 단, 비영업용 승용차에 대한 자동차세는 구입 후 3년부터 매년 5%씩 경감하고, 12년 이후부터는 50% 균일 경감하여 과세한다.

표 4-18 승용 자동차의 세율

영업용		비영업용	
배기량	cc당 세액	배기량	cc당 세액
1,000CC 이하	18원	1,000CC 이하	80원
1,600CC 이하	18원	1,600CC 이하	140원
2,000CC 이하	19원	1,600CC 초과	200원
2,500CC 이하	19원		
2,500CC 초과	24원		

② 승합 자동차 및 기타 자동차

승합 자동차는 11인 이상을 운송하기에 적합하게 제작된 자동차를 말하며, 다음 <표 4-19>의 세액을 승합 자동차 1대당 연간 세액으로 한다.

또한 기타 자동차는 승용 자동차 중 전기·태양열 및 알코올 이용 자동차를 말하며, 영업용의 경우는 20,000원, 비영업용의 경우는 100,000원의 세액을 자동차 1대당

표 4-19 승합 자동차의 세율

구 분	영업용	비영업용
고속버스	100,000원	–
대형전세버스	70,000원	–
소형전세버스	50,000원	–
대형일반버스	42,000원	115,000원
소형일반버스	25,000원	65,000원

연간 세액으로 한다.

③ 화물 자동차

화물 자동차는 「자동차관리법」 제3조에 따른 화물 자동차(최대 적재량이 8톤을 초과하는 피견인차는 제외한다)와 「건설기계관리법」에 따라 등록된 덤프 트럭·콘크리트 믹서 트럭을 말한다. 다만, 적재적량 10,000kg을 초과하는 화물차는 매 10,000kg 초과 시마다, 영업용은 1만 원, 비영업용은 3만 원을 가산한 금액을 연간 세액으로 한다.

표 4-20 화물 자동차의 세율

구 분	영업용	비영업용
1,000kg 이하	6,600원	28,500원
2,000kg 이하	9,600원	34,500원
3,000kg 이하	13,500원	48,000원
4,000kg 이하	18,000원	63,000원
5,000kg 이하	22,500원	79,500원
8,000kg 이하	36,000원	130,500원
10,000kg 이하	45,000원	157,500원

④ 특수 자동차 및 3륜 이하 소형 자동차

특수 자동차는 다른 자동차를 견인하거나 구난 작업 또는 특수한 작업을 수행하기에 적합하게 제작된 자동차로서 승용·승합 또는 화물 자동차가 아닌 자동차를 말하며, <표 4-21>을 특수 자동차 1대당 연간 세액으로 한다.

표 4-21 특수 자동차의 세율

구 분	영업용	비영업용
대형 특수 자동차	36,000원	157,500원
소형 특수 자동차	13,500원	58,500원

3륜 이하 소형 자동차는 영업용의 경우는 3,300원, 비영업용의 경우는 18,000원의 세액을 자동차 1대당 연간 세액으로 하며, 2륜 자동차의 경우는 총배기량이 125cc를 초과하는 자동차만 해당한다.

(3) 부과 · 징수

소유분 자동차세는 1대당 연세액을 2분의 1의 금액으로 분할한 세액을 다음의 <표 4-22>와 같이 각 기간 내에 납기가 있는 달의 1일 현재의 자동차 소유자에게 자동차 소재지(등록원부상의 사용본거지)를 관할하는 지방자치단체가 부과한다. 이 경우 지방자치단체의 장은 납기시기마다, 늦어도 납기개시 5일 전에 납세고지서를 발급하여야 한다. 정기분의 납기는 다음의 <표 4-22>와 같다.

표 4-22 소유분 자동차세 납기(정기분)

납 기	기 간	납 기	분할신청
제1기분	1~6월	6.16~6.30	3.16~31 6.16~30
제2기분	7~12월	12.16~12.31	9.16~30 12.16~31

※ 연세액이 10만 원 이하인 경우 제1기분 부과 시 전액 부과 · 징수 가능(제2기분 세액은 10% 공제).
※ 납세자가 원하면 일시에 연세액(일시 납부기한 이후의 연세액)의 10%를 공제한 세액을 신고 납부할 수 있음.

소유분 자동차세의 수시분은 ① 자동차를 신규 · 말소등록한 경우, ② 비과세 · 감면 대상이 과세 대상으로 되거나 과세 대상이 비과세 감면 대상으로 된 경우, ③ 영업용 자동차가 비영업용이 되거나, 비영업용 자동차가 영업용이 되는 경우, ④ 자동차를 승계취득함으로써 일할 계산하여 부과 · 징수하는 경우에 부과할 수 있다.

(4) 비과세

소유분 자동차세의 경우, ① 국가 또는 지방자치단체가 국방 · 경호 · 경비 · 교통 순찰 또는 소방을 위하여 제공하는 자동차, ② 국가 또는 지방자치단체가 환자 수송 · 청소 · 오물 제거 또는 도로 공사를 위하여 제공하는 자동차, ③ 그 밖에 주한 외교기관이 사용하는 자동차 등 대통령령으로 정하는 자동차에 대해서는 비과세한다.

3) 주행에 관한 자동차세

(1) 과세 대상 및 납세 의무자

자동차 주행에 대한 자동차세는 휘발유 · 경유 및 이와 유사한 대체유류(이하 "과세대상"이라 함)의 소비에 대한 국세인 교통 · 에너지 · 환경세액 중 일부를 세원으로 하고 있다.

납세 의무자는 과세 대상에 대한 교통 · 에너지 · 환경세액(이하 "교통세"로 줄임)의 납세 의무자이다. 즉, 과세 물품을 제조하여 반출하거나 보세구역으로부터 반출하는 자 등으로서 정유회사 및 유류 수입업자 등이 이에 해당된다. 그러나 실질적인 담세자는 과세 물품을 소비하는 일반인으로 간접세의 형태이다.

(2) 과세표준 및 세율

주행분 자동차세의 세율은 "교통세"액의 1천분의 360(표준세율)으로 한다. 단, "교통세"율의 변동 등으로 조정이 필요한 경우에는 그 세율의 100분의 30의 범위에서 대통령령으로 가감하여 조정할 수 있다.

(3) 부과 · 징수

① 납부 방법

주행분 자동차세는 신고 납부를 원칙으로 한다. 즉, 주행세의 납세 의무자는 「교통 · 에너지 · 환경세법」 제8조의 규정에 의한 "교통세"의 납부 기한(제조업자: 다음 달 말일, 수입업자: 수입신고 수리일로부터 15일 이내) 내에 "교통세"의 납세지를 관할하는 지방자치단체의 장에게 신고 납부한다.

"교통세"의 납세지를 관할하는 지방자치단체의 장을 각 지방자치단체가 부과할 주행세의 특별징수 의무자로 하며, 납세 의무자가 신고 또는 납부 의무를 다하지 아니한 경우 가산세를 보통징수 방법으로 징수한다.

② 시 · 군에 배분

특별징수 의무자가 징수한 자동차 주행에 대한 자동차세를 징수한 날이 속하는 달의 다음 달 10일까지 울산광역시장(주된 특별징수 의무자)에게 송금해야 하고, 울산광역시장은 시 · 군별 비영업용 승용 자동차의 자동차세 징수실적 등을 감안하여 대통령령으로 정하는 안분 기준 및 방법에 따라 매월 25일까지 전국 시(특별 · 광역시, 특별자치시 · 특별자치도 포함) · 군에 주행세액을 송금해야 한다.

10. 지역자원시설세

1) 의 의

지역자원시설세는 목적세로서 기존의 공동시설세와 지역개발세가 2010년 통합되어 도입되었으며, 각각 지역자원시설세의 특정 자원분과 특정 부동산분으로 구분되어 있다.

특정 자원분은 지하자원 · 해저자원 · 관광자원 · 수자원 · 특수지형 등 지역자원을 보호 · 개발하고, 지역의 소방사무, 특수한 재난 예방 등 안전관리사업과 환경 보호 · 환경개선 사업 및 지역균형개발사업에 필요한 재원을 확보하기 위하여 부과된다. 특정 부동산분은 소방시설 · 오물처리시설 · 수리시설 및 그 밖의 공공시설에 필요한 비용을 충당하기 위하여 부과된다.

이러한 지역자원시설세는 과세 대상과 세율 등 기본적인 것만 「지방세법」에서 규정하고 구체적인 과세권의 행사를 각 자치단체의 자주적인 결정에 위임하여 조례를 통해 실제로 징수 여부 및 탄력세율을 결정하도록 하는 선택과세(selective tax) 제도를 채택하고 있다. 즉, 「헌법」 제59조의 조세법률주의 제약 때문에 지방자치단체가 자율적으로 지방세 세목을 설치하여 과세하는 것은 허용되지 않고 있는데, 이를 보완하면서 지방자치단체의 과세권을 넓혀주는 장치로서 지역자원시설세(특정 자원분)가 운영되고 있다.

2) 과세 주체

지역자원시설세는 ① 지역자원의 보호 · 개발, ② 안전관리사업 · 환경관련사업 · 지역균형개발사업, ③ 소방시설 · 오물처리시설 · 수리시설 등의 공공시설에 필요한 비용을 충당하기 위한 재원이며, 특별시 · 광역시, 특별자치시와 특별자치도 및 도가 부과하는 시 · 도세이며, 목적세이다.

3) 과세 대상 및 납세 의무자

지역자원시설세의 과세 대상 중 특정 자원분은 발전용수(양수발전용수는 제외한다), 지하수(용천수를 포함한다. 이하 같다), 지하자원, 컨테이너를 취급하는 부두를 이용하는 컨테이너 및 원자력 발전 · 화력 발전(이하 "특정 자원"이라 한다)으로서 대통령령으로 정하는 것이다.

특정 부동산분은 소방시설, 오물처리시설, 수리시설, 그 밖의 공공시설로 인하여

표 4-23 지역자원시설세의 납세 의무자와 납세지

구 분	납세 의무자	납세지
특정 자원분	1. 발전용수: 흐르는 물을 이용하여 직접 수력 발전(양수발전은 제외한다)을 하는 자 2. 지하수: 지하수를 개발하여 먹는 물로 제조 · 판매하거나 목욕용수로 활용하는 등 지하수를 이용하기 위하여 채수(採水)하는 자 3. 지하자원: 지하자원을 채광(採鑛)하는 자 4. 컨테이너: 컨테이너를 취급하는 부두를 이용하여 컨테이너를 입항 · 출항시키는 자 5. 원자력 발전: 원자력을 이용하여 발전을 하는 자 6. 화력 발전: 석탄 · 석유 · 천연가스 등 화석연료를 이용하여 발전을 하는 자	가. 발전용수: 발전소의 소재지 나. 지하수: 채수공(採水孔)의 소재지 다. 지하자원: 광업권이 등록된 토지의 소재지. 다만, 광업권이 등록된 토지가 둘 이상의 지방자치단체에 걸쳐 있는 경우에는 광업권이 등록된 토지의 면적에 따라 안분한다. 라. 컨테이너: 컨테이너를 취급하는 부두의 소재지 마. 원자력 발전: 발전소의 소재지 바. 화력 발전: 발전소의 소재지
특정 부동산분	7. 특정 부동산: 특정부동산의 소유자	가. 건축물: 건축물의 소재지 나. 선박: 선박법에 따른 선적항의 소재지. 다만, 선적항이 없는 경우에는 정계장 소재지(정계장이 일정하지 아니한 경우에는 선박 소유자의 주소지) 다. 토지: 토지의 소재지

이익을 받는 자의 건축물, 선박 및 토지(이하 "특정 부동산"이라 한다) 등이다.

한편 과세 대상에 따른 납세 의무자와 납세지는 특정 자원분과 특정 부동산분으로 구분하여 <표 4-23>과 같이 살펴볼 수 있다.

특정 자원분은 발전용수, 지하수 지하자원, 컨테이너, 원자력 발전, 화력 발전 등에 대한 납세 의무자와 특정 부동산분은 특정 부동산(건축물, 선박, 토지)에 대한 납세 의무자로 구분할 수 있다.

4) 과세표준과 세율

지역자원시설세의 과세표준 중 특정 자원은 발전용수의 경우 발전에 이용된 물 $10m^3$, 지하수는 m^3, 지하자원은 채광된 광물가액, 컨테이너는 TEU, 원자력과 화력 발전은 kWh 등이다.

표 4-24 특정 자원분 지역자원시설세 과세표준과 표준세율

특정 자원		과세표준	세 율
발전용수		발전에 이용된 물 $10m^3$	2원
지하수	먹는 물로 판매하기 위하여 채수된 물	$1m^3$	200원
	목욕용수로 이용하기 위하여 채수된 온천수	$1m^3$	100원
	먹는 물 또는 목욕용수로 이용하기 위하여 채수된 온천수 외의 물	$1m^3$	20원
지하자원		채광된 광물가액	1,000분의 5
컨테이너		1TEU	15,000원
원자력 발전		1kWh	1원
화력 발전		1kWh	0.3원

한편 지역자원시설세의 특정 부동산분은 건축물 또는 선박의 가액 또는 시가표준액을 과세표준으로 하여 표준세율을 적용한다.

물론 지방자치단체의 장은 조례로 정하는 바에 따라 지역자원시설세의 세율을 표준세율의 50% 범위에서 가감할 수 있다.

표 4-25 특정 부동산분 지역자원시설세 과세표준과 표준세율

특정 부동산	과세표준	세 율
소방시설 지역자원시설세 (건축물 또는 선박가액 또는 시가표준액)	600만 원 이하	0.04%
	1,300만 원 이하	2,400원 + 600만 원 초과금액의 0.05%
	2,600만 원 이하	5,900원 + 1,300만 원 초과금액의 0.06%
	3,900만 원 이하	13,700원 + 2,600만 원 초과금액의 0.08%
	6,400만 원 이하	24,100원 + 3,900만 원 초과금액의 0.1%
	6,400만 원 초과	49,100원 + 6,400만 원 초과금액의 0.12%
화재위험 건축물 (표준세율 2배)	저유장, 주유소, 정유소, 유흥장, 극장 및 4층 이상 10층 이하의 건축물 중 화재위험 건축물	
대형 화재위험 건축물 (표준세율 3배)	대형마트 복합상영관, 백화점, 호텔 등 11층 이상의 건축물 중 대형 화재위험 건축물	
오물처리시설, 수리시설, 그 밖의 공공시설	토지 또는 건축물 가액의 1만분의 2.3	

5) 부과 · 징수

특정 자원분 지역자원시설세는 신고 납부 방식으로 징수한다. 다만, 지하수에 대한 지역자원시설세의 경우는 조례로 정하는 바에 따라 보통징수의 방법에 따라 징수할 수 있다. 납세 의무자가 신고 또는 납부 의무를 다하지 아니하면 산출세액 또는 그 부족세액에 가산세를 합한 금액을 세액으로 하여 보통징수의 방법에 의하여 징수한다.

특정 부동산에 대한 지역자원시설세는 재산세의 과세기준일, 납부기한, 징수 방법을 준용한다. 또한 지역자원시설세 세액이 2,000원 미만인 경우에는 징수하지 아니한다.

지역자원시설세의 납부기한은 특정 자원분이 매월 세액을 산출하여 다음 달 10일(컨테이너의 경우 20일)까지이며, 특정 부동산분은 재산세에 병기고지되므로 재산세

표 4-26 특정 부동산분 지역자원시설세의 납부기한

과세기준일	납 기
건물분, 주택분(1): 매년 6월 1일	7월 16일~7월 31일
토지분, 주택분(2): 매년 6월 1일	9월 16일~9월 30일

의 과세기준일과 동일하다.

6) 비과세

지역자원시설세는 다음의 경우 비과세한다. 우선 특정 자원분은 ① 국가, 지방자치단체 및 지방자치단체조합이 직접 개발하여 이용하는 특정 자원, ② 국가, 지방자치단체 및 지방자치단체조합에 무료로 제공하는 특정 자원에 대해서는 비과세한다.

특정 부동산분은 지방세법에 따라 재산세가 비과세되는 특정 부동산(건축물과 선박만 해당)에 대해서는 비과세한다.

11. 지방교육세

1) 의 의

지방교육세는 취득세, 등록면허세, 레저세, 담배소비세, 주민세, 재산세, 자동차세 등 7개의 지방세에 부가하여 과세되는 시・도의 목적세이다.

지방교육세는 국세인 교육세 중 지방세에 부가하여 징수하던 항목을 통합한 후 2001년부터 '지방교육세'라는 명칭으로 운영되고 있는 세목이다. 지방교육세의 도입으로 지방교육재정에 대한 지방자치단체의 역할과 책임성을 높이게 되었다. 즉, 지방자치단체를 지방교육재정의 이전 주체로 함에 따라 지방자치단체가 지방교육에 기여할 수 있는 장치를 구비할 수 있다는 측면에서 지방자치단체의 교육 서비스 향상에 대한 역할과 책임을 강화한 것으로 볼 수 있다. 다만, 교육자치와 일반자치가 분리되어 운용되는 현실을 볼 때, 일반자치와 교육자치의 합리적인 연계 방안의 추구와 함께 장기적으로는 일반자치와 교육자치의 관계에 상응하는 지방교육세 체제가 필요할 것이다.

2) 과세 주체

지방교육세는 지방교육의 질적 향상에 필요한 지방교육재정 확충에 요구되는 재원을 확보하기 위하여 특별시・광역시, 특별자치시・특별자치도 및 도가 부과하는 시 · 도세이며, 목적세이다.

3) 납세 의무자

지방교육세는 지방세에 대한 부가세(surtax)이다. 따라서 납세 의무자는 지방세인 취득세(부동산, 기계장비. 항공기 및 선박 취득), 등록에 대한 등록면허세(자동차에 대한 등록면허세 제외), 레저세, 담배소비세, 주민세 균등분, 재산세, 자동차 소유에 대한 비영업용 승용 자동차에 대한 자동차세의 납세 의무자이다.

4) 과세표준 및 세율

지방교육세는 다음의 <표 4-27>과 같이 과세표준에 해당 세율을 곱하여 계산한 금액을 세액으로 한다.

표 4-27 지방교육세의 과세표준과 표준세율

과세표준		표준세율
취득세액 (부동산, 기계장비, 항공기 및 선박 취득)	일반	• 취득물건(중과세 제외)에 대한 세율에서 1,000분의 20을 뺀 세율을 적용하여 산출한 금액의 100분의 20 • 취득세 영구인하의 경우는 해당 세율에 100분의 50을 곱한 세율을 적용하여 산출한 금액의 100분의 20
	중과	과밀억제권역 안 취득은 산출 지방교육세액의 100분의 300
	감면	상기세액을 감면율로 감면
등록에 대한 등록면허세액		100분의 20
레저세액		100분의 40
담배소비세액		1만분의 4,399
주민세 균등분의 세액		100분의 10, 다만 인구 50만 명 이상의 시에서는 100분의 25로 한다.
재산세액		100분의 20
자동차세 (소유분 비영업용 승용 자동차세액)		100분의 30

5) 신고 · 납부 및 부과 · 징수

지방교육세는 납세 의무자가 등록세, 레저세 또는 담배소비세를 신고 · 납부하는 때에는 그에 대한 지방교육세를 함께 신고 · 납부하여야 한다. 이 경우 담배소비세 납세 의무자(제조자 또는 수입판매업자에 한정)의 주사무소 소재지를 관할하는 지방자치단체의 장이 담보의 제공을 요구하는 경우에는 담배소비세분 지방교육세에 대한 담보의 제공도 함께 요구할 수 있다.

또한 지방자치단체의 장이 납세 의무자에게 주민세균등분 · 재산세 및 자동차세를 부과 · 징수하는 때에는 그에 대한 지방교육세를 함께 부과 · 징수한다.

제 4 절 지방세의 과세 요건과 세무행정

1. 지방세의 과세 요건

1) 과세권과 과세 주체

과세권은 지방세를 부과하고 징수할 수 있는 권한을 말한다. 과세 주체는 지방세를 부과할 수 있는 권리를 갖고 있는 주체로서 2019년 현재 17개 광역자치단체와 226개 기초자치단체 등 전 지방자치단체를 말한다.

2) 납세 의무자와 담세자

납세 의무자는 「지방세법」에 따라 지방세를 직접적으로 납부할 의무가 있는 자를 말한다. 담세자는 실질적으로 세금을 부담하는 자를 말하며, 일반적으로 조세 전가(轉嫁)의 유무에 따라 납세 의무자와 담세자가 동일하다고 예상되는 것이 직접세이고, 다른 경우, 즉 조세의 전가가 예상되는 것을 간접세라고 한다.

3) 과대 대상과 과세표준

과세 대상은 과세 물건으로서 과세 목적이 되는 재산, 소득, 수익, 행위 또는 거래 등을 말한다. 예를 들면, 재산세의 경우 토지, 건축물, 항공기, 선박 등이 과세 대상이 된다. 과세표준은 조세부과의 표준이 되는 것으로서 과세 물건의 수량, 가격, 면적 등을 말한다. 예를 들면, 취득세의 경우 취득당시의 가액(價額)이 과세표준이 된다.

4) 세 율

세율은 세액을 산출하기 위해 과세표준액에 곱하는 비율로서 일정률 또는 일정액인데 반드시 법률로 규정한다.

세율은 정액세율, 정률세율(비례세율과 누진세율 및 역진세율로 구분), 표준세율과 탄력세율로 구분하며, 탄력세율은 표준세율에 대하여 일정한 범위 내에서 세율을 가감하여 적용하는 세율이다.

5) 탄력세율

지방세의 탄력세율은 지방자치단체장이 조례로 정하는 바에 따라 지방세의 세율을 일정 범위 내에서 가감 또는 가산할 수 있는 제도이다. 이를 위한 근거는 「지방세법」에 정해져 있다.

탄력세율의 특징은 첫째, 각 지역의 특성에 따른 재정수요에 대한 대응이나 재원조달의 방법을 자율적으로 모색할 수 있게 하여 자원배분의 효율성을 제고할 수 있다. 둘째, 조례 또는 대통령령 등에 의한다는 점에서 조세법률주의의 원칙에 부합하며, 지방자치단체의 과세자주권 확대를 도모할 수 있는 방안이다. 셋째, 지역적 규모와 수준에서 지역 활동의 활성화와 규제행정 및 세무행정의 통제 수단으로서 기능한다(정도효 외, 2018). 다만, 실제로 지방자치단체가 탄력세율을 적용하고 있는 세목은 현재 일부 세목에 불과하며, 탄력세율 적용으로 인한 세수 증대 효과도 매우 미미한 수준이다(최원구, 2017).

원윤희(1994)에 의하면, 탄력세율 제도는 "세법을 실제로 집행하는 행정부에 경기변화 등 경제 환경의 변화에 신축적으로 대응할 수 있는 능력을 부여함으로써 조세의 정책적 효과를 극대화하고 또한 세수를 안정적으로 확보하기 위한 데 그 기본 취지가 있다"고 하였다. 이에 반해 지방세의 탄력세율 제도는 지방자치단체가 공급하는 공공 서비스의 편익과 공급비용을 조세에 적절하게 반영함으로써 효율적인 자원배분을 달성하기 위함에 그 목적이 있다(최원구, 2017).

우리나라 지방세목 중 지방자치단체가 탄력세율을 적용할 수 있는 세목은 다음 <표 4-28>과 같이 모두 9개 세목이다.

대부분 해당 지방자치단체의 조례에 의해 세율 조정이 가능하며, 중앙정부가 지방세의 과세표준 및 세율을 결정하는 경우에는 세율조정을 허용하지 않거나, 대통령령에 따라 30% 범위 내에서 조정[16] 가능하다.

「지방세법」상 취득세와 등록분 등록면허세, 개인을 제외한 균등분 주민세, 지방소득세, 재산세, 소유분 자동차세, 원자력 및 화력발전을 제외한 지역자원시설세, 레저세분을 제외한 지방교육세는 표준세율의 50% 범위 내에서 지방자치단체가 조례에 따라 세율의 가감 조정이 가능하다.

탄력세율을 적용하고 있는 대표적인 세목은 주민세와 지역자원시설세이다. 주민세는 제한세율 1만 원 이하에서 3,000원까지 지방자치단체에서 다양하게 적용하고 있으며, 지역자원시설세는 몇몇 지방자치단체에서 지하자원 및 발전용수, 지하수에 대한 세율을 표준세율과 달리 적용하고 있다.

지역자원시설세의 경우 강원도는 지역자원시설세의 과세 대상에 해당하는 지하자원, 발전용수, 지하수에 대하여 표준세율의 50%를 추가하여 적용하고 있다. 제주도는 「제주특별자치도설치 및 국제자유도시 조성을 위한 특별법」 제123조[17]에 의거하여 지역자원시설세의 지하수에 대하여 먹는 물 400원, 목욕 용수 170원, 기타 용수 30원의 세율(탄력세율 100%)을 적용하고 있으며, 재산세에도 탄력세율을 적용하고 있다(최원구, 2017).

---

16) 담배소비세와 주행분 자동차세가 이에 해당한다.

17) 세율조정에 관한 특례에 대해 규정하고 있는 「제주특별자치도 설치 및 국제자유도시 조성을 위한 특별법」 제123조에 따르면, 제주특별자치도세의 세율은 「지방세법」에 따른 세율(표준세율 및 중과기준 세율을 모두 포함함)에도 불구하고 도 조례로 정하는 바에 따라 해당 세목 세율의 100분의 100 범위에서 가감 조정할 수 있다.

표 4-28 지방세의 탄력세율 현황

<table>
<tr><th colspan="3">세 목</th><th>근거법</th><th>형 식</th><th>탄력세율</th><th>적용 현황</th></tr>
<tr><td colspan="3">취득세</td><td>제14조</td><td>조례</td><td>표준세율의 50/100에서 가감</td><td></td></tr>
<tr><td rowspan="2">등록 면허세</td><td colspan="2">등록분</td><td>제28조 ⑥</td><td>조례</td><td>표준세율의 50/100에서 가감</td><td></td></tr>
<tr><td colspan="2">면허분</td><td>–</td><td>–</td><td>없음</td><td></td></tr>
<tr><td colspan="3">담배소비세</td><td>제52조 ②</td><td>대통령령</td><td>표준세율의 30/100에서 가감</td><td></td></tr>
<tr><td rowspan="4">주민세</td><td rowspan="3">균등분</td><td>개인</td><td>제78조 ①</td><td>조례</td><td>1만 원을 초과하지 않는 범위</td><td>최저 3,000원에서 최대 10,000원 다양</td></tr>
<tr><td>사업자</td><td>제78조 ①</td><td>조례</td><td rowspan="2">표준세율의 50/100에서 가감</td><td>표준 50,000원, 부산, 인천, 광주 50% 증</td></tr>
<tr><td>법인</td><td>제78조 ②</td><td>조례</td><td>표준 75,000~750,000원 부산, 인천, 광주 50% 증</td></tr>
<tr><td colspan="2">재산분</td><td>제81조 ②</td><td>조례</td><td>표준세율 이하로 가능</td><td></td></tr>
<tr><td colspan="3">지방소득세</td><td>제92조 ②</td><td>조례</td><td>표준세율의 50/100에서 가감</td><td></td></tr>
<tr><td rowspan="2">재산세</td><td colspan="2">종전 재산세</td><td>제111조 ③</td><td>조례</td><td>표준세율의 50/100에서 가감(당해 연도에 한함)</td><td rowspan="2">〈제주〉
고급 선박: 5 → 2.5%
그 밖 선박: 0.3 → 0.25%
항공기: 0.3 → 0.25%
서귀포 제2관광단지 토지: 종합합산 → 분리과세(0.2%)</td></tr>
<tr><td colspan="2">도시 지역분</td><td>제112조 ②</td><td>조례</td><td>표준세율의 2.3/100을 초과하지 않는 범위 감액</td></tr>
<tr><td rowspan="2">자동차세</td><td colspan="2">소유분</td><td>제127조 ③</td><td>조례</td><td>표준세율의 50/100까지 초과</td><td></td></tr>
<tr><td colspan="2">주행분</td><td>제136조 ②</td><td>대통령령</td><td>표준세율의 30/100에서 가감</td><td>교통・환경・에너지 세액 36 → 26%</td></tr>
<tr><td rowspan="2">지역 자원 시설세</td><td colspan="2">원자력 화력 발전</td><td>–</td><td>–</td><td>없음</td><td></td></tr>
<tr><td colspan="2">기타</td><td>제146조 ④</td><td>조례</td><td>표준세율의 50/100에서 가감</td><td>지하자원: 강원 50% 증
발전용수: 강원, 전남, 경북, 경남 50% 증
지하수: 강원 50% 증, 제주 100% 증</td></tr>
<tr><td rowspan="2">지방 교육세</td><td colspan="2">레저분</td><td>–</td><td>–</td><td>없음</td><td></td></tr>
<tr><td colspan="2">기타</td><td>제151조 ②</td><td>조례</td><td>표준세율의 50/100에서 가감</td><td></td></tr>
</table>

주: 근거 법령은 지방세법임.
자료: 최원구(2017).

6) 부과 · 징수

지방세의 부과 및 징수는 다음의 5단계에 걸쳐 발생한다.

1단계는 납세 의무의 성립 단계이다. 이는 지방세법에서 정한 요건을 충족하는 경우에 성립되고, 납세 의무자는 이 단계부터 채무자가 된다.

2단계는 납세 의무의 확정 단계이다. 납세 의무의 확정이란 납세 의무자나 과세 관청이 일정한 행위나 절차에 의해 납부할 세액을 정하는 행위를 의미한다. 납세 의무의 확정과 관련하여 지방세는 크게 신고 납부와 부과 · 징수 및 특별징수의 세 가지가 있다. 신고 납부를 해야 하는 지방세는 취득세 등이며, 납세 의무자가 지방자치단체에 신고함으로써 납세 의무가 성립하게 된다. 반면 부과 · 징수되는 지방세는 재산세, 자동차세 등으로 지방자치단체장이 지방세의 세액을 확정함으로써 납세 의무가 확정된다. 특별징수는 특정한 납세 의무가 성립하는 때 특별한 절차 없이 납세 의무가 확정된다.

3단계는 지방세의 납부 단계이다. 지방세의 납부는 전국 모든 은행의 창구, 신용카드, 인터넷뱅킹, 위택스(Wetax), 지로 등을 통해 납부 가능하다.

4단계는 체납자에 대한 조치 단계이다. 체납자에 대한 조치는 강제집행과 간접강제의 두 가지가 있다. 강제집행은 지정된 기한까지 지방세를 납부하지 아니한 경우 체납자에게 독촉을 하고 재산을 압류한 후, 압류한 재산을 공매하여 그 매각대금을 통해 지방세를 징수하는 것을 의미한다. 간접강제는 강제집행 이외에 관허사업의 제한, 납세증명서의 제출, 출국 금지, 신용불량자 등록, 명단 공개 등이 해당한다.

5단계는 납세의무의 소멸 단계이다. 납부의무는 원칙적으로 지방세를 납부함으로써 소멸된다. 다만 법적 안정성 등을 고려하여 납세 의무가 성립된 후 일정기간 부과권을 행사하지 아니하면 부과권의 제척기간 만료로 납부 의무가 소멸된다. 한편, 납기가 경과하고 5년이 경과하도록 징수권을 행사하지 아니하는 경우 그 권한이 소멸되어 납세 의무자의 안정성을 보장하게 된다(고영우, 2018).

7) 비과세 · 감면

비과세는 공익, 정책 등의 이유로 법률에 의해 과세 대상에서 제외하는 것으로서 지방자치단체의 의사 여하를 불문하고 과세할 수 없는 것을 말한다.

감면은 지방세법상 과세 대상이지만, 국가정책 또는 특정산업 육성 등의 특별한 이유가 있을 경우에 일단 성립한 납세 의무의 전부 또는 일부를 면제하는 것이다.

2. 지방세의 구제 제도

지방세의 구제 제도는 지방세 납세자가 지방세의 부과·징수 과정에서 과세행정청에 의한 부당·위법한 과세처분을 받거나, 과세행정청이 필요한 처분을 하지 않거나, 거부처분을 하는 경우에 해당 과세행정청 또는 그 상급관청에 시정을 요구할 수 있는 제도를 말한다. 이 경우 행정기관으로부터 권리를 충분하게 구제받지 못하면, 사법기관에 소송을 통해 권리를 구제받을 수 있다(김태호, 2014).

지방세 구제 제도는 지방세가 고지되기 전에 구제받을 수 있는 제도와 세금고지서가 발부된 후에 구제받을 수 있는 제도로 구분할 수 있다(라휘문, 2014).

전자를 사전적 구제라고 하며, 후자를 사후적 구제라고 한다. 사전적 구제 제도는 과세 전에 납세자가 과세행정청이 하려고 하는 과세처분에 대한 적정성 여부를 재심사하도록 청구하는 제도로 과세전 적부심사 청구 제도가 있다. 사후적 구제 제도는 부과가 이루어진 이후에 행정기관에 제기하는 이의신청, 심사청구, 심판청구, 감사원 심사청구 및 행정소송이 있다.

표 4-29 지방세 권리 구제 제도 종류의 주요 내용

구 분	과세전 적부심사 청구	이의신청	심사청구	심판청구	감사원 심사청구
취지	과세전 처분의 적정성 재검토 요구	처분청에 처분의 적정성 재검토 요구, 필요한 처분의 요구	처분청의 상급기관에 처분청의 결정에 대한 재심사 요구	독립된 제3의 기관에 처분청의 처분 등에 대한 심판 요구	처분청을 감사하는 감사기관에 처분 등의 적정성 검토 요구
처리 주체	기초세: 처분청 광역세: 광역단체	기초세: 처분청에 청구 광역세: 광역단체의 장에게 청구	기초세: 처분청에 청구 광역세: 없음	기초세·광역세 모두 조세심판원에 청구	기초세·광역세 모두 감사원에 청구

자료: 김태호(2014); 허원(2017).

1) 과세전 적부심사

1997년 10월에 도입된 과세전(課稅前) 적부심사(適否審査) 청구 제도는 과세 전에도 납세 의무자가 이의를 제기할 수 있도록 권리구제의 길을 확대한 제도이다(허원, 2017). 과세전 적부심사 청구는 세금이 고지되기 전에 세무조사 결과에 대한 서면통지와 과세예고통지 및 비과세 또는 감면의 신청을 반려하는 통지를 받고 이의가 있는 경우, 통지 받은 날로부터 30일 이내에 지방자치단체장에게 통지 내용의 적법성 여부에 관하여 심사를 청구할 수 있는 제도이다.

지방세 납세가 시세 · 군세 · 구세이면, 시장 · 군수 · 구청장에게 심사를 청구하고, 특별시세 · 광역시세 · 도세의 경우이면, 특별시장 · 광역시장 · 도지사에게 과세전 적부심사청구를 하도록 하고 있다(라휘문, 2014).

지방자치단체장은 '지방세심의위원회'의 심사를 거쳐 결정을 하고 그 결과를 과세전 적부심사 청구를 받은 날로부터 30일 이내에 청구인에게 알려야 한다.

과세전 적부심사 청구에 대한 결정을 받으면 지방자치단체의 장은 채택, 불채택, 미심사 등의 결정을 하게 되며, 이를 통보받은 납세자는 과세행정청의 과세처분이 있게 되면 그 과세처분을 가지고 과세 후의 구제 제도, 즉 이의신청, 심사청구, 심판청구, 행정소송 등을 할 수 있다.

2) 이의신청

「지방세기본법」 또는 지방세 관계법에 따른 처분으로서 위법 또는 부당한 처분을 받았거나 필요한 처분을 받지 못함으로써 권리 또는 이익을 침해당한 자는 이의신청을 할 수 있다(김태호, 2014).

이의신청을 하려면 그 처분이 있은 것을 안 날 또는 처분의 통지를 받은 날로 부터 90일 이내에 불복의 사유를 구비하여 도세의 경우에는 도지사에게, 특별시세 · 광역시세의 경우에는 특별시장 · 광역시장에게, 시세 · 군세 · 구세의 경우에는 시장 · 군수 · 구청장에게 이의신청을 하여야 한다.

이의신청을 받은 지방자치단체의 장은 그 신청을 받은 날부터 90일 이내에 지방세심의위원회의 의결에 따라 다음의 어느 하나에 해당하는 결정을 하고 신청인에게 이유를 함께 기재한 결정서를 송달하여야 한다.

- 신청기간이 지났거나 보정기간 내에 필요한 보정을 하지 아니할 때에는 그 신청을 각하하는 결정
- 이의신청이 이유 없다고 인정될 때에는 그 신청을 기각하는 결정
- 이의신청이 이유 있다고 인정될 때에는 신청의 대상이 된 처분의 취소, 경정 또는 필요한 처분의 결정

이의신청에 대한 결정은 해당 처분청을 기속하며, 해당 처분청은 결정의 취지에 따라 즉시 필요한 처분을 하여야 한다.

이의신청은 임의적 불복 제도로서 납세자가 이의신청을 거치고 심사청구를 하거나 이의신청 없이 바로 심사청구를 하는 것 중에서 선택할 수 있다(허원, 2017). 이의신청 후 심사청구를 하고자 할 때에는 이의신청에 대한 결정의 통지를 받은 날부터 90일 이내에 해당 행정청에 청구할 수 있다.

3) 심사청구

지방세기본법 또는 지방세관계법에 따른 처분으로서 위법 또는 부당한 처분을 받았거나 필요한 처분을 받지 못함으로써 권리 또는 이익을 침해당한 자는 심사청구를 할 수 있다. 이의신청과 마찬가지로 심사청구나 심판청구에 대한 처분, 통고처분, 감사원 심사청구를 한 처분, 감사원 심사청구에 대한 처분, 과세전 적부심사 청구에 대한 처분 및 지방세기본법에 따른 과태료 처분에 대하여는 심사청구를 할 수 없다.

심사청구를 하려면 그 처분이 있은 것을 안 날 또는 처분의 통지를 받은 날로 부터 90일 이내에 불복의 사유를 구비하여 시세 · 군세 · 구세에 한하여 도지사 · 특별시장 · 광역시장에게 심사청구를 하여야 한다. 이의신청을 거치지 아니하고 바로 심사청구를 할 때에는 그 처분이 있은 것을 안 날 또는 처분의 통지를 받은 날부터 90일 이내에 도지사 · 특별시장 · 광역시장에게 심사청구를 하여야 한다.

도세 · 특별시세 · 광역시세에 대하여는 심사청구를 하는 절차가 없으며, 시세 · 군세 · 구세에 대하여 이의신청을 거친 후에 시장 · 군수 · 구청장의 결정에 대하여 심사청구를 하려면 도지사 · 특별시장 · 광역시장에게 하여야 한다.

심사청구를 받은 지방자치단체의 장은 그 청구를 받은 날부터 90일 이내에 '지방세심의위원회'의 의결에 따라 다음의 어느 하나에 해당하는 결정을 하고 청구인에게 이유를 함께 기재한 결정서를 송달하여야 한다.

- 청구기간이 지났거나 보정기간 내에 필요한 보정을 하지 아니할 때에는 그 청구를 각하하는 결정
- 심사청구가 이유 없다고 인정될 때에는 그 청구를 기각하는 결정
- 심사청구가 이유 있다고 인정될 때에는 청구의 대상이 된 처분의 취소, 경정 또는 필요한 처분의 결정

심사청구에 대한 결정은 해당 처분청을 기속하며, 해당 처분청은 결정의 취지에 따라 즉시 필요한 처분을 하여야 한다.

4) 감사원 심사청구

감사원의 감사를 받는 자의 직무에 관한 처분이나 그 밖의 행위에 관하여 이해관계가 있는 자는 감사원에 그 심사의 청구를 할 수 있다(감사원법 제43조). '지방자치단체의 사무와 그에 소속한 지방공무원의 직무'는 「감사원법」에 의해 감사원의 직무감찰 대상에 포함되므로 과세관청의 과세처분에 대하여는 감사원에 심사청구를 할 수 있는 것이다. 감사원에 심사청구를 하게 되면 「지방세기본법」에 의한 이의신청·심사청구·심판청구는 할 수 없다.

감사원 심사청구는 청구의 취지와 이유를 적은 심사청구서로 하되 청구의 원인이 되는 처분을 한 관계기관의 장을 거쳐 이를 제출하여야 한다. 감사원 심사청구는 심사청구의 원인이 되는 행위가 있음을 안 날부터 90일 이내에, 그 행위가 있은 날부터 180일 이내에 심사의 청구를 하여야 한다.

심사청구의 심리는 심사청구서와 그 밖에 관계기관이 제출한 문서에 의하여 심리를 하며, 다만 감사원은 필요하다고 인정하면 심사청구자나 관계자에 대하여 자료의 제출 또는 의견의 진술을 요구하거나 필요한 조사를 할 수 있다. 심사의 청구가 감사원규칙으로 정하는 요건과 절차를 갖추지 못한 경우나 이해관계인이 아닌 자가 청구를 한 경우에는 이를 각하한다.

심사 결과 각하·기각·필요한 처분의 결정 등을 하여 3개월 이내에 통보하여야 하는데, 심사청구가 감사원규칙으로 정하는 요건과 절차를 갖추지 못한 경우에는 이를 각하하며, 심리 결과 심사청구의 이유가 있다고 인정하는 경우에는 관계기관의 장에게 시정이나 그 밖에 필요한 조치를 요구한다. 그리고 심사청구의 이유가 없다고 인정한 경우에는 이를 기각한다(감사원법 제46조).

관계기관의 장은 감사원의 결정에 기속되어 시정이나 그밖에 필요한 조치를 요구하는 결정의 통지를 받으면 그 결정에 따른 조치를 하여야 한다(감사원법 제47조).

청구인은 감사원 심사청구 및 결정을 거친 후에 해당 처분청을 당사자로 하여 해당 결정의 통지를 받은 날부터 90일 이내에 행정소송을 제기할 수 있다(감사원법 제46조의2).

5) 심판청구

「지방세기본법」 또는 지방세 관계법에 따른 처분으로서 위법 또는 부당한 처분을 받았거나 필요한 처분을 받지 못함으로써 권리나 이익을 침해당한 자는 조세심판원에 심판청구를 할 수 있으며, 심판청구에 대한 처분·통고처분·감사원 심사청구·과세전 적부심사의 청구에 대한 처분에 대하여는 심판청구를 할 수 없다.

이의신청을 거친 후에 심판청구를 할 때에는 이의신청에 대한 결정 통지를 받은 날로 부터 90일 이내에 조세심판원장에게 심판청구를 하여야 하며, 이의신청을 하지 아니하고 바로 심판청구를 할 수도 있다.

조세심판원장은 심판청구를 받으면 이에 관한 조사와 심리(審理)를 담당할 주심조세심판관 1명과 배석조세심판관 2명 이상을 지정하여 조세심판관회의를 구성하여 심판을 진행한다. 조세심판원장이 심판청구를 받았을 때에는 조세심판관회의의 심리를 거쳐 결정하며, 심판청구의 대상이 소액이거나 경미한 경우 청구기간이 지난 후에 심판청구를 받은 경우에는 조세심판관회의의 심리를 거치지 아니하고 주심조세심판관이 심리하여 결정할 수 있다.

심판청구에 대한 결정은 각하, 기각, 취소, 경정, 필요한 처분의 결정 등으로 하는데, 심판청구가 이유 있다고 인정되는 때에는 그 청구의 대상이 된 처분의 취소, 경정 또는 필요한 처분의 결정을 한다. 그리고 심판청구가 적법하지 아니하거나 청구

기간이 지난 후에 청구된 경우, 심판청구 후에 보정기간에 필요한 보정을 하지 아니하였을 때에는 그 청구를 각하하는 결정, 심판청구가 이유 없다고 인정될 때에는 그 청구를 기각하는 결정을 한다.

조세심판관회의의 결정은 관계 행정청을 기속하며, 심판청구에 대한 결정이 있으

그림 4-7 지방세 구제제도 절차 및 처리기관

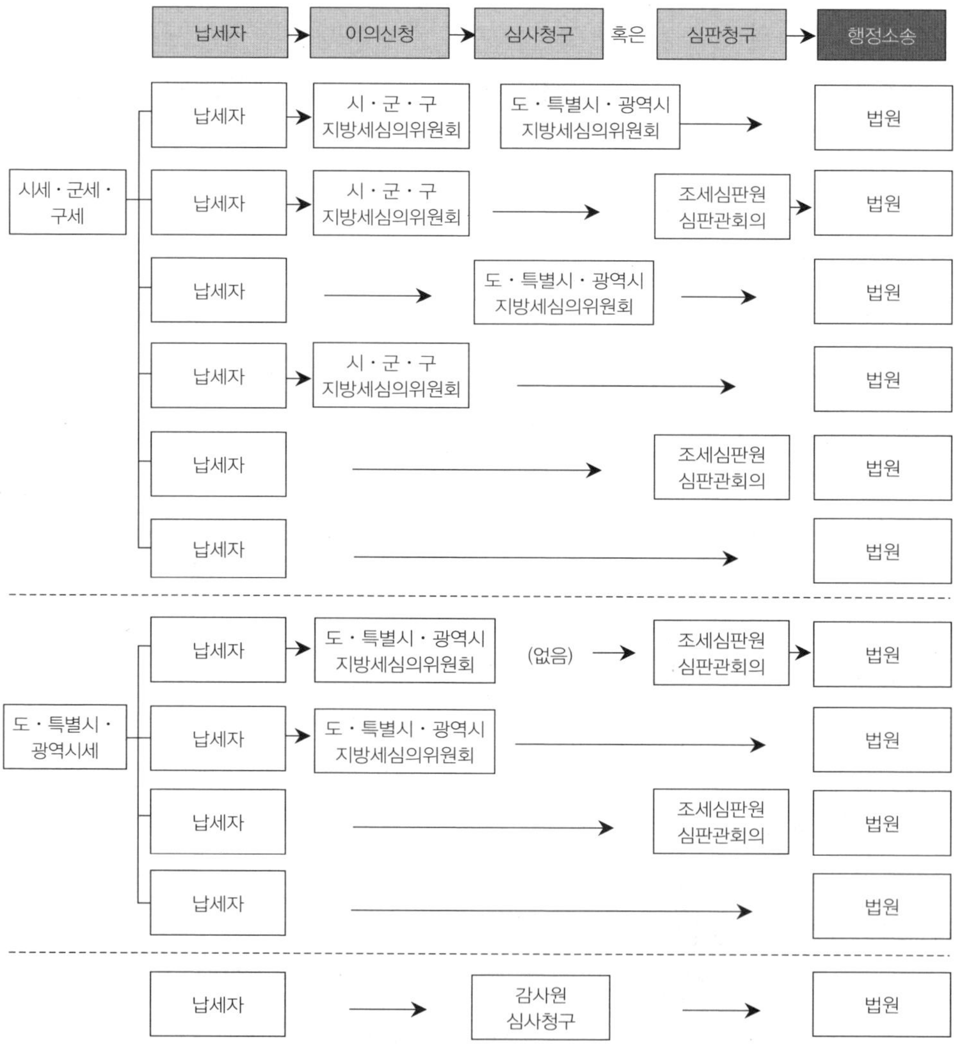

자료: 김태호(2014: 22).

면 해당 행정청은 결정의 취지에 따라 즉시 필요한 처분을 하여야 한다. 이때 심판청구에 대한 결정에 잘못된 기재, 계산착오, 그 밖에 이와 비슷한 잘못이 있는 것이 명백할 때에는 조세심판원장은 직권으로 또는 심판청구인의 신청에 의하여 경정할 수 있으나, 과세관청은 결정의 경정청구를 할 수 없다(국세기본법 제81조).

6) 행정소송

행정소송 제도는 지방세 부과징수처분에 이의가 있는 경우 그 처분이 있는 것을 안 날부터 90일 이내에 서울지역의 경우 행정법원, 서울 이외의 경우 지방행정법원에 행정소송을 제기하여 침해된 권리를 구제받을 수 있는 제도이다(라휘문, 2014).

Chapter 05

지방세외 수입

제 1 절 지방세외 수입의 의의

1. 지방세외 수입의 개념

지방세외 수입이란 지방세외수입금과 그 밖의 다른 법률 또는 조례에 따라 부과·징수하는 지방자치단체의 조세 외의 금전 수입으로서 수수료, 재산임대수입 등 행정안전부령으로 정하는 금전 수입을 말한다(지방세외수입금의 징수 등에 관한 법률 제2조). 따라서 여기서의 지방세외수입금은 지방자치단체장 및 그 소속 행정기관의 장이 행정목적을 달성하기 위하여 법률에 따라 부과·징수(국가기관의 장으로부터 위임·위탁받아 부과·징수하는 경우를 포함한다)하여 지방자치단체의 수입으로 하는 조세 외의 금전으로서 다른 법률에서 이 법에 따라 징수하기로 한 과징금, 이행강제금 및 부담금, 그 밖의 조세 외의 금전 수입으로서 다른 법률에서 이 법에 따라서 징수하기로 한 금전 수입을 말한다.

지방자치단체의 수입은 통상적으로 지방조세수입(local tax revenue)과 지방세외수입(local non-tax revenue)으로 구분할 수 있고(우명동, 2016), 이 중의 하나가 세외수입일 정도로 매우 중요하다. 그러나 과거 지방세외 수입에 대한 관심과 중요성에 대한 인식은 매우 낮았다고 할 수 있다. 왜냐하면 세외수입의 대부분이 회계처리상의 잉여금에 해당하는 임시적 세외수입이 대부분이었고, 관련 법령이 지나치게 많고 복잡하여, 일관성 있고 체계적인 대처가 어려웠기 때문이다.

그러나 2013년 8월 6일 「지방세외수입금의 징수 등에 관한 법률」을 제정하고, 2014년 11월 19일부터 시행하면서, 지방세외 수입에 대한 명확한 개념 정의와 징수 및 체납처분 절차에 대한 근거를 명백히 할 수 있었다(이상훈, 2016: 49).

지방세외 수입은 지방자치단체의 주요한 자체재원으로 일단 지방자치단체의 수입 중 지방세를 제외한 모든 자체수입을 의미하는 것으로 이해할 수 있는데, 이때는 광의의 의미로 이해되는 지방세외 수입을 가리킨다.

일반적으로 조세수입인 지방세(地方稅)가 강제적(强制的)으로 부과 및 징수하는 비교환적(非交換的) 수입인데 반해, 세외수입(稅外收入)은 수익자 부담원리에 근거한 교환적 수입의 성격을 갖는 특성 때문에 세외수입은 지방세에 대응하는 개념이라고 볼 수 있다(윤영진, 2016: 124). 이처럼 지방세외 수입은 이익적인(beneficiary) 성격이 높은 재원조달 방식이기 때문에, 조세에 대한 주민들의 조세저항 의식이 높을 경우에 유용하게 이용될 수 있다. 또한 지방세외 수입은 회계의 귀속관계, 예측 가능성과 안정성, 세입의 내용에 따라 다양하게 구분되고 있다(이상훈, 2016).

지방세외 수입은 지방정부가 사업을 운영해 얻은 수입, 특정한 서비스를 제공하는 대가(對價)로 징수하는 수입, 지방세입의 운영과 회계처리 과정에서 발생하는 부수적인 수입, 그리고 재산관련 수입 등 다양한 수입원을 가지고 있다(윤영진, 2016).

지방세외 수입은 회계의 귀속관계에 따라서는 일반회계와 특별회계, 그리고 공기업 특별회계의 세외수입으로 나눌 수 있으며, 일반회계와 특별회계 세외 수입의 경우, 세입의 예측 가능성이나 안정성 여부에 따라 경상적 세외수입과 임시적 세외수입으로 구분할 수 있다. 또한 공기업 특별회계 세외수입은 내용에 따라서 사업수입과 사업외 수입으로 구분할 수 있다(이상훈, 김홍환, 마정화, 2017).

2. 지방세외 수입의 특징

지방정부의 세외수입은 다음과 같은 특징을 갖고 있다.

첫째, 지방세외 수입은 지방자치단체 스스로의 노력과 절차에 의해 충분히 세입 증대가 가능한 잠재적인 수입원이다. 즉, 세외수입은 조세법률주의에 의해 제약을 받는 지방세와 달리 지방자치단체가 법령에 저촉되지 않는 한, 그 항목의 설정과 운영이 비교적 자유로워 주민을 위한 서비스의 개발을 통해 주민의 편의를 도모하는 동시에 지방자치단체의 수입도 올릴 수 있는 소비 주체의 자의적 소비를 특징으로 하는 수입원인 것이다(손희준 외, 2014: 133).

둘째, 세외수입은 종류가 많고 징수 근거, 성격 및 형태가 매우 다양한 특징을 가지고 있다. 징수 근거로는 법령, 조례 또는 사법상의 계약 등으로 다양하고, 종류에 있어서도 행정 서비스의 대가로 징수되는 수수료, 경제활동으로 인한 재산임대수입 및 사업수입, 행정벌적 과징금(過徵金)이나 과태료(過怠料) 등이 이에 해당한다. 이익적 요소를 가지고 있어 수익자 부담의 원리가 적용되는 경우가 많다. 여기서 수익자 부담(受益者 負擔, benefit charge)이란 공공 서비스를 소비하는 대가로 일정한 요금을 지불하는 것을 의미한다.

셋째, 세외수입은 세원 발굴의 다양성으로 많은 수입원을 가지고 있으며 수입 근거나 징수 형태 및 성격도 다양하다. 징수 형태는 현금으로 징수하는 것 외에도 수입증지 등 금권(金券) 등이 혼용되기도 한다.

넷째, 지방세외 수입은 지방자치단체의 자율성이 보장되는 수입이나, 지방세의 목적세와 같이 그 수입원이 법적 근거에 따라서 사용처가 지정되어 있는 경우가 대부분이다. 즉, 용도의 제한성을 나타내는 특정재원에 해당된다는 것이다. 예를 들어, 공원사용료 수입은 자연공원법에 따라 공원관리나 비용에 지출되며, 하천사용료 수입은 하천의 유지 및 관리에 대한 비용으로 지출되며, 주정차 위반 과태료는 주정차 시설 및 확충에 충당(주차장법)하도록 규정하고 있다(윤영진, 2016).

제 2 절 지방세외 수입의 종류와 내용

1. 지방세외 수입의 종류

세외수입은 그 개념과 범주에 따라 종류와 내용에 따라 [그림 5-1]과 같이 여러 가지로 나눌 수 있다.

그림 5-1 예산과목 체계상 지방세외 수입 분류

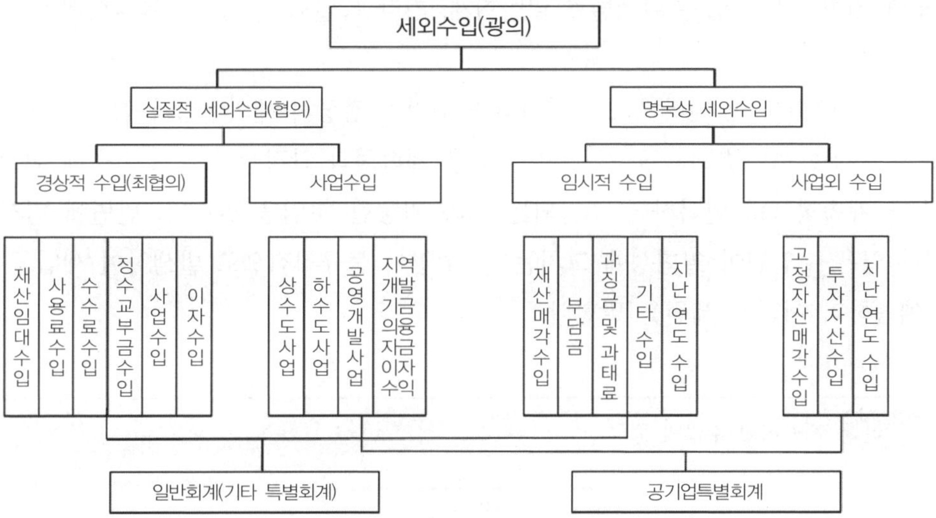

일반적인 분류 범위에 따라서 광의, 협의, 최협의로 구분할 수 있다.

첫째, 광의의 개념으로의 세외수입은 지방자치단체의 세입 중 지방세, 지방교부세, 보조금, 그리고 지역발전특별회계를 제외한 모든 수입을 지칭하는 의미로 실질적 세외수입뿐만 아니라 회계상의 수입 등 명목적 세외수입까지 포함한다.

둘째, 협의의 개념으로의 세외수입은 일반회계상의 경상적 수입과 특별회계의 사업수입만을 지칭하는 것으로 실질적 세외수입이라고 할 수 있다. 광의의 세외수입 가운데 당해 연도의 특별한 요인으로 발생하는 일반회계의 임시적 수입과 특별회계의 사업외 수입 등 소위 명목적 세외수입을 공제한 실질적 세외수입을 말한다. 명목적 세외수입의 상당 부분이 재원이전에 따르는 장부(帳簿)상의 수입 또는 단순한 계정 이동이기 때문에 협의의 세외수입은 명목적 수입을 제외한 실질적 세외수입이 해당한다.

셋째, 최협의의 개념으로서의 세외수입은 실질적 세외수입 개념에서 특별회계 사업수입을 제외한 것으로, 일반회계수입 중 경상적 세외수입만을 말한다. 사용료, 수수료, 재산임대수입, 이자수입, 징수교부금 등이 여기에 해당한다. 따라서 지방 자체재원의 조달 수단으로서 세외수입이 거론된다면 그것은 최협의의 세외수입을 의미한다고 할 수 있다(손희준 외, 2014: 130).

또한 지방세외 수입은 회계별로 일반회계, 기타 특별회계, 공기업특별회계로 구분할 수 있다.

첫째, 일반회계 및 기타 특별회계의 세외수입은 경상적 세외수입과 임시적 세외수입으로 구분할 수 있으며 경상적 세외수입은 계속성과 안정성이 확보되어 매 회계연도마다 계속적으로 반복하여 조달되는 예측 가능한 수입을 말한다. 반면에 임시적 세외수입은 수입원이 일회성에 그치는 등 수입이 불규칙적으로 발생하여 세입 규모를 예측하기 어려운 세원을 말한다.

그림 5-2 지방세외 수입의 종류

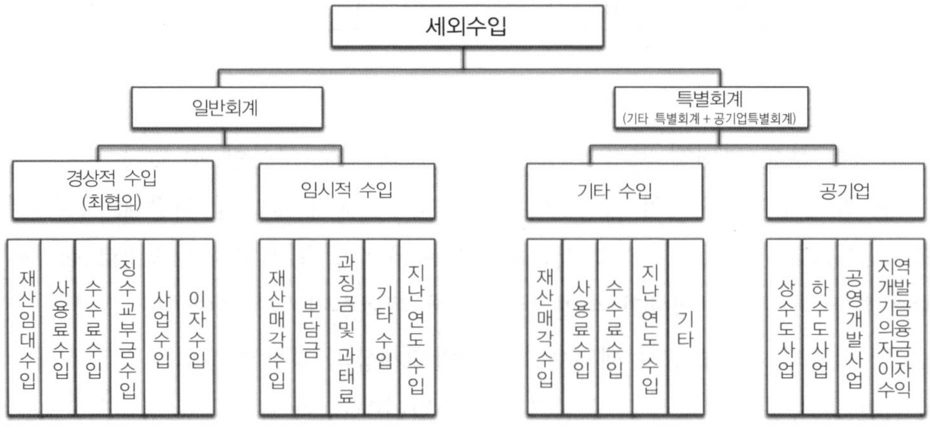

둘째, 공기업특별회계는 사업수입과 사업외 수입으로 구분되며 공기업특별회계의 사업수입은 경상적 세외수입과 유사한 개념이며, 사업외 수입은 임시적 세외수입과 유사한 개념이라고 할 수 있겠다.

현행 지방세외 수입은 과거 세외수입으로 분류하였던 전입금과 예수금 및 예탁금, 잉여금, 이월금, 융자금 원금 회수 등이 2014년 「지방세외수입금의 징수 등에 관한 법률」 제정에 따라 지방예산 과목 체계가 변경 되어 '보전수입원 및 내부거래' 항목으로 이관되었다(이용철, 2014).[1)]

이에 따라 잉여금·이월금·융자금 원금 회수 등은 보전수입 또는 보전재원[2)]으로, 이관되고, 전입금과 예수금 및 예탁금은 내부거래 등 별도의 예산 과목으로 분류되어 지방세외 수입의 포괄 범위가 축소되었다.

표 5-1 보전수입 및 내부거래의 과목 체계(2014년부터)

장	관	항	목
보전수입 등 및 내부거래 (700)	보전수입 등 (710)	잉여금(711)	순세계잉여금/법정잉여금
		전년도 잉여금 (712)	국고보조금 사용잔액/시·도비 보조금사용잔액/전년도 이월사업비
		융자금 원금수입 (713)	민간융자금 회수수입/통화금융기관 융자금 회수수입/공사·공단 융자금 회수수입
		예치금 회수(714)	예치금 회수
	내부거래	전입금(721)	공기업특별회계 전입금/공사공단 전입금/기타회계 전입금/교육비특별회계 전입금
		예탁금 및 예수금(722)	예수금수입/시·도 지역개발기금 예수금수입/예탁금 원금회수수입/예탁금 이자수입

1) 이러한 지방세외 수입의 예산항목 변경으로 인해, 2014년부터 자연스럽게 지방재정자립도가 낮아지는 경향을 보이게 되어, 이후부터 재정자립도를 두 가지 기준으로 산정하게 되었다.

2) 세입예산 과목은 '보전수입'으로, 세출예산은 '보전재원'으로 구분하고 있어, 통칭상으로는 '보전재원'이 정확할 것 같다.

2. 지방세외 수입의 내용

1) 일반회계 및 기타 특별회계

(1) 경상적 세외수입

경상적 세외수입이란 계속성과 안정성이 확보되고 매 회계연도마다 계속적으로 반복하여 조달되는 예측 가능한 수입으로 세외수입 중 수입원이 가장 많고, 지방 자주재원 확충에 가장 큰 기여를 하는 수입으로 재산임대수입, 사용료, 수수료 징수 실적, 사업수입, 징수교부금수입, 이자수입 등으로 구성되어 있다.

① 재산임대수입

재산임대수입이란 지방자치단체가 국·공유재산을 관리·운영하는 과정에서 발생하는 토지·건물의 임대수입, 잡종재산의 임대수입을 의미한다.

재산임대수입은 국유재산임대료와 공유재산임대료로 구분되는데, 국유재산임대료는 지방자치단체가 관리하는 국유 토지(임야 포함) 및 건물임대수입을 말하며, 공유재산임대료는 「공유재산 및 물품관리법」 및 관련 조례에 의해서 부과 및 징수되는 행정재산의 사용료와 일반재산의 대부료를 의미한다.

② 사용료

사용료(user's charge)는 지방자치단체가 설치·관리하는 시설과 지방자치단체의 부담으로 관리하는 국가의 공공시설을 점용하거나 사용하는 것에 대한 반대급부로 점용자나 사용자에게 부과·징수하는 수입이다.

이러한 사용료는 공공시설의 사용으로 인하여 얻는 편익에 대하여 이에 대한 보상으로 징수하는 것으로서 개별적인 보상 원칙에 의거 징수한다는 점에서는 수수료와 동일하나, 수수료가 지방자치단체의 특별한 활동에 의하여 이익을 받는 경우에 부과되는 데 반해, 사용료는 지방자치단체가 설치한 공공시설을 개인·단체 등이 이용함으로써 얻는 편익에 대한 대가라는 점에서 차이가 있다. 사용료수입의 대표적인 예로는 도로 사용료, 하천 사용료, 시장 사용료, 도축장 사용료, 운동장 사용료, 공연장 사용료, 공원·복지회관, 시민회관 사용료와 입장료 수입 등이 있다.

③ 수수료

수수료(fee)는 지방자치단체가 특정인에게 제공한 특정 사무와 서비스에 대하여 그 비용의 전부 또는 일부를 징수하는 것으로, 주민 서비스 향상의 요청에 따라 그 종류가 다양화되고 있으며 양적으로도 증가하고 있다.

수수료는 특정성의 원칙, 응익성의 원칙, 비용변상의 원칙 등을 적용하여 부과·징수한다(이상훈, 2016).

예를 들면, 주민등록 등·초본 및 인감 등의 제증명 발급 등 특정인에게 역무를 제공하는 경우, 산림벌채 허가, 하천 점용·사용 허가 등 특정인의 이익이나 편익을 위한 행위와 관련되는 경우, 분뇨 수거 수수료 등 특정인을 위한 사무처리 비용의 범위 내에서 비용보전을 위한 수수료를 부과·징수한다.

현행 수수료수입은 증지수입, 쓰레기처리봉투 판매수입, 재활용품판매수입, 기타 수수료 등으로 구성되어 있다.

④ 사업수입

사업수입은 지방자치단체가 직접 운영하는 각종 사업장에서 얻어지는 생산물 및 부산물을 지역 주민에게 보급·매각함으로써 얻게 되는 수입을 의미한다.

구체적으로는 사업장에서 발생하는 사업장 생산 수입, 주차요금 수입, 보건소나 보건의료원 운영 수입, 법령 또는 조례의 규정에 의한 통행료 수입, 환지 청산금 수입, 공사완료 지구 분담금 수입, 주택·택지·공업용지 등의 매각수입, 그리고 타 과목에 속하지 않는 기타 사업수입 등으로 구분된다(이상훈, 김홍환, 마정화, 2017)

⑤ 징수교부금수입

징수교부금은 국세·도세, 국가부담금이나 세외수입 등을 다른 자치단체로부터 위임 받아 징수할 경우 징수 위임기관으로부터 기초자치단체가 교부받는 수입을 의미한다.

예를 들어, 시·도세 징수교부금과 하천사용료 및 도로사용료 등을 시·군이 위임을 받아 징수할 경우, 징수 위임기관인 국가 또는 도가 교부하는 것을 말하며, 이와 같은 징수교부금은 형식적으로는 위임한 세입징수에 소요되는 경비를 보상하는 성질이지만 실질적으로는 도와 시·군 간의 재원배분이라는 의미도 있다.

⑥ 이자수입

이자수입은 지방자치단체가 각종 세입금(자금)을 금고은행에 예치·관리하는 과정에서 발생하는 이자 등의 수입을 말한다.

공공예금 이자수입, 민간융자금 회수 이자수입, 통화금융기관 융자금 회수 이자수입, 공사·공단 등 융자금 회수 이자수입, 시·군·구 융자회수 이자금수입, 그리고 기타 이자수입 등이 이에 해당한다.

(2) 임시적 세외수입

임시적 세외수입은 각급 지방자치단체의 수입 중에서 불규칙적으로 발생하는 수입으로, 대체로 규모는 크나 수입원이 일회성에 그치는 경우가 많아 세입 규모를 예측하기 어렵다. 재산매각수입, 부담금, 과징금 및 과태료 등 기타 수입, 지난 연도 수입 등 다섯 가지로 구분된다.

앞에서 언급한 바와 같이 2014년 지방예산 편성 기준을 개정하여, 종전에 임시적 세외수입으로 구분하던 순세계잉여금, 이월금, 전입금, 예탁금 및 예수금, 융자금 원금수입을 지방세외 수입 통계에서 제외하였다.

① 재산매각수입

재산매각수입은 국유재산 매각귀속 수입금, 공유재산 매각수입금, 시·도 소유재산 매각귀속수입금으로 구성된다.

국가로부터 위임받은 국유재산(토지, 건물 등) 매각수입 중에서 지방자치단체로 귀속되는 수입인 국유재산 매각귀속 수입금과 시·도로부터 매각을 위임받은 시·도 소유재산 매각수입 중 기초자치단체에 귀속되는 수입인 시·도 소유재산 매각귀속 수입금, 그리고 지방자치단체의 재산매각계획에 따라 공유물건인 잡종재산을 매각하여 얻는 공유재산 매각수입으로 정의된다(이상훈, 김홍환, 마정화, 2017).

② 부담금

부담금은 자치단체 간 부담금과 일반부담금 등 2개의 목으로 구분된다. 지방자치단체의 재산 또는 공공시설 설치로 인하여 특별한 이익을 받은 이해관계자에 대하여 그 사업에 소요되는 경비의 전부 또는 일부를 부담시키기 위해서 그 이익을 얻는 자로부터 수익의 정도에 따라 징수하는 공과금으로, 수익자부담금 또는 특별부담금

(special assessment)이라고도 한다.

자치단체 간 부담금은 국가 또는 시·도가 시행하는 공익사업 등이 시·도나 시·군·구에 이익을 줄 경우에 수익을 받는 지방자치단체에 대하여 사업에 필요한 경비의 일부를 부담시키는 공과금을 말한다.

일반부담금은 중앙행정기관의 장, 지방자치단체의 장, 행정권한을 위탁받은 공공단체 또는 법인의 장 등 법률에 따라 금전적 부담의 부과권한을 받은 자가 분담금(分擔金), 부과금(賦課金), 기여금(寄與金), 그 밖의 명칭에도 불구하고 재화 또는 용역의 제공과 관계없이 특정 공익사업과 관련하여 법률에서 정하는 바에 따라 부과하는 조세 외의 금전지급 의무를 말한다(이상훈, 2016).

부담금은 개개의 사업마다 법률로서 그 징수 근거를 규정하는 것이 원칙이지만, 「지방자치법」 제138조를 부담금의 일반적인 징수 근거로 들고 있으며,[3] 대표적인 사례가 학교용지부담금, 개발부담금, 기반시설부담금, 도로원인자부담금 등이 이에 해당한다.

③ 과징금 및 과태료 등

과징금(過徵金) 및 과태료(過怠料) 등은 2014년 지방예산 편성 기준 개정 시 별도로 추가된 과목으로[4] 변상금 및 위약금, 과태료, 과징금 및 이행강제금 등 4개 항목으로 구분된다(이상훈 외, 2017).

과징금은 행정법상의 의무불이행으로 인해 발생한 경제적 이익을 상쇄하거나 의무불이행에 대해 행정처분에 갈음하여 부과하는 제재수단으로서의 금전적 부담을 말하며, 과태료는 행정법상 의무에 대하여 의무자가 그 의무나 질서를 이행하지 않거나, 위반한 경우 행정질서 유지 또는 의무이행을 강제하기 위하여 부과하는 금전적인 부담금을 의미한다.

변상금(辨償金)은 발생한 손해를 보전할 목적으로, 가능한 한 손해가 없었던 것과 같은 상태로 회복하기 위하여 법규에서 정하는 바에 의하여 변상하거나 변상명령에 의하여 변상되는 수입을 말하며, 위약금(違約金)은 계약당사자가 정당한 이유 없이 계약상의 의무를 지체한 데에 따르는 책임지는 금전을 말한다.

---

3) 「지방자치법」 제138조(분담금) 지방자치단체는 그 재산 또는 공공시설의 설치로 주민의 일부가 특히 이익을 받으면 이익을 받는 자로부터 그 이익의 범위에서 분담금을 징수할 수 있다.

4) 이전에는 잡수입의 세부 목으로 처리하다가, 2014년부터 별도의 항목으로 구분되었다.

실제로 변상금 및 위약금에는 도로사용 변상금, 하천사용 변상금, 구거(溝渠) 점사용료 변상료와 휴양림사용 위약금, 기타 위약금 등이 있다. 과태료 수입에는 주민등록법 등 법령 위반, 주·정차 위반 과태료나 불법광고물 과태료, 기타 질서위반 행위규제에 의한 과태료 등이 있고, 과징금 및 이행강제금에는 자동차운송사업의 규정에 의한 과징금, 기타 특별회계의 노외주차장 관리위반 과징금, 「여객자동차운수사업법」 제88조에 의한 사업정지처분을 갈음하는 과징금과 「건축법」 위반 법령위반 이행강제금등이 있다(이상훈, 김홍환, 마정화, 2017).

④ 기타 수입

기타 수입이란 위의 각종 수입 이외의 수입을 일괄하는 것으로, 불용품 매각수입, 체납처분수입, 보상금수납금, 시·도비 반환금 수입, 기부금 및 그외 수입 등이 있다.

⑤ 지난 연도 수입

징수가 결정된 수입금이 당해 연도의 출납폐쇄기한(12월 말)까지 수납되지 않고, 그 후에 수납되었을 때에는 그 납부된 날이 속하는 연도의 수입으로 하고 이를 지난 연도 수입으로 정리하는 것을 말한다.

2) 공기업특별회계

공기업특별회계의 예산은 발생주의 기준에 의해 처리하기 때문에 일반회계 및 기타 특별회계 예산과는 상이하다. 공기업특별회계의 수입은 지방채(공기업특별회계채) 발행을 제외하면 모두 세외수입이며, 공기업특별회계 예산은 사업예산과 자본예산으로 편성되며, 사업예산은 영업수익과 영업외 수익으로 구분한다. 그럼에도 불구하고 행정안전부는 공기업특별회계의 세외수입을 사업수익과 사업외 수입으로 구분하여 발표하고 있다(윤영진, 2016).

(1) 사업수입

일반회계(기타 특별회계)의 경상적 세외수입과 유사한 개념으로, 공기업특별회계가 공기업 활동을 통해 서비스를 제공하고 이에 대한 대가로 얻는 수입을 말한다. 「지방공기업법」상의 상수도 사업, 궤도사업, 자동차운송사업, 지방도로사업, 하수도 사업, 주택사업, 토지개발사업 등을 통한 수익에 이에 해당한다. 예를 들면, 상수도 사업의 급수수익, 하수도 사업의 사용료수익, 공영개발사업의 용지매출 수익, 지역개발기금의 융자금 이자수익 등이다.

(2) 사업외 수입

일반회계(기타 특별회계)의 임시적 세외수입과 유사한 개념으로, 공기업특별회계의 공기업 활동과는 무관하게 발생하는 수입이다. 예를 들면, 공유자산 매각수입, 투자자산 수입, 지난 연도 수입 등이 이에 해당한다.

제 3 절 지방세외 수입의 현황

1. 지방세외 수입의 규모 및 징수현황

1) 지방재정 중 세외수입의 비중

최근 지방세입 중에서 세외수입이 차지하는 비중을 살펴보면 2009년 이후 감소하는 경향을 보이고 있다.

<표 5-2>에서 보는 바와 같이 1995년 53.5%였던 세외수입이 2000년 36.8%로 2008년도까지는 30%대를 유지했다. 그러나 2009년 지방재정 중 지방세외 수입의 비중이 최종 예산액의 20%대로 현저히 감소하는 수치를 보이는데, 2008년부터 세계경제위기에 따른 지방예산의 조기집행 등 지방재정이 전반적인 침체 국면으로 인한 결과로 보여진다.

이렇게 감소를 보이는 세외수입의 비중은 2010년은 최종 예산액의 21% 등, 2011년까지 다시 20%대를 유지하다가 2014년 10%로 대폭 감소하는 상태를 보인다. 이는 2014년도부터 지방자치단체의 세입·세출예산 편성 시, 세입예산과목 구분이 변경되어 잉여금, 전년도이월금, 융자금 원금, 전입금, 예수금 및 예탁금이 '보전수입 및 내부거래 등'의 별도 과목으로 신설되어 세외수입 항목에서 제외되었기 때문이다. 이

표 5-2 지방재정 중 세외수입 비중

(단위: %)

구 분	1995	2000	2005	2010	2011
합계	100.0	100.0	100.0	100.0	100.0
세외수입	53.5	36.8	37.2	21.5	20.0
지방세	26.4	21.2	22.7	26.2	27.0
지방교부세	9.8	8.6	12.6	13.9	15.0
보조금 등*	10.3	33.4	27.5	38.4	38.0

구 분	2013	2014	2015	2016	2017
합계	100.0	100.0	100.0	100.0	100.0
세외수입	20.0	10.0	9.0	9.0	9.0
지방세	26.0	25.0	26.0	26.0	28.0
지방교부세	15.0	14.0	14.0	13.0	13.0
보조금 등*	39.0	51.0	51.0	52.0	50.0

주: 1) 지방양여금, 증액교부금, 조정교부금 및 재정보전금, 지방채 등 포함. 2017년 결산기준.
2) 지방자치단체 예산편성 운영 기준 개정(2013.7.29 시행)에 따라 2014년도 지방자치단체의 세입・세출예산 편성 시부터는 세입예산 과목 구분이 변경되어 잉여금, 전년도이월금, 융자금 원금, 전입금, 예수금 및 예탁금이 '보전수입 및 내부거래 등'의 별도 과목으로 신설되어 세외수입 항목에서 제외되었다.

자료: http://lofin.mois.go.kr/, 지방재정 365, 행정안전부(2018).

러한 제도적 변화로 인해 지속적인 감소 추세를 보인 세외수입은 2015년부터 2017년까지 지방재정 수입 중에서 9%대의 비중으로 현저한 감소추세를 보이고 있다.

2) 지방세외 수입의 총규모 추이

2008년부터 2009년의 지방세외 수입의 총규모를 보면 2008년 67조 9,478억 원에서 2009년에는 72조 9,063억 원으로 증가하였다(<표 5-3> 참조). 그러나 2010년 지방세외 수입의 총 규모가 줄어든 이후부터 2013년까지는 증가와 감소를 반복하다가 2014년 23조 3,783억 원을 기점으로 2017년 28조 5,112억 원 규모로 비슷한 규모를 유지하고 있다.

일반회계 대비 특별회계 세외수입의 구성비는 2008년 45.6%에서 2013년 46.7% 사이에서 조금씩 등락을 보이다가 2014년 53.7%를 시작으로 55% 수준을 유지하고 있다.

한편 2008년부터 2017년까지 일반회계 세외수입이 차지하는 비중은 각각 54.4%와 56.0%에서, 2016년부터 2017년까지는 각각 44.3%와 45.9%로 점차적으로 감소하는 경향을 보이고 있다.

표 5-3 지방세외 수입 총 징수 규모(2008~2017년)

(단위: 백만 원)

구 분		2008	2009	2010	2011	2012
총계		67,947,818	72,906,399	59,877,959	58,330,065	66,180,254
일반회계	소계	36,939,533 (54.4%)	40,851,023 (56.0%)	30,520,401 (51%)	28,234,980 (48.4%)	33,660,565 (50.8%)
	경상적 세외수입	4,885,149 (7.2%)	4,740,812 (6.5%)	4,231,322 (7.0%)	4,398,497 (7.5%)	4,711,974 (7.1%)
	임시적세외수입	32,054,384 (47.2%)	36,110,211 (49.5%)	26,289,079 (44%)	23,836,483 (40.9%)	28,948,591 (43.7%)
특별회계	소계	31,008,285 (45.6%)	32,055,376 (44.0%)	29,537,558 (49%)	30,095,085 (51.6%)	32,519,689 (49.2%)
	기타 특별회계	17,416,852 (25.6%)	17,696,870 (24.3%)	15,940,415 (26.6%)	16,845,229 (28.9%)	18,006,735 (27.2%)
	공기업특별회계	13,591,433 (20%)	14,358,506 (19.7%)	13,417,143 (22.4%)	13,249,856 (22.7%)	14,512,954 (22%)
구 분		2013	2014	2015	2016	2017
총계		72,607,629	23,378,364	26,563,011	28,689,571	28,511,205
일반회계	소계	38,696,097 (53.3%)	10,882,148 (46.3%)	11,512,758 (43.3%)	12,715,011 (44.3%)	13,105,738 (45.9%)
	경상적 세외수입	5,035,811 (6.9%)	4,936,636 (21.1%)	5,309,252 (20%)	5,717,412 (19.9%)	6,065,039 (21.2%)
	임시적 세외수입	33,660,286 (46.4%)	5,885,512 (25.2%)	6,203,506 (23.3%)	6,997,599 (24.4%)	7,040,699 (24.7%)
특별회계	소계	33,911,532 (46.7%)	12,556,216 (53.7%)	15,050,253 (56.7%)	15,974,560 (55.7%)	15,405,467 (54.1%)
	기타 특별회계	19,186,844 (26.4%)	5,116,395 (21.9%)	6,296,012 (23.7%)	6,557,666 (22.9%)	6,438,492 (22.6%)
	공기업특별회계	14,724,688 (20.3%)	7,439,821 (31.8%)	8,754,241 (33%)	9,396,894 (32.8%)	8,966,975 (31.5%)

주: 지방채는 1997년, 기부금은 1999년부터 제외, 잉여금은 1999년, 예탁금 및 예수금은 2003년부터 추가됨. 특별회계는 2005년부터 기타 특별회계와 공기업특별회계로 통계 구분 체계를 달리하는 형태를 취한다.
자료: 행정안전부(2017).

위 내용을 토대로 지방재정에서 세외수입의 영향에 관해 살펴보면, 지방재정수입에서 세외수입이 차지하는 비중이 지속적으로 감소한다는 것은 지방자치단체의 노력에 따라서 수입 증대가 가능하여 지방재정에 기여할 수 있는 세외수입의 큰 특징이자 역할에 부정적 영향을 미친다고 볼 수 있다.

심지어는 경상적 세외수입의 경우 지역적 편중이 심화되는 양상까지 나타나 지방자치단체의 재정 운영에서 '빈익빈 부익부'의 악순환을 증대시킬 가능성마저 보이고 있다.

3) 지방세외 수입의 자치단체별 구성비

세외수입의 자치단체별 구성비를 보면, 2013년에는 광역자치단체 중 특·광역시와 기초자치단체 전체가 차지하는 비중이 매우 큰 것을 알 수 있다. 이후 광역자치단체 중 도의 세외수입 부분은 지속적으로 감소하고 있는 것으로 보여지고 있으며, 반면 자치구의 세외수입의 비중은 크게 증가하고 있는 것으로 나타나고 있다.

표 5-4 광역 및 기초자치단체별 세외수입 구성비

(단위: %)

연도별	총계(%)	광역자치단체		기초자치단체		
		시	도	시	군	구
2013	100.0	27.7	14.9	34.2	15.0	8.2
2014	100.0	31.9	11.5	37.5	8.3	10.8
2015	100.0	29.7	9.9	41.7	8.9	9.8
2016	100.0	30.1	9.7	41.0	8.8	10.4
2017	100.0	29.8	5.4	30.3	10.6	23.9

자료: 행정안전부(2017).

지방세외 수입은 법령에 저촉되지 않는 한 비교적 자유로운 지방자치단체의 수입원이다. 그러나 그 세외수입의 종류가 다양하며, 그 수입의 법적 근거 또한 매우 다양하다. 실제로 세외수입의 법적 근거는 법률, 대통령령, 부령, 조례 또는 민법상의 계약 등에 두고 있다. 예를 들면, 행정 서비스와 관련해서 부과되는 사용료 및 수수료, 재산임대수입 및 사업수입 등에 적용되는 법적 근거가 각각 상이하며, 법적 근거에 따라서는 사용 용도가 특정 분야로 지정되기도 한다(예: 하천사용료, 공원사용료수입 등).

이와 같은 세외수입의 법적 근거의 다양성(예: 지방자치법, 지방재정법, 국·공유재산 및 물품관리법령 및 관련 조례, 주차장법 및 도로교통법, 행정안전부부훈령, 부담금 관련 각종 법률, 질서위반행위규제법 등) 때문에 세외수입을 체계적, 합리적으로 관리하는 데 상당한 어려움이 뒤따르고 있다(손희준 외, 2014: 130).

여기에 세외수입 담당 공무원의 인력 부족, 업무 담당자의 잦은 보직순환으로 인한 전문성의 결여 등이 결합되어 세외수입의 문제를 확대시킨다고 할 수 있다.

4) 지방세외 수입 세목별 구성비

세외수입의 항목별 비율 변화를 보면 다음 <표 5-5>와 같다.

표 5-5 지방세외 수입 세목별 구성비(2015~2017년)

(단위: %)

<table>
<tr><th rowspan="3">연도</th><th colspan="12">일반회계</th><th colspan="2">기타 특별회계</th><th colspan="2">공기업 특별회계</th></tr>
<tr><th rowspan="2">소계</th><th colspan="6">경상적 세외수입</th><th colspan="5">임시적 세외수입</th><th rowspan="2">경상적 수입</th><th rowspan="2">임시적 수입</th><th rowspan="2">사업 수입</th><th rowspan="2">사업외 수입</th></tr>
<tr><th>재산 임대 수입</th><th>사용료</th><th>수수료</th><th>사업 수입</th><th>징수 교부금</th><th>이자 수입</th><th>재산 매각 수입</th><th>부담금</th><th>과징금 및 과태료</th><th>기타 수입</th><th>지난 연도 수입</th></tr>
<tr><td>2015</td><td>100</td><td>1.0</td><td>4.9</td><td>4.5</td><td>2.2</td><td>5.0</td><td>2.4</td><td>5.3</td><td>5.1</td><td>1.4</td><td>10.3</td><td>1.3</td><td>11.3</td><td>12.4</td><td>27.0</td><td>6.0</td></tr>
<tr><td>2016</td><td>100</td><td>1.3</td><td>4.9</td><td>4.8</td><td>2.0</td><td>4.8</td><td>2.1</td><td>5.7</td><td>4.2</td><td>1.4</td><td>11.4</td><td>1.7</td><td>10.9</td><td>12.0</td><td>27.0</td><td>5.8</td></tr>
<tr><td>2017</td><td>100</td><td>5.1</td><td>5.2</td><td>5.3</td><td>2.4</td><td>5.0</td><td>2.2</td><td>5.0</td><td>4.6</td><td>1.5</td><td>11.9</td><td>1.7</td><td>9.8</td><td>12.7</td><td>25.9</td><td>5.5</td></tr>
</table>

자료: 행정안전부(2016, 2017, 2018).

최근 3년 동안 일반회계 경상적 세외수입의 구성비 추이를 살펴보면 2015년 20.0%, 2016년 19.9%, 2017년 21.1%로 2017년의 구성비가 다소 높게 나타나고 있다. 임시적 세외수입은 2015년 23.4%, 2016년 24.2%, 2017년 24.7%로 임시적 세외수입이 경상적 세외수입보다는 조금씩 높은 구성비를 보이고 있다.

또한 기타 특별회계에서도 임시적 세외수입의 구성비가 높게 나타나고 있다. 이는 지방의 세입 측면에서 고정적인 수입인 경상적 세외수입보다 비고정적인 수입인 임시적 세외수입이 높다는 것으로 재정의 안정성에는 부정적인 현상이라고 할 수 있다.

공기업 특별회계의 경우에는 사업수입이 사업외 수입보다 월등히 높은 구성비를 나타내고 있으며, 2017년에는 공기업특별회계가 차지하는 구성비 자체가 다소 감소하는 수치를 보이고 있다.

2. 지방세외 수입 부과 · 징수의 효율화 방안

세외수입은 사용자 부담의 원리가 적용되는 영역이다. 특히 경상적 세외수입과 공기업특별회계의 사업수입은 사용자 부담의 원리에 근거해 부과된다. 사용자 부담(user charge)은 공공시설의 사용으로 얻은 편익에 대한 보상 또는 공공 서비스를 이용해 얻는 대가를 의미하는 것으로 사용료와 수수료가 대표적인 경우라고 할 수 있다(윤영진, 2016).

따라서 사용자 부담의 원리가 바람직하게 작동하면 조세저항 없이 세수를 안정적으로 늘릴 수도 있고 자원의 배분효과까지 달성할 수 있는 좋은 방법이다. 그러나 실제 수익자 부담의 원리가 적용되는 세외수입의 징수실적은 2017년 결산 기준 다음 <표 5-6>과 같다.

표 5-6 지방세외 수입의 징수실적(2017년)

(단위: %)

구 분			전 국		광역 계	기초 계
합계			28,511,205.0	100.0	11,089,922.0 (38.9%)	17,421,283.0 (61.1%)
일반회계			13,105,739.0	46.0	4,074,348.0 (31.1%)	9,031,391.0 (68.9%)
	경상적 수입	소계	6,065,039.0	21.3	1,446,740.0 (23.8%)	4,618,299.0 (76.2%)
		재산임대수입	309,742.0	1.1	164,123.0 (53%)	145,619.0 (47%)
		사용료수입	1,486,346.0	5.2	440,212.0 (29.6%)	1,046,134.0 (70.4%)
		수수료수입	1,509,380.0	5.3	183,024.0 (12%)	1,326,356.0 (88%)

		사업수입	684,358.0	2.4	366,832.0 (53.6%)	317,526.0 (46.4%)
		징수교부금수입	1,437,146.0	5.0	89,349.0 (6.2%)	1,347,797.0 (93.8%)
		이자수입	638,067.0	2.2	203,200.0 (31.8%)	434,867.0 (68.2%)
	임시적 수입	소계	7,040,700.0	24.7	2,627,608.0 (37.3%)	4,413,092.0 (62.7%)
		재산매각수입	1,418,655.0	5.0	578,483.0 (40.8%)	840,172.0 (59.2%)
		부담금	1,323,910.0	4.6	662,574.0 (50%)	661,336.0 (50%)
		과징금 및 과태료	421,587.0	1.5	33,299.0 (7.9%)	388,288.0 (92.1%)
		기타 수입	3,382,283.0	11.9	1,301,880.0 (38.5%)	2,080,403.0 (61.5%)
		지난 연도수입	494,265.0	1.7	51,372.0 (10.4%)	442,893.0 (89.6%)
특별회계			15,405,466.0	54.0	7,015,574.0 (45.5%)	8,389,892.0 (54.5%)
	기타 특별회계		6,438,491.0	22.6	3,466,839.0 (53.8%)	2,971,652.0 (46.2%)
	경상적 수입	소계	2,802,271.0	9.8	1,675,511.0 (59.8%)	1,126,760.0 (40.2%)
		재산임대수입	496,489.0	1.7	470,244.0 (94.7%)	26,245.0 (5.3%)
		사용료수입	918,757.0	3.2	718,191.0 (78.2%)	200,566.0 (21.8%)
		수수료수입	18,582.0	0.1	611.0 (3.3%)	17,971.0 (96.7%)
		사업수입	1,178,578.0	4.1	424,039.0 (35.9%)	754,539.0 (64.1%)
		징수교부금수입	49,801.0	0.2	935.0 (1.8%)	48,866.0 (98.2%)
		이자수입	140,064.0	0.5	61,491.0 (44%)	78,573.0 (56%)
	임시적 수입	소계	3,636,220.0	12.8	1,791,328.0 (49.3%)	1,844,892.0 (50.7%)

재산매각수입	397,272.0	1.4	67,603.0 (17%)	329,669.0 (83%)
부담금	1,917,781.0	6.7	1,274,342.0 (66.4%)	643,439.0 (33.6%)
과징금 및 과태료	354,736.0	1.2	29,553.0 (8.3%)	325,183.0 (91.7%)
기타 수입	530,841.0	1.9	168,896.0 (31.8%)	361,945.0 (68.2%)
지난 연도수입	435,590.0	1.5	250,934.0 (57.6%)	184,656.0 (42.4%)
공기업특별회계	8,966,975.0	31.5	3,548,735.0 (39.6%)	5,418,240.0 (60.4%)
사업수입	7,387,880.0	25.9	3,210,917.0 (43.5%)	4,176,963.0 (56.5%)
사업외 수입	1,579,095.0	5.5	337,818.0 (21.4%)	1,241,277.0 (78.6%)

<표 5-6>에서 보는 바와 같이 경상적 세외수입 중 재산임대수입의 징수실적이 사용료나 수수료의 징수실적보다 낮은 편이며, 과징금 및 과태료의 경우 징수실적이 매우 낮은 것을 볼 수 있다. 이렇게 세외수입의 징수실적이 낮은 이유를 크게 법적 측면, 조직적 측면, 시스템적 측면으로 나누어 살펴보면 다음과 같다.

1) 법적 측면

지방세외 수입은 200여 개의 개별법령을 근거로 부과·징수되고 있기 때문에 효과적인 부과·징수가 어려운 실정이다. 이러한 문제를 해결하기 위해 2013년 8월 「지방세외수입금의 징수 등에 관한 법률」을 제정하여 부과수준 및 유형에 따라서 과징금, 이행강제금, 부담금으로 나누어 80여종을 대상으로 적용하고 있으나, 적용범위 등의 한계로 인해 여전히 체납처분의 실효성이 향상되지 못하는 문제점이 발생하고 있다(홍근석, 2015). 부과수준에 따른 징수제도를 자세히 살펴보면 다음과 같다.

(1) 과징금

과징금은 행정법규를 위반한 자에 대하여 법규위반으로 얻은 경제적 이익을 환수

함으로써 행정법규를 준수하게 하는 목적으로 부과되는 금전적 행정제재를 말한다. 지방세외 수입 관련 법상 과징금은 대부분이 영업정지 대체형으로 순수한 금전적 제재형의 과징금은 「부동산 실권리자명의 등기에 관한 법률」 제5조 및 제10조의 과징금, 「임대주택법」 제40조의 과징금뿐이다. 지방세외 수입법상 과징금을 미납할 경우에도 개별법령에 추가적인 금전제재를 규정하는 경우는 전체 54종 중 5종에 불과한 것이 현실이다.

(2) 이행강제금

이행강제금은 주로 비대체적 작위의무나 부작위 의무를 이행하지 않은 경우 일정한 기간 내에 의무를 이행하지 않으면 금전적 제재가 있을 것을 계고하고, 그 기간 내에 이행하지 않으면 가하는 금전적 제재를 뜻한다(법제처, 2012).

그러나 지방세외 수입법이 적용되는 이행강제금과 관련하여 대부분의 개별법령들은 반복적인 연간 부과횟수나 총 부과횟수를 제한하고 있다.

(3) 부담금

「부담금관리 기본법」상 부담금은 부과권자가 분담금, 부과금, 기여금, 그 밖의 명칭에도 불구하고 재화 또는 용역의 제공과 관계없이 특정 공익사업과 관련하여 법률에서 정하는 바에 따라 부과하는 조세외의 금전지급 의무로 정의한다. 이러한 부담금은 특정 공익사업과 관련하여 부과되는 각종 공과금들을 총괄하여 관리할 필요성에 의해 제안된 개념이다(손상식, 2012).

지방세외 수입이 적용되는 부담금 14종 중 명칭과 다르게 법적 성격이 과징금인 것은 「금강수계 물관리 및 주민지원 등에게 관한 법률」 제13조, 「낙동강수계 물관리 및 주민지원 등에 관한 법률」 제13조, 「대기환경보전법」 제35조, 「영산강 · 섬진강수계 물관리 및 주민지원 등에 관한 법률」 제13조, 「한강수계 상수원 수질개선 및 주민지원 등에 관한 법률」 제8조의5로 모두 5종이며, 이들 유형은 공통적으로 부담금 미납시 가산금 부과근거가 제시되어 있다(지방세외수입금의 법적 지위와 징수 관련 법제정비방안, 2015).

위에서 살펴본 바와 이 지방세외 수입의 법적인 측면에서 징수의 문제를 정리하면 다음과 같다.

첫째, 지방세외 수입의 경우 국세 및 지방세와 같이 공공 부문의 중요한 재원으로 사용되고 있음에도 불구하고, 지방세외 수입 관련 법령에서 우선권에 대한 규정이 명시되어 있지 않아, 체납처분 시 배상순위가 후순위로 밀리게 되는 문제가 발생하게 된다(마정화 · 유현정, 2014). 즉, 우선권 규정이 전혀 없는 지방세외 수입의 관련 법제 하에서는 체납자의 재산을 발견하여 최우선 압류처분을 한다고 하더라도 공매처분을 할 실익이 전혀 없기 때문에 지방세외 수입 담당자는 체납처분의 동력을 상실하게 하는 원인으로 작용한다고 할 수 있다(홍근석, 2015)

둘째, 지방세외 수입의 체납액을 확보하기 위해, 체납자에 대해 추가적으로 금전적 또는 비금전적 부담을 지우는 간접제재의 정도가 조세에 비해 매우 약하게 일부에만 적용되기 때문이다.

우선 비금전적 제재로 조세의 경우에는 명단공개, 출국금지제도, 관허사업제한 등의 강력한 제재가 이루어지고 있으나, 지방세외 수입금과 관련해서는 공공대금지급제한 정도만 인정되고 있다(홍근석, 2015). 금전적 간접제재로는 가산금과 중가산금제도가 있을 뿐이다.

2) 조직적 측면

2013년 8월 「지방세외수입금의 징수 등에 관한 법률」이 제정되면서 그동안 관심밖에 있던 지방세외 수입에 관한 관심이 증가되어 세외수입 징수를 위한 전담팀이 운영되기 시작하였다. 그러나 아직까지 지방세외 수입의 부과 · 징수를 위한 전문조직이나 인력은 매우 부족한 실정으로 이를 위해 전담 조직이나 인원 충원이 무엇보다 필요하다고 하겠다.

2015년 기준으로 전국 지방자치단체 중 세외수입을 전담하는 과 단위의 조직을 갖춘 지방자치단체는 없으며, 대부분 세무 또는 징수부서에 소속된 팀 단위의 조직에서 한두 명이 지방세외 수입 업무를 담당하고 있는 것으로 나타나고 있다(홍근석, 2015). 특히 지방세외 수입 외에 체납징수 전담 인력은 서울시와 부산광역시에 각 3명씩 전국에 6명으로 매우 부족한 것으로 나타나고 있다.

3) 시스템적 측면

지방세외 수입 부과·징수의 효율성 제고를 위해서는 지방세외 수입 업무의 정보화가 이루어질 필요가 있다. 현재 지방세외 수입 정보시스템은 단위 업무별로 지방자치단체별로 개발·운영하고 있기 때문에 지방세외 수입 부과·징수 업무의 정보화 수준이 매우 낮은 편이라고 할 수 있다. 현재 구축되어 있는 지방세외 수입 정보시스템에는 표준 지방세외 수입 정보시스템과 '새올' 행정시스템이 있으며, 각 지방자치단체별로 자체 개발한 정보시스템이 존재하고 있다(김대영 외, 2014).

이처럼 지방세외 수입의 부과·징수 업무를 두 개 이상의 시스템으로 이원화하여 운영하다 보니, 시스템 간 연계가 되지 않는 문제가 발생하고 있다. 또 일부 구청에서는 이원화된 시스템으로 인해 별도의 프로그램을 이용하여 체납금의 합산, 소인, 조회 기능을 보완하는 등 많은 문제가 나타나 있다.

따라서 지방세외 수입 정보화시스템의 이원화로 인한 불필요한 행정력 낭비를 줄이고, 각종 자료 관리의 효율성 제고와 민원발생의 최소화를 위해서는 정보시스템을 통합하여 지방세외 수입의 부과·징수 업무를 원활하게 추진할 수 있도록 하는 것이 필요하다고 하겠다(홍근석, 2015).

모든 지방자치단체들이 하나의 표준화된 지방세외 수입 정보시스템을 이용한다면 정보 활용의 용이성과 신속성 등을 통해 징수실적을 높일 수 있을 것이다. 이는 결국 지방세외 수입의 증대를 통한 지방재정 수입의 증가를 가져오는 데에도 기여하게 될 것이다.

Chapter 06

지방채

제 1 절 지방채의 의의

1. 지방채의 개념과 종류

1) 지방채의 개념과 특징

(1) 지방채의 개념

지방채(local debt)란 지방정부 재정수입액의 부족분을 보충하기 위해서 또는 대규모 투자재원의 조달을 위해서 등 지방자치단체가 자금을 조달할 필요가 있는 경우에, 지방정부의 과세권을 실질적인 담보로 하여 자금을 조달하는 채무로서, 그 채무이행이 1회계연도를 넘어서 이루어지는 지방채증권 또는 차입금의 형식을 취하는 것이라고 할 수 있다.

원칙적으로 지방자치단체의 세출은 지방채 외의 세입을 그 재원으로 하여야 하지만, 부득이한 경우에는 「지방재정법」 제11조에 정한 지방채로 충당할 수 있다(지방재정법 제35조).

이처럼 지방채는 매우 예외적으로만 인정하고 있어, 지방채의 개념을 구체적으로 살펴보면 다음과 같다(윤영진, 2016).

첫째, 지방채의 발행 주체는 지방자치단체의 장과 지방자치단체조합의 장이다. 통합재정의 기준으로 파악하면 지방공기업의 부채는 지방채 범위에 속하지 않지만, 지방 직영기업의 경우는 지방자치단체의 장이 발행 주체이기 때문에 포함된다. 또한 지방자치단체조합은 현행「지방재정법」제11조 제4항에 의해, 조합의 투자사업과 긴급한 재난 복구 등을 위한 경비를 조달할 필요가 있을 때 또는 투자사업이나 재난복구사업을 지원할 목적으로 지방자치단체에 대부할 필요가 있을 때에는 조합의 장이 지방채를 발행할 수 있다. 따라서 지방공기업 중 지방 직영기업을 제외한 지방공사·공단의 차입금은 그 차입이 증권 형태를 취하고 있더라도 지방채라 할 수 없다.

둘째, 지방채는 채무 이행 기간은 2회계연도 이상에 걸쳐 이루어진다. 따라서 예산 내의 지출을 하기 위해 일시적으로 차입했다가 그 회계연도의 세입금으로 상환하는 일시차입금은 지방채의 개념에 포함되지 않는다. 채무의 성격으로 보면 일시차입금도 지방채라고 볼 수 있지만, 당해 회계연도 내에서 이루어지기 때문에 포함하지 않고 있다.

셋째, 지방채의 발행 형식은 증권 발행 또는 증서 차입의 형식을 취한다. 지방재정법시행령 제7조에 따라, 지방자치단체가 증권 발행의 방법에 의해 차입하는 지방채(외국에서 발행하는 경우도 포함)를 지방채증권이라고 하고, 증서에 의해 차입하는 지방채(외국 정부·국제기구 등으로부터 차관을 도입 하는 경우도 포함)를 차입금이라 한다.

넷째, 지방채의 발행 목적은 근본적으로 자금 조달에 필요한 경우로 다음의 네 가지로 제한한다(지방재정법 제11조 제1항). 즉, ① 공유재산의 조성 등 소관 재정투자사업과 그에 직접적으로 수반되는 경비의 충당, ② 재해 예방 및 복구사업, ③ 천재지변으로 발생한 예측할 수 없었던 세입 결함의 보전, ④ 지방채의 차환(借換)이다. 다만, 누리사업 재원의 지방교육재정 부담으로의 전가 때문에 발생한 지방교육재정교부금 차액의 보전과 교육공무원의 명예퇴직금 충당을 위한 지방채는 2017년 12월 31일까지 유효한 것으로 하였다.

그러나 이러한 지방채의 개념이 복식부기 회계제도의 정착과 세계 경제 여건의 변화 등에 의한 지방재정 상황이 악화되면서, 지방 채무로 변화하게 되었다.

실제로 주무부처인 행정안전부가 매년 발간하는『지방자치단체 통합재정 개요』

역시 2014년까지는 "지방재정법 제11조의 규정에 의한 재정수입의 부족을 보충하기 위하여 자금을 차입하면서 부담하는 채무"로 정의하다가, 2015년에는 "지방재정법 제11조의 규정에 의한 공유재산의 조성 등 소관 재정투자사업과 그에 직접적으로 수반되는 경비의 충당 등을 위하여 자금을 차입하면서 부담하는 채무"로 변경하였다.

2016년부터는 지방채가 아닌 '지방 채무'로 규정하면서 "금전의 지급을 목적으로 하는 지방자치단체의 의무(지방재정법 제2조)로 지방채증권 및 차입금, 채무부담행위, 보증채무부담행위액 중 채무자의 파산 등으로 인하여 자치단체가 채무이행의 책임을 지게 된 금액을 포함"하여 그 대상 범위를 크게 확대하였다.

(2) 지방채의 특징

일반적으로 지방채를 국채(國債)와 비교하면 다음과 같은 특징이 있다(이규환, 1993: 20; 손희준 외, 2011: 155－156).

첫째, 국채는 경기 조절 기능을 수행할 목적으로 중앙은행의 인수를 통한 통화 신용 창조에 의해 발행되므로 중앙은행의 신용 팽창에 따른 인플레이션의 유발 우려가 있는 반면, 지방채는 재원 조달이 직접적인 목적으로 인플레이션을 유발할 우려가 없다. 이러한 점에서 지방채는 사채(私債)나 회사의 장기차입금에 가까운 성격을 지닌다.

둘째, 중앙정부는 거시경제 차원의 재정정책의 일환으로 국채의 발행 여부, 발행액의 규모 등을 신축성 있게 결정하는 데 비해, 지방정부는 지방채의 발행을 스스로 결정하지 못하는 경우가 있다. 특히 그 지방채의 자금이 중앙정부의 재정자금일 때에는 지방자치단체가 그 발행 여부를 자주적으로 결정하지 못한다.

셋째, 지방채를 재원으로 하여 행해지는 공공 투자는 모두 그 지역 주민의 생활 또는 지역경제와 직접 관련이 있는 투자이다. 따라서 지방채는 국채에 비해 연고채(緣故債)의 색채가 짙다.

이러한 국채와의 차이점 역시 최근에는 국가채무에 대한 정의와 대상 범위가 변화되어 유의해야 할 점이 많다.

2) 지방채의 기능과 발행 근거

(1) 지방채의 기능

지방채 발행에 대해서는 부정적인 시각과 긍정적인 시각이 함께 존재한다. 지방채 발행의 목적과 필요성이라고 할 수 있는 긍정적인 측면에서의 지방채를 발행하는 목적과 기능은 크게 다음과 같다(강윤호 외, 2015: 209－213; 라휘문, 2014: 261－263 등).

첫째, 세대 간 재정 부담의 공평성을 확보할 수 있다. 즉, 미래 세대를 위한 대규모 자본투자(예: 지하철, 도로, 상・하수도, 하수종말처리장 등) 사업을 전적으로 예산사업으로, 즉 세금을 통해서 추진한다면, 미래 세대의 편익을 현 세대가 부담하게 되어 공평하지 않을 수 있다. 따라서 이러한 대규모 자본투자의 일부를 지방채로 충당하면, 미래 세대와 함께 혜택과 비용을 공동 부담하게 되기 때문이다.

다음 <표 6－1>은 재원의 용도와 재원조달 방법 간의 관계를 나타낸 것이다(Bennett, 1980: 260; 서정섭 외, 2018: 22).

표 6-1 재원의 용도와 재원조달 방법

구 분		재원조달방법	
		조 세	지방채
재원의 용도	경상적 지출	Ⅰ. 편익: 현 세대 부담: 현 세대	Ⅱ. 편익: 현 세대 부담: 현 세대와 미래 세대
	자본적 지출	Ⅲ. 편익: 현 세대와 미래 세대 부담: 현 세대	Ⅳ. 편익: 현 세대와 미래 세대 부담: 현 세대와 미래 세대

자료: 서정섭 외(2018: 22)에서 재인용.

경제원칙상 편익을 누리는 자가 그것에 대한 비용을 부담하는 것이 가장 이상적이라고 생각할 수 있기 때문에, <표 6－1>에서 Ⅰ과 Ⅳ가 적합적 유형(congruent types)이며, Ⅱ와 Ⅲ은 비적합적 유형(incongruent types)으로 분류되는데, 이러한 관점에서 자본축적의 목적에 사용되는 투자적 지출을 위해서는 지방채의 적극적 활용이 필요하다. 왜냐하면, 이렇게 함으로써 특정 공공 서비스의 공급에 필요한 비용을 부담시킬 때 세대 간 형평성을 제고시킬 수 있기 때문이다(곽태열, 2007). 이러한 세대 간의 형평성 논리는 특정 지방자치단체에 살고 있는 현재의 주민과 장래에 그곳으로 이주하게 될 미래의 주민들 간에도 똑같이 적용될 수 있다.

둘째, 재원보전 기능을 수행할 수 있다. 특정 연도에 있어 예상치 못한 여러 가지 이유로 지방정부의 자체수입에 결함이 발생할 수 있고, 또한 상위정부로부터의 재정 지원에도 차질이 생길 수가 있다. 이렇게 되면 지방정부는 기존의 통상적인 재정활동을 중단하거나 사업 규모를 축소하지 않을 수 없게 되며, 결국 자원의 비효율적 운영과 지역 주민의 불만과 후생 감소를 초래하게 된다.

따라서 이러한 상황에서 지방정부는 지역의 일시적인 재원 부족을 보충하기 위하여 지방채를 발행할 수 있고, 2009년 세계 경제위기 발생 당시 세수 부족을 극복하기 위해 중앙정부는 지방자치단체의 지방채 발행을 확대하도록 하였다. 또한 지하철, 도로, 상・하수도 등 지방의 사회간접자본(SOC)의 건설과 정비를 위한 자금 조달에 한계가 있는 경우 그 부족분을 보완하는 기능을 수행하기도 한다.

셋째, 중앙정부 재정정책의 보완 기능을 수행한다. 재정정책(fiscal policy)은 본래 국가의 기능이나 중앙정부가 경기 조절을 위한 재정정책을 추구할 경우, 지방정부도 지방채의 발행을 통하여 지역의 대규모 공공 투자를 확대함으로써 국가의 재정정책을 보완하는 역할을 할 수 있다. 이 경우 중앙정부는 국가적으로 필요한 사업에의 투자를 유인하기 위하여 조건이 좋은 공공 기금을 제공함으로써 지방자치단체의 지방채발행을 유도하기도 한다(곽태열, 2007).

(2) 법적 근거

우리나라의 지방재정 운영은 「지방자치법」 제122조(건전재정의 운영)와 「지방재정법」 제1조와 제3조에 의해 재정건전성을 원칙으로 하고 있기 때문에, 지방채를 통한 재원 조달을 원칙적으로 금하고 있다.

실제로 지방자치단체는 건전한 재정 운용을 위해 「지방재정법」 제35조 "지방자치단체의 세출은 지방채 외의 세입을 그 재원으로 하여야 한다. 다만, 부득이한 경우에는 제11조에 따른 지방채로 충당할 수 있다"라는 규정에 따라 지방의 모든 세출의 재원은 당해 연도 내에 조달하는 수입으로 충당하는 것이 원칙(非募債主義)이나, 열악한 지방재정의 현실을 감안할 때 지방정부의 항구적인 이익이 되거나 긴급한 재해 복구 등 불가피한 경우에 한하여 제한적으로 지방채를 발행할 수 있도록 하고 있다(이성근 외, 2016).

따라서 「지방재정법」 제11조는 지방채 발행의 전반적인 사항을 규정하고 있으며, 제11조의2는 구체적으로 지방채 발행의 제한 대상을 엄격히 규정하고 있다.

「지방재정법」 제12조는 지방채 발행의 절차를 규정하며, 제13조는 보증채무부담행위를 엄격히 하여 지방자치단체의 채무부담을 덜기 위한 규정이라고 할 수 있다.

2. 지방채의 대상 범위

1) 지방채와 지방 채무의 구분

지방채와 지방 채무를 명확하게 구분할 필요가 있는데, 개념적으로는 거의 동일한 의미로 사용되지만, 실제 포함하는 대상 범위가 다르다.

「지방재정법」 제2조에서 "채무라 함은 금전의 지급을 목적으로 하는 지방자치단체의 의무"라고 규정하고 있으며, 이 개념 정의에 의하면 지방채와 지방 채무는 동일한 의미를 갖는다. 다만, 실제 운용되는 명목적 개념에서 채무의 범위가 상이하다(윤영진, 2016: 134).

「지방재정법」 제11조 지방채의 발행 규정과 이에 대한 지방재정법시행령 제7조(지방채의 종류)에서는 지방채 종류를 지방채증권과 차입금으로 한정하고 있는 반면, 지방채 발행 한도액의 산정 시, 지방채의 범위에는 지방채 발행과 채무부담행위 및 보증채무부담행위액 중 지방자치단체가 채무이행의 책임을 지게 된 금액을 포함하고 있어 서로 상이하다.

또한 「지방자치법」 제124조에서 "지방자치단체장은 지방채 발행, 지방자치단체의 채무부담의 원인이 될 계약의 체결, 지방의회의 의결을 받아 보증채무부담행위를 할 수 있다"고 규정하고 있어, 지방채는 지방채증권과 차입금으로 한정하고 있으나, 지방 채무는 지방채 외에 지방자치단체 채무부담의 원인이 되는 계약 체결 등 채무부담행위액과 확정된 보증채무부담행위액을 포함한다고 볼 수 있다.

결국 법령에서는 지방채와 지방 채무를 명확히 구분하고 있지 않지만, 운용상으로는 지방 채무가 더 넓은 개념으로 사용되고 있다. 실제로 주무부처인 행정안전부도 지방 채무의 개념으로 "금전의 지급을 목적으로 하는 지방자치단체의 의무로 지방채증권 및 차입금, 채무부담행위, 보증채무부담행위액 중 채무자의 파산 등으로 인하여 지방자치단체가 채무 이행의 책임을 지게 된 금액을 포함"이라고 정의하고 있다(행정안전부, 2019: 100).

2) 지방 채무와 부채의 범위

우선 채무(debt)와 부채(負債, liabilities)를 구분할 필요가 있는데, 이에 대해서 「지방재정법」 제2조는 채무를 "금전의 지급을 목적으로 하는 지방자치단체의 의무"라고 정의하는 반면, 지방자치단체 회계기준에 관한 규칙(제11조 제2항)에서는 부채를 "과거사건의 결과로 회계 실체가 부담하는 의무로서 그 이행을 위하여 미래에 자원의 유출이 예상되는 현재 시점의 의무"라고 규정하여 명목적으로 정의를 내리고 있다.

일반적으로 채무는 현금주의 회계원칙, 부채는 발생주의 기준을 적용하는 것으로 이분법적으로 이해하는데, 지방재정법에서 '금전의 지급'이라고 하여 채무는 현금주의, 부채는 이보다 더 넓은 발생주의 회계 용어이다(윤영진, 2016).

결국, 부채는 발생주의 재무회계에서 적용하는 것으로, 회계 실체가 부담하는 현재의 의무를 이행하기 위하여 경제적 효익이 유출될 것이 거의 확실하고, 그 금액을 신뢰성 있게 측정할 수 있을 때 인식한다(지방자치단체 회계기준에 관한 규칙 제12조③).

부채 개념의 속성 요소는 어떤 항목이 포함되며, 평가는 어떻게 이루어지느냐를 기준으로 하는 '항목 요소'와 채무 또는 부채 범위에 포함되는 제도 단위를 기준으로 하는 '기관 요소'로 구분하는데, 지방 채무 또는 부채는 일반정부 개념의 지방정부 채무 또는 부채를 가리키며, 지방공기업까지 포함할 경우 '지방 공공 부문 부채'라고 하기도 한다(윤영진, 2016).

최근 부채 관리의 방향이 통합부채관리 접근법을 지향하면서, 항목 요소와 기관 요소의 두 측면에서 모두 가능한 포괄적 범위를 부채관리 접근법으로 사용하는데, 부채를 우발 부채인지, 확정(비우발) 부채인지와 명시적 부채인지, 암묵적 부채인지에 따라 다음의 네 가지로 구분한다.

표 6-2 부채의 유형

구 분	확정 부채(비우발 부채)	우발 부채
명시적 부채	I	II
암묵적 부채	III	IV

자료: 윤영진(2016)에서 재인용.

I 유형은 정부 재정상태표에 기록되는 부채이며, 법령이나 계약에 명시되고 어떤 상황이 발생하더라도 정부가 직접 부담하는 부채이며, II 유형과 III 유형은 재정상태표에 기록되지 않은(off-balance sheet) 잠재적 부채를 가리키나, II 유형은 주석에 표시되는 우발 부채, III 유형은 충당 부채로 재정상태표에 표시되지는 않지만, 재정운영의 지속 가능성에 추가적 위협을 초래할 가능성이 있어, 숨겨진 채무(hidden debt)라고 하며, IV 유형은 정부의 법적 의무가 없는 가정적 사건과 연관되며, 재난구제, 환경오염, 은행의 파산 등과 관련되는 부채로 구분한다.

결국 지방자치단체의 채무와 부채의 범위는 현금주의 회계인 예산회계상의 채무와 발생주의 회계인 재무회계상의 부채로 구분할 수 있는데, 지방재정법과 시행령에서 규정하고 있는 예산회계 채무의 대상 범위는 ① 지방채증권(증권발행채), ② 차입금(증서차입채), ③ 채무부담행위, ④ (확정된) 보증채무부담행위인 반면, 지방자치단체 회계기준에 의한 재무제표(재정상태표)상의 부채 항목에는 지방채증권과 차입금 외에 미지급금, 미지급 비용, 예수금, 선수금, 선수수익 등의 발생주의 기준의 금융부채 및 비금융부채 항목이 추가된다.

표 6-3 지방 채무(현금주의)와 부채(발생주의)의 차이

구 분	예산회계(현금주의) 채무	재무회계(발생주의) 부채
공통 포함 항목	지방채증권 차입금	지방채증권 차입금
채무부담행위	포함	불포함[1]
발생주의 부채 항목 (기타 유동부채)	미지급금, 미지급 비용, 선수금, 선수수익 등 불포함	미지급금, 미지급 비용, 선수금, 선수수익 등 포함
퇴직급여충당부채 (기타 비유동부채)	불포함	포함

주: 1) 채무부담행위 중 당해 연도 내에 납품이 이루어져 채무가 확정된 부분은 부채로 처리.

3. 지방채의 종류

1) 발행 형식에 의한 종류

지방채를 발행 형식에 따라 지방채증권과 차입금으로 구분한다. 지방재정법시행령 제7조에서 지방채의 종류를 지방채증권과 차입금으로 명확히 구분하고 있다.

(1) 지방채증권(증권발행채)

지방채증권은 증권 발행의 방법에 의해 차입하는 지방채를 말하며 외국에서 발행하는 경우를 포함한다. 이러한 지방채증권에는 모집공채와 매출공채 및 교부공채 등이 있다.

모집공채(募集公債)는 불특정 다수를 대상으로 투자자를 모집한 후 현금의 납입을 받고 증권을 발행하는 것으로, 증권회사와 같은 자본시장에서 소화하는 방식이다. 그리고 공모(公募)에도 발행 주체가 직접 투자자를 모집하는 직접모집과 발행 주체가 위탁기관(증권사 등)을 통해 투자자를 모집하는 간접모집이 있다.

매출공채(賣出公債)는 지방자치단체로부터 인・허가나 차량 등록 등 특정한 행정서비스를 제공받는 주민 또는 법인을 대상으로 그 원인행위에 첨가하여 소화하는 것으로 가장 많이 이용되는 형태이다. 예를 들어, 자동차를 구매하여 등록할 경우, 도시철도채권과 지역개발공채를 의무적으로 구입하게 하는 강제 소화 방식이 전형적이다.

교부공채(交付公債)는 지방자치단체가 주로 토지를 수용하거나 공사대금 등을 지불하는 경우에 현금 대신에 지방채증권을 교부하는 것으로, 지역개발사업 등에 이용될 수 있으나 우리나라에서는 적용하지 않고 있다.

국외 지방채증권의 발행은 지방정부가 외국인을 대상으로 외화 채권을 발행하는 경우이다. 대표적인 사례로 미국의 양키 본드(Yankee Bond), 일본의 사무라이 본드(Samurai Bond) 등이 있었으나, 환율 변화에 따른 환차익(손)의 문제 등을 고려해야 한다.

(2) 차입금(증서차입채)

차입금은 지방자치단체가 증서(차용증서)에 의해 차입하는 지방채이다. 차입금 역시 국내차입금과 국외차입금으로 나누며, 국내차입금은 중앙정부가 관리하는 특별회계(농어촌 구조개선특별회계, 환경개선특별회계 등)나 기금(공공자금관리기금, 국민체육진흥기금 등)에서 차입하는 정부자금채와 지역상생발전기금 등 시・도 단위로 조성・운용하는 지방공공자금채와 시중은행 등 금융기관으로부터 차입하는 민간자금채로 구분된다.

국외차입금은 차관(借款) 형식으로 외국 자본을 차입하는 것으로 공공차관과 상업차관으로 나눈다. 먼저 공공차관은 우리나라 중앙정부나 지방정부를 포함한 법인이 외국 정부・경제협력기구・외국 법인 등에서 현금을 차입하거나, 자본재 또는 원자재를 도입하는 것이다. 이러한 공공차관은 개발도상국가를 위한 정책자금으로 우리나라는 1995년부터 대상에서 제외되었다. 상업차관은 지방정부가 일반 민간경제 주체와 같은 지위에서 외국(법)인과의 차관 계약에 의해 도입하는 외국 자본을 말한다.

2) 대상 사업의 성격에 의한 종류

지방채는 발행하는 회계에 따라 일반회계채와 특별회계채로 나눌 수 있다.

(1) 일반회계채

일반회계채는 일반회계의 재원으로 조달하는 채무로 일반회계를 통해 수행하는 도로・교량 건설, 청사 정비, 재해 복구 등 사업을 위해 발행한다.

(2) 특별회계채

특별회계채는 특별회계의 재원으로 조달하는 채무로서 지방의 특별회계를 공기업특별회계와 기타 특별회계로 나누어 운용하고 있다 보니, 공기업특별회계채는 공기업특별회계로 조달하는 채무이며, 기타 특별회계채는 기타 특별회계로 조달하는 채무이다.

우리나라의 지방채는 주로 도로・교량 건설, 하천 정비, 재해 복구, 주택・택지 개발, 공단 조성, 상·하수도, 지하철 건설, 지역개발기금 조성 등을 위해 일반회계채, 공기업특별회계채 및 기타 특별회계채로 발행되는데, 지방자치단체에 따라 일반회계채로 운영되기도 하고, 공기업특별회계채 또는 기타 특별회계채로 운영되기도 한다. 현재 지방직영기업이 지방채를 발행하는 경우 이를 지방채에 포함하고, 지방공사·공단의 차입금은 지방채라고 할 수 없다.

3) 일시상환채와 분할상환채

지방채를 상환 방법에 따라 일시상환채와 분할상환채로 나누기도 한다. 일시상환채는 상환 기간이 도래하면 전액을 일괄하여 상환하는 것이고, 분할상환채는 원리금을 몇 차례에 나누어 상환하는 것을 말한다.

분할상환채는 다시 상환액에 따라 그 상환액이 매회 균등하면 균등상환채, 불균등하면 불균등상환채로 나누며, 균등상환채라도 상환하는 원금이 균등하면 원금균등상환채, 원금과 이자의 합계가 균등하면 원리금균등상환채라 한다.

4) 기 타

이상의 종류 외에도 ① 소화 방법이 강제적이냐 임의적이냐에 따라 강제공채와 임의공채, ② 발행 주체에 따라 특별시채, 광역시채, 도채 등으로 구분하기도 하며, ③ 상환 기간에 따라 단기채(4년 이하)와 장기채(16년 이상), ④ 채무의 순증가 여부에 따라 신규채(新規債)와 차환채(借換債) 등으로 나눌 수 있다.

제 2 절 지방 채무관리 제도의 내용

1. 지방 채무의 범위와 유형

2014년 지방정부의 부채관리를 강화하기 위하여 「지방재정법」을 대폭 개정하였다. 부채관리를 담당할 공무원으로 부채관리관을 선임하게 하였으며, 부채관리 대상의 범위를 지방자치단체의 채무와 그 밖의 부채로 규정하고, 지방재정법시행령 제108조에 부채의 범위를 ① 지방채증권, ② 차입금, ③ 채무부담행위, ④ 보증채무부담행위, ⑤ 퇴직급여충당부채, ⑥ 장기예수보증금, ⑦ 장기선수수익, ⑧ 그 밖에 행정안전부장관이 정하는 채무 또는 부채로 정하였다.

이에 더해 행정안전부는『2015년 지방채발행계획 수립기준』에 부채관리 대상으로 '관리채무' 개념을 소개하였는데, 관리채무란 일반채무에 BTL 임차료를 더한 채무를 말한다(윤영진, 2016). 일반채무란 통상적인 지방채를 말하며, BTL 임차료란 임대형 민자사업(BTL)[1]에 대하여 자치단체가 순지방비로 민간사업자에게 임차료 명목(운영비, 이자 제외)으로 지급해야 할 총액을 말한다. 또한 우발채무는 지방채 한도액 산정시 총액의 50%를 반영하되, 관리채무에는 포함하지 않는다.

결국 현행 지방 채무 관련 법령에서는 지방 채무를 일반채무, BTL 임차료, 우발채무 등으로 구분하고 있다.

1) 일반채무

일반채무는 지방채와 채무부담행위액, 보증채무이행책임액을 포함한다.

(1) 지방채

지방채는 앞에서 설명한 지방채 증권과 차입금으로 구분되는 통상적인 지방채를 말한다.

(2) 채무부담행위액

채무부담행위란 지방자치단체가 금전 급부를 내용으로 채무를 부담하는 행위를 의미하며, 채무부담행위액은 지출원인행위 및 지출이 당해 연도에 귀속되지는 않는다. 왜냐하면 채무부담행위액은 지방자치단체에 채무부담의 원인이 될 계약의 체결

1) 민간자본을 유치하기 위한 관련 제도로 BTL 사업은 build-transfer-lease의 약자로 민간사업자가 미술관, 문화회관 등을 건설하고 정부가 이 시설물을 임대해 민간사업자에게 임대료를 지급하는 방식의 임대형 사업이다.

이나 그 밖의 행위를 할 때 예산으로 미리 지방의회의 의결을 얻도록 되어 있는 행위[2)]에 의해 발생하는 금액이기 때문이다.

(3) 보증채무이행책임액

보증채무이행책임액은 보증채무부담행위 중 그 지방자치단체의 채무 이행이 확정된 금액으로, 태백시가 태백관광공사의 사업추진을 위해 지급보증을 하였다가 태백관광공사의 파산으로 인해 태백관광공사의 채무 일부가 태백시의 채무로 전환된 경우가 전형적인 사례에 해당한다(서정섭 외, 2018: 43). 여기서 보증채무부담행위란 제3자의 채무 이행에 대해 파산 등이 발생할 경우에, 그 채무 범위의 이행을 지방자치단체가 보증하는 것을 말한다.

2) BTL 임차료

지방자치단체가 「사회기반시설에 대한 민간투자법」 제4조 제2호에 따른 임대형 민자사업(BTL)을 추진할 경우, 지방자치단체는 민간 사업자에게 BTL 임차료를 지급해야 하는데, 지방자치단체가 BTL 사업을 추진할 경우 임차료는 대부분 국비 50%, 지방비 50%로 부담하는데, BTL 사업의 임차료 지급은 이자 발생을 동반하기 때문에 채무로 인식되고 있다(서정섭 외, 2018: 44). 이에 따라 2014년부터 지방채 발행 한도액 산정 시, 지방 채무에 포함되었으며 같은 해부터 채무관리 계획에서도 이를 포함하고 있다.

BTL 임차료는 지방자치단체가 순지방비(국비 및 시·군·구의 경우, 시·도비를 제외한 금액)로 민간 사업자에게 임차료 명목(운영비·이자 제외)으로 지급해야 할 총액으로 매년도의 잔액이 채무에 포함하고 있다(지방채발행계획 수립기준 참조).

3) 우발채무

우발채무란 보증채무부담행위 및 예산 외 의무부담으로서 보증·협약 등에 따라

---

2) 재난 복구의 목적 등으로 시급성이 높은 사업의 경우, 총사업비 10억 원 이하의 범위에서 조례로 정하는 금액 이하인 계약을 지방의회의 의결을 거치지 않고 체결이 가능하다.

지방자치단체의 채무 등으로 바뀔 가능성이 있는 것을 의미한다.

우발채무 유형으로는 보증채무부담행위 및 예산 외 의무부담 등이 있는데, 예산 외 의무부담이란 법령과 조례로 규정한 것을 제외한 예산 외의 의무부담으로, 부지매입 확약, 토지리턴, 기타 유형으로 분류한다(서정섭 외, 2018: 44).

부지매입(敷地買入) 확약은 지방자치단체가 일정 기간 지난 시점에서 미분양 부지의 매입 의무를 부담하는 형식의 채무 보증 형태이며, 토지리턴은 토지매매계약 해약 과정에서 토지매수자에게 매매대금에 대해 조건 없이 반환하는 의무가 부여된 계약 형식이며, 기타 유형은 부지매입 확약, 토지리턴 이외에 협약 등에 따라 지방자치단체의 부담으로 바뀔 가능성이 있는 예산외 의무부담을 말한다.

우발채무는 실질적인 채무는 아니지만 지방채 발행 한도액 산정 시 2015년부터 총액의 50%를 채무에 포함하여 산정하고 있다.

결국 이러한 지방 채무의 범위와 유형은 다음 [그림 6-1]과 같다.

그림 6-1 지방채무의 범위와 유형

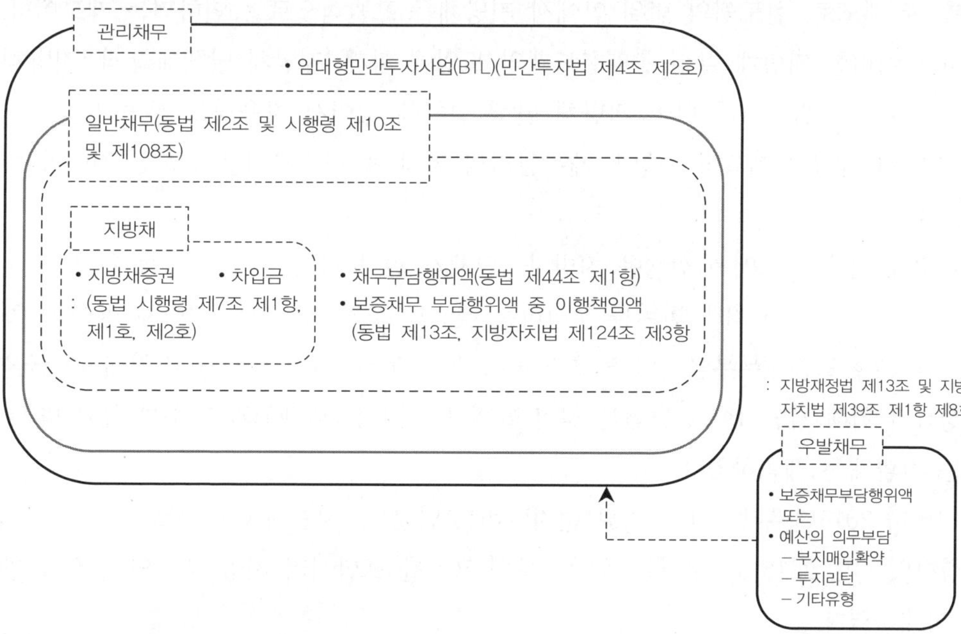

자료: 서정섭 외(2018: 45)에서 재인용

2. 지방채 발행 총액한도제의 의의 및 산정 기준

1) 지방채 발행 총액한도제의 도입 배경

2006년까지 지방채를 발행하려는 지방정부는 지방채 발행 대상 사업별로 행정안전부로부터 승인을 받은 후, 지방의회의 의결을 거쳐야 하는 지방채 발행 사업별 승인제도[3]를 시행하였다. 이는 전통적인 건전재정 원칙에 따라 가급적 지방채를 발행하지 말라는 비모채주의(非募債主義)를 근간으로 개별 사업의 타당성과 차입자금의 성격, 지방자치단체의 재무적 건전성을 판단하여 개별 사업별로 기채(起債)를 승인하겠다는 중앙집권적 사고가 반영된 것이다. 이에 대해 참여정부는 지방분권 시대를 맞아 지방자치단체가 자율적이고 탄력적으로 재정 운영을 할 수 있도록 2005년 8월 「지방재정법」을 개정하여 2006년부터 지방채 발행 총액한도제를 도입한 것이다(김동기, 2008: 134).

지방채 발행 총액한도제란 지방채 발행 한도액의 범위 내에서 중앙정부로부터 별도의 승인을 받지 않고 지방의회의 의결을 얻어 자율적으로 지방채를 발행할 수 있도록 한 제도로, 한도액의 범위 안에서 지방채를 포괄적으로 승인하려는 제도이다. 그러나 이러한 지방채 발행 총액한도제의 도입에 함께 '지방채 발행계획'과 '지방채 관리계획'을 수립하도록 하여 지방채 발행 절차에 있어서 자율성을 부여하는 동시에 지방채 발행의 계획적 운영과 채무관리의 철저 등 사후관리를 강화한 것이라 할 수 있다.

지방채 발행 한도액의 산정은 지방자치단체가 일정 기간 동안 발행할 수 있는 지방채 발행 누적액의 최대 범위를 설정하는 것으로 도입 초기에는 지방채 발행액, 채무부담행위, 보증채무부담행위를 포함하고, 특・광역시와 도(道)가 지역개발기금을 조성하기 위해 지방의회의 승인을 얻어 발행하는 지역개발채권과 단순히 차환(借換)하는 차환채는 제외하였다.

그러나 2013년부터 BTL 임차료(순지방비 부담분)를 지방채 발행 한도액의 범위에 포함하였으며, 2015년도부터는 우발채무의 50%를 포함시켜 지방 채무의 범위를 계속 확대하였다.

---

3) 개별 사업별 지방채 발행 승인제도를 통상적으로는 기채승인제도(起債承認制度)라고 한다.

동시에 지방채의 효율적인 관리를 위해 2000년부터 채무과다 단체에 대하여는 순세계잉여금의 일정분(30~50%)을 감채기금[4]으로 조성하도록 하였다.

또한 2013년부터 BTL을 지방 채무에 포함시키는 동시에 관리채무상환비 비율 20% 이상의 단체는 신규 지방채를 발행하지 못하도록 하였다. 또한 관리채무부담도 35% 이상의 단체는 5개년 채무감축 목표, 감채기금 적립, 순세계잉여금의 상환재원 활용 등 다양한 '채무관리계획'을 수립하여 시행토록 하고 채무관리계획을 행정안전부장관에게 제출토록 하였으며, 또한 채무관리부담도가 35% 이상인 단체는 순세계잉여금의 20% 이상에 해당하는 금액을 조기상환에 활용하도록 하였다(서정섭 · 이장욱, 2018).

2011년 태백시의 오투(O_2) 리조트의 파산위기 등 지방재정의 위기 문제가 부각되면서, 2012년에 지방재정 위기관리제도(사전경보 시스템)를 도입하고, 재정위기 단체를 판단하기 위하여 예산 대비 채무비율, 지방채 상환비 비율 등의 지방 채무 관련 지표를 적용하여 모니터링하고, 각각 「주의」, 「심각」 단체를 판별하고 있다. 예산 대비 채무 비율 25% 이상, 또는 지방채 상환비 비율은 12% 이상이면 「주의」 단체로 지정하고, 예산대비 채무비율 40% 이상, 지방채 상환비 비율은 17% 이상이면 재정위기 「심각」 단체로 지정할 수 있다. 이러한 제도 도입에 따라 2015년 8월 5일, 인천, 대구, 부산 및 태백시가 위기 단체의 「주의」 등급을 받게 되었으나, 현재는 모두 해제되었다.

여기에 덧붙여 지방자치단체의 재정 운용에 대한 경각심을 정치권이 계속 제기하여, 급기야 2016년에는 「긴급재정관리단체」의 지정이라는 실질적인 파산제도를 도입하게 되었다.

이러한 지방채 발행 관련 제도의 변화를 요약하면 다음 <표 6-4>와 같다.

---

4) 지방채를 축소하기 위한 목적으로 설치하는 기금으로 감채(減債)를 위한 기금이며, 동시에 「지방재정법」 개정을 통해, '재정안정화기금'의 설치를 위한 법적 근거도 마련하였다.

표 6-4 지방채 발행제도의 변화 내용

- 1949.8.15: 「지방자치법」 제정, 지방채 발행 승인제도 도입
  - 부채의 상환, 항구적 이익, 비상재해 복구 등 특별한 경우 발행
- 1949.12.15: 「지방자치법」 개정, 지방채 발행 승인 절차 변경
  - 지방의회 의결 후 내무부장관 승인
- 1988.4.6: 「지방자치법」 전문개정
  - 발행 절차 변경: 내무부장관 승인 후 → 지방의회 의결을 거쳐 발행
- 1990년 이후(지방자치법, 지방재정법)
  - 승인 대상 변경

〈지방채 발행제도 승인 대상 변경 내역〉

〈종전〉		〈변경〉
부채의 상환, 항구적 이익, 비상재해 복구사업 등	⇨	공용 · 공공시설의 설치, 재해 예방 · 복구 사업, 경영수익사업, 기발행한 지방채의 차환, 기타 주민복지사업 등

- 2002.4.2: 채무관리 및 지방채 발행 승인기준에 관한 사항 규정
  - 지방 채무 관리 및 지방채 발행 승인기준 등에 관한 규정(행정자치부 예규 92호)
- 2006.1.1: 지방채 발행 종액한도제 도입
  - 지방채 발행 사업별 승인제도를 종액한도제로 전환
  - 「지방자치법」, 「지방재정법」, 지방재정법시행령 등 개정
- 2007.6.28: 경제자유구역청의 관할 행정기구에 추가 지방채 발행 한도액 부여 근거 신설
  - 경제자유구역의 행정기구의 원활한 사업추진을 위하여 필요한 경우 해당 자치단체에 지방채 발행 추가 한도액 부여 가능
- 2008.6.30 지방채 발행 한도액 설정 등에 관한 규정(행정안전부 예규) 폐지에 따라 '지방채 발행 계획 수립기준(지침)'으로 시달
- 2014.5.28: 지방채 발행 대상 변경(「지방재정법」 개정, 2014.11.29. 시행)
  - 지방채 발행 대상을 대통령령에서 한도 내 · 외를 구분하고 있는 것을 법률로 일원화하여 발행 대상 확대
  - 지방채는 투자 사업에 한하여 발행하도록 명확하게 규정

〈지방채 발행 대상 변경〉

〈종전〉		〈변경〉
공용 · 공공시설의 설치, 재해 예방 · 복구사업, 경영수익사업, 기발행한 지방채의 차환, 기타 주민복지사업 등	⇨	공유재산의 조성 등 소관 재정투자사업과 그에 직접적으로 수반되는 경비의 충당, 재해 예방 및 복구사업, 천재지변으로 발생한 예측할 수 없었던 세입 결함의 보전, 지방채의 차환

자료: 지방자치인재개발원(2017).

2) 지방채 발행 총액한도제의 산정 기준

지방채 발행 총액한도제란 지방자치단체가 한도액의 범위 내에서는 중앙정부의 승인 없이 지방의회의 의결을 거쳐 지방채를 발행할 수 있는 제도로서, 이때 지방채 발행 총액한도는 전전년도 예산액의 10% 범위 내에서 행정안전부 장관이 정한다(지방재정법시행령 제10조 ②).

지방자치단체별 지방채 발행 총액한도액은 '지방채 자율발행 가능지수', 그리고 '관리채무상환비 비율'을 기준으로 산정하며, 회계 범위는 일반회계와 특별회계(기타 및 지방공기업 포함) 및 기금 등을 포함한다.

그러나 지방공기업특별회계 중 별도의 승인 기준을 적용하는 상·하수도사업과 공영개발 사업은 제외하고, 지방공기업특별회계로 운영되는 지역개발기금의 경우, 그 기금조성을 위해 발행하는 지역개발공채의 발행도 지방채 발행 한도액에서 제외하여, 지방공기업특별회계의 채무는 대부분 제외되고 있다. 또한 지역개발기금(지방공기업특별회계로 운영) 외에 지방자치단체기금 중 중소기업진흥기금의 경우 기금조성을 위해 지방채를 발행하는 경우가 있으나, 기금조성과 관련된 지방채 발행은 지방채 발행 한도액에서 제외한다.

지방채 발행 총액한도액 산정에 포함되는 지방 채무의 범위는 ① 지방채 발행액, ② 채무부담행위액, ③ 보증채무부담행위책임액(보증채무부담행위액 중 채무자의 파산 등으로 인하여 지방자치단체가 채무이행의 책임을 지게 된 금액), ④ 지방자치단체가 BTL 사업 준공 후 민간투자사업자에게 순수 지방비로 지급해야 할 의무가 확정된 임차료 전액, ⑤ 우발채무 총액의 50%에 해당하는 금액이다.

'지방채 자율발행 가능지수'는 경상일반재원에서 차지하는 지방채 발행 총액한도액 산정에 포함되는 지방 채무(일반채무+BTL 임차료+우발채무)의 비율을 1에서 빼서 산정한다.

'관리채무상환비 비율'은 지방채 발행을 할 수 없는 단체를 선별하기 위한 것으로 미래 4년 간 일반재원수입 대비 순지방비로 상환할 관리채무액의 비율로 산정하며, 20%를 초과하면 지방채를 발행할 수 없다.

표 6-5 지방채 자율발행 가능지수 산식

$$\text{지방채 자율발행 가능지수} = 1 - \frac{\text{일반채무(결산)} + \text{BTL 임차료(결산)} + \text{우발채무(50\%)}}{\text{경상일반재원(결산)}} \times 100$$

- 일반채무 = 지방채 + 채무부담행위 + 보증채무이행책임 확정액의 잔액기준 ※ 이자 제외
- BTL 임차료 = 준공 후 자치단체로 소유권이 이전된 시설물에 대해 결산일 기준으로 향후 민간 사업자에게 지급의무가 생긴 총액 중 순지방비로 지급할 금액
- 우발채무 = 보증채무부담행위액, 「지방자치법」 제39조 제1항 제8호에 따른 예산 외의 의무부담 등 보증 · 협약 등에 따라 자치단체 채무로 바뀔 가능성이 있는 것을 말함
- 경상일반재원 = 지방세(지방교육세 제외) + 경상적 세외수입 + 지방교부세 + 조정교부금
  - * 공기업특별회계는 일반회계와 통합결산 시 적용되는 세입 과목

표 6-6 관리채무상환비 비율 산식

$$\text{관리채무상환비비율} = \frac{\text{미래 4년 순지방비로 상환할 평균 관리채무액}}{\text{미래 4년 경상일반재원의 평균 수입액}} \times 100$$

○ 연도 구분: 한도액 산정 기준 연도는 한도액 산정 기초자료의 결산 다음 연도부터 4개년 간
　　예) 2016년 한도액 산정 시 미래 4년은 2017~2020년
○ 관리채무: 일반채무 + BTL 임차료 총액
○ 평균 관리채무상환액 및 평균 경상일반재원 수입액 계산식
　① 미래 4년 상환할 평균 채무액 : [미래 4년(2017~2020) 관리채무상환액] ÷ 4년
　　– 전년 말 현재 지방채무 잔액을 기준으로 미래 4년 관리채무상환액 산정
　　– 이자액은 과거 4년 평균 이자액을 미래 4년 간 관리채무상환액에 합산
　② 평균 경상일반재원 수입액 : [미래 4년(2017~2020) 경상일반재원 수입액] ÷ 4년
　　– 직전 연도의 경상일반재원 규모에 과거 4년 경상일반재원 평균 증가율을 적용
○ 미래 상환할 관리채무액에 조기상환액은 포함되지 않도록 산정

자료: 행정안전부(2016).

이러한 절차를 거쳐 지방채 발행 총액한도액은 지방자치단체 계층별로 발행 가능 비율이 차등 적용된다. 특·광역시 및 특별자치시·특별자치도는 10%, 도와 인구 100만 명 이상의 대도시는 8%, 시·군 5%, 자치구 2%로 차등화하고, 승인 간주분을 별도로 설정한다.

결국 지방채 발행 총액한도액은 ① 기본 한도액과, ② 별도 한도액의 합으로 구성하는데, 기본 한도액은 지방자치단체별로 산출된 '지방채 자율발행 가능지수'를 가지고 계층별 발행 가능 비율 및 경상일반재원을 기준으로 산출하고, 별도 한도액은 정

책적 고려로 추가하는 부분인데, 「지방공기업법」 제19조 및 「도시철도법」 제20조의 채권발행액과 일정 요건[5]을 충족하여 차환하는 차환액은 별도 한도로 부여하고, 최근 지역 일자리 사업예산과 장기미집행 도시계획시설 매입 사업예산은 별도 한도로 인정하고 있다(두 사업의 합계금액이 기본 한도액의 25% 이내일 경우).

최종적으로 지방채 발행 총액한도액은 기본 한도액(A)은 자치단체별 '지방채 자율발행 가능지수'에 계층별 발행 가능 비율과 경상일반재원을 기준으로 산출하고, 별도 한도액(B)은 매입공채 및 차환, 지역일자리 및 장기미집행 도시계획시설 사업 관련 채무 추가로 산정하여, A+B로 정한다.

표 6-7 지방채 발행 한도액 산정 기준

<table>
<tr><th colspan="3">구 분</th><th>특·광역시 및
특별자치시·도</th><th>도 및 인구100만 명
이상의 대도시</th><th>시·군</th><th>자치구</th></tr>
<tr><td rowspan="4">총한도액(A+B)</td><td colspan="2">기본 한도액
(A)</td><td colspan="4">지방채 자율발행 가능지수 × 계층별 발행가능 비율 × 경상일반재원</td></tr>
<tr><td rowspan="2"></td><td>지방채
자율발행
가능지수</td><td colspan="4">1 – {(일반채무+ BTL 임차료 + 우발채무 50%)/경상일반재원}</td></tr>
<tr><td>계층별
산정 비율</td><td>10%</td><td>8%</td><td>5%</td><td>2%</td></tr>
<tr><td colspan="2">별도 한도액(B)</td><td colspan="4">지역개발채권 및 도시철도채권 발행액 + 차환액 + 지역일자리사업 및
장기미집행 도시계획시설</td></tr>
</table>

지방채 발행 한도액의 산정 이후 채무 누락이 확인되면 재산정하여 통보해야 하며, 사실과 다른 자료 제출로 과도한 한도액을 받았거나 또는 승인을 받지 않고 한도액을 초과해 발행한 경우에는 다음 회계연도의 기본 한도액에서 50%를 감액한다.

5) 일정 요건이란 해당 연도 지방채 상환총액의 25% 이내이고, 이율은 한국은행이 발표하는 금융기관의 가중평균금리 중 '공공 및 기타 대출'의 금리 이내의 경우를 의미한다.

3. 지방채 발행의 절차

1) 지방채 발행한도액의 통보

행정안전부 장관은 매년 7월 15일까지 다음 연도 지방자치단체별 지방채 발행한도액을 통보한다. 동시에 행정안전부는 7월 중 각 자치단체에 지방채 발행계획 수립기준을 통보한다.

2) 지방채 발행계획의 수립 및 제출

각 지방자치단체의 장 또는 지방자치단체조합의 장은 행정안전부가 통보한 지방채 발행계획 수립기준에 의거하여 지방채 발행계획을 수립한다. 시·군 및 자치구의 지방채 발행계획안은 시·도지사를 거쳐 제출하는데, 시·도 본청은 8월 31일까지 다음 연도 지방채 발행계획안을 수립하여 시·군 및 자치구 지방채 발행계획안과 함께 행정안전부에 제출한다. 지방자치단체조합의 장도 동일한 절차를 따른다.

3) 지방채 발행계획의 승인

행정안전부 장관은 각 시·도지사가 제출한 지방채 발행계획안을 심사하고, 관계 중앙관서의 장과 협의를 거친 후 10월 31일까지 승인 여부를 결정·통보해야 한다(지방재정법시행령 제11조 제3항).

4) 지방채 발행

지방자치단체는 행정안전부 장관으로부터 확정된 지방채 발행계획을 통보받는 대로 지방의회의 의결을 얻어 지방채를 발행할 수 있다.

지방자치단체의 장 또는 지방자치단체조합의 장은 지방채 발행 한도액을 초과해서 발행하고자 할 경우에는 별도로 행정안전부 장관의 승인을 얻어야 한다.

제 3 절 지방채의 운영 실태

선진국에 비해 우리나라는 지방채의 운영 실적이 저조하다. 왜냐하면 지방채에 대한 일반 국민의 인식이 부정적이며, 지방채 금리가 시장금리보다 현저히 낮고, 차량 등록 등 인·허가 시에 강제적으로 첨가·소화하는 매출 공채가 대부분이기 때문이다. 지방채 발행 절차와 발행계획의 수립 등 과정과 신용평가의 부재 등 제도적 문제 등이 지방채 활성화를 저해하는 요인으로 작용하고 있다(김종순, 1995: 139).

1. 지방채의 발행 규모 현황

지방채의 운영 실태를 파악하기 위해서는 유량(流量, flow) 기준과 저량(貯量, stock) 기준으로 살펴보아야 하는데, 유량은 매년 지방채 발행 규모를 말하며 스톡은 특정 연도 기준으로 지방채 발행 누적 규모인데, 대부분 혼용하고 있어 이를 유의해야 한다.

1991년 지방자치 실시 이후 지방자치단체의 지방채 발행(증서차입 및 증권발행)의 추이를 보면 <표 6-8>과 같다.

지방채 발행 추이를 보면, 2008년 까지 매년 3조~4조 원의 지방채를 발행하였으나, 2009년부터는 그 규모가 크게 증가하였고 연도 간에 변동 폭이 매우 크다.

2009년 지방채 발행 규모는 10조 원이 넘었는데, 이는 경제위기 극복을 위해 중앙정부의 민생경제(일자리 창출 및 사회안전망 구축 등) 추경 편성에 따라 지방도 이에 대응하기 위해 지방채를 발행하여 재원을 충당하였기 때문이다.

그러나 2016년 이후 지방채 발행이 감소한 것은 지방소비세와 지방소득세가 확대되는 등 지방재원이 확대되었기 때문이며, 또한 민선자치 시대에는 채무 증가가 선거에 부담이 되어 지방채 발행이 억제되었기 때문이기도 하다.

일반회계 세입 기준으로 지방채의 비율을 보면 지방자치 실시 초기에는 7~10%, 그 이후에는 3~5% 수준을 유지하다가 최근 2%대 이하로 감소하고 있다.

표 6-8 지방채 발행 규모 추이

(단위: 조 원, %)

연도별	일반회계 세입 (A)	지방채 발행액 (B)	지방채 비중 (B/A)
1991	29.7	3.2	10.7
1992	34.7	2.8	8.1
1993	37.8	3.2	8.5
1994	44.4	3.6	8.1
1995	52.4	4.7	8.9
1996	63.1	4.0	6.4
1997	69.6	4.5	6.4
1998	69.1	4.6	6.7
1999	73.1	5.3	7.2
2000	77.2	3.2	4.2
2001	94.0	3.2	3.4
2002	110.5	3.8	3.4
2003	122.7	2.8	2.3
2004	125.8	3.5	2.8
2005	128.5	3.6	2.8
2006	139.8	3.9	2.8
2007	151.8	3.5	2.3
2008	166.8	4.7	2.8
2009	179.7	10.1	5.6
2010	149.8	5.6	3.8
2011	141.0	3.7	2.6
2012	151.3	4.4	2.9
2013	161.8	8.3	5.1
2014	168.3	5.0	3.0
2015	186.1	6.1	3.3
2016	203.0	4.4	2.1
2017	221.4	2.3	1.1

자료: 행정안전부(각 연도).

2. 지방 채무와 지방채 잔액 현황

1) 지방 채무 잔액 규모의 추이

1995년부터 2017년까지 지방 채무의 잔액 규모를 지방재정 규모와 비교하여 추이를 보면 다음 [그림 6-2]와 같다.

그림 6-2 지방 채무 잔액 규모의 추이

(단위: 조 원, %)

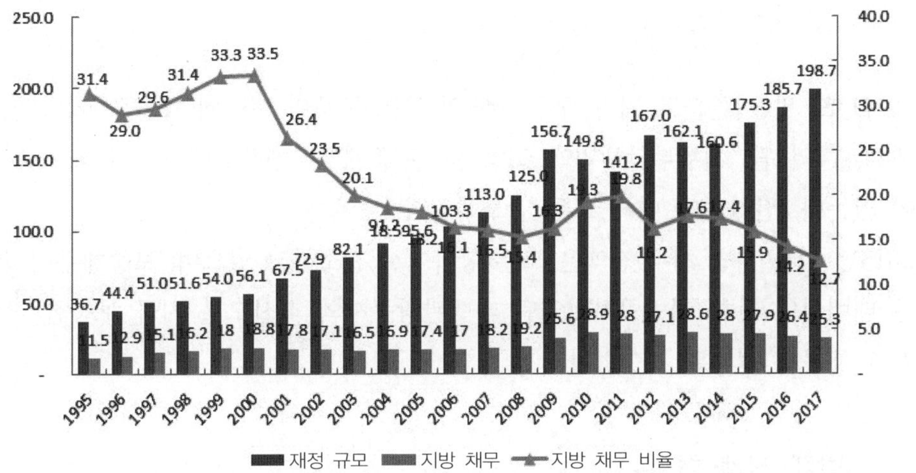

주: 1) 세출결산 규모(긴 막대), 지방 채무(짧은 막대), 세출결산 대비 지방 채무 비율(꺾은선).
2) 왼쪽 축은 세출 순계(조 원), 오른쪽 축은 채무 비율(지방채 잔액/세출×100(%))임.
자료: 행정안전부, 지방재정 365.

2017년 말 기준 지방 채무는 25.3조 원이며 지방세출 규모 대비 12.7%로, 2000년에 33.5% 내외이던 것이 계속 감소하다가, 2009년부터 다시 증가하였으나 2012년 급감을 보이고 2013년부터 현재까지 감소 추세가 이어지고 있다.

지방 채무 잔액 규모로 보면 2010년의 28.9조 원을 정점으로 매년 약 28조 원대를 유지하다가 2016년과 2017년 말에 다소 감소하였다.

2) 지방 채무 잔액의 구조

지방 채무 잔액의 구조를 보면 다음 <표 6-9>와 같다.

표 6-9 지방 채무 구성 내역

(단위: 억 원)

구 분	2012년	2013년	2014년	2015년	2016년	2017년
합계	271,252	285,886	280,017	279,457	264,234	252,944
지방채	267,559	282,960	277,071	276,915	263,399	252,314
채무부담행위	3,693	2,926	1,738	1,395	108	58
보증채무이행책임액	0	0	1,207	1,147	727	577

자료: 행정안전부, 지방재정 365.

2017년도 말 기준으로 지방 채무 잔액의 구조를 보면 지방채(차입금, 지방채증권) 25조 2,314억 원, 채무부담행위액 58억 원, 보증채무이행책임액 527억 원으로 구성되어 있는데, 전년도에 비해 모두 감소하였다.

2013년 이후 지방 채무 잔액은 모든 항목에서 감소하고 있으며, 보증채무이행책임액은 태백시의 산하 지방공사이었던 태백관광공사의 파산으로 지급 보증한 금액이 태백시 채무로 전환된 것이었다.

3) 지방채 잔액 현황

현행 지방 채무 중에서 채무부담행위액, 보증채무이행책임액을 제외한 지방채 잔액의 실태를 파악하면 다음과 같다.

2017년 말 기준으로 지방이 운영하는 회계별로 지방채 잔액을 살펴보면, 일반회계 5조 7,478억 원(22.8%), 기타 특별회계 8조 2,931억 원(32.9%), 공기업특별회계 4,980억 원(2.0%), 기금회계 10조 6,925억 원(42.4%)으로, 기금과 기타 특별회계의 비중이 높다.

특히 2017년 기금회계에서 지방채 잔액이 많이 발생한 것은 2016년까지 지역개발기금을 공기업특별회계로 운영하다가, 2017년부터 기금으로 전환하였기 때문이다. 결국 지역개발기금은 시・도에서 발행하는 지역개발공채를 재원으로 하는 기금이기

표 6-10 회계별 지방채 잔액 현황(2014~2017년)

(단위: 억 원, %)

구 분	합 계	일반회계	기타 특별회계	공기업특별회계	기금회계
2017	252,314 (100.0)	57,478 (22.8)	82,931 (32.9)	4,980 (2.0)	106,925 (42.4)
2016	263,399 (100.0)	73,161 (27.8)	81,748 (31.0)	108,400 (41.2)	90 (0.03)
2015	276,915 (100.0)	89,383 (32.3)	81,508 (29.4)	105,964 (38.3)	61 (0.02)
2014	277,071 (100.0)	102,889 (37.1)	78,514 (28.3)	95,528 (34.5)	141 (0.05)

자료: 행정안전부, 지방재정 365.

때문에, 연도 말 기금 조성액은 미래에 상환해야 할 채무이다.

최근 들어 일반회계와 공기업특별회계의 비중이 지속적으로 감소하고 있는 반면, 기금과 기타 특별회계의 비중이 갑자기 증가한 것은 관련 제도의 변화로 야기된 것이기 때문에 좀 더 추이를 지켜보아야 할 것이다.

4) 발행 방법 및 차입선별 현황

지방채는 증권발행채(지방채증권)와 증서차입채(차입금) 형태로 발행하고 있으며, 각각의 차입 대상의 자금원을 의미하는 차입선(借入先)을 기준으로 지방채 잔액의 실태를 파악하면 다음과 같다.

지방채 누적액의 발행 방법으로는 차입금의 비중이 2014년 32.1%에서 2015년 36.5%로 증가하였다가 2017년 말 23.5%로 감소한 반면, 지방채 증권은 2014년 67.9%에서 감소하다가 2016년부터 반등하여 2017년 76.5%로 증가하였다. 결국 2014년 이전에는 지방채를 주로 차입금의 형식으로 충당하였으나, 2014년을 기점으로 과거 지역개발기금에서 차입하던 차임금을 증권발행 형식의 지역개발채권으로 전환하였기 때문에 지방채 증권의 방식이 절반 이상을 차지하게 된 점도 유의해야 할 것이다(윤영진, 2016: 144).

차입금의 경우 2014년 1조 3,134억 원이던 공공자금관리기금으로부터의 차입 규모가 2017년 2,657억 원으로 대폭 축소되었고, 민간금융기관으로부터의 차입금 역시

표 6-11 지방채 잔액의 차입선별 추이(2014~2017년)

(단위: 억 원, %)

구 분		2014년	2015년	2016년	2017년
합계		276,967 (100.0)	276,915 (100.0)	263,400 (100.0)	252,949 (100.0)
차입금	소계	88,890 (32.1)	100,978 (36.5)	80,993 (30.7)	59,232 (23.5)
	공공자금관리기금	13,134	7,581	5,570	2,657
	기타 정부자금	12,771	11,688	11,382	10,926
	지역개발기금	1,133	31,662	23,065	14,286
	청사정비기금	3,228	2,572	1,540	940
	공제회지역개발지원금	–	818	1,344	1,945
	지역상생발전기금	–	–	2,777	4,220
	민간금융자금	58,624	46,655	35,314	24,258
지방채 증권	소계	188,078 (67.9)	175,937 (63.5)	182,406 (69.3)	193,082 (76.5)
	모집채권	18,522	25,759	25,261	28,055
	도시철도채권	51,992	56,733	57,394	58,129
	지역개발채권	117,564	93,446	99,751	106,898

자료: 행정안전부, 지방재정 365.

2조 4,258억 원으로 축소된 반면, 지역개발기금으로부터의 차입은 10배 이상 증가하였다. 지역상생발전기금의 50%를 재원으로 하는 융자기금이 2016년도에 신설되어 지역상생발전기금으로부터의 차입이 2016년 2,777억 원, 2017년 4,220억 원 발생한 것도 특이한 점이다.

지방채 증권으로 조달된 지방채 잔액은 전년 대비 1조 원 이상 증가하였는데, 2014년과 비교하면, 모집공채의 증가폭이 가장 큰 반면, 지역개발공채는 감소하였다. 그나마 자동차, 토지 및 주택 등의 매입 시 첨가되는 강제소화 방식을 취하는 도시철도공채와 지역개발공채가 전년도에 비해 약 8,000억 원 증가하였다.

지방채 누적액 규모는 전반적으로 감소하는 경향을 보이는 가운데, 차입금에 의존하던 경향이 점차 지방채 증권 방식으로 변화하고 있으며, 차입선 역시 지역개발공채와 지역개발기금으로부터의 차입 규모가 증가하여, 지방채 제도 운용과 관련하여 제도적 변화 요인이 매우 큰 것을 알 수 있다.

5) 대상 사업별 현황

지방채 잔액의 대상 사업별 현황을 보면 다음 <표 6－12>와 같다.

지방채 대상 사업별 규모에서 가장 높은 비중을 차지하고 있는 것은 지하철 건설 사업으로 2017년 말 현재 6조 8,750억 원, 전체의 27.2%를 차지하고 있으며, 도로 건설이 그 다음으로 2조 9,229억 원(11.6%)이며, 택지개발 1조 6,794억 원(6.7%)이고, 문화체육시설이 8,883억 원(3.5%)으로, 국민주택 건설 8,267억 원(3.3%), 상・하수도 및 하수 처리시설 6,008억 원(2.4%), 공원녹지 조성 3,484억 원(1.4%) 등의 순으로 나타났다.

표 6-12 지방채 잔액의 사업별 현황(2014~2017년)

(단위: 억 원)

구 분	2014		2015		2016		2017	
	금액	%	금액	%	금액	%	금액	%
합계	277,071	100.0	276,915	100.0	263,400	100.0	252,314	100.0
지하철 건설	58,081	21.0	63,192	22.8	62,322	23.7	68,750	27.2
도로 건설	51,089	18.4	46,606	16.8	20,917	7.9	29,299	11.7
문화체육시설	13,567	4.9	9,257	3.3	7,127	2.7	8.883	3.5
상・하수도	12,354	4.4	9,659	3.5	6,243	2.4	6,008	2.4
공원녹지 조성	–	–	4,542	1.6	2,349	0.9	3,483	1.4
주거환경 개선	–	–			761	0.3	904	0.4
쓰레기 처리 시설	3,842	1.4	3,523	1.3	2,105	0.8	2,260	0.9
재난재해	6,956	2.5	5,079	1.8	1,279	0.5	2,118	0.8
택지개발	28,208	10.2	28,763	10.4	1,275	0.5	16,794	6.7
공단 조성					3,543	1.3	2,788	1.1
농공단지	2,202	0.8	2,057	0.7	1,472	0.6	497	0.2
관광단지	4,488	1.6	3,626	1.3	743	0.3	1,621	0.6
청사정비	4,624	1.7	3,683	1.3	2,004	0.8	1,682	0.7
국민주택	6,543	2.4	7,397	2.7	8,555	3.2	8,267	3.3
중소기업 육성	85,116	30.7	89,531	32.3	451	0.2	836	0.3
기타					127,501	48.4	9,819	38.9

주: 2016년 이전과는 분류 기준이 상이하여 규모와 비중이 차이가 남.
자료: 행정안전부, 지방재정 365.

이를 2014년과 비교해 보면, 2014년에는 공원녹지 조성사업과 주거환경 개선사업 및 중소기업 육성 등을 별도로 구분하지 않아 정확히 비교하기는 어렵지만, 지하철 건설은 지속적으로 비중이 증가한 반면, 도로 사업은 2014년 18.4%에서 2017년 11.7%로 감소하였다. 가장 눈에 띄는 특징 중 하나가 2014년 재난재해를 위한 지방채 활용이 2.5%이던 것이 2017년에는 0.8%로 감소하였다는 것이며, 분류 체계상 기타로 구분되는 비중이 30.7%에서 2016년 48.4%까지 증가하였다가 2017년 38.9%나 된다는 점은 사업의 구분이 정교하지 않다는 것을 입증하고 있다.

우리나라의 지방채가 대부분 지하철 사업, 도로 건설, 택지개발, 문화체육시설, 공단 조성, 상하수도 및 쓰레기 처리 관련 시설 등의 지역 사회간접자본(SOC) 시설의 설치 및 유지관리에 사용되고 있다는 점은 이들 사업에 대규모 투자재원이 필요하고 이는 세대 간 부담의 형평성 확보라는 측면에서 지방채 발행의 타당성을 어느 정도 인정할 수 있는 영역이기 때문에 긍정적이라고 할 수 있다.

6) 이율별 현황

지방채에 대한 이자율은 공모채의 경우 시중에서 소화될 때 매우 중요한 기준이다. 지방채 누적액의 이자율에 따른 현황을 파악하면 다음 <표 6-13>과 같다.

지방채 누적액의 이자율 현황에 대해 주무부처인 행정안전부 재정고(財政庫)에서 공개하고 있는 자료에서는 2014년 이전과 이후의 구분이 상이하다. <표 6-13>에

표 6-13 지방채 잔액의 이율별 현황(2014~2017년)

(단위: 억 원, %)

구 분	합 계	1% 미만	1~2% 미만	2~3% 미만	3~4% 미만	4~5% 미만	5% 이상
2017	252,314 (100.0)	1,203 (0.4)	127,700 (50.7)	92,231 (36.6)	29,549 (11.7)	1,511 (0.6)	50 (0.01)
2016	263,399 (100.0)	1,644 (0.5)	83,991 (29.3)	155,324 (54.2)	35,694 (12.4)	9,745 (3.4)	67 (0.02)
2015	276,915 (100.0)	1,572 (0.5)	76,821 (27.7)	136,584 (49.3)	57,833 (20.9)	4,014 (1.5)	92 (0.03)
2014	277,071 (100.0)	266,157 (96.1)				1,0653 (3.8)	261 (0.1)

자료: 행정안전부, 지방재정 365.

서 보는 바와 같이 2014년 말 이전의 자료는 가장 낮은 이자율이 4% 미만이고, 최고 수준은 6~8% 미만으로 구분하는 반면, 2015년부터는 1% 미만부터 최고 5% 이상으로 구분하여 시중의 저금리 상황을 반영하고 있다.

실제 2014년 4% 미만이 26조 6,157억 원으로 96.1%를 차지하고 있던 것이, 2017년에는 1~2% 미만이 전체의 절반이 넘게 차지하며, 2~3% 미만이 36.6%를 차지하여 이 두 개 구간이 전체의 87.3%를 차지하고 있다. 그러나 전년도인 2016년에는 2~3% 미만이 15조 5,324억 원으로 54.2%를 차지하는 등 전반적으로 낮은 이자율로 전환하고 있음을 알 수 있다.

그러나 아직도 3% 이상이 전체의 12.3%를 차지하고 있어 이에 대한 차환 방법을 강구해야 할 것이다.

3. 지방자치단체별 지방 채무 현황

1) 지방자치단체 유형별 지방 채무 현황

최근까지의 자치단체별 지방 채무의 추이를 파악하기 위해서는 지방채와 채무부담행위액, 보증채무이행책임액을 포함하는 지방채무 기준을 적용한다. 2015년부터 2017년 말까지 자치단체 유형별로 순계 기준[6]의 현황은 다음 <표 6-14>와 같다.

표 6-14 지방자치단체 유형별 지방 채무 현황(2015~2017년)

(단위: 억 원, %)

구 분	2015		2016		2017	
	규모	비중	규모	비중	규모	비중
합계	279,457	100.0	264,234	100.0	252,949	100.0
시·도	227,772	81.5	225,396	85.3	227,828	90.1
시·군·구	51,685	18.5	38,838	14.7	25,121	9.9
시	43,481	15.6	32,070	12.1	20,761	8.2
군	6,258	2.2	5,093	1.9	3,202	1.3
구	1,946	0.7	1,675	0.6	1,158	0.5

자료: 행정안전부, 지방재정 365.

6) 지방자치단체 전체의 지방 채무는 지역개발공채 발행과 지역개발기금 차입금 간에 중복계상 부

전 자치단체별 지방 채무 규모는 2015년 27.9조 원에서 2016년 26.4조 원, 2017년 25.3조 원으로 감소하고 있으며, 2017년 기준으로 전체에서 시 · 도인 광역단체의 채무가 22조 7,828억 원으로 90.1%이며, 시 · 군 · 구인 기초단체의 채무는 2조 5,121억 원으로 9.9%에 불과하다.

이처럼 우리나라 지방자치단체별 채무는 주로 시 · 도의 채무이며, 기초단체의 경우 몇몇 단체를 제외하고는 지방채무가 전혀 없거나 매우 적은 규모를 활용하고 있는 수준이다. 광역자치단체의 채무가 많은 이유는 대상 사업별 현황에서 확인하였듯이 지하철 건설사업의 비중이 매우 높고, 지역개발공채를 시 · 도가 발행하고 있기 때문이다.

기초자치단체 중에서 시의 채무는 2조 761억 원으로 총 채무액의 8.2%를 점하며, 군은 3,202억 원(1.3%), 자치구는 1,158억 원(0.5%)에 불과하여 매우 미미하다. 특히 그나마 군과 자치구의 지방 채무 비중은 점점 낮아지고 있어, 지방재정 운영에 있어서 거의 지방채를 활용하고 있지 않다는 것을 알 수 있다.

2) 광역자치단체별 지방 채무 현황

대부분의 지방채를 시 · 도인 광역 지방자치단체가 발행하고 있기 때문에 광역단체별 지방 채무 현황을 파악하면 다음 <표 6-15>와 같다.

지역 내 시 · 군 · 구를 제외한 광역의 본청 기준으로 지방 채무를 파악해 보면, 2014년 25조 7,783억 원이던 것이 2017년 24조 2,115억 원으로 감소하였으며, 이 중에서 가장 큰 비중을 차지하고 있는 서울시는 2014년 5조 3,268억 원, 20.7%이던 것이 2017년에는 6조 2,042억 원, 25.6%로 크게 증가한 반면, 도 단위에서 가장 큰 비중을 차지하고 있는 경기도는 2014년 3조 6,305억 원, 14.1%이던 것이 2017년 2조 9,910억 원, 12.3%로 그 규모와 비중에서 모두 감소하였다.

광역자치단체 중에서도 특별시와 광역시 등 대도시 지역과 농촌지역인 도와 비교해 보면, 2014년 특 · 광역시는 15조 5,246억 원으로 60.2%를 차지하던 것이 2017년에는 14조 9,161억 원으로 그 절대 규모 측면에서는 다소 감소하였으나, 전체의

분이 있어서 이를 제외하고 현재는 광역단체의 지역개발기금 조성액을 채무로 집계하고 있기 때문에, 순계 기준으로 파악해야 한다.

표 6-15 시 · 도별(본청) 지방 채무 현황(2014~2017년)

(단위: 억 원, %)

단체별	2014년	2015년	2016년	2017년
서울	53,268	55,060	56,976	62,042
부산	28,677	27,533	26,343	25,655
대구	18,724	17,239	16,429	16,436
인천	32,581	32,205	28,634	22,449
광주	8,922	9,754	9,550	9,450
대전	6,696	6,547	6,470	6,283
울산	5,158	5,236	5,461	5,817
세종	1,220	893	741	1,029
경기	36,305	38,646	33,375	29,910
강원	8,450	9,418	9,900	9,912
충북	6,131	6,471	6,919	6,844
충남	8,631	8,795	8,656	7,837
전북	7,626	7,898	7,290	7,437
전남	10,165	10,198	10,364	10,466
경북	10,500	11,311	11,753	12,901
경남	8,293	6,498	4,683	4,114
제주	6,336	5,735	4,926	3,533
합계	257,683	259,435	248,461	242,115

자료: 행정안전부, 지방재정 365.

61.6%를 차지하여 비중 면에서는 증가한 것을 알 수 있다.

그러나 실제로 이 중에서 절반 정도가 지역개발채권의 발행으로 발생한 채무로, 2014년에는 시 · 도 본청이 시 · 군 · 구에 지역개발기금으로 융자한 지방 채무가 3조 9,567억 원으로 전체의 15.3%를 차지하였다. 2017년 역시 지역개발기금 조성액은 10.2조 원으로 이는 향후 상환해야 할 채무이지만, 결국 지역개발기금은 지역개발공채의 상환재원으로 활용되어 채무상환 재원이 조성되어 있는 것으로 보아야 할 것이다.

이러한 광역자치단체의 지방채무와 함께 기초자치단체의 지방 채무 현황도 파악해야 하지만, 2017년 말 기준으로 채무 제로(0)인 단체의 숫자가 전체 226개 중에서 126개 55.8%에 달하고(서정섭 외, 2018), 인구 규모가 큰 창원, 구미, 전주, 수원 등 일부 도시지역에 국한되어 분석의 큰 의미는 없다고 본다.

PART

3

지방세입론(Ⅱ): 의존수입

Chapter 07 지방재정 조정제도

제 1 절 지방재정 조정제도의 의의

1. 지방재정 조정제도의 개념

현재 우리나라의 지방자치단체는 17개 광역자치단체(1특별시, 6광역시, 1특별자치시, 1특별자치도, 8도)와 226개 기초자치단체(75시, 82군, 69자치구)로 총 243개가 있고, 국민은 어느 자치단체에 살든지 기본적인 행정 서비스를 누릴 수 있는 권리가 있다. 그러나 중앙정부와 지방정부 간, 또는 동급 지방정부 간에 재정 규모와 재정력의 차이로 지역 주민으로부터 징수하는 지방세와 세외수입 등 자체재원만으로 표준적인 행정 서비스를 제공하는 데 한계가 있다. 이에 지역 간 세원 편중에 따른 재정 불균형을 완화하고 재원을 확보하기 위하여 지방재정 조정제도가 필요하게 되었다.

지방재정 조정제도(地方財政 調整制度)란 중앙과 지방정부 간 재정력 격차를 조정하고 지방정부의 부족 재원을 보충하기 위해서, 중앙정부가 지방정부에 또는 지방정부 상호 간에 재정을 조정하는 제도를 말한다. 우리나라의 경우, 중앙정부가 자치단체를 지원하는 제도는 지방교부세와 국고보조금 등이 있으며, 지방정부 상호 간을 조정・지원하는 제도는 조정교부금, 지역상생발전기금, 서울시의 재산세 공동과세 등이 있다.

2. 지방재정 조정제도의 목적

지방재정 조정의 필요성과 관련하여 지방재정 조정제도의 목적 및 기능을 고찰해 보면 다음과 같다.

첫째, 지방재정 조정제도는 지방자치단체의 특정 서비스를 국가의 가치재(merit goods)[1)]로 보아 그 급부 수준을 높이는 데 그 목적이 있다. 지방자치단체가 공공 서비스의 수준을 스스로 선택하게 할 경우에는 거의 생산하지 않을 서비스(예: 자치단체의 유권자가 알지 못하는 새로운 서비스의 편익 혹은 비유권자 및 소수집단의 무시된 편익 등)를 국가의 가치재로 보아 그 급부 수준을 높이기 위해 지방재정 조정제도가 필요하며, 이러한 목적을 달성하는 데 가장 바람직한 형태는 개방형 정률보조금이다(King, 1984: 129; 손희준 외, 2011: 180－182).

둘째, 지방재정 조정제도는 모든 지방자치단체로 하여금 필수불가결한 기본적(basic) 공공 서비스에 대해 국가 최저 수준(national minimum)의 표준을 급부하는 데 그 목적이 있다. 국가는 서비스 수준이 낮은 지역으로부터 쉽게 이주할 수 없는 주민들을 보호하고, 특정 기본 서비스의 수준을 충족시키는 지역으로 이주하기를 원하는 주민들을 진정시키고, 또한 지방자치단체의 가치재 공급 수준을 이주 문제를 야기하지 않을 정도로 보장하기 위해, 기본적인 공공 서비스에 대해 국가적 최저 수준을 공급해야 한다(King, 1984: 161－162). 이처럼 지방정부로 하여금 국가적 최저 수준의 기본적 공공 서비스를 공급하도록 하기 위해 지방재정 조정제도가 필요하며, 이러한 목적을 달성하기 위한 가장 바람직한 형태는 정액보조금이다(Layfield Committee, 1976: 60－62).

셋째, 지방재정 조정제도는 중앙과 지방정부 간의 수직적 재정 불균형(vertical fiscal imbalance)을 시정하는 데 그 목적이 있다(King, 1984: 137－140). 자치단체의 재정적 불균형은 수직적 재정 불균형과 수평적 재정 불균형(horizontal fiscal imbalance)

1) 가치재(merit goods)란 자동차 안전벨트 착용 의무화나 마약금지 등 국가나 정부가 보기에 어떤 것을 소비하는 것은 그 자체가 바람직하기 때문에 직접 생산하여 공급하는 재화나 서비스를 가리킨다(이준구, 1999; 하연섭, 2008: 17).

으로 구분한다. 전자는 자치단체의 총경상지출 수요와 총조세 조달 능력 간의 불균형을 의미하며, 후자는 동급 자치단체 간 재정적 불균형을 의미한다. 수평적 재정 불균형은 동일한 계층에 속하는 개별적 자치단체를 대상으로 하는 개념이나 수직적 재정 불균형은 단계와 수준을 달리하는 정부 간 세출 기능의 배분과 세원 배분의 불균형에서 비롯한다. 이러한 정부 간의 수직적 재정 불균형을 해소하기 위해 지방재정 조정제도가 필요하며, 주로 이러한 목적을 위한 형태로는 과거 미국의 일반세입분할(general revenue sharing) 제도를 들 수 있다.

넷째, 지방재정 조정제도는 동급 지방자치단체 간의 수평적 재정 불균형(horizontal fiscal imbalance)을 시정하는 데 그 목적이 있다. 지역 간의 재정력 격차가 존재할 경우에는 동급 자치단체 사이에서도 재정력이 약한 지역의 주민은 재정력이 좋은 지역의 주민에 비해 재정적으로 불리한 입장에 놓이게 된다. 따라서 빈곤 단체와 부유단체 간의 재정력 격차를 해소함으로써 모든 지역의 주민이 재정적인 평등한 취급을 받을 수 있게 하기 위한 자치단체 간의 재정 조정이 필요하다. 이러한 자치단체 간의 수평적 재정 불균형을 시정하기 위해 사용하는 교부금을 특히 균등화교부금(equalization grants)이라고 부른다. 전형적인 예로서 독일의 역교부금(negative grants) 제도[2]가 이 형태에 속한다.

다섯째, 지방재정 조정제도는 지방재정 지출의 외부효과(externalities)를 내부화함으로써 자원배분의 효율성을 제고하는 데 그 목적이 있다. 외부효과란 어떤 한 개인이나 주체의 행동이나 결정이 전혀 관련 없는 개인이나 경제 주체의 행동이나 결정에 직접적인 영향을 미치게 되는 현상을 의미한다. 이와 같은 외부효과는 다른 사람에게 편익을 끼치는 경우와 비용을 부담하게 하는 경우로 나누어 볼 수 있는데, 전자의 경우를 외부편익 혹은 외부경제, 후자의 경우를 외부비용 혹은 외부불경제라고 부른다. 외부효과가 발생할 경우 지방자치단체가 공공재의 서비스 공급 수준을 결정할 때, 그러한 외부효과를 고려하지 않고 지방자치단체가 결정하는 공공재의 서비스 공급 수준은 사회 전체적으로 볼 때 외부경제의 경우는 과소 공급되거나 또는 외부불경제의 경우는 과다 생산되어 자원배분의 비효율성(allocational inefficiency)이 발

2) 독일의 역교부금 제도란 일명 주간 재정 조정제도라고 하며, 주정부 간 재정력의 격차를 완화하기 위해 재정력이 강한 주가 재정력이 약한 주에 대해 조정교부금을 교부하는 수평적 재정 조정이다. 자세한 내용은 강인재 외(1993: 456－457)와 이방식(1997: 135－151)을 참조할 것.

생한다. 이러한 자원배분의 비효율을 시정하기 위해 지방재정 조정을 통해 지방자치단체로 하여금 사회적 최적 수준을 공급하도록 유도한다.

여섯째, 지방재정 조정제도는 지방자치단체의 자구(自救) 노력을 유발하고 건실한 지방자치를 뒷받침할 수 있는 자립 기반을 확충하는 데 그 목적이 있다. 지방재정 조정제도 중 노력 관련 교부금(effort－related grants)의 경우는 지방자치단체의 세입 노력과 결부시켜 재정을 지원함으로써 지방자치단체의 자조 노력을 유발하고, 정액 교부금의 경우는 지방자치단체의 재정 운영에서 자유재량의 영역을 확대함으로써 지방자치단체의 자치 능력을 원활하게 뒷받침하는 역할을 수행한다.

일곱째, 지방재정 조정제도는 본래 국가가 수행할 사무를 지방자치단체에 위임하여 수행하게 함으로써 행정효율을 향상시키는 데 그 목적이 있다. 이러한 목적을 수행하는 데 적합한 지방재정 조정제도로는 정액보조금을 들 수 있다(林宣嗣, 1987: 112－113).

제 2 절 지방재정 조정제도의 분류

지방재정 조정제도의 형태는 정책의 목적, 방향 및 파급효과 등을 고려하여 최선의 제도를 선택하여 운용하는 것으로 이는 각국의 역사적 배경과 환경에 의해 결정된다고 할 수 있다. 사토(佐藤進, 1983), 발과 린(Bahl & Linn, 1992), 그리고 피셔(Fisher, 2007) 등에 따라 여러 유형으로 구분하고 있다.

1. 사토의 분류

사토(佐藤進, 1983)는 정부 간 재정조정을 서로 다른 정부 간 재정관계를 조정하는 수직적 재정조정과 같은 계층에 속하는 정부 간의 재정관계를 조정하는 수평적 재정조정으로 구분하고 있다.

수직적 재정조정은 정부계층 간의 사무에 대한 배분과 과세권에 대한 할당이 필요한데, 먼저 어느 정부계층이 어떤 사무를 수행할 것인가에 대한 사무 배분이 이루어져야 하며, 그 다음으로 이 할당된 사무를 원활히 추진하기 위하여 중앙정부에는 국세를, 지방정부에는 지방세를 과세할 수 있도록 권한을 부여해야 한다.

이와 같은 수직적 조정에 의한 사무와 과세권의 배분으로 지방정부 간 다른 재정수요와 재정수입에 따라 재정력 격차가 발생하게 되는데, 이렇게 발생한 재정력 격차를 교정하기 위한 것이 수평적 재정조정이다. 수평적 재정조정은 다시 협의의 수평적 재정조정과 수평적 효과를 가져 오는 수직적 재정조정이 있다. 전자는 같은 계층의 지방정부가 직접, 지방세를 상호 이전시켜 재정 격차를 시정하는 방식이며, 후자는 중앙정부의 재원으로 지방정부 간 재정력 격차를 교정하는 방식이다(조기현·여효성, 2018: 21－22).

그림 7-1 정부 간 재정조정제도의 유형

2. 발과 린의 분류

발과 린(Bahl & Linn, 1992)은 정부 간 이전재원은 재원의 결정 방식과 주어진 재원의 배분 방식에 따라 열두 가지의 유형으로 구분하고 이 중에서 실제 운용하는 방식을 아홉 가지의 유형으로 정리했다.

우선 재원의 결정 방식은 국세의 일정비율에 연동하는 방식, 의회가 임의로 결정하는 특별한(ad hoc) 방식, 승인된 지방재정의 세출에 맞추어 결정하는 방식 등 세 가지이며, 배분 방식은 지방세 징수실적에 연계하는 지방세 연동 방식(derivation basis), 공식(公式)으로 선정하는 방식, 행정비용의 전액 또는 일부를 보전하는 비용보전 방식, 특별한 임의 방식 등 네 가지가 있다.

표 7-1 재정조정제도의 유형화

구 분		재원 규모 결정 방식		
		국세 일정 비율	의회 임의 결정	특정사업 지출
배분 방식	지방세실적 연동주의	A	L	N.A.
	공식주의	B	F	N.A.
	비용보전	C	G	K
	특별 임의 결정	D	H	N.A.

주: N.A. = not available.
자료: Bahl & Linn(1992), 박정수(1997).

3. 피셔의 분류

피셔(Fisher, 2007)는 이전재원의 사용용도 제한성 여부, 재원의 배분 과정에서 특정 배분 방식의 이용 여부, 재원지출과 관련하여 일정율의 지방비 부담의 여부, 재원 규모의 제한성 여부 등을 기준으로 크게 일반보조금과 특정보조금으로 구분했다(Fisher, 2007: 203-206).

1) 일반보조금

일반보조금(general grants)은 중앙정부가 자치단체에게 특별한 용도를 부여하지 않고 재정지원을 하는 것으로, 재원의 사용에 대해 자치단체가 원하는 어떤 방식으로도 사용할 수 있기 때문에 무조건부 보조금(unconditional grants)이라고 부른다.

이러한 일반보조금은 지방의 부담 기준에 따라 노력 관련 교부금(effort-related grants)과 정액교부금(lump-sum grants)으로 분류되며, 전자는 교부금의 규모가 자치단체의 징수 노력(tax effort)에 따라 변하는 경우를 말하며, 후자는 이와는 무관하게 일정한 금액을 교부하는 것으로 우리나라의 지방교부세 중 보통교부세가 이 형태에 속한다.

2) 특정보조금

특정보조금(specific or categorical grants)은 중앙정부가 자치단체에게 특정한 공공사업에 사용하도록 용도를 한정하여 재원지원을 하는 것으로, 재원의 사용에 있어 중앙정부의 조건이 따르기 때문에 조건부보조금(conditional grants)이라고 부른다. 이러한 특정보조금은 정률보조금(matching specific grants)과 정액보조금(non-matching specific grants)으로 나눌 수 있는데, 전자는 특정 사업에 대한 자치단체의 자체수입에 의한 부담 규모에 따라 재원지원 규모가 변동하나, 후자는 자치단체의 자체 부담과 무관하게 일정한 금액을 보조하는 경우를 말한다.

그리고 정률보조금은 다시 폐쇄형 정률보조금과 개방형 정률보조금으로 구분되는데, 전자는 자치단체의 부담액에 따른 보조액을 상한을 설정하는 경우이고, 후자는 항상 일정한 보조율을 적용하는 경우로서, 우리나라의 국고보조금이 이 형태에 속한다.

그림 7-2 이전재원의 유형

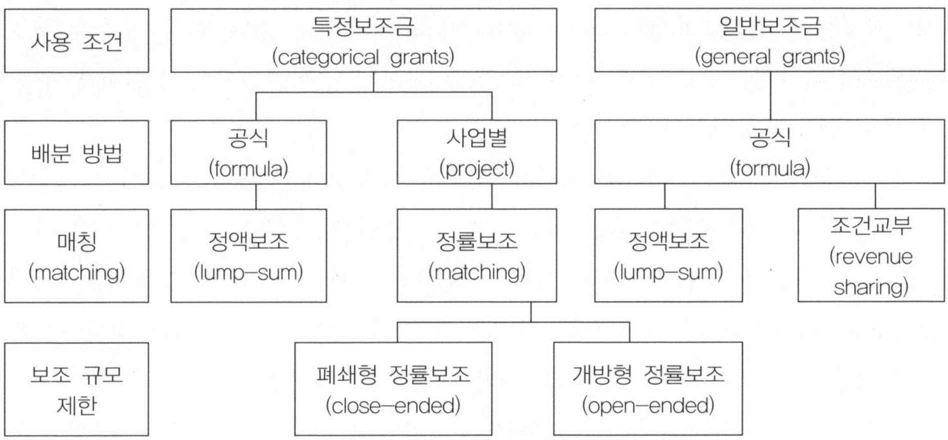

자료: Fisher(2007: 204).

제 3 절 우리나라 지방재정 조정제도의 현황

1. 우리나라 재정조정제도의 구조

우리나라의 지방재정 조정제도는 지방교부세와 국고보조금 등 중앙정부와 지방정부 간 재정조정제도가 근간을 이루고 있으며, 이 밖에 지방정부 간 재정조정제도인 조정교부금과 시・도비 보조금과 국가균형발전특별회계 및 지역상생발전기금이 있고, 넓은 의미에서의 서울시 자치구 간 수평적 재정형평 기능을 수행하는 서울시의 재산세 공동과세 역시 지방재정 조정제도에 포함시킬 수 있다.

결국 우리나라의 중앙정부와 지방정부 간 재정조정제도는 크게 지방교부세제도(지방교육재정교부금 포함)와 국고보조금제도(국가균형발전특별회계 보조금 포함)로 구성되어 있고, 광역자치단체와 기초자치단체 간 재정조정제도는 조정교부금제도와 시・도비 보조금제도로 볼 수 있다.

지방교부세는 일반보조금(general grant)으로 내국세 수입의 일정 비율을 재원으로 지방재정의 기본 수요 충족(재원 보장)과 재정의 수직적・수평적 불균형 완화를 주된 목적으로 운영되고 있다.

국고보조금은 특정보조금(specific grant)으로 외부효과를 유발하는 사업과 중앙정부와 지방자치단체가 상호 이해관계를 지니는 사업을 중심으로 중앙정부가 사전에 용도를 정한 자금을 지원하는 특성을 가진다. 다만, 보조사업의 수행에 일부 지방비 부담액(matching fund)을 요구하나, 결과적으로 국고보조금은 중앙과 지방 간 수직적 재정 불균형의 완화에 일정 부분 기여한다고 할 수 있다.

조정교부금은 크게 자치구 조정교부금(특・광역시로부터 자치구로의 재정이전)과 시・군 조정교부금제도(시・도로부터 시・군으로의 재정이전)로 구분되는데, 양자는 재원의 성격과 기능, 재원, 파급효과 면에서 상이하나 광역자치단체와 기초자치단체 간의 수직적 재정 불균등 완화에 기여하는 점에서는 공통점을 가지고 있다.

시・도비 보조금은 국고보조금과 유사한 특성을 지니며, 광역자치단체의 정책사업과 특・광역시와 자치구(일부 군), 도와 시・군이 상호 이해관계를 갖는 사업에

그림 7-3 우리나라 재정조정제도의 현황

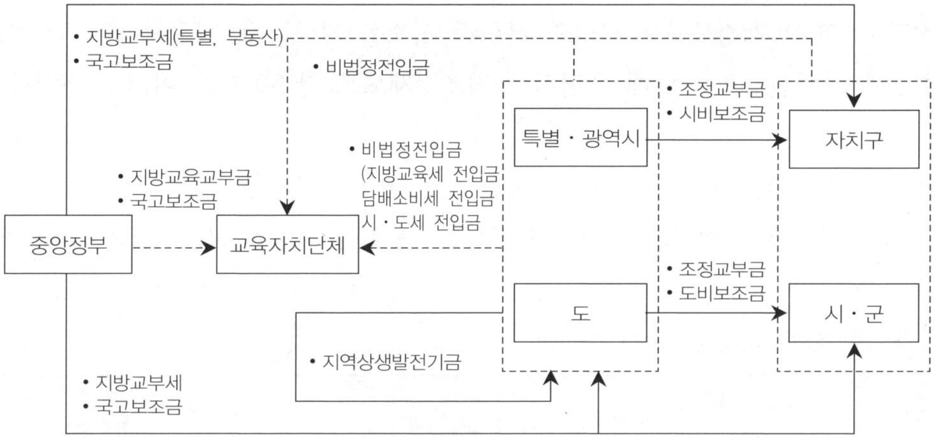

주: 중앙정부의 교육자치단체 재정지원에는 지방교육교부금, 국고보조금 외에 중앙정부 특별회계 전출금(유아교육지원특별회계)이 있고, 서울시 재산세 공동과세제도는 미포함.
자료: 국회예산정책처(2018: 18).

필요한 자금을 지원하는 제도이다.

2. 우리나라 재정조정제도의 특징

우리나라의 정부 간 재정이전(intergovernmental fiscal transfers)제도는 대부분의 나라와 같이 수직적인 재정조정(연방정부의 경우는 연방정부와 주정부, 주정부와 지방정부 간) 방식을 적극적으로 사용해 왔고, 동급 수준의 지방정부 단위에서 재정조정하는 수평적 재정조정제도는 별반 활용하지 않아 왔다.

다만, 현행 지방재정이전제도 가운데도 수평적 재정이전의 성격을 일부 가미한 것이 있는데, 그것은 지방교육재정이전과 지역상생발전기금이며, 그 중 지방자치단체 간 수평적 재정 형평화 기능을 일부나마 하는 것은 지역상생발전기금[3]이라고 할 수 있다.

---

3) 지역상생발전기금은 지방소비세(현재 부가가치세수의 15%)의 일부를 재원으로 단순 배분공식에 의해 수도권의 3개 광역자치단체(서울, 인천, 경기)로부터 전국의 다른 시 · 도로 자금을 이전하는 것을 기본 운영 시스템으로 하고 있다(동일 수준의 지방자치단체 간 재정이전제도).

서울시의 재산세 공동과세제도(서울시가 자치구 간 재정 형평화를 위해 자치구 세목인 재산세 수입의 50%를 공동 세원으로 조성하여 자치구에 재배분하는 제도)는 수직적·수평적 재정불균등 완화의 복합적 성격을 지니는데, 서울시에만 국한하는 제한성과 불완전성으로 인해 수평적 재정조정제도로 간주하기는 어려울 것이다(임성일, 2019).

현행 우리나라의 지방재정 조정제도는 다음과 같은 특징을 가진다.

첫째, 지방재정 조정제도의 근간이라고 할 수 있는 지방교부세, 국고보조금, 조정

표 7-2 우리나라의 지방재정 조정제도의 현황

<table>
<tr><th>대분류</th><th colspan="2">중분류</th><th>유 형</th><th colspan="2">총액 규모
결정 방식</th><th>배분
방식</th><th>정책 목적</th><th>수평적
형평화</th><th>조정
방식</th></tr>
<tr><td rowspan="4">지방
교부세</td><td colspan="2">보통교부세</td><td>일반정액</td><td rowspan="2">내국세
19.24%</td><td>97%</td><td>공식</td><td>재원보장,
재정 격차 완화</td><td>보정
수요</td><td>수직적</td></tr>
<tr><td colspan="2">특별교부세</td><td>특정정액</td><td>3%</td><td>임의</td><td>재해 복구, 지역현안</td><td>×</td><td>–</td></tr>
<tr><td colspan="2">부동산교부세</td><td>일반정책</td><td colspan="2">종합부동산세</td><td>공식</td><td>재원보장,
재정 격차 완화</td><td>재정력
역지수</td><td>수직적</td></tr>
<tr><td colspan="2">소방안전교부세</td><td>포괄정책</td><td colspan="2">담배분 개별소비세
20%</td><td>공식</td><td>소방, 안전시설 확충</td><td>재정
자주도</td><td>수직적</td></tr>
<tr><td rowspan="4">국고
보조금</td><td rowspan="2">일반
보조금</td><td>법정보조</td><td rowspan="2">특정정률</td><td colspan="2">법령 규정</td><td rowspan="2">임의</td><td rowspan="2">특정사업 장려</td><td rowspan="2">×</td><td rowspan="2">–</td></tr>
<tr><td>비법정보조</td><td colspan="2">재량적</td></tr>
<tr><td rowspan="2">국가
균형발전
특별회계</td><td>지역자율</td><td>포괄정률</td><td rowspan="2" colspan="2">일반회계
전입금(재량적),
주세 등 특정재원</td><td rowspan="2">공식</td><td rowspan="2">특정사업 장려</td><td rowspan="2">차등
보조율</td><td>수직적</td></tr>
<tr><td>지역지원</td><td>특정정률</td><td>–</td></tr>
<tr><td rowspan="4">조정
교부금</td><td rowspan="2">자치구</td><td>일반교부금</td><td>일반정액</td><td rowspan="2" colspan="2">시·도 보통세
일정비율[1]</td><td>공식</td><td>재원보장,
재정 격차 완화</td><td>보정
수요</td><td>수직적</td></tr>
<tr><td>특별교부금</td><td>특정정액</td><td>임의</td><td>지역현안</td><td>×</td><td>–</td></tr>
<tr><td rowspan="2">시·군</td><td>일반교부금</td><td>일반정액</td><td rowspan="2" colspan="2">시·도 보통세 27%,
지방소비세 27%</td><td>공식</td><td>재원보장,
재정 격차 완화</td><td>재정력
역지수</td><td>수직적</td></tr>
<tr><td>특별교부금</td><td>특정정액</td><td>임의</td><td>지역현안</td><td>×</td><td>–</td></tr>
<tr><td colspan="3">지역상생발전기금</td><td>일반정액</td><td colspan="2">수도권 시·도
지방소비세 35%</td><td>공식</td><td>재정 격차 완화</td><td>재정력
역지수</td><td>수평적</td></tr>
<tr><td colspan="3">서울시 재산세 공동과세</td><td>일반정액</td><td colspan="2">재산세 50%</td><td>공식</td><td>재정 격차 완화</td><td>균등
배분</td><td>수평적</td></tr>
</table>

주: 1) 2018년 기준 시·도 보통세 비율은 서울 22.6%, 부산 22%, 대구 22.29%, 인천 20%, 광주 23.9%, 대전 23%, 울산 20%임.

자료: 조기현·여효성(2018: 27)에서 재인용.

교부금은 수평적 재정효과가 포함된 수직적 지방재정 조정제도이다. 이들 재원은 중앙과 지방정부 간 세원 불균형 문제를 교정할 목적으로 중앙정부의 조세를 재원으로 하여 지방정부에 이전하면서 다만 지방정부의 재정력을 반영하여 차등적으로 이전하기 때문에, 수평적 재정형평의 요소가 포함된 수직적 지방재정 조정제도로 분류할 수 있다. 보통교부세의 경우 지역균형수요와 사회복지균형수요 등의 보정수요 반영, 소방안전교부세는 재정자주도, 부동산교부세는 재정력 역지수 등을 이용하고, 국가균형발전특별회계는 지역자율계정을 포괄보조 방식으로 운영하면서 낙후지역, 특수상황지역을 대상으로 차등보조율을 활용하며, 시·군 조정교부금에서도 재정력 역지수, 자치구 조정교부금은 보정수요 등을 적용하여 수평적 재정효과를 추구한다.

둘째, 순수한 의미의 수평적 지방재정 조정제도는 지역상생발전기금과 서울시의 재산세 공동과세를 들 수 있다. 지역상생발전기금의 경우 지방소비세 도입으로 인하여 야기되는 시·도 간의 세수 격차를 완화하기 위하여 수도권 3개 시·도 지방소비세 납입액의 35%를 출연받아 비수도권 시·도에 이전하는 방식을 채택하고 있으므로, 동급 자치단체 간에 수평적으로 이전되는 지방재정 조정제도이다. 또한 서울시의 재산세 공동과세는 서울시 재산세 징수액의 50%는 징수지 자치구에 귀속하며, 잔여분 50%는 서울시가 관할 자치구 대상으로 균등 배분하는 방식으로 이 경우에 부유한 자치구의 재산세 일부가 잔여분 50%에 흡수되어 동종 자치구에 이전됨으로써 수평적 이전재원의 성격을 지니게 된다(조기현·여효성, 2018: 25-26).

Chapter 08 지방교부세

제 1 절 지방교부세의 의의

1. 지방교부세의 개념

현재 우리나라에서 가장 핵심적인 지방재정 조정제도는 지방교부세로, 지방교부세는 「지방교부세법」 제1조에서 "지방자치단체의 행정 운영에 필요한 재원을 교부하며, 그 재정을 조정함으로써 지방행정의 건전한 발전을 기하기 위해 교부된다"고 규정하고 있다.

이론적으로 지방교부세(local shared tax) 제도는 지방자치단체의 부족한 재원을 보전해 주고, 지역 간 세원 편재(偏在)에 따른 재정 불균형(fiscal imbalance)을 해소하는 기능을 수행하고, 모든 지방자치단체가 일정한 행정 수준을 확보할 수 있도록 재원을 보장하는 재정조정제도로서, 그 사용에 아무런 조건을 달지 않는 일반적인 재정지원금이다(행정안전부, 2019).

따라서 지방교부세는 단순히 국고(國庫)에서 이전(transfer)되는 교부금이 아니라, 본래 국가와 세원을 함께 공유(共有)하는 세원 재배분의 한 형태라는 점과 더욱이 지방에 배분된 지방교부세를 어떤 용도로 사용할 것인지는 자치단체의 재량이기 때문에 국가가 교부할 때 조건을 붙이거나, 용도를 지정해서는 아니 된다는 점에서 지방자치의 본래 의도를 구현하고, 자치단체의 독립성을 강화한다는 긍정적인 측면이 있다.

2. 지방교부세의 특징

1) 공유재원

지방교부세는 지방정부와 중앙정부 간의 공유재원이다. 즉, 지방교부세는 지역 간 세원의 편재로 인해 야기되는 재정력 불균형을 시정하고자 만들어진 하향적 원조재원이 아니라, 국가와 지방이 공유하고 있는 세원을 중앙정부가 징수하여 지방정부에 배분하는 중앙정부와 지방정부 간의 공유재원으로 이해해야 한다는 것이다.

반면에 국고보조금은 중앙정부의 재원이나 중앙정부의 기능을 지방정부가 대행할 때, 또는 장려적 사업을 시행하고자 할 때, 재정상 필요하다고 인정할 때, 중앙과 지방정부 간의 이해관계가 있는 사업을 지방정부가 수행할 때 등의 경우에 중앙정부로부터 지방정부로 재원에 대한 지출권을 이전하는 것이다(손희준 외, 2011).

2) 일반재원

지방교부세는 용도의 지정 없는 지방정부의 일반재원(general grant)이다. 따라서 배분된 지방교부세를 어떤 용도에 사용할 것인가 하는 것은 지방정부의 재량이며, 중앙정부는 교부 시에 지방자치의 원리를 존중하여 조건을 붙이거나 용도를 정해서는 안 된다. 다만 지방교부세 중 특별교부세는 용도 지정이나 조건 부여가 가능하다. 반면에 국고보조금은 중앙정부가 지방정부에 대해 구체적인 용도를 지정하거나 조건을 붙여 교부하는 특정재원(specific grants)이다.

3) 재원 보장 및 형평화 목적

지방교부세는 지방정부 간의 재정력 균등화와 지방정부의 재원 보장 등의 일반 목적을 가진다. 반면에 국고보조금은 지방정부 간 재정잉여의 균등화, 특정 공공 서비스의 최저 수준 공급, 지역 간 유출효과의 시정, 지방 공공 서비스의 효율적 공급, 경기 극복, 지역 공공 서비스 공급 장려 등의 특정 목적을 위해 사용된다(이영조, 1987: 152-157).

4) 일반회계로 운용

지방교부세는 중앙정부의 일반회계로 관리·운용된다. 즉, 현행 지방교부세는 교부세의 재원을 중앙정부의 일반회계 예산에 편성하고, 이 예산을 행정안전부 소관으로 이관하여 일정한 산정 방식에 의해 재원이 부족한 자치단체에 교부하고 있다. 반면에 국고보조금은 각 중앙부처의 일반회계 또는 특별회계 예산에 계상되어 운영된다.

5) 법정률에 의한 공식적 결정

지방교부세 총액은 법률에 의해 공식(公式, formula)으로 정해진다. 즉, 「지방교부세법」 제4조 제1항에 의하면 지방교부세(부동산교부세, 소방안전교부세 제외)의 재원은 "해당 연도 내국세(목적세 및 종합부동산세, 담배에 부과되는 개별소비세의 총액의 100분의 20 및 다른 법률에 따라 특별회계의 재원으로 사용되는 세목의 해당 금액 제외) 총액의 1만분의 1,924에 해당하는 금액"이라고 규정하고 있다. 반면에 국고보조금의 규모와 보조율은 「보조금관리에 관한 법률」에 근거하여 일부는 규정하고 있지만 대부분 중앙정부의 재정 여건과 정책 목표 및 예산 확보 상태 등을 고려하여 중앙정부가 임의로 결정한다.

6) 제도적인 배분 방법

지방교부세 중 보통교부세는 지방정부의 기준재정 수요액과 기준재정 수입액을 비교하여 차액이 되는 재정 부족액을 법률로 정해진 보통교부세 총액의 범위 내에서 조정하여, 중앙정부(행정안전부)가 당해 지방정부에 포괄적으로 배분하고 있으며, 특별교부세는 지역 현안, 재난 안전, 시책 수요 등의 신청 사업에 대해 사업의 타당성 등을 종합적으로 심사하여 사업별·시책별로 교부한다. 반면에 국고보조금은 보조사업을 수행하고자 하는 자의 신청에 따른 배분 방법과 국가의 임의배분 방식에 의

한다.

3. 지방교부세의 기능

1) 재원 보전 기능

지방교부세 제도는 지방자치단체의 행정 운영에 필요한 재원을 보장하는 재원 보장 기능을 수행하고 있다. 현행 「지방교부세법」 제1조에서 "지방자치단체의 행정 운영에 필요한 재원(財源)을 교부"한다고 명시함으로써 재원 보장 기능의 성격을 명백히 하고 있다. 따라서 지방교부세의 배분 방식을 통해 각 지방정부의 기준재정 수요액과 기준재정 수입액을 산정하여 그 차액인 재원 부족액을 보전(補塡)해 주는 방법을 채택함으로써, 개별 지방정부에 대한 재원 보장을 실현하고 있다.

또한 기준재정 수요액 또는 기준재정 수입액은 단순히 지방자치단체의 재원 부족을 산정하기 위한 수단일 뿐만 아니라, 이들 기준재정 수요액 또는 기준재정 수입액의 산정 기초로서 제시된 경비나 세수입의 내용과 액수를 기준으로 각 지방자치단체가 예산을 편성하고 기획한다면 가장 표준적인 행정을 수행할 수 있게 된다. 이러한 의미에서 지방교부세는 각 지방자치단체의 재원을 보장함과 동시에 지방자치단체의 계획적인 행정 운영을 보장하는 기능도 겸한다고 할 수 있다.

2) 재정력의 형평화 기능

지방교부세는 지역 간 세원의 편재를 조정해서 지방자치단체 간의 재정력 균등화를 도모하는 역할을 수행한다. 지방자치단체 간의 재정력이란 재정수요와 재정수입과의 비교로 나타낼 수 있는 데, 이는 두 가지 요인에 의해 결정된다.

첫째, 세수입을 조달하는 능력으로서 이는 각 지방자치단체 세원의 크기에 따라서 결정된다.

둘째, 공공 서비스의 공급 비용으로 공공 서비스의 공급 비용이 많이 드는 지역에서는 세수입이 많아도 공공 서비스의 공급 수준이 저하되어 그만큼 재정력은 약하게 된다.

이러한 두 요인에 의해 재정력이 강한 지방자치단체란 일반적으로 세원이 풍부하고 공공 서비스 공급 비용이 적게 드는 지방자치단체라고 할 수 있다. 재정력이 강한 지방자치단체와 약한 지방자치단체 간에 재정 조정의 근거가 되는 재정적 형평이란 세 부담과 경비 부담액으로 측정된 공공 급부 수준과의 차액이 동일 소득층에서는 같아야 한다는 의미이다(Buchanan, 1950: 583-589).

3) 자체 노력 인센티브 부여 기능

지방교부세의 부수적인 기능으로 세입 및 세출의 자체 노력에 대한 인센티브를 촉진하는 기능을 들 수 있다(윤영진, 2016: 176). 자체 노력 반영제도는 지방정부의 건전 재정 운영을 위하여, 세입 증대 노력과 세출 절감을 위한 자체 노력을 촉진·유도하기 위한 제도이다.

자체 노력 항목은 1997년에 처음 네 가지를 도입하여, 2011년에는 16종까지 늘었다가, 2016년 총 15종으로 변경하여 2017년까지 그대로 운영하다가, 2018년 일자리 창출 노력이 추가되고, 2019년에 예산집행 노력이 추가되어 현재는 총 16개 항목이 적용되고 있다.

4. 지방교부세 제도의 변천

우리나라 지방교부세는 6·25 전쟁 중인 부산에서 1951년 4월 1일 한시법(限時法)으로 제정·공포된 「임시 지방분여세법」에 의한 임시 지방분여세로 출발하였는데, 이는 6·25 전쟁 발발 이후 경제 불안에 따른 지방의 재정력 격차를 시정하기 위해 제정된 것으로, 재원은 당해 연도의 지세(地稅) 및 영업세 예산액의 123.9/1,000에서 346.8/1,000 이내로 하였다.

그러나 1952년 「임시 지방분여세법」을 대신하여 「지방분여세법」을 제정하였고, 1958년 3월에 지방분여세의 불합리한 분여 방식에 의한 지역 간 불균형이 심화되자 이를 폐지하고, 「지방재정조정교부금법」을 제정하였다.

1961년 5·16 군사쿠데타로 인한 지방의회의 해산과 「지방자치에 관한 임시조치법」으로 지방자치의 연기 등으로 임명직 단체장의 관선(官選) 시대가 열리면서, 1961

표 8-1	지방교부세 제도의 변천 내용
연 도	주요 내용
1951	임시 지방분여세법으로 출발(국세 중 특정 세목의 일정률 34.68% 교부)
1952	지방분여세법 제정
1958	지방재정조정교부금법 제정(1959년부터 시행)
1961	지방교부세법 제정(국세 중 특정 세목의 일정률 교부: 1962년부터 시행)
1968	국세부가세 폐지와 관련된 재정적 조치로서 내국세의 17.6%의 법정교부율 방식 채택(1969년부터 시행)
1973	1972년 8·3 긴급조치에 의해 1973년부터 법정교부율 제도를 폐지하고, 매년 국가 예산으로 재원 규모 결정
1982	법정교부율(내국세의 13.27%) 방식의 부활. 단, 경과 규정에 의해 1983년부터 적용, 증액교부금 제도 신설
1995	농어촌특별세관리특별회계에서 전입되는 금액의 교부세(증액교부금) 재원으로 추가
1999	법정교부율 상향 조정(내국세의 15.0%): 2000년 1월 1일부터 적용
2004	법정교부율 상향 조정(내국세의 19.13%), 증액교부금 제도와 지방양여금제도 폐지: 분권교부세 신설(내국세의 0.83%): 2005년 1월 1일부터 적용
2005	부동산교부세 신설(종합부동산세총액 + 전전년도 종합부동산세액의 정산액)
2006	법정교부율 상향 조정(내국세의 19.24%), 분권교부세율 상향 조정(0.94%): 2006년 1월 1일부터 적용
2014	특별교부세의 비중 인하(4% → 3%)
2015	분권교부세(일부 국고보조사업으로 환원)는 폐지되고 재원은 지방교부세로 통합, 소방안전교부세 신설(담배에 부과되는 개별소비세 총액의 20%)

년 12월 31일 「지방교부세법」을 제정하여 오늘에 이르고 있으나, 그동안 다양한 변화를 겪어 왔다.

1968년부터 국세 부가세의 폐지로 인한 지방세수 감소를 보전하기 위해, 지방교부세를 내국세의 17.6%로 법정률 방식을 채택하였고, 1973년에는 8·3 조치로 인해 내국세의 17.6%이었던 법정교부율을 폐지하고 매년 예산으로 지방교부세의 재원 규모를 책정하게 되었으나, 1983년부터 내국세의 13.27%(교부세 총액의 10/11은 보통교부세, 1/11은 특별교부세)로 법정교부율이 부활되었고 증액교부금이 신설되었다.

2000년에는 김대중 대통령 공약사항이었던 법정교부율 인상이 IMF 사태 극복에 맞춰 15.0%로 상향 조정하였다.

2005년에는 지방양여금이 폐지되면서 국고보조사업 지방이양에 따른 내국세 총액의 0.83%를 재원으로 하는 분권교부세가 신설되어 지방교부세 법정교부율이 19.13%로 상향 조정되는 한편, 증액교부금이 폐지되었고, 특별교부세가 1/11(9.09%)에서 4%로 축소되었으나, 2006년에 분권교부세가 상향 조정(0.83% → 0.94%)됨으로써 법정교부율은 19.24%로 인상되었고, 국세인 종합부동산세가 신설되면서 부동산교부세가 신설되었다.

2014년부터 특별교부세의 비중이 4%에서 3%로 인하되고 배분 비율이 조정되었다.

그리고 2015년부터는 분권교부세의 일부사업이 국고보조사업으로 환원되고, 재원은 지방교부세로 통합되었으며, 담배에 부과되는 개별소비세액의 20%를 재원으로 소방안전교부세가 신설되었다.

제 2 절 지방교부세의 산정 방법 및 배분

1. 지방교부세의 유형

2019년 현재 지방교부세는 내국세의 19.24%를 재원으로 운영하는 보통교부세와 특별교부세가 있으며, 종합부동산세의 100%를 재원으로 운영하는 부동산교부세, 담뱃값의 개별소비세의 20%를 재원으로 운영하는 소방안전교부세 등 네 종류가 있는데, 대상 재원과 배분 비율이 각각 다르다.

그림 8-1 지방교부세의 구조와 재원(2019년 현재)

보통교부세	97%(47.6조 원)	} 내국세의 19.24%
특별교부세	3%(1.47조 원)	
부동산교부세	2조 8,494억 원	– 종합부동산세의 100%
소방안전교부세	5,375억 원	– 담뱃값 개별소비세의 20%

주: 내국세는 목적세, 종합부동산세, 담배에 대한 개별소비세액 20%를 제외한 금액임.

표 8-2 지방교부세의 종류와 특성(2019년 현재)

구 분	보통교부세	특별교부세	부동산교부세	소방안전교부세
목적	지방자치단체 부족재원 보전 및 재정 불균형 시정	지역별 특별 재정수요 지원	지방재정 확충 및 재정 불균형 시정	지방자치단체 소방 및 안전시설 확충, 안전관리 강화 등
재원	내국세의 19.24%		종합부동산세의 100%	담배에 부과되는 개별소비세의 20%
	재원의 97%	재원의 3%		
배분	재정수요 대비 재정수입 부족액 (공식 배분)	재해예방・복구, 시책 등 (신청 및 심사)	재정 여건, 사회복지, 지역교육, 보유세 규모 (기준 배분)	소방 및 안전시설, 재난 및 안전 강화, 재정 여건 고려(기준 배분)
성격	일반재원	특정재원	일반재원	특정재원

2. 보통교부세의 산정 방법 및 배분

1) 보통교부세의 산정 개요

보통교부세는 모든 자치단체의 기본적인 행정 수준 유지를 위한 행정수행 경비의 부족분을 중앙정부가 지원하는 재원으로 매년도 기준재정 수입액이 기준재정 수요액에 미달하는 지방자치단체에 대하여 그 미달액(재정 부족액)을 기초로 산정하고, 여기에 매년 결정되는 일정한 조정률을 곱하여 산정하여 배분한다.

$$\text{보통교부세} = (\text{기준재정 수요액} - \text{기준재정 수입액}) \times \text{조정률}$$
$$= \text{재정 부족액} \times \text{조정률}$$

조정률은 보통교부세 총액(제주특별자치도[1] 3% 및 분권교부세 보전분[2] 제외)과 재정 부족액이 발생한 전 지방자치단체의 재정 부족액 총액과 일치할 수 있도록 조정하기 위한 비율로, 2019년의 경우 조정률은 86.4%로 재정 부족액 총액의 86.4%를 보전하고 있다.

1) 2007년 「제주특별자치도 설치 및 국제자유도시 조성을 위한 특별법」 제124조에 의해, 재정 부족액에 관계없이 제주특별자치도에는 보통교부세 총액의 3%를 정률로 교부하는 특례를 인정하고 있다.

2) 보통교부세 불교부 단체라도 2015년 분권교부세 보통교부세 통합에 따른 보전분을 위한 금액은 조정률 산정 시 예외로 인정하고 있다.

$$조정률 = \frac{보통교부세\ 총액(제주도\ 3\%\ 및\ 분권\ 보전분\ 제외)}{재정\ 부족액이\ 발생한\ 자치단체의\ 재정\ 부족액\ 총액}$$

이런 조정률은 매년 지방교부세 산정에 따른 재정 부족액(교부받아야 할 총액)과 내국세의 법정률에 의한 이전금액(교부할 수 있는 총액)과의 비교를 통해 결정되다 보니 지방교부세의 예측가능성이라는 측면에서는 문제가 있고, 조정률의 현황을 보면 다음 <표 8-3>과 같다.

표 8-3 지방교부세 조정률의 변화

연 도	2000	2002	2013	2014	2015	2016	2017	2018	2019
조정률 (%)	92.5	77.5	89.0	87.27348	86.68563	89.7468	94.0523	91.5	86.4

자료: 행정안전부, 지방교부세 산정해설, 매년도.

2000년의 92.5%이던 조정률이 2002년에는 77.5%에 불과하였고, 2015년 86.68563% 등 소수점 다섯째 자리까지 감안해야 하고, 2018년에는 91.5%로 증가하기도 하였지만, 최저 부족액의 80% 수준도 충족을 못시켜주고 있다는 사실을 인식해야 할 것이다.

전체적인 보통교부세의 산정 방식과 과정을 보면 다음 [그림 8-2]와 같다.

2) 기준재정 수요액의 산정

기준재정 수요액은 지방자치단체의 실제 모든 수요액이 아니라, 합리적이고 타당한 기준이 되는 표준 수준의 일반재원 수요액을 기초로 산정된다. 기준재정 수요액은 측정 항목별 기초통계자료 등 일정한 산식에 의해 산정되는 기초수요액과 여기에 보정수요액을 더하고, 수요와 관련된 자치단체의 자구 노력 정도를 가감하여 산정한다.

$$기준재정\ 수요액 = 기초수요액 + 보정수요액 \pm 수요\ 자체\ 노력$$

그림 8-2 보통교부세의 산정흐름도

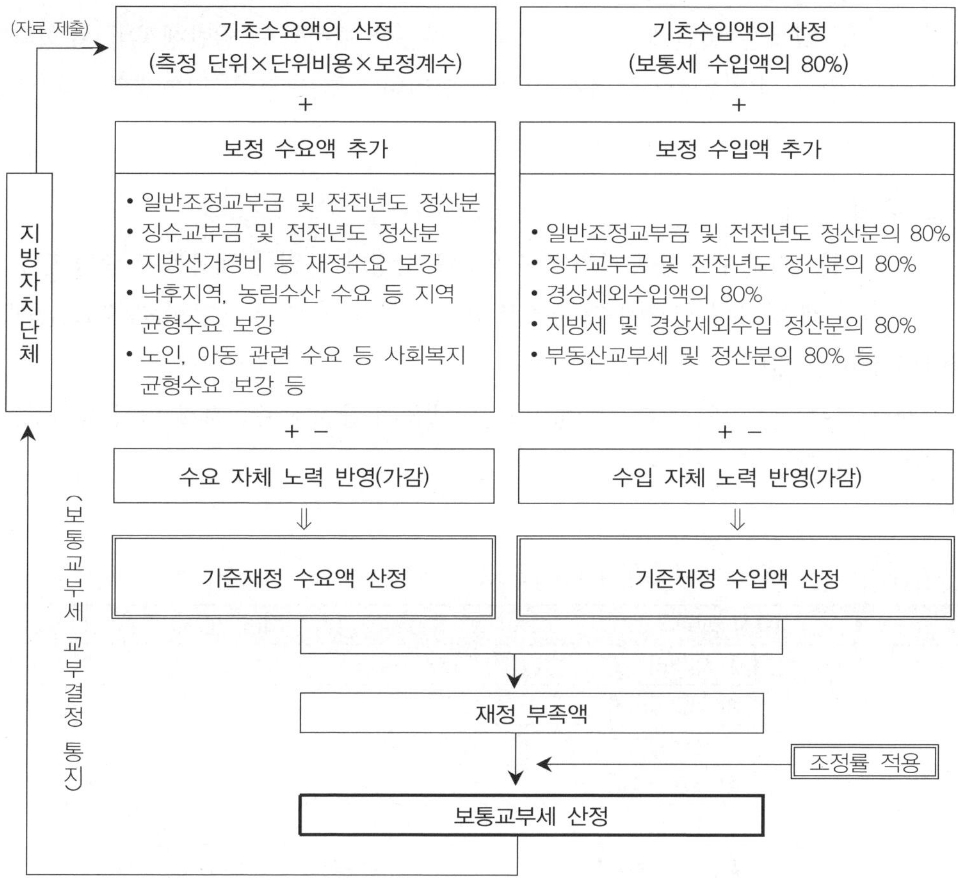

자료: 행정안전부(2019: 32).

(1) 기초수요액의 산정

기초수요액은 측정 항목별로 각 자치단체가 표준적인 수준의 행정을 수행하는 데 필요한 기본 경비로 측정 항목별로 측정 단위 수치에 단위비용과 보정계수를 곱하여 산정한다.

기초수요액 = Σ 측정 항목별(측정 단위 수치 × 단위비용 × 보정계수)

① 측정 항목

측정항목은 각 자치단체의 기준재정 수요액을 합리적으로 측정하기 위해 기능별·성질별로 분류하여 설정한 표준적인 경비의 종류를 말한다.

현재 측정 항목은 일반예산 과목 구조에 상응한 항목들로 일반행정비, 문화환경비, 사회복지비, 지역경제비 등 4개 항목과 인건비, 문화관광비, 기초생활보장비, 농업비 등 16개 세항목으로 구성되어 있다.

② 측정 단위

측정 단위는 기준재정 수요액을 객관적으로 산정하기 위한 세항목별 측정 단위로서 세항목별 재정 운영 현황에 대한 설명력(상관관계)이 가장 높은 통계자료를 채택하여 사용하고 있다.

현재는 공무원 수, 인구 수, 국민기초생활보장 수급권자 수, 경지 면적 등 12종의 측정 단위로 구성되어 있다.

표 8-4 기초수요액 측정 항목과 측정 단위(2019년 현재)

측정 항목		측정 단위
1. 일반행정비	① 인건비	공무원 수
	② 일반관리비	공무원 수
	③ 안전관리비	인구 수
2. 문화환경비	④ 문화관광비	인구 수
	⑤ 환경보호비	인구 수
3. 사회복지비	⑥ 기초생활보장비	국민기초생활보장 수급권자 수
	⑦ 노인복지비	노령인구 수
	⑧ 아동복지비	아동 수
	⑨ 장애인복지비	등록장애인 수
	⑩ 보건사회복지비	인구 수
4. 지역경제비	⑪ 농업비	경지 면적
	⑫ 임수산비	산림·어장·갯벌 면적
	⑬ 산업경제비	사업체 종사자 수
	⑭ 도로관리비	도로 면적
	⑮ 교통관리비	자동차 대수
	⑯ 지역관리비	행정구역 면적

③ 단위비용

단위비용이란 동종의 단체별 표준적인 조건을 구비한 자치단체가 합리적이고 타당한 수준에서 지방행정을 수행하는 경우에 측정 항목(세항목)별로 소요되는 측정 단위당 경비로, 이는 보통교부세의 산정에 사용하는 동종 단체별 경비액을 결정하기 위해 측정 단위의 수치에 곱하게 될 단가로서의 의미를 갖는다.

단위비용은 특별시, 광역시, 특별자치시, 도, 시 및 군별로 구분하여 정하되, 물가 상승, 기타 단위비용의 결정 요인의 변동이 있을 때에는 이를 반영해 조정한다.

표 8-5 보통교부세 단위비용(2019년 현재)

구 분	시	군
문화관광비: 인구 1인당	90,350원	252,970원
노인복지비: 노령인구 1인당	854,710원	951,530원
산업경제비: 사업체 종사자 1인당	107,740원	237,420원

④ 보정계수

보정계수란 기초수요액 산정 단위비용의 획일적 적용, 기타 사유로 인해 개별 자치단체의 기초수요액이 현저히 불합리할 때 일정한 방식에 따라 단위비용에 조정을 가하는 지수를 의미한다.

보정계수는 해당 자치단체의 수요항목별로 산정된 표준행정수요액을 해당 자치단체의 측정단위 수치로 나눈 값을 동종 자치단체의 표준 단위비용으로 나누어 구한다.

$$\text{보정계수} = \frac{\text{해당 자치단체의 표준행정수요액}}{\text{해당 자치단체의 측정 단위 수치}} \div \text{표준 단위비용}$$

(2) 보정수요액의 산정

보정수요액은 측정 항목 및 측정 단위의 형태로는 산정할 수 없는 행·재정상의 수요 경비 중 보편타당하면서도 수요 자체의 그 규모가 커서 수요를 반영하지 않을 경우 재정 격차가 심화될 것으로 예상되는 경비를 가산해 주는 방식으로 한다.

현재 보정수요는 일반조정교부금(특별조정교부금은 제외됨) 수요, 징수교부금 수요, 통합지방자치단체 수요, 세종특별자치시 수요, 지역균형 수요, 사회복지균형 수요 등이 있는데, 여기서는 지역균형 수요와 사회복지균형 수요를 중점적으로 알아보고자 한다.

① 지역균형 수요

지역 특성을 고려한 재원 배분의 형평화와 지역 간 균형 있는 개발을 위한 특수여건 수요를 반영하기 위하여, 해당 경비별 '지역균형 수요'를 산정하여 반영하는 것으로 2005년까지는 표준행정 수요에 포함하여 산정하였으나, 2006년부터 보정수요에 포함하여 낙후지역 개발 등 지역 특성을 반영하고 있다.

구체적으로는 낙후지역 및 도서지역에 대한 일반관리비 수요, 안전관리비, 문화관광비, 환경보호비, 농업비, 임수산비, 도로관리비, 교통관리비, 지역관리비 등이 있다.

② 사회복지균형 수요

지역 주민의 삶의 질 향상과 사회적 취약계층에 대한 지원을 강화하기 위해, 사회복지 분야의 측정 항목별 사회복지균형 수요를 가산하여 반영하는 것으로, 증가 추세인 복지비의 실질적인 재정수요를 강화하기 위해 국민기초생활보장 수급권자 비율, 노령인구 비율, 아동인구 비율, 장애인 비율, 가정위탁보호 아동 수요, 다문화 수요, 저소득 한부모가족 수요, 출산장려 수요, 생활형 집단거주시설 수요 등을 반영하고 있다.

(3) 수요 자체 노력

지방교부세법 시행규칙 제8조의 규정에 의해 지방자치단체의 건전재정 운영을 도모하고, 각 지방자치단체의 세출 절감과 세입 증대 노력을 촉진하고 유도하기 위한 것으로, 기준재정 수요액과 기준재정 수입액 산정과 직접적으로 관련된 16개 항목별로 자체 노력 정도를 평가하여 기준재정 수요액과 기준재정 수입액의 산정 시 가감(加減)하여 반영하고 있다.

수요 자체 노력은 ① 인건비 건전 운영, ② 지방의회경비 절감, ③ 업무추진비 절감, ④ 행사·축제성 경비 절감, ⑤ 지방보조금 절감, ⑥ 지방청사 관리·운영, ⑦ 민간위탁금 절감, ⑧ 일자리 창출(2018년 신설), ⑨ 예산집행 노력(2019년 신설) 등 9개 항목을 설정하고 각 수요 자체 노력 항목마다 산정 기준을 두어 산정 결과를 기

표 8-6 보통교부세 산정을 위한 자체 노력 항목(2019년 현재)

기준재정 수요(9종)	기준재정 수입(7종)
① 인건비 건전 운영	① 지방세 징수율 제고
② 지방의회경비 절감	② 지방세 체납액 축소
③ 업무추진비 절감	③ 경상세외수입 확충
④ 행사·축제성 경비 절감	④ 세외수입 체납액 축소
⑤ 지방보조금 절감	⑤ 탄력세율 적용
⑥ 지방청사 관리·운영	⑥ 지방세 감면액 축소
⑦ 민간위탁금 절감	⑦ 적극적 세원 발굴 및 관리
⑧ 일자리 창출(2018년 신설)	
⑨ 예산집행 노력(2019년 신설)	

준재정 수요액에 가감하고 있다.

3) 기준재정 수입액의 산정

기준재정 수입액은 기준재정 수요액에 대응하는 개념으로 합리적이고 객관적인 기준이 되는 표준 수준의 일반재원 수입액을 기초로 산정한다.

기준재정 수입액은 산정된 결과를 모두 반영하는 것이 아니라 80%만을 반영하여, 지방세입의 여력을 확보하여 재정 운영을 신축성을 보완하고 각 자치단체의 징세 노력을 촉구하기 위한 것이다. 즉, 기준재정 수입액은 개별 자치단체의 지방세 보통세 수입액을 기초수입액으로 하고, 여기에 보정수입액을 더하고, 수입과 관련된 자치단체의 노력 정도를 가감하여 산정한다.

기준재정 수입액 = 기초수입액 + 보정수입액 ± 수입 자체 노력

(1) 기초수입액

기초수입액은 「지방세법」상 표준세율로 산정한 보통세 수입액의 80%에 해당하는 금액으로 산정한다. 따라서 기초수입액은 지방세 중 보통세 9종(취득세, 등록면허세, 레저세, 재산세, 담배소비세, 주민세, 지방소득세, 지방소비세, 자동차세)을 대상으로 추계하고, 추계한 보통세 수입액의 80%를 반영한다.

기초수입액 = 보통세 수입액×80%

(2) 보정수입액

보정수입액은 기초수입액을 보완하기 위한 것으로, 경상세외수입, 시·군의 일반 조정교부금, 시·도세 징수교부금, 부동산교부세 및 지방소비세 재원으로 조성된 지역상생발전기금에서 배분받은 수입액 등의 80%를 반영하고, 이들 보정 대상과 보통세의 전전연도 산정 정산액의 80%를 보정수입으로 반영한다.

보정수입액 = 경상세외수입 및 정산분 등×80%

(3) 수입 자체 노력

수입 자체 노력은 수요 자체 노력과 대응하는 개념으로 세입과 관련하여 자치단체가 자구 노력과 책임을 다하는 정도를 기준재정 수입액 산정에 반영하기 위한 것이다.

따라서 자치단체의 세입 증대 노력을 유도·촉진하기 위한 현재 수입 자체 노력 항목은 ① 지방세 징수율 제고, ② 지방세 체납액 축소, ③ 경상세외수입 확충, ④ 세외수입 체납액 축소, ⑤ 탄력세율 적용, ⑥ 지방세 감면액 축소, ⑦ 적극적 세원 발굴 및 관리 등 7종이다.

3. 특별교부세의 산정 방법 및 배분

특별교부세는 보통교부세 산정 시 발생하는 획일성, 시기성, 일회성을 이유로, 기준재정 수요액 또는 기준재정 수입액 산정 과정에서 반영할 수 없었던 자치단체의 구체적 사정, 재정 여건 변동, 예기치 못한 재정수요 등을 고려해서 특별히 교부하는 것으로, 이러한 특별교부세는 그 사용에 관해 조건을 붙이거나 용도를 제한할 수 있으며 보통교부세 불교부 단체도 특별교부세는 교부받을 수 있다.

특별교부세의 재원은 해당 연도의 내국세 총액의 19.24%에 해당하는 액과 전전연도 내국세 정산액(내국세의 예산액과 결산액과의 차액으로 인한 교부세의 차액을 가감한 액)을 합한 금액, 즉 지방교부세 총액의 3%이다.

1) 특별교부세의 교부 기준

특별교부세의 교부 대상 및 배분 비율은 다음과 같다(지방교부세법 제9조).

첫째, 기준재정 수요액의 산정 방법으로는 파악할 수 없는 지역 현안에 대한 특별한 재정수요가 있는 경우이며, 이 경우 특별교부세 재원의 40%를 교부한다.

둘째, 보통교부세의 산정 기일 후에 발생한 재난을 복구하거나 재난 및 안전 관리를 위한 특별한 재정수요가 생기거나 재정수입이 감소한 경우이며, 이 경우 특별교부세 재원의 50%를 교부한다.

셋째, 국가적 장려사업, 국가와 자치단체 간에 시급한 협력이 필요한 사업, 지역역점 시책 또는 지방행정 및 재정 운용 실적이 우수한 지방자치단체에 재정 지원 등 특별한 재정수요가 있을 경우이며, 이 경우 특별교부세 재원의 10%를 교부한다.

특별교부세 집행의 객관성과 투명성 확보를 위해 2016년부터 시책수요분에 대하여 '특별교부세 사업심의위원회'를 구성하여 운영하다가, 2018년부터는 '지방교부세 위원회'를 구성하여 운영하고 있다.

표 8-7 특별교부세의 교부 기준 및 재원 규모(2019년 현재)

(단위: 억 원)

구 분	비 율	재원 규모	비 고
총계	100%	14,722	–
지역현안수요	40%	5,889	• 자치단체의 지역현안사업 등
국가지방협력수요	10%	1,472	• 국가적 행사 및 적극적 장려사업 • 행·재정 운용 실적 우수단체 인센티브 등
재난안전수요	50%	7,361	• 재난 복구 및 예방사업 등

주: 재난안전수요는 재난안전관리본부(구 국민안전처)에서 교부·운영함.
자료: 행정안전부(2019: 129).

2) 특별교부세의 교부 시기 및 방법

특별교부세의 교부 시기는 지방공공시설의 설치 등으로 인하여 특별한 재정수요가 있는 경우, 각종 재난 및 안전관리 등으로 인하여 드는 지방비 부담분을 보전할 필요가 있는 경우, 지역경제 활성화, 주민생활 안정, 지방행정 기능 강화, 국가적 행사 관련 시책, 지방행정 및 재정 운용 실적이 우수한 지방자치단체에 대한 재정 지원 또는 그 밖의 주요 시책으로 인하여 특별한 재정수요가 있는 경우에 사업이 차질 없이 수행될 수 있도록 최대한 빨리 교부해야 한다(지방교부세법시행령 제9조의2).

특별교부세의 교부 방법은 지역현안수요, 국가지방협력수요, 재난안전수요 등의 사유가 발생하면 자치단체장이 사업의 필요성, 투자 효과, 재원계획 등을 종합적으로 판단한 후 그 교부 금액을 신청하며, 이 경우 행정안전부 장관은 교부 목적의 타당성을 심사하여 교부하게 된다. 비록 신청이 없는 경우에도 행정안전부 장관이 필요하다고 인정하는 경우 일정한 기준을 정하여 교부할 수 있다. 그리고 2014년부터는 민간에 지원하는 보조사업에 대해서는 신청 · 교부할 수 없도록 제한을 두고 있다.

4. 부동산교부세의 산정 방법 및 배분

부동산교부세는 지방교부세의 틀 안에 있지만 별도로 운영되며, 국세인 종합부동산세의 전액으로 운영되고 있다.

2015년 부동산투기 억제 또는 소득재분배 등 국가의 정책적 목적을 수행하기 위하여 지방세인 종합토지세와 재산세 일부가 지방세인 재산세(주택, 토지, 건물 분)와 국세인 종합부동산세(주택 9억 원 초과, 토지 6억 원 초과, 사업용 토지 40억 원 초과 시 부과)로 이원화되고, 이 과정에서 국세인 종합부동산세 도입에 따른 자치단체의 재원 감소분을 보전하고 재정형평성을 제고하기 위하여 국가는 종합부동산세 총액을 자치단체에 전액 교부하도록 하였다. 종합부동산세의 세원 자체가 주택, 토지 등 지방세의 과세 대상을 근본으로 하고 있어 국세이기는 하지만, 지방 고유재원이며 일반재원의 성격을 가진다.

부동산교부세의 교부 기준은 2009년까지는 종합부동산세 신설에 따른 자치단체의 재원 감소분을 기초로 산정하되, 재정 여건, 지방세 운영 상황, 부동산 보유세 규모 등을 감안하여 정하였다.

그러나 2010년부터는 시 · 도세인 지방소비세가 도입되면서 전액 균형재원으로 시 · 군 · 구(제주특별자치도 포함)별로 교부(세종특별자치시는 2012년부터)하고 있으며, 현행 교부 기준 및 산정지표는 다음 <표 8-8>과 같다.

제주특별자치도의 경우 부동산교부세 총액의 1.8%를 우선 배분하고, 나머지에 대해 특별자치시와 시·군 및 자치구의 경우 재정 여건 50%, 사회복지 35%, 지역교육 10%, 부동산 보유세 규모 5%를 적용하여 배분한다.

그리고 부동산교부세의 규모는 2010년 1조 221억 원에서 2013년 1조 1,630억 원까지 서서히 증가하다가 2014년 1조 1,391억 원으로 감소하고, 2015년부터 증가폭이 서서히 커지면서 2019년 2조 8,494억 원을 차지하고 있다.

표 8-8 부동산교부세의 교부 기준 및 산정지표(2019년 현재)

구 분	교부 기준	산정지표
특별자치시·시·군 및 자치구	재정 여건(50%)	• 재정력 역지수(50)
	사회복지(35%)	• 사회복지비 지수(18.2) • 노령인구 지수(5.6) • 노인보호 지수(2.8) • 국민기초생활보장 수급권자 지수(4.2) • 장애인 지수(4.2)
	지역교육(10%)	• 지역교육 현안수요 지수(3.0) • 영어체험교실 운영 지수(4.0) • 보육·교육 지원 지수(1.6) • 영어체험교실 수(1.0) • 보육·교육 학급 수(0.4)
	보유세 규모(5%)	• 재산세 부과액 지수(5.0)
특별자치도	부동산교부세 총액의 1.8%	

자료: 행정안전부(2019: 138).

표 8-9 부동산교부세의 재원 규모 추이

(단위: 억 원)

구 분	2010	2011	2012	2013	2014	2015	2016	2017	2018	2019
재원 규모	10,221	10,620	11,214	11,630	11,391	14,104	14,457	15,328	20,172	28,494

주: 재원 규모는 최종 교부액임(단, 2019년도는 당초예산).
자료: 행정안전부(2019: 137).

5. 소방안전교부세의 산정 방법 및 배분

소방안전교부세는 지방교부세와 별도로 운영하고 있으며, 소방시설(소방장비 포함) 및 안전시설의 확충과 소방안전관리 및 안전관리를 강화하여 각종 사고와 재난으로부터 주민의 생명과 재산을 보호하고자 담배가격의 인상과 더불어 국세인 개별소비세의 20%를 재원으로 하여 2015년에 신설되었다.

이런 소방안전교부세는 소방 및 안전과 관련된 사업에만 사용할 수 있으므로 보통교부세 및 부동산교부세와 같은 일반재원이 아니라 특정재원이라고 할 수 있다.

또한 소방안전교부세의 재원은 담배에 부과되는 개별소비세 총액의 20%와 전전연도 담배에 부과되는 개별소비세 정산액(담배에 부과되는 개별소비세의 예산액과 결산액과의 차액으로 인한 교부세의 차액을 가감한 액)으로 전액 지방자치단체에 교부해야 하며, 그 교부 기준은 소방 및 안전시설 현황과 투자 소요 40%, 재난 예방 및 안전 강화 노력 40%, 재정 여건 20%를 적용하여 배분한다(지방교부세법시행령 제10조의4).

대상사업은 중점사업과 재량사업으로 구분하며, 중점사업은 중요하고 시급한 소방시설 및 안전시설 확충, 소방안전관리 및 안전관리 강화 사업이며, 재량사업은 중점사업에 해당하지 아니하는 일반적인 소방시설 및 안전시설 확충, 소방안전관리 및 안전관리 강화 사업에 교부한다.

표 8-10 소방안전교부세 교부 기준 및 산정지표

구 분	교부 기준	
	소방 분야	안전 분야
투자소요(40%)	• 노후 · 부족 소방장비 교체 · 보강 소요 비용(18) • 소방출동 비용(4) • 소방공무원 수(4)	• 지방도로 위험도(5) • 지방하천 위험도(4) • 안전지수 소요 비율(3) • 안전신고 비율(2)
노력도(40%)	• 소방시설 확충 노력률(16) • 소방예산 확대 노력률(5)	• 안전시설 확충 노력률(6) • 안전지수 개선 비율(2) • 안전신고 개선율(1)
	소방안전교부세 적정 사용률(10)	
재정여건(20%)	재정자주도(20)	

자료: 행정안전부(2019: 142).

그리고 소방안전교부세의 규모는 2015년 3,141억 원에서 2017년 4,588억 원까지 증가하였다가 2018년 4,173억 원으로 전년 대비 9%나 감소하였고, 다시 2019년 5,376억 원까지 증가하였다.

표 8-11 소방안전교부세의 재원 규모

(단위: 억 원)

구 분	2015	2016	2017	2018	2019
재원 규모	3,141	4,147	4,588	4,173	5,376

자료: 행정안전부(2019: 142).

제 3 절 지방교부세의 관리 및 현황

1. 지방교부세의 관리

1) 지방교부세의 교부 및 자금관리

행정안전부 장관은 매 회계연도 개시 전에 각 자치단체에 교부할 지방교부세 총액을 당해 자치단체에 통지한다. 이러한 지방교부세의 교부 결정 통지가 이루어질 경우 자치단체는 이를 기초로 자치단체 예산에 계상한다. 지방교부세의 예산배정은 행정안전부 장관의 예산배정요구서에 의해 기획재정부 장관이 분기별 예산배정계획서를 작성하고, 이에 따라 매 분기별로 행정안전부 장관에게 배정하며, 행정안전부 장관은 이를 다시 지방교부세 결정통지액 규모에 따라 해당 자치단체에 재배정한다.

그러나 자치단체별 지방교부세의 자금교부는 행정안전부 장관이 기획재정부 장관에게 제출한 월별 자금배정계획에 의거, 매월 국세의 징수실적 등을 고려해 배정한다.

2) 지방교부세의 검사, 시정 및 구제

(1) 지방교부세의 검사

행정안전부 장관은 지방교부세의 결정 후 산정에 사용된 자료를 검사하여 산정의 착오 유무를 확인하고, 사실을 확인한 시점의 다음 연도 교부세 산정 시 잘못 산정된 금액을 가감하여 반영한다.

(2) 부당교부세의 시정

행정안전부 장관은 지방교부세 산정자료를 허위로 제출한 경우와 법령 위반 과다 지출 또는 수입징수 태만의 경우에는 부당하게 교부받은 금액의 반환을 명하거나 부당하게 받으려 하는 금액을 감액(減額)할 수 있고, 이 경우 감액하거나 반환을 명하는 교부세의 금액은 법령을 위반하여 지출했거나 징수를 게을리하여 확보하지 못한 금액을 초과할 수 없다(지방교부세법 제11조).

구체적인 감액 기준은 지방채 발행 승인을 받지 아니하거나 지방채 발행 승인 결과를 따르지 아니하고 지방채를 발행한 경우, 투자심사를 받지 아니하거나 투자심사 결과를 따르지 아니하고 재정투자사업에 지출한 경우, 사회보장기본법에 따른 협의·조정을 거치지 아니하고 사회보장제도를 신설 또는 변경하여 경비를 지출한 경우, 주무부 장관 또는 행정안전부 장관의 감사 결과 등에 의하여 법령을 위반하여 지나치게 많은 경비를 지출하였거나, 수입 확보를 위한 징수를 게을리하였음이 밝혀진 경우 등 총 18가지다. 이렇게 감액된 지방교부세액은 다른 자치단체의 재정보전 재원으로 충당하거나 자치단체의 건전재정 운영을 촉진하기 위한 인센티브 재원으로 활용한다(지방교부세법시행령 제12조).

감액의 규모는 2018년 기준 83,860백만 원(208건)으로 법령 위반 과다지출 58,985백만 원(120건), 예산편성 기준 위반 14,402백만 원(44건), 수입징수 태만 8,937백만 원(40건), 그리고 재정투자 미심사 1,536백만 원(4건)을 차지하고 있다.

3) 이의신청

자치단체의 장은 보통교부세의 결정 통지를 받은 경우에 당해 자치단체의 교부세액 산정 기초 등에 대해 이의가 있을 때에는 통지를 받은 날로부터 30일 이내에(시 · 군의 경우 도지사, 광역시장를 거쳐) 행정안전부 장관에게 이의를 신청할 수 있으며, 행정안전부 장관은 그 신청을 받은 날로부터 30일 이내에 이를 심사하여 이의신청이 타당하다고 인정하는 경우에는 다음 교부세 산정 시 당해 자치단체의 기준재정 수요액 및 기준재정 수입액을 증액하거나 감액하고, 그 결과를 당해 자치단체의 장에게 통지해야 한다(지방교부세법 제13조 및 동법 시행령 제14조).

2. 지방교부세의 운영 실태

지방교부세 규모를 살펴보면, 1990년 2조 7,647억 원, 1995년 5조 4,843억 원, 2000년 8조 2,666억 원, 2005년 19조 8,773억 원, 2010년 28조 128억 원, 2015년 34조 8,881억 원, 2019년 52조 4,617억 원으로 1990년 대비 2019년도의 경우 약 18.9배인 49조 6,970억 원이 증가했다(<표 8-12> 참조).

2019년 지방교부세 산정 내역을 보면, 총 규모 52조 4,617억 원 가운데 보통교부세 47조 6.026억 원, 특별교부세 1조 4,722억 원, 부동산교부세 2조 8,494억 원, 소방안전교부세 5,375억 원이다. 또한 보통교부세의 자치단체 계층별 그 금액과 비중을 보면, 특별 · 광역 · 특별자치시 5조 3,148억 원(11.2%), 도 · 특별자치도 8조 1,652억 원(17.2%), 시 18조 1,161억 원(38.1%), 군 16조 65억 원(33.6%)으로, 교부 대상 174개 자치단체 중 168개 단체에 보통교부세가 교부되었으며, 서울특별시와 경기도를 비롯한 수원, 성남, 용인, 화성 등 6개 단체에 보통교부세가 교부되지 않았다. 보통교부세 불교부 단체들은 기준재정 수입액이 기준재정 수요액을 초과하는 경우로서 상대적으로 재정력이 풍부한 자치단체라 할 수 있다. 특히 서울특별시의 경우 기준재정 수입액이 기준재정 수요액을 초과하는 금액이 2조 1,052억 원에 이른다.[3)]

---

3) 2019년도 보통교부세의 산정 내역에서 서울시의 경우 기준재정 수요액은 14조 4,634억 원, 기준재정 수입액은 16조 5,686억 원으로 재원 초과액이 2조 1,052억 원에 이른다. 이와 같이 재원 초과 자치단체에 대해 일정 한도 이상의 초과분에 대해 역교부금으로 받아들여 재정력이 빈약한 자치단체의 추가 보전재원으로 활용할 수 있는 제도의 도입을 검토할 필요가 있다.

표 8-12 지방교부세의 교부 현황

(단위: 억 원)

구 분	합 계	정률분(2019년 현재 내국세의 19.24%)				부동산교부세	소방안전교부세 (증액교부금)
		계	보통교부세	특별교부세	분권교부세		
1990	27,647	25,355	23,049	2,306	–	–	(2,292)
1995	54,843	54,843	49,857	4,986	–	–	–
2000	82,666	82,156	74,687	7,469	–	–	(510)
2001	122,890	122,315	111,195	11,120	–	–	(575)
2002	122,594	119,734	108,849	10,885	–	–	(2,860)
2003	149,107	134,624	122,385	12,239	–	–	(14,483)
2004	144,691	143,142	130,129	13,013	–	–	(1,549)
2005	198,773	194,846	179,276	7,116	8,454	3,927	–
2006	214,614	204,414	186,915	7,434	10,065	10,200	–
2007	251,969	233,077	213,162	8,528	11,387	18,892	–
2008	310,990	282,137	257,959	10,394	13,784	28,853	–
2009	283,197	251,869	230,321	9,243	12,305	31,328	–
2010	280,128	269,907	246,791	9,929	13,187	10,221	–
2011	308,952	298,332	272,747	11,010	14,575	10,620	–
2012	341,862	330,648	301,914	12,580	16,154	11,214	–
2013	357,247	345,617	315,581	13,150	16,886	11,630	–
2014	356,981	345,590	318,845	9,861	16,884	11,391	–
2015	348,881	331,636	321,762	9,874	–	14,104	3,141
2016	379,673	361,069	350,237	10,832	–	14,457	4,147
2017	443,639	423,013	410,323	12,690	–	15,491	5,135
2018	490,446	466,101	452,118	13,983	–	20,172	4,173
2019	524,617	490,748	476,026	14,722	–	28,494	5,375

주: 1) 2018년까지는 최종 예산 + 전년도 정산분, 2019년은 당초 예산 기준임.
2) 분권교부세는 2005년에 도입되어 149개 사업, 2011년에 90개 사업, 2014년 86개 사업을 대상으로 산정・교부하였다. 그러다가 2015년부터 분권교부세가 폐지되면서 노인양로시설 운영, 장애인주거시설 운영 등 4개 사업은 국가로 환원됨.
3) 증액교부금은 지방재정상 부득이한 수요가 있는 경우 국가가 법정교부세 외에 별도로 증액, 교부하는 교부금으로 1983년에 신설되어 2005년에 폐지되었음.

자료: 행정안전부(2019: 15).

Chapter 09

국고보조금 등

제 1 절 국고보조금

1. 국고보조금의 개념과 특징

국고보조금[1]은 국가위임사무와 시책사업 등에 대한 사용 범위를 정하여 그 경비의 전부 또는 일부를 보조하거나 재정상의 원조를 하기 위하여 교부하는 제도로서 교부금, 국고부담금, 협의의 국고보조금 등을 포괄한다고 정의하고 있다(행정안전부, 2019: 90).

우선 보조금은 광의의 보조금과 협의의 보조금으로 구분할 수 있는데(윤영진, 2016: 193-194), 광의의 보조금은 "국가 외의 자가 수행하는 사무 또는 사업에 대하여 국가가 이를 조성하거나 재정상의 원조를 하기 위하여 교부하는 보조금, 부담금(국제조약에 따른 부담금은 제외), 그 밖에 상당한 반대급부를 받지 않고 교부하는

1) 현행 「보조금관리에 관한 법률」 제2조는 "보조금이란 국가 외의 자가 수행하는 사무 또는 사업에 대하여 국가가 이를 조성하거나 재정상의 원조를 하기 위하여 교부하는 보조금(지방자치단체에 교부하는 것과 그 밖에 법인·단체 또는 개인의 시설자금이나 운영자금으로 교부하는 것만 해당한다), 부담금(국제조약에 따른 부담금은 제외한다), 그 밖에 상당한 반대급부를 받지 아니하고 교부하는 급부금으로서 대통령령으로 정하는 것을 말한다"고 규정하고 있다.

급부금"을 말한다(보조금관리에 관한 법률 제2조 제1항). 여기서 '국가 외의 자'는 개인과 법인 등 민간과 지방자치단체를 포함하기 때문에, 광의의 보조금은 민간에 대한 보조금과 지방자치단체에 대한 보조금을 포함한다.[2] 따라서 「보조금관리에 관한 법률」은 광의의 보조금을 적용 대상으로 하는 법률이다.

협의의 보조금은 정부 간 재정관계에서의 이전재원인 지방자치단체에 대한 보조금을 말한다. 즉, 여기에는 중앙정부로부터 지방자치단체에 대한 보조금과 광역자치단체의 기초자치단체에 대한 보조금을 포함한다. 중앙정부가 지방에 교부하는 보조금을 국고보조금, 시·도가 교부하는 보조금을 시·도비 보조금이라고 한다.

따라서 여기에서의 국고보조금이란 중앙정부가 지방정부에 교부하는 보조금으로서 최협의의 보조금을 의미한다(윤영진, 2016: 194).

그러나 일반적으로 국고보조금은 국가가 지방자치단체가 수행하는 특정 공익사업을 지원하기 위해 반대급부 없이 목적과 용도를 지정하여 정책적·재량적으로 선별하여 교부하는 금전적 재원을 의미하는 것으로, 국고보조금의 지급 대상 사업을 국고보조사업이라 한다.[3]

우리나라는 국고보조금의 지출 목적이나 보조 대상 경비의 성질을 기준으로 ① 부담금, ② 교부금, ③ 협의의 보조금으로 분류하고 있다(손희준 외, 2011; 김종순, 2001; 심지헌, 2014). 여기에서 부담금(負擔金)은 "지방자치단체 또는 그 기관이 법령에 의해 처리하여야 할 사무로 국가와 지방자치단체 상호 간에 이해관계가 있는 경우에 그 원활한 사무 처리를 위해 국가가 일부 또는 전부를 부담한다"(지방재정법 제21조 제1항)라고 규정하고 있다. 주요 지출 대상은 생활 보호, 의료 보호, 전염병 예방, 직업 안정, 재해복구사업 등이다.

교부금(交付金)은 "국가가 스스로 행하여야 할 사무를 지방자치단체 등에 위임하여 수행하는 경우에 그 소요 경비를 국가가 당해 지방자치단체에게 교부한다"(지방재정법 제21조 제2항)라고 규정하고 있다. 지출 대상은 국민투표, 대통령 또는 국회의원의 선거, 외국인 등록, 징병사업 등이 해당한다.

---

2) 지방자치단체가 민간에 이전하는 보조금을 '지방보조금'이라고 한다(지방재정법 제32조의2). 2014년부터 '지방보조금' 관련 규정이 신설되어 시행되고 있다.

3) 국고보조금은 상급정부에 의해 지방비를 부담시키는 여부에 따라, 정률보조금(matching grants), 지방비 부담을 요구하지 않을 경우는 정액교부금(lumn-sum grants)으로 구분하기도 한다.

협의의 보조금(補助金)은 “국가가 시책상 필요하다고 인정되는 때 또한 지방자치단체의 재정 사정상 특히 필요하다고 인정되는 때에는 예산의 범위 안에서 보조할 수 있다”(지방재정법 제23조 제1항)라고 규정하고 있다. 이를 다시 국가가 특정한 행정사무의 집행을 장려 · 조장하거나(장려적 보조금), 지방재정의 어려움을 지원하기 위해 교부하는 경비(지원적 보조금 또는 재정보전금)로 구분한다. 지하철 건설, 경지정리사업 등 자치사무의 경우에 보조한다.

부담금과 교부금은 중앙정부의 각 부처들이 개별적인 법령을 통하여 지방자치단체에 위임한 사무들로서 위임사무에 대한 경비부담이 목적이라고 할 수 있다. 또한 국가사무일 경우에는 국가가 경비 전체를 부담하며, 중앙과 지방이 공통의 이해관계를 가지고 있을 경우에는 국가가 경비의 일부를 부담한다. 반면 협의의 보조금은 특정 사업의 장려와 지방자치단체의 재정 지원을 위한 목적 하에 이루어지는 보조사업을 말한다.

이처럼 국고보조금은 국가와 지방 간에 서로 이해가 얽혀 있거나 서로 협력하여 사무(사업)를 시행할 때, 일정한 행정 수준의 확보나 특정 시책의 장려 등을 위한 정책 수단으로서, 그에 소요되는 경비의 전부(全部) 또는 일부(一部)를 지방에 지원(교부, 부담, 보조 등)하는 제도이다. 실제 현행 「지방재정법」 제23조에서는 “국가는 정책상 필요하다고 인정할 때 또는 지방자치단체의 재정 사정상 특히 필요하다고 인정할 때에는 예산의 범위에서 지방자치단체에 보조금을 교부할 수 있다”라고 규정하여 법적 근거를 마련해 놓았다.

결국 국고보조금은 중앙과 지방 간 담당하는 사무의 성격에 따른 재원분담 방식을 설정해 놓은 것이라고 할 수 있다.

따라서 사무구분에 의한 비용부담 주체를 구분하여 파악하면 다음 <표 9-1>과 같다.

그러나 최근 들어 지방자치법 전부 개정안이 제안되어 있고, 위임사무는 폐지하고 법정수임사무로의 전환 등이 논의되고 있어, 사무 구분의 기준 역시 유동적이라고 할 수 있다. 이러한 점 등을 감안하여 사무와 기능에 따른 재원부담 체계의 연계는 지속적으로 추진되어야 할 것이다.

표 9-1	사무 구분과 재원부담 원칙

구 분	국가사무	기관위임사무	단체위임사무	자치사무
경비부담 주체	전액 국가부담 원칙	전액 국가보조 원칙	국가와 지방 분담 원칙 (국고보조는 부담금 성격)	전액 지방부담 원칙
의회 관여	국회 관여, 지방의회 관여 불가	지방의회 관여 불가	지방의회 관여	지방의회 관여
국가감독 범위	국가 자체 내부감독	적극적(사전, 합목적성) 감독 및 소극적(사후, 합법성) 감독	교정적(합법성, 합목적성) 감독	합법성에 의한 교정적 감독에 한정

자료: 김동기(2008: 45).

중앙정부가 지방에 이전하는 재정조정제도는 국고보조금 외에 지방교부세가 있어, 국고보조금과 지방교부세의 차이점을 보면 다음 <표 9-2>와 같다.

표 9-2	국고보조금과 지방교부세의 차이점

구 분	국고보조금	지방교부세
근거 법률	「보조금관리에 관한 법률」	「지방교부세법」
목적	지방자치단체의 특정사업 지원	지방자치단체 재원 보장 및 재정 불균형 완화
재원	국가의 예산	내국세의 19.24% 및 종합부동산세, 담뱃값의 개별소비세 등
재원 성격	특정 목적 재원	용도 없는 일반재원
배분	사업별 용도지정, 일부 지방비 확보 의무	자치단체의 재원부족액 기준으로 배정

자료: 감사원(2013); 심지헌(2014).

2. 국고보조금의 이론과 효과

1) 국고보조금 관련 이론

국고보조금의 이론적 근거[4]는 ① 지역 간 파급효과(spillover effect)의 내부화, ②

4) 중앙정부가 보조금을 분담해야 하는 근거는 경제학의 외부효과 이론이지만, 이는 보편적 이론이라기보다는 그 당시 미국의 역사적인 경험을 정당화한 것이며, 최근 미국의 신공공관리론(NPM)이나 일본의 '삼위일체개혁' 등 정부혁신 등에 의해 정부 간 재정관계의 변화가 국고보조금의 분담체계와 기준으로 적용되어 단순히 이론적 기준보다는 시대적 상황과 여력 등을 고려해야 한다

가치재(merit goods)의 공급 증대, ③ 국가적 최저 수준(national minimum)의 달성, ④ 규모의 경제(economy of scale) 유도 등으로 구분할 수 있다(Fisher, 2007; 36-39; 최병호 외, 2006; 자치분권위원회, 2018).

첫째, 지역 간 파급효과의 내부화(internalization)는 국고보조금과 같은 특정보조금의 가장 일반적인 근거로서, 지역적으로 정(正)의 외부효과(외부경제)가 발생하는 지방공공 투자사업은 과소 공급되는 반면, 부(負)의 외부효과(외부불경제)가 발생하는 환경오염 등의 활동은 과다 공급될 수 있다(이재원, 2013). 특히 한 지방정부가 수행한 공공사업의 편익이 다른 지역의 주민들에게 돌아가는 외부경제효과가 발생할 경우, 해당 지방자치단체는 사회 전체적으로 바람직한 수준 이하로 공급할 가능성이 있어, 상위정부가 이러한 자원배분의 비효율성을 시정하기 위해 보조금을 지급하여 사회적으로 적절한 생산을 유도한다는 것이다(배인명, 2013; 권오성 외, 2005).

둘째, 가치재(merit goods)[5]의 공급 증대 논의이다. 국가는 정부 정책 목표를 달성하기 위한 특정 공공 서비스의 공급 확대를 위해서 지방의 재정자원을 동원하고자 할 경우에 보조금을 활용한다. 예를 들어, 교육, 의료, 보건, 문화 복지 등 가치재의 공급 증대를 위해 정률의 특정보조금을 교부하고 있다.

셋째, 국가적 최저 수준(national minimum)의 달성과 관련된 논의이다. 보조금은 주민들의 거주지와 관계없이 국가적인 차원에서 바람직한 최저 수준의 공공 서비스 공급을 보장하기 위하여 교부된다. 공공 서비스는 공급비용의 지역 간 격차, 주민소득의 지역 간 격차, 재정력 격차 등으로 인해 지역 간 공급의 격차가 발생하는 것이 일반적이다. 이 경우 중앙정부는 정률의 보조금 교부를 통하여 공공 서비스의 생산비용을 낮추든지 또는 지역의 구매력을 증대시켜 공공 서비스 공급 확대를 유도한다.

넷째, 규모의 경제(economy of scale) 유도와 관련된 논의이다. 분권화된 공공서비스 공급은 적정 규모 이하로 공공 서비스를 생산·공급하게 되어 자칫 희생될 수 있는 '규모의 경제효과'를 달성할 수 있도록 유도하기 위해 보조금이 활용되기도 한다.

는 주장도 있다(이재원, 2013).

5) 가치재(價値財)란 개인들이 자신을 위한 최선의 선택이 무엇인지를 인지하지 못하는 경우, 시장에 의해 최적 공급이 불가능하기 때문에 정부가 나서서 특정 재화의 소비를 강제하게 되는데, 이 재화를 가치재라고 하며, 의무교육, 학교급식, 안전벨트의 착용 등이 해당한다(하연섭, 2008: 17).

2) 국고보조금의 기능과 효과

국고보조금은 특정 정률보조금(개방형)에 해당하기 때문에, 지방교부세와 같은 정액 일반보조금(lump-sum general grant)의 배분효과가 지방의 소득효과(income effect)만을 창출하는 것과 달리 소득효과와 가격효과(price effect)를 함께 창출하는 특성을 지니고 있다.

일반적으로 소득효과는 중앙정부의 이전재원(교부금 · 보조금)으로 인해 지방자치단체의 실질소득이 늘어나는 효과(지방수입 확대)를 의미하고, 가격효과는 이전재원을 지원받은 만큼 특정사업(보조사업 · 자체사업)의 실제가격이 줄어드는 효과(보조사업 수행비용 절감)를 의미한다.

국고보조금이 가지고 있는 소득효과와 가격효과는 궁극적으로 지방재정 확충을 통해 주민 서비스 확대 및 지역경제 활성화에 크게 기여한다고 할 수 있다(Gramlich, 1976; King, 1984; Fisher, 2016; Boadway & Shah, 2009).

따라서 국고보조금 제도를 적절하게 구조화하고 효과적으로 운영하는 것은 지방재정 및 경제 활성화 차원에서 매우 중요할 뿐만 아니라 국가 재정자원의 효율성과 효과성 제고 차원에서도 특히 중요하다(Fisher, 2016).

그러나 지방비 부담을 수반하는 국고보조금 제도는 구조가 잘못 설계되거나 운영 시스템이 제대로 작동하지 못할 경우 소득효과와 가격효과보다 지방의 비선호사업에 대한 경직성 부담 증가로 인해 재정제약이 초래될 가능성이 높다. 즉, 비선호사업에 대한 지방비 부담(지방예산 사용)이 늘어나면서 선호사업에 사용되어야 할 재원을 감소시키는 역효과가 나타날 수 있다(임성일 · 김성주, 2014).

3. 국고보조금의 유형

중앙정부와 지방자치단체 간 재정 불균형을 시정하기 위해 활용하는 보조금은 다양하게 구분할 수 있다. 우선 보조 주체에 따라 국고보조금과 시 · 도비 보조금, 보조 형태에 따라 정률보조금, 정액보조금, 배분 방식에 따라 개별 사업별 보조금과 포괄보조금 등이 있는데, 보조 주체에 따른 시 · 도비 보조금은 별도로 기술하기 때문에 제외하고, 용도 지정에 따른 보조 형태와 배분 방식에 의한 유형만 파악하도록 하겠다.

1) 용도 지정에 따른 보조 형태에 의한 유형

보조금을 구분하는 가장 기본적인 기준으로 보조금의 사용 용도를 지정하는지에 따라 특정보조금과 일반보조금으로 구분할 수 있다.

일반보조금(general grants)은 중앙정부가 지방자치단체에게 특별한 용도를 부여하지 않고 재정지원을 하는 것이다. 재원의 사용에 대해 지방자치단체가 원하는 어떤 방식으로도 사용할 수 있기 때문에 무조건부 보조금(unconditional grant)이라고도 한다. 일반보조금은 지방의 부담 기준에 따라 노력관련교부금(effort–related grants)과 정액교부금(lump–sum grants)으로 분류되며, 전자는 교부금의 규모가 지방자치

그림 9–1 국고보조금의 유형

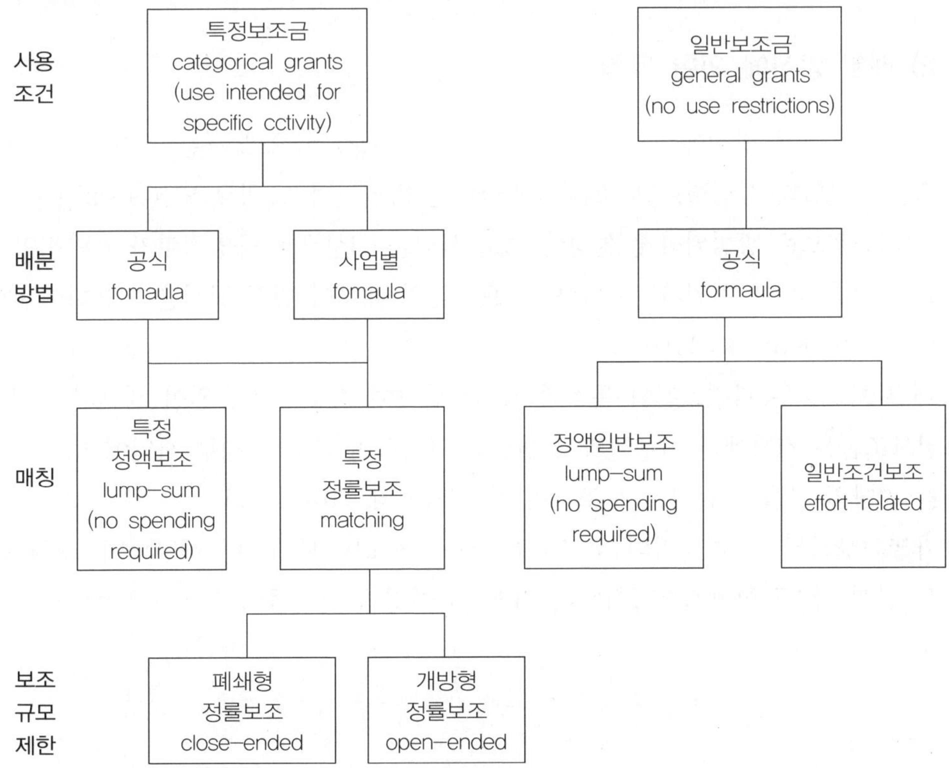

자료: Fisher(2016: 220); 자치분권위원회(2018).

단체의 징세 노력(tax effort)에 따라 변하는 경우를 말하며, 후자는 일정한 금액을 교부하는 것으로 우리나라의 지방교부세 중 보통교부세가 이 형태에 속한다.

반면 특정보조금(categorical grants)[6]은 중앙정부가 지방자치단체에게 특정의 공공사업에만 사용하도록 용도를 한정하여 재원지원을 하는 것이다. 특정보조금은 정률보조금(matching grants)과 정액보조금(nonmatching grants)으로 나뉘는데, 전자는 특정사업에 대한 자치단체의 자체수입(지방세 등) 부담 규모에 따라 재정지원 규모가 변동하며, 후자는 지방자치단체의 자체 부담과 무관하게 일정한 금액을 보조하는 경우를 말한다. 정률보조금은 다시 폐쇄형 정률보조금과 개방형 정률보조금으로 구분되며, 전자는 자치단체의 부담액에 따른 보조액에 상한을 설정하는 경우이다. 후자는 항상 일정한 보조율을 적용하는 경우로 우리나라 국고보조금이 이 형태에 속한다.

2) 배분 방식에 의한 유형

보조금은 배분 방식에 따라 개별 보조금과 포괄보조금으로 구분할 수 있다. 개별 보조금은 단일의 사업별로 보조금을 지급하는 방식이며, 포괄보조금(block grant)은 주로 기능적으로 광범위하게 설정한 보조 사업을 대상으로 중앙정부가 일반적인 목적으로 지방정부에 지원하는 자금으로 보조금의 배분이 법정 공식을 이용하여 배분하는 방식이다(Break, 1980: 170).

개별 보조금은 지원조건이 특정화되고 엄밀하여 지방의 자율권이 제한되는 반면, 포괄보조금은 지방예산 편성권과 집행권을 확대하여 다양한 세부 사업에 대한 선택권을 지방의 자율에 맡기는 보조금이다(이성근 외, 2016: 122).

개별 보조금은 우리나라의 국고보조금과 시·도비 보조금이 해당되며, 포괄보조금은 현재 국가균형발전특별회계의 지역자율계정의 사업들이 이에 해당한다.

---

6) 재원의 사용에 있어서 중앙정부의 조건이 따르기 때문에 조건부 보조금(conditional grant)이라고도 한다.

4. 국고보조금의 현황

1) 국고보조금의 근거 법률

국고보조금은 「보조금관리에 관한 법률」을 중심으로 「지방자치법」, 「지방재정법」, 기타 개별 법령 등을 근거로 운영되고 있다.

「보조금관리에 관한 법률」은 국고보조금에 관한 일종의 기본법으로써 보조금에 대한 전반적인 사항을 규정하고 있다.

「지방자치법」은 제123조와 제141조에 국고보조금을 규정하고 있다. 「지방자치법」 제123조는 국가 시책을 달성하기 위하여 지방자치단체에 필요한 경비에 대해 국고보조율과 지방비 부담률을 법령으로 정한다고 명시하고 있으며, 「지방자치법」 제141조는 "지방자치단체는 국가사무나 지방자치단체 사무를 위임할 때에는 이를 위임한 국가나 지방자치단체에서 그 경비를 부담하여야 한다"고 규정하고 있다.

「지방재정법」은 제21조와 제23조에서 부담금과 교부금, 그리고 보조금의 교부에 대해 규정하고 있다.

이외에 「국민기초생활보장법」, 「국민건강보험법」, 「전염병 예방 및 관리에 관한 법률」, 「지역보건법」, 「택지개발촉진법」 등 보조금에 관련된 개별 법령과 지방자치단체의 보조금 관련 조례가 국고보조사업의 운영에 영향을 미친다.

2) 보조금의 기준보조율과 차등보조율 체계

국고보조사업에서의 기준보조율은 모든 지방자치단체에 일률적으로 적용되는 보조율로서 「보조금관리에 관한 법률」에서는 "보조금의 예산 계상 신청 및 예산 편성 시 보조사업별로 적용하는 기준이 되는 국고보조율"로 정의하고 있다(동법 제9조 제1항의2).

지방자치단체 국고보조사업의 기준보조율은 「보조금관리에 관한 법률」 시행령에서 규정하고 있다. 동 시행령 [별표 1]은 보조금 지급대상 사업별로 122개 유형별 기준보조율을 열거하고 있으며, 그 밖의 사업은 예산안 편성지침에 이를 밝히거나 매년 예산으로 정하도록 규정하고 있다.

기준보조율이 정해져 있지 않은 사업은 중앙 예산부서가 20%, 30%, 40%, 50%, 70%, 80%, 100% 또는 정액 등의 보조금 수준을 결정하도록 되어 있다.

표 9-3 기준보조율에 따른 국고보조사업 성격

기준보조율	사업 성격
100%	국가위임사업
80~70%	국가시책사업
50~40%	국가이해 우선사업
30~15%	지방이해 우선사업

한편, 기준보조율은 지방자치단체의 재정 여건 및 사업수요 등에 따라 지방 간 불균형을 야기할 수 있으므로, 정부는 「보조금관리에 관한 법률」 제10조에 근거하여 지방자치단체별 재정 상황 등을 고려하여 기준보조율에서 일정 비율을 가감하는 차등보조율 제도를 운영하고 있다.

차등보조율은 기준보조율에 일정 비율을 더하여 적용하는 인상보조율과 일정 비율을 감하여 적용하는 인하보조율로 구분되며, 인상보조율은 재정 사정이 특히 어려운 지방자치단체에 대해서 적용된다(동법 시행령 제5조).

차등보조율은 대체로 예산 규모가 커서 상당한 대응지방비 부담을 유발하는 대규모 보조사업 위주로 적용되며, 대표적으로 영유아보육료, 가정양육수당 지원, 기초연금 지급, 생계급여 등의 복지사업이 이에 해당한다.

3) 국고보조금의 추이 및 보조율 변화

지방자치단체에 대한 국고보조사업 규모의 증감을 살펴보기 위해 2006년부터 2018년까지 국고보조사업, 국고보조금, 지방비 부담액 등의 추이를 살펴보면 다음 <표 9-4>와 같다.

2006년 국고보조사업 규모는 26.2조 원이었으나 2018년에는 70.1조 원으로 크게 증가하였음을 알 수 있다. 국고보조율은 2006년에 69.8%였으나, 2010년 전후하여 60% 수준까지 하락하였다가 2015년부터 현재 67.3% 수준까지 다시 증가하고 있다.

표 9-4 국고보조사업의 국비와 지방비 추이

(단위: 조 원)

구 분	세 출	국고보조사업비			보조율
		계	국고보조금	지방비 부담액	
2006	103.3	26.2	18.3	7.4	69.8%
2007	113.0	32.0	20.9	9.7	65.3%
2008	125.0	35.1	22.8	12.2	65.0%
2009	156.7	41.7	26.5	15.2	63.5%
2010	149.8	46.7	29.2	17.5	62.5%
2011	141.2	48.6	30.1	18.5	61.9%
2012	167.0	52.6	32.1	20.6	61.0%
2013	156.9	56.7	34.0	22.7	60.0%
2014	163.5	61.0	37.7	23.3	61.8%
2015	173.3	64.4	41.4	23.0	64.3%
2016	184.6	67.1	42.9	24.3	63.9%
2017	193.1	65.2	43.5	21.7	66.7%
2018	210.7	70.1	47.2	23.5	67.3%
평균 증가율	6.5%	8.7%	8.3%	10.7%	–

자료: 행정안전부(각 연도).

평균 증가율을 살펴보면, 지방예산은 6.5% 증가한 반면, 국고보조사업비 총액은 8.7% 증가하여 지방예산 증가율보다 높아 지방재정의 부담 요인으로 작용하였다는 것을 알 수 있다. 또한 국고보조금은 평균 8.3% 증가한 반면, 지방비 부담액은 10.7% 증가하여, 결국 국가 정책 목적 사업에 지방비를 활용하였다고 할 수 있다.

특히, 2014년 전후 대규모 예산이 투입되는 사회복지사업의 국고보조율이 인상되었음에도 지방비 부담률이 지속적으로 높아졌다는 것은 국가사업에 대한 지방재원 활용 경향이 매우 강했다는 것을 알 수 있다.

이처럼 국고보조사업이 증가하는 현상은 각 부처별로 또는 각 부서별로 경쟁적으로 새로운 사업을 발굴하는 동시에 단일의 사업을 더 작게 세분화하거나, 이미 종료된 사업을 유지한 채 추가적으로 신규 사업을 발굴했기 때문이다(서정섭, 2013).

따라서 이러한 지방비 부담증가로 인해 지방재정의 자율성을 제한하는 현상이 발생하였다고 할 수 있다.

4) 부처별 국고보조사업 추이

최근 각 중앙부처별 국고보조사업의 내역과 비중을 파악하면 다음 <표 9-5>와 같다.

2017년과 2018년의 중앙부처별 국고보조금 현황을 살펴보면, 보건복지부가 2017년 27조 5,118억 원으로 전체의 46.1%, 2018년에도 30조 8,221억 원으로 46%를 차지하여 전체의 절반 정도를 차지하고 있어, 사회복지 관련 국고보조사업이 전체 국고보조사업에서 많은 부분을 차지하고 있는 것을 알 수 있다.

다음으로 국토교통부가 2017년 5조 723억 원에 8.5%, 2018년 5조 8,667억 원으로 8.8%를 차지하고 있으며, 환경부가 2017년 4조 4,451억 원(7.5%), 2018년 4조 4,188억 원(6.6%) 등의 순서로 국고보조금 비중이 높은 것으로 나타났다.

고용노동부의 경우 2017년 1조 9,994억 원(3.4%)이었으나 2018년 5조 3,682억 원(8%)으로 국고보조금이 급증한 특징을 보이고 있다. 이는 중앙정부의 경제 활성화 정책에 따른 일자리 창출 관련 예산의 대폭적인 증가로 인하여 기인한 것으로 볼 수 있다.

표 9-5 부처별 국고보조금 현황(2017~2018)

(단위: 억 원, %)

2017년			2018년		
중앙부처	예산액	비중	중앙부처	예산액	비중
국회	102	0.	국회	103	0.
대법원	292	0.	대법원	301	0.
-	-	-	헌법재판소	1	0.
중앙선거관리위원회	922	0.2	중앙선거관리위원회	970	0.1
민주평화통일자문회의	79	0.	민주평화통일자문회의	79	0.
국무총리실	6	0.	국무총리실	6	0.
기획재정부	3,647	0.6	기획재정부	4,168	0.6
교육부	2,673	0.4	교육부	2,690	0.4
미래창조과학부	5,658	0.9	과학기술정보통신부	5,498	0.8
외교부	1,316	0.2	외교부	827	0.1
통일부	7,429	1.2	통일부	7,633	1.1
법무부	1,532	0.3	법무부	1,611	0.2

국방부	965	0.2	국방부	1,024	0.2
행정자치부	5,693	1.	행정안전부	12,948	1.9
문화체육관광부	38,192	6.4	문화체육관광부	33,709	5.
농림축산식품부	63,085	10.6	농림축산식품부	64,478	9.6
산업통상자원부	21,094	3.5	산업통상자원부	21,179	3.2
보건복지부	275,118	46.1	보건복지부	308,221	46.
환경부	44,451	7.5	환경부	44,188	6.6
고용노동부	19,994	3.4	고용노동부	53,682	8.
여성가족부	5,772	1.	여성가족부	6,376	1.
국토교통부	50,723	8.5	국토교통부	58,667	8.8
해양수산부	10,958	1.8	해양수산부	10,558	1.6
국민안전처	7,728	1.3	중소벤처기업부	9,253	1.4
국가보훈처	1,717	0.3	국가보훈처	1,678	0.3
식품의약품안전처	805	0.1	식품의약품안전처	890	0.1
국가인권위원회	1	0.	국가인권위원회	2	0.
방송통신위원회	178	0.	방송통신위원회	177	0.
공정거래위원회	10	0.	공정거래위원회	12	0.
금융위원회	14	0.	금융위원회	19	0.
국민권익위원회	1	0.	국민권익위원회	1	0.
방위사업청	66	0.	방위사업청	69	0.
경찰청	411	0.1	경찰청	598	0.1
중소기업청	8,158	0.8	소방청	210	0.
문화재청	4,495	0.3	문화재청	4,574	0.7
농촌진흥청	1,767	1.7	농촌진흥청	1,791	0.3
산림청	10,406	1.4	산림청	10,431	1.6
특허청	599	0.1	특허청	612	0.1
행정중심복합도시건설청	100	0.	행정중심복합도시건설청	112	0.
새만금개발청	44	0.	새만금개발청	34	0.
–			해양경찰청	16	0.

자료: 행정안전부(각 연도).

제 2 절 시 · 도비 보조금

1. 시 · 도비 보조금의 의의

시 · 도비 보조금은 광역자치단체가 자체 재원으로 특정한 지원 대상 사업의 실시를 기초자치단체에 위임하는 것을 조건으로, 경비의 일부 또는 전부를 보조하거나, 또는 광역자치단체가 기초자치단체에 대하여 특정사업의 실시를 권고하기 위해 당해 경비의 일부 또는 전부를 광역자치단체가 지원하는 재정지원 제도이다(박충훈 외, 2004; 이현우, 2010).

시 · 도비 보조금은 시나 도의 고유사무나 사업을 자치구 또는 시 · 군에 위임했을 때 필요경비의 전액 또는 일부를 지원하는 경우와 같이 특정한 용도를 지정하여 보조해주는 특정 재정보조와 일상적 경비를 지원해 주는 일반 재정보조로 나눌 수 있다.

특정 재정보조로는 특별시 · 광역시에서 보조하는 시비 보조금 제도와 도에서 보조하는 도비 보조금 제도가 있는데, 이것은 중앙의 국고보조금과 유사한 보조금 제도라 할 수 있다. 그리고 일반 재정보조 제도로는 일반회계에 편성하여 사용하는 조정교부금 제도가 있다.

시 · 도비 보조금은 기초자치단체의 세입이며, 기초자치단체의 세출예산에 편성되기 때문에 재정의 지출권은 기초자치단체장에게 위임된 것이다. 그러나 시 · 도비 보조금은 재정에 대한 지출권은 기초자치단체에 있지만 그 재원은 광역자치단체인 시 · 도에 있기 때문에 재원 교부에 있어서는 상당한 조건과 제약이 존재한다(박충훈 외, 2004).

2. 시 · 도비 보조금의 법적 근거

시 · 도비 보조금은 「지방재정법」 제23조 제2항에 근거하여 운영된다. 시 · 도는 시책상 필요하다고 인정할 때 또는 시 · 군 및 자치구의 재정사정상 특히 필요하다고 인정될 때에는 예산의 범위 안에서 시 · 군 및 자치구에 보조금을 교부할 수 있다.

또한 시 · 도비 보조금은 지방보조금 예산의 편성 및 교부 신청과 교부 결정 등에 관한 그 밖의 사항들에 대하여 해당 지방자치단체의 조례로 정하여 운영하고 있다(지방재정법 제32조의2 제6항).

「지방재정법」을 근거로 광역자치단체에서는 보조금 관련 조례를 제정하여 운영하고 있다. 경기도 사례를 보면, 경기도 지방보조금 관리 조례 제2조에 따라 경기도 이외의 자가 행하는 사무 또는 사업에 대하여 공익상, 시책상의 필요에 따라 경기도가 이를 조성하거나 재정상의 지원을 하기 위하여 교부하는 자금을 도비 보조금으로 정의하고 있다.

도비 보조금의 대상 사업은 법률상 규정이 있는 경우, 국고보조 재원에 의한 것으로서 국가가 지정한 경우, 도가 권장하는 사업을 위하여 필요하다고 인정되는 경우이다(동 조례 제4조).

3. 시 · 도비 보조금의 범위 및 보조율

시 · 도비 보조금 지급에 따라 사업이 시행되는 곳은 기초자치단체 구역 내이므로 광역자치단체는 매칭 펀드의 형태로 기초자치단체에 일정의 비용을 부담하게 한다. 이 경우 시 · 도가 부담하는 비용의 비율을 '기준보조율'이라고 하며 기준보조율의 결정은 시 · 도지사가 조례 등을 통해 규정한다. 예를 들면, 경기도 지방보조금 관리 조례에서는 보조사업 분야로 기준보조율의 범위[7]와 기준보조율[8]을 규정하고 있다.

한편 시 · 도비 보조금은 차등보조율도 함께 운용하고 있는데, 경기도의 경우를 보면, "도지사는 매년 시 · 군에 대한 도비보조금 예산을 편성할 때에 필요하다고 인정되는 보조 사업에 대하여는 해당 시 · 군의 재정사정을 감안하여 기준 보조율에 일정율을 가감하는 차등보조율을 적용할 수 있다"고 규정하고 있다(동 조례 제22조). 이

---

7) 도비 보조금 대상 사업의 분야별 기준보조율 범위(경기도 지방보조금 관리 조례 제21조): ① 보건 사회: 30%~70%, ② 산업 경제: 30%~50%, ③ 도로 교통: 30%~70%, ④ 상 · 하수 치수: 30%~ 50%, ⑤ 청소 환경: 30%~50%, ⑥ 지역 개발: 30%~50%, ⑦ 문화 체육 : 30%~50%, ⑧ 민방위 소방: 30%~50%, ⑨ 일반행정: 30%~50%, ⑩ 그 밖에 도지사가 특별히 필요하다고 인정하는 경우 정액보조.

8) 경기도 지방보조금 관리 조례 시행규칙 제3조: 조례 제21조에 따른 시 · 군 보조금의 기준보조율은 30퍼센트로 한다. 다만, 도지사가 특별히 필요하다고 인정하는 사업은 기준보조율을 조정하여 적용하거나 정액으로 지원할 수 있다.

때 차등보조율[9]을 적용하는 기준은 인건비 자체 충당 능력 지수와 재정력 지수에 따라 매년 도지사가 정할 수 있다.

4. 시 · 도비 보조금의 기능

시 · 도비 보조금은 기능은 대부분 보조금의 기능과 유사하다.

첫째, 최저 수준의 서비스를 제공하게 한다. 재정이 열악한 기초자치단체가 지역 주민들에게 공공 서비스를 제공할 수 있도록 광역자치단체가 징수한 재원 가운데 초과되는 재원을 기초자치단체에 이전함으로써 특정 서비스의 최저 공급 수준의 확보가 가능하도록 차등 지원하게 한다.

둘째, 유출효과(spillover effect)를 시정시킬 수 있다. 시 · 도비 보조금은 지방자치단체가 공공 서비스를 공급할 때 외부효과가 발생하여 자원배분의 비효율성을 가져올 경우 광역정부의 보조금을 통한 재정지원을 통해 사회적 효율성을 추구할 수 있도록 유도할 수 있다.

셋째, 공공 서비스를 효율적으로 공급할 수 있도록 한다. 기초자치단체가 주민들의 선호나 요구를 보다 더 잘 파악할 수 있으므로, 주민들에게 공공 서비스를 효율적으로 공급할 수 있다.

넷째, 지역 간 재정 불균형을 시정하는 기능을 한다. 주민들은 재정력이 큰 지역에 살게 되면 동일한 세금을 내면서도 더 좋은 공공 서비스의 혜택을 누릴 수 있다. 따라서 시 · 도비 보조금은 지역 간 재정 불균형을 완화하기 위해 지원하게 된다(박충훈 외, 2004).

9) 차등보조율은 인상보조율과 인하보조율이 있는데 기준보조율에 차등보조율(20%, 15%, 10%)을 가산 또는 차감하여 산출된 비율에 따라 지원한다.

제 3 절 국가균형발전특별회계

1. 국가균형발전특별회계의 의의

국가균형발전특별회계(이하 '균특회계'라 줄여서 사용한다)는 국가균형발전정책을 추진하기 위하여 주세, 일반회계 및 타 특별회계 전입금, 과밀부담금 등을 주요 재원으로 하여 2005년 약 5.5조 원 규모로 신설되었다(권영섭 외, 2017).

균특회계는 수도권 중심의 일극(一極) 발전전략에서 지방이 골고루 발전하는 다극 발전전략으로 전환하고 공급자 중심의 고도성장 전략에서 수요자 주도의 성장전략으로 전환을 지향하는 그 당시, 참여정부의 국가균형발전이라는 패러다임이 강조된 것이다.

따라서 균특회계는 이러한 국가균형발전 패러다임을 뒷받침하고 지역 특성과 개발전략의 우선순위에 따른 지역개발사업(형평성 측면)과 지역혁신사업(효율성 측면)을 효과적으로 추진하기 위해 설치되었다(김권식, 2016).

2. 국가균형발전특별회계의 변화 및 특징

균특회계는 참여정부에서 신설되어, 이후 이명박 정부와 박근혜 정부 및 문재인 정부까지 각 정부를 거치면서, 회계의 명칭과 회계의 목적 및 사업 내용, 회계의 운용, 규모 등이 지속적으로 변화되어 왔다.[10)]

최근 균특회계의 변화된 주요 내용을 살펴보면, 2005년 국가균형발전특별회계가 설치되고 특별회계 내에 지역개발사업계정, 지역혁신사업계정, 제주도특별자치도계정을 운용하면서, 예산 편성 절차상의 특례를 통해 국가균형발전위원회의 국가예산

10) 문재인 정부는 국가균형발전특별회계의 명칭을 복원하는 한편, 하위 계정의 명칭(생활기반계정 → 지역자율계정, 경제 발전계정 → 지역지원계정)을 변경하였고, 예산 편성 절차상의 특례를 통한 국가균형발전위원회의 예산 편성 과정에서 의견 개진 기능을 복원·강화하는 한편, 특별회계 운용과정에 전문가와 이해관계자가 참여할 수 있는 참여예산 제도를 부분적으로 도입하였다(송우경, 2018).

표 9-6 국가균형발전특별회계의 변천 과정

구 분	국가균형발전특별회계	광역지역발전특별회계	지역발전특별회계	국가균형발전특별회계
연도	2005~2008	2009~2013	2014~2017	2018~
목적	국가균형발전 지원	지역의 특화 발전 및 광역 경제권 경쟁력 향상 지원	지역 주민의 삶의 질 향상 및 지역경쟁력 강화	국가균형발전계획과 관련 사업의 효율적 추진
회계 구조	• 지역개발사업계정 • 지역혁신사업계정 • 제주특별자치도 계정	• 지역개발계정 • 광역발전계정 • 제주특별자치도 계정	• 지역자율계정 • 지역지원계정 • 제주특별자치도계정 • 세종특별자치시계정	• 지역자율계정 • 지역지원계정 • 제주특별자치도계정 • 세종특별자치시계정
예산 집행	• 낮은 실집행률 • 상습적인 예산 이월	• 최대 이월 가능 기간을 2회계연도로 제한(미집행 시 국고반납)	• 최대 가능 기간을 2회계연도로 제한(미집행 시 국고반납) • 사업집행 후 남은 잔여예산은 각각 포괄보조금사업 및 유사목적사업에 사용 가능	• 최대 가능 기간을 2회계연도로 제한(미집행 시 국고반납) • 사업집행 후 남은 잔여 예산은 각각 포괄보조금사업 및 유사목적사업에 사용 가능

자료: 권영섭 외(2017)을 참조하여 재작성.

편성 과정에 의견 개진을 할 수 있는 근거를 마련하였다(국가균형발전특별법 제38조 제5항).

이명박 정부는 '5+2 광역경제권' 개발을 지향하면서 광역·지역발전특별회계에서 지역자율성을 제고하기 위하여 최초로 포괄보조금 제도를 지역개발계정에 도입·운용하였다.

또한 박근혜 정부는 지역발전특별회계에 세종특별자치시 계정을 도입하였고, 이전 정부에서 도입한 포괄보조금 제도를 확대하였다.

행정안전부(2019)는 주로 이명박 정부 이후부터 현재까지 균특회계의 회계구조와 예산 편성 절차를 다음 [그림 9-2]와 같이 비교하고 있다.

그림 9-2 국가균형발전특별회계의 특징

구 분	광역 · 지역발전특별회계	지역발전특별회계	국가균형발전특별회계
목적	• 지역의 특화 발전 및 광역 경제권 경쟁력 향상 지원	• 지 역주민의 삶의 질 향상 및 지역 경쟁력 강화	• 국가균형발전계획과 관련 사업을 효율적으로 추진
회계 구조	• ① 지역개발계정 – 24개 포괄보조금사업으로 구성	• ① 생활기반계정 – 42개 포괄보조금사업으로 구성	• ① 지역자율계정(5.5조 원) – 42개 포괄보조금사업으로 구성
	• ② 광역발전계정 – 지역연계협력사업 중점지원	• ② 경제발전계정 – 5+2 권역을 폐지, 시 · 도 중심 "지역협력권"으로 전환	• ② 지역지원계정(4.8조 원)
	• ③ 제주특별자치도계정	• ③ 제주특별자치도계정	• ③ 제주특별자치도계정 (0.3조 원)
		• ④ 세종특별자치도계정	• ④ 세종특별자치도계정 (0.1조 원) ⇨ 합계: 10.7조 원(2019년 예산 기준)
예산 편성 절차	지자체 → 예산 신청 (~5.31) → 부처 → 예산 요구 (~6.30) → 기재부 지역위 → 예산 편성의견 (~6.30) → 기재부	지자체 → 예산 신청 (~4.30) → 부처 → 예산 요구 (~5.31) → 기재부 지역위 → 예산 편성의견 (~5.31) → 기재부	지자체 → 예산 신청 (~4.30) → 부처 → 예산 요구 (~5.31) → 기재부 균형위 → 예산 편성의견 (~5.31) → 기재부
예산 집행	• 최대 이월 가능 기간을 2회계연도로 제한(미집행 시 국고 반납) • 사업 집행 후 남은 잔여예산은 전용하여 사용 가능	• 최대 이월 가능 기간을 2회계연도로 제한(미집행 시 국고 반납) • 사업 집행 후 남은 잔여예산은 각각 포괄보조금 사업 및 유사목적 사업에 사용 가능	• 최대 이월 가능 기간을 2회계연도로 제한(미집행 시 국고 반납) • 사업 집행 후 남은 잔여예산은 각각 포괄보조금 사업 및 유사목적 사업에 사용 가능

자료: 행정안전부(2019: 95).

3. 국가균형발전특별회계의 규모 및 추이

국가균형발전특별회계의 규모 및 추이를 살펴보면, 최초 균특회계 조성 당시인 2005년 5조 4,930억 원에서 시작하여 광역 · 지역발전특별회계로 개편된 2009년에 9조 769억 원, 지역발전특별회계로 개편된 2014년에 9조 3,610억 원, 그리고 2017년에는 9조 8,219억 원에 이르고 있다.

균특회계의 규모는 2005년에 비해 약 2배 가량 증가하였으나, 2010년 이후 재원 규모는 약 9조 원대 후반을 유지하고 있다.

표 9-7 국가균형발전특별회계의 운용 규모 및 추이

(단위: 10억 원)

구 분	국가균형발전특별회계				광역 · 지역발전특별회계					지역발전특별회계			균 특
	2005	2006	2007	2008	2009	2010	2011	2012	2013	2014	2015	2016	2017
합계	5,493	5,907	6,793	7,838	9,077	9,862	9,853	9,408	9,973	9,361	10,423	9,974	9,822
자율계정	4,206	4,513	4,911	5,768	6,567	3,692	3,633	3,471	3,474	3,477	4,528	4,590	4,665
지원계정	1,287	1,394	1,534	1,677	2,067	5,791	5,825	5,554	6,145	5,540	5,422	4,918	4,729
제주계정	–	–	348	393	443	378	394	384	354	344	370	362	326
세종계정	–	–	–	–	–	–	–	–	–	–	102	104	103

자료: 권영섭 외(2017).

국가균형발전특별회계의 재원은 계정별로 차이가 있는데, 지역자율계정의 경우에는 주세(酒稅)의 100분의 40, 「수도권정비계획법」의 과밀부담금, 「개발이익 환수에 관한 법률」의 개발부담금 등이다. 지역지원계정의 재원은 주세의 100분의 60, 「개발제한구역의 지정 및 관리에 관한 특별조치법」의 개발제한구역 보전 부담금, 「대도시권 광역교통관리에 관한 특별법」의 광역교통시설부담금, 공공자금관리기금의 예수금 등 대부분 다양한 부담금 수입으로 구성되어 있어 재원의 안정성에서 논란이 되어왔다(국가균형발전특별법 제34조 및 제35조).

4. 국가균형발전특별회계의 운용 절차[11)]

국가균형발전특별회계는 「국가균형발전특별법」 제44조의 규정에 따라 균특회계

11) 지방행정연수원 · 시도공무원교육원(2017)의 지방재정 조정제도를 재인용하였다.

에 편입된 국고보조금 사업은 「보조금관리에 관한 법률」 제18조(교부조건), 제21조(교부결정 취소), 제26조(보조사업 수행명령), 제28조부터 제33조까지의 적용이 배제되고, 기타 지방자치단체의 경비부담을 수반하는 보조금에 대한 행정안전부 장관과의 사전 협의 조항 등은 「보조금관리에 관한 법률」 제7조를 준용하여 다음과 같이 예산을 신청한다.

1) 기본 사항

지역자율계정은 시·도 및 시·군 단위로 예산 신청 한도를 설정하되, 균특회계 지역자율계정의 부처별 예산안은 시·도(시·군)의 예산 신청 결과에 따라 정부예산안 확정 과정에서 재조정한다.

균특회계 지역지원계정의 예산은 각 부처에서 지역발전계획 및 중장기 투자계획 등에 의거 지방자치단체 요구 등을 받아 직접 예산을 편성한다.

2007년에 국가균형발전특별회계 내에 제주특별자치도 계정이 신설되었는데, 그 취지는 국고보조사업을 지속적으로 추진하고 특별행정기관 이관 및 자치경찰 인건비·운영비를 안정적으로 지원하기 위함이었다.

2) 지방자치단체의 예산 신청

지방자치단체의 장은 지역자율계정 및 지역지원계정과 제주특별자치도계정, 세종특별자치시계정의 보조 사업에 대한 다음 연도의 예산신청서를 매년 5월 31일까지 관계 중앙행정기관의 장에게 제출한다.

시·도지사는 관할 시·군·구의 신청, 지방비 부담 능력 및 광역발전계획 등을 토대로 시장·군수·구청장의 의견을 수렴하여 예산 신청서를 작성하되, 사업을 집행하는 주체를 구분하여 작성한다.

균특회계의 계정(지역자율계정, 지역지원계정, 제주특별자치도계정, 세종특별자치시계정)별로 예산 신청 사업의 우선순위를 명시하여 제출한다.

3) 중앙행정기관의 예산 요구

중앙행정기관의 장은 균특회계의 예산안을 5월 31일까지 기획재정부 장관에게 제출하되 시 · 도의 신청금액을 조정하지 않고 요구 내용의 적정성, 조정 방향 등에 대한 검토의견을 제출한다.

4) 관련 국가기관의 의견 제출

국가균형발전위원회는 부문별 시행계획 등에 대한 종합평가 결과 등을 고려하여 예산 편성에 대한 의견을 5월 31일까지 기획재정부 장관에게 통보하고 연구 개발 사업에 대한 검토 의견은 국가과학기술위원회에 통보한다.

5) 예산안 협의 · 보완

기획재정부는 시 · 도지사의 예산 신청에 대한 주무부처의 예산안과 국가균형발전위원회의 검토 의견, 재정 여건 등을 감안하여 예산안을 협의 · 보완한다(6~8월).

예산은 지방자치단체의 재정 상황, 국가균형발전위원회의 평가 결과 등을 고려하여 필요시 자치단체별로 차등 지원한다.

Chapter 10

조정교부금

제 1 절 자치구 조정교부금

1. 자치구 조정교부금의 의의

자치구 조정교부금은 서울특별시장과 광역시장들이 관할 구역의 자치구 간의 재정력 격차를 해소하고 자치구 간 일정한 행정 서비스를 확보하기 위하여 보통세 수입의 일정액을 조례에 따라 자치구에 교부하는 제도이다. 이처럼 조정교부금은 지방교부세와 마찬가지로 자치구 간의 재정력 균등화와 자치구에 대한 재원 보장 기능을 수행한다.

자치구 조정교부금은 광역자치단체가 기초자치단체로 이전하는 일반재원이다. 1988년 「지방자치법」 개정을 통해 지방자치단체로서 특별시와 광역시에 자치구가 설치되었으나, 대도시의 광역행정이라는 특수성을 인정하여, 자치구의 지방세목을 제한하였다. 그러다 보니, 시 본청에서 자치구에 대해 일반재원 형식으로 재정을 지원하고 관할 구역 내의 자치구 간 재원조정을 목적으로 조정교부금 제도가 도입되었다.

조정교부금의 운영 근거는 현행 「지방자치법」 제173조 및 「지방재정법」 제29조의 2이며, 또한 1988년 「지방자치법」 제160조 제2항에 자치구의 재원조정방법은 내무부 장관의 승인을 얻도록 한 규정이 1994년에 삭제됨에 따라 조정교부금에 대한 특·광역시의 자율성이 더욱 인정되어 현재는 자치구 조정교부금의 산정 방법, 교부율, 교부 시기 등이 모두 특·광역시의 조례로 운영되고 있다.

2. 자치구 조정교부금의 재원

자치구 조정교부금은 1989년부터 2010년까지는 취득세와 등록세의 36~70%를, 2010년 지방세 간소화 후속 조치로 2011년과 2012년은 취득세의 40~70%를, 그리고 2013년부터는 보통세의 일정 비율을 재원으로 하고 있다.

표 10-1 자치구 조정교부금 재원의 변화

<table>
<tr><th>구 분</th><th colspan="9">취득세 · 등록세</th><th>취득세</th><th colspan="5">시본청 보통세</th></tr>
<tr><th>연도별</th><th>1989</th><th>1990</th><th>1991</th><th>1995</th><th>1997</th><th>1999</th><th>2007</th><th>2008</th><th>2010</th><th>2011</th><th>2013</th><th>2014</th><th>2015</th><th>2016</th><th>2017</th></tr>
<tr><td>서울(25)</td><td colspan="2">60%</td><td colspan="7">50%</td><td>50%</td><td>20.50%</td><td colspan="2">21.00%</td><td colspan="2">22.60%</td></tr>
<tr><td>부산(15)</td><td colspan="7">51%</td><td colspan="2">55%</td><td>55%</td><td colspan="3">19.80%</td><td colspan="2">22.00%</td></tr>
<tr><td>대구(7)</td><td colspan="8">52%</td><td>56%</td><td>56%</td><td colspan="3">20.65%</td><td colspan="2">22.29%</td></tr>
<tr><td>인천(8)</td><td colspan="8">36%</td><td>50%</td><td>40%</td><td colspan="5">20.00%</td></tr>
<tr><td>광주(5)</td><td colspan="9">70%</td><td>70%</td><td colspan="4">23.00%</td><td>23.90%</td></tr>
<tr><td>대전(5)</td><td colspan="3"></td><td colspan="6">68%</td><td>56%</td><td colspan="4">21.50%</td><td>23.00%</td></tr>
<tr><td>울산(4)</td><td colspan="4"></td><td>55%</td><td colspan="4">58%</td><td>58%</td><td colspan="3">18.10%</td><td colspan="2">20.00%</td></tr>
</table>

대상 세목	취득세 · 등록세 (1989~2010)	취득세 (2011~2012)	시본청 보통세 (2013~)	비 고
서울	60%(1989~1990) 50%(1991~2010)	50%	20.50%(2013), 21.00%(2014~2015), 22.60%(2016~)	
부산	51%(1989~2007) 55%(2008~2010)	55%	19.80%(2013~2015), 22.00%(2016~)	
대구	52%(1989~2008) 56%(2009~2010)	56%	20.65%(2013~2015), 22.29%(2016~)	
인천	36%(1989~2008) 50%(2009~2010)	40%	20.00%(2013~)	2010.11.5 조례 개정(취득세로 재원 변경)

광주	70%(1989~2010)	70%	23.00%(2013~2016), 23.90%(2017~)	
대전	68%(1989~2010)	56%	21.50%(2013~2016), 23.00%(2017~)	2010.11.5 조례 개정(취득세로 재원변경)
울산	55%(1997~1998) 58%(1999~2010)	58%	18.10%(2013~2015), 20.00%(2016~)	

주: 1995년에 대전, 1997년에 울산이 광역시로 승격됨.
자료: 이재원(2019) 및 조기현(2015: 98-99) 재구성.

행정안전부의 권고에 따라 자치구의 사회복지비 증가에 대응하고자 서울, 부산, 대구, 울산은 2016년부터, 광주와 대전은 2017년부터 재원 비율을 상향 조정하여 2019년 현재 자치구 조정교부금의 교부율은 서울 22.60%, 부산 22.00%, 대구 22.29%, 인천 20.00%, 광주 23.90%, 대전 23.00%, 울산 20.00% 등이다.

3. 자치구 조정교부금의 배분 방식

자치구 조정교부금은 일반조정교부금과 특별조정교부금으로 구분되는데, 일반조정교부금은 일반적 재정수요에 충당하기 위한 교부금이며 조정교부금 총액의 90%에 해당하는 금액이고, 특별조정교부금은 특정한 재정수요에 충당하기 위한 교부금으로 조정교부금 총액의 10%에 해당하는 금액이다.

일반조정교부금의 배분 방식은 특·광역시별로 차이가 있으나, 일반적으로 보통교부세의 배분 방식을 원용하여 매년도 기준재정 수입액이 기준재정 수요액에 미달되는 자치구에 대하여 그 미달액을 기초로 하여 교부하며, 일반조정교부금의 총액이 재원부족액의 합산액에 미달할 때에는 그 미달액에 대하여 일정률로서 조정·교부한다.

〈보통교부세 산정 방식〉

기준재정 수요액	−	기준재정 수입액	=	재원부족액	×	조정률	=	보통교부세 교부액

• 조정률 = 보통교부금 총액 / 각 자치구 재원부족액의 합산액

1) 기준재정 수요의 산정 방법

기준재정 수요의 산정 구조는 기본적으로 측정 항목별로 측정 단위의 수치에 단위비용을 곱하여 산정하는 방식으로 보통교부세의 기준재정 수요액의 산정 방법과 유사하다. 그러나 특·광역시에 따라 고정비용의 반영 여부, 측정 항목 산정 등에서 차이가 있는데, 서울, 인천, 광주, 대전 등 4곳은 고정비용을 반영하는 반면, 부산, 대구, 울산 등 3곳은 고정비용을 반영하지 않는다.

또한 최근에 정확한 행정수요 예측을 위하여 측정 항목에 대한 조정이 이루어지면서 2018년 말 기준으로 대구와 대전의 측정 항목이 19개로 가장 많고, 인천이 12개로 가장 적다(이상훈, 2017: 178).

표 10-2 조정교부금 기준재정 수요의 산정방법(2018년 기준)

구 분	산정 방식	측정 항목
서울	측정 항목별 측정 단위 수치×해당 단위비용+고정비용	11개 분야, 18개 측정 항목
부산	측정 항목별 측정 단위 수치×해당 단위비용	11개 분야, 17개 측정 항목
대구	측정 항목별 측정 단위 수치×해당 단위비용	10개 분야, 19개 측정 항목
인천	측정 항목별 측정 단위 수치×해당 단위비용+고정비용	12개 분야, 12개 측정 항목
광주	측정 항목별 측정 단위 수치×해당 단위비용+고정비용	12개 분야, 18개 측정 항목
대전	측정 항목별 측정 단위 수치×해당 단위비용+고정비용 및 수요추계	12개 분야, 19개 측정 항목
울산	측정 항목별 측정 단위 수치×해당 단위비용	11개 분야, 18개 측정 항목

자료: 특별·광역시별 자치구 조정교부금 관련 조례.

2) 기준재정 수입의 산정 방법

기준재정 수입의 산정 구조는 기본적으로 기초수입액, 보정수입액, 정산수입액을 합하여 산정하는 방식으로 보통교부세의 기준재정 수입액 산정 방법과 유사하다.

그러나 특·광역시에 따라 산정 대상 및 반영 비율 등에서 차이가 있는데, 부산,

대구, 광주 등 3곳은 자치구세, 인천, 대전, 울산 등 3곳은 자치구세와 경상적 세외수입 등을 산정 대상으로 채택하고 있으며, 반영 비율은 서울(100%)을 제외한 나머지 광역시가 80%로 정하고 있다.

표 10-3 조정교부금 기준재정 수입의 산정 방법(2018년 기준)

구 분	산정 대상	반영 비율
서울	지방세 + 세외수입(재산매각수입 제외) + 지방교부세 + 재정보전금	100%
부산	자치구세	80%
대구	자치구세	80%
인천	자치구세 + 경상적 세외수입	80%
광주	자치구세	80%
대전	자치구세 + 경상적 세외수입	80%
울산	자치구세 + 경상적 세외수입	80%

자료: 특별·광역시별 자치구 조정교부금 관련 조례.

4. 자치구 조정교부금의 현황

자치구 조정교부금의 총 규모는 2010년 3.2조 원, 2015년 4.5조 원, 2017년 5.8조 원으로 꾸준히 증가하는 추세를 보이고 있다. 그러나 2011년의 경우 서울, 대구, 인

표 10-4 자치구 조정교부금 현황(세입결산 기준)

(단위: 억 원, %)

구 분	2010	2011	2012	2013	2014	2015	2016	2017
합계	31,965	32,745	32,848	35,115	37,755	44,742	53,004	58,091(100.0)
서울	16,043	15,375	16,852	18,305	19,762	22,385	27,307	31,134(53.6)
부산	4,132	5,215	4,469	4,692	5,136	6,379	6,721	7,333(12.6)
대구	2,895	2,312	2,396	2,604	3,257	3,972	4,995	4,443(7.6)
인천	3,658	3,585	3,075	3,513	3,051	4,867	6,195	6,198(10.7)
광주	1,862	2,488	2,268	2,151	2,445	2,699	2,722	3,125(5.4)
대전	1,954	2,343	2,089	2,080	2,319	2,660	2,849	3,405(5.9)
울산	1,421	1,427	1,699	1,770	1,785	1,780	2,215	2,453(4.2)

자료: 행정안전부, 지방재정 365.

천 등 3곳은 2010년 지방세 간소화 후속 조치로 조정교부금의 재원이 취득세와 등록세에서 취득세로 단일화되면서 규모면에서 급격히 하락하였고, 또한 2017년의 경우 서울이 3조 1,134억 원(53.6%)으로 가장 큰 규모를 차지하고 있으며, 부산은 7,333억 원(12.6%), 인천은 6,198억 원(10.7%) 순으로 나타나고 있다.

제 2 절 시 · 군 조정교부금

1. 시 · 군 조정교부금의 의의

현재의 시 · 군 조정교부금 제도는 도세 징수교부금 제도(1949~1999)를 모태로 하다가 2000년에 시 · 도세 징수교부금 제도와 시 · 군 재정보전금 제도(2000~2013)로 이원화하였고, 2014년부터는 시 · 군 재정보전금 제도를 시 · 군 조정교부금 제도로 그 명칭을 변경하였다(조기현, 2016: 3).

우선, 시 · 도세 징수교부금은 특 · 광역시세와 도세를 특 · 광역시와 도가 직접 징수하지 않고, 자치구와 시 · 군이 대신 징수하면서 징수액의 일정률을 징수비로 보전해 주는 금액을 말하며(윤영진, 2016: 222－223), 징수교부율은 1976년 이전에는 도세의 10%, 1976년 이후에는 도세의 20%, 1999년에는 도세의 30%(50만 명 이상의 시는 50%)로 각각 인상하였으나, 이처럼 징수교부율의 인상은 징수비 보전이라는 본래 취지에 어긋나고 시 · 군 간의 재정 불균형을 심화시킨다는 이유로 2000년에는 3%로 일원화하고, 그 잔여액은 시 · 군에 배분하는 재정보전금으로 전환하였다.

그러다가 시 · 군 재정보전금 역시 특별재정보전금의 운용으로 인하여 재정형평성이 왜곡된다는 지적에 따라 특별재정보전금을 폐지하고, 2014년에 명칭을 시 · 군 조정교부금으로 변경하면서 지역 간 재정 격차 완화를 목적으로 한다는 것을 「지방재정법」에 적시하였다(조기현, 2018: 307).

표 10-5 시 · 군 조정교부금 제도의 변화

<table>
<tr><th>구 분</th><th>명 칭</th><th>종 류</th><th>일반재정보전금
배분 방식</th><th>재 원</th><th>기 타</th></tr>
<tr><td>1999년
까지</td><td>징수
교부금</td><td></td><td>시 · 군별 도세
징수실적 기준</td><td>- 일반시 · 군 도세 30%
- 인구 50만 명 이상 시 50%</td><td></td></tr>
<tr><td>2000년</td><td rowspan="4">재정
보전금</td><td rowspan="4">- 일반재정보전금
90%
- 시책추진보전금
10%</td><td>인구 수 60%
징수실적 40%</td><td>- 일반시 · 군 도세 27%
- 인구 50만 명 이상 시 47%
- 3%는 징수교부금 교부
- 제외되는 도세
• 공동시설세</td><td>경기도 일반재정보전금의 25%를 특별재정보전금으로 배분</td></tr>
<tr><td>2006년</td><td rowspan="3">인구 수 50%
징수실적 40%
재정력 지수 10%</td><td>- (기본 재원 동일)
- 제외되는 도세
• 공동시설세
• 지방교육세</td><td>경기도 특별재정보전금 70%는 인구 20만 명 미만 시 · 군 우선 배분(2013년 폐지)</td></tr>
<tr><td>2007년</td><td>- (기본 재원 동일)
- 제외되는 도세
• 공동시설세
• 지방교육세
• 원자력발전분
지역개발세</td><td>원자력발전분 지역개발세의 65%를 해당 시 · 군에 배분</td></tr>
<tr><td>2010년</td><td>지방소비세 27% 추가</td><td>지방소비세는 시 · 군 인구 수 기준으로 배분</td></tr>
<tr><td>2014년</td><td rowspan="2">조정
교부금</td><td rowspan="2">- 일반조정교부금
90%
- 특별조정교부금
10%</td><td>인구 수 50%
징수실적 30%
재정력 지수 20%</td><td rowspan="2">- (기본 재원 동일)
- 제외되는 도세
• 지방교육세
• 특정부동산분
지역자원시설세
• 화력발전 · 원자력발
전분 지역자원시설세</td><td>- 특별교부금은 보조사업 재원으로 사용 불가
- 보통교부세 불교부단체 우선배분 특례</td></tr>
<tr><td>2016년</td><td>인구 수 50%
징수실적 20%
재정력 지수 30%</td><td>보통교부세 불교부단체 우선배분 특례 폐지</td></tr>
</table>

자료: 이재원(2019)에서 재인용.

2. 시 · 군 조정교부금의 재원 및 배분 방식

시 · 군 조정교부금의 재원은 징수교부금 3%를 제외하고, 다음 항목의 27%와 50만 명 이상의 시와 자치구가 아닌 구가 설치되어 있는 시의 경우에는 47%에 해당하는 금액이다(지방재정법 제29조).

① 시 · 군에서 징수하는 광역시세 · 도세(단, 화력발전 · 원자력발전에 대한 지역자원시설세, 특정부동산에 대한 지역자원시설세 및 지방교육세는 제외)의 총액,

② 해당 시 · 도(특별시 제외)의 지방소비세액을 전년도 말의 해당 시 · 도의 인구

로 나눈 금액에 전년도 말의 시·군의 인구를 곱한 금액이다.

시·군 조정교부금은 일반조정교부금과 특별조정교부금의 두 가지 종류가 있다(동법 시행령 제36조).

일반조정교부금은 시·군의 행정 운영에 필요한 재원을 보전하는 등 일반적 재정수요에 충당하기 위한 교부금으로 시·군 조정교부금 총액의 90%에 해당하는 금액이며, 배분 방식은 일반조정교부금 총액의 50%는 시·군의 인구 수에 따라, 20%는 시·군의 광역시세·도세 징수실적에 따라, 30%는 재정력 지수[1]에 따라 배분한다.

특별조정교부금은 시·군의 지역개발사업 등 시책을 추진하는 등 특정한 재정수요에 충당하기 위한 교부금으로 시·군 조정교부금 총액의 10%에 해당하는 금액이며, 배분 방식은 시·도의 조례로 정한다.

또한 시·군 조정교부금의 배분 방식에는 특례조항이 있는데, 시·도지사는 화력발전·원자력발전에 대한 각각의 지역자원시설세의 100분 65에 해당하는 금액(징수교부금을 교부한 경우에는 그 금액을 뺀 금액)을 화력발전소·원자력발전소가 있는 시·군에 각각 배분한다(지방재정법 제29조 제3항).

시·군 조정교부금의 교부 시기는 매월 또는 매분기별로 교부한다.

표 10-6 시·군 조정교부금의 재원 배분 기준

조정교부금 유형	배분 기준	비 중
일반조정교부금(90%)	인구 수	50%
	징수실적	20%
	재정력 지수	30%
특별조정교부금(10%)	시·도 조례에 따른 기준과 비중	

3. 시·군 조정교부금의 현황

시·군 조정교부금의 총규모는 2010년 3.6조 원, 2015년 5.6조 원, 2017년 6.9조 원으로 꾸준히 증가하는 추세를 보이며, 2011년은 전북, 2012년은 충북, 경남, 2013

1) 재정력 지수가 1 미만인 시·군을 대상으로 1에서 시·군의 재정력 지수를 뺀 값을 기준으로 배분한다.

년은 경기, 충남, 전북, 경북에서 규모의 증가세가 다소 둔화하였고, 또한 2017년의 경우 경기가 3조 5,539억 원(51.8%)으로 가장 큰 규모를 차지하고 있으며, 경남은 1조 109억 원(14.7%), 충남은 4,916억 원(7.2%) 순으로 나타나고 있다.

표 10-7 시 · 군 조정교부금 현황(세입결산 기준)

(단위: 억 원, %)

구 분	2010	2011	2012	2013	2014	2015	2016	2017
합계	35,776	41,483	43,976	39,078	48,855	55,896	60,789	68,598 (100.0)
경기	18,637	20,369	22,820	17,619	25,566	29,219	29,957	35,539 (51.8)
강원	1,283	1,404	1,541	1,545	1,635	1,903	2,323	2,202 (3.2)
충북	1,737	1,914	1,884	2,137	2,266	2,852	3,155	3,224 (4.7)
충남	2,488	3,272	3,308	2,838	3,452	4,177	4,108	4,916 (7.2)
전북	1,658	1,634	2,088	1,978	2,469	2,483	2,567	3,134 (4.6)
전남	1,184	1,503	1,788	1,801	1,976	2,172	2,538	2,638 (3.8)
경북	2,418	2,835	2,931	2,896	3,714	4,231	5,123	4,876 (7.1)
경남	4,248	5,048	4,758	6,037	6,002	7,338	9,048	10,109 (14.7)
광역시 군	2,123	3,504	2,858	2,227	1,775	1,521	1,970	1,960 (2.9)

자료: 행정안전부, 지방재정 365.

PART

4

지방세출론

Chapter 11
지방예산

제 1 절 지방예산의 기초이론

1. 지방예산의 의의

1) 지방예산의 개념

지방예산 또는 지방자치단체 예산(local government budgeting)이란 지방자치단체가 한 회계연도(fiscal year)의 공적인 목표 달성을 위해 한정된 자원의 효율적·효과적인 활용 계획을 수치로 표시한 것이라고 할 수 있다(손희준 외, 2011: 222). 또 다른 의미로 지방예산은 지방자치단체가 행정기관을 유지하고 주민 복지를 증진하며 지역개발을 촉진하기 위하여 경비를 조달하고 배분하는 재정계획으로서, 1회계연도에 있어서의 세입과 세출에 관한 견적 또는 계획서이다(김동기, 2008: 257).

결국 지방예산이란 지방재정의 전 과정과 활동을 위한 담고 있는 구체적인 재정계획이며, 내역서라고 할 수 있다.

이런 지방자치단체 예산은 재정 및 경제적 측면뿐만 아니라 정치적 측면의 특성을 반영해야 한다. 즉, 한정된 자원배분과 관련된 지역 주민, 지방의원, 관료, 그리고 이익집단 등 이해관계자들이 의사결정 과정을 통해 자신들의 이익을 극대화하는 일련의 정치적 과정이기도 하다.

2) 지방예산의 특징

지방자치단체 예산의 특징을 요약하면 다음과 같다(나중식, 2007: 221－222; 손희준 외, 2011: 222－223).

첫째, 지방자치단체 예산의 다양성이다. 각 지방자치단체는 그 권능과 규모가 다를 뿐 아니라, 자연적·사회적·경제적 조건도 상당히 다양하다. 따라서 예산의 규모도 다르고 예산의 내용도 다르다.

둘째, 지방자치단체 예산의 높은 경직성이다. 지방자치단체의 예산은 의존수입의 비중이 높고, 목적세 수입이나 용도가 정해져 있는 지방세외 수입이 많기 때문에 세출의 경직성이 높다. 그뿐만 아니라 국고보조사업에 수반되는 지방비 부담이 크기 때문에 경직성이 높게 나타난다.

셋째, 지방자치단체 예산의 지역적 한계성이다. 지방자치단체의 예산은 해당 지역의 주민생활과 직결되기 때문에 지역적 한계를 띠지만, 근래에 와서 지역적 한계성은 점차 퇴색되고 있다.

넷째, 지방자치단체 예산의 중앙의존성이다. 지방자치단체는 중앙정부가 교부·배정하는 지방교부세나 국고보조금에 따라 세출 규모가 크게 영향을 받기 때문에 중앙정부에의 의존성이 매우 크다.

3) 지방예산의 기능

예산(budget)이 담당해야 할 기능이 다양하다 보니 지방예산 역시 다양한 기능을 수행한다.

윌다브스키(Aaron Wildavsky)는 행정학자이면서도 예산이 정치 과정의 핵심에 위치한다고 주장하면서 정치적 기능을 강조하며(Wildavsky, 1964: 4－5), 경제학자인 머스그레이브(R. A. Musgrave & P. B. Musgrave) 교수는 예산의 경제적 기능을 강조하였다.

한편 쉬크(Allen Schick)은 행정학적인 접근 방법으로 통제(control), 관리(management), 계획(planning)이라는 예산의 세 가지 기능을 제시하였고, 이후 예산제도의 변화에 따라, 감축관리(cutback management)와 사업평가(program evaluation) 등이 추가되기도 하였다. 이러한 시대적 요구에 따라 지방예산도 변화할 수밖에 없었다.

(1) 통제 기능

지방예산의 통제(control) 기능은 예산집행에서 부정부패와 낭비를 막는 것이 중점이 되며, 지역 주민에 대한 지방정부의 책임성 문제로 주로 예산 과정, 즉 예산편성·심의·집행과 결산 및 회계검사 등의 단계에서 이루어진다.

한편 지방의회의 예산심의·의결을 통해 지방예산이 성립되는데, 이는 지방의회가 단체장에게 예산의 집행권을 부여하는 동시에 예산집행의 책임을 통한 통제 수단으로 이용하고 있다. 이러한 요건을 제대로 반영하고 있는 예산 제도가 바로 품목별 예산(line-item budget)이다.

(2) 관리 기능

지방예산의 관리(management) 기능은 일정액의 예산을 지출하여 최대한의 성과, 즉 능률의 극대화를 추구하는 것으로, 모든 예산 절차에 적용되기는 하지만 특히 예산편성 단계에서 강조된다. 따라서 예산관리 측면에서 중시되는 이념은 목표달성도를 나타내는 효과성(effectiveness)이다. 그러므로 지방정부는 수행해야 할 업무량(work load)과 단위비용(unit cost)을 정확하게 측정하고, 성과를 파악하기 위한 성과목표를 개발할 필요가 있다. 이러한 요건을 반영하는 예산 제도가 바로 성과주의 예산(performance budget)이다.

(3) 계획 기능

지방예산의 계획(planning) 기능은 중기재정계획과 같은 중장기 계획수립을 통해 계획과 예산의 연계 및 사업목표의 체계성 등을 확보하는 것에 중점을 두는 것으로, 자원배분의 효율성과 효과성을 달성하고자 하는 것이다. 예산의 계획 기능은 목표의 결정, 대안의 평가 및 선정된 사업의 승인을 내포하는 것이므로 예산편성과 밀접하게 연계된다.

이와 같은 예산의 계획 기능을 반영하고자 도입된 예산 제도가 바로 계획예산(planning programming budgeting system: PPBS)이다.

(4) 감축관리 기능

지방예산의 감축관리(cutback management) 기능은 1970년대 후반 경제가 침체하고 재정적자가 급증하자, 과거의 점증주의(incrementalism)적 예산 행태를 불식하고, 모든 예산사업을 제로(0) 상태에서 재평가하여 불필요하고 낭비적인 프로그램을 제거하여 자원배분을 새롭게 결정하자는 예산제도이다(김동기, 2008).

이러한 요구를 합리적 점감주의(rational decrementalism)로(장노순, 1984: 217-223) 설명하기도 하는데, 이러한 요건을 제대로 반영하고 있는 예산 지향이 바로 영기준 예산(zero base budgeting: ZBB)이다.

(5) 사업평가(program evaluation) 기능

1990년대에 들어 전 세계적으로 작은 정부를 지향하는 행정개혁의 바람이 불어왔다. 당연히 예산개혁이 핵심이 되었는데, 단순히 예산을 사용하는 규모와 내용뿐만 아니라 그 결과(result)와 국민들의 인식 변화 등을 측정하고 파악할 필요가 생겨났다.

이를 새로운 성과주의 예산(New Performance Budget)이라고도 하며(신무섭, 2015), 이 예산의 핵심은 예산사업 및 결과를 어떻게 평가하여 이를 예산에 반영할 것인가이다. 다양한 명칭이 사용되는데, 우리나라에서는 프로그램 예산(program budget) 또는 사업예산으로 사용하고 있다.

4) 지방예산의 종류

지방예산은 다양한 형태로 운영되고 있다.

(1) 회계별 종류: 일반회계예산 · 특별회계예산 · 기금예산

일반회계예산(general accounting budget)은 지방예산 중에서 가장 근간이 되는 예산으로, 지역 주민의 공공 서비스 충족을 위하여 일반적이고 항구적인 재정활동에 관한 총 세입과 총 세출을 열거하여 편성한 것이다. 지방정부를 유지하고 주민들의 복리 증진을 위한 기본적인 기능을 수행하기 위해 편성 · 집행하는 예산으로 계속성과 항구성 등이 보장되는 예산이다.

특별회계예산(special accounting budget)은 특정사업을 운영할 때 또는 특정자금이나 특정세입 · 세출로서 일반세입 · 세출과 구분하여 경리할 필요가 있을 때에 한하여 법률 또는 지방자치단체의 조례로 설치 가능한 회계로 현재는 공기업특별회계와 기타 특별회계가 운영되고 있다.

기금예산(fund)은 원래 급변하는 경제 · 사회적 상황에 신속하고 탄력적으로 대응하기 위하여, 일정한 자금을 적립하거나 회계연도에 국한하지 않고 계속적으로 사업을 추진하기 위해 설립한 제도로, 과거에는 예산 외(off-budget)로 운용하였으나, 최근 통합재정 범위에 포함되어 예산과 거의 동일한 수준으로 처리되고 있다. 기금설치의 근거는 「지방자치법」 제142조에 의해 설치하고, 구체적인 운용은 「지방자치단체 기금관리기본법」에 규정하고 있다.

(2) 예산 성립 시기별 종류: 본예산 · 수정예산 · 추가경정예산

본예산(本豫算)은 다음 회계연도 예산에 대해 지방의회가 의결 · 확정하여 최초로 성립된 예산으로, 당초예산이라고도 한다.

수정예산(修整豫算)은 지방정부가 예산안을 지방의회에 제출한 후 예산이 아직 최종적으로 의결되기 전에 예산안의 내용 중 일부를 변경할 필요성이 있을 때 수정하는 예산이다. 본예산(안)의 일부를 수정한 것을 말한다.

추가경정예산(追加更正豫算, supplemental budget)은 지방의회에서 의결되어 예산이 성립된 다음, 회계연도가 개시된 이후 지방정부에 의해 집행 중에 있는 예산을 변경할 필요가 있을 때 이를 변경한 예산이다.

(3) 예산 불성립 시의 종류: 준예산, 가예산, 잠정예산

회계연도 개시 전까지 예산이 지방의회에서 의결되지 않는 경우에 지방예산은 성립되지 못한다. 이 경우 지방자치단체가 잠정적으로 예산을 사용할 수 있는 예산을 잠정예산[1)]이라고 말한다. 그러나 우리나라에서는 이러한 잠정예산을 과거에는 가예

1) 영국에서는 회계연도 개시일 전에 본예산이 의회를 통과하는 경우가 거의 없기 때문에 통상적으

산(假豫算)이라고 하다가 현재는 준예산(準豫算)이라고 한다.

이렇듯 예산 불성립 시 발생하는 행정의 마비나 혼란을 방지하기 위해 「지방자치법」 제131조에서는 "지방자치단체장은 지방의회에서 예산안을 의결할 때까지 ① 법령이나 조례에 의해 설치된 기관 또는 시설의 유지 · 운영, ② 법률 또는 조례상 지출 의무의 이행, ③ 이미 예산으로 승인된 사업의 계속 등의 경우 전년도 예산에 준하여 집행"할 수 있도록 하는 준예산 제도를 규정하고 있다. 이러한 준예산은 이미 지방의회의 심의를 거쳐 실시한 전년도에 준하여 집행되기 때문에 지방의회의 의결을 요하지 않을 뿐만 아니라, 본예산이 성립되면 준예산은 본예산에 의해 집행된 것으로 간주된다.

2. 지방예산의 원칙

예산 원칙은 예산 운영에서 지켜야 할 규범(norm)이다. 즉, 예산 원칙은 예산의 편성 · 심의 · 집행 및 회계검사의 모든 예산 과정에서 지켜져야 할 준칙(rules)이다.

1) 예산 공개의 원칙

예산 운영의 모든 상태가 주민에게 공개되어야 한다는 원칙이다. 예산 공개는 예산 운영의 투명성을 확보할 뿐만 아니라, 지역 주민의 정당한 요구와 비판을 받도록 한다는 데 그 의미가 있다.

「지방재정법」 제60조에는 지방자치단체의 장은 예산 또는 결산의 확정 또는 승인 후 2개월 이내에 예산서와 결산서를 기준으로 재정 운용 상황을 담은 각종 자료와 통계를 주민에게 알기 쉽게 작성하여 공시(公示)하도록 하고 있다.

2) 예산총계주의 원칙

예산총계주의는 한 회계연도의 모든 수입을 세입으로 하고, 모든 지출을 세출로

로 잠정예산이 편성되고 있으며, 미국의 경우도 회계연도 개시 전까지 세출예산법이 성립되지 않는 경우가 많아서 잠정예산을 자주 편성하곤 한다.

하며, 세입과 세출은 모두 예산에 편입해야 한다는 것을 의미 한다(지방재정법 제34조). 이를 '예산 완전성의 원칙'이라고도 하며(신무섭, 2015), 주민이나 지방의회가 예산에 대해서 쉽게 이해할 수 있도록 하고, 재정상의 감독을 쉽게 하는 것을 목적으로 한다(김동기, 2008).

다만, 세입·세출예산 외로 처리할 수 있도록 한 현물출자와 기금 운영, 그리고 대통령령이 정하는 사유로 보관할 의무가 있는 현금 또는 유가증권, 과오납금의 반환 등에 대해서는 예외를 두고 있다.

3) 건전재정 운영의 원칙

지방자치단체의 재정은 수지 균형의 원칙에 따라 건전하게 운영해야 하며(지방재정법 제3조, 지방자치법 제122조), 국가는 지방재정의 자주성과 건전한 운영을 조장하고, 국가의 부담을 지방정부에 전가해서는 안 된다. 즉, 지방자치단체의 세출은 지방채 또는 차입금 외의 세입으로 이루어져야 함을 의미한다(이성근 외, 2016: 167).

4) 회계연도 독립의 원칙

지방자치단체의 회계연도는 매년 1월 1일에 시작하여 그해 12월 31일에 종료하는데, 각 회계연도의 경비는 당해 연도 세입으로 충당해야 한다는 것이다. 즉, 매 회계연도의 세출예산은 다음 연도에 사용할 수 없다는 것을 의미한다.

그러나 예산 운영의 신축성을 유지하기 위해 계속비, 예산의 이월(移越), 세계잉여금의 익년도 세입에의 이입(移入), 과년도 수입과 지출 등이 예외로 인정되고 있다.

5) 예산 목적 외 사용 금지의 원칙

지방자치단체장은 세출예산에 정한 목적 외에 경비를 사용할 수 없고, 각 기관 간이나 세출예산이 정한 각 장·관·항 상호 간에 융통하여 사용할 수 없다는 것이다. 이러한 원칙에 대한 예외로서는 예산의 이용(移用)·전용(轉用)·이체(移替) 등이 있다.

6) 예산 한정성의 원칙

예산 한정성의 원칙은 예산의 통제 기능을 수행하기 위해 적용하는 원칙으로, 연도 간, 항목 간에 명백한 한계를 두어야 한다는 원칙이다.

앞에서 언급한 예산의 목적 외 사용금지, 예산 항목 간의 상호 융통 · 이용의 금지, 예산의 초과지출 및 예산 외 지출의 금지, 회계연도 독립의 원칙 등을 모두 포함한다.

예산 한정성의 원칙이 보장되지 않으면 집행부의 재량권이 지나치게 확대되어, 지방의회의 예산과 결산 심의권이 침해되어 견제와 균형(check and balance)이 무너지게 된다.

3. 지방예산의 분류 체계

예산의 분류란 세입과 세출의 내용을 일정한 기준에 따라 체계적으로 배열하는 것을 의미한다. 누가, 어떤 목적으로 예산정보를 필요로 하는가에 따라 적절한 형태로 예산을 작성하여야 하는데, 이를 예산 분류라고 한다.

다양한 예산 분류 방식이 있는데, 여기에서는 기능별 분류와 성질별 분류를 중심으로 살펴보기로 한다.

1) 기능별 분류

예산의 기능별 분류(functional classification)는 지방정부가 수행하는 기능을 중심으로 예산을 분류하는 방식이다.

따라서 기능별 분류는 지방정부의 활동 영역별 예산배분 현황을 보여 주는 예산정보이다. 기능별 분류는 세출예산에만 해당하는 예산 분류 방식으로, 지방정부의 사업계획 및 예산정책의 수립을 용이하게 할 뿐만 아니라 의회의 예산 심의에 도움을 주는 예산 분류 방식이다. 특히 이러한 분류는 주민들이 예산을 통해 지방자치단체가 수행하는 활동과 정책을 파악할 수 있는 유용한 예산정보이기 때문에, 이를 '시민을 위한 분류(citizen's classification)'라고도 한다.

우리나라 지방예산의 기능별 분류는 세입과 세출예산에 따라 각각 다른 과목으로 구성하고 있다.

세입예산의 과목은 장－관－항－목 등 네 단계로 구성되어 있다. 2014년에 세입 과목의 개편이 있었는데, 과거 세외수입에 포함하였던 내부거래와 잉여금 등을 '보전재원 등 내부거래'로 신설하여, 현재는 다음 <표 11－1>과 같다.

표 11-1 세입예산 과목 체계

장	관	항	목
지방세	지방세	• 보통세 • 목적세 • 지난 연도 수입	• 9개 세목별 • 2개 세목별 • 1개 세목별
세외수입	경상적 세외수입	• 재산임대수입, 사용료, 수수료 수입 등 6개	• 29개 목
	임시적 세외수입	• 재산매각수입, 부담금, 과태료 등 5개	• 15개 목
지방교부세	지방교부세	• 지방교부세	• 보통교부세 • 특별교부세 • 부동산교부세 • 소방안전교부세
조정교부금 등	자치구 조정교부금 시・군 조정교부금	• 자치구 조정교부금 • 시・군 조정교부금	• 2개 목 • 2개 목
보조금	국고보조금 등 시・도비 보조금 등	• 국고보조금 등 • 시・도비 보조금 등	• 국고보조금, 지역발전특별회계보조금, 기금 • 시・도 비보조금 등
지방채	국내차입금 국외차입금	• 차입금 등 3개 항 • 국외차입금	• 8개 목 • 국외차입금
보전수입 등 내부거래	보전수입 등 내부거래	• 잉여금 등 4개 항 • 전입금 등 2개 항	• 9개 목 • 9개 목

자료: 이성근 외(2016: 190).에서 재인용.

반면, 세출예산의 과목 체계는 2008년 사업예산제도의 도입에 따라 <표 11－2>와 같이, 명칭이 '분야－부문－정책사업－단위사업－세부사업－목(편성비목)－세목(통계비목)'으로 변경되었다.

표 11-2 지방세출 예산 과목 체계

주요 항목			세부 항목			
분야	부문	정책사업	단위사업	세부사업	편성비목(목)	통계비목(세목)
기능별 분류		사업별 분류			품목(성질)별 분류	

그림 11-1 지방세출 예산의 과목구조

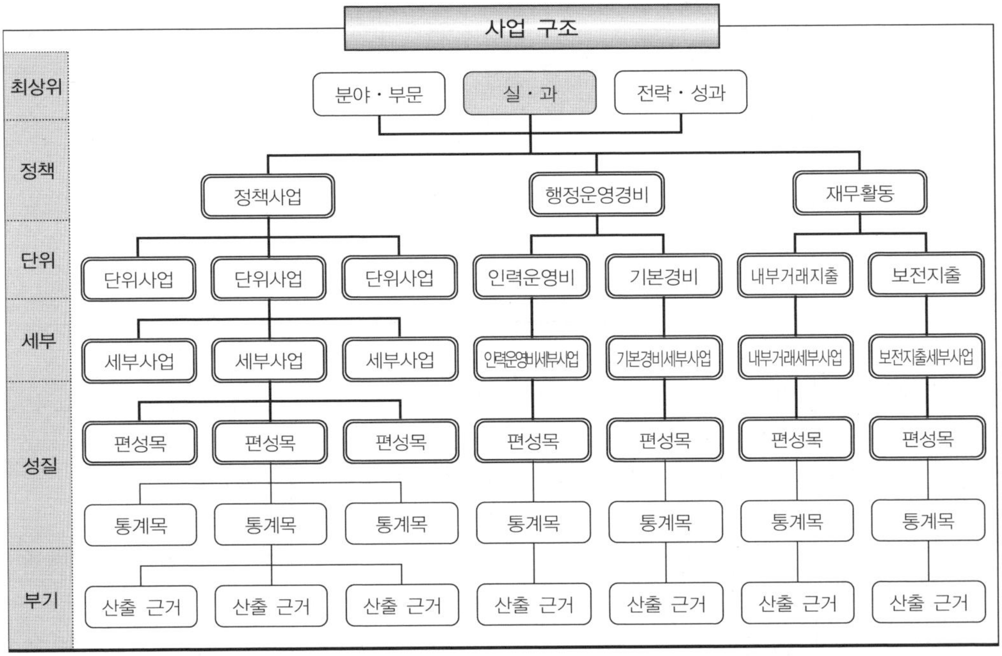

지방세출 예산 과목에서 '분야와 부문'이 기능별 분류에 해당하며, 사업별 분류는 '정책사업 – 단위사업 – 세부사업'으로, 품목별 분류는 '편성비목(목) – 통계비목(세목)'으로 구분하는 등 복잡한 구조를 가지고 있다.

또한 세출예산 과목 체계에서도 중앙정부와 달리, [그림 11-1]에서 보는 바와 같이 행정운영경비와 재무활동을 별개의 과목으로 구분하고 있다.

지방세출 예산의 기능별 분류는 다음 <표 11-3>과 같다.

표 11-3 지방세출 예산의 기능별 분류

분야	부문	명 칭	분야	부문	명 칭	분야	부문	명 칭
010		일반 공공행정	070		환경 보호	110		산업·중소기업
	011	입법 및 선거관리		071	상하수도·수질		111	산업금융 지원
	013	지방행정·재정지원		072	폐기물		112	산업기술 지원
	014	재정·금융		073	대기		113	무역 및 투자유치
	016	일반행정		074	자연		114	산업진흥·고도화
020		공공질서 및 안전		075	해양		115	에너지 및 자원 개발
	023	경찰		076	환경보호 일반		116	산업·중소기업 일반
	025	재난방재·민방위	080		사회복지	120		수송 및 교통
	026	소방		081	기초생활보장		121	도로
050		교육		082	취약계층 지원		123	도시철도
	051	유아 및 초중등교육		084	보육·가족 및 여성		124	해운·항만
	052	고등교육		085	노인·청소년		125	항공·공항
	053	평생·직업교육		086	노동		126	대중교통·물류 등 기타
060		문화 및 관광		087	보훈	140		국토 및 지역 개발
	061	문화예술		088	주택		141	수자원
	062	관광		089	사회복지 일반		142	지역 및 도시
	063	체육	090		보건		143	산업단지
	064	문화재		091	보건의료	150		과학 기술
	065	문화 및 관광 일반		093	식품의약안전		151	기술개발
			100		농림해양수산		152	과학 기술 연구지원
				101	농업·농촌		153	과학 기술 일반
				102	임업·산촌	160		예비비
				103	해양수산·어촌		161	예비비
						900		기타

지방세출 예산의 기능별 분류는 ① 일반 공공행정, ② 공공질서 및 안전, ③ 교육, ④ 문화 및 관광, ⑤ 환경 보호, ⑥ 사회복지, ⑦ 보건, ⑧ 농림해양수산, ⑨ 산업·중소기업, ⑩ 수송 및 교통, ⑪ 국토 및 지역개발, ⑫ 과학 기술, ⑬ 예비비, ⑭ 기타 등으로 되어 있다.

2) 경제 성질별 분류

예산의 경제 성질별 분류(economic character classification)는 지방예산이 지역경제에 미치는 영향을 분석・평가하기 위해 예산을 경제적 성질에 의해 분류하는 방식으로 세입・세출예산을 경상계정과 자본계정으로 구분하여 분류하는 방식이다.

그러나 우리나라 지방예산의 경제 성질별 분류는 우선 성질별 분류라고 하여 주로 품목별 기준에 따라 8개 부문, 즉 ① 인건비, ② 물건비, ③ 경상이전, ④ 자본지출, ⑤ 융자 및 출자, ⑥ 보전재원, ⑦ 내부거래, ⑧ 예비비 및 기타 등으로 구분・분류하고 있다.

표 11-4 지방세출 예산의 성질별 분류

성질별(8)	편성목(38)	통계목 (130)
100 인건비	인건비	4
200 물건비	일반운영비, 여비, 업무추진비, 직무수행경비, 의회비, 재료비, 연구개발비,	32
300 경상이전	일반보상금, 이주 및 재해보상금, 포상금, 연금부담금 등, 배상금 등, 출연금, 민간이전, 자치단체 등 이전, 전출금, 국외 이전, 차입금 이자 상환	53
400 자본지출	시설비 및 부대비, 민간자본 이전, 자치단체 등 자본 이전, 공사・공단 전출금, 자산취득비, 기타 자본이전, 국외 자본이전	15
500 융자 및 출자	융자금, 출자금	5
600 보전재원	차입금 원금 상환, 예치금	8
700 내부거래	기타 회계 등 전출금, 기금 전출금, 교육비특별회계 전출금, 예탁금, 예수금 원리금 상환, 기타 내부거래	14
800 예비비 및 기타	예비비, 반환금 기타	7

자료: 지방자치인재개발원・시도공무원교육원(2019: 142-144)에서 발췌 인용.

제 2 절 지방자치단체의 예산 과정

1. 예산 과정과 회계연도

1) 예산 과정의 의의 및 특징

예산 과정(budget process)은 예산의 편성, 심의, 집행, 그리고 결산 및 회계검사 등 4단계로 이루어지며, 이 과정을 통해 구체적으로 재원배분이 이루어진다. 이러한 예산 과정은 다양한 참여자들이 참여하는 결정 과정이며, 또한 지방정부가 그 목적을 달성하기 위한 수단을 선정하는 과정이다. 한편 지방예산 과정은 재원의 바람직한 배분 방식을 결정하는 기획 과정이며 재정계획이 수립되고 집행되는 과정이다. 이와 같은 지방예산 과정은 다음과 같은 몇 가지 특징을 지닌다(신무섭, 2015: 168－170).

첫째, 예산 과정은 일정한 기간을 단위로 하여 이루어진다.

둘째, 예산 과정에는 다양한 참여자가 결정에 참여한다.

셋째, 예산 과정은 상호의존적이다.

넷째, 예산 과정은 주기적·반복적이다.

다섯째, 예산 과정은 분할 처리된다.

2) 예산주기와 회계연도

예산 과정이나 단계는 일정한 주기를 가지고 반복되는 특징이 있다. 이렇게 예산 과정의 단계들이 시간적 차원에서 반복되는 일정한 주기를 예산 주기(週期) 또는 순기(循期, budget cycle)라고 부른다. 또한 예산이 성립되어 효력을 가지는 기간이 있는데 이 기간을 회계연도(fiscal year: FY)라 한다. 회계연도를 중요시하는 이유는 지방자치단체의 수입과 지출을 명백히 정리하는 데 기준이 되는 기간이기 때문이다.

예산주기는 연속적이면서 매 회계연도마다 중첩되어 진행된다. 이를테면 지방정부의 입장에서 볼 때 특정 시점에서는 서로 다른 회계연도의 예산이 서로 다른 국면을 동시에 수행하고 있다. 즉, 특정 시점에서는 여러 개의 서로 다른 예산주기가 동시에 진행되고 있는 것이다. 예산주기는 3년이지만 회계연도는 1년인 단년도 예산과정이 <표 11-5>와 같이 반복되고 있다.

표 11-5 예산주기의 국면

구 분	2017	2018	2019	2020	2021
2018년도 예산	편성/심의	집행	결산/회계검사		
2019년도 예산		편성/심의	집행	결산/회계검사	
2020년도 예산			편성/심의	집행	결산/회계검사

이와 같이 매 회계연도에 걸쳐 예산주기가 진행되는 동안 각 단계와 시간적 차원에서 지방정부의 각 기관별로 권한과 책임이 배분된다. 즉, 지방자치단체의 장은 예산의 편성과 집행에 대한 권한과 책임을 가지며, 지방의회는 예산과 결산에 대해 심의하는 권한을 행사한다.

회계연도와 관련하여 출납 폐쇄기한과 출납사무 완결기한이 있다. 지방자치단체의 출납 폐쇄기한은 회계연도가 끝나는 날이다. 과거 출납 폐쇄기한을 익년도 2월로 하였으나, 2014년 지방재정법 개정을 통해 회계연도 종료일로 변경하였다. 다만, 출납원이 수납한 세입금은 회계연도가 종료된 날로부터 20일까지 지방자치단체 금고에 납입할 수 있으며, 일상 경비는 회계연도가 끝나는 날로부터 15일까지 반납할 수 있다(윤영진, 2016: 313-314).

이와 같은 주기를 지닌 지방예산의 전체적인 운영 시스템은 다음 [그림 11-2]와 같다.

지방예산의 시스템관리 과정은 중기재정계획 수립→투자심사 → 예산편성 → 예산집행 → 집행결산 → 재정분석 → 재정 환류의 과정으로 연속적으로 이루어진다.

그림 11-2 **지방예산 운영 시스템**

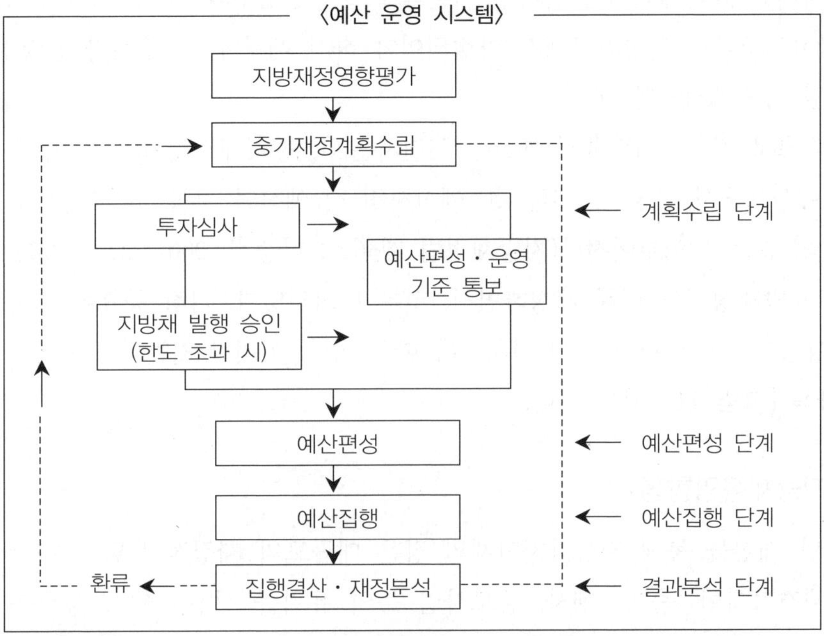

자료: 지방자치인재개발원 · 시도공무원교육원(2019: 81).

2. 지방예산의 편성

1) 예산편성의 의의

지방예산의 편성이란 다음 회계연도에 지방자치단체가 수행하고자 하는 시책이나 사업계획 및 이러한 제반 활동을 위해 필요로 하는 재원의 획득과 지출에 대한 예정적 계산을 금액으로 표시하여 예산안을 작성하는 예산 과정의 첫 번째 단계이다.

즉, 지방자치단체는 이 과정에서 사용될 재원을 추계하고, 기존의 사업 가운데 계속할 사업과 새로 착수할 사업을 선정하고 이에 소요되는 지출 규모를 확정한다.

2) 예산편성의 절차

지방자치단체의 예산편성 절차는 기본적으로 중앙정부와 대동소이하지만, 중앙정부의 국고보조금과 지방교부세가 확정되어야 하기 때문에 그 주기가 중앙정부보다 약 2개월 정도 늦을 뿐이다.[2)]

일반적으로 지방자치단체의 예산편성 절차는 ① 중기재정계획의 작성, ② 투자심사, ③ 예산요구서 작성 및 제출, ④ 예산사정 및 예산안 편성, ⑤ 지방의회에 예산안 제출의 순으로 이루어진다(지방재정법 제36조; 나중식, 2007: 224－227). 그러나 2014년 지방재정법을 대폭 개정하면서, 일부 변화되었다. 가장 중요한 변화가 지방재정영향평가를 예산편성 전에 거치도록 한 것이다. 이러한 일반회계의 예산편성 절차는 다음 [그림 11－3]과 같다.

(1) 지방재정영향평가

2014년 개정을 통해 지방자치단체의 장은 대규모의 재정적 부담을 수반하는 국내·국제경기대회, 축제·행사, 공모사업 등의 유치를 신청하거나, 응모를 하려면 미리 해당 지방자치단체의 재정에 미칠 영향을 평가하고, 그 평가 결과를 토대로 지방재정투자심사위원회의 심사를 거치도록 하였다.

또한 중앙관서의 장도 대규모 지방재정 부담을 수반하는 사항에 대해서는 대통령령으로 정한 바에 따라 '지방재정영향평가서'를 행정안전부 장관과 기획재정부 장관에게도 제출하여야 한다(지방재정법 제27조의6).

(2) 중기지방재정계획 작성과 투자심사

지방자치단체의 장은 예산편성 시 중기지방재정계획과 재정투자 사업에 대한 심사 결과를 토대로 해야 한다(지방재정법 제36조 ④).

중기지방재정계획은 5년 동안의 지방자치단체의 재원 조달과 투자 방향을 담고 있는 다년도 연동화 계획(rolling financial plan)인 동시에 투자사업계획이다. 또한 지방자치단체의 주요 투자 사업을 예산에 반영시키기 위해서는 반드시 투자심사를

---

2) 지방자치단체는 9~11월[지방교부세 및 국고보조금 가내시(假內示)는 10월 15일까지]에 예산안을 편성하여 제출하면, 시·도의회는 12월 16일까지(회계연도 개시 15일 전), 시·군·구의회는 12월 21일까지(회계연도 개시 10일전) 심의·의결하도록 규정하고 있다.

그림 11-3 일반회계 예산편성 절차

〈일반회계 예산편성 절차〉

지방재정영향평가 (지방재정법 제27조의6)	• 대규모 경기, 축제·행사, 공모사업, 법령 제·개정 시 지방재정에 미치는 영향평가 실시
⬇ 중기재정계획 (지방재정법 제33조)	• 예산편성 이전에 계획을 수립하여 당해 연도 예산편성의 기본으로 활용
⬇ 투자심사 (지방재정법 제37조)	• 중기재정계획에 반영된 사업을 대상으로 투자심사를 거쳐 결정된 사업에 한하여 예산편성
⬇ 예산편성 기준 통보 (7월 말) (지방재정법 제38조)	• 지방교부세 내시: 10월 15일 • 국고보조금 내시: 10월 15일
⬇ 예산(안) 편성	• 부서·사업별로 예산요구서를 작성하여 예산부서 제출 • 예산부서에서 심사·조정하여 예산(안) 마련 – 단체장의 결재를 얻어 확정
⬇ 예산(안) 심의·의결 – 시·도: 회계연도 개시 15일전까지 – 시·군·구: 회계연도 개시 10일전까지	• 자치단체가 조정 확정 예산(안)을 의회에 제출 • 본회의 제안 설명 • 소관 상임위원회 상정 → 예결특위 심의·의결 → 본회의 의결
⬇ 예산 의결 결과 이송	• 지방의회가 의결한 예산을 자치단체장에게 이송 • 의결된 날부터 3일 이내(지방자치법 제133조)
⬇ 예산 의결 내용 보고·고시	• 의결된 예산은 즉시 상급기관(시·도는 행정안정부 장관, 시·군·구는 시·도지사)에 보고 및 고시

자료: 지방자치인재개발원·시도공무원교육원(2019: 88).

거쳐야 한다.

(3) 지방성인지 예산서의 작성 및 제출

지방자치단체의 장은 예산이 여성과 남성에게 미칠 영향을 미리 분석한 '성인지 예산서'를 작성해야 한다. 예산안에는 반드시 '성인지 예산서'가 첨부되어야 한다.

우리나라는 2011년 「지방재정법」을 개정하여 '성인지 예산서' 작성의 근거조항을 마련하고, 2013년부터 전 지방정부를 대상으로 의무화하였다.

(4) 주민참여 예산제도의 적용

지방자치단체의 장은 대통령령이 정하는 바에 따라 지방 예산편성 과정에 주민이 참여할 수 있는 제도('주민참여 예산제도'라고 한다)를 마련하여 시행하여야 한다(지방재정법 제39조).

주민참여 예산제도는 2005년에 「지방재정법」과 지방재정법시행령을 개정하여 법적 근거를 마련하였으며, 2011년에는 의무규정에서 강제규정으로 개정하면서, 2013년부터 의무적으로 실시하게 하였다.

(5) 예산요구서의 작성 · 제출

과거에는 행정안전부 장관이 지방자치단체에 예산안편성지침을 시달했으나, 예산안편성지침이 지방의 예산편성 자율권을 저해한다고 하여 이를 폐지했다.[3]

따라서 지방자치단체의 예산요구서 작성은 중기지방재정계획, 투자심사 결과, 그리고 성인지 예산서와 주민참여 예산서를 바탕으로 하여 자체편성지침에 의거하여 이루어진다.

(6) 예산심사 · 조정 및 예산안 편성

예산요구서가 제출되면 예산 주관 부서는 예산요구서의 설명을 청취한 뒤, 지방자치단체장의 방침, 재정 상황, 사업의 효율성 등을 충분히 종합하여 조정한다. 조정 및 심사 시에는 소관 부서장의 설명을 들어야 하며, 세입예산을 증액 조정할 필요가

---

3) 2019년 현재 행정안전부에서 매년 '예산편성 운영기준 및 기금운용계획 수립기준'을 통해 각 자치단체가 예산을 자율적으로 편성하도록 하고 있다.

있을 때는 세입 주관 부서장의 의견을 들어야 한다. 예산 요구 부서와의 예산 조정 시 주요 검토 내용은 <표 11-6>과 같다.

표 11-6 예산조정의 유의사항

단 계	주요 검토 내용
1단계	① 예산요구서에 제시된 계수의 산출 근거는 정확한가? ② 불필요한 경비는 포함되어 있지 않은가? ③ 의무적 경비가 누락되지는 않았는가? ④ 법령 등에 반하거나 해석상 오류는 없는가?
2단계	⑤ 예산편성 관련 규정(예산편성운영 기준 등)에서 정한 경비는 준수되었는가? ⑥ 사업비에 기본운영계획 등의 사업이 반영되고 있으며, 실시순위는 타당한가? ⑦ 그 사업의 긴급성은 어떠한가? ⑧ 주민의 요망도는 어느 정도인가? ⑨ 경제적 합리성은 어떠한가? ⑩ 향후 행정에 어떠한 영향을 미칠 것인가?
3단계	⑪ 세입과 세출의 균형을 맞추기 위해 예산요구액을 조정

자료: 지방자치인재개발원 · 시도공무원교육원(2019: 85).

(7) 예산안의 제출 및 고시

이와 같은 과정을 거쳐 편성된 예산안은 지방자치단체장에 의해 지방의회에 제출된다. 지방정부 예산안의 제출 기일은 시 · 도는 회계연도 개시 50일 전인 11월 11일까지, 시 · 군 · 구는 회계연도 개시 40일 전인 11월 21일까지 제출해야 한다(지방자치법 제127조).

그러나 지방의회에 예산안을 제출한 후 부득이한 사유로 인해 그 내용의 일부를 수정할 필요가 있을 때에는 수정예산안을 작성하여 지방의회에 다시 제출할 수 있다(지방자치법 제127조).

3. 지방예산의 심의

1) 예산심의의 의의

지방예산의 심의(review)란 지방자치단체장이 제출한 예산안에 담겨 있는 정책과 사업계획을 지방의회가 사전에 검토하고 재정 규모를 확정하는 단계이다. 지방의회는 이와 같은 예산심의를 통해 지방자치단체장이 제안한 정책을 수정 · 보완 · 개정하는 정책결정 기능과 감독 기능을 수행하는 동시에 집행부에 대한 통제권을 행사하는 것이다.[4)]

이처럼 예산심의란 주민의 대표기관인 지방의회가 집행기관이 제출한 예산안을 심의 · 의결하는 것으로, 이는 재정민주주의(fiscal democracy)를 실현하려는 제도적 장치이다.

지방자치단체의 예산심의는 지방자치법 제39조 제2항에 의거 지방의회의 법적 의결 사항으로 되어 있다. 우리나라의 경우 지방의회는 예산심의 과정에서 세입예산과 세출예산의 삭감, 비목의 삭제에는 제한이 없지만 집행부의 동의 없이 새로운 비목을 설치하거나 증액할 수는 없다.

2) 예산심의의 절차

지방자치단체장에 의해 지방의회에 제출된 예산안은 다음과 같은 절차를 거쳐 심의 · 확정된다. 지방예산의 심의 의결 과정은 [그림 8－2]에서 보는 바와 같다.

(1) 예산안의 제출

지방자치단체장은 매 회계연도마다 예산안을 편성하여 시 · 도는 회계연도 개시 50일 전인 11월 11일까지, 시 · 군 · 구는 회계연도 개시 40일 전인 11월 21일까지 지방의회에 제출해야 한다.

2014년「지방재정법」개정에 의해 예산안의 첨부서류를 명확히 하였다.

(2) 상임위원회 및 예산결산특별위원회의 심의

제출된 예산안에 대해 지방자치단체장은 본회의에 출석하여 예산의 기본 내용과 관련된 제안 설명을 한다.

---

4) 이승기는 예산심의의 기능을 네 가지, 즉 ① 재정민주주의 실현, ② 정책형성 기능, ③ 행정의 감독 기능, ④ 지역 발전 기능으로 보고 있다(이승기, 2006: 52－53).

그림 11-4 지방예산의 심의 의결 흐름도

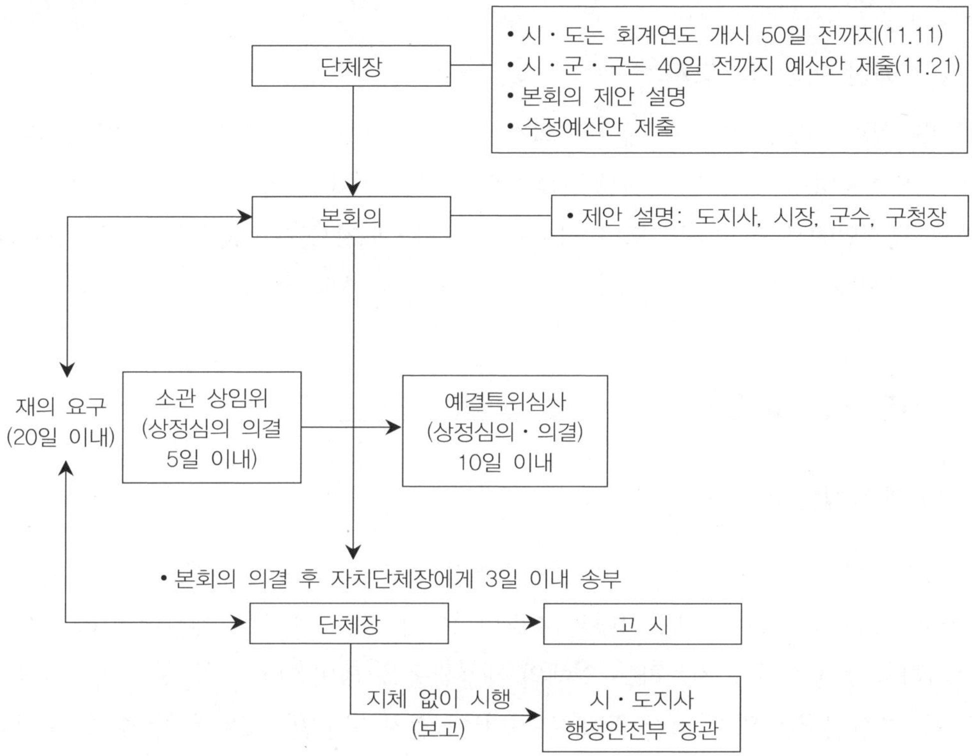

자료: 행정안전부(각 연도).

예산안에 대한 지방의회의 심의는 소관 상임위원회와 예산결산특별위원회에 예산안이 회부됨으로써 이루어진다. 상임위원회에서 예비심사를 거친 후, 예산결산특별위원회에 회부하여 종합심사를 받게 된다.

예산결산특별위원회의 종합심사는 집행기관 예산총괄 책임자의 제안 설명 및 전문위원의 검토 보고, 질의 및 심사로 진행되며, 필요에 따라 계수조정소위원회를 구성하고, 예산결산특별위원회 위원장이 종합심사 보고서를 의장에게 제출한다.

(3) 본회의 의결

본회의에서는 예산결산특별위원회의 종합심사 결과에 대한 정책질의와 찬반 토론을 거쳐 의결함으로써 익년도 예산이 확정된다.

이러한 예산안의 의결 시한은 시・도의 경우 회계연도 개시 15일 전까지(전년 12월 16일), 시・군・구는 회개연도 개시 10일 전까지(전년 12월 21일)이다.

(4) 예산 이송 및 고시

지방의회 의장은 의결된 예산을 의결된 날로부터 3일 이내에 당해 지방자치단체 장에게 이송하여야 하고, 단체장은 의결된 예산을 지체 없이 고시(告示)하고, 그 내용을 행정안전부 장관(시・도의 경우) 또는 시・도지사(시・군・자치구의 경우)에게 보고해야 된다.

4. 지방예산의 집행

1) 예산집행의 의의

예산집행(implementation)이란 지방정부의 수입・지출을 실행하고 관리하는 모든 행위와 절차를 말한다. 예산집행은 지방의회에서 의결・확정한 예산에 따라 수입을 조달하고 공공경비를 지출하는 일체의 재정활동을 의미한다.

즉, 예산집행은 일정 기간(월별, 분기별)에 걸쳐 지출원인행위를 할 수 있는 세출예산의 한도액을 통지하는 행위로서 최종예산 집행권자의 지출원인행위를 허용하기 위한 통제 수단이다(지방재정법시행령 제56조).

이러한 예산집행은 공정성 및 책임성의 확보와 관련하여 지방의회의 의도와 재정한계를 엄수하기 위해 관련 법령에서 규정한 기준에 의거하여 이루어져야 한다. 또한 예산집행을 통해 지방정부의 재정활동이 구체화되므로 효율적인 예산집행이 이루어져야 하는데, 이러한 예산집행의 효율성을 판단하는 기준은 균형성, 합법성, 능률성, 일치성, 효과성 등일 것이다(심정근 외, 1997: 267).

2) 예산집행의 절차

지방예산이 지방의회의 심의・의결을 거쳐 확정되면 예산배정계획 및 자금수급계획에 의거한 예산 배정과 재배정을 통해 수입과 지출의 실행이 이루어진다.

(1) 예산의 배정

예산의 배정이란 일정기간에 걸쳐 지출원인행위를 할 수 있는 세출예산의 한도액을 통지하는 행위로서, 최종예산 집행권자의 지출원인행위를 허용하기 위한 통제수단이다.

예산이 성립하면 지방자치단체의 장은 세입·세출·계속비·채무부담행위와 명시이월비를 포함한 예산배정계획서를 작성하고, 이에 따라 지방의회의 사무기구·보조기관·소속 행정기관 및 하부행정기관에 예산을 월별 또는 분기별로 배정한다.

예산 배정은 예산배정계획의 수립을 통해 이루어지며 정기배정, 수시배정, 재배정의 절차를 통해 이루어진다. 다만, 지방자치단체 재무회계규칙 제24조에 의거 배정예산의 집행이 제한되는 경우도 있다. 예산을 집행하기 위해서는 예산 배정 후 다시 자금 배정을 해야 한다.

(2) 예산의 재배정

예산의 재배정이란 각 과에 배정된 예산 중 지방재정법시행령 제85조의 규정에 의해 배정된 세출예산의 범위에서 시·도의회 사무처 시·군·자치구 제1관서의 재무관 및 지출원(분임지출원 포함)으로 하여금 집행을 위임하는 것을 말한다(지방자치단체 재무회계규칙 제19조 제3항).

(3) 수 입

세입예산의 집행 절차는 징수와 수납의 절차를 거친다. 세입 징수는 지방자치단체의 장이 하되, 소속 공무원에게 위임하여 징수하게 할 수 있으며, 위임받은 공무원을 세입 징수관이라고 한다.

수납은 출납공무원만이 할 수 있으며, 이를 수입금출납원이라고 한다. 단, 징수관은 현금 출납의 직무를 겸할 수 없다.

(4) 지 출

세출예산 집행의 경우는 지출원인행위, 지출, 지급의 절차를 거친다. 지출원인행위는 지방자치단체의 지출 원인이 되는 계약이나 그 밖의 행위를 말한다.

지출원인행위는 지방자치단체의 장이 하되, 소속 공무원에게 위임하여 지출원인 행위를 하게 할 수 있으며, 위임받은 공무원을 재무관이라고 한다.

지출은 지방자치단체의 장이 임명한 지출원에 의해 이루어지는데, 재정 운용의 효율성을 확도하기 위해 통합 지출을 의무화하고 있으나, 지방자치단체의 장은 재정자금의 효율적인 사용을 위해 특별한 사유가 없으면 관서별 분산 지출을 통합해 운용해야 하며, 이를 위해 통합지출관을 둔다(윤영진, 2016: 321-322).

3) 예산집행에서의 신축성 유지

예산집행 과정에서의 준칙은, 예산 통제(control)를 통해 재정 한계를 엄수하여 책임성을 확보할 필요가 있고, 동시에 예산 성립 후의 상황 변화에 따른 신축성(flexibility)을 유지하는 것이다.

따라서 재정 운영의 기본 원칙인 회계연도 독립의 원칙과 예산의 목적 외 사용금지의 원칙 등에 일부 예외를 인정하고 있다.

(1) 이용과 전용 및 이체

이용(移用)은 예산 성립 후에 생긴 사정 변경 등으로 부득이 세출예산의 각 소관 및 입법 과목(장 · 관 · 항) 상호 간의 경비를 융통하는 것을 말하며, 이 경우 미리 예산으로 지방의회의 의결을 얻어야 가능하다(지방재정법 제47조 ①).

전용(轉用)은 세출예산의 각 세항이나 목(행정 과목) 간의 경비를 상호 융통하여 사용하는 것인데, 봉급 · 시설비 · 공공요금 등은 전용의 대상이 될 수 없다(지방재정법 제49조). 그러나 세계현금(歲計現金)의 회계 간 전용은 인정하고 있다. 지방자치단체는 회계 처리를 위한 세계현금이 부족할 경우 같은 회계연도에서만 다른 회계로부터 자금을 전용할 수 있으며, 전용한 자금은 그 회계연도의 수입으로 변제해야 한다. 이 경우 전용자금에 대해서는 이자를 붙이지 않는다.

예산의 이체(移替)는 지방자치단체의 기구 · 직제 또는 정원에 관한 법령이나 조례의 제정 또는 개폐로 인해 관계 기관 간의 직무 권한이나 기타의 변동이 있을 때 그 예산을 상호 이체할 수 있도록 하고 있다(지방재정법 제47조 제2항).

표 11-7 예산의 이용, 전용, 이체

구 분	이 용	전 용	이 체
적용 범위	정책사업 간	단위사업 간	실·과·사업소 간
요구권자	지방자치단체장	부서(기관)의 장	부서(기관)의 장
승인권자	지방의회	지방자치단체장	지방자치단체장

자료: 행정안전부(2017).

(2) 이 월

이월(移越)은 회계연도 독립의 원칙에 대한 예외로서 당해 연도에 사용하지 않은 세출예산을 다음 연도에 넘겨서 사용할 수 있도록 하는 제도이다. 이러한 이월에는 명시이월(지방재정법 제50조 제1항), 사고이월(지방재정법 제50조 제2항), 계속비 이월(지방자치법 제128조 및 지방재정법 제42조, 제50조 제3항)이 있다.

표 11-8 예산 이월의 관리 원칙

구 분	명시이월	사고이월	계속비 이월
이월 단위	편성 목 단위까지	편성 목 단위	편성 목 단위
요구권자	자치단체의 장	부서(기관)의 장	자치단체의 장
승인권자	지방의회	자치단체의 장	지방의회
요구 시기	회계연도 완료 후 10일 이내	회계연도 완료 후 40일 이내	회계연도 완료 후 10일 이내
확정 시기	회계연도 완료 후 30일 이내	회계연도 완료 후 60일 이내	회계연도 완료 후 30일 이내
기간 연장	사고이월 가능	불가능	의회의결 연장, 사고

자료: 행정안전부(2017).

4) 예산 불성립 시의 예산집행

「지방자치법」 제131조와 「지방재정법」 제46조는 지방의회가 법정 기간 내에 예산을 의결하지 않을 때를 대비한 규정을 두어, 회계연도가 개시될 때까지 예산안이 의결되지 못한 경우에도 업무의 영속성을 유지하고 긴급한 상황에 대처할 수 있도록 하기 위해 다음 세 가지의 목적을 위한 경비는 전년도 예산 수준에 준하여 집행할 수 있도록 하고 있다. 즉, ① 법령이나 조례에 의해 설치된 기관이나 시설의 유지 및 운영, ② 법령상 또는 조례상 지출 의무의 이행, ③ 이미 예산으로 승인된 사업의 계속 등이다.

5. 결산 및 결산검사

1) 결산의 의의 및 기능

(1) 결산의 의의

결산이란 지방예산 과정의 최종 단계로 지방자치단체의 한 회계연도 내의 수입과 지출의 집행실적을 확정적 계수로서 표현하는 행위이다.

예정적 계수인 예산과 확정적 수치인 결산이 일치할 리는 없다. 예산과 결산이 일치하지 않는 이유는 세입의 경우 세입 예측액과 실제 징수액의 차이, 세출의 경우 예산의 이월, 예산의 이용과 전용, 불용액 등에 의해 나타난다.

결산은 예산과의 차이 정도, 재정 운영 성과 등을 체계적으로 분석하여 그 결과를 다음 연도의 예산편성과 재정 운영에 환류(feedback)하는 데 의의가 있다([그림 11-5] 참조).

지방자치단체의 예산심의가 집행부에 대한 지방의회의 사전적 통제인데 비해, 결산은 사후통제 수단이다. 따라서 지방의회의 결산승인권은 예산심의권과 함께 지방자치단체에 대한 중요한 재정적 통제 수단이 된다.

그림 11-5 예산 과정의 환류

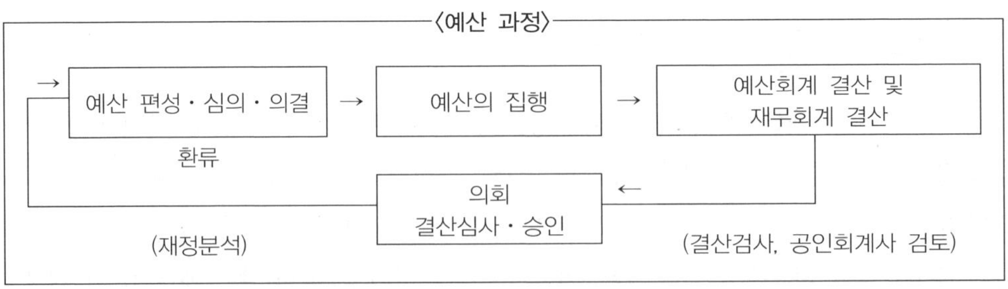

자료: 강윤호 외(2015: 385).

지방의회는 결산의 검사 과정에서 비록 위법·부당한 수입이나 지출이 발견되어도 그 자체를 무효로 하거나 취소할 수 없어 결산은 법률적이라기보다는 정치적·역사적 의미인 것이다. 그러나 결산검사를 통해 그 심사 결과의 감사 활용과 다음 연도 예산안 심사에의 반영이 가능하므로 미래의 지방재정계획의 수립과 예산편성에 대한 적절한 수단으로 활용될 수 있다.

(2) 결산의 기능

① 다음 연도 예산편성과 심의 시 확인 자료 활용
② 단체장의 행·재정적 사무 처리에 신중
③ 예산집행 결과에 대한 책임성의 명확화
④ 주민에 대한 재정보고 및 지방의회의 재정통제 수단
⑤ 예산집행의 책임 해제

2) 결산의 절차

(1) 결산서의 작성 및 제출

결산의 절차는 회계연도 종료일인 12월 31일을 기준으로 모든 지출원인행위를 마감하고 지출과 반납을 완료하여야 한다.[5)]

이어서 세입금은 다음 연도 20일까지 금고에 납입하여야 하며, 일상 경비는 다음 연도 20일까지 반납해야 하며, 다음 연도 80일까지 결산서 및 증빙서류를 작성하여 지방의회가 선임한 검사위원의 검사의견서를 첨부하여 5월 31일까지 지방의회에 제출하여야 한다.

(2) 결산 검사위원의 검사

집행기관이 작성한 결산서는 지방의회가 선임한 검사위원들에 의해서 검사가 이루어진다. 검사위원의 결산검사 사항은 ① 세입·세출의 결산, ② 계속비·명시이월

5) 2015회계연도부터 지방자치단체의 출납은 회계연도 종료일 폐쇄하도록 「지방재정법」을 개정(2014.5.28)하였으나, 예외 규정을 두기 위하여 「지방재정법」을 재개정(2016.5.29)하여 일부 경우에 1월 20일까지 수입 또는 지출 처리가 가능토록 하였으나, 현재는 모두 삭제하였다.

비 및 사고이월비의 결산, ③ 채권 및 채무의 결산, ④ 재산 및 기금의 결산, ⑤ 금고의 결산 등이다.

검사위원은 결산 검사가 종료된 후 10일 이내에 검사의견서를 해당 지방자치단체의 장에게 제출해야 한다.

(3) 결산의 승인 및 고시

결산 검사위원의 검사의견서를 첨부한 결산서를 지방의회에 제출하면, 지방의회의 결산 승인 절차가 진행된다. 지방의회의 결산 승인은 제1차 정례회의 회기 내에 처리되어야 하며, 결산 승인이 이루어지면 전 예산 과정은 종료된다.

지방자치단체의 장은 의회가 결산을 승인한 경우 이를 5일 이내에 시·도는 행정안전부 장관에게, 시·군·구는 시·도지사에게 각각 보고하고 그 내용을 고시해야 한다.

이러한 지방예산의 전 과정을 요약하면 다음 <표 11−9>와 같다.

표 11−9 지방예산의 전 과정

예산편성	예산심의	예산집행	결산		
			결산안 작성	결산검사	결산 승인
• 광역: 전년도 11.11 • 기초: 전년도 11.21 ※ 지방자치법 제127조	• 광역: 전년도 12.16 • 기초: 전년도 12.21 ※ 지방자치법 제127조	1.1 ~ 12.31 ※ 지방재정법 제6조	• 다음 연도 3.21(출납폐쇄 후 80일) ※ 지방자치법 제134조	• 다음 연도 5.31까지 의회 제출 ※ 지방자치법 제134조 및 시행령 제83조 및 제84조, 지방재정법 제10조	제1차 정례회 (5~6월) ※ 지방자치법시행령 제82조
지방자치단체의 장	지방의회	지방자치단체	지방자치단체의 장	결산 검사위원 선임	지방의회

Chapter 12

지방정부의 회계

제 1 절 복식부기 회계의 의의

1. 복식부기 회계의 정의

1) 복식부기 회계의 정의

우리나라 지방정부의 복식부기 · 발생주의 회계제도는 2007년부터 공식적으로 도입하였다.

발생주의 복식부기 회계제도는 경제 주체의 재정 상태와 운영 실적을 거래가 발생한 시점(발생주의)에 거래 관계를 대차의 평균 원리(복식부기)에 의해 계리하는 회계 처리 방식이다. 회계적 개념의 거래란 “지방자치단체의 자산, 부채 및 순자산에 증감 변화를 일으키는 모든 경제적 사건”을 말한다(이성근 외, 2016: 299).

즉, 지방자치단체의 재정 운영의 성과(수익, 비용)와 재정상태(자산, 부채, 순자산)를 거래가 발생한 시점 기준으로, 차변과 대변으로 나누어 계리하여 처리의 오류를 최소화하기 위한 것으로, 회계기간 종료 후에는 재정상태보고서 · 운영보고서 · 순자산변동보고서 등의 재무제표를 산출하여 이해관계자에게 보다 충실한 통합재정정보

그림 12-1 발생주의 복식부기 회계제도의 개요

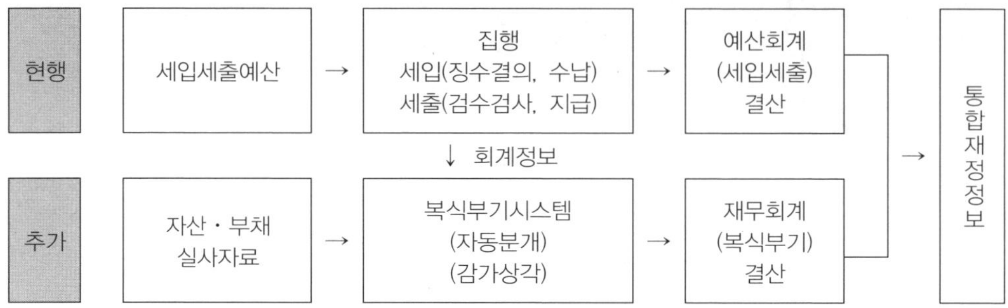

자료: 이성근 외(2016: 299).

를 제공하고자 하는 것이다.

우리나라 정부회계는 예산회계와 재무회계로 나누어 그 방식을 달리하고 있었다. 특히 재무회계는 복식부기 회계방법을 채택하고 있어, 회계장부상에서 '자가(자기) 검증 기능(dual-aspect concept)'이 행해지고 있다. 즉, 복식부기는 '자산=부채+자본'(여기서는 순자산)으로 표현되는 회계등식(기본등식) 또는 재무상태표(대차대조표) 등식을 유지하도록 하고 있다.

따라서 자산취득의 경우에는, 차변(借邊: 자산 증가)과 대변(貸邊: 현금자산 감소)의 각 계정 과목에 동일 금액이 동시에 계상됨으로써, 차변의 합과 대변의 합은 항상 일치하게 된다. 이를 '대차 평균의 원리(principle of equilibrium)'라고도 하며, 이러한 기능을 통하여 자동으로 오류를 예방하게 된다.

만약 일치하지 않은 경우에는 이러한 거래 중의 하나(차변 혹은 대변)가 누락되었거나, 금액의 오기(誤記) 등이 발생하는 경우로 판단할 수 있어서 이 자체로도 대부분의 오류의 시정이 가능하다. 이러한 기능을 복식부기에서는 '자가(자기) 검증 기능'이라고 한다.

우리나라의 국가회계기준에 관한 규칙 제5조(재무제표와 부속서류) 제1항에서는 "재무제표는 「국가회계법」 제14조(결산보고서의 구성) 제3호에 따라 재정상태표, 재정운영표, 순자산변동표로 구성하되, 재무제표에 대한 주석을 포함한다."라고 규정하고 있다.

2) 회계제도의 유형

정부회계 제도는 거래의 인식 기준과 기장의 방식에 따라 네 가지로 구분하고 있다(윤영진, 2016: 284).

표 12-1 회계제도의 유형

기장 방식 \ 인식 기준	현금주의	발생주의
단식부기	Ⅰ유형	Ⅱ유형
복식부기	Ⅲ유형	Ⅳ유형

자료: 윤영진(2016: 284).

Ⅰ유형은 가계부(家計簿)와 같은 유형으로 과거의 정부회계 방식이며, Ⅳ유형은 기업회계에서 사용하는 유형이며, Ⅱ유형과 Ⅲ유형은 절충식 형태이다. 현금주의 기준에 의한 복식부기(Ⅲ유형)는 현금 기준 재무상태 변동표, 금융기관 재무제표 일부에서 보듯이 현실적으로 운용이 가능하나, 발생주의 기준에 의한 단식부기(Ⅱ유형)는 실제적으로 불가능하다. 단식부기는 자산, 부채, 자본을 별도로 인식하지 않아 발생주의 기준에 의한 단식부기로는 기장이 불가능하기 때문이다.

(1) 인식 기준에 의한 유형

회계정보의 인식이란 특정 거래와 경제적 사건에 대한 회계처리 시점을 결정하는 것으로, 인식 시점을 통해 거래나 사건이 화폐금액으로 장부에 기장된다(이성근 외, 2016: 300).

① 현금주의

현금주의(cash basis)는 현금이 유입되면 수입으로, 현금이 유출되면 지출로 인식한다. 즉, 재화와 용역을 제공하더라도 현금으로 회수되지 않는 동안은 수익으로 계상하지 않고, 재화와 용역을 제공받았다 하더라도 현금을 지급하기 전에는 지출로 계상하지 않는다.

② 발생주의

발생주의(accrual basis) 는 현금의 수수와 관계없이 거래가 발생한 시점에 인식하는 기준으로, 현금거래 이외의 거래도 거래로 인식하여 회계 처리하게 된다. 이에 따라 거래는 발생하였으나, 현금의 유입과 유출이 이루어지기 이전의 시점에 인식하게 되는 미수세금, 미지급금, 선수수익, 선급비용 등이 처리가 가능하다.

(2) 기장 방식에 의한 유형

회계정보에 대한 기장 또는 기록에 의한 유형은 거래를 일정한 원리에 따라, 회계장부에 기재하는 과정을 말하는데, 통칭 부기(簿記, book-keeping)이라고도 하는데, 이러한 기장 방식을 통해 재정상태보고서와 재정운영보고서 등이 생성된다.

① 단식부기

단식부기(single entry bookkeeping) 는 현금, 채권, 채무 등을 대상으로 발생된 거래 한쪽 면만을 기록하는 방식으로 전통적으로 정부회계에서 사용하여 온 기록 방식이다. 단식부기는 자산이나 부채를 하나의 회계시스템에서 처리하지 않고 별도의 비망 기록을 통해 관리한다.

② 복식부기

복식부기(double entry bookkeeping)는 하나의 거래를 대차 평균의 원리에 따라 왼쪽(차변)과 오른쪽(대변)에 이중으로 기록하는 기록 방식으로, 복식부기에서는 하나의 거래를 두 가지 요소 또는 그 이상의 요소로 분해할 수 있다.

즉, 발생된 거래는 반드시 두 가지 이상의 계정을 병행하여 동시에 기록함으로써 비로소 현금수지 잔액과 사용별 내역이 동시에 얻어지게 된다. 이러한 과정을 통해 복식부기에서는 모든 거래를 대상으로 한 회계기록으로부터 최종 목적인 재정상태보고서나 재정운영보고서를 작성할 수 있으므로 회계 실체의 활동 전반을 파악하는 것이 가능해지며 이런 점에서 복식부기를 완전 부기라고 한다.

3) 복식부기 회계제도의 유용성

복식부기는 단식부기에 비해서 다음과 같은 장점을 갖고 있다.

첫째, 복식부기는 단식부기와 달리 하나의 회계시스템에서 자산이나 부채를 관리함에 따라 자산이나 부채의 관리 및 재정상태의 파악이 용이하다. 그러나 단식부기의 경우에는 별도의 비망기록(備忘記錄)을 운영하여, 이를 기록·관리하고 있다. 예를 들어, 자산취득의 경우, 고정자산 대장이라는 별도의 비망장부에서 이를 관리하고 있다.

둘째, 복식부기는 시스템상의 '자가(자기) 검증 기능'이 있어 오류나 부정 발견이 용이하다. 그러나 단식부기의 경우에는 시스템상의 '자가(자기) 검증 기능'이 없어, 이를 찾아내기가 쉽지 않다. 즉, 비망기록과의 대조 등을 통하여 오류나 부정을 찾아내어야 하는 번거로움이 있다.

셋째, 발생주의와 복식부기가 결합하면, 수익과 비용의 측정이 회계기간별로 가능하여 정부활동의 성과측정이 용이하며, 또한 순원가(net cost)정보의 제공도 가능하다. 그러나 단식부기에 의한 현금주의 회계방식이 적용될 경우에는 회계연도 간의 손익의 기간귀속(timing)과 손익의 대응(matching)이 제대로 행해지지 않아, 정부활동의 성과측정과 이의 관리·운영의 어려움이 상존한다.

넷째, 단식부기에 의한 현금주의 회계방식에서는 소위 '대차 평균의 원리'가 적용되지 않아 '재정상태보고서'를 작성하지 않기 때문에 정부의 재정상태에 관한 정보를 얻기가 어렵지만, 복식부기에서는 '재정상태보고서'를 통한 정보의 제공이 가능하다.

따라서 전 지방자치단체는 복식부기 회계 방식으로 거래를 인식하여 장부에 기록하고 있다.

4) 단식부기 회계제도의 한계

과거 공공 부문에서의 회계는 현금주의(現金主義) 단식부기(單式簿記) 방식이었다. 이 방식은 현금 수지의 변동에 거래의 주안점이 있어 현금이 들어오면 세입으로, 현금이 나가면 세출로 기록하는 것이었다. 이 방식은 거래(去來)를 인식하고 기록하기에는 편리하고, 편성된 예산의 집행 통제에는 효과적인 제도이었다.

그러나 이 방식은 현금의 수지(收支)만을 기록하는 방식으로 다음과 같은 한계점을 가지고 있었다.

첫째, 자산과 부채의 변동내역이 표시되지 못하고, 둘째, 행정 서비스에 대한 원가

산출이 곤란하며, 셋째, 자산의 비용(감가상각) 개념의 부재로 기간별 성과와 자산의 교체시기에 대한 정보를 제공해 주지 못한다. 넷째, 재정 운영 현황에 대한 전체적인 윤곽을 보여주지 못하고, 복잡한 구조(목별 조서)의 개별적 세부자료만 나열하여 회계담당 공무원이 아니고서는 이해하기 힘든 결산서를 산출하여, 부정과 오류에 대한 사전 예방 및 사후 적발이 곤란하다는 점 등으로 그동안 지속적으로 제도 개혁에 대한 요구가 있어 왔다.

이러한 현금주의 단식부기 회계제도의 문제점을 극복하고, 재정 운영에 대한 책임성을 확보하기 위해 지방자치단체에서 발생주의 복식부기 회계제도를 도입하게 되었다.

다음 <표 12-2>는 예산회계와 복식부기 회계 간의 비교를 나타내고 있다.

표 12-2 예산회계와 복식부기 회계의 비교

구 분	예산회계	복식부기 회계
의의	• 예산의 집행 실적 기록 – 장 – 관 – 항 – 목	• 재정 운영 성과 및 재정상태 보고 – 수익과 비용, 자산과 부채 등
회계 방식	• 현금주의 단식부기 – 공기업회계는 발생주의 복식부기	• 발생주의 복식부기 – 기업형
결산보고서	• 세입세출결산서	• 재무제표 – 재정상태보고서, 재정운영보고서 등
보고 형식	• 회계 단위별 분리보고	• 회계 단위 간 연계와 통합보고
가치지향	• 행정 내부조직 중심 – 예산집행통제, 법규준수	• 주민의 삶의 질 향상 – 투명한 공개, 효율적 집행
자기검증 기능	• 없음	• 대차 평균의 원리에 의한 회계 오류의 자동검증
정치적 기반	• 중앙집권 시대 – 상급기관 보고	• 지방분권 시대 – 주민에 대한 보고

자료: 김혁 외(2004: 28).

2. 복식부기 회계의 도입 배경 및 필요성

1) 도입 배경

우리나라는 국내 · 외 재정환경의 변화에 대한 대응 전략으로서 재원의 투입량과

성과를 정확히 파악하여 한정된 자원을 '선택과 집중'의 원리에 따라 배분하고 효율적으로 운영하기 위해, 1990년대 경제협력개발기구(OECD)의 가입을 검토하면서,[1] 중앙정부 및 지방정부의 회계제도를 발생주의·복식부기로 전환하는 논의를 본격화하였다. 왜냐하면 회계제도가 예산의 운영 및 성과평가, 재정상태를 확인하는 데 결정적인 역할을 하기 때문이다.

국내적으로는 민선 이후 재정 운영에 대한 투명성 요구와 기업회계 방식의 도입 요구와 국제적으로는 국제수준의 재정정보 산출을 위한 도입 권고에 따라 정부재정통계를 산출하기 위한 회계시스템으로 도입이 추진되었다.

특히 우리나라는 1997년의 외환위기를 수습하는 과정에서 국제통화기금(IMF)측의 권고(2001.2.)에 의해 기존의 현금주의·단식부기 회계제도에 기초한 정부회계보고서를 발생주의·복식부기 회계제도로 변경하는 문제를 검토하게 되었다.

이에 따라 우리나라는 2001년 3월에 정부회계기준 시안을 마련하고, 동시에 이 시안에 기초하여 회계처리 실무지침 및 업무 프로세스를 구체화하고 자동분개시스템의 개발을 추진하였다.

그리고 2000년부터 기업특별회계(철도·통신·조달·양곡관리특별회계)를 기업예산회계법에 의해 복식부기 회계를 적용하고자, 2003년 4월 19일자로 입법예고하여 2005년 1월 이후 시행을 예정하였으나, 운영상의 오류 발생에 따라, 2006년부터 시행하는 것을 목표로 하였다.

이어서 12개 부처에서 복식부기·발생주의 회계제도를 기반으로 하는 자산·부채 관리업무의 체계적인 연계 처리, 자동분개시스템의 도입 및 발생주의·복식부기에 의한 결산을 시험 운영하게 되었다(강인재, 1977: 23).

이와 동시에 지방자치단체 회계에 복식부기와 발생주의를 도입하기 위하여, 행정자치부는 1999년 2월에 지방자치단체 복식부기 도입 추진계획을 수립하였다. 그 후 1999년 12월부터 2001년 3월까지 사이에 부천시·강남구를 시범실시 기관으로 지정, 복식부기 회계기준 및 전산시스템 개발용역을 하여 지방회계기준(시안) 마련 및 전산시스템(local government accrual accounting & double−entry information system: LADI)을 개발 완료되었다.

---

1) 1996년 12월 12일 우리나라는 OECD에 가입하였다.

그리고 2002년 11월 7개 자치단체(대전, 대전 서구, 전북, 전주, 정읍, 무주, 순창)로 시범운영을 확대하고, 2003년 4월부터 8월까지 전산시스템 설치와 시험운영 준비를 하였다.

2004년에는 시범운영기관을 전국 54개 지방자치단체로 확대하였으며, 지방자치단체 복식부기의 법적 기반을 마련하기 위하여 「지방재정법」을 개정하여 2007년부터 모든 지방자치단체에 복식부기 시스템에 의한 회계처리를 의무화하여 오늘날까지 시행하고 있다.

그림 12-2 발생주의 복식부기 회계제도의 도입 배경

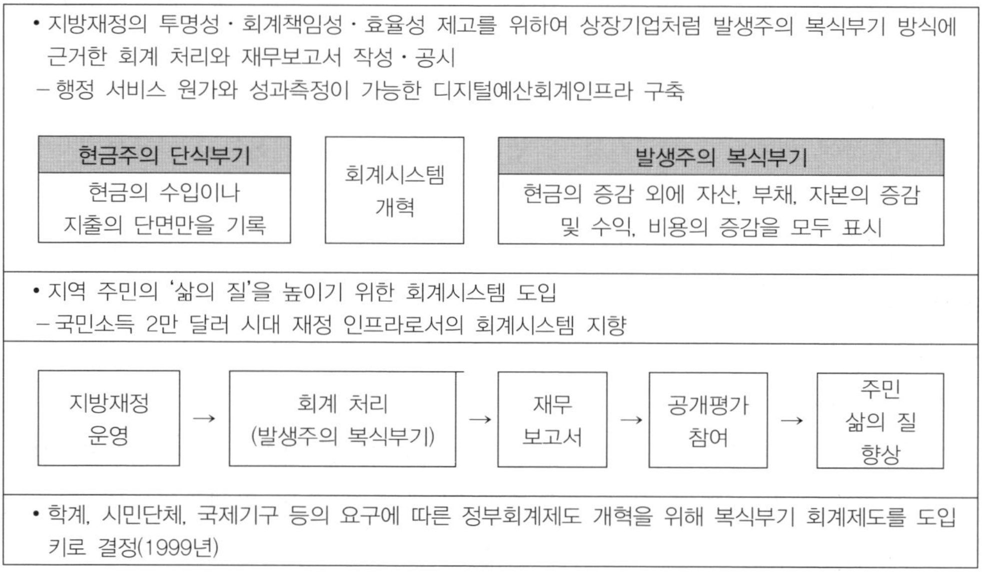

자료: 이성근 외(2016: 302).

2) 지방정부 복식부기 회계제도의 특징

지방자치단체가 도입한 복식부기 회계제도의 특징은 다음과 같다.

첫째, 지방자치단체의 재정상태 · 운영과 관련한 재무제표의 제 요소를 거래의 발생사실에 기초하여 회계처리 함으로써, 단식부기의 오류를 최소화하는 데에 있다.

둘째, 회계기간 종료 후에는 재정상태보고서와 재정운영보고서 및 순자산변동보

그림 12-3 지방재정관리시스템(e-호조) 흐름도

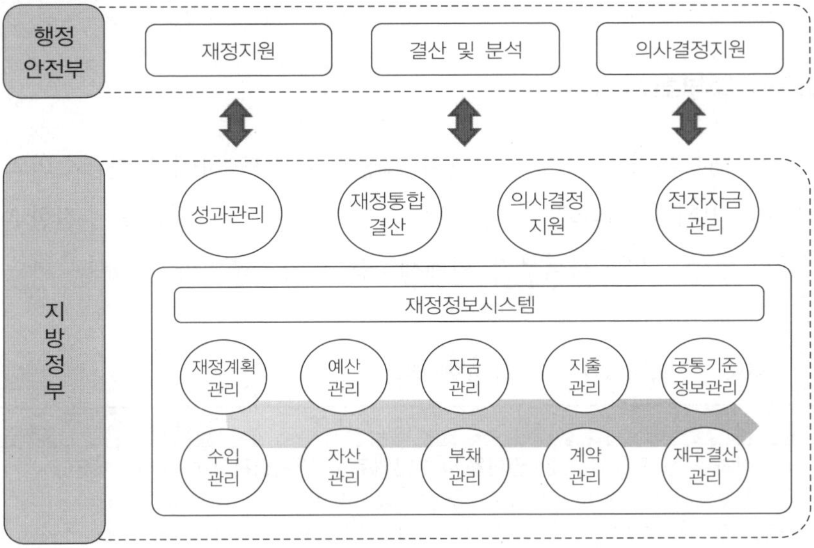

자료: kiyoo.tistory.com/449(2013.8.9).

고서 등의 재무제표를 작성하여, 정보 이용자에게 보다 충실한 통합재정정보를 제공할 수 있다.

셋째, 지방자치단체의 재정상태·운영과 관련한 재무제표의 제 요소의 변동 내역을 일반적으로 인정된 회계원칙(generally accepted accounting principles: GAAP)에 준거하여 정보이용자에게 이를 보고하는 데에 있다.

넷째, 정부 부문(중앙 및 지방정부)도 민간 기업처럼 GAAP에 기초한 회계 처리와 회계보고서를 작성·공개함으로써, 주요 선진국과 마찬가지로 재정의 투명성, 회계보고의 책임성, 재정 운영의 효율성과 국제적 투명성 및 신임도 향상에 기여하는 데에 있다.

다섯째, 복식부기 회계제도는 선진국 수준의 지방재정 시스템의 운영을 위한 재무정보 인프라 구축과 고부가가치정보 산출 및 이용을 가능하게 한다는 점과 내부회계제도로서의 역할을 한다는 점에 있다.

이처럼 지방정부가 도입한 발생주의·복식부기 회계제도는 지방자치단체의 재정활동의 흐름을 체계적으로 기록·분류·요약하여, 정보이용자에게 이를 보고함으로써 합리적인 의사결정과 내부 회계 통제 및 회계보고의 책임성을 확보하기 위한 일련의 시스템이다.

3) 외국의 정부회계 제도

정부회계는 대부분의 나라가 아직까지 예산회계 제도 하에서 현금주의와 단식부기를 채택하고 있지만, 영국과 미국, 호주, 뉴질랜드 등 정부개혁을 추진한 나라들은 재무회계로서 발생주의와 복식부기 회계제도를 도입·운영하고 있다.

표 12-3 주요 선진국의 회계 제도의 개혁 내용

국 가	주요 내용
영국	- 예산과 재정 관리에 관한 권한을 하부단위로 이양[재정관리개혁(FMI), 1982] - 행정운영비용을 줄이면서 업무효율성을 높이기 위한 운영비용 제한(1985) - 행정조직의 효율성을 증진시킬 목적으로 도입된 넥스트 스텝(Next Steps, 1988) - 발생주의에 기초한 자원회계 및 예산제도(resource accounting and budgeting) 도입 - 중앙정부는 1998년에 자원회계를 도입, 2000년에는 자원예산제도 도입 - 지방자치단체는 오래 전부터 복식부기 도입·적용, 1994년에 발생주의 회계 도입
미국	- GASB Section 1700에 의하면 미국 지방자치단체는 예산시스템과 회계시스템 모두 수정발생주의의 기준을 규정 - FASAB 기준서 제7호에 의하면, 현금주의를 기본으로 하는 예산회계정보, 특히 원가정보에 관한 한계를 극복하기 위해 예산정보를 재무회계 정보로 보충하는 방안을 제안 - 1999년 6월에 제정된 GASB Statement No.34에서는 주와 지방자치단체는 통합재무보고에 있어서 발생주의에 의하고 펀드별 재무보고는 종전대로 수정발생주의에 의하도록 규정 - 구체적인 도입 과정은 지방자치단체의 총 세입 규모에 따라 2001년부터 3단계로 구분하여 시행할 것을 제시
뉴질랜드	- 1990년부터 중앙정부와 지방자치단체 모두 발생주의에 기초한 복식부기 회계시스템을 채택 - 정부회계개혁에서 기업회계에 가장 근접한 제도 적용, 세계의 첨단을 지향 - 뉴질랜드 정부회계는 소위 '자원회계 방식'이라 불리우며, 각 정부 부처는 이에 기초하여 소유자산에 관한 자본비용(capital charge)을 계상함
스페인	- 1977년의 일반예산법에 의해 새로운 회계정보시스템의 발전을 위한 기반 마련 - 1983년에 정부의 재무보고 주체를 위한 제1차 회계원칙 발행 - 1991년에 회계감사청은 국제회계 기준에 매우 가까운 정부회계원칙을 발표 - 중앙정부는 1986년에, 지방자치단체는 1992년에 발생주의에 의한 복식부기 회계제도 도입
일본	- 1997년 일본 공인회계사협회에서 공회계원칙(公會計原則)을 발표 - 동경도, 오사카, 미에현, 미야자와현, 가나가와현, 고베시 등 선도 자치단체를 중심으로 기업회계 방식을 적용한 재무제표 산출

자료: kiyoo.tistory.com/449(2013.8.9).

우리나라에서 지방정부의 발생주의·복식부기 회계제도의 도입 당시에 주요 선진국들의 예산 및 회계제도의 개혁 내용을 요약하면 <표 12-3>과 같다.

제 2 절 복식부기 회계의 처리 과정

1. 거래의 개념과 종류

1) 거래의 개념

거래(transaction)란 지방자치단체의 자산, 부채 및 순자산과 수익이나 비용의 증감변화를 일으키는 모든 경제적 사건을 말하며, 일상적 거래의 개념과는 그 범위가 다르다.

거래가 발생하면 거래의 특성에 따라 계정 과목을 설정하게 된다. 회계[2]에서의 거래는 계약이나 주문행위로만으로는 재무제표의 구성 요소에 아무런 영향을 미치지 않기 때문에 거래로 보지 않는다. 그러나 물품이 화재로 소실되거나 건물·기계 등의 사용으로 인해 당해 자산의 가치가 감소되는 것은 재무제표 구성 요소의 변동을 초래하기 때문에 거래로 인식된다.

표 12-4 거래의 개념

구 분	일상적 거래	일상적 비거래
부기상 거래	• 임대료의 수입, 임차료의 지급	• 건물·재고자산 등의 손실·훼손 금전·물품 등의 망실, 건물·비품·기계장치 등의 감가, 채권의 대손
부기상 비거래	• 상품의 매매계약, 건물의 임대차 계약	• 종업원의 사망

2) 발생주의 회계의 충족 요건은 다음과 같다.
① 미래의 경제적 효익이 기업실체에 유입되거나 또는 유출될 가능성이 매우 높고,
② 측정 기준이 있으며,
③ 금액이 신뢰성 있게 측정될 수 있어야 한다.

2) 분개의 개념

분개(分介)란 거래 내용을 차변과 대변으로 구분하여 기입하는 것을 말한다. 거래가 발생하면 이를 화폐 단위로 측정하여 계정 과목별로 차변과 대변에 각각 구분하여 분개장에 기입하는 분개과정을 거친다. 분개를 하기 위해서는 먼저 왼쪽(차변)과 오른쪽(대변)에 기록되어야 할 사항들을 구분할 수 있어야 한다.

그림 12-4 분개

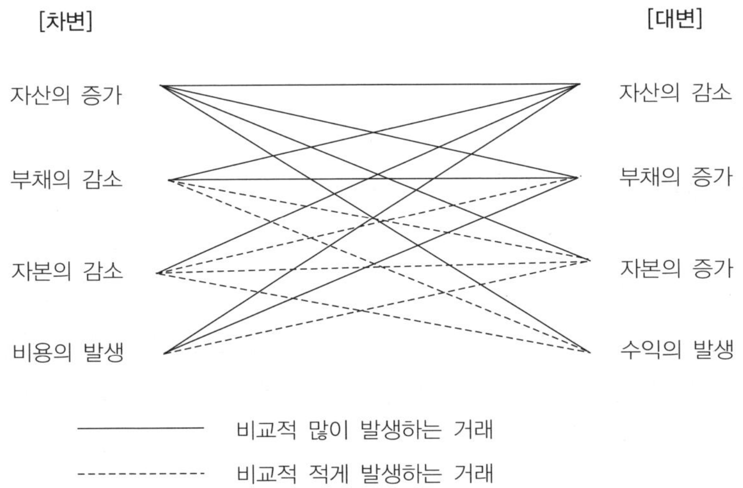

자료: 윤영진(2016: 288).

3) 거래의 이중성과 대차 평균의 원리

모든 거래는 차변 요소와 대변 요소로 결합되어 이루어지며 거래와 금액도 같게 되는데, 이것을 거래이중성이라고 한다. 거래의 이중성으로 인해 결국 대변과 차변의 합계액은 일치하여야 하는데 이러한 것을 대차 평균의 원리라고 한다.

4) 거래의 종류

재무회계인 복식부기 회계의 거래는 예산과의 관련성 여부 등을 기준으로 예산 거래와 예산외 거래로 구분된다.

(1) 예산 거래

예산 거래는 현행 세입·세출 예산으로 편성되어 집행되는 거래를 말하며, 수입 거래와 지출 거래로 구분한다.

수입 거래는 세입예산으로 편성된(지방세, 세외수입, 보조금, 지방채 등) 항목 거래와 거래의 인식 및 회계 처리 시점은 세입행위 시(징수결정, 감액, 수납, 과오납 환부 및 결손처분 시) 발생하게 되며, 지출 거래는 세출예산(인건비, 물건비 등)으로 편성된 항목 거래와 거래의 인식 및 회계 처리 시점은 지출원인행위 시(검수·검사·지급명령 시)에 발생한다.

(2) 예산외 거래

예산외 거래는 현행 세입·세출 예산으로 편성되지는 않았으나 회계적 관점에서 회계 처리가 요구되는 항목에 대한 거래를 말한다. 예산 외 거래는 결산보정 거래와 기타 예산외 거래와 구분한다.

결산보정 거래는 재무제표 확정을 위해 처리해야 하는 거래로서, 재무회계 결산을 위한 결산정리 분개로 결산시점에서 회계 처리한다. 결산보정 거래는 재정자금의 재분류, 지방채 만기 재분류, 수익비용 항목 정리, 감가상각, 대손충당금 설정, 퇴직급여 충당부채 설정 등을 대상으로 한다.

또한 기타 예산외 거래는 예산외 거래 중 결산보정 거래를 제외한 거래로서 세입세출 외 현금과 기부채납 등으로 거래가 발생하는 시점에서 회계 처리하며, 기부채납, 교환, 세입세출외 현금 등을 대상으로 한다.

표 12-5 거래의 종류

구 분		비 고
예산 거래	수입 거래	세입예산 편성 항목
	지출 거래	세출예산 편성 항목
예산외 거래	결산보정 거래	결산 항목
	기타 예산외 거래	세입세출외 현금 등

자료: 이성근 외(2016: 304).

2. 회계 처리 과정

1) 회계순환 과정

복식부기 회계에서 회계 처리의 시작은 예산집행과 밀접한 관련성을 가지고 있으며, 회계의 시작인 거래의 발생부터 회계 처리(분개) 및 장부의 기록을 거쳐 최종적으로 결산서인 재무제표에 표시되기까지 일련의 과정을 말한다.

복식부기의 목적은 거래나 사건을 분개를 통해, 차변과 대변으로 각각 기록하여 궁극적으로는 재정상태보고서와 재정운영보고서를 비롯한 결산보고서를 작성하는 것으로, 이러한 회계 처리의 순환 과정(accounting cycle)은 다음 [그림 12-5]와 같다.

그림 12-5 회계 처리 흐름도

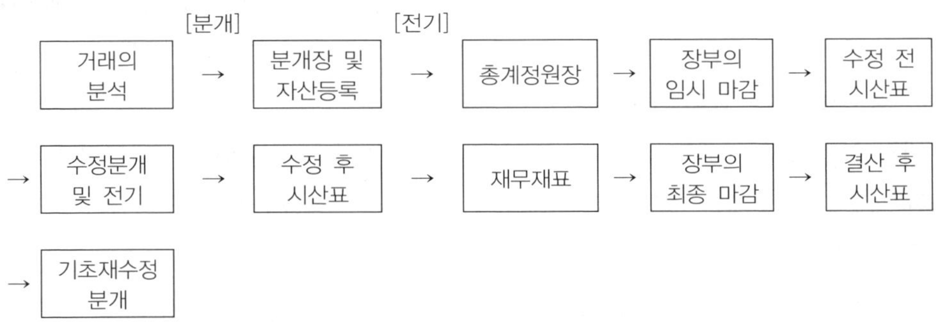

자료: 이성근 외(2016: 305).

2) 회계 처리 과정의 주요 개념

(1) 분개장

분개장은 회계자료를 인식하고 측정하여 최초로 기록하는 장부로, 하나의 거래를 원인과 결과로 구분하여 따로 기록하고 또한 거래 내역의 발생 순서별로 기록한다. 거래가 다양하고 분량이 많은 기업에서는 분개장 대신에 전표를 사용한다.

(2) 원장과 전기

원장은 계정 과목별로 일목요연하게 모아 놓은 회계장부이며, 전기(轉記)는 분개의 내용을 각 계정별로 집계하기 위하여 해당 계정에 이기(移記)하는 것을 말한다.

3) 시산표 및 재무제표 작성

시산표(試算表)는 대차금액 일치의 원리에 의해 오류를 검증하기 위해 작성하며, 재무제표는 거래자료를 활용하여 경영활동의 결과를 분석한 각종 재무 회계정보 보고서이다.

3. 재무제표의 작성

1) 재무제표 작성의 목적

재무제표(財務諸表, financial statement) 작성의 목적은 정보이용자의 경제적 의사결정에 유용한 정보를 제공하는 것이다. 회계실체의 자산은 주주나 채권자로부터 위탁받은 것인 바, 자산을 효율적으로 관리하고 수익을 창출할 책임을 지게 되는데 이를 경영자의 수탁책임이라고 한다.

2) 재무제표의 종류 및 구성 요소

지방정부의 재무결산 시 작성하는 재무제표는 보고주체의 재정상황을 표시하는 가장 중요한 요소로서, 재정상태보고서, 재정운영보고서, 현금흐름보고서(유예)[3] 및 순자산변동보고서로 구성된다[재무제표는 주석(註釋)[4]을 포함한다].

---

3) 현금흐름보고서는 재무제표의 구성 요소이기는 하지만, 현재 작성하지 않고 유예 상태에 있다.
4) 주석은 정보 이용자에게 충분한 회계정보를 제공하기 위하여 채택하는 중요한 회계 정책, 회계 과목의 세부 내역 및 재무제표에 중대한 영향을 미치는 사항을 설명한 것을 말한다(윤영진, 2016: 307).

(1) 재정상태보고서

재정상태보고서(statement of financial position)는 특정 시점의 재정 상황(스톡: stock의 개념)을 표시한다. 이 보고서를 통해 자산·부채 구조·유통성·투자수익 fbf 등을 평가할 수 있는데, 재정상태 보고서는 자산, 부채, 순자산을 표시한다(이성근 외, 2016: 306-308).

우리나라 '지방자치단체 회계기준에 관한 규칙'[5]에 의하면, 자산은 회계 실체가 소유하고 이들 자산을 일정기간 보유 또는 사용함으로써 공공 서비스 잠재력이나 경제적 효익을 창출할 수 있는 자원을 말한다. 또한 부채는 과거 사건의 결과로 회계 실체가 부담하는 의무로서 이행을 위하여 미래에 자원의 유출이 예상되는 현재 시점의 의무를 말하며, 순자산은 회계실체 자산에서 부채를 차감한 잔여액으로 전년도 순자산, 당해 연도의 운영차액, 순자산의 증감으로 구성된다.

자산 = 부채 + 순자산

재정상태보고서(자산, 부채 등)의 작성 기준은 다음과 같다. 첫째, 유동성이 높은 항목부터 배열하고, 둘째, 자산 및 부채는 총액에 의하여 기재하며, 셋째, 자산의 항목과 부채 또는 순자산의 항목을 상계함으로써 그 전부 또는 일부를 재정상태보고서에서 제외하여서는 아니 된다.

(2) 재정운영보고서

재정운영보고서(government's operating statement)는 회계기간 동안의 운영 결과(플로우: flow의 개념)를 표시하는데, 이 보고서를 통해서 과거의 경영성과 및 미래의 수익성을 예측할 수 있다. 재정운영보고서는 재무보고 주체의 당해 사업기간 동안의 수익·비용의 발생 상황을 체계적으로 보여주는 보고서이며, 기업회계의 '손익계산서(income statement)'와 유사한 개념이다.

재정운영보고서에서 운영차액은 수익에서 비용을 차감한 금액이며. 순자산의 증

5) 지방자치단체 회계 처리의 통일성을 기하기 위하여 '지방자치단체 회계기준에 관한 규칙'을 2006년 10월 행정안전부령으로 제정·공포하였다.

감을 반영(잉여금 또는 결손금)하고 있다.

운영차액(순자산의 증감 반영: 잉여금 또는 결손금) = 수익 − 비용

수익은 자산의 증가 또는 부채 감소를 초래하는 회계연도 동안에 거래로 인한 순자산의 증가를 의미한다. 단, 자본거래의 의한 순자산 증가는 포함하지 않는다. 또한 비용은 자산의 감소 또는 부채 증가를 처리하는 회계연도 동안의 거래로 인한 순자산의 감소를 의미한다.

표 12-6 재정상태보고서와 재정운영보고서의 개념

재정상태보고서	
자산	부채
	순자산

재정운영보고서	
비용	수익
운영차액	

자료: 이성근 외(2016: 308).

(3) 현금흐름보고서

현금흐름보고서(statement of cash flows)는 회계연도 동안의 자금의 원천과 사용 결과를 표시하는 재무제표로서, 재무보고 실체의 당해 사업기간 동안의 경상활동(수익·비용 변동), 투자활동(자산 변동), 재무활동(부채 변동) 등을 구분하여 현금흐름을 나타내는 재무보고서를 말한다.

경상활동은 지방자치단체의 행정 서비스와 관련된 활동으로서 투자활동과 재무활동에 속하지 아니하는 거래를 말한다. 투자활동은 자금의 융자와 회수, 장기 투자증권·일반유형자산·주민편의시설·사회기반시설 및 무형자산의 취득과 처분 등이며, 재무활동은 자금의 차입과 상환, 지방채의 발행과 상환 등으로, 회계연도 중[6]의 순현금 흐름에 회계연도 초의 현금을 더하여 회계연도 말 현재의 현금을 산출하는 형식으로 표시한다.

---

6) 지방회계기준(부칙 제1항)에 따르면, 현금흐름보고서의 재무제표 계상시기는 행정안전부 장관이 따로 정하도록 하고 있다.

기말현금 = 현금 및 현금성 자산(재정상태보고서)

(4) 순자산변동보고서

순자산변동보고서(statement of changes in net asset)는 순자산 변동 상황을 표시하는데, 순자산변동보고서에서의 순자산은 기말 순자산을 의미한다. 이 경우에 기말 순자산은 기초 순자산, 운용차액, 순자산 증가의 합에서 순자산 감소를 차감한 부분이다.

순자산(재정상태보고서) = 기말순자산
기말순자산 = 기초순자산 + 운영차액 + 순자산 증가 − 순자산 감소

이러한 지방정부의 재무제표 구성 요소와 기업의 재무제표와 비교하면 다음 <표 12−7>과 같다.

표 12-7 기업과 지방의 재무제표 비교

정보의 성격	기업회계	지방자치단체회계
재무상태(재정상태)	대차대조표	재정상태보고서
경영성과(운영성과)	손익계산서	재정운영보고서
자본(순자산)의 변동	이익잉여금처분계산서	순자산변동보고서
현금흐름의 내용	현금흐름표	현금흐름보고서

자료: 이성근 외(2016: 307).

제 3 절 복식부기 회계의 자산 및 부채

1. 자산회계

1) 자산의 의의

자산(資産, asset)[7]이란 회계 실체가 소유하여 이들 자산을 일정 기간 보유 또는

사용함으로써 공공 서비스의 잠재력(potential)이나 경제적 효익(benefit)을 창출하는 자원으로 정의하고 있다(이성근 외, 2016: 309).

여기서 경제적 효익(economic benefit)이란 지방자치단체의 미래에 자금 유입을 창출해 내거나 자금 유출을 방지할 수 있는 능력을 말하며, 공공 서비스의 잠재력이란 직접적인 자금 유입과는 관련되지 않지만, 공공 서비스를 제공할 수 있는 능력을 의미한다. 특히 지방자치단체는 민간 기업과는 달리 공공 서비스 제공을 주된 목적으로 하기 때문에 미래의 경제적 효익과 함께 공공 서비스 잠재력이 있는 자원을 자산의 정의에 포함하고 있다.

2) 재산과의 관계

지방정부 회계 처리에 있어서 자산과 유사한 의미로 사용되는 것이 재산(財産)이다. 재산(property)이란 개인이나 국가 또는 단체가 소유하는 재화의 집합이며 일정한 목적 하에 결합된 경제적 가치의 총체로서, 이는 소유권과 연결되는 법률적 개념을 의미한다. 첫째, 성격상 재산은 법률적인 개념인데 비해, 자산은 회계적인 개념이며, 둘째, 인식 기준에서는 재산은 현금주의, 자산은 발생주의에서 사용하는 용어이

표 12-8 재산과 자산의 비교

비교 대상	지방재정법에서의 재산	발생주의 회계에서의 자산
인식 기준	현금주의	발생주의
분류 기준	지방재정법, 재산(물품)관리지침	정부회계 기준
대상회계	모든 회계 실체(구분성)	모든 회계 실체(통합성)
관리 대상 자산	공유재산	투자자산, 일반유형자산, 주민편의시설, 사회기반시설, 기타 비유동자산
	물품	일반유형자산, 재고자산
	채권	유동자산, 투자자산, 기타 비유동자산
	공공시설	일반유형자산, 사회기반시설
	기금	해당되는 모든 자산

자료: 이성근 외(2016: 309).

7) 순자산의 개념은 '회계 실체의 자산에서 부채를 뺀 나머지 금액'을 말한다(지방자치단체 회계기준에 관한 규칙 제11조). 그러나 기업회계에서는 이를 자본(자산－부채)이라고 한다.

며, 셋째, 포괄 범위에 있어서 재산에 비해 자산의 포괄 범위가 넓다고 볼 수 있다.

자산과 재산을 구분하는 것은 단식부기와 복식부기의 차이에서도 비롯되며 발생주의는 현금주의와 달리 자산, 부채, 순자산, 수익, 비용 개념이 반영되고 있기 때문에 재산과 구분하여 자산이란 용어를 사용하고 있다.

3) 자산의 인식 기준

자산은 공공서비스 잠재력을 창출하거나 미래의 경제적 효익이 회계 실체에 유입될 것이 거의 확실하고, 그 금액을 신뢰성 있게 측정할 수 있을 때 인식한다. 다만, 문화재, 예술작품, 역사적 문건 등 유산 자산 및 자연자원은 자산으로 인식하지 않고, 필수보충 정보의 관리책임 자산으로 보고한다.

4) 자산의 분류

지방자치단체 회계 기준에는 현금으로 전환하기 쉬운 순서, 즉 유동성(liquidity)을 기준으로 분류하고 있으나, 이를 직접 대분류로 구분하지 않고 유동자산, 투자자산, 일반유형자산, 주민편의시설, 사회기반시설, 기타 비유동자산으로 구분한다.

여기서 유동자산은 1년 내에 현금화가 가능하거나 또는 실현될 것으로 예상되는 자산이며, 투자자산은 회계 실체가 투자 또는 권리행사 등의 목적으로 보유하고 있는 비유동자산이다. 또한 일반유형자산은 1년 이상 공공 서비스 제공을 위하여 반복적 또는 계속적으로 사용되는 자산으로 공무원이 주민에 대한 공공 서비스를 창출하는 과정에서 보유하는 자산이다. 한편 주민편의시설은 1년 이상 공공 서비스 제공을 위하여 반복적 또는 계속적으로 사용되는 자산으로 지역 주민이 공동으로 이용하는 편의시설이며, 사회기반시설은 초기에 대규모의 투자가 소요되며, 파급효과가 장기간에 걸쳐서 나타나는 지역사회의 기반적 자산이다. 기타 비유동자산은 유동자산, 투자자산, 일반유형자산, 주민편의시설, 사회기반시설에 속하지 않는 자산이다.

표 12-9	자산의 과목별 분류
중분류	회계과목
유동자산	• 현금 및 현금자산, 단기금융상품, 미수세금, 미수세외수입금, 미수징수교부금, 미수정부 간 이전수익, 단기대여금, 기타 유동자산
투자자산	• 장기금융상품, 장기대여금, 장기투자증권, 기타 투자자산(공기업특별회계자본전출금, 회원권 등)
일반유형자산	• 토지, 입목, 건물, 구축물, 기계장치, 차량운반구, 집기비품, 임차개량자산, 기타 일반유형자산, 건설 중인 일반유형자산
주민편의시설	• 도서관, 주차장, 공원, 박물관 및 미술관, 동물원, 수목원 및 휴양림, 문화 및 관광시설, 체육시설, 사회복지시설, 의료시설, 교육시설, 기타주민편의시설, 건설 중인 주민편의시설
사회기반시설	• 도로, 도시철도, 상수도시설, 수질정화시설, 하천, 폐기물처리시설, 재활용시설, 농수산기반시설, 댐, 어항 및 항만시설, 기타 사회기반시설, 건설 중인 사회기반시설
기타 비유동자산	• 보증금, 무형자산(지적재산권, 용익물권, 전산 소프트웨어), 기타 비유동자산

자료: 이성근 외(2016: 310).

5) 자산의 평가

자산의 평가는 자산의 가치를 표시하기 위해 화폐가치를 부여하는 과정으로서, 화폐가치를 부여할 때 어떠한 평가 기준에 의하는가에 따라 자산의 평가금액이 달라지는 것을 말한다.

자산의 평가 기준[8]은 역사적 원가주의, 현행 원가주의, 청산가치주의, 저가주의의 종류가 있으며, 지방자치단체의 경우는 재정상태보고서에 기록하는 자산의 가액을 당해 자산의 취득원가[9]를 기초로 하여 계상하는 것이 원칙이다.

재정상태보고서에 기재하는 자산의 가액은 당해 자산의 취득원가를 기초로 하여 계상함을 원칙으로 한다. 다만, 교환, 기부채납, 관리전환, 기타 무상으로 취득한 자산의 가액은 공정가액을 취득원가로 한다.

---

8) 지방자치단체 회계기준 제45조(자산의 평가기준)에 "재정상태보고서에 기록하는 자산의 가액은 당해 자산의 취득원가를 기초로 하여 계상함을 원칙으로 한다. 다만, 교환, 기부채납, 관리전환, 기타 무상으로 취득한 자산의 가액은 공정가액을 취득원가"로 한다고 규정하고 있다.

9) 취득원가(acquisition cost)란 자산의 구입대금뿐만 아니라, 동 자산을 본래의 목적에 사용하기 위하여 지출한 금액도 포함한다. 예를 들면, 차량의 경우 차량 자체의 가액은 물론 등록세, 수수료, 기타 부대비용이 모두 취득원가에 포함된다.

6) 감가상각

자산을 정확하게 평가하기 위해서는 감가상각(depreciation)을 적용해야 하는데, 특정 자산의 가치를 사용기간에 따라 비용 처리하는 개념이다. 즉, 감가상각은 자산의 시장가치가 감소하는 것을 인식하는 과정이 아니라, 경제 효익을 보유한 자산가액을 효익이 제공되는 기간 동안에 체계적이고 합리적인 방법으로 원가를 배분하는 과정을 말한다.

2. 부채회계

1) 부채의 의의

부채(負債)란 과거 사건의 결과로 회계 실체가 부담하는 의무로서 그 이행을 위하여 미래에 자원의 유출이 예상되는 현재 시점의 의무를 말한다. 결국 부채란 ① 과거의 거래 또는 사건의 결과로 나타나고, ② 미래에 자산을 이전할 가능성을 가진 현재 시점의 의무로서, ③ 과거 또는 현재의 경제적 이익과 대응하는 미래의 경제적 희생으로 정리할 수 있다(이성근 외, 206: 324).

현행 「지방재정법」 제3조에서는 오히려 "채무란 금전의 지급을 목적으로 하는 지방자치단체의 의무를 말한다"라고 규정하고 있어, 부채와 채무 개념의 혼동을 야기하기도 한다.

2) 부채의 인식 기준

부채는 회계 실체가 부담하는 현재의 의무를 이행하기 위하여 경제적 효익이 유출될 가능성이 거의 확실하고, 그 금액 역시 신뢰성 있게 측정할 수 있는 시점에 인식한다.

3) 부채의 분류

부채는 크게 만기일(滿期日) 및 의무부담의 확실성 여부에 따라 분류하고 있다.

지방자치단체 회계기준에서는 만기일 기준으로 기점의 환산일은 결산일(매년 12월 31일)로 하여, 1년 이내에 지급기일이 도래하면 유동부채로, 지급기일이 1년을 초과하는 경우에는 장기부채로 구분하고 있다.

부채 과목의 분류 체계는 다음 <표 12-10>과 같다.

표 12-10 부채 과목 분류 체계

분 류	과 목	유 형
유동부채	• 단기차입금	• 단기차입금, 단기예수금
	• 유동성 장기차입부채	• 유동성 장기차입금, 유동성 지방채증권 • 유동성 장기미지급금
	• 기타 유동부채	• 일반미지급금, 선수금, 선수수익, 단기예수보관금, 일반미지급비용, 가수금, 기타 유동부채
장기부채	• 장기차입금	• 장기차입금, 장기예수금
	• 지방채증권	• 지방채증권, 지방채할인발행차금, 지방채할증발행차금
기타 비유동부채	• 퇴직금급여충당부채	• 퇴직금급여충당부채, 퇴직금전환금 및 예치금
	• 기타 비유동부채	• 장기미지급금, 장기선수수익, 장기예수보관금, 기타비유동부채

자료: 이성근 외(2016: 315).

4) 부채의 평가

지방자치단체 부채평가의 기준은 만기 상환가액으로 한다. 다만, 지방채증권, 퇴직급여 등 충당성 부채, 외화부채, 리스(lease) 등은 별도의 평가 기준을 적용한다.

제 4 절 수익 및 비용회계

1. 수익회계

1) 수익의 정의

발생주의 복식부기회계에서 수익이란 지방자치단체에 순자산의 증가를 초래하는 자산의 유입이나 증가 또는 부채의 감소 형태로 회계기간 동안의 경제적 이익의 증가를 말한다. 다만, 관리전환이나 기부채납 등으로 생긴 순자산의 증가는 수익에 포함하지 않는다.

표 12-11 수입 · 세입 · 수익의 비교

수입	세입	수익
• 회계연도 개념이 없음 • 현금의 유입	• 회계연도의 개념이 있음 • 현금의 유입	• 회계연도의 개념이 있음 • 발생주의에 의한 경제적 이익의 증가

2) 수익의 인식기준

수익은 교환거래와 비교환거래로 나눌 수 있고, 교환거래에 의한 수익은 재화나 용역제공의 반대급부로 발생하는 사용료, 수수료 등으로 수익창출 활동이 완료되고 그 금액을 합리적으로 측정할 수 있을 때 인식하며, 비교환 거래에 의한 수익은 직접적인 반대급부 없이 발생하는 조세수익, 보조금, 기부금 등으로 해당 수익에 대한 법적, 행정적 청구권이 발생하고 그 금액을 합리적으로 측정할 수 있을 때 인식한다.

〈지방세수익의 인식기준〉

① 보통징수: 세무공무원이 납세고지서를 당해 납세의무자에게 교부하여 지방세를 징수하는 것을 말함
➡ 지방회계기준은 지방자치단체가 징수결의하는 시점에 수익을 인식한다
② 신고 · 납부: 납세의무자가 그 납부할 지방세의 과세표준액과 세액을 신고하고 동시에 신고한 세금을 납부하는 것을 말함
➡ 징수결의 시점에 수익으로 인식
③ 특별징수: 지방세의 징수에 있어서 그 징수의 편의가 있는 자로 하여금 징수시키고 그 징수한 세금을 납입하게 하는 것을 말함
➡ 신고 · 납부 방식의 지방세수익과 같은 방법으로 인식
○ 세외수익의 인식기준
▷ 재화 · 서비스 제공, 반대급부로 발생(수수료, 사용료 등)
▷ 재화를 판매하는 때에는 판매하여 인도하는 시점
▷ 서비스를 제공하는 때에는서비스 제공이 완료된 시점

3) 수익의 유형

(1) 자체조달수익

자체조달수익은 지방자치단체의 과세권에 의해 징수되는 지방세 수익과 자체적인 징수활동에 의해 조달되는 경상적 세외수익, 임시적 세외수익으로 구성된다.

(2) 정부 간 이전수익

지방자치단체가 국가 또는 상위 정부의 교부에 의해 조달받은 수익으로 지방교부세수익, 조정교부금수익, 보조금수익, 자치단체 간 부담금수익, 기타정부 간 이전수익 등으로 구성된다.

(3) 기타수익

기타수익은 자체조달수익과 정부 간 이전수익에서 열거되지 않은 수익으로 회계간 전입금수익, 기부금수익 등으로 구성된다.

2. 비용회계

1) 비용의 개념

비용(expense)이란 순자산의 감소를 초래하는 자산의 유출이나 감소 또는 부채의 증가 형태로 회계기간 동안의 경제적 이익의 감소를 말한다.

2) 비용의 인식기준

교환거래에 의한 비용은 반대급부로 발생하는 급여, 지급수수료, 임차료, 수선유지비 등으로 대가를 지급하는 조건으로 민간 부문이나 타 공공 부문으로부터 재화나 서비스의 제공이 완료되고 그 금액을 합리적으로 측정할 수 있을 때 인식한다. 비교환거래에 의한 비용은 직접적인 반대 급부 없이 발생하는 보조금, 기부금 등으로 가치의 이전에 대한 의무가 존재하고 그 금액을 합리적으로 측정할 수 있을 때 인식한다.

3) 비용의 분류

(1) 비용의 분류방법

재정운영보고서에서 비용을 어떻게 분류할 것인가는 경제적 성격에 의해 성질별로 구분하거나 또는 정부활동의 기능에 초점을 두고 기능별로 구분할 수 있다. 현행 지방자치단체 회계기준은 기능별 재정운영보고서를 주된 재무제표로 하고, 성질별 재정운영보고서를 필수 보충정보로 보고하도록 규정되어 있다.

(2) 기능별 · 성질별 분류

기능별 분류는 집행결과를 기관이 수행하고 있는 기능별로 분류하여 나타내는 분류방식이다. 현행 지방자치단체에서는 기능별 분류를 주된 재무제표로 사용하고, 성질별 분류는 필수 보충정보로 제공하게 된다. 성질별 분류는 집행결과를 비용의 성질에 따라 분류한 계정과목(인건비, 운영비, 이전경비, 기타비용)을 나타내는 분류방식이다.

제 5 절 재무회계 결산

1. 재무회계 결산의 의의

1) 결산의 개념

결산이란 회계연도의 지방자치단체 재정운영의 결과인 예산거래(세입・세출 예산집행)결과 및 예산외 거래(결산보정, 기타예산외거래)를 최종적으로 확정하는 절차를 말하며, 발생주의・복식부기에 의한 재무회계 결산은 "회계처리의 결과 확정 및 재무보고"라는 의미가 내포되어 있다.

재무회계 결산은 회계연도 내의 거래활동을 계수로 확정하는 것이고, 그 결과를 정보이용자에게 보고하기 위한 것이다.

2) 결산의 목적

결산은 지방자치단체 회계처리 및 보고와 관련하여 통일성과 객관성을 부여함으로써 재정투명성과 공공책임성을 제고하고, 지방자치단체와 직・간접적으로 이해관계를 지니는 외부이용자(지역주민, 지방세 납세자, 지방의원, 지방자치단체, 채권자, 기타 이해관계자) 및 내부관리자가 지방자치단체의 재정상태와 운영성과를 파악하는데 있다.

3) 결산서의 작성범위

지방자치단체에서 운영하고 있는 일반회계, 기타특별회계, 기금회계, 지방공기업특별회계 등 전체에 대하여 각 회계별 및 이를 통합하여 작성함으로써 전체의 계정이 파악될 수 있도록 하고 있다.

4) 결산내용 및 일정

「지방재정법」에 따라 예산회계의 결산일정과 재무회계의 결산일정은 동일한 절차에 따라 진행된다. 재무회계의 결산은 별도로 공인회계사의 검토를 거친 후 지방의회의 승인을 받는다(지방의회 결산검사위원회에 재무보고서 제출로 결산검사를 갈음한다).

표 12-12 재무제표 구성

1. 결산총평: 결산에 대한 총괄적 설명 및 분석
2. 재무제표: 재정상태보고서, 재정운영보고서, 순자산변동보고서, 현금흐름 보고서, 주석
3. 필수보충정보: 예산결산요약표, 성질별 재정운영보고서, 관리책임자산, 예산 회계와 재무회계의 차이에 대한 명세서
4. 부속 명세서: 재무제표 과목별 세부내역

이러한 재무회계 결산은 현행 예산회계 결산과 같은 일정으로 이루어지며, 주요 일정은 [그림 12-6]과 같다.

그림 12-6 재무회계 결산의 일정 및 결산 절차 비교

일정	〈재무회계 결산〉	〈예산회계 결산〉
회계연도 종료(매년 12월 31일)		〈예산회계 결산〉
출납폐쇄일	〈재무회계 결산〉	〈예산회계 결산〉
출납정리기한 (출납폐쇄기한 경과 후 10일까지)	회계처리의 화적	세입금의 금고납일 마감
출납사무의 완결(3월 말)	회계장부 마감, 회계별 재무정보 집계	제반장부 마감
결산서 작성(출납폐쇄 후 80일 이내)	재무보고서 작성, 공인회계사 검토	부문별 결산서 작성
결산검사(20일 간)	결산검사위원회 제출	결산검사위원회 결산 검사
결산 승인 신청(5월 말)	제1차 정례회 회기	

자료: 이성근 외(2016: 320).

5) 예산회계 결산과 재무회계 결산의 차이점

현금주의에 기초한 현행 예산회계 결산과 발생주의에 의한 복식부기회계의 결산은 차이가 발생하게 되어, 재무보고서 작성 시 양 결산간의 차이에 대한 조정내역을 제공하여 결산정보간의 상호관계에 대한 이해를 제고한다.

표 12-13 예산회계 결산과 재무회계 결산의 차이점

구 분	예산회계 결산	재무회계 결산
결산서	세입・세출결산서 (세입결산서＋세출결산서) 기금결산서 채권결산서 채무결산서 공유재산 현재액보고서 물품 현재액보고서	재정상태보고서 재정운영보고서 순자산변동보고서 현금흐름보고서(작성유예)
회계기간	1.1～12.31 출납폐쇄기한 포함	예산회계결산과 동일
기장방식	경상과 자본의 구분이 불명확	경상회계와 자본회계 구분
인식기준	(수정)현금주의	발생주의
과목분류	세입, 세출	자산, 부채, 순자산, 수익, 비용
과목체계	예산과목 (세입: 장–관–항–목) (세출: 분야–부문–정책사업–단위사업–세부사업–편성목–통계목)	재무회계과목 (대분류–중분류–회계과목–관리과목)

2. 재무회계 결산의 과정 및 방법

재무회계 결산의 과정은 회계연도 중 처리한 회계처리 내역에 기초하며, 그에 대한 오류 및 누락거래의 반영, 결산보정 분개 실시, 결산자료 간 계수검증 등을 포함하고 있다.

그림 12-7 결산 과정

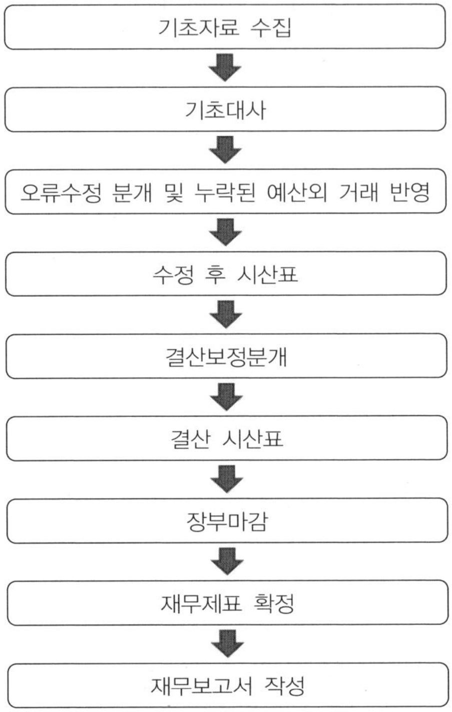

3. 재무보고서의 작성

재무보고서는 보고실체의 재정 상태와 운영성과 및 순자산 변동사항을 보여주는 재무회계의 결산서로, 일반적으로 결산총평, 재무제표, 필수보충정보, 부속명세서로 구성되어 있다.

① 결산총평: 결산에 대한 총괄적 설명 및 분석

② 재무제표: 재정상태 보고서, 재정운영 보고서, 순자산 변동 보고서, 현금흐름 보고서, 주석

③ 필수보충정보: 예산결산 요약표, 성질별 재정운영 보고서, 관리책임자산, 예산회계와 재무회계의 차이에 대한 명세서

④ 부속명세서: 재무제표 과목별 세부내역

그림 12-8 **예산회계와 재무회계 결산서 비교**

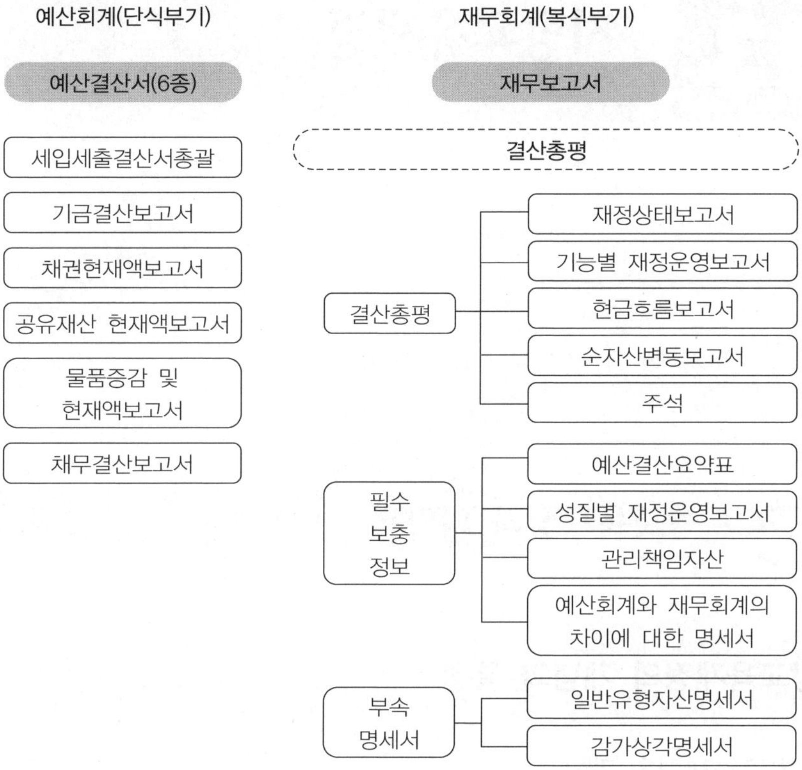

Chapter 13

지방교육재정

제 1 절 지방교육재정의 의의

1. 지방교육재정의 개념과 특성

1) 지방교육재정의 개념

지방교육재정이란 지방자치단체가 교육기관, 즉 초·중등 교육기관 및 교육행정기관을 설치·운영하는 데 소요되는 경비를 조달하고, 조달된 경비를 공공회계 절차를 거쳐 지출하는 일련의 공공 경제활동을 의미한다(이승종, 2012). 또한 지방교육재정이란, 지방자치단체가 설치하고 운영하는 공·사립 유치원, 초·중·고등학교, 특수학교를 대상으로 교육활동을 지원하기 위한 시·도 교육청의 재정활동을 의미한다(지방재정알리미, 2018).

이외에도 지방교육재정이란 지방의 공교육을 수행하기 위하여 재원을 확보하고 배분·지출하는 일련의 경제활동을 말한다고 정의하기도 한다(김동기, 2008).

교육재정이라 함은 지방교육재정(local education finance)을 가리킬 정도로 지방교육에 사용되는 재정의 비중이 매우 높다고 할 수 있다. 여기에 1991년 3월에 제정한 「지방교육자치에 관한 법률」에 따라 지방자치단체의 교육·과학 및 체육에 관한 사무를 시·도의 자체사무로 규정함으로써, 각 광역자치단체의 교육청은 일반자치단체와는 분리된 독립적인 심의·의결기관의 교육위원회와 집행기관의 교육감으로 분리되어 운영되고 있다(강윤호 외, 2015).

2) 지방교육재정의 특성

우리나라의 지방교육자치제는 1948년 미 군정기간 선포된 「지방자치법」을 기반으로 도입되었으나, 1961년 5·16 군사쿠데타 이후 실시가 중지되었다. 이후 1991년 지방의회 의원 선출과 함께 지방교육자치제는 부활되었으며, 「지방자치법」 제121조 제1항 규정인 "지방자치단체의 교육·과학 및 체육에 관한 사무를 분장하기 위하여 별도의 기관을 둔다"라는 조항을 기반으로 지방교육자치기관인 교육청을 일반 행정기관으로부터 분리·독립하여 운영하게 되었다.

이에 따라 지방교육재정은 시·도 교육청의 교육감이 관장하며, '교육비특별회계'라는 이름으로 지방자치단체의 일반회계로부터 분리하여 운영하고 있다. 특별회계라는 말은 회계적인 특성상 일반회계와 구분되어 특별한 설치 목적을 가지고 수입과 지출이 일반회계와는 별도로 이루어지는 회계를 의미한다. 즉, '교육비특별회계'는 교육이라는 특별한 목적을 달성하기 위하여 운영하는 회계라고 할 수 있다.

우리나라와 같이 교육자치가 지방자치단체의 일반 행정자치와 2원화되어 운영되고 있는 경우는, 미국을 제외하면 매우 보기 드문 현상이다.

특히 우리나라의 교육재정 부담구조는 사적 부담에서 공적 부담으로, 그리고 공적 부담은 설치자 부담에서 국고보조·부담(국고금 지출)으로, 국고금 지출은 국고보조금 제도로부터 지방재정 조정제도로 발전하는 독특한 형태를 보이고 있다(심정근 외, 2000).

2. 지방교육행정의 체계와 구조

1) 지방교육행정의 체계

우리나라의 교육행정체계는 중앙의 교육부, 광역 수준의 시 · 도 교육청, 기초 수준의 시 · 군 · 구의 교육지원청, 그리고 단위학교로 구성되어 있다. 그러나 교육자치는 시 · 도 수준까지만 실시하고 있다(이승종 외, 2012). 그 이유는 지역교육지원청의 경우는 자치기관이 아니라 시 · 군 · 구 단위에 설치되어 있는 시 · 도 교육청의 단순한 하부 행정기관의 역할을 하기 때문이다.

또한 교육행정 체계와 일반행정 체계가 분리 · 독립되어 있는 형태로 심의 · 의결기관으로는 교육위원회를 두었으며, 집행기관으로는 교육감이 수장으로 있는 교육행정청을 두어 운영하였다.

그러나 교육위원회는 2010년 7월부터 폐지되고 교육의원을 중심으로 구성되는 시 · 도의회의 상임위원회가 교육위원회를 대신하게 되었다. 이후 교육의원 선거 일몰제가 2014년 6월 30일까지 실시됨에 따라, 동년 7월 1일부터는 시 · 도의회 내의 상임위원회가 교육 · 학예에 관한 사무를 심의 · 의결하고 있다.

이러한 지방교육행정 체계의 전반적인 사항은 「지방교육자치에 관한 법률」로 규

그림 13-1 일반행정 체계와 교육행정 체계

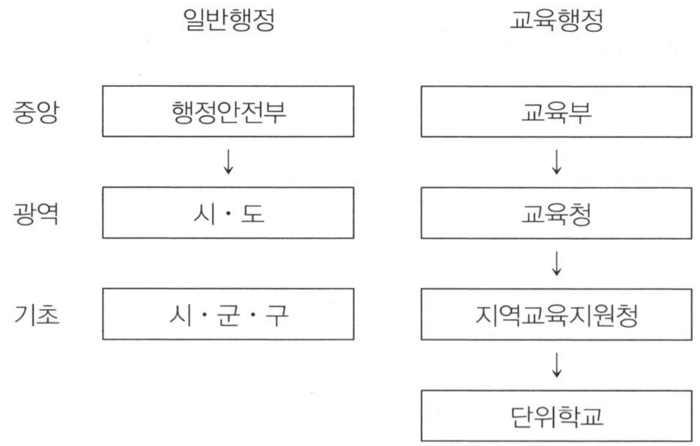

자료: 이승종 외(2012)를 재구성.

정하고 있다.

2) 지방교육기관의 구조 및 역할

현재 지방교육자치기관은 시 · 도 교육청이 1개의 특별시, 6개의 광역시, 1개의 제주특별자치도, 1개의 세종특별자치시, 8개의 도 등 17개 광역자치단체에 설치되어 있다.

그러나 지방교육자치제는 1991년 부활된 이후 교육의 자주성과 전문성 및 지방교육의 특수성을 살리기 위한 목적으로 지방자치단체의 사무 중 교육 · 학예 사무만을 분리시켜, 교육위원회에 심의 · 의결 기능을 맡기고, 교육감에게는 집행 기능을 맡기는 기관분립형 방식으로 운영되고 있다.

(1) 교육위원회의 역할 및 권한

교육위원회는 시 · 도의회에 교육 · 학예에 관한 의안과 청원 등을 심사 · 의결하기 위해 설치된 상임위원회이며, 과거에는 지방의회와 별도로 교육위원회가 존재하였다. 교육위원회는 시 · 도의회의원과 교육의원으로 구성하며, 교육위원이 교육위원회의 과반수가 되도록 규정하고 있다.

교육위원회는 당해 시 · 도의 교육 · 학예에 관한 조례안, 예산안 및 결산, 특별부과금 사용료 · 수수료 · 분담금 및 가입금의 부과와 징수에 관한 사항과 기채안, 기금의 설치 · 운용에 관한 사항, 대통령령으로 정하는 중요 재산과 공공시설의 취득 · 처분 · 설치 · 관리에 관한 사항을 심사 · 의결한다(이승종 외, 2012).

(2) 교육감의 역할 및 권한

교육감은 시 · 도의 교육 · 학예에 관한 사무의 집행기관으로 임기는 4년으로 계속 재임은 3기에 한한다(지방교육자치에 관한 법률 제18조, 제21조). 교육감은 교육 · 학예에 관한 조례안을 작성 제출에 관한 사항, 예산안의 편성 및 제출에 관한 사항, 교육 규칙의 제정, 학교 및 기타 교육기관의 설치 · 이전 및 폐지에 관한 사항, 교육과정의 운영에 관한 사항, 과학 · 기술교육의 진흥에 관한 사항, 평생교육 및 기타 교육 · 학예 · 진흥에 관한 사항, 학교체육 · 보건 및 학교환경 정화에 관한 사항, 학생

통학구역에 관한 사항, 교육·학예의 시설·설비 및 교구(敎具)에 관한 사항, 기금의 설치·운용에 관한 사항, 특별 부과금·사용료·수수료·분담금 및 가입금에 관한 사항, 소속 국가공무원 및 지방공무원의 인사관리에 관한 사항, 그 밖에 당해 시·도의 교육·학예에 관한 사항과 위임된 사항을 관장한다(지방교육자치에 관한 법률 제20조).

(3) 시·도 교육청과 교육지원청의 역할 및 권한

시·도 교육청은 지방의 교육·학예에 관한 집행기관으로 국가교육 정책을 지역에 맞게 구체화하고 지역교육계획을 수립하는 역할을 한다.

또한 시·도의 교육·학예에 관한 사무를 분장하기 위하여 시·군·구를 관할 구역으로 하는 교육지원청을 1개 또는 2개 이상 둔다.

교육지원청은 시·도 교육청에서 수립한 정책의 지역화를 노력하고 지역의 특성화를 반영한 교육계획을 수립 및 집행사무를 수행하고, 지역 수준에서 통일 또는 조정이 필요한 업무를 담당하며, 단위학교에 대한 지도, 감독기능과 교원연수 기능 수행 및 장학 또는 학교컨설팅 계획의 수립과 집행을 담당한다(전제상, 2011).

제 2 절 지방교육재정의 구조 및 현황

우리나라의 교육재정은 중앙정부의 교육재정과 지방자치단체의 교육재정으로 구분하며 지방교육재정은 「지방교육자치에 관한 법률」 제36조에서 지방의 자치교육·학예에 관한 경비는 "교육에 관한 특별부과금·수수료 및 사용료, 지방교육재정교부금, 해당지방자치단체의 일반회계로부터의 전입금, 유아교육지원특별회계에 따른 전입금, 이외의 수입으로서 교육·학예에 속하는 수입"으로 재원을 충당한다고 규정하고 있다.

또한 「지방교육자치에 관한 법률」 제38조에서는 "시·도의 교육·학예에 관한 경비를 따로 경리하기 위해 당해 지방정부에 교육비특별회계를 둔다"라고 규정하고 있다. 그럼에도 불구하고, 시·도 교육청은 교육재원 조달을 위한 과세권을 갖지 못하며, 지방자치단체가 징수한 지방교육세를 교육비특별회계를 통하여 전액 수령한다는 의미이기도 하다.

1. 지방교육재정의 세입구조 및 현황

1) 세입구조

우리나라 지방교육재정의 세입은 그 수입의 원천에 따라서 의존재원과 자체재원으로 구분되며, 의존재원은 중앙정부로부터의 이전재원과 지방자치단체로부터의 전입금으로 구성되어 있으며, 자체재원은 자체수입과 차입재정으로 구성되어 있다.

그림 13-2 지방교육재정의 세입구조(2017년 기준)

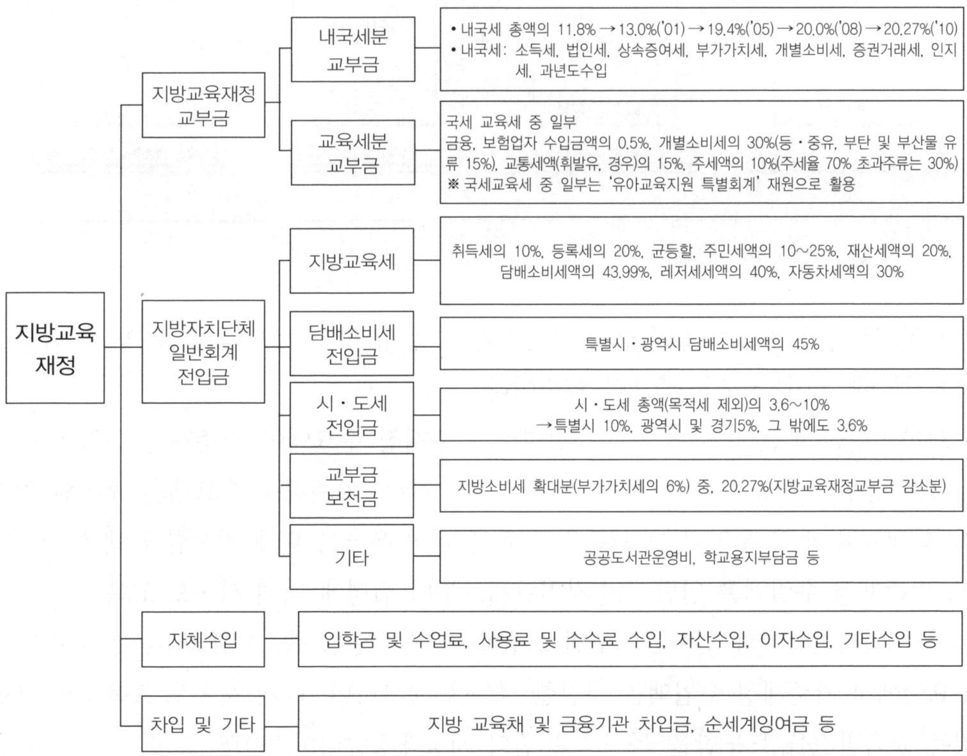

주: 2018년부터 내국세 교부금의 비율이 20.43%로 인상됨.
자료: 지방교육재정알리미(2018).

(1) 지방교육재정교부금

지방자치단체가 교육기관 및 교육행정기관을 설치·운영함에 있어서 교육의 균형 있는 발전을 도모하기 위하여 국가재정에서 지방교육재정에 필요한 재원의 전부 또는 일부를 교부하고 있으며, 이를 '지방교육재정교부금'이라고 한다.

지방교육재정교부금은 시·도 교육청 재정 규모의 약 70%에 달할 정도로 높은 비중을 차지하고 있으며, 배분 목적에 따라 보통교부금과 특별교부금으로 나누어진다.

그림 13-3 지방교육재정교부금의 구조(2017년 기준)

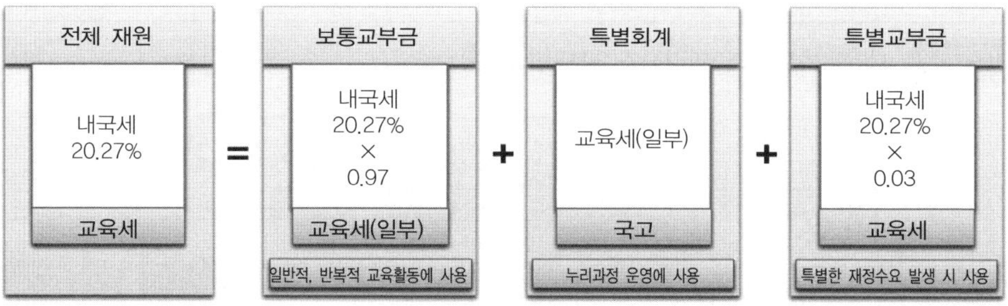

자료: 지방교육재정알리미(2018).

보통교부금은 시·도 교육청의 인건비와 시설비, 학교·교육과정 운영 등 다양한 교육활동에 쓰이는 매우 중요한 재원이다.

보통교부금 배분은 시·도 교육청별로 기준재정 수요액이 기준재정 수입액에 미달하는 경우, 그 미달액을 기준으로 총액 배분한다. 기준재정 수요액은 교직원 인건비, 학교교육 과정 운영비 등 표준적인 교육 과정 운영을 위해 필요한 금액을 의미하며, 기준재정 수입액은 일반 지방자치단체로부터 법령에 의해 시·도 교육청으로 전입되는 법정전입금과 입학금·수업료 등으로 구성된다. 즉, 보통교부금은 기준재정 수요액에서 기준재정 수입액을 차감한 금액을 교부하며, 17개 시·도 교육청의 균형 있는 교육발전을 도모함을 목적으로 한다(지방재정알리미, 2018).

특별교부금은 유·초·중등 교육 분야의 국가시책사업, 지역현안사업, 재해대책 및 복구 등 특별한 재정수요에 지원하기 위한 예산으로 사용된다. 특별교부금은 보통교부금으로 산정하기 어려운 국가시책사업수요(60%), 지역교육현안수요(30%), 재해대책수요(10%)를 위해 사용된다. 또한 2017년 1월 1일부터는 유아교육 및 보육 정책의 안정적인 추진을 위하여 유아교육지원 특별회계가 「유아교육지원특별회계법」의 제정에 맞춰 시행되고 있다. 이 특별법은 유치원과 어린이집에서 취학 직전 3년의 유아에 대한 공통 교육·보육 과정 운영에 소요되는 비용을 지원하고 있다.

유아교육지원 특별회계의 재원은 「교육세법」에 따른 교육세(기존 지방교육재정교부금 재원 중 일부)와 정부 일반회계 추가 전입금으로 구성된다. 기존에는 보통교부금 재원 중 일부로 지원하였으나 특별회계 도입에 따라 보통교부금이 아닌 별도의 특별회계 예산으로 지원된다.

그림 13-4 유아교육지원 특별회계

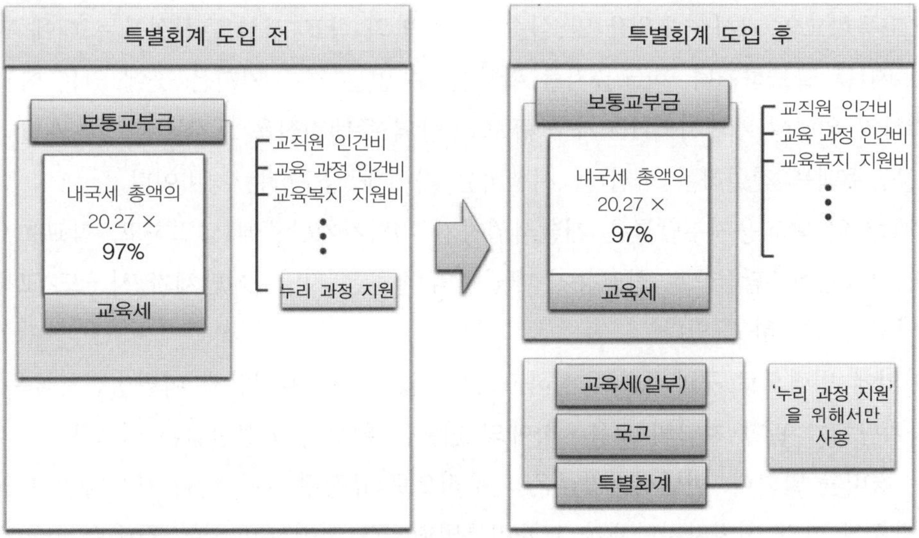

자료: 지방교육재정알리미(2018).

(2) 지방자치단체 일반회계 전입금

지방교육재정의 세입 재원 중에서 지방교육재정교부금 다음으로 가장 큰 비중을 차지하는 재원은 지방자치단체 전입금이다.

지방자치단체 전입금은 지방자치단체 일반회계의 일정 비율과 일부 세목을 교육비특별회계로 전출하여 지방교육의 균형적 발전을 도모하기 위한 제도인 동시에 중앙정부가 교육비의 대부분을 부담하는 체제 하에서 지방자치단체가 지방교육에 대한 일정 부분을 분담하게 함으로써 책무성을 높이는 데 의의가 있다고 할 수 있다.

전입금은 법령에서 부담 규모와 의무를 구체적으로 정하고 있는 법정전입금과 부담규모를 구체적으로 정하지 않고 있는 비법정전입금으로 구분된다. 지방자치단체가 의무적으로 부담해야 하는 법정 전입금은 「지방교육재정교부금법」 제11조에 의한 시·도 지방세 이전수입, 「학교용지 확보 등에 관한 특별법」에 의한 학교용지 매입의 일반회계 부담금 등이 있다.

구체적으로 광역자치단체의 법정전입금은 시·도세 전입금(시·도세 총액의 3.6~ 10%)과 담배소비세 전입금(담배소비세액의 45%, 도지역 제외), 지방교육세 전입금, 학교용지 매입의 일반회계 부담금, 지방교육재정교부금 보전금 등이 있다.

학교용지부담금은 택지개발 사업에 대하여 지방자치단체에서 학교용지(공립 초·중·고등학교의 교사·체육장 및 실습지, 그 밖의 학교 시설을 신설하는 데에 필요한 토지)를 확보하거나, 학교용지를 확보할 수 없는 경우 가까운 곳에 있는 학교를 증축하기 위하여 개발사업(100가구 규모 이상의 주택건설용 토지를 조성·개발하거나 공동주택을 건설하는 사업)을 시행하는 자에게 징수하는 경비이다.

개발사업 학교용지부담금은 개발사업자가 지방자치단체에 납입하고, 학교용지매입비 일반회계부담금으로 학교용지 매입비의 절반은 지방자치단체가 시·도 교육청에 납입하도록 하고 있다.

이외에 법령으로 구체적으로 정하고 있지 않는 지방자치단체 비법정전입금은 지방자치단체가 관할 지역의 교육·학예의 진흥을 위하여 법정전입금 외 별도로 지원하는 경비를 말한다. 비법정전입금은 의무적으로 규정된 것은 아니지만 사업의 연계나 필요에 따라 지방자치단체가 교육비특별회계로 지원하고 있는 경비로 공공도서관 운영, 학교급식, 영재 및 특수교육지원, 국민체육진흥 등 범위와 내용이 광범위하고 다양하다(지방재정알리미, 2018).

표 13-1 교육재정의 이전수입 현황

(단위: 억 원, %)

구 분		2013년	2014년	2015년	2016년	2017년
세입결산액	금액	572,576.0	605,164.2	623,605.3	660,979.4	724,434.6
	비중	100.0	100.0	100.0	100.0	100.0
이전수입	금액	503,163.0	512,668.7	511,712.2	558,855.2	637,029.1
	비중	87.9	84.7	82.1	84.5	87.9
지방교육재정 교부금	금액	408,123.2	408,686.9	394,055.6	431,616.2	465,667.1
	비중	71.3	67.5	63.2	65.3	64.3
국고보조금	금액	2,573.0	1,093.1	6,832.7	6,728.3	1,698.0
	비중	0.4	0.2	1.1	1	0.2
지방자치단체 이전수입	금액	91,666.8	102,081.7	109,895.0	119,035.4	129,161.8
	비중	16	16.9	17.6	18	17.8
지방교육세 전입금	금액	53,857.0	55,814.7	61,902.3	64,061.1	70,288.0
	비중	9.4	9.2	9.9	9.7	9.7
담배소비세 전입금	금액	5,250.8	5,514.2	5,184.9	5,964.3	7,348.9
	비중	0.9	0.9	0.8	0.9	1
시·도세 전입금	금액	18,698.6	21,124.0	22,936.0	25,735.5	28,364.8
	비중	3.3	3.5	3.7	3.9	3.9
지방교육재정 교부금보전금	금액	0	7,904.5	7,556.7	8,431.2	9,607.8
	비중	0	1.3	1.2	1.3	1.3
비법정 이전수입	금액	9,160.1	7,581.5	7,885.9	8,660.5	10,951.3
	비중	1.6	1.3	1.3	1.3	1.5

자료: 지방교육재정알리미(2018).

(3) 지방교육채 및 기타

시·도 교육청은 세입의 부족을 보충하기 위하여 조세수입을 담보로 채무를 발행할 수 있다. 이것을 '지방교육채'라고 하며 채무의 이행은 1회계연도를 넘어서서 이루어진다.

무분별한 채무의 발행을 예방하기 위해 채무발행은 법령이 정한 절차와 기준에 따라 발행해야 하며, 지방교육채 발행 한도액은 교육부가 각 시·도 교육청의 재정상황과 채무 규모, 채무상환 일정 등을 고려해서 전전년도의 세입결산액의 10% 범위에서 한도액을 설정한다. 시·도 교육청은 한도액의 범위 내에서 지방의회의 의결을

표 13-2 지방교육채 및 기타 현황

(단위: 억 원, %)

구 분		2014년	2015년	2016년	2017년
세입예산액	금액(당초)	529,027.7	543,340.9	562,001.0	590,662.1
	비중(최종)	100	100	100	100
지방교육채 및 기타	금액(당초)	32,955.8	53,364.3	48,863.4	31,947.0
	비중(최종)	9	12.5	8.4	4.8
지방교육채	금액(당초)	19,569.9	48,709.7	38,140.1	19,529.0
	비중(최종)	6.6	10.3	5.1	1.7
기타	금액(당초)	13,385.9	4,654.6	10,723.2	12,418.0
	비중(최종)	2.4	2.2	3.2	3.1
순세계잉여금	금액(당초)	13,385.9	4,654.6	10,723.2	12,417.9
	비중(최종)	2.4	2.2	3.2	3.1
보조금사용잔액	금액(당초)	0	0	0.0	0.0
	비중(최종)	0	0	0.1	0

자료: 지방교육재정 알리미(2018).

거쳐 지방교육채를 발행해야 하고, 한도액을 초과하여 발행해야 하는 경우에는 사전에 교육부 장관의 승인을 얻어야 한다.

2. 지방교육재정의 세출구조 및 현황

1) 세출구조

지방교육재정 세출은 지방교육자치단체의 모든 수요를 충족시키기 위한 일체의 지출을 말한다. 재화의 지출 특히 회계연도 내 경비의 지출을 세출이라고 하며, 세출예산이라는 형식에 따라 세출예산 과목 구분에 따라 편성하고 있다. 교육지방재정 세출은 세입과 달리 사업별 분류와 성질별 분류로 나누어진다.

사업별 분류는 정부가 수행하는 중요한 기능에 따라 세출을 분류하는 것으로, 이것은 시·도 교육청의 재정활동 방향에 관한 정보를 제공하며, 성질별 분류는 시·도 교육청과 교육위원회가 구입하는 재화와 서비스에 관한 정보를 제공하기 위한 지출 단위를 나타내 준다.

(1) 사업별 · 정책별 분류

세출의 사업별 · 정책별 분류는 크게 세 가지로 유치원 및 초 · 중등학교에 필요한 금액, 평생교육 및 직업교육에 필요한 금액, 교육행정을 위해 필요한 금액으로 나누어진다.

유아 및 초 · 중등교육에는 교수학습활동지원, 교육복지지원, 학교교육여건개선시설 등에 필요한 금액이고, 평생직업교육은 평생교육 및 직업교육에 필요한 금액이며, 교육일반은 기관운영관리, 지방채 상환 및 리스료, 예비비 및 기타 등으로 이루어져 있다.

사업별 세출구조에서는 세출액 중 가장 큰 비중을 차지하고 있는 부분은 유아 및 초 · 중등교육 부분으로 그중에서도 인적자원 운용과 학교재정 지원에 가장 많은 지출이 이루어지고 있는 것을 알 수 있다. 그중 인적자원 운용의 비중은 2015년을 시작으로 매년 2%씩 그 비중이 감소하고 있으나 여전히 높은 비중을 보이고 있다. 반면 단위학교 자율성 확대와 교육복지 확대에 따라 사립학교와 공립학교로의 회계전출금인 학교 재정지원 관리와 교육복지 그리고 학교 교육여건 개선시설 등 저소득층의 학비와 정보화, 급식지원 경비 등 교육격차 해소 사업의 비중은 점차 증가하고 있다.

사업별 세출에서 주의해서 살펴봐야 할 부문은 평생교육 사업비로 이는 저출산, 고령화에 따른 인구분포의 변화가 심화되고 있는 상황에서 최근 평생교육사업이나 직업교육과 같은 항목에서의 관련 사업들과 기능들이 지방으로 이관되면서 앞으로 지방재정 수요에 영향을 줄 것으로 보여진다.

(2) 성질별 분류

지방교육재정의 성질별 분류는 크게 일곱 가지로 구성되어 있다.

첫 번째는 교원, 교육전문직원, 지방공무원, 사립학교 교직원 등 직원의 고용에 소요되는 의무적 경비인 인건비가 있고, 두 번째는 운영비, 여비, 업무추진비, 직무수행경비, 복리후생 등의 지출을 위한 물건비가 있으며, 세 번째는 자치단체 보육료 보조, 자치단체 경상보조 등 타 기관으로 지출하는 이전지출이 있다. 네 번째는 토지매입 및 건설비 등 자산취득에 소요되는 자본지출이 있으며, 다섯 번째는 차입금 상환

표 13-3 지방교육재정 사업별 세출결산 현황

(단위: 억 원, %)

구 분			2013년	2014년	2015년	2016년	2017년
세출결산액		금액	532,958	567,894	565,979	600,419	656,114
		비중	100	100	100	100	100
유아 및 초·중등교육		금액	512,397	527,246	545,690	574,242	606,876
		비중	96.1	92.8	96.4	95.6	92.5
	인적자원 운용	금액	272,767	282,967	296,818	302,374	315,328
		비중	51.2	49.8	52.4	50.4	48.1
	교수-학습활동지원	금액	34,340	30,575	27,558	33,035	38,678
		비중	6.4	5.4	4.9	5.5	5.9
	교육복지지원	금액	50,194	56,080	61,052	63,403	68,988
		비중	9.4	9.9	10.8	10.6	10.5
	보건/급식/체육활동	금액	17,180	16,352	16,112	19,326	18,065
		비중	3.2	2.9	2.8	3.2	2.8
	학교재정지원관리	금액	97,719	98,992	102,618	101,311	104,877
		비중	18.3	17.4	18.1	16.9	16
	학교교육여건개선시설	금액	40,198	42,281	41,531	54,793	60,940
		비중	7.5	7.4	7.3	9.1	9.3
평생·직업교육		금액	1,445	1,269	1,147	1,421	1,529
		비중	.3	.2	.2	.2	.2
	평생교육	금액	1,293	1,185	1,069	1,226	1,367
		비중	.2	.2	.2	.2	.2
	직업교육	금액	152	85	78	195	161
		비중	0	0	0	0	0
교육일반		금액	19,115	39,378	19,143	24,756	47,709
		비중	3.6	6.9	3.4	4.1	7.3
	교육부분이 행정일반	금액	4,267	5,285	4,194	5,800	8,069
		비중	.8	.9	.7	1	1.2
	기관운영관리	금액	5,278	4,515	4,096	3,913	5,024
		비중	1	.8	.7	.7	.8
	지방채 상환 및 리스료	금액	9,504	29,521	10,776	14,554	34,408
		비중	1.8	5.2	1.9	2.4	5.2
예비비 및 기타		금액	67	57	77	489	208
		비중	0	0	0	.1	0

자료: 지방교육재정 알리미(2018).

인 상환지출이 있다. 여섯 번째는 공립학교와 사립학교에 직접 지출하는 전출금 등이 있고, 마지막으로 예비비, 보조금 반환 등에 소요되는 예비비 및 기타가 있다.

지방교육재정의 세출을 성질별로 분류한 항목 중 가장 큰 비중을 차지하는 부분은 역시 인건비 부분인 고정적 지출로 전체 세출의 약 60%에 해당하는 것을 알 수 있다. 그러나 인건비의 비중은 2013년 이후 잠시 증가하는 듯 보였으나, 2015년부터 매년 2%씩 비중이 감소하여 2017년에는 전체 세출의 비중 중 58%를 보이고 있다. 반면 토지매입 및 건설비 등 자산취득에 소요되는 자본지출은 큰 폭은 아니지만 지속적으로 증가하고 있는 것으로 나타나고 있다.

표 13-4 지방교육재정의 성질별 세출 현황

(단위: 억 원, %)

구 분		2013년	2014년	2015년	2016년	2017년
세출결산액	금액	532,957.6	567,893.5	565,979.2	600,418.9	656,114.1
	비중	100	100	100	100	100
인건비	금액	316,725.1	331,237.5	352,173.7	363,511	380,480.1
	비중	59.4	58.3	62.2	60.5	58
물건비	금액	21,711.2	19,844.1	19,444.3	20,460.1	21,692.8
	비중	4.1	3.5	3.4	3.4	3.3
이전지출	금액	19,227.5	25,148	30,834.4	30,657.2	32,412.4
	비중	3.6	4.4	5.4	5.1	4.9
자본지출	금액	50,155.1	49,054.7	45,417.6	61,092.2	70,945.2
	비중	9.4	8.6	8	10.2	10.8
상환지출	금액	305.4	19,940.5	1,150.8	3,954.3	23,568.2
	비중	.1	3.5	.2	.7	3.6
전출금 등	금액	124,714.1	122,573.4	116,792.2	119,932.9	126,683.8
	비중	23.4	21.6	20.6	20	19.3
예비비 및 기타	금액	119	94.9	165.8	810.9	331.3
	비중	0	0	0	.1	.1

자료: 지방교육재정 알리미(2018).

제 3 절 지방교육재정의 문제점 및 개선 방안

1. 지방교육재정의 문제점

교육자치의 핵심은 「헌법」 제31조 제4항인 "교육의 자주성 · 전문성 · 정치적 중립성 및 대학의 자율성은 법률이 정하는 바에 의하여 보장된다"에 근거하여 일반행정으로부터 교육행정의 독립성 유지라고 할 수 있다. 그러나 독자적인 과세권이 없는 현재 우리나라의 상황에서 일반행정과 분리된 교육재정의 확보는 불가능하다고 할 수 있다. 이런 이유로 현재 교육재정이 안고 있는 문제점인 동시에 해결해야 할 과제를 살펴보면 다음과 같다.

첫째, 교육재정이 해결해야 할 과제는 과도한 재원의 의존성이다. 이는 <표 13-1>에서 제시된 바와 같이 지방교육재정 총 세입 중 중앙정부로부터의 지방교육재정교부금과 자치단체 이전수입이 87% 이상을 차지하고 있는 것을 알 수 있다. 이처럼 지방교육재정의 대부분이 이전재원에 의존하고 있다는 것은 세입의 안정성의 낮아 자주적인 교육정책을 시행하기보다는 외부 재정에 의존하게 되어 독립적인 정책의 실행이 불가능하게 됨을 나타낸다.

둘째, 교육재정이 해결해야할 과제는 세출의 경직성이다. 지방교육재정 사업별 세출결산에서 살펴본 바와 같이 지방교육재정의 세출 중 90% 이상이 유아 및 초 · 중등교육에 쓰여지고 있으며, 그중에서도 경직적 지출인 인적자원 운용에 50% 이상이 지출되고 있는것을 알 수 있다. 여기에 각종 시설비의 비중도 증가하고 있어 결국 다른 세출 항목인 사업비와 운영비 등에 압박을 주는 요인으로 작용하고 있다. 따라서 재정운용의 효율성을 증가시키기 위해 학생 수의 변화 및 소득의 변화 등을 면밀히 파악하여 성과분석 등을 통해 지방교육재정의 실제적인 수요를 파악하는 것이 필요할 것이다.

셋째, 교육재정이 해결해야 할 또 다른 과제는 세입의 불규칙성과 지역 간 격차이다. 지방교육재정에서 지방자치단체가 부담하는 이전재정의 비율이 증가하면서 세입의 불안정성과 시 · 도 간 격차가 발생하고 있다. 법정 전입금 중에서 가장 높은 비중을 차지하고 있는 것이 지방교육세 전입금이고, 그 다음에 지방자치단체의 시·도 전입금이다. 그러나 시·도 전입금은 자치단체의 지방세 수입에 따라 차이를 보이기 때문에 세입의 불균형과 지역 간 격차를 더 크게 만들수 있으므로 이를 해결할 방안을 강구해야 할 것이다.

넷째, 교육재정이 해결해야 할 과제는 지방자치단체의 이전수입 증가에 따른 지방자치단체 부담의 심화이다. 지방정부의 이전수입인 법정 전입금 이외에도 비법정전입금이나 교육경비 보조를 통해 교육 관련 사업을 추진하면서 지방정부에 대한 의존도가 증가하고 있는 실정이다. 이는 지방자치단체의 입장에서는 지속적인 사업의 증가에 따른 지방세출의 증가로 지방재정 압박을 심화시킬수 있다. 이런 재정압박 상황이 되면 지방자치단체는 세출조정에 의한 세출감소를 계획하게 되고 이는 또 다시 교육재정에 부정적인 영향으로 작용하게 되어 악순환이 반복될 가능성이 있으므로 이를 해결할 수 있는 지방자치단체의 세입원 발굴을 통한 재정확대 방안 모색 역시 해결해야 할 과제라고 할 수 있겠다.

2. 지방교육재정의 개선 방안

첫째, 과도한 재원 의존성을 개선하고 지방교육재정의 자주성 확보를 위한 방안으로 지방교육자치단체에 실질적인 과세권을 부여하는 방법을 고려해 볼 수 있겠다. 몇몇 지역밀착형 세목(예: 재산세와 균등할 주민세)을 과세하여 지방교육자치단체가 자기 재정시스템을 갖도록 하는 방법이다. 이는 지방교육재정의 자주성 제고에도 도움이 되지만 지역 주민이 지역의 교육발전을 위해 세금을 낸다는 의식과 비용분담을 확실히 한다는 측면에서 중요한 의미가 있다고 하겠다.

둘째, 지방재정과 지방교육재정의 관계 설정으로 단기적으로는 두 제도 간에 연계 가능한 부분을 확대시켜 시너지 효과를 극대화시키고, 중장기적으로는 두 부문 간의 통합 방안을 모색하는 것이다. 이를 위해 지방교부세와 지방교육재정교부금 간에 연계장치를 강구하여, 단기적으로는 양자의 독립성을 인정하면서 배분 공식의 구조화와 상호 조정, 재정·경제적 파급효과와 주민에 대한 책임성을 제고하고, 중장기적으로는 지방교부세와 지방교육재정교부금을 통합하는 접근이 필요하다고 하겠다.

셋째, 지금까지 지방교육재정의 핵심 현장이 주민생활과 밀접한 기초자치단체인 만큼, 지방교육자치 역시 현재의 시·도 교육청보다 한 단계 낮은 기초자치단체의 지방교육지원청과 단위학교 및 이와 근접한 교육자치단체, 단위학교의 기능을 더욱 강화시켜야 할 것이다(임성일·손희준, 2011).

Chapter 14

지방정부의 세출

제 1 절 지방세출의 의의

1. 지방세출의 개념과 특징

1) 지방세출의 개념과 중요성

지방세출이란 지방자치단체가 공적인 활동을 수행하는 데 필요한 물적 자원, 즉 재화를 지출하는 것을 말한다.[1] 반면 지출이라 하면 명확한 일정 기간의 개념이 포함되지 않아서, 1회계연도(會計年度)라는 시간적 범위를 고려하여 세출(歲出)이라는 용어를 사용한다.

지방자치단체는 자신들의 활동을 수행하기 위해 조세 등의 방법을 통해 민간 부문으로부터 재원을 조달한다. 이처럼 지방자치단체 활동을 위한 재원 조달의 근본적인 당위성은 지역 주민들이 요구하거나 혹은 편익을 얻을 수 있는 공공 서비스의 제공에 있고, 곧바로 지방정부의 세출활동은 공공 서비스 공급의 수단이 된다. 그러나 모

1) 지방세출을 지출(支出) 또는 경비(經費)라고 표현하기도 한다(이상희, 1992: 76). 그러나 세출(歲出)이란 공공 부문의 1회계연도 동안 국고로부터 유출되는 일체의 지출로서 세입과 대비되는 개념으로 파악하여 경비보다는 세출로 사용하고자 한다.

든 지출이 지역 주민의 복리를 위한 지방정부의 활동에만 지출되는 것은 아니며, 좁은 의미에서 이러한 활동과 관계없는 지출은 지방세출에서 제외된다(이상희, 1992).

따라서 지방세출은 지방재원의 분배(distribution), 배분(allocation), 조정(coordination)의 기능을 담당하며, 이를 통해 지역 주민의 공적 욕구와 수요를 충족시키는 역할을 한다(한국지방자치학회, 1995: 414).

지방정부의 세출은 그 지방자치단체가 수행하고자 하는 모든 행정 기능과 업무를 화폐 단위인 금전으로 표현한 것이기 때문에, 지방세출이야말로 지방재정 활동의 궁극적인 목표라고 할 수 있다. 이에 반해 세입은 이러한 지방정부 활동과 수행을 위해 필요한 재원을 여하히 확보할 것인가를 나타낸 수단적 명세에 불과한 것이다. 따라서 지방재정에서 지방세입보다 지방세출의 중요성이 더욱 강조되어야 한다고 하겠다.[2)]

2) 지방세출의 특징

지방세출의 특징 역시 지방재정의 특징과 유사하나, 좀 더 세분하면 다음과 같이 요약할 수 있다(최창호, 1994: 356－357).

(1) 다양성(多樣性)

모든 지방정부별로 세출 양태는 상이하고, 또한 각 지방정부가 처해 있는 상황이 다르기 때문에 각 지역의 행정수요가 상이하고, 따라서 그 행정수요에 대응하기 위한 지방정부 세출의 내용도 다양할 수밖에 없다. 그러나 오늘날에는 이와 같이 다양한 지방세출을 지방자치단체의 규모나 그 경제적 사회적 여건 등을 감안하여 그 문제의 공통성을 추출하여 이를 유형별로 해결하려는 노력이 경주되고 있다.

(2) 경직성(硬直性)

지방세출의 경직성은 다음의 세 가지를 들 수 있다.

---

2) 흔히 재정 원칙으로 “양출제입(量出制入)”이라고 하는 이유가 바로 여기에 있다. 즉, 지출을 고려하여 수입을 적절히 통제해야 한다는 것으로 민간 부문의 경우는 “양입제출”의 원칙이 적용된다고 하겠다.

첫째, 지방재정의 취약성으로 인해 경직성 경비의 비중이 너무 높아, 계획적이고 자율적인 재정 운용에 막대한 장애 요인으로 작용하고 있다. 특히 시 · 군 등 기초자치단체의 경우는 인건비와 물건비 등 경직성 경비와 각종 사회복지 관련 보조금의 비율이 매우 높은 실정이다.

둘째, 일반재원보다 특정 재원의 비중이 높아 세출의 용도가 지정되어 있기 때문에 경직성이 높다. 지방자체재원인 세외수입도 비도(費途)가 정해져 있고, 의존재원인 경우 국고보조금과 균특회계 등 특정 재원의 비중이 높아 지방세출의 경직성을 심화시키고 있다.

셋째, 국고보조금에 수반되는 지방비 부담이 과중하여 지방세출의 경직성을 초래하고 있다. 지방비 부담액이 없어 보조 사업을 반납하는 사례가 발생하기도 하는데, 결국 이러한 이유로 인해 지방자치단체가 자유롭게 지출할 수 있는 세출의 규모는 줄어들고 경직성은 높아진다.

(3) 지역적 한계(限界)

중앙정부의 세출이 전국적 또는 광역 행정수요에 대응하는 지출인 반면, 지방정부의 세출은 그 지역의 주민생활과 직결되는 지역적 한계성을 가질 수밖에 없다. 그러나 오늘날 지방의 사무와 기능이 점점 확대되어 지역적인 한계성이 희박해지고 전국적 또는 광역적 성격이 강화되고 있다. 이에 따라 지방세출의 지방적 · 특수적 성격이 점차 희박해지고, 따라서 지방경비와 국가경비의 구분 한계가 모호해지고 있다.

(4) 중앙의존성(中央依存性)

국가경비는 궁극적으로 국가 자신의 권위와 신용에 근거하여 자급자족하는 데 반해, 지방세출은 원칙적으로 지방자치단체에 의해 지출되지만, 실제로는 그 상당한 부분이 중앙 또는 상급 단체로부터의 지원에 의하여 지출됨으로써 의존성을 갖고 있다.

특히 오늘날에는 지방세출 효과의 역외 확산 경향, 중앙과 지방 사이의 협력 내지 조정의 필요성, 지방 간 재정력 격차 해소의 필요성 등으로 인해 지방세출의 중앙의존성이 더욱 확대되고 있다. 오히려 지방재정의 중앙재정에의 예속화 내지 종속화의 위험성마저 있다고 할 정도이다.

2. 지방세출의 당위성

지방세출의 당위성은 지방자치의 의의와 지방재정과 지역경제와의 관계를 통해 파악해 볼 수 있다. 즉, 지방자치단체의 세출이 지방자치의 기본적 요건이며, 다른 하나는 그것이 지역경제와 기능적으로 연계되어 있다는 사실이다(최창호, 1994: 322-323).

1) 지방재정과 지방자치의 관계

지방자치는 지방자치단체가 독립적인 재원을 갖고 독자적인 판단에 따라 자율적인 지출 활동을 하는 것을 기본적 조건으로 한다. 따라서 각 지방자치단체가 자율적인 세출 권한을 가지지 못한다면, 실질적인 지방자치가 이루어지지 않고 있다고 볼 수 있다. 또한 반대로 지방자치단체의 지출은 지방자치를 전제로 해서만 그 의미를 가지는 것이다.

따라서 지방자치 없는 지방재정이란 있을 수 없고, 또한 지방자치단체의 자율적인 세출 없는 지방자치 또한 그 정당성을 확보할 수 없다.

2) 지방세출과 지역경제와의 관계

지방세출과 지역경제와의 관계는 지방세출이 지역경제에 직접적인 영향을 미치고, 지역경제가 활성화되면 이는 다시 지방재정 수입으로 환원되는 상호 관련성을 가진다는 점에서 명백하다.

즉, 지역경제는 지역의 민간경제와 공공경제(지방재정)로 구성되는 바, 지방재정은 개발 사업에의 투자 및 경비 지출, 그리고 각종 공공 서비스를 위한 인적·물적 자원의 투입을 통해 지방의 산업 기반 및 경제활동에 막대한 영향을 주고, 이를 통해 지역경제의 성장과 구조적 변화를 유도하게 되며, 반대로 지역경제는 지방세의 세수 등을 통해 지방재정 규모와 구조를 결정하게 되는 것이다.

3. 지방세출의 결정 요인

각 지방자치단체 세출은 과연 어떤 요인에 의해 결정되는가? 각 자치단체별로 적정한 세출 규모는 존재하는가? 또한 각 지방자치단체별로 바람직한 세출구조는 존재하는가? 이러한 문제는 많은 전문가와 학자들의 관심거리로 실증적인 연구가 계속되어 왔다. 공공지출(public expenditure)과 예산이 무엇에 의해 결정되는지에 대한 연구[3]는 1952년 패브리칸트(Fabricant, 1952)의 효시적인 논문으로부터 시작되어 지금까지 계속되고 있다. 이러한 공공지출 관련 선행연구는 지방정부의 공공지출에 영향을 미치는 결정 요인에 관한 연구(Fisher, 2016; Dawson & Robinson, 1963; Nathan & Adams, 1976; 남궁근, 1994)와 지방재정 지출이 지역경제에 미치는 영향에 관한 연구(노근호, 1994; 오병기, 2002, 2006; 조동근 · 김종백, 2005) 및 지방자치 실시 이후 사회복지지출이나 지역발전지출 등에 미치는 영향 요인에 관한 연구(신희권, 1994; 손희준, 1999; 강윤호, 2001; 이승종 외, 2001; 강혜규, 2005; 김병규 외, 2009) 등이 주를 이루었다.

여기서는 결정론적인 접근법(deterministic approach)[4]과 체제론적 접근법(systematic approach)에서 파악해 본다.

1) 결정론적 접근 방법

지방세출 수준이나 구조는 지방정부의 기능 변화와 밀접하게 관련된다. 이는 주로 단체장과 의회 의원 등 주요 정책결정자들이 통제할 수 없는 사회 · 경제적 요인과 정치 · 행정적 요인들에 의해 영향을 받는다(ICMA, 1987). 따라서 여기서는 이러한 요인들을 간략히 파악해 본다.

(1) 사회 · 경제적 요인

사회 · 경제적 요인은 주로 경제학자들과 재정학자들에 의해 주장된 것으로 지방

3) 공공지출과 예산을 정책의 산출로 이해하여, 어떤 결정적인 요인이 예산과 지출에 영향을 미치는지를 분석한 예산결정요인론 또는 정책결정요인론 등으로 발달해 왔다.

4) 지방정부 지출의 결정 요인에 관한 연구는 1952년 패브리칸트(S. Fabricant)에 의해 시작되었으며, 그 후 키(V. O. Key, Jr.)와 수많은 학자들에 의해 수행되었다.

정부의 지출 규모와 수준은 무엇보다도 지방정부를 둘러싼 사회 · 경제적 요인에 의해 결정된다고 보는 입장이다.

주로 이용한 변수로는 주민 소득, 공공재의 가격, 인구 수 및 인구밀도, 도시화, 산업화, 교육 수준, 연령 분포 등을 들 수 있다. 이러한 요인들을 좀 더 설명하면 다음과 같다(심정근 외, 1997: 309－310).

소득 수준이 향상되면 시장재와 마찬가지로 공공재에 대한 수요도 증가한다고 보는 것이 일반적이다. 소득 수준의 변화와 지출 간의 관계를 설명한 것으로는 바그너의 법칙(Wagner's law)[5)]이 있다. 소득 수준 변화율과 지출 변화율 간의 관계는 지출의 소득탄력성으로 측정된다.

지출의 또 다른 요인은 공공 서비스의 단위당 가격으로, 인건비, 물건비 등의 생산요소 가격 변화는 전반적인 인플레와 함께 지출을 증가시키게 되는데, 가격 변화율과 지출 변화율 간의 관계는 지출의 가격탄력성으로 측정된다.

인구 증가는 공공재 수요의 양적 증대를 초래한다. 또한 인구 증가에 따른 인구밀도의 향상은 주택, 교통, 상 · 하수도 등 새로운 수요를 창출한다. 이러한 요인들과 관련해서는 지출의 인구탄력성과 규모의 경제(economies of scale)효과 및 집적이익(agglomeration economies)의 여부가 중요한 문제로 대두된다.

산업화(industrialization)가 진전됨에 따라 사회구조가 변하고 이에 따라 주민들의 생활양식도 변하여 새로운 행정수요가 나타나며, 산업구조 조정을 위한 지출과 환경오염을 방지하기 위한 지출도 늘어나게 된다. 교육 수준과 연령 분포의 변화도 지출구조의 변화를 가져온다.

이외에 공공 서비스는 생산 요소들의 양과 질뿐만 아니라, 정부의 관리 방식에 따라 달라지기도 한다. 정보화의 수준, 공무원의 역량과 전문성 등이 서비스 수준에 영향을 미쳐 기술 혁신과 노동생산성의 향상이 지출 변화에 영향을 미친다. 특히 공공부문에서는 기술 진보가 늦고 자본집약적이기보다는 노동집약적 산업의 특성으로 인해 공공지출은 지속적으로 증대한다는 보몰의 병리(Baumol's disease)는 이들 간의 관계를 잘 설명한다(심정근 외, 1997: 309－311).

---

5) 1880년 말 독일의 재정학자인 바그너(A. Wagner)는 소득이 증가하면 세출이 증가하여, 국가재정 역시 시간에 따라 계속 증대되고 있다는 "바그너의 법칙"을 발표하였다(김동기, 2008: 211).

(2) 정치 · 행정적 요인

지방세출은 단순한 개인적 선호의 반영이 아닌, 집단적(collective) 의사결정의 과정인 정치 과정을 거치기 때문에 정치 · 행정 체제 내의 요인을 무시할 수 없다. 공무원 수, 정책결정 행태, 주민 대표성, 중앙과 지방 간의 권력 배분, 보조금, 선거, 지방정부의 기능과 책임 등의 요인이 지방세출에 영향을 미치는 것으로 인식되어 왔다(심정근 외, 1997: 311－312).

공무원 수는 인건비 지출에 직접적인 영향을 미치며, 공무원들의 예산 극대화 행태는 니스카넨(W. A. Niskanen)의 모형에서 보듯이 지출에 영향을 미치는 것으로 가정되어 왔고, 점증주의(incrementalism) 이론에서 보듯이 정책결정 체제도 지출에 영향을 미치는 것으로 알려져 왔다. 유사한 지방 간에 경쟁 관계가 존재할 경우, 이웃 집단의 지출이 다른 지방정부의 지출에 영향을 미치는 지방자치단체 간 전시효과(demonstration effect)[6]도 있는 것으로 밝혀지고 있다.

지방정부의 재원 중 특별교부세나 국고보조금 등 중앙정부의 의도에 따라 지출이 결정되는 재원은 지방자치단체의 지출구조에 영향을 미치게 된다. 특히 의존수입은 자체수입을 확보하려는 노력에 영향을 미치기도 하는데, 중앙정부의 지원이 있는 경우 자체수입 확보 노력(예: tax efforts)이 줄기 때문이다.[7]

또한 "지방교부세나 국고보조금과 같이 중앙정부의 지원이 공공지출에 미치는 효과는 중앙정부가 의도하는 대로, 주민들의 조세 부담을 감소시키기보다는 지방정부의 공공재 공급 수준을 증가시키게 된다"는 끈끈이 효과(flypaper effects)가 나타나는 것으로 알려져 있다(하연섭, 2008: 435).

선거가 있는 해의 공공지출이 다른 해보다 크게 증가한다는 정치적 경기순환이론(political business cycle)은 선거와 재정지출이 관련되어 있음을 지적하고 있다.

마지막으로 지방자치단체가 어떤 기능을 하느냐, 즉 지방자치단체가 어떤 공공 서비스를 제공하느냐에 따라서도 지출이 달라질 것이다.

이러한 결정 요인들을 요약하면 <표 14－1>과 같다.

---

6) 최근에는 이를 근린효과(neighborhood effect) 또는 이웃집단 압력(peer group pressure)이라고도 한다.

7) 이러한 경우에 발행하는 자원의 낭비 효과를 도덕적 해이(moral hazard)라고도 하는데, 원래는 보험회사의 행태에서 유래하였다.

표 14-1 지방세출의 요인과 변수 및 가설

요 인	변 수	이론 및 가설과 측정지표
사회 · 경제적 요인	소득 수준 공공재 가격 수준 인구(밀도) 도시화 수준 산업화 수준 교육 수준 연령분포 기술 진보	바그너의 법칙, 소득탄력성 가격 탄력성 인구탄력성 규모의 경제효과, 집적의 폐해 생산성, 보몰의 병리
정치 · 행정적 요인	공무원 수 정책결정 행태 지방정부 체제 수요 제약 교부금/보조금 선거 지방정부 기능	관료모형 점증주의 전시효과 재정적 자주성 재정적 환상, 끈끈이 효과 정치적 경기순환 사무재배분 효과
기타	재해 전국적 행사	

자료: 심정근 외(1997: 310).

이들 요인 중에서 무엇이 더 중요한 지출 변화의 주요한 요인이 될 것인가? 이는 지방자치단체가 처한 사회 · 경제 · 정치 · 행정적 상황에 따라 다를 것이다.

지방정부뿐만 아니라 정부의 지출 요인을 실증적으로 규명하려는 노력은 지금까지도 다양하게 진행되어 왔다(손희준, 1999; 강윤호, 2001; 김태일, 2001 등).

2) 체제론적 접근 방법

지방세출의 결정 요인들을 수요와 공급의 틀 속에서 생각해 볼 수 있다.

(1) 수요 측면에서의 요인

수요측면에서는 인구, 경제 여건, 서비스의 상대가격, 소득 수준 등이 중요한 요인들이다.

첫째, 자연적인 인구 증가뿐 아니라 인구 이동에 의한 인구 구성의 변화는 새로운 행정수요를 창출하여 예산 규모를 증가시킬 것이다. 특히 발전 지역에서는 산업화와 그에 따른 인구 유입으로 인해 도시 하부구조(urban infrastructure)에 대한 수요가 급증할 것이고, 부유한 주민들이 이주해 오는 경우 더욱 양질의 서비스를 요구할 것이기 때문에 인구 증가 속도보다 더 빠른 지방세출의 증가율을 요구할 것이다.

최근에는 인구 감소로 인한 지역 쇠락 및 고령화 인구의 수요 등이 많은 영향을 미칠 것이다.

둘째, 국가 경제 여건이다. 만약 국가의 경제 발전 속도가 느리고, 높은 인플레이션을 겪고 있다면, 주민들은 소득재분배보다는 조세 부담과 재정 규모에 더욱 관심을 기울일 것이고, 그 반대는 더 많은 공공재의 공급이나 소득재분배에 대한 수요가 증대될 것이다.

셋째, 공공재 상대가격의 변화는 수요량의 변화를 초래한다. 즉, 특정 공공재의 가격이 상승하면 그 서비스에 대한 수요량은 감소할 것이다.

넷째, 지역 주민의 소득 수준이 상승하면 주민들은 더 좋은 교육, 공원, 도로 수준을 원함으로써 경비의 규모는 커질 것이다. 즉, 지방세출은 소득탄력적이다(한국지방자치학회, 1995: 415－416).

(2) 공급 측면에서의 요인

공급 측면에서는 노동과 자본가격, 규모의 경제, 물가지수, 자본적 투자 수준 등을 들 수 있다.

첫째, 노동과 자본가격이 지방세출 규모에 영향을 미칠 수 있다. 만약 지방공무원의 임금상승률이나 지방정부 활동의 자본가격이 상대적으로 높다면, 지방정부가 공급하는 공공 서비스의 상대가격은 상승할 것이고, 결과적으로 지방세출 규모는 커질 것이다.

둘째, 규모의 경제 효과가 존재한다면 지방 공공 서비스의 한계비용을 감소시킨다. 그러나 대부분의 지방 서비스는 노동집약적인 성격이 강하기 때문에, 규모의 경제가 발생하는 경우가 중앙정부나 광역지방자치단체와 비교해 볼 때 상대적으로 적다.

셋째, 복지와 의료 서비스 등 공공 서비스의 비용은 물가 상승에 따라 오르기 때문에 지방세출의 규모도 물가가 상승하면 따라서 증가할 것이다.

넷째, 지방정부의 자본투자 규모가 크면 클수록 총 세출의 규모도 커질 것이다. 예를 들어, 새로운 하부구조에 대한 투자가 이루어지면 미래의 부채 상환을 위한 경비,

시설유지비 등으로 인해 장기적으로 볼 때 지방경비의 규모는 커질 것이다.

(3) 환경적 요인

수요와 공급 측면 외 다른 환경적 요인도 지방세출 규모에 영향을 미친다. 예를 들어, 중앙정부 또는 상위 지방자치단체들의 재정정책 변화가 지방재정 규모에 큰 영향을 미치기도 한다. 만약 중앙정부가 이전 재정의 규모를 줄인다면, 지방재정 규모도 축소될 것이다(한국지방자치학회, 1995: 415－417).

특히 우리나라는 지방자치의 환경 변화가 지방행정 수요의 변화를 초래하고 있다. 지방자치 실시와 함께 지방정부에 대한 지역 주민들의 기대 수준이 크게 높아져 지방재정 수요의 팽창이 예상되는 이유는 다음과 같다(권형신 외, 1998: 224－226).

첫째, 지방선거의 실시와 주민의 행정참여 욕구 상승이 재정수요를 유발하고 이에 따른 공급도 확대된다. 더 나은 생활 수준과 주민들의 각종 욕구 분출이 지방선거 과정에서 공약과 연결되면 재정수요를 증가시킨다.

둘째, 자치단체 상호 간의 경쟁과 정보공개 등이다. 예컨대, 어느 지역의 시설이 현대화되면, 다른 지방에 영향을 미치고 연쇄적으로 파급되어 주민들은 일정한 수준의 서비스를 요구하게 된다.

셋째, 지역이기주의의 팽배와 광역행정 수요의 발생이다. 지역별・분야별・계층별로 조직화된 이익집단들의 이기주의가 표출되고 있다.

예컨대, 상수원 보호구역 설정, 문화・체육시설 등 공공시설의 공동 이용 문제와 쓰레기 소각장, 하수 및 분뇨처리장, 공동묘지 및 화장장・납골당, 각종 사회복지시설(장애인시설, 고아원, 요양원 등), 핵발전소 및 핵폐기물 저장소 등 각종 혐오시설에 대한 님비(not in my backyard; NIMBY) 현상과 지역 발전에 유익한 시설을 경쟁적으로 유치하려는 핌피(put in my front yard: PIMFY) 현상 등에서 지역이기주의가 팽배하고 있고, 이로 인해 재정수요와 지출이 유발된다.

제 2 절 지방세출의 분류

1. 회계별 분류

지방정부의 회계는 일반회계와 특별회계로 분류된다.

일반회계는 일상적인 정부의 유지 및 관리를 위한 회계이고, 특별회계는 일반회계와 분리하여 특별히 운영하는 회계이다. 「지방재정법」에 의하면, "지방자치단체의 회계는 일반회계와 특별회계로 구분하고, 특별회계는 「지방공기업법」에 따른 지방직영기업이나 그 밖의 특정 사업을 운영할 때 또는 특정 자금이나 특정 세입·세출로서 일반세입·세출과 구분하여 회계 처리할 필요가 있을 때에만 법률이나 조례로 설치할 수 있다"고 규정하고 있다[8](지방재정법 제9조).

따라서 일반회계는 세금수입을 주된 재원으로 하여 보편적인 공공 서비스를 공급하는 회계로, 지방의 일반회계는 지방세와 세외수입 등 자체 재원과 지방교부세, 국고보조금 등 의존재원으로 구성되는 세입과 세출로 구성되어 있다.

특별회계는 지방공기업특별회계와 기타 특별회계로 나뉘는데, 지방공기업특별회계는 「지방공기업법」에 의해 지방자치단체가 직접 설치·경영하는 지방 직영기업과 간접 경영 방식인 법인을 설립하여 경영(지방공단과 지방공사)하는 방식으로 구분하는데, 지방 직영기업은 '대통령령이 정하는 기준 이상의 사업'으로, ① 수도사업, ② 공업용 수도사업, ③ 궤도사업, ④ 자동차운송사업, ⑤ 지방 도로사업, ⑥ 하수도사업, ⑦ 주택사업, ⑧ 토지개발사업 등을 규정하고 있다(지방공기업법 제2조). 또한 간접 경영 방식의 대상으로는 ① 민간인의 경영 참여가 어려운 사업으로 주민복리의 증진에 이바지할 수 있고, 지역경제의 활성화나 지역 개발의 촉진에 이바지할 수 있다고 인정되는 사업, ② 지방 직영기업의 대상사업 중 대통령령이 정하는 기준에 미

---

8) 동법 제9조 제2항에 "목적세에 따른 세입·세출은 다른 법률에 특별한 규정이 있는 경우를 제외하고는 특별회계를 설치·운용하여야 한다"라고 단서 조항을 추가하였으며, 제3항에는 "지방자치단체가 특별회계를 설치하려면 5년 이내의 범위에서 특별회계의 존속기한을 해당 조례에 명시하여야 한다. 다만, 법률에 따라 의무적으로 설치·운용되는 특별회계는 그러하지 아니 한다"는 일몰(sunset) 규정과 예외 규정을 두고 있다.

달하는 사업, ③ 「체육시설의 설치 · 이용에 관한 법률」에 따른 체육시설업, ④ 「관광진흥법」에 따른 관광사업(여행업 및 카지노업은 제외한다) 등이 해당한다.

반면 기타 특별회계는 지방자치단체에서 설치 · 운영하는 각종 특별회계 중 지방공기업특별회계와 지방교육비특별회계를 제외한 다른 모든 특별회계를 총칭하는 것이다. 여기에는 각 자치단체별로 의료급여, 광역교통시설, 농어촌개발기금, 균형발전특별회계 등 매우 다양한 형태가 존재하여 일반화하기는 어렵다.

또한 지방재정 분야에서 통합재정 규모를 산출하면서, 2017년부터는 과거 지방공기업특별회계로 운영하던 지역개발기금을 지방기금으로 전환하여 큰 변화가 있었다.

지방정부의 세출결산 규모를 회계별로 비교하면, 2008년도 결산 총계 규모는 일반회계가 136조 6,250억 원으로 전체 결산 규모의 81.9%를 차지하고 있으며, 공기업특별회계는 6.8%, 기타 특별회계는 11.3%를 차지하고 있다. 특징은 일반회계의 비중이 1992년 이후 최근 계속 증가하고 있다

표 14-2 회계별 지방세출 현황 및 추이

(단위: 억 원, %)

연 도	합 계		일반회계		공기업특별회계		기타 특별회계	
	금 액	비 중	금 액	비 중	금 액	비 중	금 액	비 중
1990	217,681	100.0	153,206	70.4	31,937	14.7	32,536	14.9
1992	344,552	100.0	220,407	64.0	55,268	16.0	68,876	20.0
1994	424,832	100.0	303,404	71.4	53,454	12.6	67,972	16.0
1996	580,494	100.0	429,346	74.0	71,688	12.3	79,460	13.7
1998	674,693	100.0	515,205	76.4	71,298	10.5	88,190	13.1
2000	749,861	100.0	578,145	77.1	67,250	9.0	104,465	13.9
2002	1,008,557	100.0	803,151	79.6	84,295	8.4	121,110	12.0
2004	1,195,030	100.0	967,640	81.0	91,108	7.6	136,282	11.4
2006	1,377,895	100.0	1,109,479	80.5	105,548	7.7	162,867	11.8
2008	1,668,018	100.0	1,366,250	81.9	113,764	6.8	188,002	11.3
2010	1,865,004	100.0	1,541,773	82.7	132,141	7.1	191,089	10.2
2012	2,064,707	100.0	1,713,678	83.0	143,161	6.9	207,867	10.1
2014	2,254,612	100.0	1,892,980	84.0	149,674	6.6	211,957	9.4
2016	2,640,097	100.0	2,233,513	84.6	165,216	6.3	241,367	9.1

주: 결산 총계 규모임.
자료: 행정안전부(각 연도) 및 지방재정 365(http://lofin.mois.go.kr/).

2016년 결산 총계는 264조 97억 원으로 1990년 21조 7,681억 원의 12배가 넘게 증가하였으며, 이 중에서 일반회계는 14.6배 증가하였고, 공기업특별회계는 5.2배 증가한 반면, 기타 특별회계는 7.4배 증가하여, 전체 결산의 증가는 일반회계가 주도한 것으로 볼 수 있다.

2016년 결산을 기준으로 회계별 규모를 비교하면, 일반회계가 223조 3,513억 원으로 전체 결산 규모의 84.6%를 차지하고 있으며, 공기업특별회계는 16조 5,216억 원으로 6.3%, 기타 특별회계는 24조 1,367억 원으로 9.1%를 차지하고 있다.

세출총액에서의 회계별 비중을 보면, 일반회계는 1992년 64.0%에서 지속적인 증가 추세를 보이고는 있으나, 2006년 다소 주춤하였다가 다시 증가하여, 2016년에는 84.6%를 차지하고 있고, 공기업특별회계는 1992년 16.0%이던 것이 계속 감소하여 2016년 6.3%까지 낮아졌고, 기타 특별회계 역시 1992년 20.0%이던 것이 9.1%로 절반 이상 감소하였다.

이러한 회계별 세출 변화는 지방자치단체가 주로 경상적이며 일상적인 행정 서비스 공급에 주력하는 반면, 수익성을 지향하는 지방의 경영화 전략에 수정이 가해진 것으로 판단된다. 지방자치제 도입 초기, 제3섹터 활성화 및 경영수익사업을 모색하였으나, 지역경제 구조와 시장 규모의 열세에 따라 수익성이 확보되지 않아, 축소된 것으로 보인다. 동시에 1997년 IMF의 여파에 따른 지방재정의 위축과 2008년 세계 경제 위기에 따른 지방예산의 조기집행 등 거시경제의 영향도 무시할 수 없다.

2. 기능별 분류

지방정부 세출의 기능별 분류는 지방자치단체의 활동 내용과 성격을 파악하는 데 유용하다. 이는 지방자치단체가 어떠한 사무를 얼마만큼의 경비로 수행하고 있는지를 잘 보여 주는 것으로 목적별 분류라고도 한다.

우리나라 지방세출의 기능별 분류는 1991년 지방자치제 도입을 앞두고, 일반행정비에서 의회비를 구분하였고, 1995년 민선 시대가 출범하면서 1996년부터는 일반행정비, 사회복지비, 산업경제비, 지역개발비, 문화체육비, 민방위비, 지원 및 기타 경비 등 대분류를 적용하였다. 그러나 2008년부터 사업예산 제도를 도입하면서 대폭

표 14-3 기능별 분류 체계의 변천

1986년부터	1988년부터	1996년부터	2008년부터	2014년~현재
일반행정비 사회복지비 산업경제비 지역개발비 문화체육비 지원 및 기타	의회비 일반행정비 사회복지비 산업경제비 지역개발비 문화 및 체육비 지원 및 기타	일반행정비 사회개발비 경제개발비 민방위비 지원 및 기타	일반공공행정 공공질서 및 안전 교육 문화 및 관광 환경보호 사회복지 보건 농림해양수산 산업·중소기업 수송 및 교통 국토 및 지역개발 과학 기술 예비비 기타	일반공공행정 공공질서 및 안전 교육 문화 및 관광 환경보호 사회복지 보건 농림해양수산 산업·중소기업 수송 및 교통 국토 및 지역개발 과학 기술 예비비 인력운영비* 기본 경비 등*

주: 2014년부터 과거의 기타가 인력운영비와 기본 경비 등으로 세분화되었음.
자료: 해당 지방재정연감 및 지방자치단체 예산편성지침서.

변경하였고, 여기에 덧붙여 2014년에는 '기타' 항목이 인력운영비와 기본 경비 등으로 세분하였다.[9)]

결국 이러한 변화를 반영한 2019년 현재 기준의 지방자치단체 세출 기능별 세부 분류 체계는 다음 <표 14-4>와 같다.

9) 2014년 이전의 세외수입 항목 중에서 잉여금, 이월금, 전입금, 예탁금 및 예수금, 융자금원금수입 등 임시적 세외수입을 '보전재원 및 내부거래(700)'로 별도의 세입예산 과목으로 구분하였다. 이로 인해 재정자립도 산식에서 이러한 항목이 제외되어 재정자립도가 자동적으로 낮아지는 현상이 발생하였다.

표 14-4 기능별 분류의 세부 항목

분 야	부 문	명 칭	분 야	부 문	명 칭
010	일반 공공행정(4)			089	사회복지 일반
	011	입법 및 선거관리	090	보건(2)	
	013	지방행정 · 재정지원		091	보건의료
	014	재정 · 금융		093	식품의약안전
	016	일반행정	100	농림해양수산(3)	
020	공공질서 및 안전(2)			101	농업 · 농촌
	023	경찰		102	임업 · 산촌
	025	재난방위 · 민방위		103	해양수산 · 어촌
050	교육(3)		110	산업 · 중소기업(6)	
	051	유아 및 초 · 중등교육		111	산업금융 지원
	052	고등교육		112	산업기술 지원
	053	평생 · 직업교육		113	무역 및 투자유치
060	문화 및 관광(5)			114	산업진흥 · 고도화
	061	문화예술		115	에너지 및 자원 개발
	062	관광		116	산업 · 중소기업 일반
	063	체육	120	수송 및 교통(5)	
	064	문화재		121	도로
	065	문화 및 관광 일반		123	도시철도
070	환경 보호(6)			124	해양 · 항만
	071	상하수도 · 수질		125	항공 · 공항
	072	폐기물		126	대중교통 · 물류 등 기타
	073	대기	140	국토 및 지역 개발(3)	
	074	자연		141	수자원
	075	해양		142	지역 및 도시
	076	환경 보호 일반		143	산업단지
080	사회복지(8)		150	과학 기술(3)	
	081	기초생활보장		151	기술 개발
	082	취약계층 지원		152	과학 기술 연구 지원
	084	보육 · 가족 및 여성		153	과학 기술 일반
	085	노인 · 청소년	160	예비비(1)	
	086	노동		161	예비비
	087	보훈	900	기타[1]	
	088	주택	합계		

주: 1) 2013년까지 인력운영비와 기본 경비를 합쳐서 '기타'로 분류함.

먼저 사업예산 도입 이전인 2007년까지의 기능별 지방세출 규모와 추이를 파악하면 다음 <표 14-5>와 같다.

표 14-5 기능별 지방세출 현황 및 추이(2007년까지)

(단위: 억 원, %)

구 분	1991	1993	1995	1997	1999	2001	2003	2005	2007
합계	218,501 (100.0)	288,745 (100.0)	366,642 (100.0)	509,589 (100.0)	539,793 (100.0)	675,048 (100.0)	821,860 (100.0)	955,835 (100.0)	1,507,893 (100.0)
일반 행정비	34,405 (15.8)	45,269 (15.7)	72,185 (19.7)	89,846 (17.5)	88,898 (16.5)	113,093 (16.8)	134,379 (16.4)	165,707 (17.3)	196,503 (13.0)
사회 개발비	29,487 (13.5)	45,631 (15.8)	58,224 (15.9)	200,293 (39.3)	232,210 (43.0)	323,029 (47.9)	376,090 (45.8)	468,640 (49.0)	771,593 (51.2)
경제 개발비	141,923 (64.9)	189,689 (65.7)	225,141 (61.4)	202,771 (40.0)	198,455 (36.8)	213,071 (31.6)	280,707 (34.2)	287,285 (30.0)	412,126 (27.3)
민방위비	3,874 (1.7)	4,941 (1.7)	6,329 (1.7)	11,294 (2.2)	10,253 (1.9)	12,793 (1.9)	17,096 (2.1)	20,013 (2.0)	23,189 (1.5)
지원 및 기타	8,802 (4.1)	3,210 (1.1)	4,758 (1.3)	5,383 (1.0)	9,977 (1.8)	13,061 (1.9)	13,586 (1.6)	14,188 (1.4)	104,480 (6.9)

주: 1996년의 의회비는 일반행정비에, 사회복지비와 문화 및 체육비는 사회개발비에, 산업경제비와 지역개발비는 경제개발비에 합산했음.
자료: 행정안전부(각 연도).

2007년까지 기능별 세출결산 규모는 1991년 21조 8,501억 원이던 것이 2007년 150조 7,893억 원으로 6.9배 증가하여, 16년 동안 연평균 43.1%의 높은 증가율을 나타냈다.

지방의회가 구성된 이후부터의 가장 큰 특징은 사회개발비와 경제개발비의 역전 현상으로 1997년에는 40% 내외로 거의 비슷하였다가, 그 후에는 사회개발비의 비중이 지속적으로 증가하여, 2007년에는 51.2%로 세출의 절반 이상을 차지하게 되었다.

일반행정비는 1991년 15.8%를 차지하던 것이 지속적으로 낮아져 2007년에는 13.0%를 차지하고 있으며, 지원 및 기타는 1991년 4.1%이던 것이 2005년까지 1%대로 낮아졌다가 2007년에는 다시 6.9%로 증가하였다.

또한 변경된 분류 체계에 의한 기능별 세출예산 추이는 다음 <표 14-6>과 같다.

표 14-6 기능별 지방세출 예산 순계(일반회계 + 특별회계)

(단위: 억 원, %)

구 분	2009년	2011년	2013년	2015년	2016년	2017년	2018년	2019년
합계	1,567,028 (100.0)	1,410,393 (100.0)	1,568,887 (100.0)	1,732,590 (100.0)	1,845,825 (100.0)	1,931,532 (100.0)	2,106,784 (100.0)	2,310,152 (100.0)
일반 공공행정	118,293 (7.5)	125,034 (8.8)	129,895 (8.2)	142,136 (8.2)	154,040 (8.3)	118,834 (6.2)	126,003 (6.0)	125,331 (5.4)
공공질서 및 안전	26,516 (1.6)	23,366 (1.6)	28,862 (1.8)	30,438 (1.8)	34,484 (1.9)	34,356 (1.8)	37,318 (1.8)	40,336 (1.7)
교육	83,366 (5.3)	90,143 (6.4)	100,180 (6.3)	101,299 (5.8)	106,714 (5.8)	116,795 (6.0)	129,396 (6.1)	134,422 (5.8)
문화 및 관광	83,535 (5.3)	69,872 (4.9)	78,408 (4.9)	86,489 (5.0)	90,403 (4.9)	98,145 (5.1)	102,866 (4.9)	110,233 (4.8)
환경 보호	168,942 (10.7)	150,305 (10.6)	157,925 (10.0)	170,868 (9.9)	181,578 (9.8)	191,119 (9.9)	208,324 (9.9)	226,708 (9.8)
사회복지	291,648 (18.6)	284,632 (20.1)	349,921 (22.3)	440,629 (25.4)	466,075 (25.3)	494,509 (25.6)	571,293 (27.1)	661,588 (28.6)
보건	24,264 (1.5)	20,082 (1.4)	23,323 (1.4)	26,935 (1.6)	29,122 (1.6)	31,505 (1.6)	35,217 (1.7)	37,002 (1.6)
농림해양 수산	109,547 (6.9)	97,944 (6.9)	108,898 (6.9)	114,575 (6.6)	117,648 (6.4)	122,738 (6.4)	132,074 (6.3)	141,542 (6.1)
산업 · 중소기업	41,631 (2.6)	30,437 (2.1)	32,213 (2.0)	32,439 (1.9)	35,056 (1.9)	39,831 (2.1)	45,237 (2.1)	48,202 (2.1)
수송 및 교통	220,058 (14.0)	151,118 (10.7)	154,683 (9.8)	156,332 (9.0)	164,560 (8.9)	172,689 (8.9)	182,878 (8.7)	190,101 (8.2)
국토 및 지역 개발	166,516 (10.6)	116,385 (8.2)	122,118 (7.7)	114,570 (6.6)	123,919 (6.7)	131,627 (6.8)	141,816 (6.7)	165,482 (7.2)
과학 기술	7,670 (0.4)	3,293 (0.2)	6,254 (0.3)	5,426 (0.3)	4,798 (0.3)	4,801 (0.2)	4,685 (0.2)	5,601 (0.2)
예비비	19,841 (1.2)	23,125 (1.6)	31,038 (1.9)	34,180 (2.0)	44,674 (2.4)	49,054 (2.5)	50,801 (2.4)	56,047 (2.4)
인력운영비	205,193 (13.0)	224,657 (15.3)	245,168 (15.6)	230,273 (13.3)	243,475 (13.2)	258,539 (13.4)	279,434 (13.3)	298,994 (12.9)
기본 경비 등				46,000 (2.7)	49,277 (2.7)	66,990 (3.5)	59,441 (2.8)	68,562 (3.0)

주: 2009년은 최종 예산기준이며, 2013년까지 인력운영비와 기본 경비 등을 '기타'로 분류했음.
자료: 행정안전부(각 연도).

2009년의 최종 예산 규모 156조 7,028억 원이 2010년의 당초예산 141조 393억 원보다 15조 6,635억 원이나 더 많다. 이러한 현상은 지방재정에서 당초예산은 큰 의미가 없다는 것을 입증하고 있다. 왜냐하면 지방예산 규모는 추가경정예산을 빈번히 활용하여 최종 예산 규모가 비정상적으로 커지기 때문에 지방재정 예산을 기준으로 파악할 때는 이 점을 감안해야 한다.

2011년을 기준으로 2019년의 세출예산 규모는 231조 152억 원으로 거의 1.63배 정도로 확대되었다.

이 기간 동안 가장 큰 변화는 사회복지지출로서 2011년 20.1%이던 것이 2019년에는 28.6%로 8.5%나 증가하였고, 규모면에서도 28조 4,632억 원이던 것이 66조 1,588억 원으로 2.3배 이상 증가하였다. 결국 이러한 사회복지지출의 급증은 거의 모든 세출항목의 비중축소로 이어졌다. 예를 들어, 사회복지비 다음이던 수송 및 교통도 2009년 최종예산에서는 14.0%이었으나, 2019년에는 8.2% 수준으로 낮아졌고, 특히 국토 및 지역 개발과 농림해양수산, 산업·중소기업 등 주로 지역경제 개발과 지방의 사회간접자본(SOC) 관련 세출이 축소된 것을 알 수 있다(손희준, 2019).

3. 성질별 분류

지방세출의 성질별 분류는 지방정부가 구입하는 재화와 서비스에 대한 정보를 제공하기 위한 지출 단위로 나타내기 때문에 품목별 분류라고도 한다. 성질별 분류는 세출예산 편성의 기초가 될 뿐만 아니라 예산집행의 회계적 기초가 된다. 지방세출을 품목별 분류 기준에 따라 나누면 인건비, 물건비, 이전경비, 자본지출, 융자 및 출자, 보전재원, 지방자치단체 내부거래, 그리고 예비비 및 기타 경비로 구분한다.

성질별 지방세출 결산의 추이는 다음 <표 14-7>과 같다.

인건비는 지방정부의 직원 고용과 관련된 비용이며, 물건비는 일반운영비, 여비, 업무추진비, 직무수행경비, 의회비, 재료비, 연구개발비 등이 이에 포함된다. 인건비와 물건비는 대표적인 경상적 경비이다.

경상이전은 지방정부로부터 국가 또는 다른 지방정부와 가계, 기업 등의 민간에 이전되는 비용으로 일반보상금, 이주 및 재해보상금, 포상금, 연금부담금, 배상금, 출연금, 민간 이전, 자치단체 이전, 전출금, 국외 이전, 차입금 이자 상환 등으로 구성

표 14-7 성질별 지방세출 결산 추이

(단위: 억 원, %)

구 분	1991년	1995년	1999년	2003년	2005년	2007년	2009년	2011년	2015년
합계	218,501 (100.0)	366,642 (100.0)	539,793 (100.0)	821,860 (100.0)	1,033,038 (100.0)	1,507,893 (100.0)	1,496,588 (100.0)	1,412,334 (100.0)	1,753,338 (100.0)
인건비	27,543 (12.6)	47,598 (13.0)	59,205 (11.0)	80,523 (9.8)	134,051 (12.9)	139,267 (9.2)	175,000 (11.7)	165,072 (11.6)	199,672 (11.3)
물건비	24,131 (11.0)	45,078 (12.3)	64,788 (12.0)	82,622 (10.0)	71,803 (6.9)	77,179 (5.1)	91,630 (6.1)	100,587 (7.1)	117,538 (6.7)
이전경비	13,716 (6.3)	41,585 (11.3)	97,641 (18.1)	155,569 (18.9)	270,621 (26.2)	507,417 (33.7)	419,701 (28.0)	485,177 (34.3)	688,393 (39.2)
자본지출	131,905 (60.4)	204,182 (55.7)	265,571 (49.2)	384,784 (46.8)	430,623 (41.7)	554,621 (36.8)	665,979 (44.5)	501,855 (35.5)	522,244 (29.7)
융자 및 출자	6,262 (2.9)	5,993 (1.6)	9,395 (1.7)	11,630 (1.4)	13,354 (1.3)	35,114 (2.3)	17,866 (1.2)	13,031 (0.9)	14,122 (0.8)
보전재원	8,817 (4.0)	15,060 (4.1)	25,078 (4.6)	18,848 (2.3)	26,379 (2.5)	32,541 (2.2)	21,208 (1.4)	36,340 (2.5)	57,874 (3.3)
내부거래	3,292 (1.5)	6,583 (1.8)	15,855 (2.9)	84,437 (10.3)	81,474 (7.9)	15,514 (10.2)	94,289 (6.3)	103,727 (7.3)	133,973 (7.6)
예비비 및 기타	2,832 (1.3)	560 (0.2)	2,257 (0.4)	3,443 (0.4)	4,730 (0.5)	6,607 (0.4)	10,911 (7.3)	6,542 (0.4)	19,518 (1.1)

주: 결산 순계 규모임(일반회계 + 특별회계).
자료: 행정안전부(각 연도).

된다.

자본지출은 자본 형성과 직결되는 투자적 경비로서 시설비와 부대비, 민간 자본이전, 자치단체 등에 대한 자본이전, 공사·공단 전출금, 자산취득비, 기타 자본이전, 국외 자본이전 등이 포함된다.

융자 및 출자는 지방정부가 민간, 기업 및 양곡관리기금 등 비금융공기업과 자치단체 및 금융기관에 대해 융자해 주거나 출자하는 비용으로 융자금과 출자금으로 구성된다.

보전재원은 차입금 원금 상환, 예치금 등으로 구성되며, 내부거래는 회계 간, 계정 간의 전출입과 관련되는 것으로, 기타 회계 등 전출금, 기금 전출금, 교육비특별회계 전출금, 예탁금, 예수금 원리금 상환, 기타 내부거래로 구성되어 있다.

이러한 지방세출의 성질별 분류는 크게 변화하지 않아, 연도 간 또는 추세분석

(trend analysis) 등이 가능하다.

1991년 21조 8,501억 원이던 총액이 2015년 말 175조 3,338억 원으로 8배나 증가하였다.

각 항목별 변화 추이를 보면, 우선 인건비와 물건비 등 경직성 경비는 지속적으로 감소하였다.

그러나 경상이전의 증가폭이 매우 커서, 1991년 6.3%에 불과하던 비중이 2015년 39.2 %로 32.9%나 증가하였고, 경상이전의 규모 역시 1조 3,716억 원이던 것이 68조 8,398억 원으로 50배 이상 급증하였다.

이러한 경상이전의 급증 현상은 중앙정부에 의한 대규모 사회복지보조금의 확대에 따른 파급 현상으로, 이에 대해 행정안전부는 2014년 「지방재정법」 개정을 통해 명칭부터 '지방보조금'으로 변경하여 관리에 더욱 유의하고 있다.[10)]

이러한 경상이전의 증대는 타 지출 항목에도 막대한 영향을 끼쳐, 특히 자본지출은 1991년 전체 세출의 60.4%를 차지하던 것이 2015년에는 30%에도 못 미치는 29.7%를 기록하였다. 또한 경상이전의 증가는 내부거래 역시 확대시키는 견인차 역할을 해, 1991년 1.5%에 불과하던 것이 2015년에는 7.6%로 증가하였다.

제 3 절 지방세출 분석의 의의와 지표[11)]

1. 지방세출과 공공 서비스와의 관계

1) 공공 서비스의 비용 요소

지방정부는 하나의 생산 단위로서 인적・물적 요소를 결합하여 지방 공공 서비스

10) 2014년 5월 28일 행정자치부는 「지방재정법」 제32조의2~제32조의10을 신설하여, 기존의 제17조 제1항 및 제23조 제2항에 의한 보조금을 "지방보조금"으로 규정하고, 이에 관한 관리대책을 강구하였다. 또한 관련된 시행령을 개정하고, 지방자치단체가 조례제정을 통해 '지방보조금심의위원회' 구성과 운영, 보조금의 예산편성에 관한 내용을 규정하고, 2015년 1월 1일부터 적용하는 행정자치부 예규 제6호 "지방보조금 관리기준"을 마련하였다.

11) 이 절의 내용은 손희준 외(2011)의 내용을 정리하여 수록하였다.

를 공급하고, 주민들은 이러한 공공 서비스를 소비 · 향유함으로써 편익과 만족을 얻는다.

결국 지방정부가 이러한 지방공공 서비스를 생산 · 공급하는 데 필요한 비용과 경비는 곧 지방정부의 세출이 되는 것이다 그러나 이러한 지방정부 세출과 지방공공 서비스의 관계는 생산 및 공급에 미치는 여러 요인 때문에 매우 복잡하다.

이러한 관계를 상술하면 다음과 같다. 어느 한 시점에서 지방정부가 생산 · 공급하는 공공 서비스는 보통 일정하며, 이를 흔히 '행정의 수비 범위'[12]라고 한다. 행정의 수비 범위를 결정하는 데에도 지방세출 범위와 주민들의 공공 수요 충족 간에는 여러 요인들이 개입한다(심정근 외, 1997: 306-309).

첫째, 지방정부는 본질적인 활동을 위해 필요한 인적 · 물적 자원을 구입하기 위해 지출을 한다. 이런 지출은 대부분 품목별 분류 체계를 통해서 알 수 있고 실현되고 있다.

둘째, 지방세출은 인적 · 물적 생산 요소의 양과 단위 가격의 곱으로 나타낼 수 있다.[13] 세출(expenditure)을 E, 인력과 자본의 양을 각각 L, K, 이들의 단위 가격을 각각 w, c라고 하면 세출은 다음과 같다.

$$E = wL + cK$$

셋째, 공공 서비스를 좌우하는 것은 단순한 명목적 지출이 아니라 서비스 생산에 투입되는 생산 요소이다. 공공 서비스는 생산 요소의 양과 질에 따라 변하기 때문이다. 이들 투입 요소들과 생산되는 공공 서비스의 관계를 생산함수로 파악하면 다음의 생산함수와 같다.

$$Q = q(L, K, Xi)$$

여기서 Q는 직접적인 생산량이고, Xi는 여타 다른 생산 요소들이고, q는 생산함수

12) '행정의 수비 범위'라는 개념은 일본에서 주로 사용하는 것으로, 행정이 담당하고 수행해야 할 영역이나 대상을 지칭하는 것으로, 우리나라에서는 지방의 자치사무 또는 고유사무와 기능이라고 할 수 있다.

13) 이처럼 지방행정의 업무를 기본적으로 업무 단위를 파악하고, 업무 단위의 연간 업무량(workload)과 업무 단위의 단위원가(unit cost)를 산출하여, 업무량과 단가를 곱하면, 소요 예산을 파악할 수 있다는 개념이 바로, 성과주의 예산(Performance Budgeting) 도입의 기본 개념이다.

를 결정하는 효율성 또는 생산 부문의 역량을 나타낸다.

넷째, 공공 서비스는 생산 요소들의 양과 질뿐만 아니라, 생산함수 형태의 한 부분인 정부의 관리 방식에 따라 달라지기도 한다. 즉, 행정장비, 공무원의 전문성 수준, 운용 형태 등이 서비스 수준에 영향을 미친다.

다섯째, 이렇게 생산된 지방공공 서비스에 대한 주민의 만족도는 지역적인 여건에 의해 큰 영향을 받는다.

동일한 횟수의 방범 순찰도 우범지대와 고급 주택가에서 느끼는 만족도 수준은 다르며, 동일한 쓰레기 수거 방식도 쓰레기 배출량과 지역에 따라 차이가 발생하기 때문이다. 따라서 공공 서비스의 양만으로 주민들의 편익을 측정하는 것은 무리가 있다. 주민이 받는 편익 수준은 다음과 같은 공식으로 나타낼 수 있다. 여기서 G는 주민의 편익 수준 또는 만족 수준이며, N은 공공 서비스를 향유하는 지역의 인구 수, Ri는 여러 다른 환경적 요인들이다.

$$G=g(Q,\ N,\ Ri)$$

이처럼 지방정부의 세출은 지역 주민들이 요구하는 공적 수요를 충족시키기 위해 공공 서비스를 생산하고 공급하기 위해 쓰이는 재원이다. 따라서 지방세출의 바람직한 규모와 구조는 생산되는 공공 서비스의 양과 질을 통해 평가되어야 한다.

2) 공공 서비스 비용 산출의 한계

일반적으로 공공 서비스는 최종 산출물(end prodoct)을 측정하기 어렵기 때문에 공공지출의 적정성과 그 효과를 판단하기는 매우 어렵다. 따라서 우선 공공 서비스에 투입되는 생산 요소와 이들로부터 파생되는 중간 생산물(proxy), 그리고 최종적인 산물의 관계를 파악할 필요가 있다.

예를 들어, 교육의 경우 최종 산출물은 학생들의 지적 수준 향상과 학업의 성취도이나 이는 학습량, 시험 성적, 진학률 등을 통해 측정 가능하며, 이를 위해 교원 수, 교실, 교재 등에 지출이 이루어져 중간 생산물인 학급의 크기, 수업 시간 수, 학습 과목 수 등이 결정된다.

소방의 경우 최종 산출물은 화재 예방과 진화인데, 이를 위해 소방수, 소방 장비

표 14-8 지방공공 서비스의 투입, 산출, 소비

공공 서비스	투입 요소	중간 생산물	최종 소비(편익)
교육	교사 수 교실 교재	학습 크기 수업 시간 수 학습 과목 수	학습량 시험성적 진학률
소방	소방수 소방서 소방 장비	소방수 수 소방 장비 수 화재 점검 횟수	화재 예방 화재 진화
경찰	경찰관 경찰서 경찰 장비 수	순찰 횟수 경찰관서 최신 장비 수	범죄의 예방과 처벌 질서 유지

자료: Fisher(2007: 145); 심정근 외(1997: 308)에서 발췌하여 재인용.

등이 투입되고, 그 결과 소방 인원이나 화재 점검 횟수 등이 중간 생산물이다. 이러한 공공 서비스의 투입, 산출, 소비를 예시하면 <표 14-8>과 같다.

이처럼 정부의 최종 생산물을 무엇으로 볼 것인가가 모호할 뿐만 아니라, 주민들의 편익이나 만족도 수준을 측정하기도 어렵다. 이런 이유로 정부의 세출 자체와 중간 생산물이 마치 최종 정부 산출물로 간주되기도 한다. 즉, ① 공공 서비스의 산출에 사용된 지출 금액, ② 정부에 의해 제공된 중간 생산물의 양, ③ 주민들의 편익 수준 등 세 가지 모두가 정부 산출물의 측정에 사용되고 있다.

이처럼 공공지출과 공공수요 충족 간의 복잡한 관계가 정교한 세출분석을 어렵게 한다. 생산 요소의 가격과 생산함수 및 공공수요와 환경에 대한 정확한 정보 없이 세출 그 자체에 대한 분석은 지방정부 간의 비교뿐만 아니라 당해 자치단체 내에서의 세출에 대한 효과 및 그 영향 등을 분석하는 데에도 커다란 장애 요인으로 작용하고 있다.

2. 지방세출의 생산성 분석

1) 생산성 개념

생산성(productivity)에 대한 개념은 관심 영역과 적용 분야에 따라 매우 다양하게 규명되어 왔다. 이미 민간 기업이나 공장에서의 생산성은 경영학이나 관리과학에서 핵심 연구주제로 자리잡아 왔다. 그러던 것이 정부 부문의 생산성 연구는 1970년대부터 시작되었으며, 특히 퀸(R. Quinn)은 생산성 개념의 유형화를 시도했는데(Quinn, 1978: 41-45), 경제학자나 산업공학도들은 생산성을 투입-산출 비율(IO ratio) 또는 품질을 포함하는 범위가 비교적 좁고 명백한 개념으로 이해하는 반면, 행정가들은 생산성을 좀 더 나은 업무의 성과(better performance)와 같이 좀 더 넓고 모호한 개념으로 파악한다고 했다.

일반적으로 정부 부문의 생산성이란 효과적인 공공 서비스의 전달을 위해 자원을 얼마나 능률적으로 사용했느냐를 의미한다(유훈, 1995: 338).

이처럼 행정학자들이 가장 자주 사용하는 생산성 개념은 효율성과 효과성을 합친 개념이다(Hatry, 1978). 단순한 효율성은 투입 대비 산출의 비율이며, 효과성은 정부가 생산하는 산출물의 양과 조직 목표의 달성도(goal achievement)를 의미한다. 즉, 효과성은 단순한 비용보다는 공공 서비스의 수준이 더 중요한 고려 요소이므로 다분히 대응성(responsibility)의 개념을 포함한다.

실제로 생산성은 어느 특정 분야에만 적용되는 절대적인 개념이 아니라 예산 및 재무행정, 행정관리, 인사관리, 민영화 등 행정학의 수많은 분야와 관련되기 때문에 시대와 상황에 따라 강조점과 그에 따른 개념도 달라진다(이영균, 1994).

2) 지방세출과 생산성

지방세출의 효율성과 효과성이라고 할 수 있는 생산성은 결코 세출 그 자체로 파악할 수 없다.

일반적으로 사람들은 흔히 정부의 세출과 산출물(output)을 동일시하는 경향이 있다. 그러나 이러한 생산성을 투입비용 대비 산출로 계산할 경우 다음과 같은 문제가 발생한다. 즉, 지방정부가 환경 부문이나 복지정책에 지출한 예산 그 자체를 바로 환경이나 복지 부문의 산출로 간주하는 것이 그 예로, 이럴 경우 투입 대비 산출은 언제나 1일 수밖에 없고 따라서 생산성 지표는 무의미해진다. 그러므로 각 기능별 세출은 그 부문에 대한 산출보다는 비용으로 파악하는 것이 타당하다.

그러므로 지방정부의 생산성을 측정하기 위해서는 단순한 세출 규모와 비율과는 별도로 산출(output)과 최종 결과(outcome)에 대한 계산이 필요하다. 예를 들어, 환경정책의 경우 하수처리량, 공해업소에 대한 점검 횟수 등이 산출이라면, 수질오염이나 대기오염의 감소 결과가 최종 결과에 해당한다. 결국 생산성은 산출 또는 최종 결과를 비용으로 나눌 때 비로소 의미 있는 값을 가진다.

공공 서비스의 생산성과 비용에 관해 보몰(W. Baumol)은 다음과 같은 가설을 발표했다.

> "경제의 한 부문에서 생산성이 증진될 경우 다른 분야의 임금에도 영향을 미치며, 이로 인해 생산성이 향상되지 못한 부문도 비용이 증가하는 효과가 나타난다. 지방자치단체와 같은 노동집약적 생산구조의 경우는 쉽사리 생산성을 향상시키거나 대체재를 구할 수 없기 때문에 서비스 수준을 낮추거나 그렇지 않으면 전과 같은 수준을 유지하기 위해서는 세금을 증액해야만 한다."

이러한 '보몰의 가설 또는 병리(Baumol's disease)'는 주로 정부예산 팽창에 대한 설명으로 알려져 있지만, 지방정부의 생산성에 관해서도 중요한 의미를 갖는다. 그의 가설에 의하면, 지방자치단체가 민간기업의 생산성 향상에 상응하는 생산성 향상 노력을 하지 않는 한, 정부는 서비스 수준을 줄이거나 그렇지 않으면 증가된 비용을 감당하기 위해 조세수입을 늘려야 한다는 것이다. 실제로 많은 연구 결과가 이 가설을 뒷받침해 주고 있다. 1960년대 이후 미국의 경우 GNP에서 차지하는 지방예산의 비중은 완만하게 증가했고, 이런 상황 하에서 지방정부는 감축관리와 세수 확충을 시도했으며, 각급 지방정부가 생산성 향상을 위해 활발한 노력을 시도한 것도 이와 관련된다.

우리나라도 그동안 지방재정의 규모는 계속적으로 증가해 왔다. 이는 서비스의 질적 향상과 양적 증가에 의한 것도 있으나, 상당 부분 인건비를 포함한 임금 상승과 생산성 저하에도 일부 그 원인이 있다고 할 수 있다.

예를 들어, 인구가 계속 감소하는 지역의 공공 서비스는 인구가 줄어들기 때문에 공공 서비스의 생산량과 산출을 줄여야 하는데, 공공 서비스의 성격상 인구가 줄어든다고 해서 세출을 탄력적으로 줄일 수도 없고, 여타의 정치적 요인들로 인해 이들 지역의 생산성이 하락하고 있는 셈이다.

그러나 공공 부문의 생산성 지표를 적극적으로 활용하여 인력 배치와 보조금 지급 등을 조정하게 되면 지역 간 자원의 효율적 배분에도 기여할 수 있을 것이다(심정근 외, 1997: 277－279).

3) 생산성 측정지표

지금까지 개발된 생산성 측정지표는 매우 다양하다 이들을 유형화하면 다음과 같다(Grizzle, 1981).

① 비용: 그 사업에 얼마를 썼으며, 배정된 예산은 모두 집행했는가?

② 산출: 무엇을 산출했는가? 또는 시민들의 수요에 부응했는가?

③ 최종 결과: 어떤 결과를 얻었으며, 전년도 수준이나 다른 사업들과 비교해 볼 때 얼마나 효과적이었는가?

④ 비용 대비 산출: 사업은 효율적이었는가?

⑤ 비용 대비 최종 결과: 다른 사업 또는 전년도의 결과와 비교할 때 비용 대비 사업의 결과는 효과적이었는가?

⑥ 배분: 누가 서비스를 받았으며, 형평성은 고려되었는가?

⑦ 품질: 서비스의 질은 어떠했는가?

이러한 생산성 관련 측정지표가 실제로 어떻게 사용되는지 파악해 보면 다음과 같다(Hatry, 1978).

① 투입지표: 가장 전통적인 생산성 지표로 투입은 금액이나 연인원에 시간을 곱해서 계산하고, 이를 인시(人時, man－hour) 지표라고도 한다. 산출은 쓰레기 수거량, 교통 위반 스티커 발부 횟수, 교육기관을 통해 배출된 학생 수 등으로 나타낸다. 그러나 이 방법의 산출은 실제 서비스의 최종 결과를 측정하지 못하는 한계가 있다.

② 업무량(workload) 지표: 일종의 산출 지표로 업무 시간이나 순찰 시간 등 생산적 활동에 사용된 시간의 비율을 가리킨다. 하지만 이 지표 역시 지역적 특성이나 산출과 직접적으로 연계되지 않을 경우 지표로서의 타당성을 상실하게 된다는 문제가 있다.

③ 투입－산출 비율 및 품질 고려: 효율성(efficiency)을 투입－산출 비율로만 측정하면 무분별한 실적만을 생산성으로 간주할 우려가 있다. 그래서 공공 서비스 가

운데 품질(quality)이 떨어지는 경우는 산출에서 제외한 뒤 효율성을 계산하는데, 이 경우 하나하나의 사례를 검토해야 하므로 자료 수집이 대단히 어렵다(심정근 외, 1997: 282).

④ 상대성 지표: 이것은 상대적 지표로서 기준 연도의 생산성을 100으로 하고, 다음해의 생산성을 상대적으로 평가하는 방식이다.

4) 생산성 지표의 활용

생산성 지표는 크게 행정관리를 위한 수단과 예산 결정을 위한 자료로 활용될 수 있다(Kull, 1983: 539－564; 심정근 외, 1997: 282－284에서 재인용).

(1) 행정관리 수단

① 목표 설정: 일반적으로 공공조직 목표는 그 성과를 측정하기 어렵다. 하지만 생산성 지표는 이러한 목표를 좀 더 구체적으로, 그리고 계량적으로 표시해 준다. 따라서 목표의 설정과 이를 통한 관리를 용이하게 해 준다. 문제는 모든 조직에 대해 일률적으로 몇 퍼센트 향상과 같은 목표 설정은 곤란하다.

② 비교 및 평가 기준: 생산성 지표는 조직의 목표 달성도를 나타내 준다. 따라서 전년 대비 생산성의 증감 또는 성과를 다른 조직과 비교 분석할 수 있다.

③ 통제와 확인: 생산성 지표는 조직의 건전성을 나타내므로 일상적인 관리 수단으로서 유효하다. 생산성 지수가 낮아지면 조직에 대한 위험 신호로, 또 그 반대면 건강 신호로 간주하여 적절한 대책을 강구할 수 있다.

④ 책임성 확보: 생산성 지표는 관리자의 책임성을 파악할 수 있는 수단이므로 인사관리의 공정성에도 도움이 된다.

⑤ 동기 부여: 생산성지표는 관리자와 구성원들 모두에게 동기 부여의 도구로 사용될 수 있다. 성과에 대한 평가는 조직원들의 생산성을 자극할 수 있기 때문이다. 다만 이의 활용에는 세심한 주의를 요한다.

(2) 예산과의 연계

① 예산 편성의 기준으로 활용: 생산성지표를 통해 업무량, 산출, 주민 만족도 등

에 관한 자료를 체계적으로 확보할 수 있으므로 합리적인 예산 편성에 도움을 준다.

② 예산 요구의 합리화: 대부분 미국 지방정부는 예산을 편성할 때 생산성 지표를 반드시 첨부하며, 이 지표는 예산의 요구를 정당화하는 데 사용된다.

사업 간의 우선순위를 정할 때 생산성 지표는 중요한 평가 기준이 될 수 있다. 현재 우리나라 지방정부도 일정 금액 이상의 신규 투자사업의 시행을 위해서는 투자심사 제도를 통해 재무적 타당성과 사업의 시급성 및 지역균형발전에의 기여도 등 다양한 지표를 적용하고 있다. 이에 대한 금액 제한을 낮추고 기존의 사업에까지 확대 실시할 경우, 위와 같은 효과를 얻을 수 있다.

③ 비용 절감: 생산성 분석을 통한 가장 직접적인 효과는 불필요한 지출을 줄이고 비용을 절감할 수 있다는 것이다. 생산성의 향상을 가져온 여러 변수와 수단 등을 기록하고 분석함으로써 지속적으로 조직의 생산성 향상을 꾀하고 비용을 절감할 수 있다.

④ 자원의 효율적 배분: 예산 과정에서 생산성지표를 사용하게 되면 예산의 모든 과정을 통해 분석의 영역을 확대하여 비생산적인 부분의 자원을 생산적 영역으로 전환하는 등 경제적 효율성을 극대화할 수 있다.

3. 지방세출 분석지표

특정 지방정부의 재정 상태를 파악하고, 다른 지방정부와 비교하기 위해 많은 재정지표를 사용한다. 그중에서 세출지표는 가용재원율, 투자비 비율, 인건비 자체충당지수, 기본적 세출 소요 비중 등을 적용하기도 하였고(서정섭, 1996), 행사축제 경비 절감 노력, 업무추진비 절감 노력, 민간 이전경비 절감 노력, 지방의회 경비 절감 노력 및 인건비 절감 노력 등 세출 절감을 위한 노력도를 측정하기도 하였으며(한국지방행정연구원, 2014), 최근에는 지방보조금의 증감률이나 출자・출연금 비율의 증감 등을 통해 파악하고자 하기도 하였다. 지방세출과 관련하여 중앙정부 정책의 방향과 주안점이 변화하다 보니, 늘 초점이 같이 변화하기도 하였다.

그러나 일반적으로는 지방세출 규모, 지방세출 구조, 지방세출 능력 등으로 구분해 파악할 수 있다(심정근 외, 1997: 316－319).

1) 지방세출 규모

기본적으로 각 자치단체별로 세출 총액(일반회계+특별회계)을 들 수 있는데, 물가상승률을 감안한 불변가격 또는 경상가격 기준으로 비교할 수 있으며, 단순한 지방세출의 총규모보다는 이를 단체별 인구 수로 나눈 주민 1인당 세출 규모가 자치단체 간 비교를 위해 사용할 수 있다.

또한 표준 세출 규모를 사용할 수 있는데, 이는 지방자치단체의 일반회계 세출 규모를 말하며, 이 역시 인구 수로 나누어 파악한다. 이를 산식으로 나타내면 다음과 같다.

$$1\text{인당 세출 규모} = \frac{\text{세출 총액}}{\text{인구 수}}$$

$$1\text{인당 표준 세출 규모} = \frac{\text{일반회계 세출 총액}}{\text{인구 수}}$$

2) 세출구조

세출구조는 경상적 경비 비율과 투자적 경비 비율을 많이 사용하였는데, 이는 세출구조의 경직성과 건전성 등을 파악하기 위해서였다.

경상적 경비는 지방정부의 조직 및 인력을 유지·관리하기 위해 매년 지속적으로 소요되는 경비로서, 일종의 고정적 경비이며 이 경비가 세출 총액에서 차지하는 비중이 낮을수록 재정의 경직성이 낮다고 할 수 있다. 경상적 경비의 항목은 인건비, 물건비, 경상이전(일반보상금, 연금 부담금, 배상금, 출연금, 민간이전, 자치단체에 대한 이전, 전출금, 국외 이전, 차입금 이자 상환 등)을 합한 금액이다.

투자적 경비는 지출의 효과가 자본 형성 등으로 나타나는 자본투자비로서, 이 경비가 세출 총액에서 차지하는 비중이 높을수록 세출구조의 신축성이 높고 매래 지향적이라고 할 수 있다. 투자적 경비는 자본 지출, 융자 및 출자 등의 항목으로 파악할 수 있으며, 이는 자치단체의 지역개발사업이나 지역경제 부문에 대한 투자비를 말한다.

이외에 경상적 경비 자체충당 비율을 사용할 수 있는데, 이는 자주재원인 지방세 수입과 세외수입을 통해 경상적 경비를 어느 정도 충당하느냐를 나타내는 지표이다.

즉, 이러한 경상적 경비 자체충당 지수가 높을수록 그 단체는 자주적인 세출구조를 가지고 있다고 할 수 있다. 이를 산식으로 나타내면 다음과 같다.

$$\text{경상적 경비 비율} = \frac{\text{경상적 경비}}{\text{세출 총액}} \times 100$$

$$\text{투자적 경비 비율} = \frac{\text{투자적 경비}}{\text{세출 총액}} \times 100$$

$$\text{경상적 경비 자치충당 비율} = \frac{\text{경상적 경비}}{\text{자주재원}} \times 100$$

3) 세출 능력

세출 능력은 지방자치단체의 지불 능력뿐만 아니라 세출 압력(expenditure pressure)에 대처할 수 있는 능력을 보여 준다.

최근 지방정부 세출의 모든 정책 사업을 대상으로 법률 등에 의한 의무적·구속성 여부와 지방의 자율적 통제 및 조절 가능성 여부를 기준으로 지방세출을 유형화하여 이를 지방재정의 '감당 능력 또는 한계 능력'이라고 하기도 하였다(한국지방행정연구원, 2015).

표 14-9 지방세출의 정책사업 유형

구 분		지방의 자율적 통제 가능성	
		있음	없음
법률적 의무·구속성	있음	Ⅱ (예: 도로 등 투자사업)	Ⅰ (예: 사회복지 국고보조사업, 법령에 의한 전출금)
	없음	Ⅲ (예: 자체사업, 공모 국고보조사업)	Ⅳ (예: 인구·경제 관련 사업)

주: 영역Ⅰ은 최소화를 모색하고, 나머지 영역은 효율화·적정화 모색.
자료: 한국지방행정연구원(2015: 83).

그러나 세출 압박이나 세출 능력 및 재정의 한계 능력 등 그 개념이 명확하지 않아, 지표 구성이 용이하지는 않다. 주로 사용되었던 지표는 가용재원율, 인건비 비율,

자주재원에 대한 인건비 비율 등이다(심정근 외, 1997: 317).

가용재원율은 세출 총액 중에서 자체사업비가 차지하는 비중으로, 이는 지방자치단체의 세출 중에서 기관 운영에 필요한 필수경비, 의무적 부담 경비, 채무상환비를 제외한 지출의 크기를 나타내는 것으로 지방정부가 자주적으로 처리할 수 있는 재원의 크기를 말한다.

인건비는 대표적인 의무적 경비로 경직성 경비를 대표한다. 따라서 인건비 비율이 증가하면 재정이 경직되고, 감소하면 재정 운영의 탄력성을 확보하게 된다.

자주재원에 대한 인건비 비율은 자주재원으로 인건비를 어느 정도 충당하느냐를 반영한다. 특히 우리나라는 지방세수입으로 인건비를 충당하지 못하는 단체가 많아 이 지표를 통한 인건비 절감 노력 및 세출구조의 경직성을 파악하는 데 도움이 된다.

이들 지표를 산식으로 나타내면 다음과 같다.

$$\text{가용재원비율} = \frac{\text{자체사업비}}{\text{세출 총액}} \times 100$$

$$\text{인건비비율} = \frac{\text{인건비}}{\text{세출 총액}} \times 100$$

$$\text{자주재원에 대한 인건비 비율} = \frac{\text{인건비}}{\text{자주재원}} \times 100$$

Chapter 15 지방공기업과 지방 공공 서비스

제 1 절 지방공기업

1. 지방공기업의 의의

1) 지방공기업의 개념

지방공기업(地方公企業)은 "지방자치단체가 직접 기업을 설치·경영하거나 법인을 설립하여 경영하는 기업"으로 정의할 수 있다(지방공기업법 제1조).

지방공기업은 「지방공기업법」에 의해, 지방직영기업과 지방공단(地方公團), 그리고 지방공사(地方公社)로 구분한다. 여기서 지방직영기업은 지방자치단체가 직접 운영하는 사업(상·하수도, 공영개발 등)이 해당되며, 지방공단은 지방자치단체가 자본금 전액(100%)을 출자한 법인을 설립하여 간접적으로 운영하는 사업(시설관리공단, 환경관리공단 등), 지방공사는 지방자치단체가 자본금의 50% 이상을 출자한 법인을 설립하여 간접적으로 운영하는 사업(지방공사의료원, 도시개발공사 등)을 의미한다.

이런 지방공기업과 유사한 개념들을 비교하면 다음과 같다.

우선, 지방경영 사업은 지방자치단체가 주민복지 향상을 위하여 경영마인드를 가지고 시행하는 사업으로서 가장 넓은 범주의 개념이다.

또한 경영수익(經營收益) 사업은 지방자치단체가 민간경제 영역을 침범하지 않는 범위 내에서 지방의 재원 확충을 목적으로 수행하는 지방 경영사업의 일종이다.

공익사업(公益事業)은 주민의 일상생활에 불가결한 재화나 서비스를 제공하는 고도의 공익성을 갖는 사업으로, 대부분 막대한 고정 설비를 필요로 하여 독점적인 성향을 갖고 있어, 관련 규제가 필요한 사업이다.

출자·출연법인(제3섹터)은 지방공사와 유사한 사업 영역을 갖고 있으며 지방자치단체가 자본금의 25% 이상 50% 미만을 출자한 사업으로, 상법(商法)의 주식회사 또는 민법(民法)의 재단법인에 관한 규정을 적용 받으나 예외적으로 지방자치단체장에게 일부 감독권이 있다.

이에 반해 국가공기업은 「공공기관의 운영에 관한 법률」의 적용을 받는 기관으로 대규모 조직과 광범위한 수혜 범위 등의 특성을 가지는 사업으로 설립 주체가 국가인 사업을 말한다. 국가공기업은 공기업과 준정부기관 및 공공기관으로 구분된다.

2) 지방공기업의 특징

첫째, 지방공기업은 공기업의 일반적 특성인 공공성과 기업성 이외에도 지역성을 그 특징으로 한다. 지방공기업의 대상은 지역 주민 또는 지역산업에 국한되는 것이 대부분이며, 주요 사업 목적은 주민복지 향상 및 지역산업 발전으로 되어 있다. 지방공기업은 재화나 서비스를 지역 내에서 생산하여 자체적인 배분 체계를 통해 배분한다. 따라서 지방공기업이 생산·공급하는 제품의 형태와 내용, 그리고 가격도 지역별로 차이가 있다.

둘째, 지방공기업은 공익성을 가진다. 즉, 지방공기업은 사적 이윤 추구에 경영 목적을 두지 않고, 공공복리의 추구에 목적을 둔다. 따라서 시·도에서 운영하는 경마·경륜·복권 등 사행사업은 비록 공공기관에 의해 기업적 형태로 운영되더라도 지방공기업의 범주에 포함되지 않는다.

셋째, 지방공기업은 기업성을 띤다. 지방공기업의 기업성은 형식적인 측면에서 독립채산제를 채택하거나 수익자 부담 원칙을 정하여 재화 및 서비스의 판매 수입으로 소요 비용을 충당하는 것을 말한다. 또한 내용적인 측면에서는 경영 목표를 효율적으로 달성하기 위해 인력 및 자산 등 내적 자원을 적극적으로 활용하고, 조직 · 예산 · 인사 등 경영 전반에 걸친 문제점을 개선해 나가는 기업가 정신(entrepreneurship)을 의미한다.

2. 지방공기업의 유형과 현황

1) 경영 형태별 유형

지방공기업은 경영 형태별로 직접경영 형태와 간접경영 형태로 구분할 수 있다. 직접경영 방식은 지방직영기업, 간접경영 형태는 지방공단과 지방공사, 그 밖의 출자 및 출연법인이 있다. 여기서 출연법인은 법인의 설립 및 운영비용과 사업비의 일부를 지방자치단체 예산의 출연 형식으로 지원하는 법인을 말하는데, 엄밀하게 지방공기업으로 볼 수는 없고 지방 공공기관으로 부르는 것이 적합하다(윤영진, 2016: 359).

표 15-1 경영 형태별 지방공기업의 유형

경영 형태	지방공기업의 유형		자치단체 출자 비율	비 고
직접경영	지방직영기업		100%	행정조직 형태
간접경영	지방공단		100%	민간 출자 불허
	지방 공사	전액 출자	100%	
		제3섹터	50% 이상	광의의 제3섹터
	출자 · 출연법인		50% 미만	출자기관
				출연기관

자료: 윤영진(2016: 360)에서 발췌 인용.

지방직영기업, 지방공단과 지방공사를 협의의 지방공기업이라고 할 수 있다. 또한 지방자치단체가 50% 이상 100% 미만 출자한 지방공사와 지방자치단체가 50% 미만 출자한 민관공동 출자기업을 제3섹터라고 한다. 우리나라 제3섹터는 지방공사, 주식회사, 재단법인의 세 가지 형태로 설립 및 운영할 수 있다.

2) 지방직영기업

지방직영기업은 지방자치단체가 직접 사업을 운영하기 위하여 일반회계와는 구분하여 공기업특별회계를 설치하여 설립한 법인이다.

지방직영기업의 조직 및 인력은 지방자치단체 소속으로, 단체장의 직접적인 통제를 받는다. 즉, 지방정부의 사업본부, 사업단(소) 국·과 등과 같이 운영되며, 매년 지방의회의 의결을 얻어 확정되는 예산에 의해 운영된다. 아울러 지방공기업법의 적용을 받고 동법에 규정한 것을 제외한 것은 지방자치법 및 지방재정법 기타 관계 법령을 적용받는다. 상하수도사업, 공영 개발 등이 직접경영 방식으로 운영되고 있으며, 수익성보다는 안정적인 생산·공급이 중요하다는 점에서 직접경영의 타당성이 인정되고 있다.

따라서 지방직영기업은 자주적 경영의 결여, 재산성 유지 곤란, 행정구역을 초월한 업무 수행의 한계성, 책임의식의 희박, 관리 능력의 한계 등의 문제를 안고 있다.

우리나라 지방직영기업은 1990년 128개에서 2002년 184개, 2010년 245개, 2016년 265개로 증가 추세에 있다.

표 15-2 지방직영기업의 현황

구 분	1990	1994	1998	2002	2006	2010	2014	2016
합계	128	180	174	184	222	245	254	265
상수도	73	94	92	101	105	115	116	119
하수도	8	17	21	28	63	81	87	95
공영 개발 등	34	55	46	40	38	33	33	34
지역개발기금	13	14	15	15	16	16	18	17

자료: 행정안전부(각 연도).

3) 지방공사·공단

지방공사·공단은 지방자치단체가 50% 이상 출자한 독립법인으로 지방자치단체와 별도의 독립적으로 운영되며, 종사자의 신분은 민간인으로 그 직원의 임용과 보수에 관한 규정은 자체적으로 제정한다.

지방공사의 자본금은 그 전액을 지방자치단체가 현금 또는 현물로 출자한다. 다만, 현행 제도상 자본금의 1/2를 넘지 아니하는 범위 안에서 자치단체 이외의 자(외국인 및 외국법인 포함)가 출자할 수 있기 때문에 민관(民官)이 공동 출자할 수 있는 조직은 지방공사뿐이다. 또한 경영자의 명칭이 공사의 경우 사장, 부사장, 이사로 불리나, 공단의 경우는 이사장, 부이사장, 이사로 불리는 차이점이 있다.

지방공사 · 공단에는 도시철도공사, 도시개발공사, 시설관리공단(환경, 경륜, 주차관리공단 포함), 기타 공사 · 공단이 있다.

지방공사 · 공단은 1990년 3개에 불과하던 것이 2002년에는 63개 급증하였으며, 2016년에는 145개로 계속 증가하고 있다.

표 15-3 지방공사 · 공단의 현황

구 분	1990	1994	1998	2002	2006	2010	2014	2016
합계	3	13	32	63	100	137	144	145
도시철도공사	1	1	4	4	7	7	7	7
도시개발공사	1	4	10	11	14	16	16	19
기타 공사	1	2	5	8	17	32	39	36
지방공단	–	6	13	40	62	82	82	83

자료: 행정안전부(각 연도).

4) 출자 · 출연법인

출자 · 출연법인은 지방자치단체가 10% 이상 50% 미만 출자한 독립법인이다. 과거 지방자치단체의 출자 · 출연법인은 「지방공기업법」의 적용을 받아 왔으나, 2014년 「지방자치단체 출자 · 출연기관의 운영에 관한 법률」이 제정된 이후에는 이 법을 적용받고 있다.

표 15-4 지방공기업법 적용 대상의 기관 비교

구 분	지방공기업			출자·출연법인
	지방직영기업	지방공사	지방공단	
적용 법률	•「지방공기업법」 •「지방자치법」 •「지방재정법」	•「지방공기업법」 •「상법」(일부 준용)	•「지방공기업법」	•「지방자치단체 출자·출연기관의 운영에 관한 법률」 •「상법」
사업 성격	• 필수 주민생활 서비스	• 공공성>수익성	• 공공성	• 공공성<수익성
설립	• 지방자치단체 조직(특별회계), 조례로 설립	• 지방자치단체 단독 또는 민관공동 출자(지방 50% 이상), 조례로 설립	• 지방자치단체 단독(지방 100%), 조례로 설립	• 민관공동 출자(지방 50% 미만)
경영 비용	• 사용료 등	• 판매수입 • 대행수수료	• 대행사업비	• 판매수입
업무 관계	• 지방자치단체 고유 사무	• 독립사업 경영, 특정사무 대행	• 지방자치단체 사무 중 특정 사무 대행	• 독립사업 경영
사업 범위	• 지방공기업법 제2조(당연 적용사업+임의 적용사업)	• 지방공기업법 제2조(당연 적용사업+임의 적용사업)	• 지방공기업법 제2조(당연 적용사업+임의 적용사업)	• 지방공기업법 제2조 제2항 사업, 지방자치단체 출자·출연기관의 운영에 관한 법률 제4조 제1항 사업

주: 당연 적용사업은 수도·공업용 수도·하수도·궤도·자동차운송·지방도로(유료 사업만 해당)·주택·토지개발사업이며, 임의 적용사업은 지역경제의 활성화 및 지역 개발·체육시설·관광사업 등이 해당한다.
자료: 이성근 외(2016: 399)에서 재인용.

3. 지방공기업의 설립과 운영

1) 지방공기업의 설립 절차

(1) 지방직영기업의 설립 절차

지방직영기업은 다음의 절차에 의해 설립할 수 있다.

① 조례 제정: 지방의회의 의결을 거쳐 지방공기업의 설치조례를 제정한다. 이 조례에는 사업 범위 관리자 지정, 경비부담원칙, 재정 운영 등이 포함되어야 한다.

② 예산편성: 행정안전부 장관이 정한 공통 기준 내에서 지방자치단체장이 정한 지방공기업예산편성지침에 의하여 예산을 편성하는데, 예산총칙, 사업예산, 자본예

그림 15-1 지방공기업법의 규칙 제정 및 장표 준비

지방공기업 전환 기본 계획 수립

↓

지방의회 협의

↓

자산평가, 원가계산, 공기업 설치 조례안, 공기업회계 규칙안 작성 — 지방공기업평가원 등

↓

조례 · 규칙 등의 공포

↓

공기업 조직정비

↓

예산편성 및 운영

자료: 이성근 외(2016: 401).

산 등이 포함되어야 한다.

③ 자산평가: 지방공기업이 보유하는 자산에 대하여는 지방공기업 자산평가를 실시한다.

④ 규칙 제정 및 장표 준비: 회계관직을 지정하고, 회계규칙을 제정하여 회계 처리 기준을 마련하고 각종 장표 및 서식을 마련한다.

(2) 지방공사 · 공단의 설립 절차

① 설립타당성 검토 및 심의: 지방공사 · 공단을 설립하고자 하는 경우 기존 사업에 대한 사업을 추가 할 경우에도 사전에 전문기관의 타당성 검토를 거쳐야 한다. 이 타당성 검토에는 사업의 적정성 여부, 사업별 수지분석, 조직 및 인력의 수요 판단 주민의 복리증진에 미치는 영향, 지역경제와 지방재정에 미치는 영향을 포함하여 한다.

지방자치단체장은 지방의회 의원, 관계전문가 및 당해 지방자치단체의 관계공무원 등으로 심의위원회를 구성하여 전문기관의 타당성 검토결과를 기초로 지방공사 · 공단의 설립 여부를 심의하여야 한다.

② 조례 제정: 지방자치단체가 지방공사 · 공단을 설립하고자 할 때에는 그 설

립 · 업무 및 운영에 관한 기본적인 사항을 조례로 정하여야 한다. 조례에 포함되어야 할 주요 내용으로는 사무소 위치, 자본금 규모, 주식발행 방법, 정관에 기재하여야 할 사항, 임원 및 직원, 이사회, 사업, 재무회계, 감독 등이다.

복수의 지방자치단체가 공동으로 지방공사 · 공단을 설립하고자 할 때에는 규약을 정하여야 한다. 이 규약에는 공사(공단)의 명칭. 사무소의 위치, 설립 지방자치단체, 사업 내용, 공동 처리 사항, 의결기관 대표자 선임 방법, 출자 방법, 기타 필요한 사항을 규정해야 한다.

③ 정관의 작성: 지방공사 · 공단의 정관에는 목적, 명칭, 사무소의 소재지, 사업에 관한 사항, 임직원에 관한 사항, 재무회계에 관한 사항, 공고에 관한 사항, 자본금에 관한 사항, 사채 발행에 관한 사항, 정관 변경에 관한 사항 등이 기재되어야 한다. 정관은 지방공사 · 공단의 근본 규정이므로 조례에 규정된 사항이라도 필요시 모두 규정하여 한다.

④ 사장(이사장)의 선임: 지방공사의 사장과 지방공단 이사장은 전문경영인이 될 수 있도록 공모를 원칙으로 하되 지방공기업의 경영에 관한 전문적인 식견과 능력이 있는 자 중 사장추천위원회에서 추천된 자들 중에서 지방자치단체의 장이 임면한다. 사장 · 이사장은 지방공사 · 공단의 설립등기의 신청자이므로 사장 · 이사장이 조기에 임명되는 것이 바람직하다.

⑤ 자본금 출자: 지방공사 · 공단의 자본금은 현금 또는 현물출자로 한다. 지방자치단체가 출자할 경우에는 지방의회의 의결을 얻어야 한다. 공사의 운영을 위하여 필요한 경우 자본금의 1/2를 초과하지 않는 범위 내에서 지방자치단체 이외의 자로 하여금 출자하게 할 수 있다.

⑥ 설립등기: 지방공사 · 공단은 그 주된 사무소의 소재지에 설립된 등기를 함으로써 설립된다. 지방공사 · 공단은 자본금의 납입이 있는 날로부터 3주일 이내에 목적, 명칭, 주된 사무소의 소재지, 자본금, 출자의 방법을 정한 때에는 그 방법, 임원의 성명과 주소, 공고의 방법을 등기하여야 한다.

2) 지방공기업의 조직관리

(1) 지방직영기업

지방직영기업은 지방자치단체가 직접경영하는 방식으로, 조직 역시 지방자치단체의 국·과 또는 본부의 사업소 형태로 운영되며, 직원은 지방공무원이고 회계는 지방공기업특별회계를 설치하여 운영한다.

(2) 지방공사·공단

지방공사와 지방공단은 지방자치단체가 별도의 법인을 설립하여 간접적으로 경영하는 형태이다.

지방공사는 민간 영역에 가까운 사무이나 공공성을 확보하기 위하여 지방자치단체가 설립·운영하는 지방공기업이며, 지방공단은 지방자치단체의 사무 중 주민복리와 직접적으로 관련되는 사무를 보다 효율적으로 처리하기 위하여 지방자치단체가 설립·운영하는 지방공기업으로 지방자치단체가 전액 출자하는 것이 원칙이다.

지방공사·공단은 지방공기업법에 규정된 사항을 제외하고는 상법 중 주식회사에 관한 규정을 적용하며, 사장(이사장)은 사장추천위원회에서 복수 추천한 자 중에서 자치단체장이 임명하며, 이사는 자치단체장의 승인을 전제로 사장이 임명한다. 감사는 단체장이 임명하나 직원의 경우 정관의 규정에 따라 사장이 임명한다. 임직원의 보수는 경영성과가 반영될 수 있도록 보수 기준을 설정하여 지급한다.

3) 지방공기업의 재무관리

지방공기업의 예산은 직영기업의 경우는 일반회계와는 달리 공기업특별회계를 설치·운영하며, 대부분 영업이익이 발생하기 때문에 발생주의·복식부기회계 방식의 적용을 기본적으로 도입하고 있다.

따라서 세입은 조사결정시점에서 수익으로 인식하고 세출은 채무확정시점에 비용으로 인식한다.

그림 15-2 지방공기업의 발생주의 회계 방식

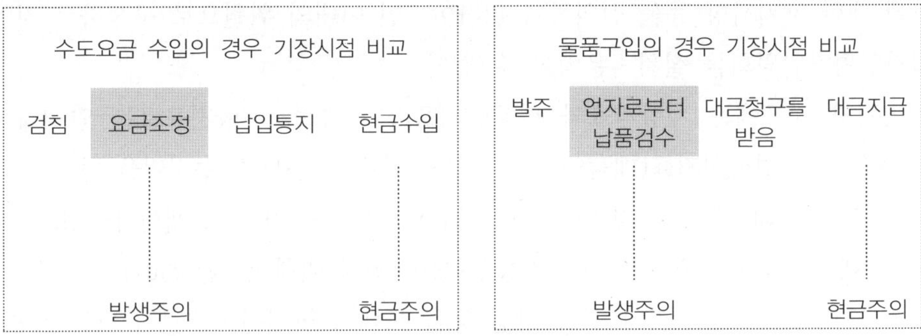

4. 지방공기업의 경영평가 및 경영진단

1) 지방공기업 경영평가의 의의

지방공기업의 경영평가 및 경영진단은 지방공기업이 달성해야 할 목표나 나아가야 할 방향을 미리 설정해주고 사후에 실적과 이 기준을 비교 평가하여 인센티브를 부여하거나 책임을 추궁하며, 경영상의 미흡한 점에 대하여는 차기의 경영계획에 반영시키는 일련의 환류 과정으로 궁극적으로는 경영 개선을 도모하는 데 있다.

따라서 경영평가와 경영진단은 경영의 효과성과 능률성 등을 평가하여 대안의 선택과 개선, 운영의 능률성을 증진시키기 위한 지원 체제로 작용하며, 또한 임직원들로 하여금 경영의 질과 성과에 대하여 책임을 지게 함으로써 주민의 세금으로 이루어진 자원을 최선의 방법으로 활용하게 하는 기능으로 작용한다.

2) 경영평가 주체와 평가 방법

경영평가는 행정안전부 장관이 실시하되, 경영평가 전문기관에 일괄적으로 위탁하여 평가할 수 있으며, 지방공기업 경영평가단을 임명 또는 위촉하여 평가를 실시할 수 있다. 다만, 지방공사의료원은 의료원연합회(사단법인)로 하여금 경영평가단을 구성하여 평가할 수 있도록 하였다.

또한 지방공기업의 경영평가 기준 설정, 평가 대상 선정, 평가기관의 지정, 평가 결과에 대한 조치사항 등을 심의하기 위하여 7인 이내의 위원으로 구성하는 지방공기업경영평가위원회를 설치·운영할 수 있다.

경영평가 지표에는 계량지표와 비계량지표가 있으며, 계량지표로는 안정성지표(유동비율 등), 성장성지표(매출액 증가율 등), 수익성지표(총 수지비율 등) 등이 있다. 경영지표로 최소한으로 갖추어야 할 조건으로는 측정가능성, 개선가능성, 관리가능성, 상대적 중요성, 충분성, 비교가능성 등이 있다(권형신 외, 2001).

평가 방법에는 서류평가와 현장 확인 등을 토대로 합리적·객관적으로 평가하여야 한다. 절대적인 평가 방법으로는 표준치 설정 방법과 목표 대비 실적 비교 방법이 있다. 상대평가 방법으로는 전국 평균치, 동급 지방자치단체의 평균치(광역시별, 도별, 시별, 군별, 자치구별 등), 동일 지역 내 동급 지방자치단체의 평균치, 일정한 기준에 따라 유형화하여 유사 지방자치단체 비교 기준으로 활용하는 방안 등이 있을 수 있다(김동기, 2008).

3) 경영평가 결과의 환류

행정안전부 지방공기업 경영평가위원회는 지방공기업에 대한 경영평가 등급을 부여하여 지방자치단체에 통보한다. 평가 결과 조치에 대해 구체적으로 살펴보면 다음과 같다(이성근 외, 2016).

(1) 우수 지방공기업에 대한 조치

우수한 지방직영기업에 대해서는 포상과 상급기관에의 발탁, 희망부서로의 전보, 우선승진 등 인사상 조치와 사기를 앙양할 수 있는 방안을 강구하여야 한다. 또한 우수 지방공사·공단에 대해서도 포상금 지급, 우선 승진 등 인사상 특전부여, 기관성과급의 차등지급 등 경제적 우대조치를 강구하여야 한다.

(2) 부실 지방공기업에 대한 조치

부실 지방공기업에 대해서는 경영진단을 실시하고, 제도 개선, 예산의 우선 지원,

지방공사·공단의 임직원 징계처분 등 필요한 조치를 강구하여야 한다.

4) 경영진단

행정안전부 장관은 경영평가보고서 등을 분석한 결과 특별한 대책이 필요하다고 인정되는 지방공기업에 대하여는 따로 경영진단을 실시하고 그 결과를 공개할 수 있다. 경영진단의 대상이 되는 지방공기업은 ① 경영 목표 설정이 비합리적인 공기업, ② 인력 및 조직관리가 비효율적인 공기업, ③ 재무구조가 불건전한 공기업, ④ 기타 행정안전부 장관이 필요하다고 인정하는 공기업 등이 해당된다.

그리고 행정안전부 장관은 경영진단 결과, 필요하다고 인정되는 경우에는 지방공기업 임원의 해임, 조직의 개편 등 경영 개선을 위하여 필요한 조치를 요구할 수 있다. 요구를 받은 단체장이나 사장(이사장)은 특별한 사유가 없는 한, 지체 없이 이에 응하여야 한다. 구체적으로 행정안전부 장관은 ① 임직원에 대한 감봉 해임 등 인사조치, ② 사업 규모 축소, 조직 개편 및 인력 조정, ③ 법인의 청산 및 민영화, ④ 기타 경영 개선을 위하여 필요한 사항 등의 경영 개선 조치를 명할 수 있다.

제 2 절 지방 공공 서비스

1. 지방 공공 서비스의 개념과 특징

1) 지방 공공 서비스의 개념

지방 공공 서비스(local public services)는 어원적으로 '지방'이라는 개념과 '공공 서비스'라는 개념이 합쳐져서 만들어진 것이다. 즉, 지방[1)]이라는 공간에서 생산, 제공

1) 지방의 개념은 다음과 같다. 첫째, 지방은 주로 공간적·지리적인 의미로 전국과 대비되는 한 국가 내 일부분의 토지를 가리킨다. 둘째, 주로 정치·행정적 의미로, 중앙에 대해 국가 또는 영토를 구성하는 도시 이외의 토지를 말한다. 이는 흔히 지방정치나 지방문화 등 중앙정부가 있는 수도를 제외한 여타의 지역을 의미한다. 셋째, 지역(region) 개념과 동일한 의미로 사용한다. 따라

되며 소비되는 공공 서비스[2]인데, 이는 공공 서비스의 성격에 지방이라는 지역적·공간적 요소가 첨가된 개념으로 파악할 수 있다.

힐(Peter Hill)은 서비스와 재화를 엄격히 구분하는데, 재화(goods)는 경제적 단위 사이에서 소유할 수 있고 양도될 수도 있는 물리적 객체인 반면, 서비스(用役, services)는 개인이나 재화의 상태에 대해 다른 경제적 단위의 활동 결과에 의해 초래되는 변화로 인식한다(Hill, 1977). 따라서 서비스는 한 번 양도되면 다른 사람, 다른 시점에 양도될 수 없는 일시성을 가지며, 또한 저축이 불가능하며, 생산과 소비가 거의 동시에 발생하는 특성이 있다. 그러나 공공재이론은 재화와 서비스의 성격을 중심으로 재화와 서비스를 구분하지 않는다.

결국 지방 공공서비스는 "지역 주민들의 공적인 수요를 충족시키기 위해, 지방자치단체나 이에 준하는 기관이 생산·공급하는 공공 서비스"로 정의할 수 있다.

2) 지방 공공 서비스의 특성

(1) 공공재적 성격

재화와 서비스는 그 성격에 따라 [그림 15-3]과 같이 구분할 수 있으며, 지방 공공 서비스는 공공재에 속해 다음과 같은 특성을 갖는다.

지방 공공서비스는 이러한 공공재적 특성 때문에, 원활한 공급과 적절한 생산을 위해서는 정부의 개입이 필요하다. 또한 일단 정부나 민간에 의해 제공되면, 누구나 집단적으로 소비할 수 있기 때문에 무임승차자(free-riders)의 문제가 발생하며, 이들 무임승차자들을 적절히 규제할 수 있는 규제 장치가 필요하다.

또한 지방 공공 서비스는 외부효과(externalities)를 발생시킨다. 예를 들어, 도시정부가 특정 지역에 지하철을 건설하면, 지하철역 인근 지역은 상가가 집중하거나

서 현실적으로 지역과 지방의 공간적 영역은 일치할지 모르지만, 지역은 기능적·정책적 의미를 강하게 가지는 반면, 지방은 정치·행정적이며 인지적 의미를 강하게 가진다. 즉, 모든 지방은 지역일 수 있는 반면, 모든 지역은 지방이 아니다. 예를 들어, 서울은 하나의 지역이기는 하지만 결코 지방이 아니기 때문이다(손희준, 1996: 2).

2) 공공 서비스는 일명 공공재(public goods)라고 할 수 있으며 민간재(private goods)와 구별되면서, 일반적으로 공공기관을 통해 공급되는 재화와 서비스를 지칭한다(김동건, 2005: 76). 한편 시민의 관점에서 볼 때 공공 서비스는 "시민으로부터 행정의 대행을 위탁받은 정부가 행정의 주체인 시민에게 응당 제공해 주어야 할 행정 서비스"에 해당한다(최호준, 1986: 29).

그림 15-3 **재화 및 서비스의 유형**

재화 및 서비스의 특징		비배제성	
		배제 가능	배제 불가능
소비의 비경합성	경합	시장재/민간재	공유재
	비경합	요금재	공공재(집합재)

지가가 상승하는 등 외부경제 효과(external economies)가 나타나기도 하는 반면, 과밀 집중으로 인한 범죄 증가, 공해, 환경 파괴 등 외부불경제 효과(external diseconomies)가 발생하기도 한다.

(2) 공간적 성격

지방 공공 서비스는 지리적・공간적 특성이 있는데, 이는 지방 공공 서비스가 특정 지역을 대상으로 공급되는 것이 일반적이고, 서비스의 수혜자를 어느 정도 공간적으로 구분할 수 있기 때문이다. 따라서 시설의 위치와 관련된 입지 선정(location)의 문제가 포함된다. 즉, 시설 입지는 지역 주민들의 접근성(accessibility)과 공간적 효율성(locational efficiency), 서비스 배분의 형평성 등을 통해 판단해야 한다.

2. 지방 공공 서비스의 공급 유형

1) 공급 관련 요소

공공 서비스의 생산 및 공급 과정에는 세 가지 유형의 각기 다른 참여자가 있다.

첫째, 소비자(consumer)는 서비스를 직접 획득하거나 소비하는 집단이며, 둘째, 생산자(producer) 또는 공급자(supplier)[3]는 직접 서비스를 생산하거나 생산된 서비스를 소비자에게 전달하는 기관(주로 정부, 시민의 자원봉사조직, 민간기업, 비영리

3) 공공 서비스에 관한 대부분의 문헌에서 생산은 서비스 공급과 전달을 함축하는 의미로서 세 가지 용어는 상호 대체적인 용어로서 사용되고 있다. 여기서도 생산, 공급, 전달은 동일한 의미로 사용한다.

그림 15-4 서비스의 공급 관련 요소

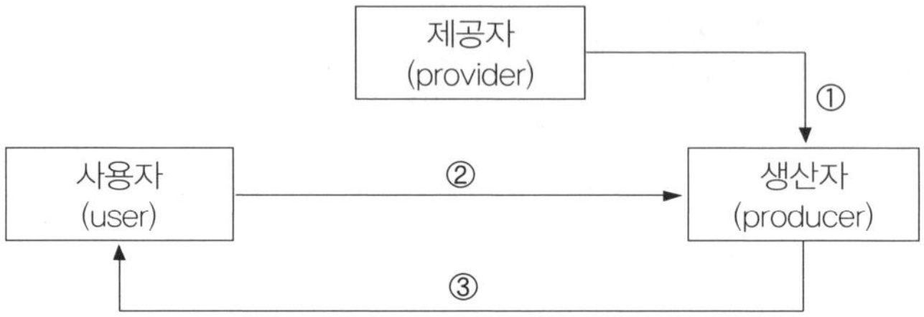

주: ① 제공자는 생산자를 선정, 지정하거나 생산자에게 서비스 공급권을 부여함.
② 서비스 비용의 지불.
③ 서비스 전달.
자료: 박재희 외(1998: 7)에서 재인용.

단체 혹은 소비자 자신)이며, 셋째, 서비스 제공자 또는 공급 결정자(arranger or provider)는 소비자에게 서비스를 공급할 생산자를 결정하는 기관이다 (Savas, 1987). 이를 간단히 나타내면 [그림 15-4]와 같다.

2) 공급 유형

공공 서비스 공급 방식은 공급 주체별로, 그리고 공급 유형별로 나눌 수 있는데, 먼저 참여 주체별로 살펴보면 다음과 같다.

공공 공급형은 공공 부문에서 서비스를 직접 공급하는 것으로, 국가나 지방자치단체가 직접 공급하는 형태와 공사 또는 공기업을 설치하여 간접적으로 공급하는 형태가 있다.

공공·민간 병존형은 공공 부문과 민간 부문이 동시에 서비스를 공급하는 형태로 병원, 대학, 미술관 및 복지 서비스 공급이 이에 속한다.

공공·민간 협력형은 공·사 부문이 공동으로 특정 서비스를 공급하는 경우로, 협력 관계에 따라 ① 사업 분담형, ② 자금 분담형, ③ 유도형으로 구분된다. 사업 분담형은 서비스 생산 업무를 공사가 합의하에 분담하는 것으로, 예를 들어 도로·토지 등 기반시설에 대한 정비는 공공 부문이 맡고, 건물 및 시설물의 건설은 민간 부문이 담당하는 경우 등을 들 수 있다. 자금 분담형은 공·사가 생산비용을 분담하는 것이며, 유도형은 사업 주체는 민간 부문이지만, 공공 부문의 재정 지원을 통해 공공 서비스 공급을 유도하고 장려하는 경우이다.

민간 위탁형은 공공 부문에서 일상적으로 하고 있는 공공 서비스 공급 업무의 일부 또는 전부를 민간 부문에 위탁하여 공급하는 유형이다.

민간 공급형은 민간 부문이 사업 주체가 되어 공급하는 유형으로, 일반적으로 전력, 가스 등 지역 독점형의 공공 서비스와 항공, 도로 운송 등의 서비스가 이에 속한다.

또한 공공 서비스의 공급 결정과 생산자에 따라 서비스의 공급 유형별[4]로 구분하면 다음과 같다(손희준, 1992: 72-73).

그림 15-5 공급 주체별 서비스 유형

공급 유형	서비스 내용 및 종류
공공 공급형 [공]	직할형: 국방, 외교, 경찰, 소방 공기업형: 우편, 전화, 고속도로, 상・하수도, 철도
공공・민간 병존형 [공 민]	병원, 학교, 미술관, 숙박시설, 양로원, 주택시설, 주택 개발, 택지 개발, 주차장, 스포츠 시설, 도시권 교통, 산림사업.
공공・민간 협력형 [(공 민)]	사업분담형: 대형 종합 프로젝트, 항만, 공항, 해양, 신교통 프로젝트, 레크리에이션 자금분담형: 교통센터, 장애자 복지시설 유도형: 시가지 재개발, 거리 질서, 문화재 보존
민간 위탁형 [공 → 민]	쓰레기 수거, 각종 검사 업무
민간 공급형 [민] (공적 통제)	지역독점형: 전기, 가스 사업 인허가형: 항공, 도로 운송

자료: 김동건(1986: 70).

4) 컬린 등은 공급 유형을 다음과 같이 분류하고 있다. ① 통합 방법(consolidated mode): 세 가지 활동을 한 행위자(actor)가 모두 맡는 것으로서 정부의 직접 공급을 의미한다. ② 계약 방법(contract mode): 계획하고 재정 부담은 하지만 생산은 하지 않는다. ③ 보조금 방법(grant mode): 재정 부담만 하고 서비스의 계획이나 생산은 하지 않는다(Kirlin, Ries & Sonenblum. 1977: 114).

정부의 직접 공급(government service)은 정부의 인력을 이용하여 정부기관에 의해 서비스를 전달하는 것으로서 정부가 공급 결정자와 생산자가 된다. 이는 두 가지 유형이 있는데, 하나는 그 비용을 조세로 충당하는 것이며, 다른 하나는 그 비용을 소비자가 직접 지불하는 경우로 수수료나 요금 등 사용자 부담금(user charges)을 받는 경우이다.

정부 간 협정 또는 계약(intergovernmental agreement)은 서비스를 공급하기 위해 한 정부가 다른 정부에 서비스를 공급을 위탁하고 비용을 지불하는 경우로, 여기서 한 정부는 생산자가 되고, 다른 한 정부는 서비스 공급 결정자가 된다.

계약(contract)은 정부가 민간기업이나 비영리조직과의 계약을 통해 시민에게 서비스를 전달하는 방법(Rehfuss, 1989)으로, 민간조직이 생산자가 되고 정부는 생산자에게 비용을 지불하는 서비스 공급 결정자가 된다.

허가 또는 지정(franchise)은 정부가 공급 결정자이며, 민간이 생산하나 비용은 소비자가 생산자에게 직접 지불한다. 종류는 민간기업에게 특정 서비스의 공급권을 독점적으로 부여하고, 정부가 가격규제 등 통제 및 감독을 실시하며 비용은 소비자가 지불하는 독점적 허가와 택시 등 사업 면허를 부여하여 소비자의 서비스 선택권을 보장하고, 소비자와 정부가 동시에 공급 결정자가 되는 경쟁적 허가가 있다.

보조금(grants)은 정부가 생산자에게 보조금을 지급하거나 세제상의 혜택을 주는 것을 말한다. 이 경우 생산자는 민간기업(영리 혹은 비영리)이며, 공급 결정자와 비용 지불자는 정부와 소비자가 된다.

지불증서(vouchers)[5]는 특정 계층의 소비자가 특정한 서비스를 이용할 수 있도록 소비자에게 지불증서를 주어 소비자가 비교적 자유롭게 서비스를 선택하도록 하는 것이다. 이 경우 생산자는 민간기업이며, 정부와 소비자가 생산자에게 비용을 지불한다. 일반적으로 빈민계층에게 지급하는 식권(食券, food stamp)이나 우리나라의 노인들에게 지급하는 경로우대증 같은 것이 이에 해당한다.

시장 공급(market)은 시장재와 요금재는 소비자가 스스로 서비스에 대한 공급 결

5) 우리나라에서 바우처(voucher)란 용어는 학자마다 달리 번역하고 있다. 예를 들어, 현금증서 또는 증서(권원용 · 최태호, 1988; 조정제, 1990) 및 이용권(박경원, 1991) 등으로 사용되고 있는데, 여기에서는 지불증서로 사용하고자 한다. 좀 더 자세한 내용은 브리지(Bridge, 1977)와 블러그(Blaug, 1984) 등을 참조할 것. 최근에는 그냥 바우처라고 하기도 한다.

그림 15-6 공공 서비스의 공급 유형

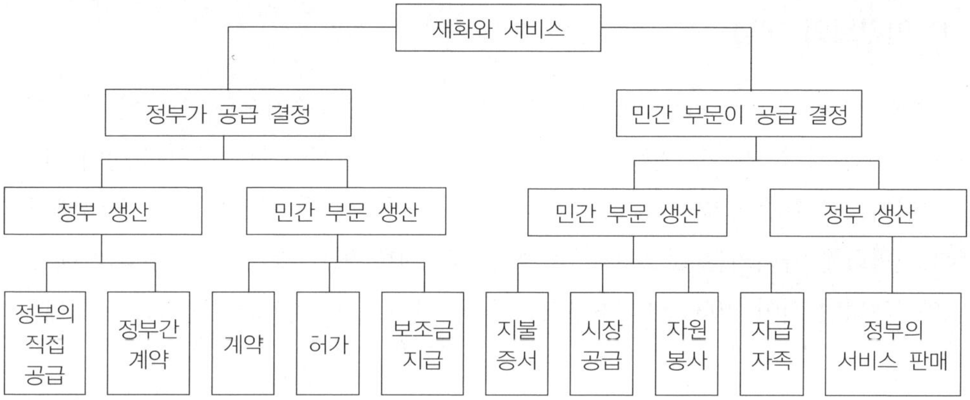

자료 Savas(1987: 5).

정도 하고, 생산자를 선택하여 그 비용도 지불하는 것이다. 정부는 가격이나 상품의 질에 대한 약간의 규제만 한다.

자원봉사(voluntary service)는 인적 서비스(human service)의 경우 자원조직이 자발적인 노력을 통해 공급하는 것으로, 자원조직이 공급 결정자가 되어 직접 서비스를 공급하거나, 민간기업에게 비용을 지불하여 대신 생산케 하는 경우가 있다.

자급자족(self-service)은 가장 기본적인 공급 유형으로서 자신이나 가족 구성원 스스로가 서비스를 생산하여 소비하는 경우이다. 방범활동으로 사설 경비업체를 고용하는 경우가 이에 속한다. 이 경우 다른 주체의 활동이나 역할은 전혀 없다. 최근 도시문제가 복잡해지고, 서비스 수준에 대한 요구가 급격히 증가하면서 시민 개개인들과 가족의 역할이 강조된다(이달곤, 1988: 166-168).

정부의 서비스 판매(government vending)는 정부가 민간기업과의 경쟁적 상태에서 서비스를 생산하고, 소비자가 이를 소비하는 형태이다. 정부가 민간기업과 경쟁적으로 담배나 인삼 등을 판매하는 경우가 이에 해당한다.

3. 민간화의 개념과 방법

1) 민간화의 개념

민간화(民間化, privatization)란 1970년대에 미국을 중심으로 확산된 용어이며, 특히 1979년 영국 보수당 내각이 들어서면서 민영화 정책이 보수당의 강령이 되면서 전 세계적으로 확산되었다(Ascher, 1987: 3-4). 이 당시의 민영화는 주로 국영 공기업의 민영화를 가리키는 것으로 주로 소유권의 전환 또는 정부 보유 주식의 매각 등으로 이해되던 것이, 1980년대 초부터는 공공 서비스의 민간 공급으로까지 확대되었다.[6)]

또한 미국의 해외 원조기관인 AID(the US Agency for International Development)는 민간화를 공공 부문의 기능(function), 활동(activity), 조직(organization)을 민간 부문으로 이전하는 것으로 규정하고, 자유시장 경제와 경쟁 원리를 도입하는 것으로 정의하고 있다(윤성식, 1998: 495). 이러한 민간화의 개념에 대한 학자들 간의 정의를 살펴보면 다음과 같다.

사바스(E. S. Savas)는 민간화를 어떠한 활동이나 어느 산업의 소유에서 정부의 역할을 축소하거나 민간 부문의 역할을 증대시키는 활동이라고 정의하고 있으며(Savas, 1987), 콜더리(T. Kolderie)는 특히 공공 서비스의 제공이라는 측면을 강조하여, 서비스의 공급과 생산을 분리하여 서비스 생산의 민간화(privatizing production)는 단순히 생산 주체가 정부기관에서 비정부조직으로 전환 또는 대체됨을 의미하며, 서비스 공급의 민간화(privatization the provision of service)는 서비스의 수요자, 규제자, 기준 설정자, 정책결정자로서의 정부 역할을 축소시켜 주민들 자신이 그 서비스의 구입 여부와 대가 지불 여부를 필요에 따라 스스로 결정하는 것이라고 한다(Kolderie, 1986).

---

6) 일반적으로 민간화는 공공 서비스의 공급이나 제공을 민간 부문으로 전환하는 것으로 이해하고, 민영화는 공기업 등 국영기업이나 국유화된 시설물의 민간 부문으로의 매각 또는 경영의 전환으로 이해한다. 따라서 여기에서는 공공 서비스의 공급과 생산을 대상으로 하여, 민영화보다는 민간화로 사용하면서, 문맥에 따라서는 민영화를 혼용하고자 한다.

2) 민간화 방법

정부는 일반적으로 재화나 서비스에 대한 공급(provision), 보조금(subsidy) 지급 및 규제(regulation) 등 세 가지 형태로 국가의 사회경제 활동에 개입하고 있으며, 이러한 정부 기능에 따라 민간화의 다양한 형태가 나타난다(Le Grand & Robinson, 1984).

또한 민간화의 개념은 정부개입의 축소나 제거 형태에 의해서만 달라지는 것이 아니라, 정부개입 대신에 제시된 대안이 무엇이냐에 따라서도 그 방법이 달라진다. 첫째, 공적 소유(public ownership) 및 공공 서비스 공급의 민간화로, 이는 다시 중앙정부 차원의 공기업 민영화와 지방정부 차원의 공공 서비스 민간화로 구분할 수 있는데, 공기업의 민영화는 주로 소유권의 변화로, 정부자산이나 공기업의 매각, 국민주(國民株)로의 보급 등이 해당되며, 공공 서비스의 민간화는 주로 서비스 생산 및 공급의 민간화로 생산 및 공급 주체의 변화를 의미한다. 둘째, 재정 부담의 민간화로, 정부가 제공하는 서비스에 대해 사용자 부담 원칙을 확대하고, 보조금의 삭감이나 공

표 15-5 민간화 개념 및 방법

정부개입의 형태	민간화의 의미	민간화 방법
공공 소유 및 공공 서비스의 제공 • 소유권 • 공급 • 생산	공기업의 민영화 • 소유권의 민영화 공공 서비스의 민간화 • 공급의 민간화 • 생산의 민간화	정부의 자산이나 국영기업의 매각 국민주의 보급 민간 공급의 확대 계약(contract) 지불증서(voucher) 허가(franchise) 자원봉사 자유경쟁시장 자급자족
재정 동원 또는 보조금 지급 (financing)	비용 부담의 민간화 정부보조의 축소	사용자 부담 원칙 확대: – 보조금의 삭감 – 공공자금 보조의 철회 – 허가 자원봉사 자유경쟁시장 자급자족
규제(regulation)	규제의 완화 및 철폐	가격 및 질의 규제 완화와 철폐 시장 진입의 자유화

자료: 손희준(1992).

공 서비스 요금 보조의 철회, 허가, 자발조직에 의한 공급 및 자급자족 등을 의미한다. 셋째, 정부개입의 민간화로, 규제 완화 및 철회, 시장 진입의 자유화를 말한다.

결국 민간화란 단순한 의미의 공기업의 민영화나 사유화뿐만 아니라 공공 부문의 기능을 분담하는 모든 민간 부문의 참여와 민간 영역의 확대를 의미하는 것으로 이해된다.

4. 지방 공공 서비스의 민간화 방안

1) 민간화 대상의 결정

지방 공공 서비스의 민간화를 위해 고려해야 할 문제는 우선 민간화할 수 있는 서비스가 무엇인가 하는 것이다. 이는 현재 정부의 기능 재검토에서 출발하여, 지방정부 기능 혹은 행정 수비 범위의 적정화 모색을 거쳐, 부문별로 적용 가능한 대상을 선정하는 문제이다. 그 다음은 어떠한 방향으로 민간화할 것이며 어떠한 형태로 추진할 것인가를 결정하는 문제이다.

우선, 정부가 개입할 필요성이 있는 부문 또는 서비스인가의 여부를 결정하기 위해서는 공공성(publicness)을 고려해야 한다. 공공성이 인정되면 어떤 형태로든지 정부가 개입할 필요가 있지만, 공공성이 약한 경우에는 시장 기능에 맡기는 것이 필요하다. 정부개입이 필요하다고 인정될 경우에도 어떻게 개입할 것인가를 판단하여, 민간화 가능성을 판단해야 한다. [그림 15－7]은 이러한 민간화 활용 부문을 선정하기 위한 의사결정 과정을 표시한 것이다(심정근 외, 1997 323－325).

이와 같은 의사결정 과정에 따라 민간화 선정 기준인 공공 서비스의 속성 · 민간 부문과의 상대성 · 비용과 효과 등을 고려하여 민간화 대상을 분류한다. 이러한 민간화 대상으로 가능성이 높은 분야는 ① 영선관리(營繕管理: 순수노무 분야), ② 쓰레기 · 분뇨 수거, ③ 사회복지, ④ 문화 · 예술 · 체육, ⑤ 환경 · 위생, ⑥ 관광 · 오락, ⑦ 토목사업, ⑧ 각종 자격 · 면허시험, ⑨ 조사 · 통계 ⑩ 교통, ⑪ 정보 시스템 등이다.

그림 15-7 민간화 활용 부문의 의사결정 과정

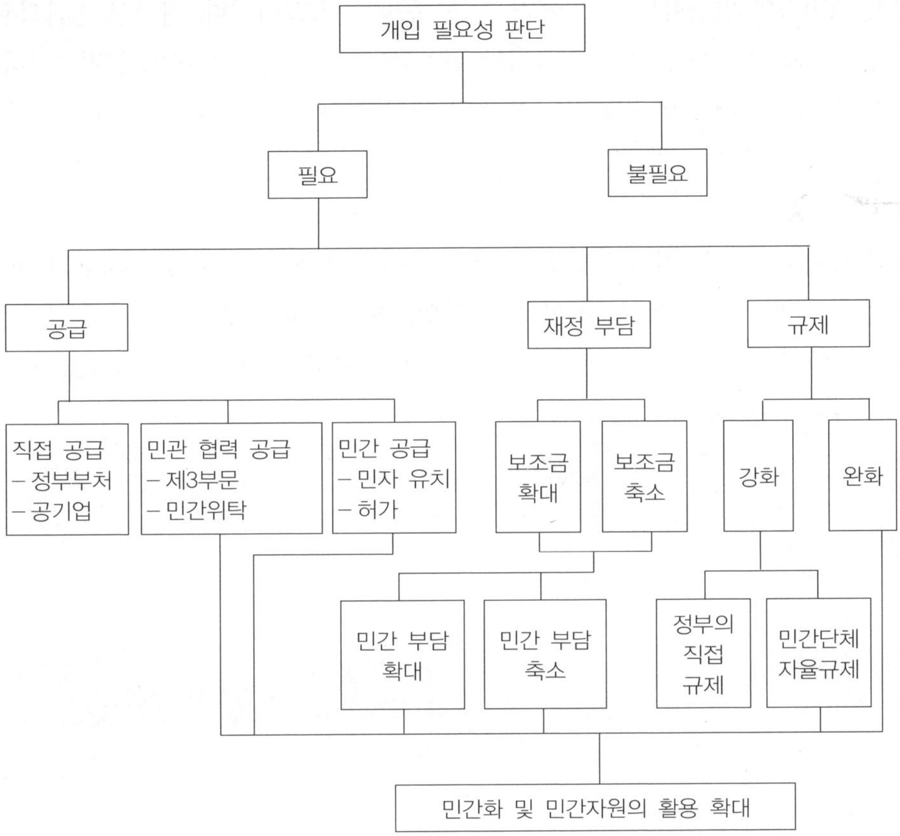

자료: 심정근 외(1997: 325).

2) 민간화 방안 모색

민간화가 가능한 대상 서비스가 선정되면 적절한 민간화 방법과 활용 계획을 수립해야 한다.

우선, 대상 서비스의 성격을 분석하여 가장 적합한 민간화 방법을 연계하고, 이를 위한 법적·제도적 장치를 마련하며, 민간 부문과의 계약을 통할 경우에는 민간화의 성과에 따라 재계약이나 계약 파기 또는 불성실하게 이행 시 보상금이나 배상금의 청구 방안 등을 계약서에 명기해야 한다.

3) 민간화 성과에 대한 모니터링

공공 서비스의 민간화는 그 자체가 최종 목표는 결코 아니다. 따라서 민간화된 서비스의 성과와 효과성에 대한 지속적인 평가와 모니터 활동은 반드시 필요하다. 따라서 지방 공공 서비스의 민간화는 단순히 행정 수비 범위의 축소가 아니라, 서비스의 다양화와 질적 향상 및 민간 부문의 활력을 지역경제에 도입한다는 점에서 강구되어야 한다.

그러므로 지방 공공 서비스의 민간화를 활용하기 위해서는 전제 조건과 그 한계점을 충분히 고려하여 도입해야 하며(심정근 외, 1997: 326－328), 민간화의 효과를 극대화하기 위해서는 경제적 측면뿐만 아니라 이를 통한 사회적 형평성의 효과까지도 함께 고려해야 한다.

PART

5

지방재정관리론

Chapter

16 지방재정관리제도

제 1 절 지방재정관리제도의 의의

1. 지방재정관리제도의 개념

지방재정관리제도란 지방정부가 재정을 건전하고 효율적으로 운영하기 위하여 예산 편성 및 집행 등의 예산 과정에서 이루어지는 지방재정법 등의 법률에 규정된 각종 재정관리라고 정의하기도 하고(윤영진, 2016: 229), 지방재정이 지역 주민의 복지를 증진하기 위해 필요한 재화와 서비스를 제공하는 데 소요되는 재원을 조달할 수 있는가, 지방세출 중 큰 비중을 차지하고 있는 주요 투자 사업이 투자가치가 있는가, 효율적으로 운영되고 있는 지를 점검하고 평가하는 제도(김동기, 2008: 331)라고 정의되기도 한다.

여기에 일부 전문가들은 지방재정관리와 지방재정 운영을 구분하기도 하는데, 즉 지방재정관리(local finance management/administration)는 지방자치단체가 지역 주민의 복리 증진을 위해 필요한 재화와 서비스를 제공하는 데 소요되는 재원을 자율적이며 효율적으로 확보하고 운용하도록 지도・조정・점검・평가하는 일체의 행정 행위인 반면, 지방재정 운영(local finance management/operation)은 지방자치단체가 주민의 복지 증진이라는 목표를 실현하기 위해 지역의 조직과 자원을 사용하는 형성적이고 구체적인 활동이라고 정의하기도 한다(이희봉, 2011: 689).[1)]

따라서 개념적으로 지방재정 운영은 재정 행위의 주체라는 입장에서 목적을 실현하기 위한 실천적이고 형성적인 행위인데 반해, 지방재정관리는 재정 목적의 효과적인 실현을 위해 개별적인 재정 행위를 감독하고 조정하는 기술적이고 현상적인 행위라는 점에서 구별하기도 하나, 재정 운영이나 재정관리 모두 지방정부가 지역의 공공욕구와 주민의 복지 증진을 위해 필요한 재원을 조달하고 집행하는 재정활동의 일환으로서 자원이나 투입 요소를 결합하고 조정하는 행위라는 점에서 공통점을 가지고 있으며, 실질적으로도 재정 운영이나 재정관리는 혼용(混用)되고 있다(이희봉, 2011: 689).

또한 지방재정관리제도를 단순히 "지방자치단체가 재정을 건전하고 효율적으로 운영하기 위하여 「지방자치법」과 「지방재정법」 등에서 규정하고 있는 예산 과정에 관한 각종 제도"로 이해하기도 한다(김종희, 2006).

결국 지방재정관리제도란 지방자치단체가 재정을 건전하고 효율적으로 운영하기 위하여, 예산편성과 집행 및 결산 등 전 예산 과정과 재정활동을 수행하는 데 있어서 지켜야 할 「지방자치법」과 「지방재정법」 등에 규정된 각종 제도를 의미한다고 할 수 있다. 따라서 다른 의미로 본다면 지방재정 활동을 수행하는 데 있어야 지켜야 할 일종의 규범이나 기준 및 준거라고 할 수 있다. 따라서 지방재정관리제도를 일종의 재정통제(fiscal control) 수단으로 인식하기도 하는데, 주로 내부통제(internal control)보다는 외부통제수단(external control)이라고 할 수 있다.

2. 지방재정관리제도의 목적

지방재정관리제도는 건전하고 효율적인 재정 운영의 실현을 위해 계획적인 재정 운영과 한정된 재원의 투자효율을 극대화하기 위한 투자심사 기법 등 개별 제도들이 시계열적으로 단계적으로 연계되어 있으므로 이들을 통합적으로 기능하게 할 필요

---

1) 용어의 사전적 의미를 중심으로 "관리(管理, administration, management)란 어떤 일의 사무를 맡아 처리하는 것이며, 운영(運營, management, operation)이란 조직이나 기구, 사업체 따위를 목적과 계획에 따라 움직이게 하는 것이다"라고 구분하기도 한다(이희봉, 2011).

가 있다(이성근 외, 2016: 241).

지방재정관리제도의 필요성 또는 목적은 지방재정 운영의 건전성과 효율성을 도모하는 데 있으며, 이를 「지방자치법」과 「지방재정법」은 재정 운영의 기본 원칙으로 명시하고 있다.

즉, 「지방자치법」은 제7장 재무장에서 재정 운영의 기본 원칙으로 "① 지방자치단체는 그 재정을 수지 균형의 원칙에 따라 건전하게 운영해야 한다. ② 국가는 지방재정의 자주성과 건전한 운영을 조장해야 하며, 국가의 부담을 지방자치단체에 넘겨서는 아니 된다"고 규정하고 있다(지방자치법 제122조).

「지방재정법」 역시 '지방재정 운용의 기본 원칙'으로 "지방자치단체는 주민의 복리 증진을 위하여 그 재정을 건전하고 효율적으로 운용하여야 하며, 국가의 정책에 반하거나 국가 또는 다른 지방자치단체의 재정에 부당한 영향을 미치게 하여서는 아니 된다"고 규정하고 있다(지방재정법 제3조 제1항).

최근에는 이러한 원칙에 추가하여 "지방자치단체는 예산이 여성과 남성에게 미치는 효과를 평가하고, 그 결과를 지방자치단체의 예산에 반영하기 위하여 노력하여야 한다"고 규정하여(지방재정법 제3조 제2항), 성인지적 관점의 성인지 예산제도의 적용을 명문화하고 있다.

또한 2014년 「지방재정법」 개정을 통해 성과 중심의 지방재정 운용에 관한 규정을 도입하였는데, 제5조에 "① 지방자치단체의 장은 재정활동의 성과관리 체계를 구축하여야 한다. ② 지방자치단체의 장은 행정안전부령으로 정하는 바에 따라 예산의 성과계획서 및 성과보고서를 작성하여야 한다. ③ 지방자치단체의 장은 대통령령으로 정하는 바에 따라 주요 재정사업을 평가하고 그 결과를 재정운용에 반영할 수 있다. ④ 성과 중심의 지방재정 운용을 위하여 필요한 그 밖의 사항은 행정안전부령으로 정한다"고 구체적으로 명시하고 있다(지방재정법 제5조).

이러한 관련 규정을 보면 지방재정관리제도의 도입 목적은 지방재정 운용에 있어 준수해야 할 기준으로 건전성, 효율성, 책임성, 투명성, 성과지향성 및 양성 평등의 달성 등을 제시하고 있는 것으로 볼 수 있다.

제 2 절 지방재정관리제도의 유형

1. 지방예산 과정에 따른 재정관리제도

1) 사전적 재정관리제도

대부분 지방재정관리제도를 지방예산 과정에 따른 예산 편성과 관련된 사전적(事前的, pre) 재정관리제도와 예산 편성 후 집행 및 결산제도와 관련된 사후적(事後的, post) 재정관리제도로 구분한다(윤영진, 2016; 김종희, 2006).

이러한 지방재정관리제도는 지방재정의 건전성과 효율성 확보를 위해서 제도 간의 유기적이고 체계적인 통합 운영이 요구된다. 그러나 실제로는 대부분의 지방재정관리제도가 특정 문제만을 해결하기 위해 도입되어 운영되다 보니, 제도를 운용하고 적용해야 할 지방자치단체로서는 전체적인 입장에서 각 제도의 연계와 통합적인 시각이 매우 부족하다. 즉, 각 지방재정관리제도가 담당 부서 간 칸막이식으로 운용되어, 중복적이며, 형식화 되고 있는 실정이다. 특히 전체적인 핵심관리자(control tower) 없이 제도를 제각기 작동하다 보면, 제도 도입의 목적이 제대로 달성될 수 없

표 16-1 과거 지방재정관리제도의 유형

구 분	지방재정관리제도	관련 법률
사전적 관리제도	중기지방재정계획제도	지방재정법 제33조
	투융자심사제도	지방재정법 제37조
	예산편성기준제도	지방재정법 제38조
	지방비부담 협의제도	지방재정법 제25~27조 보조금 관련 법률 제13조
	지방채 발행 승인제도	지방자치법 제115조 제1항 지방재정법 제11~12조
사후적 관리제도	지방재정분석 · 진단제도	지방재정법 제55~57조
	지방재정 운영 상황 분석	지방재정법 제60조
	예산성과금제도	지방재정법 제48조

자료: 김종희(2006: 387).

을 뿐만 아니라, 제도를 운용하는 담당 공무원 역시 순환보직에 의해 전문성이 낮아지고, 재정 관리를 전담하는 조직이나 인력이 부족해 제도의 효율적 운용과 효과성이 낮아질 수 있다.

따라서 지방재정과 자금의 흐름 및 재정정보를 자치단체 전체적인 시각에서 조망하고 관리할 수 있는 통합재정관리 시스템을 구축할 필요가 있다.

이미 과거에도 다양한 재정관리제도가 <표 16-1>과 같이 사전적, 사후적으로 운용되어 왔다.

특히 김동기(2011)는 <표 16-2>와 같이 지방예산 과정을 중심으로 재정관리제도를 구분하고 있는데, 예산편성 이전부터 운용되는 사전적 제도로는 중기지방재정계획, 투융자심사제도, 지방채 발행 관련 제도, 지방자치단체 예산편성 기준 제시 및 재정운용편람 보급, 지방비부담 관련 법령 및 국고보조예산 협의 등이 있고, 예산을 편성·집행하면서 운용하는 제도로는 예산편성의 주민참여 및 공개 확대, 지방재정 조기집행, 지방계약 지도, 지방금고운용 지도, 지방기금운용 지도 등을 들고 있다.

따라서 사전적 재정관리제도는 주로 예산편성 단계에서 운용되는 제도로, 지방예산 편성에 반영하기 위한 사전 단계로 중기지방재정계획의 수립과 투자심사[2]제도를 거쳐야 한다. 이러한 사전 제도를 거치지 않으면 지방교부세 감액 등의 페널티를 받게 된다.

예산편성 단계에서는 예산편성 운용 기준 및 작성매뉴얼 등을 행정안전부에서 통보해 주며, 각 단체별로 지방채 발행 총액한도액을 통보하며, 지방비 부담을 수반하

표 16-2 지방재정관리제도의 유형

사전 재정관리	재정집행 지도	사후 재정관리	기 타
① 중기지방재정계획 ② 투융자심사 ③ 지방채 발행 총액한도제 ④ 지방예산편성 기준 제시 ⑤ 지방비 부담 관련 법령 및 국고보조예산 협의	① 예산편성의 주민참여 및 공개 확대 ② 지방재정 조기집행 ③ 지방계약 지도 ④ 지방금고 운용 지도 ⑤ 지방기금 운용 지도	① 지방재정분석·진단 ② 교부세 인센티브 및 감액	① 복식부기회계제도 ② 지방통합재정분석 제도 ③ 지방재정상황공개 제도

자료: 김동기(2011: 332).

2) 과거에는 융자를 위한 기능이 일부 있어, 투융자심사라고 하였으나, 현재는 융자 기능이 제외되어 투자심사로 표현하고 있다.

는 경비 등에 대해서 관련 중앙관서의 장은 행정안전부 장관과 사전에 협의해야 한다.

또한 재정집행 과정의 지도를 위한 예산편성의 주민참여 및 공개 확대는 2011년 9월을 기해서, 전면적으로 도입된 주민참여 예산제도에 의해 더욱 확대된 것이라고 할 수 있으며, 지방재정의 조기집행(早期執行)은 2008년 말 미국의 서브프라임 모기지 사태에 의한 세계 경제 위기를 극복하기 위해 지방예산의 조기 집행을 독려하기 위한 일시적인 재정관리제도이다.

지방계약 지도는 2005년 6월에 과거의 지방재정법을 분법(分法)하면서 분리한 「지방자치단체를 당사자로 하는 계약에 관한 법률」에 의해 계약 과정과 절차를 더욱 투명하고 공개적으로 하기 위한 것이며, 지방금고 운용은 지방재정에 있어서의 현금관리(cash management) 및 유동성 관리와 관련된 것이고, 지방기금 운용 지도는 예산외(off-budget)로 운용하는 지방기금제도에 대한 것으로, 이것 역시 2005년 6월 분법을 「지방자치단체기금관리기본법」에 의한 관리방안이어서, 지방예산 제도와는 다소 거리가 있다고 할 수 있다.

또한 2011년에는 지방자치단체의 장이 예산상 또는 기금상의 조치를 수반하는 의안(議案)을 발의할 경우에는 그 의안의 시행에 수반될 비용에 대한 추계와 이에 상응하는 재원 조달 방안에 관한 자료를 의안에 첨부하도록 하였다.

2012년에는 중앙부처의 자의적인 예산편성 방지 및 중앙·지방 간 적정한 부담수준을 사전에 심의·조정하기 위하여 과도한 지방비 부담을 방지하기 위한 목적으로, 지방재정부담심의위원회를 구성하여 운용하였다(류민정, 2016: 72). 초창기에는 행정자치부 소속으로 제2차관이 위원장이었으나, 기획재정부의 소극적인 참여와 실효성의 부족 등이 지적되어 2014년부터는 국무총리 소속으로 격상하고, 본 위원회 산하 '지방재정부담심의 실무위원회'를 두어 지방재정 부담에 대한 심의 기준과 방향성을 검토하도록 위원회의 기능과 위상을 높이기도 하였다.

2014년에는 지방재정 영향평가 제도를 도입하였다. 지방재정 영향평가는 지방과 중앙 모두에게 해당되며, 단체장이 대규모 지방재정 부담을 초래하는 행사·축제, 공모사업 등의 신청 전에 지방재정에 미치는 영향을 사전에 평가하여 투자심사위원회의 심사를 거치도록 하였다. 중앙관서의 장 역시 지방재정 부담을 수반하는 법령 제·개정을 추진할 경우, 행정안전부 장관과 협의하거나 의견을 청취할 때 재정영향을 평가하여 그 결과를 행정안전부 장관에게 제출하도록 하였다.

2) 사후적 재정관리제도

사후적 재정관리제도는 예산의 집행 및 결산 이후에 운영되는 관리제도이다. 대표적인 제도가 지방재정분석 · 진단제도이다.

지방재정분석은 매년 전(全) 지방자치단체를 대상으로 확정된 결산자료를 토대로 지방의 재정 상태를 점검하고 분석하는 제도로, 재정분석 결과 재정 운영의 건전성과 효율성이 저조한 단체에 대해서는 재정진단을 추가적으로 실시한다.

또한 지방교부세 인센티브 및 감액제도는 재정 운영의 과정 및 결과를 토대로 각 자치단체에 대해 인센티브와 페널티를 부여하는 제도이다. 인센티브제도는 재정분석 결과 우수단체와 재정 관련 시책에 적극 부응하여 우수한 실적을 나타낸 단체에 대하여 특별교부세를 교부하는 제도이며, 페널티 제도는 다음 연도 지방교부세 교부 시에 법령상 위반이나 징수를 게을리하는 경우 등에 대해 일정한 감액 조치를 시행하는 것이다.

지방재정공시 및 재정정보 공개제도는 재정 운영의 투명성을 확보하기 위한 제도이다. 특히 재정 공시(公示)는 예산 또는 결산의 확정 또는 승인 후 2개월 이내에 세입 · 세출예산의 운용 상황, 성과계획서와 성과보고서, 재무제표 등을 주민에게 공시하는 제도이다. 주민들의 '알 권리'를 충족하기 위한 제도로서, 재정공시와 공개를 의무화했으며, 주무부처인 행정안전부 장관은 지방정부로부터 보고받은 내용을 분석 · 평가하여 그 결과를 토대로 필요한 항목에 대해서는 자치단체별로 구분하여 공시하되, 단체 간 비교 공시도 할 수 있게 하였다.

또한 지방통합재정분석제도는 현재 지방재정분석제도와 연계하여 운용하고 있어 구분할 실익이 적고, 지방재정 상황 주민공개는 주민참여 예산제도 및 재정공시제도와 통합하여 고려하는 것이 적절하다고 판단된다.

3) 광의의 재정관리제도

지방예산 운용 과정을 기준으로 사전적 또는 사후적 재정관리제도로 구분하기도 하지만, 이에 덧붙여 재정관리 인프라에 해당하는 제도로, 사업예산제도와 재정성과관리제도, 복식부기 · 발생주의 회계제도, 지방재정 정보시스템(e호조), 성인지 예산

제도, 주민참여 예산제도 등을 들기도 한다(윤영진, 2016: 235).

또한 김동기(2011) 역시 기타 제도로 복식부기 회계제도, 지방통합재정분석제도, 지방재정 상황 주민공개 등을 구분하기도 한다.

특히 2011년에 도입된 지방재정위기 사전경보시스템은 기타로 분류할 수도 있고, 또한 집행 과정과 관련되기도 하여 추가하여야 할 것이다.

그림 16-1 지방재정 조기경보 및 위기관리 흐름도

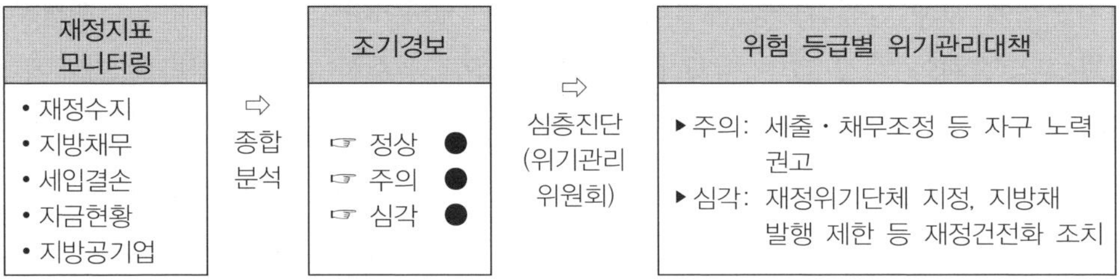

자료: 행정안전부(2011).

지방재정 사전경보시스템은 전체 지방자치단체를 대상으로 재정수지와 채무 증가 등 재정 상황을 상시 모니터링하여 재정 위험 수준에 따라, 정상→주의→심각으로 등급화하는 조기경보시스템(early warning system)이다. 주의단체는 채무 감축과 세출 구조조정 등 자체적인 재정건전화계획을 수립 · 시행하게 하며, 심각단체로 지정되면, 지방채 발행 및 신규 사업을 제한하는 등 의무적 재정건전화계획을 수립 · 시행하도록 하고 있다(행정안전부, 2011).

이러한 지방재정관리제도의 유형을 주로 지방예산 과정 및 절차와 관련하여 구분한 내용을 요약하면 다음 <표 16-3>과 같다.

표 16-3 예산 과정별 지방재정관리제도의 유형

재정관리제도 유형		관리 주체	법적 근거
사전적 재정관리			
	• 중기지방재정계획	지방정부	지방재정법 제33조
	• 투자심사	지방정부	지방재정법 제37조
	• 예산편성 기준	중앙정부	지방재정법 제38조
	• 지방채 발행 총액한도	중앙정부	지방재정법 제11조
	• 지방비 부담협의	중앙정부	지방재정법 제25조, 제26조, 보조금관리법 제7조
	• 의안 비용추계	지방정부	지방자치법 제66조의3
	• 지방재정 영향평가	지방/중앙정부	지방재정법 제27조의6
사후적 재정관리			
	• 지방재정분석 · 진단	중앙정부	지방재정법 제55조
	• 재정위기단체 지정	중앙정부	지방재정법 제55조의2~5
	• 지방재정 인센티브 및 교부세 감액	중앙정부	지방재정법 제57조, 지방교부세법 제11조
	• 지방재정공시	지방정부	지방재정법 제60조
	• 예산 성과금	지방정부	지방재정법 제48조
	• 예산불법 지출 · 낭비 주민감시	지방정부	지방재정법 제48조의2
광의의 재정관리			
	• 사업예산제도	지방정부	지방재정법 제41조
	• 성과관리(성과계획/보고서)	지방정부	지방재정법 제5조
	• 복식부기 · 회계제도	지방정부	지방재정법 제53조
	• 재정정보시스템(e호조)	지방정부	지방재정법 제96조의2
	• 성인지 예산제도	지방정부	지방재정법 제36조, 제53조의2
	• 주민참여 예산제도	지방정부	지방재정법 제39조

자료: 윤영진(2016: 232).

2. 자율성 관점에 따른 유형

과거 참여정부는 지방재정의 자율성 제고와 지방분권을 달성하기 위한 재정분권(fiscal decentralization) 과제의 선정을 위해 기존의 사전적 재정통제수단을 어떻게 개선할 것인가에 초점을 두었다(정부혁신지방분권위원회, 2004).

따라서 기존의 지방재정관리제도의 특징을 주로 내용적 관점에서 통제의 방향과 내용을 중심으로 다음 <표 16-4>와 같이 구분하였다.

표 16-4 참여정부에서의 지방재정관리제도 유형

구 분	재정관리제도	법적 근거	비 고
예산편성 관련	• 중기지방재정계획제도 • 투융자심사제도 • 예산편성기본지침 • 지방비부담 협의제도 • 지방채 발행 승인제도	지방재정법 제16조 지방재정법 제30조 지방재정법 제30조, 제32조 지방재정법 제23조 지방자치법 제115조, 지방재정법 제8조	상향식 보고, 정리 하향식 통제, 비권력적, 실질적 하향식 통제, 재량 확대 상호조정, 관례준용 하향식 통제, 권력적, 형식적
예산집행 및 결산 관련	• 지방재정분석 · 진단 • 지방재정 운영 상황 측정 • 지방재정 인센티브제도 • 지방재정 상황 주민공개	지방재정법 제118조 지방재정법 제2조 지방교부세법 제9조 지방재정법 제118조의3	하향식 진단 및 권고 조치 하향식 진단 하향식 · 객관적 벌칙 일반 권고 사항

자료: 정부혁신지방분권위원회(2004: 676).

3. 재정관리제도의 목적에 따른 유형

지방재정관리제도 도입 목적은 근본적으로 지방재정의 건전성과 효율성으로, 제도 도입 당시부터 강조점을 보면 대부분 지방재정 운용의 건전성, 책임성, 효과성, 효율성 등이 강조되어 오다가 최근에는 건전성과 책임성, 그리고 투명성과 공개성 등이 강조되는 등 변화가 있어 재정관리제도의 유형과 내용 등에서도 변화가 초래되었다.

특히 2008년 이후 사업예산(program budget) 제도의 도입에 따라 예산사업의 성과 관리 등 효과성 기준과 성인지 예산제도의 도입에 의한 양성 평등(兩性 平等)의 새로운 기준이 도입되었다.

문제는 대부분의 제도 도입 목적이 상충적이고 기존의 제도와 중복되다 보니, 결국에는 형식적인 운용에 그치는 사례가 나타나고 있다는 점이다.

이처럼 지방재정관리제도의 도입 목적에 따라 유형화하여 구분하면 다음 <표 16-5>와 같다.

표 16-5 지방재정관리제도 도입 목적에 따른 유형

구 분	지방재정관리제도	도입 목적
예산편성	• 지방재정 영향평가 • 중기지방재정계획 • 지방투자심사 • 주민참여 예산편성 • 예산편성 운영 기준 • 지방재정부담심의위원회 • 지방채 발행 총액한도제 • 지방비 부담 협의	건전성, 효과성 계획성, 연계성, 효과성, 책임성 효과성, 책임성, 효율성 투명성, 공개성, 책임성 연계성, 통일성 건전성, 효과성 건전성, 책임성 연계성, 통일성, 책임성
예산집행 및 결산	• 지방재정분석 · 진단 • 통합재정정보 제공 • 재정 운용 상황의 공시	건전성, 책임성 공개성, 통일성, 책임성 투명성, 공개성
기타	• 사업예산제도 • 복식부기 회계제도 • 지방재정위기 사전경보시스템 • 성인지 예산	효과성(성과), 책임성 투명성, 효율성, 책임성 건전성, 책임성 양성 평등

Chapter 17

중기지방재정계획

제 1 절 중기지방재정계획의 의의

1. 중기지방재정계획의 의의

중기지방재정계획(mid-term local financial plan)이란 지방자치단체가 단년도(單年度) 예산[1]의 한계를 극복하여 예산의 시계(視界, time horizon)를 3~5년을 대상으로 하는 재정 운영 정책을 수립하고, 이에 따라 재원 동원 및 재원배분의 방향을 설정·계획함으로써 예산편성의 합리성을 제고하려는 제도이다(손희준 외, 2011).

즉, 중기지방재정계획은 지방자치단체의 발전계획과 수요를 중·장기적으로 전망하여 반영한 다년도(多年度) 예산으로서, 효율적인 재원배분을 통한 계획적인 지방재정 운영을 위해 수립하는 5년 간의 연동화 계획(rolling plan)이다(행정안전부, 2019: 102).

지방자치단체가 중·장기에 걸쳐 재정 운용 정책을 수립하고, 이를 기초로 하여

1) 쉬크(A. Schick)에 의하면, 예산제도는 통제 지향형, 관리 지향형, 계획 지향형의 세 단계를 거치면서 발달해 왔다. 여기서 계획 지향형 예산제도는 예산을 중·장기적 계획과의 관계에서 인식함으로써 재정이 사업계획을 수립·실시하는 데 효율적으로 뒷받침하며, 더 나아가서는 재정의 효율적 집행을 도모하는 데 그 목적을 두고 있다(Schick, 1996: 243-258).

재원의 동원 및 배분 방향을 매년 연동(連動)하여 지역개발계획의 실효성을 뒷받침하기 위한 제도로 정의된다.[2)]

따라서 이러한 중기지방재정계획은 다음과 같은 특성을 갖는다.

첫째, 중기지방재정계획의 수립 주체는 지방자치단체이며, 당해 지방자치단체의 지역발전계획을 재정적 측면에서 지원하는 자금배분계획이다.

둘째, 중기지방재정계획은 가변적 계획이며, 해마다 변화하는 경제 동향, 국가재정 등 환경에 따라 조정·개선해 나가는 것이다.

셋째, 중기지방재정계획의 주된 내용은 투자사업계획이다. 즉, 지방재정계획은 수입과 지출의 양면에 걸쳐 그 양과 구성 내용을 중·장기적으로 예측하여 재정활동의 계획화를 유도하는 것으로, 그 주된 초점은 행정 수준의 향상에 투입되는 투자재원의 조달과 배분을 계획하는 것이다.

2. 중기지방재정계획의 도입 배경과 근거

1) 중기지방재정계획의 도입 배경 및 변천

우리나라는 중앙정부 차원에서 1970년대 말까지는 통제 위주의 예산제도에 치중하여 예산을 1년 단위로 인식해 왔고, 재정의 계획적 기능은 거의 고려하지 않았다. 그러나 1981년에 중기재정계획의 필요성을 인식하고, 1982년부터 예산요구서를 제출할 때 중기재정 소요(1982~1984)를 첨부하도록 시달했다. 중앙정부가 중기재정계획을 도입하게 된 중요한 이유 중의 하나는 경제개발계획과 예산이 괴리되어 왔기 때문이다. 즉, 중기재정계획을 매년 연동화하여 국제경제와 경기 변동 및 국민 욕구의 변화에 대응하면서 계획과 현실의 괴리를 축소하고 재정과 관련된 정책 및 사업 내용을 일관성 있게 연계하기 위한 것이다(조창현, 1996: 166-167).

이러한 취지에 따라 우리나라는 지방자치제도의 재도입을 앞두고, 지방재정의 건전성과 계획적 운용을 위해 1988년 「지방재정법」을 전면 개정하여 중·장기 지방재정계획 제도를 도입하였다.

이후 1993년에 국가정책과 국내·외 경제 여건 및 투자환경 등 지방재정의 여건

2) 연동화 계획이란 매년 수정하는 것을 의미한다(중기지방재정계획제도의 개선방안, 2014: 2).

변화를 중기재정계획에 적절히 반영하기 위해, 매년 중기지방재정계획을 수정 · 보완하는 연동화 계획(rolling plan)을 수립 · 운영하고 있다.

중기지방재정계획 제도를 도입한 이유는 현행 단년도 예산제도는 1회계연도의 세입 · 세출에 대한 운영계획이므로 1년이라는 기간이 전제되어 있는데, 대규모 사회간접자본(SOC)은 장기간이 소요될 뿐만 아니라, 소규모 주민숙원사업이라고 해도 투자의 우선순위를 정하여 장기적으로 사업을 시행할 필요가 있기 때문에, 재정 운영을 3~5년 정도의 중기계획으로 운영하지 않으면 한정된 재원으로 투자의 효과성을 달성할 수 없기 때문이다.

이러한 단년도 예산제도의 문제점을 극복하고, 좀 더 장기적인 안목에서 계획적인 재정 운용을 하기 위한 의도에서 중기지방재정계획 제도를 도입하였다(손희준, 2004: 2; 이규환, 1997: 19).

또한 2004년부터는 중앙에 국가재정 운용계획과 총액배분 자율편성 예산제도(top－down budgeting)가 도입되면서, 국가재정 운용계획에서 제시하는 중 · 장기 중점재원 투자 방향과 주요 사업계획을 지방예산에 반영하고, 중앙부처의 의견을 수렴하여 국가와 지방의 재정적 연계성을 강화하였다. 이에 「지방재정법」 제33조 제2항에서도 "지방자치단체의 장은 중기지방재정계획을 수립하는 때에는 행정안전부 장관이 정하는 계획 수립 절차에 의해 당해 중기지방재정계획이 관계 법령에 의한 국가계획 및 지역계획과 연계"하도록 규정하고 있다.

2005년에는 중기지방재정계획의 수립시기를 상반기(4월)에서 하반기(11월)로 조정하였으며, 2007년 이후부터는 중기지방재정계획 수립 시 사업예산구조 세부사업을 중기지방재정계획 세부사업설명서 작성 기준으로 활용하도록 하였다(행정안전부, 2010).

2014년 5월 28일 「지방재정법」을 대폭 개정하면서, 중기지방재정계획에 포함할 사항과 행정안전부 장관이 통보하는 중기지방재정계획 수립 기준(지침)에 포함해야 할 기본 사항을 법률에 명시하였다.

2015년부터는 중기지방재정계획 미반영 사업은 원칙적으로 투자심사와 지방채 발행 대상사업에서 제외하도록 하였다.

2) 중기지방재정계획의 법적 근거

중기지방재정계획은 법적 근거는 다음과 같다. 「지방재정법」 제33조 제1항에 "지방자치단체의 장은 재정을 계획성 있게 운용하기 위하여 매년 다음 회계연도부터 5회계연도 이상의 기간에 대한 중기지방재정계획을 수립하여 예산안과 함께 지방의회에 제출하고, 회계연도 개시 30일 전까지 행정안전부 장관에게 제출하여야 한다"고 규정하고 있다.

또한 「지방재정법」 제36조 제4항에는 "지방자치단체의 장이 예산을 편성할 때에는 제33조에 따른 중기지방재정계획과 제37조에 따른 투자 심사결과를 기초로 하여야 한다"고 규정하고 있다.

지방자치단체 예산편성 운영에 관한 규칙(행정안전부령 제1호) 제9조에는 "투자사업비는 사업의 긴급성·중요성 및 필요성 등을 고려한 투자우선순위에 따라 법 제33조 및 제37조에 따른 중기지방재정계획과 투자심사 등 관계 절차를 거친 사업에 대해서만 세출예산에 계상하여야 한다"고 규정하고 있어, 중기지방재정계획의 중요성과 그 의의를 명확히 하고 있다.

3. 중기지방재정계획의 기능

1) 중앙과 지방 간 재정적 연계성 확보

국가의 상위계획－지방자치단체의 지역계획－중기지방재정계획－지방예산편성 체계의 확립으로 국가와 지방재정 운영의 연계성을 확보한다(김동기, 2008: 335).

결국 중기지방재정계획을 통해 지방재정을 전체적으로 파악하고 중앙예산과 병행해서 국가재정 전체의 동향을 명확하게 알 수 있도록 해 준다. 즉, 각 지방자치단체의 예산을 일괄적으로 집계하기는 어려울 뿐만 아니라 그 내용도 다양하고 불확실성을 내포하고 있지만, 지방재정계획을 통해서는 지방재정을 거시적 차원에서 전체를 파악할 수 있다는 커다란 의미를 가진다(손희준 외, 2011: 339에서 재인용).

2) 중 · 장기적 시계에서의 지방예산 편성 기준 제시

지방예산의 운영관점과 시계를 5년의 중장기적 관점으로 확대하여, 지방예산 편성의 계획성과 효율성 및 효과성을 확보할 수 있다.

지방재정 운영을 '중기지방재정계획 – 지방예산 편성 – 지방결산 – 지방재정분석 · 진단제도'로 체계화하여 운영할 수 있는 기반을 마련할 수 있다.

이에 따라 무계획적인 예산요구, 투자계획의 빈번한 변경을 방지하여 안정적인 지방행정 서비스를 공급할 수 있게 되고, 재정 운영의 안정성과 계획성을 확보할 수 있다.

3) 투자효율 및 우선순위에 의한 사업비 배분으로 건전재정 운영 도모

한정된 재원을 최대한 효율적으로 활용하도록 경상적 경비는 최대한 긴축하고, 주요 투자 사업은 비용편익분석과 투자심사를 통해 사업의 우선순위에 따라 합리적으로 재원배분을 하도록 한다.

재정수요의 증가에 대비하여 지방세의 지속적인 확충 노력과 세외수입의 증대 등을 통해 투자재원의 안정적인 확보 방안을 강구하고, 재원이 부족할 경우 지방채와 채무부담행위 등 지방채 발행계획을 수립한다(김동기, 2008: 335).

4) 국가 시책의 반영

최근 들어 지방재정 규모가 급증하여 재정 문제를 다룰 때에는 국가와 지방자치단체를 함께 검토해야 할 뿐만 아니라, 재정정책 차원에서도 국가와 지방이 함께 통일성을 확보해야 할 필요성이 강조되고 있다.

더욱이 지방정부는 공공사업의 중요한 실시 주체라는 관점에서 국가 시책은 지방재정 정책과 폭넓게 연계되어 수행되어야 한다.

다만, 지방재정은 해당 지역과 경제적 · 사회적 조건에 따라 그 규모와 내용이 상이하다는 특징을 가지고 있어, 국가 시책의 결정과 수행 시에 지방재정의 특성을 감안하여 지역 실정에 맞게 배려를 해야 할 필요가 있다. 예를 들어, 국고보조금을 일반재원으로 한다든지, 국가사업에 대한 지방비 부담을 최소화하거나, 차등보조율 제도를 효율적으로 운영하여 지방재정계획이 좀 더 합리적으로 운영될 수 있도록 해야 한다(강인재 외, 1993: 497－500).

5) 지방 행 · 재정지표로서의 기능

중앙정부는 매년 국가재정운영계획을 수립할 때 지방채의 발행 예정액을 결정하거나 이전재원인 국고보조금, 지방교부세, 국가균형발전특별회계의 규모 등을 결정한다. 또한 빈번한 법령의 개정과 폐지는 지방행정과 밀접하게 관련되어 새로운 지방재정 수요를 창출하기도 한다. 이처럼 국가재정과 지방재정은 매우 밀접한 관계를 지니고 있다.

그러므로 이러한 여러 변수에 의해 지방재정의 수지 상황을 예측 · 전망하고, 지방재정의 전반적 상황과 이에 대처하기 위한 방법과 내용을 제시하고 있는 지방재정계획이야말로 지방자치단체가 매년 재정 운영을 하는 데 있어서 매우 중요하다. 다시 말해 중기지방재정계획은 지방자치단체가 재정을 확보하거나 지출하는 재정 운용에 있어서 중요한 지표가 된다(한국지방행정연구원, 1987: 9).

제 2 절 중기지방재정계획의 내용과 수립 절차

1. 중기지방재정계획의 내용

현행 지방자치단체가 작성하는 중기지방재정계획에는 다음의 내용이 포함되어야 한다(지방재정법 제33조 제3항).

① 재정 운용의 기본 방향과 목표
② 중 · 장기 재정 여건과 재정 규모 전망
③ 관련 국가계획 및 지역계획 중 해당 사항
④ 분야별 재원배분계획
⑤ 예산과 기금별 운용 방향

⑥ 의무지출(법령 등에 따라 지출과 지출 규모가 결정되는 지출 및 이자지출을 말한다)의 증가율 및 산출 내역과 재량지출(의무지출 외의 지출을 말한다)의 증가율에 대한 분야별 전망과 근거 및 관리계획
⑦ 지역통합재정통계의 전망과 근거
⑧ 통합재정수지(일반회계, 특별회계 및 기금을 통합한 재정통계로서 순 수입에서 순 지출을 뺀 금액)의 전망과 관리 방안
⑨ 투자심사와 지방채 발행 대상사업
⑩ 그 밖에 대통령령으로 정하는 사항 등이다.

이러한 중기지방재정계획을 수립하기 위하여 행정안전부 장관은 매년 8월 31일까지 중기지방재정계획 수립 지침을 통보하여야 한다(지방재정법시행령 제38조의2 제4항). 또한 행정안전부 장관은 수립 지침 작성에 필요한 정보를 중앙관서의 장에게 요청할 수 있다.

중기지방재정계획 수립 지침에는 다음의 사항을 포함해야 한다.
① 국가의 재정 운용 방향
② 관련 국가계획 및 지역계획
③ 중기지방재정계획의 수립에 필요한 그 밖의 정보
④ 중기지방재정계획 수립의 기준 등이다.

물론 행정안전부 장관은 각 지방자치단체의 중기지방재정계획을 기초로 지방자치단체의 의견을 최대한 반영하여 매년 종합적인 중기지방재정계획을 수립하고, 국무회의에 보고하여야 한다.

2. 중기지방재정계획의 수립 절차

각 지방자치단체가 중기지방재정계획을 수립하는 세부 일정은 다음 [그림 17-1]과 같다.

그림 17-1 중기지방재정계획 수립의 세부 일정(2019~2023년 계획)

계획수립 기준 마련 및 지방자치단체 시달 (7월 중)	① (행안부) 중기지방재정계획 수립 기준 마련 ② (행안부→광역) 중기지방재정계획 수립 기준 통보	2018년 7월 중
지방자치단체 세부 사업조서 입력 (8월)	① (광역) 세부사업조서 입력 ② (기초) 세부사업조서 입력 * 시스템 입력 사항은 지방재정정보화 사업단과 협의	8~9월 8~9월
중기지방재정계획 수립 (10~11월)	① (자치단체) 중기지방재정계획(안) 작성 ② (자치단체) 지방재정계획심의위원회 심의 · 확정 * 국고보조사업 가내시 확정(10.15) ③ (지방자치단체) 지방의회 및 행안부 제출	10~11월 11~12월
중기지방재정계획 종합 및 관계 부처 협의 (12월)	① (행안부) 전국 계획 종합 * 필요시 합동작업 ② (행안부) 종합 계획 관계 부처 협의 * 관계 부처 의견제시	12월 2019년 2월
국무회의 보고 및 자치단체 등 송부 (익년도 3월까지)	① (행안부) 국무회의 보고 ② (행안부) 중앙부처 · 자치단체 송부	2019년 3월까지

자료: 지방자치인재개발원(2019: 229).

중기지방재정계획의 전체적인 수립 절차는 우선 행정안전부 장관이 중기지방재정계획 수립 기준을 작성하여 지방자치단체에 통보하는 것으로부터 시작된다.

이에 각 지방자치단체는 사업계획(안)을 마련하여 관계 부처 의견을 반영하고, 주민의견을 수렴하여 지방재정계획심의위원회[3]의 심의를 거쳐 확정한다.

3) 중기지방재정계획의 수립에 관한 지방자치단체의 장의 자문에 응하기 위해, 각 지방자치단체에 지방재정계획심의위원회를 두도록 하였으며, 동 위원회의 구성 및 운영 등에 필요한 사항은 당해

지방자치단체의 장은 확정한 중기지방재정계획을 지방의회와 행정안전부 장관에게 제출한다. 지방의회는 중기지방재정계획을 예산안 심의 자료로 활용하고 행정안전부 장관은 전국의 중기지방재정계획을 종합하여 국무회의에 보고하고 중앙부처와 지방자치단체에 송부한다.

중기지방재정계획은 일반적으로 지역의 특성과 여건을 고려하면서 지역의 발전과제와 목표를 달성하고자 하는 것이다. 따라서 지향하고자 하는 지역의 미래상(未來像)과 이를 달성하기 위한 주요 전략 수단을 강구하는 기본 구상을 마련하고, 이러한 기본 구상에 기초하여 지역의 바람직한 미래상과 이를 구체화할 수 있는 목표를 설정한다. 또한 이를 달성하기 위한 실현 가능한 시책과 활동을 체계화하는 기본 계획 및 이를 구체화하기 위한 사업추진 계획과 필요재원을 마련하기 위한 실시계획 등 3개 부분으로 구분되며, 이는 기본 구상(vision) → 기본 계획(plan) 수립 → 실시계획(program) 수립이라는 체제를 유지하고 있다(이성근 외, 2016: 249; 김동기, 2008: 339－341).

제 3 절 중기지방재정계획의 성과와 개선 방안

1. 중기지방재정계획의 전제와 성과

1) 중기지방재정계획의 전제 조건 및 과제

중기지방재정계획 제도를 일찍이 도입한 선진국에서도 그 효율성을 높이 인정하고 있지만, 역시 제도의 제약성과 과제가 없지는 않았다.

마찬가지로 우리나라의 경우도 중기지방재정계획은 그 내용면에서 다음과 같은 과제를 가지고 있다(이규환, 2003: 11－12).

첫째, 중기지방재정계획 제도가 성공하려면 합리화를 지향하는 운용자의 의식구조와 행동양식의 개혁이 전제되어야 한다.

지방자치단체의 조례로 정하도록 하고 있다(지방재정법 제33조).

둘째, 경제 상황이 좋지 않고 불경기가 지속되는 상황에서는 중기지방재정계획의 목표와 예산 현실과 괴리가 발생할 가능성이 매우 크다. 즉, 세입·세출의 부정확성이 커져 격차가 발생할 수 있다.

셋째, 중기지방재정계획은 지방재정 규모의 팽창을 초래할 우려가 있다. 왜냐하면 중기지방재정계획의 사업은 당연히 집행되어야 하는 것으로 인식되고, 이에 신규 재정수요가 누적적으로 추가되어 재정 규모의 팽창을 유발할 가능성이 있기 때문이다.

넷째, 지방정부의 내부조직 간 할거주의(sectionalism)가 심하고, 자기 실·국의 이해관계에만 집착한다면, 중기지방재정계획의 효과는 크게 저하될 수 있다.

다섯째, 중기지방재정계획에 대한 인식 부족, 예측기법의 미숙, 기초통계의 부정확성뿐만 아니라, 당장의 예산에는 큰 관심을 보이지만 중·장기 사업이나 몇 년 후의 예산 문제는 소홀히 취급되는 경향으로 중기지방재정계획의 중요성이 퇴색될 수 있다.

2) 중기지방재정계획의 성과

우리나라의 경우, 중기지방재정계획에 대한 비판과 함께 나름의 성과를 인정하고 있다(이성근 외, 2016: 252-253).

첫째, 지방재정 운영의 근간으로 활용되었으며, 지방예산 편성의 준거 기준을 제공하였다. 사업의 우선순위가 중기지방재정계획에 의해 결정되기 때문에 지방이 매년 예산을 편성할 때, 확실한 준거 기준으로 작동하며, 중기지방재정계획의 연동계획을 토대로 재원배분의 방향과 예산편성 및 집행의 근간으로 활용되었다.

둘째, 건전재정 확립에 기여하였다. 중기지방재정계획은 중·장기적으로 가용재원을 추계하여 재원을 배분하기 때문에, 재정 운용의 계획성 및 건전성 확보에 도움이 되었다. 특히 지방채 발행계획의 수립과 투자심사 제도의 기초로 활용되었다.

셋째, 행정 서비스의 안정적 공급을 가능하게 하였다. 중기지방재정계획은 각 부서별 가용재원의 한계를 사전에 예측하게 하여 예측된 총재정 규모의 범위 안에서 행정 서비스의 안정적 공급을 가능하게 하고, 무계획적인 예산 요구나 급격한 정책 변경을 피할 수 있고, 지역정책의 빈번한 수정 등 역작용을 예방할 수 있었다.

넷째, 주민과 지방의회에 대한 이해와 설득을 용이하게 했다. 지방자치제의 실시와 중앙 기능의 대폭적인 지방이양 등으로 주민들의 개발 욕구와 재정수요가 폭증하였다. 그러나 지방은 가용재원의 한계로 재정지출에 대한 갈등과 불만이 커지는 가운데, 중기지방재정계획은 이러한 주민과 지방의회 및 각종 이익집단 등의 무리한 재정 요구에 대한 합리적인 설득자료를 제공할 수 있었다.

다섯째, 예산편성 업무량이 감소되었다. 중기지방재정계획을 통해 예산 담당 부서가 각 사업부서의 예산 요구를 적정하게 차단하거나 사정할 수 있어 매 회계연도 예산편성을 위한 업무량이 감소되는 부수적인 효과를 나타냈다.

또한 이러한 성과를 조임곤(2016)은 중기지방재정계획 제도와 관련한 「지방재정법」과 동법 시행령 등의 개정 내용을 분석하면서, 그 결과를 통해 계획의 목표와 차원별로 구분하여 다음 [그림 17－2]와 같이 설명하였다.

그림 17-2 중기지방재정계획 제도의 성과

계획의 정확성	기금 포함, 계획에 포함되는 사항 세분화, 포함되는 재정정보의 충실화
계획의 연계성	발전 여지
계획의 실효성	투자심사와 지방채 발행계획
재원의 합리적 배분	발전 여지
중요성의 인식	계획기간 연장, 지방의회에 대한 보고에서 제출로 변화(부정적)

자료: 조임곤(2016: 100).

중기지방재정계획의 정확성을 위해 기금이 포함된 것과 계획에 포함되는 사항의 명확화 및 재정정보의 충실화 등은 큰 성과로 파악하였으나, 계획의 정확성을 위한 전문성 향상을 위한 여지는 남아 있다.

중기지방재정계획의 실효성을 높이기 위해 계획에 포함되어 있지 않은 투자심사나 지방채 발행에 대해서는 제외하는 조치는 실효성을 높인 것으로 평가하고, 중기 지방재정계획에 대한 사후 모니터링이 존재하지 않는 점은 앞으로의 과제라고 보았다.

중기지방재정계획 제도의 중요성 인식 측면에서 계획기간이 연장된 점은 하나의 성과로 볼 수 있지만, 미국의 경우와 같은 선진국의 사례에서 볼 수 있는 계획기간의 연장에 비하면 아직 미흡하고, 지방의회에 대한 보고 절차에서 제출로 격하한 점은 오히려 중요성을 떨어뜨린 것으로 분석하였다(조임곤, 2016: 100-101).

2. 중기지방재정계획의 전망과 개선 방안

중기지방재정계획을 성공적으로 수립·운영하기 위해서는 체계적인 접근(systematic approach)에 따라 환경적 요인, 구조적 요인, 인적 요인 등으로 구분할 수 있다.

환경적 요인은 지방재정력, 의회와 압력단체, 주민들의 계획에 대한 인식과 태도 및 법적 효력 등이며, 구조적 요인은 지역개발계획과의 연계성, 재정 운영 시스템, 정보의 양과 질, 예산편성과의 관계, 미래예측 방법, 가용재원, 재원배분의 합리성 등이다. 인적 요인은 중기지방재정계획을 수립하는 행정가들의 자질과 능력 등을 의미하는데, 정책결정자의 인식과 전문 인력과 전담 기구, 실무자의 참여 범위와 수준 등이다(손희준, 2004: 15-16; 박봉현, 1997).

무엇보다 중기지방재정계획이 재정제도로서 또한 재정정보로서의 기능과 역할을 제대로 하기 위해서는 제도 자체의 실효성을 확보해야 한다.

첫째, 중기지방재정계획은 좀 더 정확한 세입 및 세출의 예측기법으로 그 실효성을 확보해야 한다. 물론 미래의 불확실성과 변동성이 더욱 증가하는 현실을 감안할 때, 정교한 세입·세출의 예측과 추계는 매우 제한적일 수 있지만, 최근 빅 데이터(big data)와 인공지능(AI) 등의 정보화 기술이 진보하면서 예측력을 높일 수 있는 방안을 함께 강구해야 할 것이다.

둘째, 중기지방재정계획의 연계성과 연동화 등을 강화해야 할 것이다. 국가재정계획과 지역계획 및 이를 뒷받침할 지방재정계획을 연계해야 하며, 중·장기적 재정계획에 따른 매년 예산으로 가시화하는 연동계획을 현실화해야 할 것이다. 중기지방재

표 17-1 성공적인 중기지방재정계획을 위한 구성 요소

구 분	요 인	조 건
환경적 요인	지방재정력	재정력이 좋을수록 계획의 독자성 보장
	의회 · 압력단체, 주민들의 사고 방식 및 행태	계획에 대한 바른 인식과 태도
	법적 효력	법적 효력이 있을수록 계획의 질 향상
구조적 요인	개발계획	지역개발계획과의 연계성
	재정 운영의 시스템	다른 재정관리 제도와의 연계성
	정보의 양과 질	정보의 양과 수준
	예산편성과의 관계	적극적인 반영
	미래예측 방법	예측 방법의 과학성
	가용재원	가용재원의 확보
	재원배분	재원의 합리성
인적 요인	정책결정자의 인식	정책결정자의 계획에 대한 인식의 적극성
	전문 인력과 담당 기구	전문인력과 담당기구 확보 시 계획의 질 향상
	실무자의 참여 범위와 수준	실무자의 참여 범위 넓을수록, 참여 수준 높을수록 계획의 질 향상

자료: 박봉현(1997: 41).

정계획은 변화하고 있는 계획 여건 속에서 당초 계획과 현실 간의 괴리를 가능한 축소 · 조정하기 위한, 즉 계획집행상의 융통성을 유지하면서 계속적으로 수정 · 보완하기 위한 제도적 장치로서 연동계획 체제의 구축이 요구된다.

셋째, 중기지방재정계획에 대한 사후 모니터링 또는 평가 체계를 구축해야 한다(조임곤, 2016). 지방은 중기지방재정계획의 작성 형식과 수립 내용 및 기본 틀을 체계적으로 정립하지 못하고 있으며, 미래 지향적인 정책대안 및 전망을 도출하기보다는 단순히 세입 · 세출 간의 오차를 줄이는 데 많은 시간을 할애하고 있다. 따라서 2004년도부터 중기지방재정계획에 대한 평가 제도를 도입하고자 하였으나, 그럼에도 불구하고 구체적인 평가 방법과 평가 주체, 시기 등이 확정되지 않아 중기지방재정계획의 평가가 제대로 이루어지지 못했다(손희준, 2004: 2).

Chapter 18

지방재정 투자심사

제 1 절 지방재정 투자심사의 의의

1. 지방재정 투자심사의 의의

1) 지방재정 투자심사의 정의

지방재정 투자심사는 지방예산 편성 전에 그 사업의 필요성 및 타당성 등을 심사하여 지방자치단체의 무분별한 중복 투자 사업 추진을 방지하고, 지방예산을 계획적이고 효율적으로 운영하기 위한 제도이다(이용환 외, 2015).

지방자치단체의 장이 예산을 편성할 때에는 제33조에 따른 중기지방재정계획과 제37조에 따른 투자심사 결과를 기초로 하여야 한다(지방재정법 제36조 제4항).

지방재정 투자심사제도는 1992년 지방재정 투·융자 심사제도로 도입되었으며, 1994년 「지방재정법」에 그 근거 조항을 신설하였다.

그 이후 투·융자 심사 기준과 심사 횟수를 조정하거나 대상을 조정해 오다가, 2014년 「지방재정법」과 동법 시행령을 개정하여, 기존의 '투·융자 심사'를 '투자심사'로 용어를 변경하고, 투자심사 대상에 재정투자사업에 대한 예산안 편성 외에도 채무부담행위, 보증채무부담행위, 예산 외의 의무 부담에 관련된 지방의회 의결사항도 포함하였다. 그리고 총사업비 500억 원 이상 신규 사업은 전문기관으로부터 타당성 조사를 받고, 그 결과를 토대로 투자심사를 하도록 의무화하였으며, 투자심사 대상이 확대됨에 따라 정기 투자심사 횟수를 연 3회에서 4회로 늘렸다.

2015년에는 인구 100만 명 이상 대도시 자체심사 기준을 상향 조정하고, 투자사업 이력관리 제도를 도입하였고, 2017년에는 재정분권의 방향에 부응하여 투자심사 의뢰심사 기준을 상향 조정하고, 심사 횟수를 다시 연 4회에서 3회로 축소하였다.

이러한 지방재정 투자심사는 공공투자사업 사전심사 제도로서 중앙정부에서 운영하고 있는 '예비타당성 제도'와 「지방재정법」 제37조에 근거하여 지방정부의 공공투자사업에 대해 심사하는 '지방재정 투자심사제도'로 구분할 수 있다.

'예비타당성' 조사는 중앙정부의 공공투자사업의 수행 타당성 여부를 평가하는 역할을 담당하며 한국개발연구원의 공공투자관리센터(PIMAC)가 담당하고 있다. 그리고 지방정부의 공공투자사업에 대한 타당성 조사는 일정 기준을 만족하는 사업에 대해서 한국지방행정연구원의 지방투자사업관리센터(LIMAC)가 담당하고 있다.

여기서는 지방재정 투자심사제도에 국한하여 파악하고자 한다.

2) 지방재정 투자심사의 필요성

지방재정 투자심사는 1992년에 지방예산의 계획적·효율적 운영과 각종 투자사업에 대한 무분별한 중복 투자 방지를 위하여 도입되었다. 이 경우 주요 투자사업 및 행사성 사업은 예산편성 전에 심사하고, 현물만 출자(투자)하는 사업은 사업시행 전에 그 사업의 필요성 및 사업계획의 타당성 등을 심사한다.

이러한 지방재정 투자사업 심사의 목적은 국가 중장기발전계획과 중기지방재정계획, 그리고 사업별 재정 투자 계획을 연계함으로써 한정된 투자재원을 계획적으로 운용하기 위함이다.

2. 지방재정 투자심사 방법

지방재정의 투자심사 분석 방법은 다양한데, 이는 투자심사 분석의 목적과 사업 성격에 따라 적합한 기법을 선택하는 것이 매우 중요하다.

이러한 투자심사 분석에는 운영연구(operations research: OR), 체제분석(systems analysis), 비용편익분석(cost-benefit analysis), 단순비용분석(simple cost analysis), 비용목표분석(cost-goal analysis), 비용제약분석(cost-constraint analysis), 비용효과분석(cost-effectiveness analysis), 재무분석(financial analysis) 등이 이용될 수 있다.

단순비용분석은 여타 심사분석 방법의 비용계산에 기초가 되며, 비용목표분석 · 비용제약분석 · 비용효과분석은 사업의 효과 및 제약을 계량화 혹은 화폐가치화 하기 힘든 경우에 사용된다. 비용편익분석은 사업의 비용뿐만 아니라 사업의 결과를 얻을 수 있는 편익을 화폐가치로 전환하여 비용과 편익을 비교할 수 있다는 점에서 차이가 있다(신무섭, 2003: 226).

1) 단순비용분석

단순비용분석은 각 지방재정 투자사업의 비용만을 분석하는 것이다. 따라서 이 분석 방법을 사용하면 각 대안의 비용을 비교할 수 있을 뿐이므로 각 대안의 비용 요소, 비용 산출 방법 등의 차이를 주의 깊게 살펴볼 수가 있다.

2) 비용목표분석

비용목표분석은 지방재정 투자사업에 관련되는 투입과 산출 관계를 구체화하여 사업의 비용곡선을 결정하여 사업의 목표와 수준을 설정하는 분석 방법이다. 이 방법은 투자사업의 목표가 변화함에 따른 사업비용의 변화를 검토하는 데 주로 이용된다. 즉, 비용목표분석은 단일 대안을 대상으로 하며, 이 점에서 비용효과분석과 차이가 있다.

3) 비용제약분석

비용제약분석은 제약의 비용을 계산하여 투자사업 결정에 이용하는 방법이다. 제약의 비용이란 투자사업 비용과 제약이 존재할 때 사업의 적정 비용과의 차이를 말한다. 예컨대, 지방재정 투자사업을 지방의회, 노동조합, 기업가, 시민단체, 농민 등의 관여와 제약 사항 없이 수행할 수 있을 때와 사업을 그러한 제약 하에서 수행할 때의 차이를 말한다.

4) 비용효과분석

비용효과분석은 일정한 지방재정 투자사업의 효과를 달성하기 위한 사업들이 여러 종류가 있을 때, 그 효과를 달성하기 위한 가장 효과적인 투자사업을 결정하는 방법이다. 다시 말해서 사업 효과가 일정하다면 비용이 가장 적게 드는 방법을 선택하고, 반대로 비용이 일정하다면 사업 효과가 가장 큰 방법을 선택하는 데 비용효과분석이 활용된다. 이 분석은 비용과 편익의 화폐가치화가 곤란한 투자사업의 평가에 주로 적용되는데, 이 경우 사업평가자의 주관성이 개입될 소지가 크다.

5) 비용편익분석

비용편익분석은 경제적 효율성에 기초하여 투자사업이 수행되기 이전에 사업의 비용과 편익을 비교하여, 비용보다 편익이 많은 사업을 선정하는 방법이다. 비용편익분석에서는 비용과 편익의 식별과 계산, 그리고 대안선택에 사용되는 결정 기준이 매우 중요한 역할을 한다. 이러한 분석 방법은 가장 객관적이고 명료하게 투자정책 판단의 근거를 제시할 수 있으나, 비용과 편익 계량화의 곤란, 공공투자의 외부효과, 할인율 선정 등의 문제가 제기된다.

제 2 절 지방재정 투자심사제도의 운용과 타당성 조사

1. 지방재정 투자심사제도의 운용 방향

지방재정 투자심사는 한정된 투자재원을 계획적이며 효율적으로 운영하고, 주요 사업의 투자심사를 통해 사업효과와 성과를 극대화하기 위해 추진한다. 행정안전부

(2018)는 지방재정 투자사업 심사제도의 운용 방향을 다음과 같이 제시하고 있다.

① 건전한 지방재정관리제도로의 정착 운영: 사업의 계획성 제고 및 예산 낭비 최소화

② 투자심사의 객관성 및 타당성 확보: 한정된 재원의 적정한 배분 및 투자심사 객관성 확보

③ 각종 지방재정계획과 연계한 계획재정 운영: 국가계획 및 중기지방재정계획과 연계 운영하여 재정 운영의 계획성 증진

④ 사후평가 강화를 통한 엄정한 제도 운영: 사후관리를 통한 제도의 내실화 도모 등이다.

2. 지방재정 투자심사제도의 법적 근거

지방재정 투자심사제도는 「지방재정법」 제37조, 동법 시행령 제41조, 지방재정 투자사업 심사규칙을 법적 근거로 하며, 공무원 및 국민의 이해를 돕고자 행정안전부에서 '지방재정 투자사업 심사 및 타당성 조사 매뉴얼'을 제공한다.

지방예산 편성 이전에 사업의 필요성 및 타당성을 심사하는 제도로써 「지방재정법」 제33조 제3항 제9호에 의해 중기지방재정계획 반영 후 투자심사를 의뢰하는 것이 원칙이다.

그림 18-1 지방재정 투자사업 추진 절차

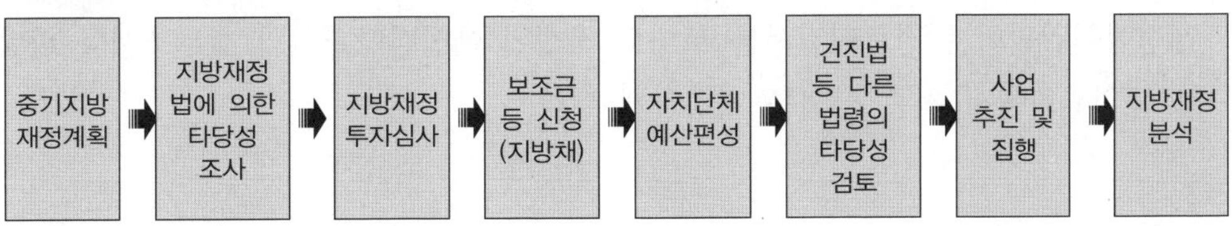

자료: 행정안전부(2018).

3. 타당성 조사

지방재정 투자사업 심사제도는 총사업비 500억 원 이상의 사업에 대해서는 타당성 조사를 의무화하고 있다. 「지방재정법」 제37조 제2항에 의거하여 지방자치단체가 추진하는 사업의 총 사업비가 500억 원 이상인(국비 300억 원 미만) 신규 사업의 경우 타당성 조사를 받고 그 결과를 토대로 투자심사를 받도록 하고 있다.

타당성 조사(feasibility test)는 투자사업의 시급성, 필요성, 경제성, 재원 조달 능력 등 투자사업 전반을 종합적으로 판단하여 투자심사가 합리적으로 운용될 수 있도록 지원하는 제도이다(윤영진, 2016: 255).

타당성 조사를 위해 '행정안전부 장관이 지정하는 전문기관'으로 한국지방행정연구원이 고시되었으며, 연구원 내에 타당성 조사 업무 전담을 위해 '지방투자사업관리센터(LIMAC)'를 신설했다. 일정 규모 이하 지방재정 투자사업은 시·도 및 시·군·구에서 자체 심사 및 의뢰 심사를 하게 되어 있으며, 타당성 조사 결과는 객관적인 투자심사를 위한 심의자료로 활용되고 있다.

타당성 조사의 사례를 들면, 충청북도의 경우 의뢰된 투자사업 심사는 예산담당관실 → 충북공공투자분석센터 → 재정심의위원회를 거쳐 결정된다.

즉, 해당 지방자치단체 부서에서 투자 심사의뢰서를 작성하여 투자심사 주관부서인 충청북도 예산담당관실에 심사를 의뢰하게 되면, 다시 충북공공투자분석센터에 타당성 검토를 요청한다.

충북공공투자분석센터는 사업계획 검토, 현지실사, 사업부서와의 면담, 자문회의를 거쳐 검토 결과를 예산담당관실에 서면으로 통보한다.

재정심의위원회는 검토의견서를 토대로 작성된 예산담당관실의 실무조서를 바탕으로 동위원회에서 최종 심의를 결정하게 된다.

제 3 절 지방재정 투자심사의 대상 및 관리 체계

1. 지방재정 투자심사 대상사업

1) 사업 성격에 따른 구분

지방재정 투자심사 대상사업은 다음 회계연도부터 시행하고자 하는 사업 중 지방재정법시행령 제41조와 관련한 투자성 사업, 행사성 사업 및 현물이 출자(투자)되는 사업으로서 총사업비가 일정 규모 이상인 신규 투자사업이 대상이다. 이때 총사업비에는 공사비, 보상비, 설비비, 용역비, 제세공과금, 예비비 등 관련 모든 경비를 포함한다.

투자심사 대상사업의 유형은 일반투자사업, 행사성 사업, 홍보관 사업, 지방자치단체 청사 신축, 문화·체육시설 신축, 채무부담행위 등 지방의회 의결 요청 사업 등 총 여섯 가지 유형으로 구분한다(윤영진, 2016: 244－247).

① 일반투자사업: 세출예산서의 투자사업비에 해당되며, 자치단체의 재정지출을 통하여 부동산의 취득, 부동산의 형태·형질 변경, 부동산의 구조 변경, 시설물의 설치 또는 구축, 동산을 취득·변경하는 일체의 사업과 이에 부속되는 사업을 말함.

② 행사성 사업: 자치단체가 예산으로 지원하는 모든 행사성 사업(일체의 경비 심사)을 말하며, 국가 주관행사로써 지방자치단체에서 개최되는 행사는 제외됨.

③ 홍보관 사업: 지방자치단체의 영구·단독시설물로서 홍보관(어떤 사실이나 제품 따위를 널리 알리기 위하여 설치하는 시설물)을 건립·설치하는 사업을 말함.

④ 지방자치단체 청사 신축 사업: 「공유재산 및 물품관리법」 제5조 제2항 제1호 및 제2호의 공용(공공용)재산 중 자치단체 또는 자치단체 소속 사업소 등이 직접 사무용으로 사용하거나 사용할 건물과 그 건물의 부대 시설물을 신축하는 사업을 말함.

⑤ 문화·체육시설 신축: 「문화예술진흥법」 제2조 제1항 제3호의 '문화시설'과 「체육시설의 설치·이용에 관한 법률」 제4조의 '전문체육시설'을 신축하는 사

업을 말함.

⑥ 채무부담행위 등 지방의회 의결 요청 사업: 「지방재정법」 제44조 요건을 충족하는 채무부담행위 및 동법 제13조의 요건을 충족하는 보증채무부담행위가 해당되며, '미분양부지에 대한 자치단체 매입확약', '토지리턴제 확약' 등과 같이 자치단체가 재정 부담을 할 수 있는 사업이 해당됨.

그러나 현행 법령에서는 사업의 성격에 따라 일반투자사업과 행사성 사업으로 구분하고 있다(지방자치인재개발원, 2019).

여기서 일반투자사업은 시설의 설치, 자산의 취득 등 자산형성적 투자 사업으로 지방정부가 사업 시행주체가 아니라 하더라도 실질적으로 지방예산을 통해 재원을 투자하는 효과가 있는 사업은 이에 해당한다.

또한 행사성 사업은 행사를 위한 시설물·구조물 등을 임시적·일회적으로 설치·구축하는 경비와 행사개최를 위하여 지출하는 제반 경상경비를 대상으로 하며 지방정부가 대규모 행사를 유치, 시행하는 과정에서 예산 낭비사례가 발생하여 2001년부터 심사 대상에 추가된 것이다.

2) 심사 주체에 따른 구분

지방재정 투자심사제도는 심사기관에 따라 자체심사와 의뢰심사 사업으로 구분된다. 자체심사는 일정 대상사업에 대하여 해당 기초자치단체나 광역자치단체가 직접 심사하는 것을 말한다. 의뢰심사는 일정 대상사업에 대하여 기초자치단체가 광역자치단체에게, 광역자치단체는 중앙정부에 의뢰하여 심사하는 것을 말한다.

(1) 자체심사

자체심사 대상사업을 금액 기준으로 파악하면 다음 <표 18-1>과 같다.

자체심사의 경우 시·군·구는 전액 자체재원(지방채 제외)인 사업으로서 총사업비 20억 원 이상인 신규 투자사업(2 이상의 시·군·구가 공동으로 추진하는 투자사업을 포함하며, 지방자치단체 청사 및 문화·체육시설 신축사업은 제외)과 전액 자체사업이 아닌 사업으로서 총사업비가 20억 원 이상 60억 원 미만인 사업 및 1억

표 18-1 자체심사 대상 및 금액 기준

심사 구분	심사기관	대상사업
자체 심사	시·군·구	• 20억 원 이상~60억 원 미만 신규 사업 • 1억 원 이상~3억 원 미만 공연·축제 등 행사성 사업과 홍보관 사업 • 20억 원 이상 전액 자체재원 부담 신규사업
	시·도	• 40억 원 이상~300억 원 미만 신규 사업 • 3억 원 이상~30억 원 미만 공연·축제 등 행사성 사업과 홍보관 사업 • 40억 원 이상 전액 자체재원 부담 신규 사업

원 이상 3억 원 미만의 공연·축제 등 행사성 사업과 홍보관 사업에 대해서는 자체심사를 한다.

시·도의 경우는 전액 자체재원(지방채 제외)으로 추진하는 사업으로서 총사업비 40억 원 이상인 신규 투자사업(2 이상의 시·도가 공동으로 추진하는 투자사업을 포함하며, 지방자치단체 청사 및 문화·체육시설 신축사업은 제외)과 전액 자체재원이 아닌 사업으로서 총사업비 40억 원 이상 300억 원 미만인 신규 투자사업 및 3억 원 이상 30억 원 미만의 공연·축제 등 행사성 사업과 홍보관 사업에 대해서 자체심사를 한다.

이러한 자체심사 대상을 보다 구체적으로 재원의 특성과 금액 기준 등으로 파악하면 다음 <표 18-2>와 같다.

표 18-2 자체심사 대상사업 범위

심사 구분	심사 기관	심사 대상사업
자체 심사	시·도 심사	〈전액 자체재원(지방채 제외) 사업〉 • 총사업비 40억 원 이상인 신규 투자사업(2 이상의 시·도가 공동으로 추진하는 투자사업을 포함하며, 지방자치단체 청사 및 문화·체육 시설 신축사업은 제외)
		〈전액 자체재원이 아닌 사업〉 • 총사업비 40억 원 이상 300억 원 미만인 신규 투자사업(2 이상의 시·도가 공동으로 추진하는 투자사업을 포함하며, 지방자치단체 청사 및 문화·체육시설 신축사업은 제외)
		〈재원의 구성과 관계가 없는 사업〉 • 총사업비 5억 원 이상 30억 원 미만인 신규 홍보관 사업 • 총사업비 3억 원 이상 30억 원 미만인 공연·축제 등 행사성 사업

시·군·구 심사	〈전액 자체재원(지방채 제외)인 사업〉 • 총사업비 20억 원 이상인 신규 투자사업(2 이상의 시·군·구가 공동으로 추진하는 투자사업을 포함하며, 지방자치단체 청사 및 문화·체육시설 신축사업은 제외)
	〈전액 자체재원이 아닌 사업〉 • 총사업비 20억 원 이상 60억 원 미만인 신규 투자사업(해당 관할구역에 전년도 말일 주민등록이 되어 있는 주민 수가 2년간 연속하여 100만 명 이상인 시·군·구는 200억 원 미만)
	〈재원의 구성과 관계가 없는 사업〉 • 총사업비 5억 원 이상 10억 원 미만 외국차관 도입사업 또는 해외투자사업 • 총사업비 3억 원 이상 5억 원 미만인 홍보관 사업 • 총사업비 1억 원 이상 3억 원 미만인 공연·축제 등 행사성 사업

자료: 행정안전부(2018: 18-21).

(2) 의뢰심사

의뢰심사는 시·군·구 사업 중 전액 자체재원이 아닌 사업으로서 총사업비 60억 원 이상 200억 원 미만인 사업과 재원의 구성과 관계가 없는 사업으로서 총사업비 20억 원 이상인 청사 및 문화·체육시설 신축사업 등에 대해서 시·도가 심사한다.

또한 시·도 및 시·군·구 사업 중 중앙 투자심사 대상이 되는 사업은 전액 자체재원이 아닌 사업으로서 총사업비 300억 원 이상인 신규 투자사업과 시·군·구의 총사업비 200억 원 이상인 신규 투자사업이 해당된다.

예를 들면, 충청북도의 신규 사업이 40억 원 이상이면서 전액 자체재원일 경우는 자체심사 대상이지만, 이전재원이 포함되면서 총사업비가 300억 원이 초과하는 경우는 중앙 의뢰심사 대상이 된다.

재원의 구성과 관계가 없는 사업으로 즉, 전액 자체재원이지만 총 사업비 40억 이상인 청사, 문화·체육시설의 신축사업의 경우는 중앙 투자심사의 대상이 된다.

한편 투자 재심사는 최초 투자심사 결과 적정이나 조건부로 결정되었으나, 사업비가 증가하거나 지방채 발행계획이 변경되는 경우 다시 심사하는 것을 말한다. 이 경우 사업의 지연, 재원계획 변경, 사업부지 변경, 감사 결과 등 다음과 같은 사업에 대해서 재심사를 수행하게 된다.

- 총사업비가 당초 심사금액 대비 30% 이상 늘어난 사업
- 당초 지방채 발행계획 대비 30% 이상 지방채를 추가 발행하는 사업

표 18-3 의뢰심사 대상 및 사업 범위

심사 구분	심사 기관	심사 대상사업
의뢰 심사	시 · 도 심사 (시 · 군 · 구 사업)	〈전액 자체재원이 아닌 사업〉 • 총사업비 60억 원 이상 200억 원 미만인 신규 투자사업 (해당 관할 구역에 전년도 말일 주민등록이 되어 있는 주민 수가 2년 간 연속하여 100만 명 이상인 시 · 군 · 구는 제외)
		〈재원의 구성과 관계가 없는 사업〉 • 총사업비 20억 원 이상인 청사 및 문화 · 체육시설 신축사업 • 총사업비 5억 원 이상 30억 원 미만인 홍보관 사업 • 총사업비 3억 원 이상 30억 원 미만인 공연 · 축제 등 행사성 사업
	중앙 심사 (시 · 도 및 시 · 군 · 구 사업)	〈전액 자체재원이 아닌 사업〉 • 시 · 도의 총사업비 300억 원 이상인 신규 투자사업 (2 이상의 시 · 도가 공동으로 추진하는 투자사업 포함) • 시 · 군 · 구의 총사업비 200억 원 이상인 신규 투자사업 (2 이상의 시 · 도가 공동으로 추진하는 투자사업 포함)
		〈재원의 구성과 관계가 없는 사업〉 • 시 · 도의 총사업비 40억 원 이상인 청사 및 문화 · 체육시설 신축사업 • 시 · 도 또는 시 · 군 · 구의 총사업비 10억 원 이상 외국차관 도입사업 또는 해외투자사업

자료: 행정안전부(2018: 18-21).

- 투사심사 후 다음 연도부터 3년 간 사업시행 미추진 사업
- 투자심사 후 국비, 민자 등 재원조달계획이 변경된 사업
- 당초 투자심사 의뢰서에 명시된 사업부지가 변경된 사업
- 감사원이 재심사를 요청한 사업

2. 지방재정 투자심사의 절차

지방 투자심사의 절차와 과정은 ① 단위 사업별 계획 수립, ② 투자심사 의뢰서 작성 및 제출, ③ 사전실무심사, ④ 투자심사위원회 심사, ⑤ 사후평가와 이력관리 등 사후관리의 순으로 진행된다([그림 18-2] 참조).

첫째, 단위 사업별 계획 수립에는 사업 주무부서가 주 사업과 부대사업으로 구분하여 입안부터 준공까지 추진단계별로 사업계획을 구체적으로 작성한다. 이때 500억

그림 18-2 지방재정 투자심사의 흐름도

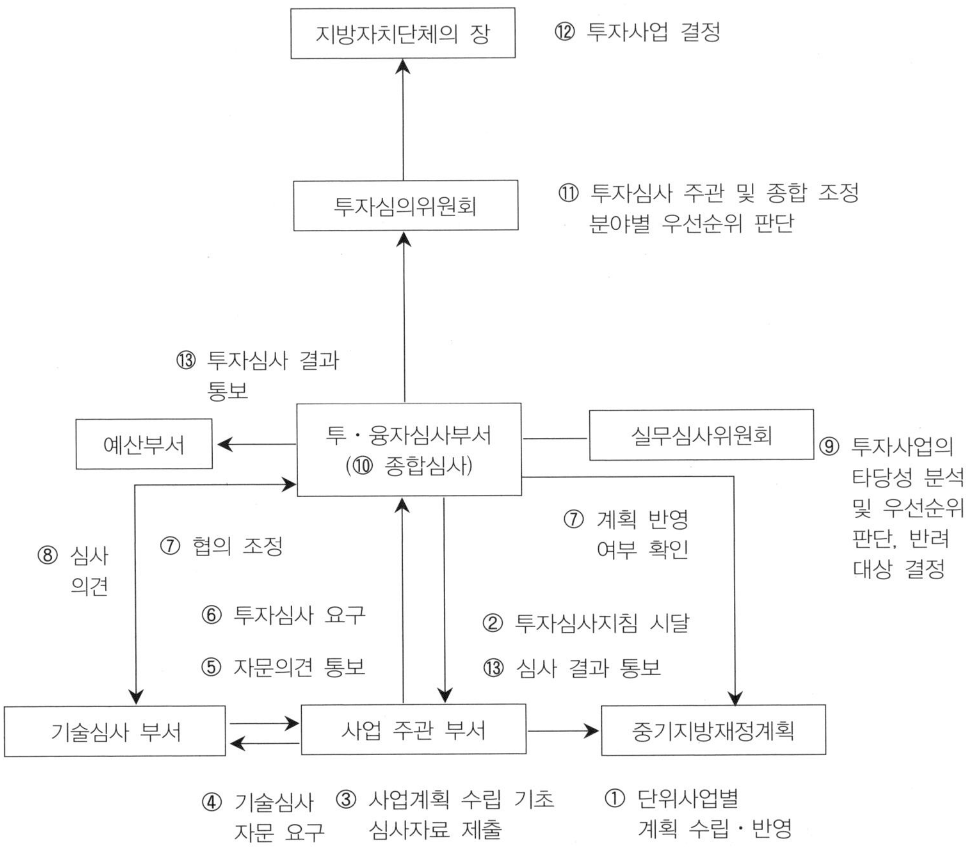

자료: 행정안전부(2018).

원 이상의 사업인 경우 타당성 조사를 행정안전부에 신청하고, 이를 LIMAC에 의뢰한다.

둘째, 투자심사 의뢰서 작성 및 제출은 사업 주무부서가 기초 심사자료를 작성하여 투자심사부서에 제출한다. 이때 중기지방재정계획 반영 여부를 확인하고, 사업 규모의 적정성, 시공 공법 및 기술사항, 사업비, 재원조달계획, 시설운영계획 등을 포함하여 자체 투자 우선순위를 부여한다. 타당성 조사, 기본 계획 수립 등 사전 절차를 미이행한 사업은 반려 조치될 수 있다.

셋째, 사전실무심사는 투자심사 담당 부서가 실무투자심사위원회를 구성하여 재원조달 능력, 사업타당성 등의 기본 항목에 대해 사전실무심사를 실시한다. 사전실무심사는 재원조달 가능성, 사업비 산정의 적정성 여부, 사업의 타당성 및 적정성을 포함하여 검토한다. 그리고 필요시에는 현지실무심사를 실시하여 사업추진의 저해요인, 사업 위치의 적정성, 사업 규모 및 시행 시기 적정성, 사업의 주민수혜 여부, 민원발생 가능 여부 등을 검토한다.

넷째, 투자심사위원회의 심사는 투자심사 담당 부서가 투자심사위원회를 개최하여 위원회 심사를 시행한다. 위원 구성은 공무원 및 민간위원으로 15인 이내(공무원은 4분의 1 이내)로 투자심사위원회를 구성하여 해당 사업에 대한 심사를 실시한다. 이 과정에서 쟁점사업을 선정하여 해당 사업에 대한 설명을 들을 수 있으며, 최종 심사결과는 원칙적으로 위원 간 합의를 통하여 결정하지만 의견일치가 되지 않는 경우에는 다수결로도 가능하다.

다섯째, 사후평가는 투자심사 결과에 대해 매년 1회 최근 3개년 투자심사사업에 대하여 자치단체가 교차평가 및 자체평가를 실시하여 예산반영률, 미심사 사업예산에 대한 예산반영률 재검토, 부적정 사업에 대한 예산반영률, 조건부 사업의 조건 이행률 등을 검토한다. 투자심사 결과 반영 조치 없이 예산편성 및 집행한 자치단체는 재정 페널티를 받게 된다.

여섯째, 이력관리는 지방재정투자사업 심사규칙 제9호2(투자심사의 사후평가 등)의 제2항에 의거하여 투자심사 완료 후 투자사업의 핵심정보를 이력관리하고, 이를 평가하여 재정 손실 등이 예상되는 사업에 대한 관리계획을 수립한다. 2013년부터 '적정 및 조건부'로 결정된 투자심사 완료 사업 중 총사업비 500억 원 이상 투자사업과 중앙투자심사 완료 사업에 대해서 단계별 이력관리를 실시하고 있다.

- 1단계 사업 준비: 투자심사 및 사업 내용, 타당성 조사 결과, 투자심사 결과 등(심사 완료 후 1개월 이내 입력)
- 2단계 사업 추진: 사업추진 일정, 사업비 투입 현황, 지방채 발행 현황, 사업계획 변경 현황 등(분기별 입력)
- 3단계 사후 관리: 자산, 운영 방식, 관리 인력, 수익, 연간 이용 현황, 관리비, 지방채 상환 현황 등(반기별 입력)

그림 18-3 지방재정 투자심사 이력관리의 추진 절차

1. 핵심정보 입력	⇨	2. 1차 평가, 평가 결과 행안부 제출	⇨	3. 2차 평가 (중점관리 사업 선정)	⇨	4. 관리계획 수립 대상 결정	⇨	5. 관리계획 수립 및 행안부 제출	⇨	6. 관리계획 검토
자치단체		자치단체		행안부, LIMAC		중앙투자 심사 위원회		자치단체		중앙투자 심사 위원회

- 1차 평가: 지방자치단체 자체평가
- 2차 평가: 1차 평가 결과를 토대로 행안부(LIMAC)가 중점관리사업 선정

자료: 행정안전부(2018a).

3. 지방재정 투자심사 판정 결과

지방재정 투자사업의 심사 결과는 ① 적정(適正), ② 조건부(條件附) 추진, ③ 재검토(再檢討), ④ 부적정(不適正) 등의 네 가지로 판정한다.

적정은 사업의 타당성이 인정되고 예산 확보 등 재원조달 대책이 수립되어 정상적으로 사업의 추진이 가능하다고 판단하는 경우이다.

조건부 추진은 사업의 타당성은 인정되나 선행 절차와 조건 이행 및 재원조달 대책 등 필요한 조건이 충족되어야만 사업 추진이 가능한 경우다.

재검토는 사업의 규모, 시기, 재원조달 대책 및 채무상환계획 등에 대한 종합적인 재검토가 요구되는 경우이다.

부적정은 사업의 타당성 결여로 사업을 추진해서는 안 되는 경우이다.

또한 사업의 추진 시기, 규모 및 재원조달 대책 등 사업의 타당성을 명백하게 결여하였거나, 직전 재검토 사유를 제대로 이행하지 않은 채 신청한 경우 등에 대해서는 투자심사를 진행하지 않고 반려(返戾)한다.

지방투자 심사 결과 적정과 조건부 추진은 투자사업을 승인한 것이며, 재검토와 부적정, 반려는 투자사업을 승인하지 않는 것이다.

연도별 지방재정 투자 사업에 대한 의뢰심사인 중앙투자 심사의 결과를 보면 다음 <표 18-4>와 같다.

2013년까지는 연간 200여 건에 불과하던 것이 2014년에 400건대로 급증하여 2017년까지는 지속적으로 증가하였으나, 2018년에 와서는 다시 372건으로 감소하였다. 이러한 의뢰 건수의 변동은 지방재정 투자심사 대상사업에 대한 기준이 변화하였기 때문인 것으로 보인다.

표 18-4 중앙투자심사 실적

(단위: 건수, %)

구 분	2011	2012	2013	2014	2015	2016	2017	2018
건수	187	215	287	482	447	553	587	372
적정	150 (80)	149 (69)	196 (68)	327 (68)	288 (64)	340 (64)	417 (71)	264 (71)
재검토	37 (20)	66 (31)	91 (32)	155 (32)	159 (36)	193 (36)	170 (29)	108 (29)

주: 적정 = 적정 + 조건부 추진, 재검토 = 재검토 + 부적정 + 반려.
자료: 행정안전부(각 연도.)

Chapter 19 지방재정분석과 지방재정 위기관리제도

제 1 절 지방재정분석제도

1. 지방재정분석의 개념 및 도입 목적

1) 지방재정분석의 개념

지방재정분석(local finance analysis)은 지방정부의 재정 수준 및 상태를 파악하고 재정 운영상의 문제점을 도출하기 위한 활동이라고 할 수 있다. 그러나 이러한 지방자치단체의 재정 수준 및 상태를 파악하기 위한 방법으로 재정분석(financial analysis), 재정평가(financial evaluation), 재정진단(financial diagnosis) 등의 용어가 혼용되고 있는데, 각 개념을 비교하면 다음과 같다.

일반적으로 재정분석 또는 재정평가란 지방정부가 주민이 필요로 하는 재화와 서비스를 공급할 수 있는 재정적인 능력으로(오연천, 1993), 또는 지방행정 수요를 충족하기 위해 자주재원으로 충당할 수 있는 능력 등 세입과 세출의 양 측면을 고려한 재정 규모의 적정성, 재정 구조의 탄력성, 재정 운용의 건전성 등을 평가하는 것으로 이해한다. 그리고 각 지방자치단체가 1회계연도 동안 재정을 얼마나 건전하게 운영했는지를 평가하는 것 등으로 정의하고 있다(이상용, 1993: 3).

외국의 경우 일본은 재정구조, 재정 운영, 세입 비율, 세출 비율, 공무원 봉급, 서비스 수준 향상 등의 상태를 분석하는 것을 재정분석이라고 하면서, 일반적·개괄적으로 분석하는 경우를 재정분석, 심도 있게 분석하는 경우를 재정(또는 경영)진단으로 구분하기도 한다(板田期雄, 1981).

미국은 중·소도시가 스스로의 재정 상태를 점검하는 데 사용하기 위해 ICMA (International City Management Association)가 개발한 재정동향 분석 체제(financial trend monitoring system: FTMS)가 지방정부의 현금 지불 능력, 예산상 지불 능력, 장기적인 지불 불능 징후 등을 진단하는 것을 재정분석으로 정의하고 있다(김종순, 2006).

요약하면, 일본은 통칭 재정분석을 사용하며, 미국 신용평가기관은 재정평가를 주로 사용하는데, 미국의 재정동향 분석 체제와 우리나라가 도입한 재정분석과 유사함을 알 수 있다.

2) 우리나라 지방재정분석의 도입 및 변화

우리나라의 지방재정분석제도는 민선 이후 지방재정의 건전한 운영을 도모하기 위해 1994년 12월 「지방재정법」을 개정하면서 도입했다. 1996년에는 기본적인 8개 항목을 내부적으로 분석했고, 1997년에는 재정 능력, 재정 운용, 재정 노력 등을 추가한 3개 분야 총 18개 지표로 확대했다.

이어 1998년에는 지방재정분석·진단 심의 실시규정(행정자치부 훈령)을 제정하여, 10개 단위 지표를 마련하여 분석하고 그 결과를 매년 공표하고 있어, 실질적으로 제도 도입은 1998년부터라고 인정하고 있다.

1999년부터는 한국지방행정연구원에서 개발한 4개 영역 10개 단위 지표를 이용하여 종합분석하고, 인센티브와 페널티 제도를 적용하였다. 즉, 특별교부세, 우수 공무원 포상 및 해외연수, 재정진단 및 재정건전화 이행계획서 제출 강제 등의 장치들이 적용되고 있다(곽채기·이재원, 2004).

2005년부터는 지방재정분석을 지방의 예·결산, 회계, 통계를 비롯해 지방재정의 산출물(output)뿐만 아니라 성과(outcome)와 관련된 정보를 이용하여 단년도 분석과 다년도 추세분석 등을 함께 적용하여 분석할 수 있도록 확대했다(행정자치부, 2005). 분석지표도 종전의 10개 지표에서 30개 지표로 확대하여 분석의 타당도와 신뢰도를 높였으며, 재정분석 결과 우수 자치단체에 대해서는 재정 인센티브를 종전 20억 원에서 200억 원으로 대폭 증액하였고, 분석 결과를 의무적으로 공개하게 하였다.

2009년에는 복식부기 회계제도(2007년), 사업예산(2008년) 등 예산회계제도의 변화에 따른 새로운 재정정보를 반영하기 위하여, 지방재정의 건전성과 효율성뿐만 아니라, 국가정책 이행 및 투명성 향상에 중점을 두면서 통합재정수지를 반영하고, 유사단체별로 재정비교표를 작성하여 공개하였다(지방자치인재개발원, 2019).

2010년부터는 재정분석지표를 대폭 개선하여 건전성, 효율성, 계획성 등을 측정하는 20개 지표로 재정분석을 시도하였으며(이희봉, 2011), 보통교부세 인센티브 지표와 연계하였다.

2013년에는 채무관리 범위를 확대하고 공기업 관련 지표를 추가하였으며, 분식회계(粉飾會計) 예방을 위해 실질수지 비율지표를 추가하기도 하였다.

2014년에는 재정 운용 노력도 점수를 200점에서 300점으로 상향 조정하고, 지방자치단체 부채 및 우발채무 문제가 대두되어 이에 따른 건전성 지표를 추가하였다.

2015년에는 그동안의 건전성, 효율성, 재정 운용 노력도 3개 부문을 건전성과 효율성 부문으로 정비하고, 정책유도 지표를 신규로 추가하였다. 한 해의 지표가 좋으면 그 다음 해의 지표가 나빠지는 기저효과를 축소하기 위해 비율지표와 증감률 지표로 변경하고, 도입 예고 지표 체계를 갖추게 되었다.

2016년에는 재정관리 범위의 통합・우발 부채 확대 및 지방재정 관련 법령 의무준수 등을 위한 신규 지표를 개발하여 건전성, 효율성, 책임성 3개 분야 총 28개 지표로 정비하였다.

3) 지방재정분석의 목적

지방재정분석제도는 지방정부의 재정 상태와 운영 실태 및 성과를 객관적인 재정・통계자료를 토대로 분석・평가하는 지방재정의 종합적인 점검시스템이다.

지방재정분석의 목적은 건전성, 안정성, 효율성, 투명성을 높이고 지방자치단체의 재원 확충 및 예산 절감의 노력을 진작시키는 데 있다(한국지방행정연구원, 2019: 4).

지방재정분석은 재정 운영이 우수한 자치단체를 포상하고 재정 건전성과 효율성이 현저히 떨어지는 자치단체에 대한 재정진단을 실시하는 등 재정 여건 개선을 위한 실질적 지원 기능으로서의 역할을 한다. 현행 지방재정분석의 법적 근거는 「지방재정법」 55조 및 동법 시행령 제65조 등이다.

(1) 재정 운영의 건전성 확보

지방재정 운영의 성과는 해당 자치단체뿐만 아니라 중앙재정 및 주민생활에까지 영향을 미치기 때문에, 재정은 건전하게 운영해야 한다.

그래서 「지방자치법」과 「지방재정법」 등에서 '지방재정의 건전성 확보'를 천명하고 있다. 여기서의 건전성(健全性)은 단순한 수지 균형뿐만 아니라, 반드시 지출해야 할 곳에 자금을 지출하고 지출하지 말아야 할 곳에는 하지 않는 재정지출의 효율성과 미래의 재정 운영을 위한 재정 능력의 함양 및 재원 조달의 잠재력 확보 등 재정의 계획성 등을 필요로 한다.

(2) 재정 상태 및 재정 운용 상황 점검

재정분석은 객관적이고 합리적인 분석 방법을 통해 지방재정 현황 및 운영 상태뿐만 아니라 운영 성과를 종합적이며 체계적으로 분석·평가하고, 그에 대한 적절한 대응 조치를 모색하는 데 있다.

지방정부의 현 재정 상태를 점검하여 문제를 조기에 발견하고, 이에 대한 대응 방안을 제시함으로써 바람직한 지방재정 정책의 방향을 수립하게 하는 데 있다(김동기, 2008: 360).

(3) 재정위기 발생의 사전 예방

지방재정의 파국 및 재정위기(fiscal crisis) 발생의 방지를 위한 사전적 예방 조치로서 재정분석제도가 필요하다. 지방재정의 자율성 확대와 재정분권화의 의도하지 않은 결과로 세수 결핍, 과다한 채무 발행, 선거를 의식한 방만한 재정 운영을 예상할 수 있고, 인구 감소와 경기 침체, 시·군 통합 등 예측 불가능한 변화도 가능하다.

이러한 재정수요 및 변화를 고려하지 못한 채 지방재정이 방만하거나 파행적으로 운영되면, 미국(이재성, 1995: 43-59; 내무부 지방행정연수원, 1994)[1]이나 일본[2]의

지방정부와 같은 소위 재정위기 또는 재정 파탄이 발생할 수도 있다.[3)]

이러한 상황을 사전에 예방할 수 있는 방안을 강구하기 위해 지방재정분석제도를 실시할 필요가 있다.

(4) 주민통제 강화

재정정보의 공개 및 재정 운영에 대한 직접적인 주민통제의 일환으로 재정분석을 시행한다. 즉, 재정분석 결과에 따른 적절한 조치와 함께 그 결과를 주민에게 공개하여 재정 운영이 불건전한 단체의 경우 재정 운영 전반에 대한 주민통제를 유도해야 한다.

지방자치의 실시와 더불어 지방재정 운영에 대한 관심이 높아지고 있어, 주민들은 자기 지역의 재정 운영 상태와 결과에 대한 정보를 쉽게 얻을 수 있어야 한다. 재정분석을 통한 정보공개는 이러한 주민들의 건강한 자기통제를 가능하게 한다.

2. 지방재정분석의 지표 체계

1) 재정분석지표의 변화

다양한 각 지방자치단체의 재정 운영 상황을 종합적으로 분석하기 위해서는 과학적이며 체계적인 분석지표(indicator)의 개발이 요구된다. 2009년까지의 재정분석을 위한 지표는 <표 19-1>과 같이, 세입구조, 세출관리, 재정관리, 채무관리, 재정투명성, 국가정책 이행도 등 6개 부문으로 구분하여 총 30개 단위지표가 사용되었다.

---

1) 미국의 대표적인 사례는 1975년 뉴욕 시, 1991년 첼시 시, 1994년 12월의 오렌지 카운티 등으로 1990년대에 많은 지방정부가 위기에 처했고, 2009년에는 캘리포니아 주가, 최근에는 2013년 미시간 주의 디트로이트 시 등 재정위기·파산이 지속되었다.

2) 도쿄도(東京都)가 재정위기로 인해 1976년 기채 제한단체로 전락하였으며(박형석, 1995: 97-135), 1994년 663시 대상 결산분석 결과 자주재원 비율이 60% 수준으로 자립성에 문제가 있고, 경상수지 비율(경상경비 충당 일반 재원율)이 100% 초과 단체가 1993년 3개 시에서 1994년 15개 시로 증가하여 재정위기 도래의 대책을 강구할 필요가 있다고 분석하였다(日本經濟新聞, 1995.12.1 社說).

3) 특히 홋카이도의 유바리(夕張) 시가 2006년 6월 360억 엔에 달하는 적자를 기록하여 2007년부터 재정재건단체로 지정되어 흔히 말하는 '재정파산' 단체가 되어 경각심을 높이게 되었다(남황우, 2007).

표 19-1 지방재정분석지표의 추이

1999년도 분석지표 (총 1,000점)		2000년도 분석지표 (총 1,000점)		2005~2009년 분석지표 (총 1,000점)	
자주성 (300)	① 재정자립도(200점) 지방세 + 세외수입 / 일반회계 세입결산액 ② 1인당 지방세징수액(100점) 지방세 징수액 / 인구 수	자주성	① 재정자립도 (종전과 동일) ② 재정력지수 기준재정 수입액 / 기준재정 수요액	세입구조	1. 지방세수 안정도 2. 지방세 징수율 3. 지방세 징수율 증감률 4. 지방세 체납 징수율 5. 지방세 과오납 비율 6. 지방세수 예측도 7. 경상세외수입 안정도 8. 경상세외수입 징수율 9. 경상세외수입 징수율 증감률 10. 세외수입 체납 징수율 11. 세외수입 과오납 비율
효율성 (300)	③ 투자비 비율(200점) 사업비 총액 / 세출결산액 ④ 가용재원율(100점) 자체사업비+예비비 / 일반회계 세출결산액	생산성	③ 재정계획 운영 비율 최종사업 예산액 / 지방재정계획의 사업비 ④ 세입예산 반영 비율 세입예산액 / 세입결산액–전년도 이월액 ⑤ 투자비 비율 (종전과 동일)	세출관리	12. 경상경비 비율 13. 인건비 비율 14. 행사·축제 경비 비율 15. 민간이전경비 비율 16. 투자비 비율 17. 연말 지출 비율
안정성 (300)	⑤ 지방채 상환비 비율(200점) 최근 4년 간 평균 지방채무 상환액 / 최근 4년 간 평균 일반재원 결산액 ⑥ 1인당 채무부담액(100점) 지방채무 현재액 / 인구 수	안정성	⑥ 경상수지 비율 경상경비 / 일반재원 결산액 ⑦ 세입·세출충당 비율 세출소요액 / 세입결산액–조상충용액 ⑧ 지방채 상환비 비율 (종전과 동일)	재정관리	18. 중기재정계획 반영 비율 19. 투융자심사사업 예산편성 비율 20. 추경예산 편성 비율 21. 세입예산 반영 비율 22. 순세계잉여금 비율
				채무관리	23. 지방채무 상환비 비율 24. 지방채무 잔액지수
노력도 (100)	⑦ 자체수입 징수율(100점) 자체수입 징수액 / 자체수입징수 결정액	노력성	⑨ 자체수입 증감률 당해 연도 자체수입 결산액 / 전년도 자체수입 결산액 ⑩ 경상경비 증감률 당해 연도 경상경비 결산액 / 전년도 경상경비 결산액	재정투명성	25. 재정정보공시의 적정성 26. 예산편성 운영의 투명성
				국가정책이행	27. 사업별 예산제도의 도입·정착 노력 28. 복식부기 회계제도의 도입·정착 노력 29. 사회복지예산 증감률 30. 재정지출 만족도

표 19-2 지방재정분석지표(FY2009)

분 야		분석지표	분석 기간	대상회계	비 고
건전성 (재정상태지표)		1. 통합재정수지 비율	단년도	통합회계	국제 기준
		2. 경상수지 비율	단년도	통합회계	복식부기
		3. 지방채무 잔액지수	단년도	통합회계	
		4. 지방채무 상환비 비율	4년 평균	통합회계	
		5. 장래세대 부담 비율	단년도	통합회계	복식부기
		6. 자체세입 비율(증감률)	2년	일반회계	
효율성 (재정 운용 노력지표)	세입	7. 지방세 징수율 제고 노력도	2년	일반회계	보통 교부세와 연계
		8. 지방세 체납액 축소 노력도	2년	일반회계	
		9. 경상세외수입 확충 노력도	4년	일반회계	
		10. 세외수입 체납액 축소 노력도	2년	일반회계	
		11. 탄력세율 적용 노력도	단년도	일반회계	
	세출	12. 인건비 절감 노력도	단년도	일반 · 공기업 · 기타 특별회계	
		13. 지방의회경비 절감 노력도	단년도	일반 · 기타 특별회계	
		14. 업무추진비 절감 노력도	단년도	일반 · 기타 특별회계	
		15. 행사축제경비 절감 노력도	2년	일반 · 기타 특별회계	
		16. 민간이전경비 절감 노력도	2년	일반 · 기타 특별회계	
계획성		17. 중기재정계획 반영 비율	단년도	일반 · 공기업 · 기타 특별회계	
		18. 예산집행률	단년도	일반 · 공기업 · 기타 특별회계	
		19. 정책사업 투자비 비율	단년도	일반 · 공기업 · 기타 특별회계	사업예산
		20. 투융자심사사업 예산반영 비율	단년도	일반 · 공기업 · 기타 특별회계	

자료: 행정안전부(2010: 260).

지표 분석 방법은 표준점수(z－score)를 기본으로 자치단체별 유형과 지표의 특성을 고려하여 계량지표 900점, 비계량지표 100점 등 총 1,000점을 만점으로 하고 있으며, 국가정책 이행도에 대한 지표는 매년 적절한 지표를 적용하고 있다.

2010년부터는 <표 19－2>와 같이 지방재정의 사전위기 경보시스템의 구축 및 계획적인 재정 운영을 강조하기 위해 건전성, 효율성, 계획성을 중심으로 총 20개의 지표를 적용하였다.

2) 2016년 재정분석지표 체계

2014년 「지방재정법」의 전면 개정 및 관련 제도의 급격한 변화 등에 따라, 특히 지방재정위기관리위원회의 심의 결과 2015년 7월에 인천, 부산, 대구, 태백 등 4개 단체가 '주의등급' 단체로 지정되기도 하였다.

이에 따라 2015 회계연도의 결산자료를 분석한 2016년의 지표 체계는 다음 <19-3>과 같았다.

표 19-3 지방재정분석지표(FY2015)

분 야	분석지표	분석 기간	대상회계	비 고
Ⅰ. 재정 건전성	1. 통합재정수지 비율	단년도	통합회계	국제 기준
	2. 실질수지 비율	단년도	일반회계, 기타 특별회계	
	3. 경상수지 비율	단년도	통합회계	복식부기
	4. 관리채무 비율	단년도	통합회계	
	5. 실질채무 비율	단년도	통합회계	광역단체
	6. 환금자산 대비 부채 비율	단년도	통합회계	복식부기
	7. 통합유동 부채 비율	단년도	통합회계, 공사공단, 출자출연기관	통합부채
	8. 공기업 부채 비율	단년도	공기업회계	공기업
	9. 총자본 대비 영업이익률	단년도	공기업회계	공기업
Ⅱ. 재정 효율성	10. 자체세입 비율(비율증감률)	5년 경향	일반회계	
	11. 지방세 징수율(제고율)	2년	일반회계	보통교부세 연계
	12. 지방세 체납액 관리 비율(증감률)	2년	일반회계	보통교부세 연계
	13. 경상세외수입 비율(증감률)	2년	일반회계	보통교부세 연계
	14. 세외수입 체납액 관리 비율(증감률)	2년	일반회계	보통교부세 연계
	15. 탄력세율 적용 노력도	단년도	일반회계	보통교부세 연계
	16. 지방보조금 비율(증감률)	2년	일반회계, 기타 특별회계	보통교부세 연계
	17. 출자출연전출금 비율(증감률)	2년	통합회계	
	18. 자본시설 유지관리비 비율(증감률)	2년	통합회계	복식부기
	19. 인건비 절감 노력도	단년도	일반, 기타 특별회계, 공기업특별회계	보통교부세 연계
	20. 지방의회경비 절감 노력도	단년도	일반회계, 기타 특별회계	보통교부세 연계
	21. 업무추진비 절감 노력도	단년도	일반회계, 기타 특별회계	보통교부세 연계
	22. 행사축제경비 비율(증감률)	2년	일반회계, 기타 특별회계	보통교부세 연계
	23. 민간위탁금 비율(증감률)	2년	일반회계, 기타 특별회계	

Ⅲ. 재정 책임성	24. 재정법령 준수	2년	일반회계	가/감점
	25. 재난관리기금전출금 확보	단년도	일반회계	
	26. 지역상생발전기금 확보	단년도	일반회계	
	27. 재정공시 노력도	단년도	일반회계	
	28. 재정분석 대응도	단년도	일반회계	

주: 참고지표 21개 포함.

3) 현행 재정분석지표 체계

2018년의 재정분석지표는 '재정분석지표 개선 TF' 및 지표 개선을 위한 전문가, 지방자치단체의 의견수렴 등을 거쳐, 재정분석 본 지표의 중요도와 변별력, 정보 특성 등을 고려하여 <표 19-4>와 같이 선정하였으며, 재정분석의 통합성과 지속가능성 등을 고려하여 향후 적용할 지표에 대해서는 예고지표 체계를 도입하여, 지방자치단체가 미리 준비할 수 있는 기간과 여유를 가지게 하였다.

2018년 지표의 구성은 분석 목적과 정보의 활용도를 고려하여 재정건전성·재정효율성·재정책임성 3개 분야로 구분하여 평가하는 기준이다. 각 분야별로 분석내용에 따라 세부적으로 분석요인을 체계화하고자 하였다.

첫째, 재정건전성은 현재 및 중·장기적 관점에서 건전재정 원칙에 입각한 재정상태의 건전성 여부를 재정수지, 채무(부채)관리, 공기업 관점에서 구분하는 지표이다.

둘째, 재정효율성은 재원조달 및 재정지출 효과 관점에서 세입관리 효율, 세출관리 효율을 측정하는 지표이다.

셋째, 재정책임성은 지방자치단체 재정의 준법 운영 등을 위한 것으로 페널티 및 인센티브 지표이다.

참고지표로는 지방채무잔액지수와 주민참여예산지출 비율 등 18개 지표를 선정하였으며, 신규 예고지표로는 일자리 창출을 위한 출자출연전출금 및 일자리 창출과 효율성 증대를 위한 민간위탁금 2개를 선정하여, 과거 이전경비에 대한 지나친 부정적 시각을 털어내고자 하였다.

또한 2019년에는 분석 기간을 대폭 앞당겨 실시하고, 재정건전성(통합재정수지 비율, 경상수지 비율, 관리채무 비율, 통합유동부채 비율, 공기업부채 비율, 총자본 대비 영업이익률 등) 6개, 재정효율성(자체수입 비율, 지방세 징수율, 체납액관리 비율,

지방보조금 비율, 출자출연전출금 비율, 지방의회경비 절감률, 업무추진비 절감률 등) 7개, 재정책임성(재정법령 준수) 1개 등 총 14개 지표로 간소화하였다.

표 19-4 **2018년 지방재정분석지표 체계(FY2017)**

분 야	분석지표	분석 기간	대상회계	비 고
Ⅰ. 재정 건전성	1. 통합재정수지 비율	단년도	통합회계	국제기준
	2. 경상수지 비율	단년도	통합회계	복식부기
	3. 관리채무 비율	단년도	통합회계	
	4. 환금자산 대비 부채 비율	단년도	통합회계	복식부기
	5. 통합유동 부채 비율	단년도	통합회계, 공사공단, 출자출연기관	통합부채
	6. 공기업 부채 비율	단년도	공기업회계	공기업
	7. 총자본 대비 영업이익률	단년도	공기업회계	공기업
Ⅱ. 재정 효율성	8. 지방세수입 비율(증감률)	2년	일반회계	보통교부세 공유
	9. 경상세외수입 비율(증감률)	2년	일반회계	보통교부세 공유
	10. 지방세 징수율(제고율)	2년	일반회계	보통교부세 공유
	11. 지방세 체납액 관리 비율(증감률)	2년	일반회계	보통교부세 공유
	12. 세외수입 체납액 관리 비율(증감률)	2년	일반회계	보통교부세 공유
	13. 탄력세율 적용 노력도	단년도	일반회계	보통교부세 공유
	14. 지방보조금 비율(증감률)	2년	일반회계, 기타 특별회계	보통교부세 공유
	15. 출자출연전출금 비율(증감률)	2년	통합회계	
	16. 지방의회경비 절감률	단년도	일반회계	보통교부세 공유
	17. 업무추진비 절감률	단년도	일반회계, 기타 특별회계	보통교부세 공유
	18. 행사축제경비 비율(증감률)	2년	일반회계, 기타 특별회계	보통교부세 공유
	19. 민간위탁금 비율(증감률)	2년	일반회계, 기타 특별회계	
Ⅲ. 재정 책임성	20. 재정법령 준수	단년도	일반회계	감점
	21. 재정공시 노력도	단년도	일반회계	가/감점
	22. 재정분석 대응도	단년도	일반회계	감점

◈ **참고지표**: 18개
① 지방채무 잔액지수, ② 지방채무 상환비 비율, ③ 관리채무 부담 비율, ④ 관리채무 상환 비율, ⑤ 장래 세대 부담 비율, ⑥ 세입예산 대비 우발채무 총액 비율, ⑦ 중기재정계획 반영 비율, ⑧ 예산집행률, ⑨ 의무 지출 비율(증감률), ⑩ 정책사업 투자비 비율, ⑪ 행정운영 경비 비율(증감률), ⑫ 자본시설 지출 비율(증감률) ⑬ 자본시설 유지관리비 비율(증감률) ⑭ 고정순자산 비율(증감률) ⑮ 실질수지 비율 ⑯ 인건비 집행률 ⑰ 일자리사업 지출 비율 ⑱ 주민참여예산 지출 비율
◈ **신규예고지표**: 2개 ① 출자출연전출금(일자리 창출) ② 민간위탁금(일자리 창출, 효율성 증대)

3. 지방재정분석의 단계

지방재정분석은 다음 [그림 19-1]과 같이 전(全) 지방자치단체에 대한 재정분석, 분석 결과 공시, 국무회의 및 국회 보고 등의 과정을 거쳐 이루어졌으나, 지방재정 위기관리제도의 도입에 따라 재정진단제도의 변화와 지방재정의 예산순기 등이 조정되어 다음 [그림 19-2]와 같이 변경되었다.

그림 19-1 지방재정분석의 단계(과거)

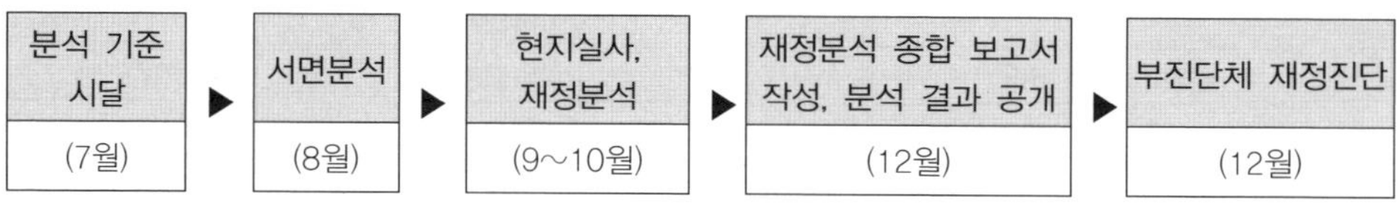

2019년의 가장 큰 변화는 재정분석에 따른 부진단체에 대한 재정진단이 아니라, 재정컨설팅을 실시하여 지방정부의 재정자율성을 보다 크게 인정하는 것이며, 분석 지표 역시 대부분 3년 평균이나 추이분석보다는 전년도 대비 변화율을 측정하고자 하였다는 점이다.

그림 19-2 지방재정분석제도의 운영 단계

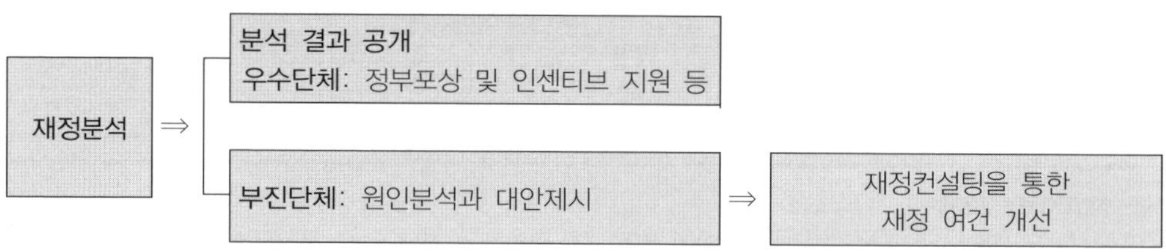

자료: 행정안전부(2019: 3).

4. 지방재정진단제도

1) 지방재정진단의 의의

지방재정진단은 지방재정분석 결과, 재정 현황과 운용 실태가 다른 단체에 비해 부실한 경우 구조적 원인과 위험의 정도, 채무관리 상황 등에 대해 종합적이고 심층적인 분석을 하는 과정을 말한다.

그러나 재정진단은 재정부실의 현상과 원인만을 파악하는 데 그 목적이 있는 것이 아니라, 정밀분석 결과 '지방재정 건전화계획'의 수립과 시행이라는 처방과 치유를 궁극적인 목적으로 하고 있어 재정건전성과 효율성이 현저히 저하된 단체에 대하여 그 원인을 파악하여 치유와 회복 과정을 거쳐 재정위기를 사전에 예방하고자 하는 목적이 크다고 하겠다.

현행 관련법에서는 재정진단이 필요한 지방자치단체로는 첫째, 재정분석의 결과 재정의 건전성과 효율성 등이 현저히 떨어지는 지방자치단체, 둘째, 재정위험 수준을 점검하는 과정에서 재정 상황 중 채무 등 대통령령으로 정하는 기준을 초과하는 지방자치단체로 규정(지방재정법 제55조)하고 있다.

따라서 재정진단의 선행 단계는 재정분석 결과와 현행 재정위기관리제도의 결과로 주의단체 또는 위기단체로 지정된 자치단체가 해당한다.

2) 지방재정진단 단체의 선정 기준

재정진단제도를 객관적이고 합리적으로 운용하기 위해서는 선정 기준과 선정 과정의 공정성이 매우 중요하다.

그중에서 재정진단 대상 단체를 선정하는 것이 무엇보다 중요한데, 진단 대상 단체는 ① 세입예산 중 채무 비율이 세입예산의 행정안전부 장관이 정하는 비율을 초과하거나, 채무 잔액이 과다한 지방자치단체, ② 결산상 세입 실적이 예산액보다 현저히 감소했거나 다음 연도 수입을 앞당기어 충당 · 사용한 단체, ③ 인건비 등 경상비 성격의 예산 비율이 높아 재정 운용의 건전성이 현저히 떨어지는 단체, ④ 행정안전부 장관이 재정보고서의 분석 결과 재정의 건전성과 효율성 등이 현저히 떨어져

재정진단이 필요하다고 인정하는 자치단체를 대상으로 한다(지방재정법시행령 제65조)고 규정하고 있다.

또한 구체적인 관련 규정은 지방재정분석 및 진단 실시 규정을 통해 상세히 규정하고 있다.

3) 지방재정 건전화계획

재정진단의 실시 결과 재정 운영이 극히 불건전하여 지방재정 건전화계획의 수립이 필요한 경우 지방재정위기관리위원회의 심의를 거쳐 재정진단 단체로 선정하고 종합적인 권고를 하게 되어 있는데, 해당하는 단체는 권고안을 기초로 지방재정 건전화계획을 수립하여 행정안전부 장관의 승인을 얻어 시행하도록 하고 있다.

지방재정 건전화계획은 자치단체의 자구 노력 강화에 중점을 두되, 정밀 재정진단 결과 지방자치단체의 방만한 재정 운영에 따른 재정 부실의 문제점을 개선하기 위한 조치계획이다. 이에는 조직 개편, 채무 상환, 세입 증대, 신규 사업의 제한 등을 내용으로 ① 재정건전화 기본 방침, ② 세입 확보 방안, ③ 재정지출의 효율성 제고 방안, ④ 조직의 간소화 방안, ⑤ 기타 재정건전화 및 효율화 방안 등을 포함해야 한다(김동기, 2008: 380).

지방재정 건전화계획은 계획을 수립한 지방자치단체가 주체적으로 시행하되, 매년 연도별 추진계획과 실적보고서를 시·도지사 및 행정안전부 장관에게 제출하고 행정안전부 장관은 실적 보고 내용을 기초로 필요시 현지 확인 등을 통하여 지방재정건전화계획이 계획대로 추진되도록 지도하여야 한다(지방자치인재개발원, 2019: 284).

제 2 절 지방재정 위기관리제도

1. 지방재정 위기의 개념과 발생 원인

1) 지방재정 위기의 개념

지방재정 위기(local fiscal crisis)는 나라별로 연구자별로 차이를 두고 개념화되고 있으며, 이는 재정위기를 바라보는 관점에 차이가 있기 때문이다.

미국 펜실베니아주의 재정위기법(Financially Distressd Municipalities Act)은 재정위기를 "일정한 공공 서비스 수준 하에서 수입과 지출 간 불균형으로부터 발생한 현금흐름의 지속적인(3개월) 부족"으로 규정하고 있다. 구체적으로 보면 ① 재정적자가 세입의 1%를 초과한 상태에서 3년 간 지속하거나 5년 동안 재정적자 비율이 5% 이상, ② 원리금 상환의 불이행, ③ 30일 동안 인건비 지급 불능 등의 상태를 의미하고 있다. 또한 "이러한 재정 상태를 근본적으로 재구축하지 않고서는 자치단체로서의 기본적인 기능조차 회복될 가능성이 없는 단계"를 재정파산으로 분리하여 정의하고 있다(조기현 · 신두섭, 2008).

이상용(2002)은 재원 부족이나 방만한 재정 운영에 따른 과도한 재정지출로 자치단체가 기본적으로 공급해야 할 공공 서비스가 충족되지 못함으로써 자치단체로서의 기능이 정지될 우려가 높은 상태를 의미한다고 정의했다. 즉, 일시적인 세수 감소나 지출 증가로 인하여 발생한 재정수지가 악화되는 재정 상태라기보다는 상당기간 구조적으로 재정수지가 악화되어 자치단체 스스로의 자구 노력만으로는 재정수지의 개선이 불가능한 재정 상태라고 할 수 있다.

김희선(2007)은 재정압박이 지속되어 어느 시점부터 재정책임(공무원 임금 지불, 채무상환, 계약이행 등)의 의무를 이행할 수 없는 상태로 정의하고 있다.

김태영(2010)은 일정한 수준의 공공 서비스를 제공하는 데 필요한 재원 마련이 일시적으로 차단되거나 일정 기간 동안 지속적으로 수지 균형을 이루지 못한 상태라고 재정위기를 정의하면서, 즉 초기에는 재정압박에 직면하고, 점차 재정고통에 이르는 과정을 거치게 되는데, 이 과정 전체를 재정위기로 볼 수 있다.

이처럼 재정위기는 국가 또는 학자에 따라 다르게 인식하고 관리하고 있기 때문에 그 개념이나 기준을 한마디로 정의하기는 쉽지 않으나, 이를 종합하면 재정위기는 "일정한 공공 서비스 수준 하에서 수입과 지출 간의 불균형으로부터 기인한 현금흐름의 지속적인 부족에 의해서 발생한 현상"이라고 볼 수 있으며, 지방자치단체의 재정위기는 세입과 세출추이를 고려한 재원 부족의 측면과 채무상환 능력을 고려한 채무 부담의 측면으로 나누어 볼 수 있다(서정섭, 2010).

보다 면밀하게 보면 재정위기는 포괄적으로 재정위험(fiscal risk)에 속하는데, 재정위험이란 재정건전성의 반대 개념이며, 재정위험은 그 강도와 지속성을 기준으로 재정압박→재정고통→재정파산으로 진행한다고 한다.

이를 상세히 파악하면, 가장 낮은 단계인 재정압박(財政壓迫, fiscal stress)은 재정위기의 징후로서 재정지출의 지속적 팽창 과정에서 이를 충당할 만한 재정수입이 확보되지 않아, 재정 유동성에 문제가 발생하여 재정적자가 누적되는 상황이다(허명순, 2011). 즉, 재정압박은 재정지출과 수입 간의 괴리로 인해 현금흐름에 문제가 발생한 경우로 일시적이기는 하나, 이러한 문제가 악화되어 구조적이고 장기적으로 적자가 누적된다면 재정난(財政難)과 재정 위기(危機) 상태로 볼 수 있다(조기현・신두섭, 2008).

다음 단계인 재정고통(財政苦痛, fiscal distress) 또는 재정위기(fiscal crisis or emergency)는 재정압박으로 인한 재정적자의 누적 현상이 지속되어 사회문제로 표출되는 상태로 자구적인 노력이나 외부의 지원과 감독을 필요로 하며 미국이나 일본 등에서는 구체적인 기준을 제시하여 관리하고 있다.

재정위험의 가장 마지막단계는 재정파산(財政破産, fiscal bankruptcy)으로, 재정위기 상태를 자력으로 극복하지 못하는 최악의 상황을 의미한다(김종순 외, 2010). 결국 지방자치단체가 채무상환 능력을 상실하여 자치단체로서 기능을 할 수 없는 단계로, 미국은 1930년대 제정된 연방파산법에 지방정부 재정파산의 성립조건과 행정적・사법적 절차를 규정하였다(허명순, 2011).

폴락코바(Polackova)는 다음 <표 19-5>와 같이 정부의 재정위험을 네 가지 채무 유형으로 구분하여 각 분야별 재정위험을 측정하고 채무 형태별로 차별화된 관리 방안을 마련할 것을 권고하였다(Polackova Hana, 1989).

표 19-5 **채무 유형에 따른 재정위험**

구 분	직접채무 (모든 상황에 채무 부담)	우발채무 (특정 상황 발생 시 채무 부담)
명시적 채무 (법률 또는 계약)	• 대내 · 외 정부부채(차입금 및 국채) • 예산상의 지출 • 법적 구속력을 가지는 정부지출(공무원 인건비 및 연금)	• 지방정부 및 공공 · 민간기관(개발은행 등)의 차입에 대한 정부보증 • 여러 형태의 융자에 대한 포괄적 정부보증(주택저당융자, 학자금융자, 농어민융자, 중소기업융자) • 정부보증(수출입보증, 민간투자에 대한 보증 등) • 국가보험제도(예금보험, 기업연금보험 등)
암묵적 채무 (도덕적 책임)	• 미래에 발생할 다년도 공공투자 사업의 비용 • 법적 의무가 없는 공적연금급여 • 법적 의무가 없는 사회보장급여 • 법적 의무가 없는 의료지출	• 정부보증을 받지 않는 지방정부 또는 공공 · 민간기관의 채무불이행 • 민영화된 공기업의 부채 청산 • 은행파산(예금보험 부보 대상 초과분 정부지원) • 연금보험 부보 대상이 아닌 연금기금, 고용기금, 또는 사회보장기금의 파산 • 중앙은행의 채무불이행 • 급격한 해외자본 이탈에 따른 구제금융 • 자연환경 복구, 재해 구호, 국방지출 등

자료: Polackova(1989: 3).

종합적으로, 재정위험은 재원 대책이 제대로 마련되지 않거나 불충분하여 재정적자가 발생하고, 이로 인해 국가부채나 지방채무가 누적적으로 증가하며 우발채무가 발생하여 재정의 지속가능성을 위협하는 상황이라고 정의할 수 있다.

2) 지방재정 위기의 발생 원인과 설명 모형

(1) 재정위기 원인의 설명 모형

재정위기를 초래하는 원인에 대한 설명 방식은 크게 사회경제적 모형, 정치적 모형, 관료주의 팽창모형, 내부관리모형 등으로 구분할 수 있다(한국지방재정학회, 2012).

첫째, 사회경제적 모형은 전통적인 접근 방법으로 외부적 요인을 중시한다. 즉, 해당 지역의 경제적 기반이 되는 특정 산업의 쇠퇴와 함께 연령별 · 소득별 인구구조의 변화가 재정수입 및 재정지출에 영향을 주어 재정위기를 초래한다는 입장이다. 예컨대, 중산층이나 자산가들의 교외이전은 세수입의 감소를 가져오는 반면에 빈곤층,

실업자, 고령층의 유입은 재정지출의 증가를 가져와 세입과 세출 간의 괴리가 발생하게 되는데, 이것이 재정위기의 원인으로 작용한다는 것이다.

둘째, 정치적 모형은 자치단체장이 처해 있는 정치적 상황이나 입장, 지방의원들의 정치적 동기 등에 따라 재정지출이 급증함으로써 재정위기가 초래한다는 것이다. 예를 들어, 단체장이 개인의 정치적 입지 강화를 위해 업적과시형 사업을 추진하거나 전시성·행사성 경비를 과다 지출하고, 지방의회와의 관계 또는 주민들의 인기를 얻기 위한 소규모 분산투자나 무리한 복지사업을 하게 되면, 재정위기를 초래할 수 있다는 것이다.

셋째, 관료주의 팽창모형은 공공선택이론의 영향을 받아 재정위기의 원인을 비시장적 의사결정 측면에서 접근한다. 지역 주민의 공공 서비스에 대한 선호를 정확하게 반영하기 위해 관료의 기능이 강화되고, 이에 따라 정부조직이 팽창함으로써 재정위기가 발생하게 된다는 것이다. 즉, 공공 부문은 근본적으로 가격 기능이 결여되어 있기 때문에 정부조직이 과도하게 비대해지며, 관료는 기본적으로 예산 규모로 자신의 권위를 인식하며, 이에 따라 비합리적인 권한을 행사하여 지출이 증가한다는 것이다. 또한 정부지출로부터 혜택을 받는 계층은 지속적으로 그 혜택이 지속되기를 원해서 정부조직의 과도한 팽창으로 연결된다는 논리이다.

넷째, 내부관리모형은 자치단체의 부적정한 내부관리에 의해 세입 감소, 예산의 과도한 지출이 가능해 재정위기가 발생한다는 것이다. 이는 주로 실무자들의 관리능력 부족에서 기인하며, 실무자들은 대체로 단기적 관점에서 재정을 운용하여 지방정부 전체의 재정 운용이 통일적·종합적으로 이루어지지 않게 되어 비효율적인 예산지출이 발생하게 된다. 따라서 세입과 세출에 대한 예측 능력의 부족으로 재정수지의 불균형이 발생하게 된다는 것이다. 특히 보조금의 경우는 그 성격상 변동 폭이 커서 수입의 정확한 예측을 어렵게 만드는 재정위기의 한 원인이라고 할 수 있다. 또한 자치단체가 제공하는 공공 서비스의 범위가 클수록 재정위기가 발생할 수 있으며, 이 밖에도 시대의 변화를 제대로 반영하지 못하는 법률 체계가 상호 모순됨으로써 재정위기가 발생한다(이상용, 2002).

(2) 지방재정 위기의 발생 원인

지방재정 위기가 발생할 수 있는 원인은 매우 다양하며, 많은 연구자들이 이에 대한 논의를 계속해 왔다.

김종순(1995)은 지방재정 위기 발생의 원인을 하나의 축은 지방자치단체와 지역의 내부적 요인과 외부적 요인으로 구분하고, 다른 하나의 축은 해당 지역의 정치·사회적 요인, 경제적 요인, 그리고 기술·행정적 요인 등으로 구분하였다(<표 19-6> 참조).

표 19-6 지방재정 위기의 발생 원인

구 분	내부적 요인	외부적 요인
정치·사회적 요인	• 주민욕구 분출 • 조세저항 증대 • 정치적·대중적 재정 운용 • 내부통제 기능 약화(자체감사, 의회통제 등)	• 기능이양과 재원배분의 불일치 • 조세법률주의 엄격한 시행 • 세원배분에 대한 갈등 및 조세경쟁 • 경비부담상의 갈등 • 중앙정부의 조정기능 약화
경제적 요인	• 취약한 과세기반 및 지역경제 침체 • 중산층의 역외이전 • 지역경제의 환류 기능 미흡	• 국가경제의 위축 • 부동산시장의 위축
기술·행정적 요인	• 전문성 및 재무정보 부족 • 재정진단시스템 미비 • 조세징수 노력 부족 • 세무행정조직상의 불합리성 • 예산 운용의 비효율성	• 기술·행정지원의 미흡

자료: 김종순(1995).

이상용(2002) 역시 지방재정 위기의 한 축은 내부적 요인과 외부적 요인으로 구분하고, 또 다른 축은 세입, 세출, 운영 상황, 부채구조, 지역사회의 수요/자원 등으로 구분하였다.

내부적 요인은 자치단체 내부의 통제력 결함으로 발생하는 것으로, 정치·사회적인 측면에서는 정치적 동기에서 비롯된 과도한 지출, 주민욕구의 분출, 조세저항의 증대 등이 해당하며, 경제적인 측면에서는 취약한 과세기반, 자본·소득의 역외이전, 지역경제의 환류 기능 미흡 등을 들고 있으며, 기술적·행정적 측면에서는 비효율적인 예산 운영, 전문성 및 재무정보의 부족, 비효율적인 징세 방법, 수입의 과대 추정 등을 제시하였다.

외부적 요인은 경제 환경의 변화로부터 발생하여 그 파급경로가 복잡하다는 특징이 있는데, 세계 경제 및 국내 경제의 변화로부터 발생하는 산업 및 상업적 기반의 상실과 산업구조 조정에 따른 자치단체 및 해당 지역의 기반이 되는 특정 산업의 침체, 인구구조의 변화 등이 이에 해당된다. 이들 요인들은 세수 결함과 재정지출의 급격한 증가를 동반하여 재정위기의 단초를 제공한다. 한편 보조금 감소로 나타나는 정부 간 재정관계의 변화도 재정위기의 주요 원인으로 작용한다(<표 19-7> 참조).

표 19-7 지방재정 위기의 유발 요인

구 분	유발 요인
세입	• 주민 1인당 경상세입의 감소, 지방세 수입 감소 • 자주재원 비율 감소, 세입부족 비율의 증가
세출	• 주민1인당 경상지출액 증가, 주민 1인당 공무원 수 증가 • 인력 및 조직의 비효율성(총정원 대 현원 인건비)
운영 상황	• 순 경상수입에 대한 경상적자 비율의 증대 • 사업 손실의 발생(지방공기업, 공사, 공단)
부채 구조	• 순 경상수입에 대한 부채 비율의 증가 • 순 경상수입에 대한 채무상환액 비율의 증가 • 지방채 현재액의 과다
지역사회의 수요/자원	• 인구 규모의 급속한 감소 • 주민 1인당 소득의 감소 • 빈곤가구 및 공적부조 대상자의 비율 증가 • 실업률 증가 및 직장 수의 감소

자료: 이상용(2002).

(3) 지방재정 위기의 진행 과정

재정위기의 발생 과정은 고정되어 있는 것이 아니라, 재정압박→재정위기→재정파산의 과정으로 진화한다고(김희선, 2007), 지방재정 위기의 개념에서 설명한 바 있다.

지방재정 위기 과정 초기 단계는 재정지출이 지속적으로 팽창하여 이를 충당할 재정수입 확보가 되지 않는 재정적자의 누적 상태이고, 재정위기는 이러한 누적 현상이 지속적으로 악화되어 사회적 문제로 표출되는 것이다. 마지막 단계는 자력으로

그림 19-3 재정위기의 진행 과정

재정압박	⇨	재정위기	⇨	재정파산
• 조세수입과 재정지출 간의 차이 • 세입세출의 불균형 • 행정 서비스 제공의 미흡 • 높은 세부담		재정수입과 재정지출 사이의 불균형이 임시적 · 지속적 발생		재정위기의 회복 불가능한 재정 상태

자료: 우동기 · 이정훈(1999).

회생 불가능한 상태인 재정파산 단계로 이어지게 된다.

루빈(Rubin, 1987)은 재정위기가 발생하는 단계별로 배경 요인, 촉발 요인, 그리고 지속 요인 등이 작용한다고 하였다.

그림 19-4 재정위기의 진행 단계별 요인

배경 요인	⇨	촉발 요인	⇨	지속 요인
• 지역경제, 과세기반 취약 • 불합리한 세원배분 구조 • 재정의 자주성 결여 • 주민 욕구 분출과 조세저항 증가 • 비효율적인 조세행정		• 무리한 재정지출 확대 • 지역경제의 위축 • 산업 및 주민의 이동 • 부동산 시장의 위축 • 국가경제의 위축		• 대중적 재정 운용 • 관리의 비효율성 및 경영혁신 미흡 • 내부통제 기능 약화 • 외부통제 기능 약화

자료: Rubin(1987); 한국지방재정학회(2012: 20)에서 재인용.

첫째, 배경요인은 재정위기의 직접적 원인이자 촉발기제로 볼 수는 없으나, 잠재적으로 보유하고 있는 상태를 의미하며, 지역경제와 과세기반 취약, 불합리한 세원배분 구조, 재정의 자주성 결여, 주민 욕구 분출과 조세저항 증가, 비효율적인 조세행정 등이 포함된다. 둘째, 촉발 요인은 재정위기를 발생시키는 요인이며, 이에는 무리한 재정지출 확대, 지역경제의 위축, 산업 및 주민의 이동, 부동산 시장의 위축, 국가경제의 위축 등이 있다. 셋째, 지속 요인은 재정위기가 발생하였을 때 이를 지속시키는 요인을 의미하며, 대중적 재정 운용, 관리의 비효율성 및 경영혁신 미흡, 내부통제 기능 약화, 외부통제 기능 약화 등이 있다.

2. 지방재정 위기관리제도의 내용

1) 지방재정 위기관리제도의 의의[4)]

2008년 말부터 시작된 세계 경제 위기의 영향으로 지방이 추진하는 부동산개발 사업에 미분양 사태가 발생하기 시작하였다. 2010년 7월 12일 성남시의 판교특별회계 지불유예 선언을 계기로 우리나라에서도 지방재정 위기가 발생할 수 있다는 우려가 제기되었다.

이러한 재정 상황 변화에 따라 정부는 2011년도 3월 8일에 「지방재정법」을 개정하여, 재정위기 단체의 지정(제55조의2), 재정 위기 단체의 의무(제55조의3), 재정위기 단체의 지방채 발행 제한(제55조의4), 재정건전화 이행 부진 지방자치단체에 대한 불이익 부여(제55조의5) 등의 조항을 신설하여 지방재정 위기관리제도를 도입하였다. 「지방재정법」을 통해 재정위기 단체를 지정할 수 있는 근거를 규정하고, 재정위기 단체의 지정을 위한 기준과 절차 등은 지방재정법시행령에서 정하도록 하였다.

그 당시 안전행정부는 「지방재정법」 및 지방재정법시행령에 근거하여 재정위기 단체의 지정 기준과 관련 절차를 보다 구체적이고 명확하게 하기 위한 '지방재정 위기 사전경보 시스템' 운영규정을 2011년 10월에 제정하여 같은 해부터 적용하였다.

지방재정 위기가 발생하면 재정파산으로 전개될 수밖에 없고, 이로 인한 피해는 좁게는 지역 주민, 넓게는 전국의 국민들이 받게 된다. 따라서 지방재정 위기가 발생하지 않도록 방지하는 것이 무엇보다 중요하며, 이를 위해서는 상시적 모니터링 체계를 구축할 필요가 있었다.

지방자치의 역사가 길고 분권화가 잘된 미국 등 선진국과는 달리, 우리나라는 지방자치단체의 계획적이고 체계적인 재정운영을 촉진하고 지방재정의 효율성을 확보하기 위한 다양한 지방재정관리제도가 존재하지만, 재정위기를 예방하기에는 부족하다는 인식을 하고 있었다.

따라서 보다 적극적인 지방재정 위기의 조짐을 사전에 탐지하고 적정한 조치를 취하기 위한 조기경보(早期警報) 시스템의 구축이 필요하다고 판단하였다. 그러나 이

4) 통상 주무부처인 행정안전부에서는 '지방재정 위기 사전경보 시스템'으로 사용하고 있으며, 관련 법령에서는 '재정위기 단체 또는 재정주의 단체의 지정' 등으로 규정하고 있어, 이 모든 것을 합쳐서 '지방재정 위기관리제도'로 이해하고자 한다.

미 지방재정분석제도를 통한 심층 재정진단제도가 존재하고 있음에도 불구하고 불비하다고 하여 새로이 도입된 재정위기 사전경보 시스템은 기존의 재정관리제도와 다음 [그림 19-5]와 같은 관계를 가진다고 할 수 있다.

그림 19-5 재정분석과 재정위기관리제도의 관계

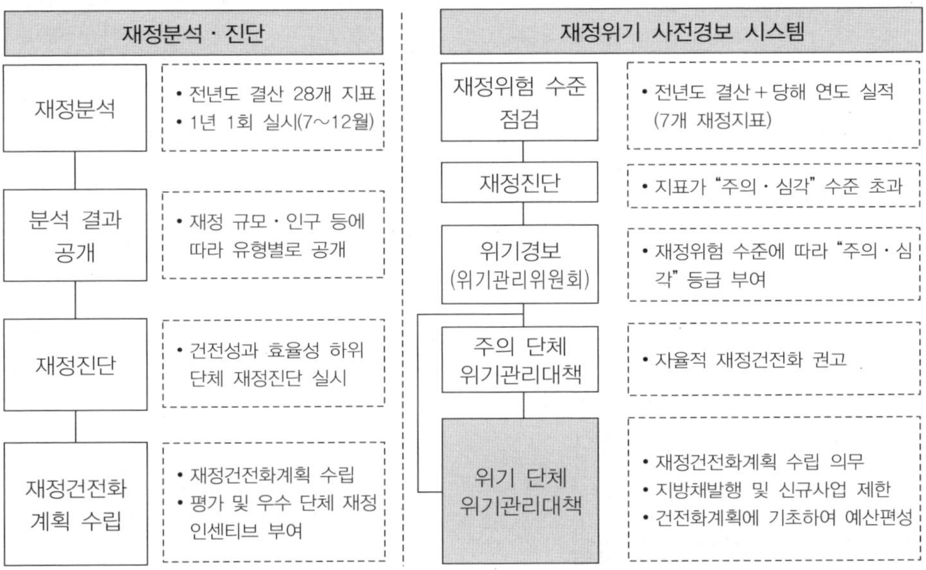

자료: 지방자치인재개발원(2019: 285).

2) 재정위기 단체의 지정 기준

재정위기단체는 다음의 각 항목 어느 하나라도 해당하는 지방자치단체로서 재정위험의 수준이 심각하다고 판단되는 지방자치단체는 재정위기 단체로 지정할 수 있다. 행정안전부 장관은 재정위기 단체 지정에 있어 필요한 경우 서면분석, 현장조사 등을 할 수 있다.

이미 정부는 2011년 9월 6일 지방재정법시행령을 개정하여 재정위기 단체의 지정 기준 및 절차 등(제65조의2), 재정건전화계획의 제출시기 등(제65조의3), 재정 투·융자사업 예산편성 제한(제65조의4)의 규정을 신설하였으며, 다음 <표 19-8>과 같이 재정위기 단체의 지정 기준을 명시하고 있다.

표 19-8 재정위기 단체의 지정 기준

지 표	'주의' 기준	'심각' 기준	시행령
통합재정수지 적자 비율	25% 초과	30% 초과	제65조의2 제1항 제1호
예산 대비 채무 비율	25% 초과	40% 초과	제65조의2 제1항 제2호
채무상환비 비율	12% 초과	17% 초과	제65조의2 제1항 제3호
지방세 징수액 현황	50% 미만	0% 미만	제65조의2 제1항 제4호
금고잔액 현황	20% 미만	10% 미만	제65조의2 제1항 제5호
공기업 부채 비율	400% 초과	600% 초과	제65조의2 제1항 제6호

지방재정법시행령에서 재정위기 단체 지정 기준[5]으로 ① 통합재정수지 적자 비율이 30%를 초과하는 경우, ② 예산 대비 채무 비율이 40%를 초과하는 경우, ③ 채무상환비 비율이 17%를 초과하는 경우, ④ 분기별 지방세 누적징수액이 음(－)의 값인 경우, ⑤ 분기별 금고의 총 잔액이 최근 3년 분기별 평균 금고 총 잔액의 10% 미만인 경우, ⑥ 지방공기업 부채비율 600% 초과하는 경우로 하고, 이 중 어느 하나에 해당할 경우 지방재정위기관리위원회의 심의를 거쳐 행정안전부 장관이 재정위기 단체를 지정할 수 있도록 하였다.

3) 재정위기관리제도의 내용

재정위기 단체에 대한 지정 및 해제와 의무 등에 대한 전반적인 재정위기관리제도의 내용은 다음과 같다.

첫째, 재정위기 단체는 재정건전화계획을 수립하여야 한다. 재정위기 단체로 지정된 단체의 장은 재정건전화계획을 수립하여[6] 행정안전부 장관의 승인과 지방의회 의결을 받도록 하였다. 이 경우 시장・군수 및 구청장은 시・도지사를 경유하도록 하였다(지방재정법 제55조의3).

둘째, 재정건전화계획에 대하여 지방의회의 의결을 얻도록 하였다. 즉, 재정건전화계획의 안정성과 구속성을 확보하게 하였다.

셋째, 매 회계연도의 예산편성과 재정건전화계획과의 연계성을 확보하게 하였다.

5) 이러한 재정위기 단체의 기준은 재정위기 사전경보 시스템의 '심각' 기준에 해당한다.
6) 구체적인 재정건전화계획의 수립 기한은 재정위기 단체로 지정된 날로부터 60일 이내이다.

넷째, 재정위기 단체로 지정된 단체의 장은 재정건전화계획 및 이행 상황을 매년 2회 이상 주민들에게 공개하도록 하였다.

또한 구체적인 재정위기관리제도의 내용은 지방채 발행 등에 대한 제한으로, 재정위기 단체의 장은 재정건전화계획에 의하지 않고서는 지방채의 발행, 채무의 보증, 일시차입, 채무부담행위를 할 수 없다(지방재정법 제55조의4).

더욱이 재정위기 단체의 장은 재정건전화계획에 의하지 않고서는 대통령령으로 정하는 규모 이상의 재정투자사업[7]에 관한 예산을 편성할 수 없도록 하였다.

지방재정 위기 단체 지정 및 재정 운영상 제한 등은 실제 2012년부터 시행하였으며, 매 분기 단위의 모니터링 결과, 2015년 7월 말 '재정주의 단체'로 부산 · 대구 · 인천 · 태백 등 4개 단체를 지정하였으나, 2019년 현재 모두 해제되었다.

4) 긴급재정 관리제도

(1) 긴급재정 관리제도의 도입 배경

2015년 12월 29일 「지방재정법」 개정을 통해, 기존의 재정위기 단체 지정제도보다 더 강력한 긴급재정 관리제도가 도입되어, 2016년 6월부터 시행되었다(지방재정법 제5장의2 긴급재정관리 신설).

긴급재정 관리제도는 지방자치단체 스스로 해결할 수 없는 예외적인 재정위기 상황이 발생한 경우 주민 서비스의 중단 및 축소를 방지하기 위해 중앙정부와 지방이 협력해서 재정위기를 신속하게 극복하기 위한 예방적 조치이다.

사실 이미 1995년 민선자치 시대 출범을 앞두고 쟁점화되었는데, 당시 내무부는 지방자치단체에 대한 정기적인 재정진단을 실시하여 채무가 지나치게 많아 독립적인 재정 운영이 불가능하다고 판단되는 지방자치단체에 "파산선고"를 내리고, 파산선고 지방자치단체에 대해서는 중앙정부가 재정 운영을 감독할 수 있는 (가칭)「지방재정재건에 관한 특별법」 제정을 추진하였다. 그러나 그 당시 우리 현실에는 맞지 않는다고 판단하여 도입을 철회하였다.[8]

---

7) 시 · 도의 경우 총사업비 40억 원 이상, 시 · 군 · 자치구의 경우 총사업비 20억 원 이상의 신규 투자사업의 예산편성을 제한할 수 있도록 하였다.

8) 한국일보 1995년 5월 8일자 및 동아일보 1995년 5월 10일자 기사 내용을 참조할 것.

1997년 IMF 당시에도 (가칭)「재정위기관리법」을 제정하여 재정위기 선고(파산)에 의한 재정구제 방안을 검토하였는데, 이는 지방자치단체의 자구 노력과 재정지원에도 불구하고 재정위기가 심각하여 재정재건이 어렵다고 판단될 경우에는 일정기간 단체장의 권한 등을 정지하고 재정관리인을 파견하여 단체장의 권한을 대행하는 미국 주정부에서 운영하는 지방재정 위기관리제도의 도입을 검토한 것으로 보인다. 그러나 이러한 「재정위기관리법」은 지방자치의 자주재정권 침해 등의 논란이 있어 '재정분석 · 진단제도'로 대체되어 시행되어 현재에 이르고 있다(서정섭, 2015).[9]

이후 2014년 초에 다시 지방자치단체 파산제 도입이 정치권과 정부에서 이슈화되었다. 이 논의 배경에는 경제위기의 지속으로 인한 부동산 경기의 침체로 지방재정 세입 감소와 함께 사회복지비 확대 등의 지출 팽창으로 인한 재정압박 상태에서 사업타당성이 적은 사업을 무리하게 추진하여 재정손실을 야기하는 사례가 발생하였기 때문이다.

결국 행정안전부 장관은 지방자치단체가 자력(自力)으로 재정위기 상황을 극복하기 어렵다고 판단되는 경우에는 지방자치단체의 장의 신청 또는 직권으로 해당 지방자치단체를 긴급재정 관리단체로 지정할 수 있게 하였다. 그러나 이 경우 행정안전부 장관은 해당 지방자치단체의 장과 지방의회의 의견을 미리 들어야 한다(지방재정법 제60조의3).

(2) 긴급재정 관리 단체의 지정 기준

긴급재정 관리 단체로 지정할 수 있는 경우는 다음의 세 가지이다. 첫째, 재정위기 단체로 지정된 지방자치단체가 재정건전화계획을 3년 간 이행했음에도 불구하고 재정위기 단체로 지정된 때부터 3년이 지난 날 또는 그 이후의 지방자치단체의 재정위험 수준이 재정위기 단체로 지정된 때보다 대통령령으로 정하는 수준 이하로 악화된 경우, 둘째, 소속 공무원의 인건비를 30일 이상 지급하지 못하는 경우, 셋째, 상환일이 도래한 채무의 원금 또는 이자에 대한 상환을 60일 이상 이행하지 못한 경우이다.

여기서 구체적인 기준에 해당하는 대통령령으로 정하는 수준 이하는 2016년 6월 28일 신설하였는데, 다음의 여섯 가지 경우이다(지방재정법시행령 제69조).

9) 지방재정분석 · 진단실시규정 제정(행정자치부 훈령 제14호, 1998.10.19 제정).

① 통합재정수지 적자 비율이 45% 이상인 경우, ② 지방채 발행액과 보증채무부담행위액 중 지방자치단체가 채무이행의 책임을 지게 된 총 합계액이 해당 연도 최종예산의 60% 이상인 경우, ③ 해당 연도 기준으로 과거 4년과 미래 4년 간 순지방비 채무상환액의 평균이 같은 기간 일반재원 평균 수입액의 25.5% 이상인 경우, ④ 해당 연도 분기별 지방세 누적 징수액이 음(−)의 값이고, 그 값의 절댓값이 최근 3년 간 해당 분기별 평균 지방세 누적 징수액 절댓값의 50% 이상인 경우, ⑤ 분기별 금고의 총 잔액이 최근 3년 간 해당 분기별 평균 금고 총 잔액의 5% 이하인 경우, ⑥「지방공기업법」 제49조에 따라 설립된 지방공사의 부채가 순자산의 9배 이상인 경우이다.

긴급재정 관리 단체의 지정 기준과 재정위기 단체의 기준을 비교하면 다음 <표 19−9>와 같다. 2016년 이전에는 긴급재정 관리 단체의 기준이 재정위기 '심각 단체'의 기준과 거의 동일하였다(이성근 외, 2016: 287).

표 19-9 긴급재정 관리 단체의 지정 기준

지 표	재정위기 단체		긴급재정 관리 단체
	'주의' 기준	'심각' 기준	
통합재정수지 적자 비율	25% 초과	30% 초과	45% 초과
예산 대비 채무 비율	25% 초과	40% 초과	60% 초과
채무상환비 비율	12% 초과	17% 초과	25.5% 초과
지방세 징수액 현황	50% 미만	0% 미만	0% 미만이고, 절댓값이 3년 평균 누적 징수액 50% 이상인 경우
금고잔액 현황	20% 미만	10% 미만	5% 이하
공기업 부채 비율	400% 초과	600% 초과	900% 이상

(3) 긴급재정 관리 단체에 대한 관리

긴급재정 관리 단체에 대한 조치는 크게 ① 긴급재정 관리인의 선임 및 파견, ② 긴급재정 관리계획의 수립 및 이행, ③ 긴급재정 관리 단체의 예산안 편성, ④ 긴급재정 관리 단체의 지방채 발행 제한 등으로 구분할 수 있다.

행정안전부 장관은 국가기관 소속 공무원 또는 재정 관리에 관한 업무 지식과 경험이 풍부한 사람을 긴급재정 관리인으로 선임하여 긴급재정 관리 단체에 파견하여야 한다(지방재정법 제60조의4).

또한 긴급재정 관리 단체의 장은 긴급재정 관리계획안을 작성하여 긴급재정 관리인의 검토를 받아 지방의회의 의결을 거쳐 행정안전부 장관의 승인을 얻어야 한다.

이러한 긴급재정 관리계획에는 ① 긴급재정 관리 단체의 채무 상환 및 감축계획, ② 경상비 및 사업비 등의 세출구조 조정 계획, ③ 긴급재정 관리 단체의 수입 증대 계획, ④ 그 밖에 긴급재정 관리 단체의 재정위기 극복을 위하여 대통령령으로 정하는 사항 등을 포함하여야 한다. 또한 긴급재정 관리 단체의 장은 긴급재정 관리계획을 성실히 이행해야 하며, 행정안전부 장관은 그 이행 상황을 점검하거나 자료제출을 요구할 수 있다.

또한 긴급재정 관리 단체의 장이 예산편성을 할 경우에는 긴급재정 관리계획에 따라야 하며, 일정한 규모 이상의 재정투자사업에 관한 예산은 편성할 수 없다.

긴급재정 관리계획에 따르지 않고는 지방채 발행 및 채무의 보증, 일시차입, 채무부담행위를 할 수 없다(지방재정법 제60조의8).

이외에 긴급재정 관리 단체가 긴급재정 관리계획을 추진하는 데 있어 필요한 행정적・재정적 사항을 국가가 지원할 수 있다고 규정하고 있으나, 이는 강제규정이 아니라 임의규정이다.

Chapter 20 지방재정 영향평가와 지방재정공시제도

제 1 절 지방재정 영향평가제도

1. 지방재정 영향평가의 의의

1) 지방재정 영향평가의 필요성

지방재정 영향평가는 지방정부와 중앙정부가 지방재정의 부담을 수반하는 사업을 시행할 경우 지방재정에 미치는 영향을 평가하도록 의무화한 제도이다(윤영진, 2016: 258).

지방정부가 지역발전 및 지역경제 활성화를 위해 유치·개최하는 국내·외 경기대회와 축제·행사 및 각종 공모사업 등이 당초의 취지와는 다르게 오히려 막대한 지방재정 부담 증가를 초래하는 경우가 있고, 이와 함께 중앙정부의 법령 제·개정과 예산결정에 의한 일방적인 비용 부담의 전가 등으로 지방재정의 건전성이 악화되고 있다는 우려가 지속적으로 제기되었다.

이에 지방재정의 건전 운용에 대한 사회적 관심이 증대되고 있어, 지방자치단체의 행사성 사업과 지방재정의 부담을 수반하는 중앙부처의 법령 제·개정과 예산안 편성 과정에 있어 사전적으로 지방재정의 부담 정도를 평가할 필요성이 인정되었다.

2) 지방재정 영향평가의 근거와 내용

지방재정 영향평가는 "지방자치단체의 장은 대규모의 재정적 부담을 수반하는 국내·국제 경기대회, 축제·행사, 공모사업 등의 유치를 신청하거나 응모를 하려면 미리 해당 지방자치단체의 재정에 미칠 영향을 평가하고, 그 평가 결과를 토대로 지방투자심사위원회의 심사를 거쳐야 한다"는 「지방재정법」 제27조의6에 근거하고 있다.

또한 중앙관서의 장은 대규모의 재정적 부담을 수반하는 사항에 대해서는 지방재정에 미치는 영향을 평가한 지방재정 영향평가서를 행정안전부 장관에게 제출해야 한다. 지방재정 영향평가서를 제출하는 시기는 중앙관서의 장이 지방재정 부담을 수반하는 법령 제·개정 시, 행정안전부 장관의 의견을 듣거나, 지방재정 부담의 예산(국고채무부담행위 포함) 요구 시에 행정안전부 장관과 협의할 때이다. 이 경우 지방재정 영향평가서를 기획재정부 장관에게도 제출해야 한다.

중앙관서의 장이 행정안전부 장관에게 제출하는 지방재정 영향평가서에는 지방재정 부담의 기간, 소요 금액에 대한 내역과 재원조달 가능성에 대한 평가 결과 등을 포함해야 한다.

그동안 중앙정부가 무상보육 사업 전면 확대 및 기초노령연금과 기초연금 도입 등 대규모 현금복지 보조 사업을 일방적으로 결정하여, 지방에서는 이에 대한 재원조달 방안의 마련이 어려워 막대한 지방재정의 압박 요인으로 작용해 왔다.

따라서 중앙정부 정책으로 인한 지방정부의 재정 부담이 초래될 경우에는 단순한 지방재정 영향평가서 제출만으로는 제도적으로 미흡한 측면이 있고, 지방정부의 동의를 받는 절차를 도입하거나, 추가적인 수입을 확보한 이후 도입하도록 하는 일종의 '수입마련지출(pay-go)제도'를 동시에 도입할 필요가 있다(윤영진, 2016: 259).

2. 지방재정 영향평가의 대상사업과 절차

1) 지방재정 영향평가 대상사업

지방재정 영향평가의 대상사업은 지방자치단체장이 평가하는 지방사업과 중앙관서의 장이 평가하는 국가사업으로 구분할 수 있다.

(1) 지방재정 영향평가 대상 지방사업

지방자치단체의 장이 평가하여야 하는 지방사업은 ① 투자심사의 대상이 되는 국내·국제 경기대회, 공연·축제 등 행사성 사업으로 총사업비가 30억 원 이상인 사업, ② 공모사업 등 유치를 신청하거나 응모하는 사업으로서 총사업비가 100억 원 이상이고, 지방재정 부담이 50억 원 이상인 사업이다(지방재정법시행령 제35조의5).

물론 이러한 규정에도 불구하고 매년 또는 격년으로 개최하는 반복적 공연·축제 등 행사성 사업[1]과 공모 또는 응모사업이라고 하여도 법령에 의해 의무적으로 시행하여야 하는 일정한 사업에 대해서는 평가 대상에서 제외하고 있다.

지방자치단체는 해당 사업의 지방재정 부담 규모, 사업 완료 후 예상되는 연간 소요 재원의 성격, 규모 및 조달계획 등을 평가하며, 자체사업 예산 대비 지방비로 지방자치단체 지방비 조달 여력을 평가한다.

(2) 지방재정 영향평가 대상 국가사업

중앙관서의 장이 평가하여야 하는 국가사업은 총사업비가 500억 원 이상이고, 지방재정 부담이 200억 원 이상인 사업이다(지방재정법시행령 제35조의6).

2) 지방재정 영향평가 절차

지방자치단체는 영향평가 대상사업에 대하여 사업 승인에 소요되는 기간 등을 고려하여 최초의 예산 반영이 필요한 연도 이전에, 또한 중기지방재정계획에 반영하기 전에 지방재정 영향평가를 실시하고, 그 결과를 「지방재정법」 제37조의2에 의한 지

1) 신규 사업이 아닌 국내·외 경기대회와 공연·축제 등 행사성 사업과 공모사업은 제외하지만, 총사업비가 전년 대비 20% 이상 증액된 사업은 평가 대상이다.

방투자심사위원회에 부의하여 심사를 받아야 한다.

또한 평가 결과는 중기지방재정계획 반영을 위하여 지방재정계획심의위원회에 제출할 수 있다.

따라서 이러한 지방자치단체의 지방재정 영향평가 절차는 다음 [그림 20-1]과 같다.

그림 20-1 지방자치단체의 지방재정 영향평가 절차

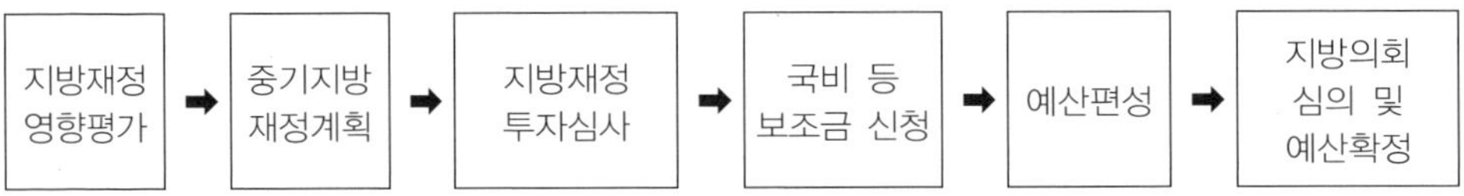

반면에 중앙부처는 지방재정 부담을 수반하는 법령 제·개정 시, 지방재정 영향평가서를 작성하여 법령 제·개정안에 대한 관계 부처 의견 조회 시 행정안전부 장관 및 기획재정부 장관에게도 제출한다.

또한 세입·세출 및 국고채무부담행위 요구안에 대해서는 예산요구서 작성 시 평가서를 작성하여, 행정안전부 장관과 협의 시 행정안전부 장관 및 기획재정부 장관에게도 제출한다. 이때 행정안전부 장관은 필요시, 지방재정 영향평가 결과에 대하여 지방재정부담심의위원회의 자문을 받을 수 있다.

이처럼 중앙정부의 지방재정 영향평가 절차는 다음 [그림 20-2]와 같다.

그림 20-2 중앙정부의 지방재정 영향평가 절차

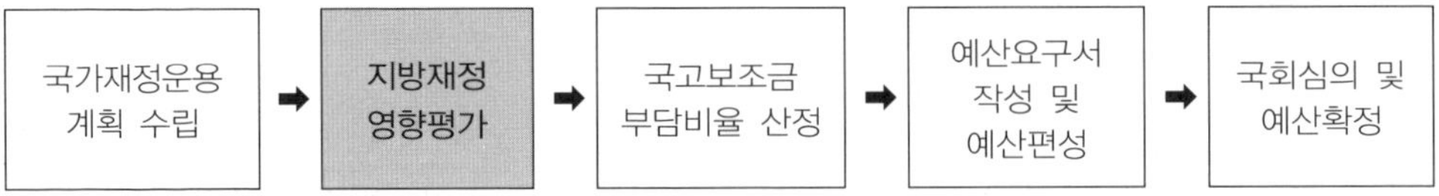

자료: 지방자치인재개발원(2019).

제 2 절 지방재정공시제도

1. 지방재정공시제도의 의의

일반적으로 정보공개란 수집 · 처리 · 관리하고 있는 각종 정보를 일반인에게 공개하는 것을 말한다. 따라서 지방재정 정보공개는 지방자치의 실현을 위해 지방재정에 관한 정보와 재정 운용의 결과 및 주민들의 관심사항 등을 객관적인 매체를 통해 주민 등 이해관계인에게 공개하는 것을 의미한다(이성근 외, 2016: 291).

우리나라는 1994년부터 재정 운영 상황 공개제도를 운영해 오다가, 2006년부터 지방재정공시제도를 도입하여 재정공시 대상, 공시 방법, 시기, 지방공시심의위원회의 설치 등에 관한 사항을 법령으로 규정하였다.

지방재정 정보공개는 주민의 정보 공개 청구를 전제로 하는 소극적 의미의 정보 청구공개와 지방자치단체가 자발적으로 보유정보를 공개하는 적극적 의미의 공시정보 공표의 두 가지 제도가 있다.

특히 지방재정공시제도는 지방자치단체가 1년 동안의 재정 운영 결과와 관심 사항 등을 주민들에게 공적으로 알려 주는(公示) 행위를 제도적으로 확립하는 것을 말한다.

이는 과거 행정안전부가 지방재정 운영 상황 등에 대한 정보 공개를 통해 지역 주민의 알 권리를 충족시켜 재정 운영의 투명성(transparency)을 확보하고, 지방재정의 방만하고 자의적인 운영에 대한 통제 장치로서 사용했던 지방재정 운영상황 공개제도를 확대 개편한 것이다.

과거 지방재정정보공개제도는 「지방재정법」 제118조에 의해 각 자치단체의 조례가 정하는 바에 의해 매 회계연도마다 1회 이상 세입 · 세출예산의 편성 및 집행 상황, 지방채 및 일시차입금의 현재액 등 재정 운영 상황에 관한 중요 사항을 주민에게 공개하도록 의무화했으나, ① 구체적인 공개 기준이 없어 불리한 자료의 누락과 왜곡이 가능했고, ② 방대한 재정정보의 공개로 주민들의 접근성이 저해받았고, ③ 계획과 실적, 예산과 결산이 상호 연계되지 않아 재정 운영의 성과 측정이 곤란했으며,

④ 주민이나 이익단체의 관심 사항이 표출되지 않은 상태에서 단순 공개에 그쳐 감시와 통제 등 환류(feedback)가 불가능하다는 문제점이 있었다(김혁, 2005: 82).

따라서 현행 지방재정공시제도는 이러한 문제점을 개선하기 위해 2006년부터 도입된 것으로 각 자치단체는 '지방재정공시심의위원회'(위원장을 포함하여 15인 이내)를 구성하여 재정공시제도의 기본 사항을 심의하며, 공시 사항의 선정 내용을 심의 · 확정하고 공시 결과에 대한 평가 기능을 담당하도록 했다.

2. 지방재정공시의 근거와 내용

1) 지방재정공시의 근거

현행「지방재정법」제60조는 "지방자치단체의 장은 예산 또는 결산의 확정 또는 승인 후 2개월 이내에 예산서와 결산서를 기준으로 다음 각 호의 사항을 주민에게 공시하여야 한다"고 규정하고 있으며, 공시 대상도 엄격히 규정하고 있다.

동시에 지방자치단체의 장은 회계연도마다 예산서와 결산서를 기준으로 다음 각 호의 상황을 종합적으로 나타내는 통계(이하 '지역종합재정통계'라 한다)를 작성하도록 하고 있다. 즉, 지역종합재정통계는 ① 일반회계, 특별회계(교육비특별회계를 포함한다) 및 기금, ② 지방공기업의 재정 상황, ③ 지방자치단체 출자 · 출연기관의 재정상황을 포함한다(지방재정법 제59조).

이외에 2014년에 투자심사 대상사업과 지방채를 발행하여 시행하는 사업에 대해서는 그 추진 상황 및 담당자 명단의 공개를 의무화했다(지방재정법 제37조의3).

2) 지방재정공시의 내용

지방재정공시는 공시하는 주체(主體)에 따라 구분할 수 있는데, 지방자치단체의 장이 공시하는 내용은 일반적인 재정 운용 상황에 관한 공통공시(共通公示)와 당해 지방자치단체의 특수한 재정 운용 상황에 관한 특수공시(特殊公示)로 구분한다.[2)]

---

2) 2014년 이전에는 지방자치단체의 공시를 시기를 기준으로 정기공시와 수시공시로 구분하고, 정기공시에 공통공시와 특수공시를 포함하였다.

또한 행정안전부 장관은 지방자치단체가 공시한 내용을 보고받아 통합공시를 하고 있다.

(1) 공통공시 내용

현재 공통공시의 내용은 지방재정법시행령 제68조에서 규정하고 있는데, 크게 네 가지이다.

첫째, 「지방재정법」 제60조 제1항 제1호부터 제15호까지의 사항이다. 이는 예산서와 결산서를 기준으로 예산 또는 결산의 확정 또는 승인 후 2개월 이내에 공시하는 다음의 내용이다.

① 세입·세출예산의 운용 상황(성과계획서와 성과보고서 포함)
② 재무제표
③ 채권관리 현황
④ 기금운용 현황
⑤ 공유재산의 증감 및 현재액
⑥ 지역통합재정통계
⑦ 지방공기업 및 지방자치단체 출자·출연기관의 경영정보
⑧ 중기지방재정계획
⑨ 성인지 예산서 및 성인지 결산서
⑩ 예산편성 기준별 운영 상황
⑪ 재정 운용 상황 개요서
⑫ 재정위기 단체 지정에 따른 재정건전화계획 및 이행 현황
⑬ 통합부채와 우발부채를 포함한 재정건전성 관리계획 및 이행 현황
⑭ 투자심사사업, 지방채 발행사업, 민간자본 유치사업, 보증채무사업의 현황
⑮ 지방보조금 관련 교부 현황, 성과평가 결과, 지방보조금으로 취득한 중요 재산의 변동 사항, 교부결정의 취소 등 중요 처분 내용

둘째, 지방재정분석·진단의 결과이다.

셋째, 감사원 등 감사기관으로부터 받은 감사 결과이다.

넷째, 그 밖에 일반적인 재정 운용 상황으로서 주민에게 공시할 필요가 있다고 인

정하여 행정안전부 장관이 정하는 사항 등이다.

(2) 특수공시 내용

특수공시 내용은 해당 지방자치단체의 특수한 재정 운용 상황에 관한 것으로 지방재정공시심의위원회가 정한다. 현재 지방재정공시심의위원회는 지방보조금심의위원회가 겸한다.

(3) 통합공시 내용

행정안전부 장관은 지방자치단체로부터 보고받은 재정공시의 내용을 분석 · 평가하고, 그 결과를 토대로 지방자치단체별로 구분하여 공시하되, 지방자치단체 간 비교공시도 할 수 있다(지방재정법 제60조의2).

행정안전부 장관은 보고받은 공시 내용이 잘못되었거나 적절하지 아니하게 작성된 경우에는 해당 지방자치단체의 장에게 수정공시를 하도록 요청할 수 있다. 이 경우 해당 지방자치단체의 장은 그 요청에 따라 수정공시를 하여야 하며, 해당 지방자치단체의 장이 수정공시를 하지 아니하는 경우에는 행정안전부 장관이 직접 공시할 수 있다.

3. 지방재정공시의 방법과 시기

지방재정공시는 공통공시와 특수공시로 구분하여 공시하여야 한다. 또한 공시 방법은 주민들의 접근성, 편의성, 시청률, 구독률 등을 종합적으로 고려하여 공시 방법을 선택하되, 지방자치단체 홈페이지에는 의무적으로 공시하고 최소한 1년 이상 공시 내용을 유지하여야 한다.

행정안전부 장관이 공시하는 통합공시 역시 지방자치단체의 공시 방법과 동일하고, 「지방재정법」 제59조에 의한 지방자치단체의 장이 작성하여 제출한 지역통합재정통계 역시 종합적으로 분석하여 매년 1회 이상 공표할 수 있다(지방재정법시행령 제67조).

공시 시기와 관련해서는 통상 지방자치단체별 예산 기준 재정공시 및 행정안전부 통합공시는 매년 2월과 4월에, 지방자치단체별 결산 기준 재정공시 및 행정안전부

통합공시는 매년 8월과 10월에 하고 있다.

참고로 2019년 예산 기준 재정공시 및 통합공시의 내용을 파악하면 다음 <표 20-1>과 같다.

표 20-1 2019년 예산 기준 재정공시 및 통합공시 내용

구 분	지방자치단체 재정공시 (16개)	행정안전부 통합공시 (14개)
예산 규모	• 세입예산 • 세출예산 • 지역통합재정통계	• 세입예산 • 세출예산 • 지역통합재정통계
재정 여건	• 재정자립도(당초예산) • 재정자주도(당초예산) • 통합재정수지(당초예산)	• 재정자립도(당초예산) • 재정자주도(당초예산) • 통합재정수지(당초예산)
재정 운용 계획	• 중기지방재정계획 • 성인지 예산 • 주민참여 예산사업 현황 • 성과계획서 • 재정 운용 상황 개요서 • 예산편성기준별 운영 상황	• 중기지방재정계획 • 성인지 예산 비율 • 재정 운용 상황 개요 • 예산편성기준별 운영 상황
재정 운용 성과	• 보통교부세 자체 노력 반영 현황 (세출효율화) • 보통교부세 자체 노력 반영 현황 (세입확충) • 지방교부세 감액 현황 • 지방교부세 인센티브 현황	• 보통교부세 자체 노력 반영 현황 (세출효율화) • 보통교부세 자체 노력 반영 현황 (세입확충) • 지방교부세 감액 현황 • 지방교부세 인센티브 현황

자료: 지방자치인재개발원(2019: 288).

참고문헌

[국내 문헌]

강신택(2000). 『재무행정론: 예산과정을 중심으로』. 서울: 박영사.

강용기(2008). 『현대지방자치론』. 서울: 대영문화사.

강윤호(2016). 지방자치 실시가 지방정부 사회복지 지출에 미친 영향, 한국지방정부학회, 『지방정부연구』, 제5권 제1호.

강윤호 · 민기 · 전상경(2015). 『현대 지방재정론(제4판)』. 서울: 박영사.

강인재(1997). 우리나라 정부회계제도의 개선방안에 관한 연구. 서울행정학회, 『한국사회와 행정연구』.

강인재 외(1993). 『지방재정론』. 서울: 대영문화사.

강혜규(2005). 지방정부 사회복지 지출 결정요인: 기초자치단체 세출예산의 규모와 구조를 중심으로, 연세대학교 박사학위논문.

고영우(2018). 납세자 관점에서의 지방세 조세심판 사례 검토. 한국지방세연구원 지방세교육관 개관 기념식 및 세미나 발표논문집.

곽채기(2005). 지방재정 확충을 위한 지방세제 개편방안. 한국지방재정학회 분권형 지방재정개혁의 방향과 과제 세미나.

곽태열(2007). 『경상남도 부채의 적정성 분석과 효율적 관리방안』. 경남발전연구원.

국중호(2002). 『한일 지방세 구조와 세부담 특성비교』, 한국조세연구원.

권강웅(2000). 『지방세강론』. 서울: 영화조세통람.

권영섭 · 노용식 · 민성희 · 최재성 · 최유(2017). 제2기 국가균형발전은 지역발전특별회계 개편 · 확충부터. 국토연구원. 『국토정책 Brief』, 617.

권오성 외(2006). 보조율 국고보조금의 체계에 관한 연구. 한국행정학회 학술대회 발표논문.

권형신 · 이상용 · 이재성(2006). 『한국의 지방재정 이론과 실무』. 서울: 해남.

김권식(2016). 균형발전특별회계에 대한 평가적 검토. 가톨릭대학교 정부혁신생산성연구소. 『정부와 정책』, 9(1).

김대영(2018). 『주세의 지방이양에 관한 연구』. 서울: 한국지방세연구원.

김대영 · 강민구 · 김민정(2014). 『지방세외수입 징수체계 효율화 방안』. 서울: 한국지방세연구원.

김동건(1996). 『현대재정학』. 서울: 박영사.

김동기(2008). 『지방분권시대의 한국지방재정학(제2전정판)』. 서울: 법문사.

김동완(2003). 지방분권재정의 패러다임과 발전과제. 한국지방재정공제회. 『지방재정』, 120.
김영순(2014). 지방자치단체의 과세자주권 확보를 위한 지방세 경쟁에 대한 연구. 한국지방자치법학회. 『지방자치법연구』, 14(3).
김의섭(2007). 공공선태론적 재정관. 한국재정정책학회. 『재정정책논집』, 9(1).
김재훈(2013). 『지방재정과 교육재정 연계협력방안』. 서울: 한국지방재정학회.
김정훈(2007). 분권의 개념과 적정 재정분권, 한국재정학회, 『재정논집』, 제21집 제2호.
김정훈 · 김현아(2016). 지방교육재정 세입 · 세출 분석: 누리과정, 무상급식 편. 서울: 한국조세재정연구원.
김종순(1997, 2001). 『지방재정학』. 서울: 삼영사.
______(2010). 『지방재정건전성 분석과 재정위기관리제도의 구축방안』. 국회예산결산특별위원회 보고서.
김종희(2006). 『지방재정론』. 서울: 범론사.
김춘순(2018). 『국가재정: 이론과 실제』. 서울: 동연.
김태영(2010). 지방재정위기의 본질과 지방재정제도 개선에 관한 시론적 연구. 『지방재정의 건전성과 책임성 확보방안 정책토론회 자료집』. 한국정책학회.
김태일(2001). 지방의회 구성과 단체장 선출이 자치단체 사회복지지출 규모에 미친 영향, 한국행정학회, 『한국행정학보』, 제69호.
김태호(2014). 『지방세 구제제도의 개선방안』. 서울: 한국지방세연구원.
김혁 외(2004). 『회계와 사회』. 서울: 신영사.
김희선(2007). 『지방자치단체의 재정위기 진단에 관한 연구』. 한남대학교 사회문화대학원 석사학위논문.
나중식(2007). 『재무행정론』. 서울: 형설출판사.
남궁근(1994). 우리나라 지방정부 지출수준의 결정요인 분석: 시 · 군 · 자치구의 기초자치단체를 중심으로, 한국행정학회, 『한국행정학보』, 28(3).
남황우(2007). 유바라시 재정파산에 관한 연구, 한국도시행정학회, 『도시행정학보』, 제20집 제3호.
라휘문(2014). 『지방재정론』. 서울: 한국행정DB센타.
______(2011). 『지방자치단체 책임성 향상을 위한 재정관리 제도개선』. 지방분권촉진위원회 책임성 TF보고자료.
마정화(2015). 세외수입 징수법제 발전방향. 한국지방세연구원. 『지방세 포럼』, 21.
마정화 · 유현정(2014). 『지방세외수입금의 법적 지위와 징수 관련법제 정비방안』. 서울: 한국지방세연구원.
박재희(1998). 『행정서비스 제공방식의 다원화 방안』. 서울: 한국행정연구원.
박정수(1997). 『광역자치단체와 기초자치단체 간 재정조정에 관한 연구』. 서울: 한국조세연구원.

______(2009). 지방교육발전의 쟁점과 과제: 지방교육자치와 지역교육청의 기능 전환, 한국지방교육연구센터, 『한국지방교육발전의 쟁점과 과제』.

박충훈·정재진(2004). 『지방정부간 재정이전의 정책효과분석: 도비보조금을 중심으로』. 수원: 경기개발연구원.

배득종(2005). 『신 재무행정: 정부혁신과 재정개혁』. 서울: 박영사.

배인명(2013). 지방재정 건전성 확보를 위한 복지재정 분담방안. 새누리당 지방자치안전위원회 제3차 정책토론회.

변성완(2010). 2010년 지방세 정책 방향. 한국지방재정공제회. 『지방재정과 지방세』, 통권 25호.

삼성경제연구소(1999). 『지방자치단체의 재정위기와 정책과제』.

서정섭(2013). 국고보조사업 개편방안. 지방재정전략회의 및 토론회.

______(2011). 미국 지방재정위기의 발생과 관리제도에 관한 고찰. 한국지방재정학회, 『한국지방재정논집』, 제6권 제1호.

______(2010). 지방재정 위기관리 제도의 현황과 한계. 한국지방재정공제회. 『지방재정과 지방세』, 통권 제34호.

______(2005). 지방자치제 도입 이후 지방재정 세입변화와 추이분석. 한국지방재정학회, 『한국지방재정논집』, 제10권 제2호.

서정섭·이장욱(2018). 『지방자치단체 채무의 적정수준과 관리에 관한 연구』. 한국지방행정연구원.

서정섭·조기현(2007). 『지방재정조정제도의 개선방안』. 한국지방행정연구원.

소병희(1993). 『공공선택의 정치경제학』. 서울: 박영사.

손희준(2019). 지방자치단체의 세출추이 분석, 청주대학교 사회과학연구소, 『한국사회과학연구』, 제40권 제2호.

______(2018). 문재인 정부의 재정분권방안: 역대 정부의 재정분권 정책에 대한 평가를 중심으로. 제2회 재정분권 네트워크포럼.

______(2015a). 『주민세 제도의 개선방안』. 서울: 한국지방세연구원.

______(2015b). 환경변화에 대응하는 지방교부세제도 개선방안. 한국지방재정학회 지방자치 20년 대토론회.

______(2008). 재정분권을 위한 중앙과 지방간 재원배분 방안, 한국거버넌스학회, 『한국거버넌스학회보』, 제15권 제2호.

______(2005). 재정분권화 정책의 평가와 발전방안, 한국거버넌스학회, 『한국거버넌스학회보』, 제12권 제2호.

______(2004). 중기지방재정계획의 평가모형 개발, 한국지방재정학회, 『한국지방재정논집』, 제9권 제2호(통권 16호).

______(1999). 지방자치제 실시에 따른 지방재정지출의 결정요인 분석. 한국행정학회, 『한국행

정학보』, 33(1).

______(1992). 도시 공공서비스의 민영화 성과측정: 쓰레기 수거서비스를 중심으로, 한국지방행정연구원, 『지방행정연구』, 7권.

______(1991). 한국 도시공공서비스의 민영화 성과측정 연구. 성균관대학교 박사학위논문.

손희준 · 강인재 · 장노순 · 최근열(2011). 『지방재정론(개정4판)』. 서울: 대영문화사.

송상훈 외 9인(2011). 『분권시대 지방교부세의 발전 방향: 제1편 한국 교부세제도 개선』. 수원: 경기개발연구원.

송우경(2018). 『국가균형발전특별법의 변천과 발전방향』. 한국산업연구원.

신무섭(2003, 2015). 『재무행정학』. 서울: 대영문화사.

심정근 외(1997). 『지방재정학: 이론과 실제』. 서울: 박영사.

심정근 · 정영수(1997). 지방자치단체 재정계획에 관한 연구. 한국지방재정학회, 『지방재정학보』.

심지헌(20014). 『지방자치단체 국고보조사업 평가』. 서울: 국회예산정책처.

안용식 · 원구환(2001). 『지방공기업론』. 서울: 대영문화사.

안종석(2002). 『재정의 지방분권화: 남미 국가들 및 미국 캘리포니아 주의 사례와 시사점』. 서울: 한국조세연구원.

안창남(2015). 『지방세 확충을 위한 등록면허세 개선 방안 연구』. 서울: 한국지방세연구원.

염명배(2004). 지방분권 및 국가균형 발전과 지방재정. 한국재정학회, 『재정논집』, 제18권 제2호.

오연천(1993). 『한국지방재정론』. 서울: 박영사.

오재일(2014). 『지방자치론』. 서울: 오래.

우동기 · 이정훈(1999). 지방자치단체의 재정위기와 대응전략, 『영남지역발전연구].

우명동(2001). 『지방재정론』. 서울: 해남.

______(2007). 참여정부 지방분권 정책의 성격에 관한 소고: 재정분권의 현상과 본질을 중심으로, 한국지방재정학회 동계세미나.

유성용 · 권병철(2007). 선진국의 정부회계제도 계혁과 시사점. 『정부회계연구』.

유태현(2014). 지방세법 개편의 연혁과 지방세제의 발전방향, 한국지방재정학회 학술대회 발표논문.

유훈(2000). 『지방재정론』. 서울: 법문사.

윤영진(2016). 『새 지방재정론』. 서울: 대영문화사.

원윤희(1994). 지방세에서의 탄력세율제도에 관한 연구. 한국정책학회, 『한국정책학회보』, 3(2).

이규환(1993). 지방채의 본질. 한국지방재정공제회. 『지방재정』, 65.

이기우(2019). 과도한 국가 개입은 개인의 도덕적 해이 부른다. 중앙일보 2019년 5월 6일. 종합 21면.

이달곤(1988). 『새 정부와 지방자치제의 발전』. 서울: 현대사회연구소.

이만우(1987). 『공공경제학』. 서울: 법문사.

이방식(1997). 『통일시대 재정제도 개편 방향』. 전주: 도서출판 글마당.
이상용(2002). 지방재정 위기관리제도의 도입방안, 『정책개발연구』. 한국정책개발연구원. 제2권 제1호.
이상훈(2017). 자치구 조정교부금의 재정형평화 분석: 조정률 적용방식을 중심으로. 한국지방재정학회 동계학술대회.
______(2016). 『지방세외 수입의 현황과 과제』. 서울: 한국지방세연구원.
이상훈 · 마정화 · 유현정(2017). 『지방세입 증대를 위한 지방세외수입 운영체계 개선』, 서울: 한국지방세연구원.
이성근 · 박의식 · 서정섭 · 이현국(2016). 『한국지방재정론』. 파주: 법문사.
이승기(2006). 지방의회 예산심의의 영향 요인에 관한 연구. 충북개발연구원. 『충북개발연구』, 17(2).
이승종 · 김흥식(1992). 지방자치와 지방정부의 정책방향, 한국행정학회, 『한국행정학보』, 26(2).
이영조(1987). 지방자치의 측면에서 본 국고보조금제도. 경북대학교 법정대학. 『법대논총』, 25.
이용철(2014). 2014년 지방통합재정 운용계획의 현황과 발전방향. 한국지방재정공제회. 『지방재정』, 13.
이재원(2019). 광역 · 기초자치단체간 재정조정제도 개편과제. 한국지방행정연구원 재정분권전략포럼.
______(2015). 사회복지분야 국고보조사업에서 국고보조율의 현황 및 운영 특성, 그리고 개편과제. 『한국지방재정논집』, 20(2).
______(2013). 자치구 복지재정 부담과 정책과제. 한국지방재정학회 지방재정 정책세미나.
이재은(2003). 재정분권에 따른 지방세의 방향, 한국지방재정공제회, 『지방세』, 제2호.
______(2002). 분권화를 위한 지방세제 개혁, 한국지방재정학회, 『한국지방재정논집』, 79(1).
이종수(2000). 『행정학 사전』. 서울: 대영문화사.
이준구(1994, 2011). 『재정학』. 서울: 다산출판사.
이현우(2010). 『지방자치단체 보조금 제도의 효율적 운영방안』. 수원: 경기개발연구원.
이효(1998). 『재정위기에 대비한 지방채 운용방안』. 한국지방행정연구원 연구보고서.
이희봉(2011). 『거버넌스 지방재정』, 서울: 사회문화사.
임성일(2019). 최근의 재정분권 조치와 지방재정조정제도의 개편 방향. 한국지방행정연구원 제8차 재정분권전략포럼.
______(2008). 지방재정과 지방교육재정간의 관계 재정립, 한국지방재정공제회, 『지방재정』.
임성일 · 김성주(2014). 『국고보조금제도의 개선방안: 인천광역시를 중심으로』. 서울: 한국지방행정연구원.
임성일 · 손희준(2011). 지방교육재정제도의 개선방안: 지방재정과 지방교육재정간의 관계 재정립. 한국지방행정연구원. 『지방행정연구』, 25(3).

임성일 · 이효 · 서정섭(2013). 『새로운 지방예산제도』. 서울: 박영사.

임후남 · 김지하(2013). 지방재정제도 개편 논의와 교육재정의 대응방안. 한국교육개발원 교육정책네트워크. 『ISSUE PAPER』.

장노순(1991). 공공선택모형 서설: 행정학에 있어서 방법론적 개체주의. 강원대학교, 『강원대논문집』.

전상경(2007). 『현대 지방재정론』. 서울: 박영사.

정도효 · 이영규 · 정성영(2018). 지방자치단체의 탄력세율 적용이 재정효율성에 미치는 영향분석. 한국지방정부학회. 『지방정부연구』, 22(3).

정정목(1996). 『지방자치 원론: 공공선택적 접근』. 서울: 법문사.

______(1992). 시 · 군의 자치단체화와 『티이보우모형』. 한국행정학회. 『한국행정학보』, 26(3).

정지선(2018). 지방분권시대 지방세 역할 강화방안. 한국지방세연구원 지방세교육관 개관 기념식 및 세미나.

정성호 · 정창훈(2011). 지방재정위기와 로컬거버넌스의 역할, 한국지방행정연구원, 『지방행정연구』, 제25권 제2호(통권 85호).

조동근 · 김종백(2005). 지방재정 지출이 지역경제 성장에 미치는 영향분석: 강원도 18개 시 · 군을 중심으로, 『재정정책논집』, 제7권 제2호.

조기현(2018a). 시 · 군 조정교부금의 재정형평효과에 관한 연구: RBID 방법론을 중심으로. 한국지방재정학회 춘계학술대회.

______(2018b). 재정분권과 지방교부세의 역할: 성과와 발전방향. 한국지방재정학회 지방재정발전 세미나.

______(2016). 시 · 군 조정교부금제도의 재정형평화 실태와 정책대응. 한국지방재정학회 지방재정발전 세미나.

______(2015a). 자치구 조정교부금제도의 당면현안과 정책대응. 한국지방재정학회 춘계학술대회.

______(2015b). 지방재정 당면현안 극복을 위한 지방재정조정제도 발전방향. 감사연구원 · 한국지방재정학회 기획세미나.

조기현 · 여효성(2018). 『재정분권시대 보통교부세 발전방향: 재정형평성을 중심으로』. 원주: 한국지방행정연구원.

조기현 · 신두섭(2008). 『지방재정관리제도 운용실태와 개선방안』. 한국지방행정연구원.

조임곤(2008). 지방분권 및 지방재정의 효율화: 지방공기업 경영분석. 한국정책학회 하계학술대회.

주만수 · 주운현(2015). 지방세외수입 신규 수입원 발굴에 관한 연구: 지방세외수입 발굴의 원칙 및 기준을 중심으로』. 서울: 한국지방세연구원.

최병선(2013). 『정부규제론』. 서울: 법문사.

최병호(2006). 재정분권의 이론과 지방재정의 적정구조. 한국지방재정학회 특별세미나.

최병호 · 정종필(2006). 국고보조사업의 시도와 시군구간 경비부담 개선방안에 관한 연구. 한국

지방재정학회 동계학술대회.
최원구(2017). 지방세 탄력세율제도 활용에 관한 연구: 한일 지방세 탄력세율 운영현황 비교분석을 중심으로. 한국지방재정학회 추계학술대회.
최창호(1995). 『지방자치 제도론』. 서울: 삼영사.
최호준(1987). 『시민행정학』. 서울: 거목.
하연섭(2015). 『재정학의 이해(제2판)』. 서울: 다산출판사.
______(2008). 『재정학의 이해』. 서울: 다산출판사.
한원택 · 정헌영(1994). 지방자치 실시에 따른 지방정부 재정지출의 변화 및 요인, 한국지방자치학회, 『지방자치연구』, 제6권 제2호.
허명순(2011). 『지방재정 건전성 분석방법』, 감사연구원 연구보고서.
______(2003). 지방정부의 부채수준 결정요인에 관한 연구, 『서울도시연구』. 제4권 제2호.
허원(2017). 『지방세 권리구제제도에 관한 연구』. 서울: 한국지방세연구원.
허명환(1999). 한국 지방자치단체의 공공선택모델. 한국재정학회. 『재정논집』, 13(2).
홍근석(2016). 『지방세외수입 부과 · 징수제도 개선방안』. 대구: 대구경북연구원.
히라시마 아키히데(2018). 일본 삼위일체개혁의 회고. 한국지방재정공제회. 『지방재정』, 39.

감사원(2013). 대규모 국고보조금 등 집행실태』. 감사결과보고서.
국회 예산정책처(2018). 『지방세제의 현황과 이해』.
______(2010). 『지방자치단체 재정난의 원인과 대책』. 예산정책보고서 제11호.
교육부(2017). 교육재정결산 공시.
자치분권위원회(2018). 『국고보조금 기준보조율 체계 개편방안 연구』.
재정경제원(1995). 『조세개요』.
______(2003). 『조세개요』.
전국시도지사협의회(2013). 지방자율 재원확충을 위한 국고보조사업 조정방안.
정부혁신지방분권위원회(2005). 『지방분권과 국가발전』.
______(2004). 『지방분권 5개년 종합시행계획 2004－2008』, 서울: 정부혁신지방분권위원회.
______(2003). 『참여정부 지방분권 추진 로드맵』, 서울: 정부혁신지방분권위원회.
정부혁신지방분권위원회 · 한국지방행정연구원(2005). 『이제는 지방분권시대!－참여정부 지방분권과제 2005년 연구자료집』.
지방자치인재개발원(2017). 『지방자치인재개발원 연보』.
지방자치인재개발원 · 시도공무원교육원(2019). 『(2019 공통교재) 지방예산실무』. 완주: 지방자치인재개발원.
지방행정연수원 · 시도공무원교육원(2017). 『(2017 공통교재) 지방재정조정제도』. 완주: 지방자치인재개발원.

한국개발연구원(1996). 『재정통계자료집』.

한국지방세연구원(2017). 『한국지방세 60년사: 제1－4권』.

한국지방재정학회(2012). 『지방재정 위기관리체계 개선연구』.

행정안전부(2018). 『2017사업연도 지방공기업 결산 및 경영분석자료』.

______(2017). 『2017 지방세외수입 통계연감: 2016 결산기준』.

______(2016). 『2017년도 지방채발행 계획 수립기준.

______(2011). 『지방재정위기 사전경보시스템 기본계획』.

______. 『지방교부세 산정해설』. 각 연도.

______. 『지방자치단체 통합재정 개요』. 각 연도.

______. 『지방자치단체 예산편성 운영기준 및 기금운용계획 수립기준』. 각 연도.

______. 『지방재정연감』, 각 연도.

교육부. 지방교육재정알리미(http://www.eduinfo.go.kr).

새올 행정시스템(지방재정관리시스템, 예산관리).

행정안전부. 지방재정 365(지방재정통합공개시스템)(http://lofin.mois.go.kr).

[국외 문헌]

Ascher, Kate(1987). *The Politics of Privatization*, London: Macmillan Education.

Bahl, Roy & J. Linn(1992). *Urban Public Finance in Developing Countries*. Oxford University Press.

Bennett, Roy(1980). *The Geography of Public Finance: Welfare under Fiscal Federalism and Local Government Finance*, New York: Methuen & Co.

Bird, Richard(1993). Threading the Fiscal Labyrinth: Some Issues in Fiscal Decentralization. *National Tax Journal*, XLVI.

Boadway, R. & Anwar Shah(2009). *Fiscal Federalism: Principles and Practice of Multi－order Governance*. Cambridge University Press.

Bradbury, Katharine L.(1982). Fiscal Distress in Large U. S. Cities, *New England Economic Review*. Nov/Dec.

Break, George F.(1980). *Financing Government in a Federal System*, Washington, D.C.: Brookings Institution.

Buchanan, James McGill(1950). Federalism and Fiscal Equity. *American Economic Review*, 40(4).

Buchanan, James McGill & Gordon Tullock(1962). *The Calculus of Consent: Logical Foundations of Constitutional Democracy*. Ann Arbor: The University of Michigan

Press.

Davey, Kenneth(1983). *Financing Regional Government: International Practices and their Relevance to the third World.* John Wiley & Sons.

Downs, Anthony(1957). *Economic Theory of Democracy.* New York: Harper & Row Publishers.

Fisher, Ronald C.(2016). *State and Local Public Finance*(4th ed.). New York: Routledge.

______(2007). *State and Local Public Finance*(3rd ed.). Thomson South-Western College Publishers.

______(1993). *State and Local Public Finance.* Boston, MA: Irwin.

______(1987). *State and Local Public Finance.* Illinois: Scott Foresman and Company.

Fukasaku, K. & L. R. de Mello(1999). *Introduction and Overview Chapter of Fiscal Decentralization in Emerging Economies.* OECD.

Gramlich, E. M.(1976). Intergovernmental Grants: A Review of the Empirical Literature. *in the Political Economy of Fiscal Federalism*(edited by W. Oates). Lexington Books.

Groves, Stanford M. & Maureen Godsey Valente(1986). *Evaluating Financial Condition.* ICMA.

Hamilton, B.(1975). Zoning and Property Taxation in a System of Local Government. *Urban Studies*, vol.12.

Hill, Peter(1977). On Goods and Services, *The Review of Income and Wealth*, vol.4.

King, Desmond N.(1984). *Fiscal Tiers: The Economics of Multi-Level Government.* London: George Allen & Unwin.

Kirlin, John J. John C. Rise & Sidney Sonenblum(1977). Alternatives to City Departments, in E. S. Savas(ed), *Alternatives for Delivering Public Services.*

Kolderie, Ted(1986). The Two Different Concepts of Privatization, *Public Administration Review*, 46.

Kull, Donald C.(1983). Productivity Measurement and Studies, Jack Rabin & Thomas D. Lynch(eds.), *Handbook on Public Budgeting and Financial Management*, New York: Marcel Dekker, Inc.

Layfield Committee(1976). *Local Government Finance.* London: HMSO.

Mikesell, John L.(2011). *Fiscal Administration*(8th ed.). Boston, Wadworth, Cengage Learning.

______(1999). *Fiscal Administration*(5th ed.). Harcourt Brace College Publishers.

Miller, Gary(1981). *Cities by Contract*, Cambridge Mass.: MIT Press.

Mueller, Dennis C.(2003). *Public Choice* Ⅲ. London: Cambridge University Press.

Musgrave, Richard A. & Peggy B. Musgrave(1984). *Public Finance in Theory and Practice*(4th ed.). New York: McGraw-Hill Book Company.

Niskanen, William A.(1975). Bureaucracy and Representative Government, New York: Aldine Atherton.

Oates, Wallace E.(1993). Fiscal Decentralization and Economics Development. *National Tax Journal*, XLIV.

______(1972). Fiscal Federalism. New York: Harcourt Brace Jovanovich Inc.

OECD(2005). Revenue Statistics.

Polackova, Hana(1989). Contingent Government Liabilities: A Hidden Risk for Fiscal Stability. *Policy Research Working Paper*. The World Bank.

Prud'homme, Remy(1994). On the Dangers of Decentralization. World Bank Policy Research Working Paper, 1252. World Bank.

Rodes, R. A., *Control and Power in Central-Local Government Relations*. Aldershot: Gower.

Rosen, Harvey S.(2002). *Public Finance*(6th ed). The McGraw-Hill Companies Inc.

Rubin. I. S.(1987). Estimated and Actual Urban Revenue: Exploring the Gap, *Public Budgeting and Finance*, vol.7. no.4.

Rubinfeld, Daniel(1973). Credit Rating and Market for General Obligation Municipal Binds, *National Tax Journal*, 26(1).

Savas, E. S(1987). *Privatization: The Key to Better Government*. Chatham: Chatham House Publishers.

Schick, Allen(1966). The Road to PPB: The Stages of Budget Reform, *Public Administration Review*, 26(4).

Schroeder, Larry D. & David J. Sjoqist(1980). An Analysis of Alternative Local Revenue Sources: Current Status and Future Possibilities. in Kent Mathewson and William B. Neenans. *Financing the Metropolis*. Praeger.

Shah, Anwar(1998). Balance, Accountability and Responsiveness: Lessons about Decentralization. *Working Paper*. Washington D.C.: The World.

Tiebout, Charles M.(1956). A Pure Theory of Local Expenditures. *Journal of Political Economy*, 64(Oct).

Wildavsky, Aaron(1964). *The Politics of the Budgetary Process*, Boston: Little, Brown and Company.

Wolf, Charles Jr.(1988). *Markets or Government*. Cambridge Mass.: MIT Press.

Wright, Deil S.(1988). *Understanding Intergovernmental Relations*, California: Brooks & Cole Publishing Company.

天川晃(1983). 廣域行政と地方分権, ジュリスト増刊總合特輯, No.29,『行政の轉換期』, 東京: 有斐閣.
林宣嗣(1987).『現代財政の再分配構造』, 東京: 有斐閣.
佐藤進(1983).『現代西ドイシ財政論』, 東京: 有斐閣.
持田信樹(2004).『地方分權の財政學』, 東京大学出版會.
村松崎夫(1988).『地方自治』, 東京大学出版會.
日本 總務省.『地方財政白書』, 각 연도.

찾아보기

ㅅ

ㅇ

ㅈ

손희준(孫熙埈)

[학력 및 약력]

성균관대학교 행정학과(행정학사)
성균관대학교 대학원(행정학석・박사)
日本 四国大学 經營情報研究所(特別研究員)
한국지방행정연구원 책임연구원
한국지방재정학회 회장
한국행정학회, 한국정책학회, 한국지방자치학회 부회장
충청북도 미래위원회 위원
청주시 시정업무평가위원회 위원
대통령자문 정부혁신지방분권위원회 위원
대통령자문 정책기획위원회 위원
국무총리실 인적자원개발정책개선위원회 위원
대통령소속 지방자치발전위원회 위원
국무총리실 지방재정부담심의위원회 위원
기획재정부 재정정책자문회의 민간위원
기획재정부 보조금관리위원회 위원
경제정의실천연합 지방자치위원회 위원장
행정안전부 정책자문위원회 위원(현)
대통령소속 자치분권위원회 재정분권전문위원회 위원(현)
청주대학교 교수(현)

[주요 저서]

『지방재정론』(공저, 대영문화사, 2011)
『현대 국가의 행정학』(공저, 법문사, 2014)
『지방자치의 쟁점』(공편, 박영사, 2014)
『재무행정론』(공저, 범신사, 2003) 등

새 지방재정학

펴낸날 제1판 제1쇄 2019년 8월 30일
지은이 손희준
펴낸이 임춘환
펴낸곳 도서출판 대영문화사
주소 (본사) 사무실: 경기도 고양시 일산서구 주화로 70
우신프라자 307호 (㉾ 10387)
(본사) 물류센터: 경기도 고양시 일산서구 덕산로
107번길 68-50 (㉾ 10205)
등록 1975년 12월 26일 제3-16호
전화 (031) 913-3062, (031) 914-3884~5
팩스 (031) 913-3839
홈페이지 http://www.dymbook.co.kr

ⓒ 손희준, 2019
ISBN 978-89-7644-749-4
값 29,000원

* 저자와의 협의 하에 인지는 생략합니다.
* 잘못된 책은 바꾸어 드립니다.
* 이 책의 내용은 저작권법의 보호를 받습니다.